HERBERT HUNGER
LEXIKON DER GRIECHISCHEN UND RÖMISCHEN MYTHOLOGIE

LEXIKON
DER GRIECHISCHEN UND
RÖMISCHEN MYTHOLOGIE

mit Hinweisen auf das Fortwirken antiker Stoffe und Motive
in der bildenden Kunst, Literatur und Musik des Abendlandes
bis zur Gegenwart

VON
HERBERT HUNGER

5., ERWEITERTE UND ERGÄNZTE AUFLAGE

MIT 52 BILDTAFELN

VERLAG BRÜDER HOLLINEK · WIEN

Schutzumschlag: Karl Gessner, Wien.
Das Bild des Schutzumschlages stellt dar: Orpheus, Eurydike und Hermes. Dreifigurenrelief eines unbekannten Künstlers aus dem letzten Drittel des 5. Jh. v. Chr. Kopie: Rom, Villa Albani. Aufnahme: Archäologische Sammlung der Universität Wien.

Alle Rechte vorbehalten
Copyright 1959 © by Brüder Hollinek, Wien. Druck: Brüder Hollinek, Wien III.
Printed in Austria

VORWORT ZUR FÜNFTEN AUFLAGE

Dieses nun schon bewährte Handbuch erscheint mit der fünften Auflage in neuem Gewande. Nicht nur Satz und Druckanordnung sind verändert, auch die Zahl der Abbildungen konnte durch das Entgegenkommen des Verlages auf das Vierfache erhöht werden. Während bisher nur antike Plastiken und Vasenbilder den Mythos illustrierten, sind nun in bewußter Erweiterung über das Mittelalter — einige wenige Beispiele der Buchmalerei — durch die neuzeitlichen Jahrhunderte bis in unsere Tage repräsentative Werke der Malerei und Plastik mit mythologischen Themen ausgewählt. Unter den Künstlern selbst finden sich die klingenden Namen der Renaissance, des Barock und Rokoko, aber auch Vertreter des Klassizismus (Ingres, Canova) und der Kunst der Gegenwart (Picasso, Dali). Die Hand des Genius bei der Niederschrift mythologischer Werke führen die Proben aus Grillparzers „Medea" und aus der Partitur der „Ägyptischen Helena" von Richard Strauß — beides autographe Stücke — vor Augen. Eine Reihe von Bildern zeigt den antiken Mythos in modernen Bearbeitungen auf der Bühne des 20. Jahrhunderts, drei Photos sind Filmen des letzten Jahrzehnts entnommen. Verlag und Autor hoffen, durch diese Auswahl die Tendenz des Lexikons, über die schon das Vorwort zur ersten Auflage unterrichtete, noch mehr zu unterstreichen.

Der Artikel Astarte kam neu hinzu. Die Literatur der letzten Jahre wurde nachgetragen und verschiedene zu wenig bedachte Gebiete in den Nachwirkungen neu durchgesehen. So wurden die wichtigsten römischen Wandgemälde aus Pompeji und Herculaneum erstmalig aufgenommen, viele griechische Metopenbilder hinzugefügt und die englische Dichtung des 19. und 20. Jahrhunderts wesentlich ergänzt. Das Oeuvre großer Maler wie Tintoretto, Rubens und Rembrandt wurde nochmals nach mythologischen Stoffen durchmustert. Vor allem konnte die Zahl der Opern und Ballette durch Heranziehung des noch ungedruckten Opernlexikons von Franz Stieger (1931), das sich in der Musiksammlung der Österreichischen Nationalbibliothek befindet, bedeutend vermehrt werden. Alles in allem enthält die fünfte Auflage weit über 1000 n e u e bibliographische Einzelbelege.

Mein Dank gilt diesmal neben dem Verlag all denen, die mir bei der Beschaffung der Reproduktionsvorlagen behilflich waren, vor allem den Herren Direktoren der Albertina und der Spezialsammlungen der Österreichischen Nationalbibliothek, nicht zuletzt auch dem bewährten Photographen dieses Instituts, Herrn A. Düringer.

Wien, im Herbst 1958   Herbert Hunger

VORWORT ZUR VIERTEN AUFLAGE

Auf Grund seiner Vielseitigkeit hat sich das vorliegende Lexikon, zumindest im deutschen Sprachraum, so gut durchgesetzt, daß auch die zweite und dritte Auflage schnell vergriffen waren, und knapp zwei Jahre nach dem Erscheinen des Buches an eine 4. Auflage gedacht werden mußte. Neu hinzugekommene Literatur wurde berücksichtigt, über 200 neue Einzelbelege für die Nachwirkung wurden in die N-Abschnitte eingefügt. Manche Anregungen und Korrekturen von Einzelheiten verdanke ich der fördernden Besprechung des Buches durch den englischen Altmeister auf dem Gebiete der antiken Mythologie H. J. Rose (The Classical Review 69 [1955] 93—95).

Wien, im September 1955   Herbert Hunger

VORWORT ZUR ZWEITEN UND DRITTEN AUFLAGE

Die nach erfreulich kurzer Zeit notwendig gewordene zweite Auflage dieses Buches weist gegenüber der ersten keine wesentlichen Veränderungen auf. Der günstige Widerhall, den das Lexikon bei Kritikern und kaufendem Publikum fand, hat seine Existenzberechtigung erwiesen und die Art seines Aufbaus gerechtfertigt.

Einem mehrfach geäußerten Wunsch entsprechend, wurden die wichtigsten den Griechen und Römern vertraut gewordenen orientalischen Gottheiten hinzugefügt. Es sind dies die Artikel Ammon, Anâhita, Anubis, Apis, Atargatis, Attis, Isis, Jupiter Dolichenus, Kybele, Mâ, Mithras, Serapis. Die kurze zur Verfügung stehende Zeit machte es allerdings unmöglich, auch die N-Abschnitte dieser Artikel auszubauen. Einige kleine Versehen wurden stillschweigend berichtigt — hier verdanke ich fast alles der Besprechung des Lexikons durch Herrn Univ.-Prof. Dr. Albin Lesky (Gnomon 26 [1954] 192—194) —, einzelne fehlende Verweise wurden nachgetragen, vor allem aber die neu hinzugekommene Literatur eingearbeitet.

Durch das Entgegenkommen des Verlages konnten dem Buch 12 Bildtafeln beigegeben werden, bei deren Auswahl aus dem Bestand der Archäologischen Sammlung der Universität Wien mir Frau Prof. Dr. Hedwig Kenner mit ihrem Rat zur Seite stand. Ihr sei an dieser Stelle mein herzlicher Dank ausgesprochen.

Wien, im Frühjahr 1955   Herbert Hunger

VORWORT ZUR ERSTEN AUFLAGE

Wer die europäischen Theater- und Konzertprogramme des letzten Lustrums verfolgt oder in den Bibliographien dieses Zeitraumes blättert, stößt auf ein überraschendes Interesse für antike Stoffe und Gestalten, das man in den Katastrophenjahren des zweiten Weltkrieges in dieser Form kaum mehr für möglich gehalten hätte. Im Mittelpunkte dieser neuen, nach dem letzten Kriege beginnenden Auseinandersetzung mit der Antike stehen Figuren und Motive des griechischen Mythos. Wie so manche Generation der letzten zwei Jahrhunderte einen besonders gefärbten, gerade für sie charakteristischen Humanismus aufzuweisen hatte, so reichen die Ausstrahlungen des antiken Geistes auch in unseren Tagen bis in die modernsten und aktuellsten Probleme hinein. Ich erinnere hier nur an die Gestaltung griechischer Stoffe durch Jean Anouilh und Jean-Paul Sartre oder an den in so vieler Hinsicht interessanten und erregenden Orpheus-Film Jean Cocteaus.

Was der antike Mythos für die Kunst unserer Gegenwart und die der Zukunft bedeuten könnte, betont der Verfasser eines erst vor kurzem in Amerika erschienenen Buches über „Klassische Mythen in der Plastik", wenn er sagt: „In our own time, sculptors have freed themselves from the prevailing mechanization of life by going back to that world of living nature, that perennial fountain of our youth. Such may continue to be the role of mythological sculpture in times to come: a means of reminding us that life is more than the dynamo and the atom, that zest for living is still dependent on human values which these ancient myths embody."[1])

Bemerkenswert ist das große Interesse surrealistischer Künstler für Motive des griechischen Mythos. 1950 konnte man in der Kestner-Gesellschaft zu Hannover eine Ausstellung surrealistischer Kunst unter dem Titel „Der antike Mythos in der neuen Kunst" sehen, die nicht weniger als 150 einschlägige Werke aus dem Gebiete der Plastik, Malerei und Graphik zeigte.[2])

Angesichts dieser Situation erscheint es zweckmäßig, auch dem Nicht-Fachmann ein Buch in die Hand zu geben, in dem er auf ge-

---

[1]) W. R. Agard, Classical Myths in Sculpture, Madison Wisc. 1951, S. 173.
[2]) Vgl. den Bericht von A. Hentzen in: Kunstwerk-Schriften 16 (1950), 50 ff., wo es u. a. heißt: „So ist nur natürlich, daß in der Kunst unserer Zeit der griechische Mythos zu neuer Gestaltung drängt, denn der Mythos besteht aus Urbildern und Gleichnissen der menschlichen Seele, des menschlichen Verhaltens, Glaubens und Hoffens und seine Gestalten sind deshalb unvergänglich gültig." Und abschließend: „Es darf verraten werden, daß die Fülle neuer Deutungen der Orpheus-Sage, die in den letzten Jahren sichtbar geworden ist, uns zuerst den Gedanken zu dieser Ausstellung gab. Denn hier kann kein Zufall walten, hier zeigt sich ein echtes Anliegen unserer Zeit, das uralte Erbe neu in die Gegenwart treten und wirksam werden zu lassen."

drängtem Raum über die Stoffe und Motive der griechischen und römischen Mythologie Auskunft erhält. Dieses Lexikon strebt — über seine schon reichlich antiquierten Vorgänger hinaus — folgendes an:

1. Es will die Berichte der antiken Mythographen über Götter und Heroen in möglichst lebendiger, knapper Darstellung wiedergeben (mit Absicht wird durchwegs im Präsens erzählt); dieser mythographische Teil der einzelnen Artikel ist durch ein vorgesetztes M. gekennzeichnet.

2. Es will die Stellung der modernen Forschung zu den einzelnen Gestalten (Fragen der Deutung) kurz skizzieren; diesem religionsgeschichtlichen Abschnitt, der den vorangegangenen mythographischen Bericht vielfach untermauert, ist jeweils ein R. vorangestellt.

3. Es will durch Anführung vieler hundert Werke aus Literatur, Musik und bildender Kunst, die antiken mythologischen Stoffen und Motiven verpflichtet sind, auf die mächtige Brücke hinweisen, die uns über die Jahrtausende hinweg mit dem Urquell unserer Kultur verbindet. Dieser jeweils letzte Abschnitt der einzelnen Artikel ist durch N. (Nachwirkung) bezeichnet.

Die Auswahl der Stichwörter erfolgte nach dem Gesichtspunkte der Zweckmäßigkeit. So fehlen viele Namen, die nur dem Fachmann bekannt sind, in die allgemeine Bildung aber keinen Eingang gefunden haben. Rein äußerlich wird es jedermann auffallen, daß das Verhältnis der drei jeweiligen Teile eines Artikels zueinander nach Umfang und Ausführlichkeit der Behandlung sehr wechselt, ja daß manche Artikel nur zwei oder gar nur einen dieser oben genannten Teile aufweisen. Dies ist durch den verschiedenen Charakter der in diesem Buch behandelten Gestalten bedingt. Die „großen" hellenischen Götter der olympischen Religion z. B. waren nicht nur Gegenstand der antiken Mythenbildung und späteren Mythographie, sondern gehören auch heute zum Grundstock der modernen Wissenschaft von der antiken Religion. Bei ihnen konnten beide Teile (M. und R.) entsprechend reichhaltig ausgeführt werden. Bei einzelnen Figuren der Heldensage mußte auf Grund der besonders reichen und bekannten literarischen Überlieferung der Teil M. außergewöhnlich ausgedehnt werden (Herakles, Odysseus, Theseus). Bei vielen Heroen hingegen, über deren Kult nichts Bemerkenswertes zu sagen ist, und deren Mythos noch nicht zu interessanten Deutungen anregte, wurde der Teil R. ganz kurz gefaßt oder überhaupt weggelassen. Dies gilt auch von jenen nicht seltenen Personifikationen, die es nie zu Gestalten des lebendigen Glaubens gebracht haben (z. B. Ate, Eris, Fama, Hebe usw.).[3]

Im allgemeinen ist bei den Artikeln des römischen Bereiches eine starke Schrumpfung des mythographischen Teiles festzustellen. Mag man auch Georg Wissowas Urteil, daß die römische Religion keine

---

[3] Zum Verhältnis der griechischen Personifikationen zum Kult vgl. zuletzt M. P. Nilsson, Kultische Personifikationen, in: Eranos 50 (1952), 31—40.

Mythologie kenne⁴), nicht uneingeschränkt gelten lassen⁵), so erübrigt sich in unserer Darstellung doch überall dort eine Wiederholung, wo der Teil M. bei der entsprechenden griechischen Gestalt behandelt wurde, wenn die Römer — wie so oft — einzelne Züge und ganze Erzählungen von dem hellenischen Vorbild übernahmen. Zumeist wurde dann nur in einem Satz auf diese Tatsache hingewiesen (z. B. Diana, Jupiter, Juno usw.).

Die einander entsprechenden griechischen und römischen Götter und Halbgötter sind in der Regel getrennt angeführt. Manchmal jedoch, wenn dies im Zusammenhang der Darstellung zweckmäßig erschien, sind die römischen Gestalten im Anschluß an die entsprechenden griechischen behandelt (z. B. Aesculapius, Apollo, Hercules), oder aber es wird überhaupt nur auf die griechischen Namen verwiesen (z. B. Mercurius).

Orientalische Gottheiten wurden, auch wenn sie in Rom in den letzten Jahrhunderten der Republik und in der Kaiserzeit Verehrung fanden (z. B. Isis, Sarapis, Atargatis = Dea Syria, Mithras), in dieses Lexikon nicht aufgenommen.

Für denjenigen Leser, der sich über die vielen vorsichtigen Formulierungen (dürfte, vielleicht, vermutlich usw.) in den religionsgeschichtlichen Partien wundern sollte, sei kurz bemerkt, daß kein Gebiet der gesamten Altertumswissenschaft seit etwa 150 Jahren einem so raschen Wechsel einander ablösender Modeströmungen unterworfen war wie die mythologische und religionsgeschichtliche Forschung, und daß auch heute noch die wirklich gesicherten und unbestrittenen Ergebnisse verhältnismäßig nicht allzu zahlreich sind. Im letzten Jahrzehnt hat die neue, psychologisch vertiefte Methode von C. G. Jung und K. Kerényi, die sich die Erfassung von Urmythen und eine existentielle, vorwiegend auf den Menschen gerichtete Schau des antiken Mythos und der antiken Religion zum Ziele setzt, an Boden gewonnen. Kerényi nimmt grundsätzlich gegen die bisher allgemein herrschende Methode des Deutens und Zerlegens von Mythen (in aitiologische, märchenhafte und historische Elemente) Stellung⁶), auf der auch die

---

⁴) G. Wissowa, Religion und Kultus der Römer, ²1912, S. 9: „Die römische Religion kennt keine ἱεροί λόγοι, keine Götterehen und Götterkinder, keine Heroenwelt, die zwischen Gottheit und Menschheit die Brücke schlägt, sie hat mit einem Worte keine Mythologie."

⁵) Gegen Wissowas Auffassung F. Altheim II 62 ff., der das hohe Alter so mancher Entlehnung aus der hellenischen Mythologie betont und die Forderung aufstellt, stets nach der römischen Form und dem römischen Kern zu suchen. Da aber die griechischen Mythen in der römischen Literatur, vor allem bei den Dichtern, das Altrömische bzw. Italische vielfach überdeckten, kann dies nur in einzelnen Fällen mit einiger Sicherheit herausgeschält werden (vgl. z. B. Cacus, Romulus).

⁶) Vgl. K. Kerényi, Was ist Mythologie? in: Europ. Revue 15/1 (1939), 557—572.

meisten Beobachtungen beruhen, die in den R.-Abschnitten dieses Buches angeführt sind.

Um die Übersicht über die so zahlreichen und teilweise einander widersprechenden genealogischen Angaben zu erleichtern, sind in den mythographischen Abschnitten wiederholt kurz gehaltene Stemmata eingeschaltet; dort sind die Frauennamen kursiv gedruckt. — Der Stern* nach einem Eigennamen bedeutet allgemein, daß ein besonderer Artikel unter diesem Stichwort vorhanden ist. Die Verweise besagen nicht nur in der üblichen Form (z. B. Iole s. Herakles), sondern auch in der Form — Hesione, Tochter des Laomedon —, daß Näheres über die erste Person unter dem zweiten Lemma zu finden ist. Im allgemeinen wurde es vermieden, denselben Sachverhalt an verschiedenen Stellen des Buches zu erzählen.

Bei der Anführung von Werken der bildenden Kunst des Altertums und der Neuzeit im letzten Abschnitt der einzelnen Artikel liegt das Schwergewicht auf den Jahrhunderten seit der Renaissance. Vasen- und Buchmalerei, Graphik und Kleinplastik sind bis auf einzelne Ausnahmefälle nicht berücksichtigt. Analog wurden die Beispiele aus der Weltliteratur ausgewählt. Von antiken Dichtungen ist nur Epos und Drama, nicht aber die Lyrik vertreten. Lyrische Gedichte moderner Autoren werden nur ausnahmsweise genannt; auch hier stehen Epik und Dramatik im Vordergrund. Dementsprechend sind die Beispiele der Musikliteratur aus dem Bereiche der Oper, der Chorwerke und symphonischen Dichtungen genommen; Lieder fehlen.

Unter den jeweils an der Spitze des Abschnittes N. angeführten Plastiken sind Rundplastiken zu verstehen; Reliefs werden durch einen Zusatz in Klammern gekennzeichnet. Wenn der Werkstoff nicht näher bezeichnet ist, handelt es sich um Marmorplastiken; anderes Material wird in Klammern notiert. Aus Literatur und Musik wurden gelegentlich auch Werke angeführt, die nur mehr durch den Titel und einzelne Motive auf das antike Vorbild hinweisen, sonst aber in modernem Rahmen gehalten sind. In der Regel jedoch verdanken die hier genannten Bearbeitungen ihren antiken Leitbildern wesentlich mehr als einige Namen handelnder Personen und ähnliche Äußerlichkeiten. In ihrer Gesamtheit sollen diese Beispiele aus vielen Jahrhunderten — wie ich nochmals betonen möchte — eine Vorstellung des gewaltigen Einflusses vermitteln, den allein diese eine Seite des hellenischen Geisteslebens, die im Mythos objektivierte Phantasie der alten Griechen, auf die gesamte kulturelle Entwicklung des Abendlandes ausgeübt hat.

Am Ende der einzelnen Artikel sind Monographien und ausgewählte Aufsätze über die betreffenden mythischen Personen oder Sagenkreise aus der wissenschaftlichen Literatur der letzten Jahrzehnte zitiert. Artikel aus der „Realencyclopädie der classischen Altertumswissenschaft" (RE) wurden aber nur dann angeführt, wenn sie aus der jüngsten Vergangenheit stammen oder innerhalb der Spezialliteratur einen hervorragenden Platz einnehmen. Allgemeine Werke über griechische und römische Mythologie und Religionsgeschichte, sowie über das Fortwirken von Stoffen und Motiven aus der antiken Mythologie finden sich in dem Literaturverzeichnis S. 367 ff. Für denjenigen, der sich genauer unterrichten will, sind neben den laufend genannten wichtigsten Zitaten aus antiken Autoren auch die von der durchschnittlichen mythographischen Überlieferung abweichenden Züge durch einzelne Stellen belegt.

Nun noch einige Worte zur Form und Betonung der griechischen Namen im Deutschen[7]). Während des Mittelalters war die Kenntnis des Griechischen in Mittel- und Westeuropa sehr gering, so gut wie ausgestorben[8]). In Byzanz jedoch blieb die hellenische Kulturtradition lebendig. Die Metropole des Ostens gab die Schätze der antiken Kultur durch über ein Jahrtausend weiter und vermittelte sie schließlich den Humanisten Mittel- und Westeuropas. Hier erneuerten ein Johannes Reuchlin, ein Erasmus von Rotterdam und andere Humanisten das Studium der griechischen Sprache. Die griechischen Namen aber paßten sie in Form und Betonung vielfach dem L a t e i n an, das sie selbst sprachen, und hielten sich damit an das Vorbild Ciceros und anderer antiker „Humanisten". Als seit dem Ende des 18. Jahrhunderts mit dem Klassizismus J. J. Winckelmanns und F. A. Wolfs das Griechische für breitere Kreise neu erweckt wurde, blieb man bei der lateinischen Form und Betonung der griechischen Orts- und Personennamen.

Erst seit dem Ende des 19. Jahrhunderts bemüht man sich immer mehr, griechische Namen auch griechisch zu schreiben, d. h. also k statt c in Kassandra statt Cassandra, Eurydike statt Eurydice, ai statt ae und o statt u in Aischylos für Aeschylus oder Aiolos für Aeolus, oi statt oe in Oidipus für Oedipus, ei statt i in Peirithoos für Pirithous, Deianeira für Deianira usw. Folgerichtig müßte man nun auch überall die griechische Betonung einführen, also: Médeia statt Medéa, Hekábe statt Hécuba, Oidípus statt Oédipus, Heraklés statt Hércules usf. Da dies bis heute nicht der Fall ist, herrscht auf diesem Gebiet derzeit ein Übergangszustand, der den Nichtphilologen auf Schritt und Tritt unsicher machen muß. Wenn auch die Tendenz in der klassischen Philologie dahin geht, immer mehr griechische Namen griechisch zu schreiben und zu betonen, so ist der Grundsatz „Graeca Graece", besonders bei den auch über Fachkreise hinaus bekannten Namen, noch lange nicht restlos durchgedrungen. Es widerstrebt einem aus psychologischen Gründen, diese Namen anders auszusprechen, als sie das

---

[7]) Engländer, Franzosen und Italiener passen die griechischen Namen in Form und Betonung weitgehend ihren Landessprachen an, leiden aber unter ähnlichen Unklarheiten der Betonung wie wir.

[8]) Neue Forschungen zu dieser interessanten Erscheinung bei B. Bischoff, Das griechische Element in der abendländischen Bildung des Mittelalters, in: Byz. Ztschr. 44 (1951), 27—55.

Durchschnittspublikum aus der Schultradition kennt. Man würde sich dadurch von den wohlvertrauten Gestalten unnötig distanzieren, etwa wenn man statt Homér Hómeros, statt Aíschylos Aischýlos, statt Thukýdides Thukydídes und statt Hérmes Hermés betonen wollte.

In diesem Buche ist bei griechischen Namen stets die griechische Schreibung und Betonung angegeben. Falls eine abweichende lateinische Betonung (und Wortform) üblich sein sollte, wird sie in Klammern gesetzt; diese in Klammern stehende Form ist dann allerdings zumeist die geläufigere.

Zuletzt ein Herzenswunsch des Verfassers: Möge dieses Lexikon nicht nur als praktische Stoffsammlung und als bequemes Nachschlagewerk benutzt werden, sondern möge es in Österreich und in seinen Nachbarländern die Kenntnis der Antike und die Belebung der inneren Beziehungen zu ihr in breiteren Kreisen fördern und damit das Bewußtsein eines gemeineuropäischen geistigen Besitztums stärken!

Wien, im August 1953   Herbert Hunger

BILDERTEIL

Abb. 2. Demeter, Kore und Triptolemos. Dreifigurenrelief eines unbekannten Künstlers aus dem letzten Drittel des 5. Jh. v. Chr., Athen, Nationalmuseum.

Abb. 3. Herakles im Kampf gegen Amazonen. Vase des Euphronios, Ende des 6. Jh. v. Chr., Arezzo.

Abb. 4. *Apollon und Artemis töten die Niobiden. Vase des Niobidenmalers, 5. Jh. v. Chr., Paris (aus Orvieto).*

Abb. 5. Mänaden bei einer Dionysosfeier. Berliner Dinosmaler, Ende des 5. Jh. v. Chr., Neapel, Museo Nazionale.

Abb. 6. a) Hypnos und Thanatos bergen die Leiche Memnons. b) Rüstungsszene.
Schale des Pamphaios, Ende des 6. Jh. v. Chr., London.

Abb. 7. Odysseus und Neoptolemos. Schale des Duris, Anfang des 5. Jh. v. Chr., Wien.

Abb. 8. *Odysseus und Eurykleia. Vase in Chiusi, 5. Jh. v. Chr.*

Abb. 9. Pelops entführt Hippodameia. Vase in Arezzo, Ende d. 5. Jh. v. Chr.

Abb. 10. Polyneikes und Eriphyle. Vase in Lecce, 5. Jh. v. Chr.

Abb. 11. Theseus raubt ein Mädchen. Vase des Euthymides, Ende des 6. Jh. v. Chr., München.

Abb. 12. Kopf des Poseidon. Bronzestatue vom Kap Artemision, 1. Hälfte des 5. Jh. v. Ch., Athen, Nationalmuseum.

Abb. 13. Victoria, römisch. 1. Jh. n. Chr., Brescia, Museo Civico Romano.

Abb. 14. Bukolische Szene mit Nymphe und kleinem Pan. 2. Jh. n. Chr., Rom, Vatikan, Museo Profano.

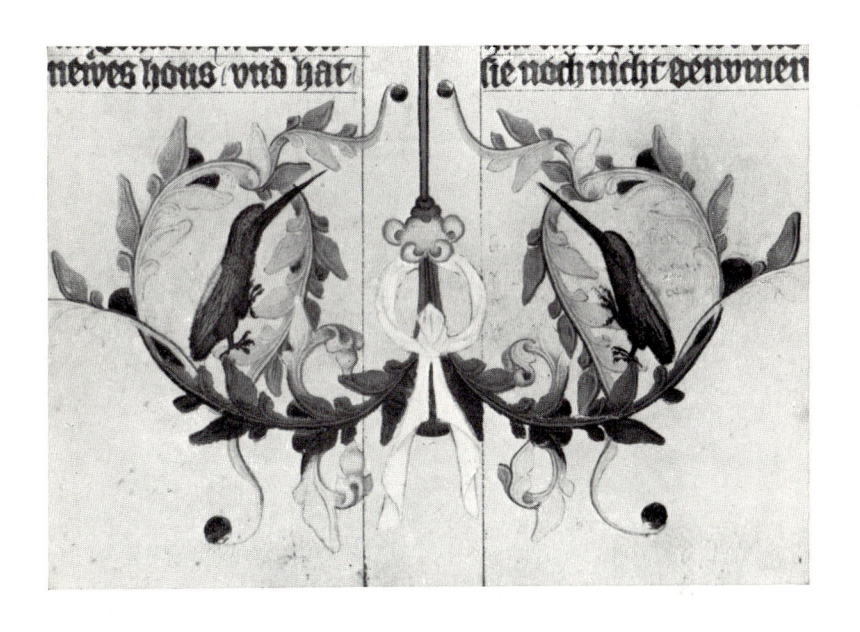

Abb. 15. Zwei Eisvögel (Halkyones, s. Keyx*) mit Minneknoten, Wenzelsbibel, zwischen 1390 und 1400. Wien, Öst. Nationalbibliothek, Cod. 2759, f. 196ᵛ.

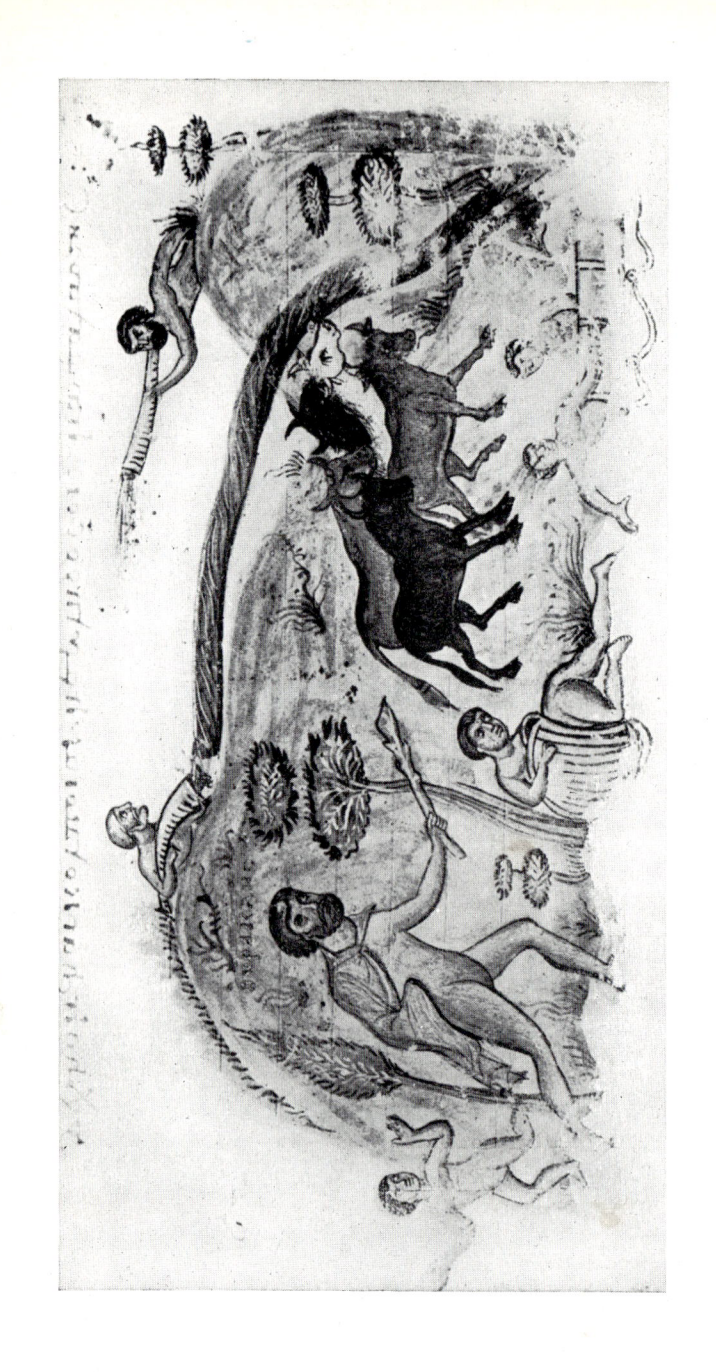

Abb. 16. Herakles und die Rinder des Geryoneus. Byzantinische Handschrift des 10. Jh., Venedig, Cod. Marc. gr. 479, f. 24r.

Abb. 17. *Kampf der Griechen unter Theseus gegen die Amazonen unter Hippolyte. Französische Handschrift der Théseide des Boccaccio aus der 2. Hälfte des 15. Jh., Wien, Öst. Nationalbibliothek, Cod. 2617, f. 18ᵛ und 19ʳ.*

Abb. 18. *Mars und Venus. Botticelli, um 1476—78, London, National Gallery.*

Abb. 19. Der Parnaß. Mantegna, 1497, Paris, Louvre.

Abb. 20. Herakles und die Hydra. A. Pollaiuolo, Florenz, Uffizien.

Abb. 21. Die Libysche Sibylle. Michelangelo, 1508—10, Rom, Sixtinische Kapelle.

Abb. 22. Bacchus und Ariadne. Tizian, 1523, London, National Gallery.

Abb. 23. Entführung des Ganymedes. Correggio, um 1531, Wien, Kunsthistorisches Museum.

Abb. 24. Gigantensturz. Giulio Romano, 1534, Mantua, Palazzo del Te.

Abb. 25. Laokoon. El Greco, Belgrad.

Abb. 26. Perseus und Andromeda. Tintoretto, Venedig.

Abb. 27. Apollon und Daphne. Bernini, um 1623—25, Rom, Villa Borghese.

Abb. 28. Merkur und Argus. Rubens, 1636—38, Madrid, Prado.

Abb. 29. Echo und Narziß. Poussin, Paris, Louvre.

Abb. 30. Triumph der Galateia. D. Feti, Wien, Kunsthistorisches Museum.

Abb. 31. Venus bei Vulkan. Boucher, Paris, Louvre.

Abb. 32. Oidipus und die Sphinx. Ingres, 1808, Paris, Louvre.

Abb. 33. Theseus im Kampf mit einem Kentauren. Canova, Modell 1805, Wien, Kunsthistorisches Museum.

Abb. 34. Saturn verschlingt eines seiner Kinder. Goya, Madrid, Prado.

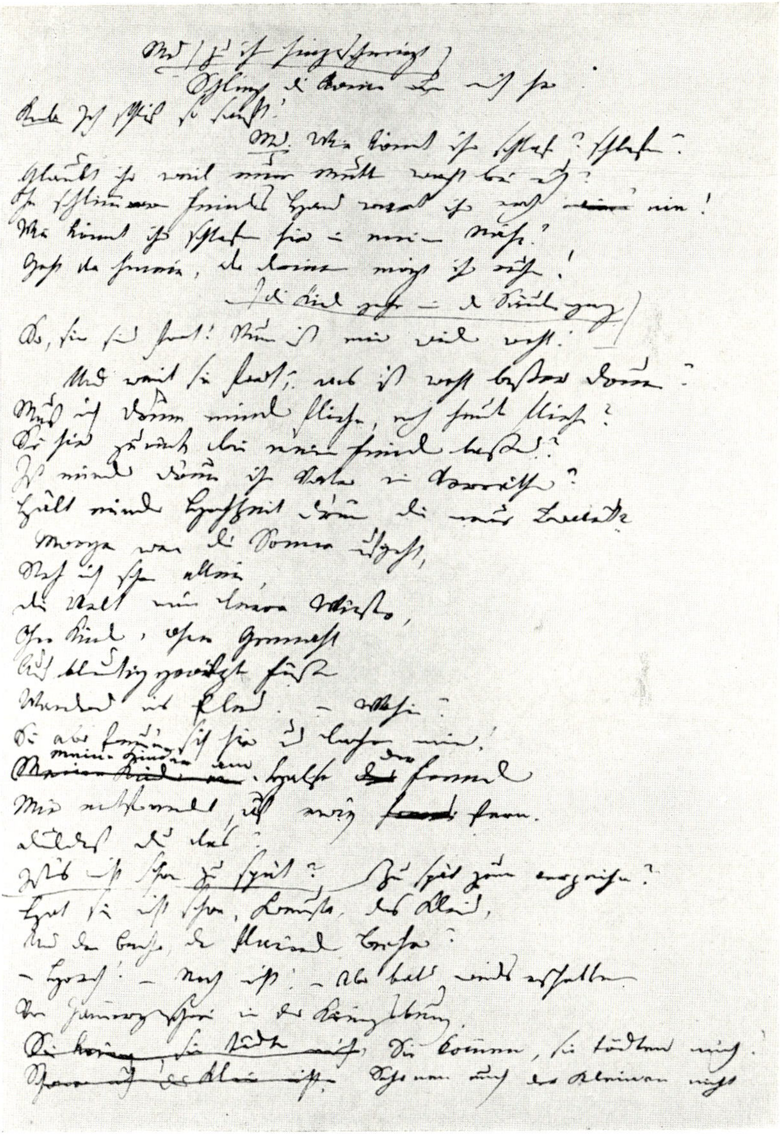

Abb. 35. Grillparzer, Medea, 4. Akt. Autograph, Wiener Stadtbibliothek, Inv. Nr. 82.199, f. 114r.

Abb. 36. Abfahrt der Medea. Feuerbach, 1870, München, Neue Pinakothek.

Abb. 37. *Kentaurenkampf. Böcklin*, 2. *Fassung 1878.*

Abb. 38. Danaide. Rodin, 1890.

Abb. 39. Polyphem. Rodin.

Abb. 40. Leda atomica. Salvador Dali, 1945.

Abb. 41. Pan. Kleinplastik von Pablo Picasso.

Abb. 42. Richard Strauß, Ariadne auf Naxos. Wien, Staatsoper.

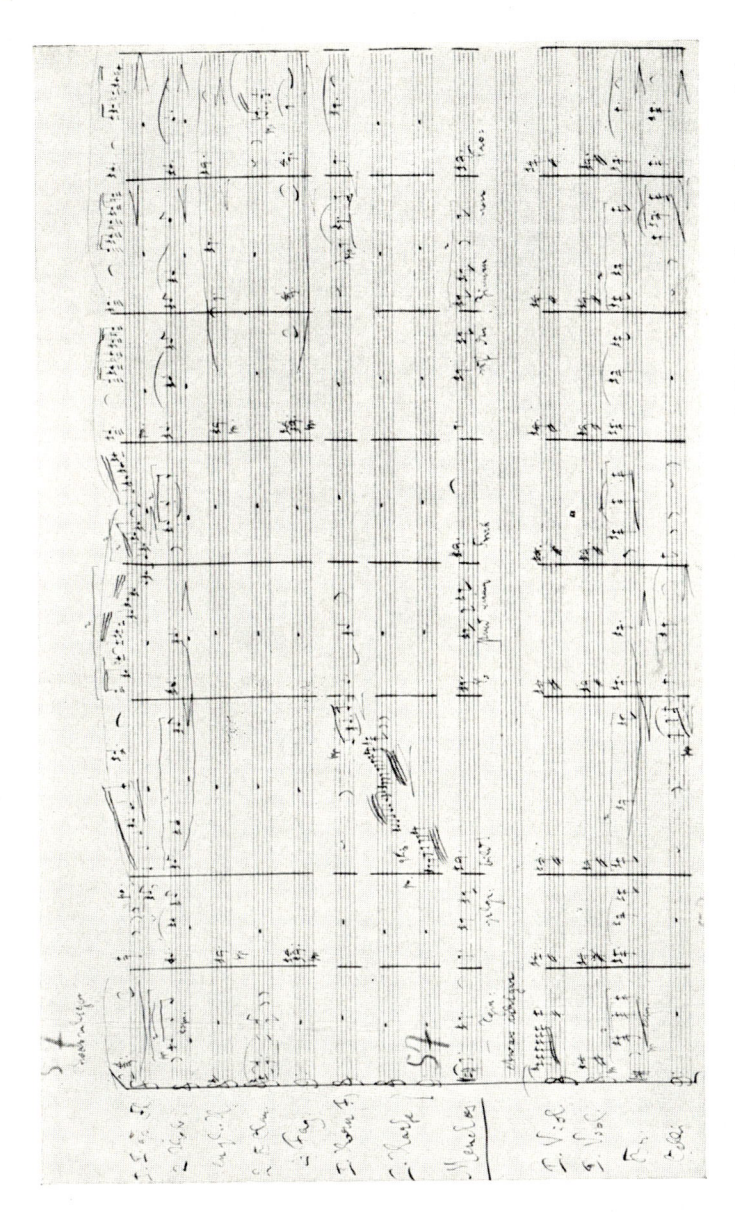

Abb. 43. Richard Strauß, Die ägyptische Helena, 2. Akt (Menelas: „O Spiegelgebild! So stand meine Frau auf den Zinnen von Troja!"). Autographe Partitur, Musiksammlung der Österreichischen Nationalbibliothek.

Abb. 44. Igor Strawinsky, *Orpheus (Ballett)*. Wien, Staatsoper.

Abb. 45. R. Liebermann, Penelope. Wien, Staatsoper.

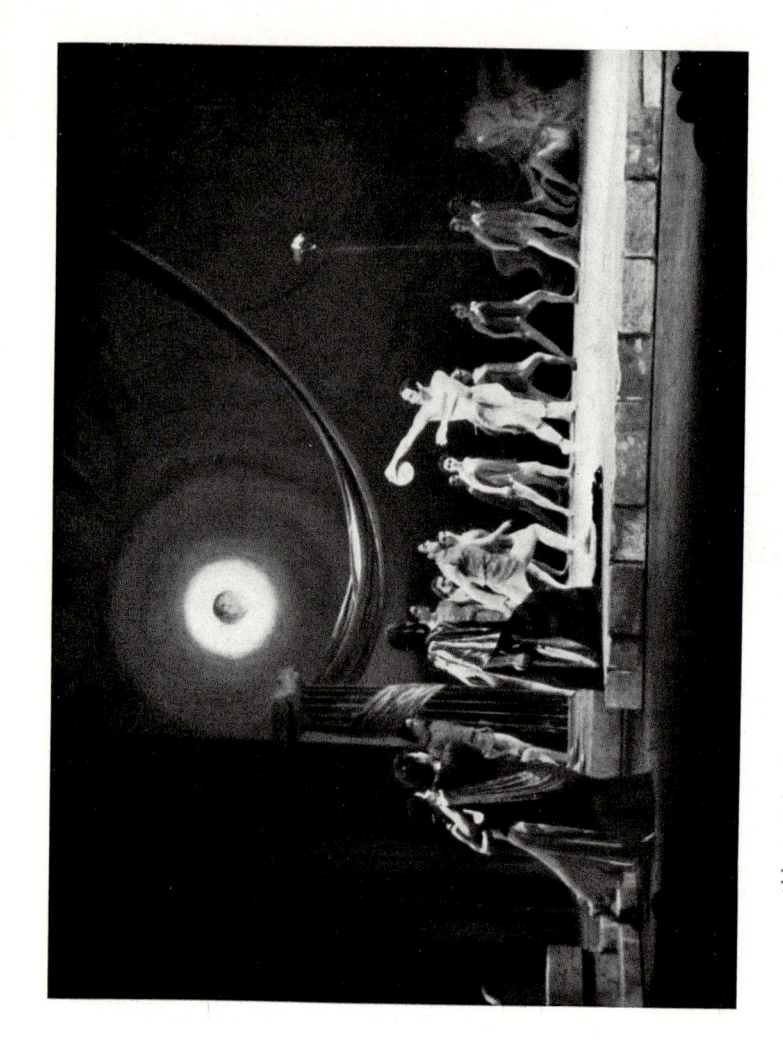

Abb. 46. Theodor Berger, Homerische Symphonie (Ballett). Wien, Staatsoper.

Abb. 47. Max Mell, Sieben gegen Theben. Berlin, Schauspielhaus.

Abb. 48. Richard Strauß, Die Liebe der Danae. Wien, Staatsoper.

Abb. 49. F. Bruckner, *Pyrrhus und Andromache*. Wien, Burgtheater.

Abb. 50. J. Cocteau, Orphée, 9. Szene (Orpheus, der soeben aus dem Jenseits zurückgekehrt ist, im Gespräch mit Heurtebise und Eurydice). Orpheus macht Miene, sich nach Eurydike umzukehren. — Eur.: „Vorsicht!" — Orpheus: „Oh!" (Er erstarrt.) — Szenenbild aus dem Film „Orphée", 1950.

Abb. 51. Odysseus flieht mit seinen Gefährten aus der Höhle des Polyphemos. Szenenbild aus dem Film „Die Fahrten des Odysseus", 1954.

Abb. 52. Die Troer haben das hölzerne Pferd in die Stadt gezogen und feiern den vermeintlichen Abzug der Griechen. Szenenbild aus dem Film „Die schöne Helena", 1956.

A

Ácca Laréntia (Larentía)

M.: In der Sage erscheint A. als römische Dirne und Geliebte des Herkules, ferner als Gattin des Hirten Faustulus und Nährmutter von Romulus* und Remus.[1]

R.: A. war eine italische Gottheit, deren Fest, die Larentalia, in Rom am 23. Dezember gefeiert wurde. Auf Grund ihrer Zugehörigkeit zum Kreise des Wolfsgottes Faunus* und ihrer Beziehungen zum Befruchtungsfeste der Lupercalia konnte A. als lupa (= Wölfin) auch zur Nährmutter des Romulus und Remus werden. Die Auffassung der A. als einer Dirne und Geliebten des Herkules, der gelegentlich als Doppelgänger des Faunus erscheint, steht im Zusammenhang mit der doppelten Bedeutung des lateinischen Wortes lupa (= Wölfin oder Dirne) und mag auf altes Brauchtum der römischen Befruchtungsfeste zurückgehen.[2]

[1] Liv. 1, 4, 7. Ov. Fast. 3, 55 ff. Plut. Rom. 4. Macrob. Sat. 1, 10, 17. —
[2] W. F. Otto, Wr. Stud. 35 (1913), 62—74. E. Tabeling, Mater Larum, Frankfurt a. M. 1932, 39—68. G. Hermansen, Studien über den italischen und römischen Mars, Kopenhagen 1940, 108 ff.

Acéstes s. Aeneas

Acheló(i)os, der größte Fluß Griechenlands (mündet zwischen Akarnanien und Aetolien ins Ionische Meer).

M.: A. ist als Flußgott Sohn des Okeanos* und der Tethys*.[1] Mit ihm muß Herakles* um den Besitz der Deianeira kämpfen.[2] Der Flußgott verwandelt sich dabei — eine allen Wasserwesen zukommende Eigenschaft — zuerst in eine Schlange, dann in einen Stier, dem Herakles ein Horn abbricht. Dem besiegten Nebenbuhler gibt Herakles sein Horn zurück und erhält dafür von ihm das Horn der Amaltheia*.[3] A. gilt als Vater der Sirenen* (Mutter: die Muse Melpomene).[4]

R.: Dem Hellenen konnte A. jeden Fluß oder das Wasser überhaupt bedeuten. Wahrscheinlich war A. ursprünglich ein mächtiger Wassergott, dessen Name sich erst später mit dem westgriechischen Fluß verband.[5] Der Flußgott in Stiergestalt war eine in der Antike weit verbreitete Vorstellung.

N.: P l a s t i k e n: Herakles und A., F. J. Bosio (1769—1845), Paris, Tuilerien (Bronze).

G e m ä l d e: Herakles und A., G. Reni (1575—1642), Paris, Louvre.
— Herakles, Besieger des A., J. Jordaens, 1649, Kopenhagen, Museum.

O p e r: La lotta d'Alcide con Acheloo, A. Steffani, 1689 (Text von H. Mauro).

Ballett: Herkules und A., P. Angiolini, 1810.

[1] Hes. Theog. 340. — [2] Vor dem Erscheinen des Herakles hat A. in dreifacher Gestalt, als Stier, als Schlange und als rindsköpfiger Mann, um Deianeira geworben: Soph. Trach. 9 ff. — [3] Soph. Trach. 9—21. Diod. 4, 35, 3 f. Ov. Met. 9, 1—88. Schol. Il. 21, 194. Hygin. Fab. 31. — [4] Apollod. Bibl. 1, 3, 4. Epit. 7, 18. Hygin. Fab. 141. — [5] Nilsson I 220 ff.

Achéron (Ácheron) s. Unterwelt

Achilléus (Achílleus), Sohn des Peleus* und der Thetis*, größter Held der Griechen im Kampf um Troia*

M.: Thetis will das sterbliche Erbteil ihres Sohnes vernichten und hält das Kind über eine Flamme; dabei wird sie von Peleus überrascht und muß ihr Werk abbrechen.[1] Der Vater bringt den kleinen A. dem Kentauren Cheiron* zur Erziehung. Der Kentaur füttert A. mit dem Mark und den Eingeweiden von Löwen, Ebern und Bären.[2]
Thetis weiß, daß ihrem Sohne bestimmt ist, vor Troia zu fallen. Deshalb versteckt sie ihn zu Beginn des troischen Krieges als Mädchen verkleidet am Hofe des Königs Lykomedes von Skyros.[3] Hier gewinnt er die Liebe der Königstochter Deidameia, die ihm den Neoptolemos* gebiert. Da Troia ohne A. nicht erobert werden kann, schicken die Griechen eine Gesandtschaft unter Führung des Odysseus* aus, die den jungen Helden ausfindig machen soll. Am

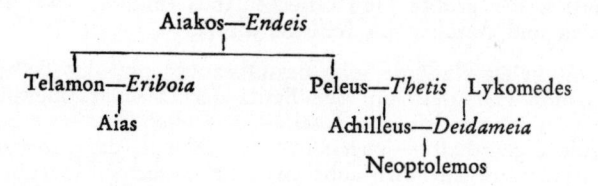

```
                    Aiakos—Endeis
            ┌────────────┴────────────┐
    Telamon—Eriboia            Peleus—Thetis   Lykomedes
            │                         │           │
          Aias                    Achilleus—Deidameia
                                          │
                                     Neoptolemos
```

Hofe des Lykomedes bedient sich Odysseus einer List: Er legt den Mädchen reichen Schmuck und Kleider, darunter auch eine Rüstung, vor. Dann läßt er überraschend die Kriegstrompete blasen. A. verrät sich sofort, indem er zu den Waffen greift.[4]
Nun zieht A. in den Krieg, wobei ihn sein Freund Patroklos*, sein alter Lehrer Phoinix* und die Myrmidonen auf 50 Schiffen begleiten. Auf der Fahrt nach Troia landen die Griechen in Mysien; hier verwundet A. den König Telephos* im Kampf.[5] Auf der Insel Tenedos tötet er den Tenes, der eine feindselige Haltung zeigt.[6] Bei der Landung vor Troia erschlägt er den gewaltigen Kyknos, einen Sohn des Poseidon*.[7] Noch vor Beginn der Belagerung erlegt A. den Troilos*, einen Sohn des Priamos und der Hekabe, sowie den Lykaon;[8] ferner erobert er zahlreiche asiatische Städte.
Im zehnten Jahr der Belagerung nimmt Agamemnon* als Oberbefehlshaber A. seine Lieblingssklavin Briseis* weg. Nun zieht sich der Held grollend vom Kampf zurück. Seine Mutter Thetis bittet

Zeus*, den Troern Sieg zu verleihen. Beide Heere rücken gegeneinander vor; Paris* und Menelaos* liefern einen Zweikampf. Diomedes* zeichnet sich auf Seite der Griechen, Hektor* auf Seite der Troer besonders aus. Als die Griechen arg bedrängt werden, sendet Agamemnon Odysseus, Aias* und Phoinix zu A., um ihn zur Teilnahme am Kampfe zu bewegen. Die Rückgabe der Briseis und reiche Geschenke werden ihm versprochen; A. läßt sich nicht umstimmen.[9] Die stärksten Vorkämpfer der Griechen werden verwundet, Hektor dringt in das griechische Lager ein. Die Troer stoßen bis zu den Schiffen vor, Hektor wirft Feuer in die Schiffe der Griechen.[10] In diesem Augenblick höchster Not gibt A. seinem Freunde Patroklos die eigene Rüstung und läßt ihn an der Spitze der Myrmidonen in den Kampf eingreifen. Patroklos treibt die Troer zurück, verfolgt sie aber zu weit und wird von Hektor im Zweikampf getötet. Die Rüstung des A. fällt in die Hände Hektors.[11] Thetis bringt ihrem Sohn eine neue, von Hephaistos* geschmiedete Rüstung, und nun stürzt sich A. im Zorn über den Tod des Patroklos in den Kampf. Furchtbar wütet er in den Reihen des Feindes. Mit Hilfe des Hephaistos überwindet er den Flußgott Skamandros, der sich ihm entgegenstellt.[12] Schließlich bleibt von allen Troern nur mehr Hektor außerhalb der Stadtmauern. Nachdem er ihn dreimal um die Stadt gejagt, tötet A. den stärksten Gegner im Zweikampf, bindet die Leiche an seinen Wagen und schleift sie ins griechische Lager.[13] Den Patroklos läßt er feierlich bestatten und zu seinen Ehren Leichenspiele veranstalten.[14] Als der greise Priamos im Lager erscheint und um die Leiche seines Sohnes bittet, gibt A. sie ihm zur Bestattung heraus.[15]

Nach dem Tode Hektors kommt die Amazonenkönigin Penthesileia* mit einem Heer den Troern zu Hilfe. A. besiegt die Amazonen und tötet Penthesileia im Kampf.[16] Auch der Aithioperfürst Memnon*, ein weiterer Bundesgenosse der Troer, fällt von der Hand des A.[17] — Der Held selbst erliegt im Kampf vor den Toren Troias einem Pfeil des Paris, den Apollon* lenkt.[18] Nach einer Version der Sage badete Thetis den neugeborenen A. im Styx, so daß er unverwundbar wurde bis auf die eine Stelle, an der ihn die Göttin hielt, die Ferse: gerade hier trifft ihn jetzt der tödliche Pfeil.[19] Nach einer anderen Überlieferung liebt A. die Troerin Polyxene*, eine Tochter des Priamos und der Hekabe. Er kommt unbewaffnet zu einer Verabredung in den Tempel des thymbraeischen Apollon und wird hier von Paris (und Deiphobos) ermordet.[20] — Bei der Leichenfeier zu Ehren des A. veranstalten die Griechen Wettkämpfe; Thetis und die Nereiden* beklagen den Tod des Helden. Die Rüstung des A. wird nach einem Streit zwischen Aias* und Odysseus dem Odysseus zugesprochen.[21]

R.: Eine Reihe von antiken Belegen deutet darauf hin, daß A. im Mutterlande Hellas als Gott kultische Verehrung genoß.[22]

N.: Die Handlung der Ilias ruht auf dem Groll des A. als zentralem Motiv. Aischylos schrieb eine Tragödie „Psychostasia", die den

Zweikampf zwischen A. und Memnon behandelte, und eine andere über den Streit um die Waffen des A. Von diesen Tragödien besitzen wir ebenso wie von den „Skyriern" des Euripides (Jugendgeschichte des A.) nur Fragmente.²³ Der römische Dichter Statius widmete der Heldengestalt des A. sein Epos „Achilleis". Auf Vasenbildern und Wandgemälden begegnen wir sehr häufig Szenen aus der A.-Sage.

Plastik: A., R. Westmacott (1775—1856), London, Hyde Park. — A. und Penthesilea, F. Kaan, Wien, Rathaus.

Gemälde: A. unter den Töchtern des Lykomedes, Römisches Wandgemälde aus Pompeji, um 65—70 n. Chr., Neapel, Mus. Naz. — Die Erziehung des A., G. B. de Rossi (1494—1541), Fontainebleau (Fresko). — A. bei den Töchtern des Lykomedes, A. van Dyck, vor 1618, Madrid, Prado. — Der Zorn des A., Rubens, um 1620 bis 22, früher Berlin, Privatbesitz. — Der Tod des A., Rubens, um 1620—22, früher Berlin, Kaiser-Friedrich-Museum. — Geschichte des A., Rubens, um 1635, Folge von Wandteppichen, Skizzen, Rotterdam, Boymans-Museum. — A. und die Töchter des Lykomedes, P. Lemaire (ca. 1612—88), Los Angeles, County-Museum. — A. mit der Leiche Hektors, D. Creti (1671—1749), Bologna. — Entdeckung des A., Tiepolo (1696—1770), Castelgomberto, Conte da Schio. — A. bei den Töchtern des Lykomedes, P. Batoni (1708—87), Florenz, Uffizien. — Die Griechenfürsten im Zelt des A., J. A. Carstens (1754—98), früher Berlin, Nationalgalerie (Karton). — Priamos vor A., J. A. Carstens, ebenda (Karton). — A. auf Skyros, J. A. Nahl, 1801. — A. und Chiron, H. Marées (1837—87), Winterthur.

15 Lithographien: A., M. Slevogt, 1908.

Dramat. Bearbeitungen: Achilleis, A. Loseti (um 1365 bis 1441). — La mort d'Achille, A. Hardy, 1607. — Achille, Th. Corneille, 1673. — Achille, L. Savioli, 1761. — Briséis ou la colère d'Achille, Poinsinet de Sivry, 1763. — Achille à Scyros, J. Ch. Luce de Lancival (1764—1810). — A. auf Skyros, J. Ch. G. Zimmermann, 1808. — A. auf Skyros, R. H. Klausen, 1831. — A., E. Palleske, 1835. — Déidamie, Th. Banville, 1876 (Komödie). — A. in Sycros, R. Bridges, 1890. — Der Untergang des A., A. Chr. Kalischer, 1893. — Der Zorn des A., W. Schmidtbonn, 1909. — A., E. Rosmer, 1910. — Achille vengeur, A. Suarès, 1922. — A. unter den Weibern, H. Jüngst, 1940.

Epen: Ilias, Homer, 8. Jh. v. Chr. — Achilleis, P. Papinius Statius, 2. Hälfte d. 1. Jh. n. Chr. — Achilleis, Goethe, 1799.

Dichtung: The island of youth, E. Shanks, 1921.

Novelle: Der Tod des A., W. Seidel, 1936.

Oratorium: A., M. Bruch, 1885 (Text von H. Bulthaupt).

Opern: Deidamia, P. F. Cavalli, 1644. — Achille in Sciro, A. Draghi, 1663 (Text von Ximenes). — A. in Tessaglia, A. Draghi,

1681 (Text von Minato). — A. et Polyxène, Lully, 1687 (Text von Campistron). — Achille e Deidamia, Scarlatti, 1698 (Text von Paglia). — Achille placado, A. Lotti, 1707 (Text von Rizzi). — A. et Déidamie, A. Campra, 1735 (Text von A. Danchet). — A. in Sciro, Text von Metastasio, 1736, wiederholt vertont, zuerst von A. Caldara, ferner u. a. von N. Jommelli 1749 und 1772, J. A. Hasse 1759, F. L. Gaßmann 1766, J. G. Naumann 1767, P. Anfossi 1774, G. Paisiello 1777, G. Pugnani 1785. — Deidamia, Händel, 1739. — Achille nell' assedio di Troia, Cimarosa, 1797. — A. à Scyros, L. de Rillé, 1857 (Text von E. Alley u. Delmara, Operette). — A. chez Chiron, F. Barbier, 1864. — Deidamia, H. Maréchal, 1893 (E. Noël). — A. chez Lycomède, E. Marti, 1913 (Text von Brunel de Rieux, Operette).

B a l l e t t e: A. reconnu par Ulisse, Cannabich, 1774. — A. in Sciro, Cherubini, 1804. — A., R. Blum, 1813. — Achille, De Gussem, 1900. — A. auf Skyros, E. Wellesz, 1926.

L i t e r a t u r: A. de Vita, Il mito di Achille, Turin 1932. — A. Rivier, La vie d'Achille illustrée par les vases grecs, Lausanne 1936. — E. Bickel, Die Skyrier des Euripides und der Achilles des Livius Andronicus, in: Rhein. Mus. 86 (1937), 1—22. — H. Pestalozzi, Die Achilleis als Quelle der Ilias, Erlenbach-Zürich 1945. — G. Méautis, Achille et le problème de la mort, in: Mythes inconnus de la Grèce antique, Paris 1949, 93—248.

[1] Apoll. Rhod. 4, 869 ff. Apollod. Bibl. 3, 13, 6. Schol. Lykophr. 178. — [2] Eur. Iph. Aul. 703 f. Apollod. Bibl. 3, 13, 6. Schol. Il. 16, 37. — [3] Philostr. Imag. 1. Apollod. Bibl. 3, 13, 8. Schol. Il. 9, 668. Stat. Achill. 1, 207 ff. — Über den Mädchennamen des A. waren die antiken Mythographen nicht einig; daher die Fangfrage des Kaisers Tiberius an die Grammatiker: „Wie hieß A., als er unter den Mädchen lebte?" (Suet. Tib. 70). — [4] Apollod. Bibl. 3, 13, 8. Hygin. Fab. 96. Stat. Achill. 2, 167 ff. — [5] Ep. Graec. Fr. 18 f. Kinkel. Apollod. Epit. 3, 17. — [6] Apollod. Epit. 3, 26. — [7] Pind. Ol. 2, 90 f. Aristot. Rhet. 1396 b 16—18. Apollod. Epit. 3, 31. Ov. Met. 12, 70 ff. — [8] Hom. Il. 21, 34 ff. Apollod. Epit. 3, 32. Dio Chrys. 11, 77. Verg. Aen. 1, 474 ff. — [9] Il. 22. — [10] I. 12, 436 ff; 15, 716 ff. — [11] Il. 16 u. 17. — [12] Il. 21, 211 ff. — [13] Il. 22. — [14] Il. 23. — [15] Il. 24, 169 ff. — [16] Diod. 2, 46, 5. Apollod. Epit. 5, 1. Quint. Smyrn. 1, 18 ff., 227 ff., 538 ff. Schol. Lykophr. 999. — [17] Pind. Ol. 2, 90 f. Apollod. Epit. 5, 3. — [18] Apollon allein tötet A.: Il. 21, 277 f. Soph. Phil. 334 f. Plat. Staat 383 AB. Hor. Carm. 4, 6, 1 ff. — Paris allein schießt den tödlichen Pfeil ab: Eur. Andr. 655. Hek. 387 f. — Apollon lenkt den Pfeil des Paris: Apollod. Epit. 5, 3. Verg. Aen. 6, 56 ff. Ov. Met. 12, 597 ff. — Apollon tritt in Gestalt des Paris auf: Hygin. Fab. 107. — [19] Ep. Graec. Fr. 33 f. Kinkel. Apollod. Epit. 5, 3. Serv. Aen. 6, 57. — Daher das noch heute gebräuchliche Wort Achilles-Ferse. — [20] Philostr. Heroikos 20, 16 f. Hygin. Fab. 110. Serv. Aen. 3, 321; 6, 57. — [21] Hom. Od. 11, 543 ff. und Schol. 547. Pind. Nem. 8, 26 f. Aristot. Poet. 1459 b 4 f. Apollod. Epit. 5, 6. Quint. Smyrn. 5, 121 ff. — [22] Wilamowitz II 9, A. 4. Den Namen A. wollten M. Ventris und J. Chadwick bei der Entzifferung der kretischen Silbenschrift Linear B auf einer Tafel aus Knossos (gegen 1400 v. Chr.) lesen: Journ. Hell. Stud. 73 (1953), S. 94. — [23] Aisch. Fr. 279 f. N. Eur. Fr. 682—686 N.

Ácis s. Polyphemos

Ádmetos (Admétos), Gemahl der Alkestis

Ádonis (Adónis), Sohn des Kinyras und der Myrrha (oder Smyrna)[1]
M.: Aphrodite * liebt den schönen Jüngling, der auf der Jagd von einem Eber getötet wird. Die Göttin ist über den Verlust untröstlich und erbittet von Persephone*, daß A. jedes Jahr sechs Monate auf der Erde verbringen darf.[2]
R.: A. ist asiatischer, vielleicht phoinikischer Herkunft (phoinik. Adon = Herr).[3] Der A.-Mythos versinnbildlicht ähnlich wie der Attis-Kybele-Mythos das alljährliche Sterben und Wiedererwachen in der Natur. Im Spätsommer[4] feierte man, besonders die Frauen, das A.-Fest, bei dem schnell aufschießende und welkende Blumen in den sog. A.-Gärtlein (einer Art von Blumentöpfen oder Krügen) auf dem Dache aufgestellt und Klagelieder auf den toten A. gesungen wurden. Über das attische A.-Fest, die sog. Adonia, sind wir durch Literatur und Vasenbilder unterrichtet.[5] Das Fest des mit Aphrodite verbundenen Gottes war bei den Hetären besonders beliebt.[6]
N.: Ein eindrucksvolles Bild einer A.-Feier im ptolemaeischen Alexandreia gibt uns der 15. Mimos des Theokrit (entstanden vor 270 v. Chr.).

P l a s t i k e n: Sterbender A., Vincenzo de' Rossi (früher Michelangelo zugeschrieben), Florenz. — Venus und A., Canova, 1794, Eaux-Vives, Privatbesitz. — A., Thorwaldsen, 1832, München, Neue Pinakothek. — Sterbender A., Rodin, 1893, Paris, Musée Rodin.

G e m ä l d e: A. und Aphrodite, Röm. Wandgemälde aus Pompeji, Haus des A. — Der Tod des A., G. B. de Rossi (1494—1541), Fontainebleau (Fresko). — Venus und A., Tizian, 1554, Madrid, Prado. — Venus und A., P. Veronese, um 1570—75, Madrid, Prado. — Venus und A., B. Spranger (1546—1611), Wien, Kunsthist. Museum. — Der Tod des A., Chr. Schwarz (1545—92), Wien, Kunsthist. Museum. — Venus und A., A. Carracci, um 1595, Wien, Kunsthist. Museum. — Venus und A., Guercino (1591—1666), früher Dresden, Gemäldegalerie. — Der Tod des A., Domenichino, um 1602—03, Rom, Pal. Farnese. — Venus und A., Rubens, 1609—10, Düsseldorf, Akademie. — Venus und A., H. Goltzius, 1614, München, Alte Pinakothek. — Venus und A., T. Testa (1611—50), Wien, Akad. d. bild. Künste. — Venus und A., J. Ribera, 1637, Rom, Gall. Corsini. — Venus und A., F. Lemoyne (1688—1737), Stockholm, Nationalmuseum.

D r a m a t. B e a r b e i t u n g e n: Adona, J. Gundulić, 1628. — A., A. Steffen, 1935.

E p o s: Adone, G. Marino, 1623.

D i c h t u n g e n: Die Syrakusanerinnen oder Die Frauen beim Adonisfest, Theokrit, vor 270 v. Chr. (Mimos). — Totenklage auf A., Bion, 2. Jh. v. Chr.

S y m p h o n. D i c h t u n g: A., Th. Dubois, 1899.
O r a t o r i u m: Adonias, Bernasconi, 1746.
O p e r n: Adone, J. Peri, 1620 (Text von Cicognini). — Adone, Monteverdi, 1639 (Text von P. Vendramin). — Adone, Cirillo, 1656 (Text von Paolella). — A., R. Cambert, 1662 (Text von Perrin). — Adone in Cipro, Legrenzi, 1676 (Text von Fattorini). — Les amours de Vénus et A., M. A. Charpentier,1680. — Der geliebte A., R. Keiser, 1697 (Text von Chr. H. Postel). — A., H. Stölzel, 1728. — A. et Venere, Pugnani, 1784 (Text von Boltri). — A., A. Georges, 1909 (Text von de Villers).
B a l l e t t: A., de Lalande, 1698.
L i t e r a t u r: J. G. Frazer, A., Attis, Osiris, London 1906. — E. Reiner, Die rituelle Totenklage bei den Griechen, Tübingen 1938, 105 ff. — P. Lambrechts, Over Griekse en oosterse mysterie godsdiensten: de zgn. Adonismysteries, Brüssel 1954.

[1] Ov. Met. 10, 298 ff. Schol. Theokr. 1, 107. Serv. Ecl. 10, 18. Aen. 5, 72. — [2] Schol. Theokr. 3, 48. Vgl. Apollod. Bibl. 3, 14, 4. — [3] Apollod. Bibl. 3, 14, 4. Hygin. Fab. 58. Kern II 230. — [4] Die Ansichten der modernen Gelehrten über den Zeitpunkt der A.-Feiern (Frühjahr oder Spätsommer) sind geteilt; Literatur bei Nilsson I 689 A. 3. — [5] Deubner 220 ff. — [6] Kern II 231. Eine andere Deutung (Frazer, Deubner) sieht in den A.-Feiern einen ursprünglich sympathetischen Fruchtbarkeitszauber, bei dem es vor allem auf das schnelle Aufsprießen der Pflanzen ankam. Die Klage um den toten A. sei eine sekundäre Anthropomorphisierung: Deubner 221 f.

Adrásteia (Adrasteía), ursprünglich eine troisch-phrygische Berggöttin, wurde etwa ab 400 v. Chr. mit Nemesis* verbunden und ihr gleichgesetzt.[1]

[1] Antimachos, Fr. 43 K.

Ádrastos (Adrástos), Sohn des Talaos und der Lysimache, Bruder der Eriphyle, König von Argos

M.: Polyneikes*, der aus Theben flüchten mußte, und der aus Kalydon vertriebene Tydeus* treffen in Argos aufeinander und geraten in Streit um das Nachtlager. A. erkennt auf den Schilden der Kämpfenden einen Eber und einen Löwen, schlichtet ihren Streit, nimmt sie auf Grund eines Orakelspruches in sein Haus auf und gibt ihnen seine Töchter Argeia und Deipyle zur Ehe.[1] Zu-

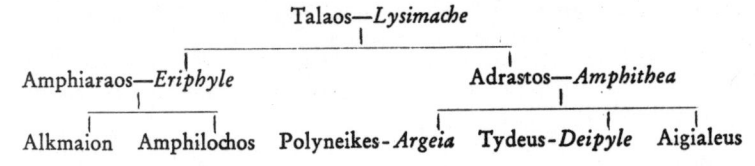

```
                    Talaos—Lysimache
          ┌──────────────┴──────────────┐
Amphiaraos—Eriphyle              Adrastos—Amphithea
    ┌─────┴─────┐            ┌──────────┼──────────┐
 Alkmaion  Amphilochos   Polyneikes-Argeia  Tydeus-Deipyle  Aigialeus
```

gleich verspricht er ihnen, sie wieder in ihre Heimat zurückzuführen. A. sammelt ein Heer und führt den Zug der Sieben gegen

Theben (s. Polyneikes). Als einziger überlebender Führer des Argeierheeres flieht A. nach Athen und erreicht mit Unterstützung des Theseus* von Kreon die Herausgabe der Leichen der Gefallenen (vgl. Antigone).

R.: Der Name A. bedeutet im Griechischen: „Dem man nicht entrinnen kann". Das Grab des Heros A. auf dem Marktplatz in Sikyon (Peloponnes) wurde in historischer Zeit kultisch verehrt. Kleisthenes, Tyrann von Sikyon (um 600 v. Chr.), versuchte während eines Krieges mit Argos diese Verehrung zu unterbinden.[2] — Robert sah in A. einen ursprünglichen Gott, der dem Dionysos* verwandt gewesen sei.[3]

N.: D r a m a t. B e a r b e i t u n g: A., E. Reinacher, 1922.

O p e r n: A., F. Preu, 1785. — A., Schubert, 1815 (Fragment).

[1] Eur. Phoin. 408 ff. und Schol. 409. Hik. 132 ff. Apollod. Bibl. 3, 6, 1. Hygin. Fab. 69. Stat. Theb. 1, 370 ff. — [2] Hdt. 5, 67. — [3] Robert 911.

Aedón s. Prokne

Aegísthus s. Aigisthos

Aenéas (griech. Aineías), Sohn des Anchises* und der Aphrodite*,[1] troischer Held

M.: Während des troischen Krieges besteht A. einen Zweikampf mit Diomedes*. Als er von einem schweren Stein des Gegners getroffen zusammenbricht, trägt ihn Aphrodite aus dem Kampf.[2] Bei der Eroberung Troias zieht A. mit seinem greisen Vater auf den Schultern aus der Stadt, ohne von den Griechen behelligt zu werden; die Stadtgötter nimmt er auf den Berg Ida mit. Auf dieser Flucht aus dem brennenden Troia verliert A. seine Gattin Kreusa, rettet aber seinen Sohn Ascanius* (Iulus).[3] Über Thrakien und Delos segelt er nach Italien. Unterwegs besteht er im Ionischen Meer ein Abenteuer mit den Harpyien*[4] und trifft in Epirus mit dem Troer Helenos zusammen, der nach dem Tode des Neoptolemos* Andromache* geheiratet und einen Teil des Reiches übernommen hat.[5] Auf Sizilien wird A. von Acestes freundlich aufgenommen; Anchises stirbt und wird auf dem Berg Eryx begraben.[6] Ein Sturm vernichtet den Großteil der Schiffe und verschlägt den Helden nach Afrika, wo er von der Königin Dido*, der Gründerin Karthagos, gastfreundlich aufgenommen wird. Dido liebt A. und will ihn für immer bei sich behalten. Den Helden jedoch führt das Schicksal in seine neue Heimat Italien.[7] Er landet bei Cumae (Kyme) und besucht mit der berühmten cumanischen Sibylle* die Unterwelt.[8]

Sein weiterer Weg führt ihn nach Latium, wo ihm der König Latinus die Hand seiner Tochter Lavinia und den Platz zur Gründung einer neuen Stadt anbietet. A. muß einen schweren Kampf mit den Rutulern und ihrem König Turnus ausfechten, der sich ebenfalls um Lavinia bewirbt. Turnus fällt im Zweikampf. A. übernimmt als Nachfolger des inzwischen gestorbenen Latinus und Gatte der Lavinia die Herrschaft und gründet die Stadt Lavinium. Sein Sohn Iulus gründet Alba Longa, dessen Tochterstadt Rom werden sollte.[9]

R.: Die Stellung des A. in der Ilias — er ist neben Hektor* der stärkste Troer — und die Erzählung seiner göttlichen Abstammung im Aphrodite-Hymnos wird mit einem in der Troas herrschenden Fürstengeschlecht (Aineiaden) in Zusammenhang gebracht, das seinen Stammbaum auf A. zurückführte. Als Gründer Roms erscheint A. in der griechischen Literatur seit dem 5. Jh. (Hellanikos).[10] Archäologische Funde der jüngsten Vergangenheit beweisen aber die Vertrautheit der Etrusker mit der Gestalt des A., der seinen Vater aus Troia rettet, mindestens um die Wende vom 6. zum 5. Jh., so daß A. auf diesem Wege (über die Etrusker) zu den Römern gekommen sein dürfte.[11] Gelegentlich wurde A. auch als Vater der Zwillinge Romulus* und Remus aufgefaßt. Später schob man zwischen die Gründung von Lavinium und Rom noch die Erbauung von Alba Longa ein, die man dem Ascanius zuschrieb.[12] Aus Gründen der Chronologie, um die Lücke zwischen dem Falle Troias (auf 1184 v. Chr. datiert) und der Gründung Roms zu überbrücken, fügte man noch die Albanische Königsliste dazu.
Die Begegnung von A. und Dido und ihre romanhafte Ausgestaltung sind wohl römische Erfindung.[13] Die Römer sahen in A. nicht vornehmlich den Kriegshelden, sondern den Mann des Friedens. Durch seine vorbildliche Pflichterfüllung gegenüber den Göttern seiner Heimat und gegenüber dem greisen Vater war er zur Verkörperung der echt römischen Grundhaltungen der religio und pietas gleichsam prädestiniert.
Daß Vergil in seinem Epos A. als den makellosen Helden und Göttersohn verherrlichte, erklärt sich im besonderen daraus, daß Kaiser Augustus — wie die Julier überhaupt seit dem 2. Jh. — ihn als Ahnherrn seines Hauses betrachtete.

N.: G e m ä l d e: Abschied des A. von Dido, Tintoretto, 1550—60, Braunschweig, Museum. — A. und Dido, G. Reni (1575—1642), Kassel. — Schiffbruch des A., Rubens, 1630—35, früher Berlin, Kaiser-Friedrich-Museum. — A. und Dido auf der Jagd, N. Poussin (1594—1665), Madrid, Prado. — A. auf der Hirschjagd an der libyschen Küste, Cl. Lorrain (1600—82), Brüssel, Museum. — A. mit seiner Familie auf der Flucht, L. Giordano (1632—1705), Madrid, Prado. — A., Tiepolo, 1762—63, Madrid, Königspalast (Deckenfresko). — A. und Dido im Schiff, W. Turner, 1850, London, Tate-Gallery.

D r a m a t. B e a r b e i t u n g: Pious A., M. Barring (1874—1945). E p e n: Aeneis, Vergil, 29—19 v. Chr. — Eneit, Heinrich v. Veldeke, vor 1190.

D i c h t u n g: Homer. Hymnos an Aphrodite, 7. Jh. v. Chr.

O p e r n: Le nozze d'Enea con Lavinia, Monteverdi, 1641. — Enea in Italia, C. Pallavicini, 1675 (Text von Bussani). — Enea in Italia, G. A. Bernabei, 1678 (Text von Taszago). — Enea in Italia, A. Draghi, 1678 (Text von Minato). — Aeneae, des trojanischen Fürsten, Ankunft in Italien, J. W. Franck, 1680 (Text von J. Ph. Förtsch). — Enée et Lavinia, P. Colasse, 1690 (Text von Fontenelle). — Turno Aricino, A. Scarlatti, 1720. — Enea negli Elisi, J. J. Fux, 1731 (Text von Metastasio). — Enea nel Lazio, N. Jommelli, 1755 (Text von Verazi). — Enea e Lavinia, Traetta, 1761 (Text von Sanvitale). — Enea in Cuma, N. Piccini, 1775 (Text von Mililotti). — Enea e Lavinia, A. M. G. Sacchini, 1779. — Enea in Cartagine, C. Monza, 1784 (Text von d'Orengo). — Enea nel Lazio, V. Righini, 1793 (Text von Filistri). — A. i Karthago, J. M. Kraus, 1799 (Text von Kellgren).

Ballette: Enea in Italia, F. Gaßmann, 1765. — Enea e Lavinia, G. Toeschi, 1770. — Enea e Lavinia, Piambanti, 1780. — Enea e Turno, Canavasso, 1784. — Enea in Cartagine, L. Capotorti, 1800. — A. in Karthago, M. Umlauff, 1811.
Vgl. auch Anchises!

Literatur: L. Malten, Aineias, in: Archiv f. Religionswissenschaft 29 (1931), 33—59. — H. Boas, Aeneas' Arrival in Latium, Amsterdam 1938. — J. Perret, Les origines de la légende troyenne de Rome (281—31), Paris 1942. — F. Bömer, Rom und Troia. Untersuchungen zur Frühgeschichte Roms, Baden-Baden 1951, 11—49.

[1] Hom. Il. 2, 819 ff.;5, 311 ff. Hes. Theog. 1008 ff. — [2] Hom. Il. 5, 239 ff. — [3] Xenoph. Kyneget. 1, 15. Apollod. Epit. 5, 21. Verg. Aen. 2, 699 ff. Quint. Smyrn. 13, 315 ff. — [4] Verg. Aen. 3, 210 ff. — [5] Verg. Aen. 3, 294 ff. — [6] Verg. Aen. 3, 708 ff.;5, 28 ff. — [7] Verg. Aen. 4. — [8] Verg. Aen. 6. — [9] Kampf und Sieg des A. in Latium: Verg. Aen. 7—12. — [10] Robert 1526. — [11] F. Bömer, Rom und Troia, S. 14 ff. — [12] Robert 1531. — [13] J. Perret, Les origines de la légende troyenne de Rome, S. 90—100, nimmt an, daß die Sage von einem Aufenthalt des A. in Karthago zur Zeit d. Naevius (3. Jh.) entstanden sei.

Aerópe (Aérope), Gattin des Atreus

Aesculápius s. Asklepios

Aéson (Aison), Sohn der Tyro; s. auch Medeia

Agamémnon, Sohn des Atreus* und der Aerope, Bruder des Menelaos*

M.: Als Aigisthos* den Atreus erschlägt und seinen Vater Thyestes* auf den Thron von Argos zurückführt, flüchtet A. mit Menelaos nach Aitolien. Tyndareos führt die Brüder mit Waffengewalt nach Argos zurück, und A. wird König von Mykenai. Menelaos heiratet Helene*, A. Klytaimestra, nachdem er ihren ersten Gatten Tantalos, einen Sohn des Thyestes, und ein Kind der beiden beseitigt hat.[1] Aus der Ehe A.s mit Klytaimestra gehen drei Töchter, Chrysothemis, Elektra*, Iphigeneia*, und ein Sohn, Orestes*, hervor.[2]

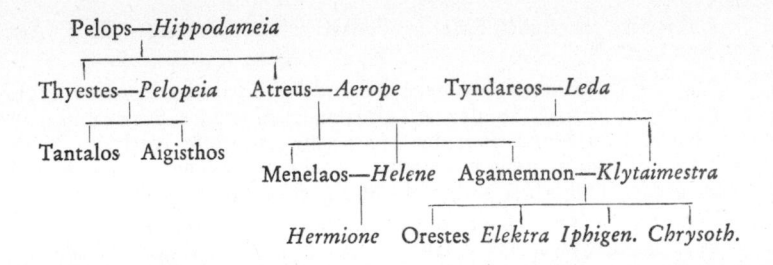

```
         Pelops—Hippodameia
    ┌─────────┴─────────┐
Thyestes—Pelopeia   Atreus—Aerope    Tyndareos—Leda
    │           ┌───────┴───────┐         │
Tantalos Aigisthos    Menelaos—Helene  Agamemnon—Klytaimestra
                          │        ┌────┬────┴┬────────┐
                      Hermione  Orestes Elektra Iphigen. Chrysoth.
```

Nach der Entführung der Helene durch Paris* wendet sich Menelaos an seinen Bruder A., der nun ein griechisches Heer sammelt und dessen Oberbefehl übernimmt. Als die vereinigte griechische Flotte von Aulis ausfahren will, wird sie durch Stürme (nach anderer Version durch Windstille) zurückgehalten. A. hat auf der Jagd eine der Artemis* heilige Hirschkuh erlegt, und der Zorn der Göttin verwehrt nun der Flotte die Ausfahrt. Der Seher Kalchas* erklärt, die Göttin ließe sich nur durch die Opferung von A.s Tochter Iphigeneia umstimmen. A. entschließt sich schweren Herzens zu diesem Schritt, und die Flotte läuft gegen Troia aus.[3]

Im zehnten Jahr der Belagerung verschuldet A. den Groll des Achilleus*, den Homer in der Ilias besingt. Der Priester Chryses ersucht gegen Lösegeld um die Rückgabe seiner Tochter Chryseis*, die sich als Sklavin im Besitze A.s befindet. Auf die Weigerung des Königs betet Chryses zu Apollon*, der eine Pest ins Lager der Griechen sendet. Nun muß A. die Chryseis herausgeben, nimmt aber dafür kraft seines Oberbefehls dem Achilleus die Lieblingssklavin Briseis* weg. Achilleus zieht sich daraufhin grollend vom Kampf zurück.[4] A. selbst zeichnet sich zwar auch in der Schlacht aus,[5] ist aber gelegentlich schon entschlossen, den Feldzug aufzugeben und nach Griechenland zurückzukehren.[6] Nach dem Eingreifen des Achilleus in den Kampf wendet sich das Schlachtenglück.

Nach der Eroberung Troias kehrt A. mit der Seherin Kassandra*, die ihm als Sklavin zugefallen ist, siegreich in die Heimat zurück. Seine Gattin Klytaimestra hat inzwischen mit Aigisthos*, dem Sohne des Thyestes, die Ehe gebrochen. Die beiden sind zur Ermordung A.s entschlossen. Unmittelbar nach der Ankunft wirft Klytaimestra ihrem Gatten im Bade ein Netz über den Körper und erschlägt ihn, da er sich nicht wehren kann, mit einer Axt; auch Kassandra wird ermordet. Aigisthos übernimmt nun offiziell als Nachfolger A.s die Herrschaft.[7] A.s Tochter Elektra rettet ihren kleinen Bruder Orestes* und läßt ihn nach Phokis bringen, wo er als Rächer seines Vaters aufwächst.

R.: In Chaironeia (Boiotien) wurde in historischer Zeit ein „Szepter des A.", ein alter Speer, der wahrscheinlich aus einem Heroengrab stammte, durch tägliche Opfer verehrt;[8] Robert sah darin einen alten Fetisch.[9] Auf die Verehrung des Heerkönigs A. als eines zum

Halbgott erhobenen Heros deutet die Anrufung „Zeus Agamemnon".[10]

N.: Die Opferung Iphigeneias behandelte Euripides in seiner „Iphigeneia in Aulis", in der A. als unentschlossener Schwächling erscheint. Den Mord nach der Heimkehr gestaltete Aischylos in der ersten Tragödie seiner Orestie, Seneca in seinem „Agamemno". Alle drei Tragödien sind vollständig erhalten.

D r a m a t. B e a r b e i t u n g e n: A. (1. Teil der Trilogie „Oresteia"), Aischylos, 458 v. Chr. — A., L. A. Seneca (gest. 65 n. Chr.). — Die mörderisch Königin Clitimestra, Hans Sachs, 1554. — Clitemnestra, P. Matthieu, 1589. — A., Boyer, 1680. — A., J. Thomson,1738. — A., V. Alfieri, 1776. — A., G. A. Halem, 1794. — A., L. Lemercier, 1797. — Klytämnestra, E. Tempeltey, 1857. — Klytämnestra, G. Siegert, 1871. — Klytämnestra, A. Ehlert, 1881. — A., G. Kastropp, 1890. — Klytämnestra, E. König, 1901. — Clytaemnestra, A. Graves, 1903. — A., H. Klein, 1912. — A., F. Brügel, 1923. — A.s Tod, G. Hauptmann, 1944. — A., R. Bayr, 1948. — Der Spiegel der Helena, O. Brües, 1949.

D i c h t u n g e n: The shades of A. and of Iphigeneia, W. S. Landor, 1836. — Clytemnestra, R. Lytton, 1855.

S y m p h o n. D i c h t u n g: A. muß sterben, P. Angerer, 1955.

V e r t o n u n g e n: A. des Aischylos, W. Parratt, 1880; H. Porry, 1909; E. Romagnoli, 1914; C. A. Gibbs, 1921.

O p e r n: Clitemnestra, F. Stefano, 1703. — Clitemnestra, N. Piccini, 1787. — Clitemnestra, N. Zingarelli, 1800 (Text von Salvi). — A., G. Treves, 1847 (Text von Perone). — A., G. Travaglini, 1856. — Klytämnestra, R. Prochazka, 1896.

B a l l e t t e: A., F. Aspelmeyer, 1771. — A., J. Starzer, 1774. — A., C. Pugni, 1828.

L i t e r a t u r: E. Kalinka, A. in der Ilias, Wien 1943.

[1] Eur. Iph. Aul. 1148 ff. Apollod. Epit. 2, 15 f. Paus. 2, 18, 2. 2, 22, 2 f. — [2] Dies die in der Tragödie geläufigen Namen. Homer nennt als Töchter A.s Chrysothemis, Laodike und Iphianassa: Il. 9, 144 f. — [3] Ep. Graec. Fr. 19 Kinkel. Eur. Iph. Aul. 87 ff., 358 ff., 1541 ff. Apollod. Epit. 3, 21 ff. Schol. Lykophr. 183. Hygin. Fab. 98. Ov. Met. 12, 24 ff. — [4] Il. 1, 1 ff. — [5] Il. 11, 1 ff. — [6] Il. 14, 64 ff. — [7] Aigisthos und Klytaimestra ermorden A. gemeinsam: Soph. El. 95 ff. Eur. El. 8 ff. Apollod. Epit. 6, 23. Hygin. Fab. 117. — Klytaimestra allein als Mörderin A.s: Aisch. Ag. 1379 ff. Eum. 631 ff. — Aigisthos allein als Mörder: Hom Od. 3, 193 f., 303 f.; 4, 529 ff.; 11, 404 ff. Paus. 2, 16, 6. — [8] Paus. 9, 40, 11. — [9] Robert 1020. — [10] Wilamowitz II 10 A. 3.

Agaué (Agaúe), Mutter des Pentheus

Agdistis, die Große Mutter, s. Attis

Aglauros, Tochter des Kekrops

Aiakós (Aíakos), Sohn des Zeus* und der Aigina*[1]
M.: A. ist von Endeis Vater des Peleus* und des Telamon*, von Psamathe Vater des Phokos.[2] Wegen seiner Frömmigkeit und Gerechtigkeitsliebe wird er nach seinem Tode Richter in der Unterwelt*.[3] Er teilt sich in dieses Amt mit Minos* und Rhadamanthys.
R.: Auf der Agora (Marktplatz) in Athen gab es ein Heiligtum des A., das man auf Anweisung des delphischen Orakels vor einer Auseinandersetzung mit den Aigineten abgegrenzt hatte.[4] Vor der Schlacht bei Salamis sandten die Griechen ein Schiff nach Aigina, das A. und die Aiakiden aus ihrer Heimat holen sollte.[5] Die drei Unterweltsrichter, die alle göttlicher Abstammung sind, erscheinen im Mythos als eng verwandte Gestalten. Die Vorstellung eines Richters im Jenseits ist an den Glauben einer Vergeltung nach dem Tode geknüpft. Vermutlich war Platon, der die drei Totenrichter zuerst mit Namen nennt,[6] dabei von der Gedankenwelt der Orphik beeinflußt.[7]
N.: Aeaciden-Walzer, „den Herrn Hörern der Rechte an der Hochschule zu Wien" gewidmet, Joh. Strauß Vater, 1848.
[1] Eur. Iph. Aul. 697 ff. — [2] Hes. Theog. 1003 ff. Pind. Nem. 5, 12 f. — [3] Plat. Apol. 41 A. Isokr. 9, 14 f. — A. hat in der Unterwelt ein Schlüsselamt inne: Apollod. Bibl. 3, 12, 6. Lukian schildert ihn ironisch als eine Art Portier des Hades: Dial. Mort. 20, 1. Kataplus 4. Charon 2. Vgl. auch Aristoph. Frösche 464 ff. — [4] Hdt. 5, 89. — [5] Hdt. 8, 64. — [6] Gorg. 523 E. — [7] Radermacher, Das Jenseits im Mythos der Hellenen, Bonn 1903, 105.

Aías, 1. Sohn des Telamon*, Königs von Salamis, und der Eriboia[1]
M.: Als Führer der Salaminier zieht A. in den troischen Krieg. Im Kampf ist er, ein Riese an Gestalt, nach Achilleus* der stärkste, aber auch der wildeste unter den griechischen Helden. Seinen riesigen Schild vergleicht Homer mit einem Turm.[2] Dem Gewaltigsten der Troer, Hektor*, stellt er sich im Zweikampf, der unentschieden bleibt.[3] Nach dem Tode des Patroklos* zeichnet er sich aus, indem er Menelaos* bei der Bergung der Leiche des Helden in erbittertem Kampf gegen die troische Übermacht deckt.[4] Als A. mit Odysseus* wegen der Waffen des Achilleus in Streit gerät, wenden sich die beiden an ein Schiedsgericht. Die Waffen werden dem Odysseus zugesprochen.[5] A. möchte in seiner Empörung alle griechischen Heerführer ermorden. Pallas Athene* jedoch läßt ihn in Wahnsinn fallen, so daß er das Herdenvieh für die Schar seiner Gegner hält und es grimmig niedermetzelt. Sobald A. wieder bei Sinnen ist, erkennt er seine Schande und beschließt zu sterben. Auch Tekmessa, seine troische Sklavin und Nebenfrau, die Mutter seines kleinen Sohnes Eurysakes,[6] kann ihn von seinem Entschluß nicht abbringen: A. stürzt sich in sein Schwert.[7] Agamemnon* verbietet die Feuerbestattung des Selbstmörders.[8]
R.: Vor der Schlacht bei Salamis riefen die Hellenen die auf der Insel beheimateten Heroen A. und Telamon an.[9] Das attische Fest des A., die Aianteia, das wahrscheinlich in viel frühere Zeiten zu-

rückreicht, wurde nach 480 auf Salamis mit großem Prunk gefeiert. Sportliche Wettkämpfe der Epheben (Jungmänner) bildeten einen wesentlichen Bestandteil des Festes.[10] Aber auch sonst bemühte man sich in Athen, die Beziehungen des A. zur Stadt auszubauen, vielleicht um so den Besitz der Insel Salamis nachträglich zu rechtfertigen.[11]

N.: Den Tod des A. gestaltete Sophokles in seiner uns erhaltenen Tragödie „Aias". Von einer aischyleischen Tragödie, die den Streit um die Waffen des Achilleus behandelte, besitzen wir Fragmente.[12]

P l a s t i k : A., Canova (1757—1822), Venedig, Palazzo Treves.

D r a m a t. B e a r b e i t u n g e n : A., Sophokles, um 450 v. Chr. — Aiax lorarius, W. Spangenberg, 1608. — A., Poinsinet de Sivry, 1762. — A. und Tekmessa, A. K. Borheck, 1789. — Aiace, U. Foscolo, 1811. — A., O. F. Gensichen, 1873. — A., F. Pichler, 1887. — Die goldenen Waffen, J. H. Rehfisch, 1913. — A., A. Gide, 1933 (Fragment).

R o m a n : Aiax, J. Niemann, 1905.

V e r t o n u n g : Aias des Sophokles, J. F. Bellermann, 1856.

O p e r n : Ajace, A. Scarlatti, 1697 (Text von d'Averara). — A., Bertin, 1716 (Text von Menesson).

L i t e r a t u r : P. v. d. Mühll, Der große A., Basel 1930.

[1] Pind. Isthm. 6, 45. Soph. Ai. 569. — [2] Hom Il. 7, 219 ff.; 11, 485; 17, 128. — [3] Hom. Il. 7, 66 ff. — [4] Hom. Il. 17, 114 ff., 715 ff. — [5] Die Entscheidung erfolgt durch die Griechen: Pind. Nem. 8, 26 f. Soph. Ai. 445 f. — Durch kriegsgefangene Troer: Apollod. Epit. 5, 6. Schol. Od. 11, 547. — Gemeinsam mit Pallas Athene: Od. 11, 543 ff. — Durch Troerinnen: Schol. Aristoph. Ritter 1056. — [6] Der Name Eurysakes (= Breitschild) stammt von dem gewaltigen Schilde des A. — [7] Soph. Ai. 485 ff., 815 ff. Ov. Met. 12, 620 ff.; 13, 1 ff. — [8] Apollod. Epit. 5, 7. Philostr. Heroikos 13, 7. — Bei Sophokles soll A., nach Überwindung einiger Schwierigkeiten, bestattet werden: Ai. 1047 ff., 1226 ff., 1332 ff., 1378 ff. — [9] Hdt. 8, 64. — [10] Deubner 228. — [11] E. Gjerstad, in: Opuscula archaeol. 3 (1944), ed. Instit. Rom. regni Sueciae, 119. — [12] Aisch. Fr. 174—178 N.

2. Sohn des Oileus, Königs von Lokris, und der Eriopis, Führer der 40 lokrischen Schiffe auf der Fahrt gegen Troia

M.: Dieser A. wird im Gegensatz zu dem „großen" Telamonier als der kleine A. bezeichnet. Er ist ein vorzüglicher Speerwerfer und nach Achilleus der schnellste Läufer im griechischen Heer. Während der Plünderung Troias flüchtet die Seherin Kassandra* zu einem Bilde der Göttin Athene. A. reißt sie von dort weg und vergewaltigt sie.[1] Athene zürnt wegen dieses Frevels und schleudert auf der Heimfahrt einen Blitz in das Schiff des A. Mit Poseidons* Hilfe erreicht A. einen Felsen. Kaum der Gefahr entronnen, prahlt er, er habe sich nun auch gegen den Willen der Götter gerettet. Da spaltet Poseidon den Felsen mit seinem Dreizack und A. geht in den Fluten zugrunde. Thetis* bestattet A. auf der kleinen Insel Mykonos (östlich von Delos).[2]

R.: C. Robert nahm an, daß die beiden A. durch Verdopplung oder Gabelung einer und derselben Figur entstanden seien.[3] In der ältesten Sage habe es nur einen im lokrischen Opus beheimateten A. gegeben, der durch einen Frevel gegen Athene den Haß der Götter auf sich gezogen habe und auf einer Seefahrt umgekommen sei. Nach dem Tragriemen (= telamon) seines berühmten Schildes sei er Telamonios genannt worden, und daraus habe man sekundär seine Abstammung von Telamon abgeleitet. Erst die Sage von dem Selbstmord des Telamoniers A. vor Troia habe zu einer Zerlegung der Figur in zwei Gestalten geführt. Der Selbstmörder habe den Schild und den Vater Telamon behalten. Die Salaminier jedoch, die nicht nur Achilleus, sondern auch A. für sich in Anspruch nehmen wollten, hätten dem Telamonier die neue Heimat Salamis gegeben. Der schiffbrüchige A. hingegen sei mit der alten Heimat Opus verbunden geblieben, habe jedoch einen neuen Vater Oileus bekommen. — In der Ilias erscheinen die beiden A. vielfach in gemeinsamen Kampfhandlungen, werden aber durch körperliche Merkmale und Unterschiede in der Bewaffnung voneinander abgehoben.
Auch P. v. d. Mühll sieht in den beiden A. e i n e n ursprünglichen Heros, dessen Spuren im homerischen Epos er nachgeht.[4] Er weist auch auf Übereinstimmungen im Kult der beiden A. hin. U. a. wurde in Salamis und in Opus zu Ehren des Heros ein Lectisternium (Göttermahl) veranstaltet, bei dem man die Statue des A. in voller Rüstung bewirtete.[5] Schließlich reiht v. d. Mühll den Heros A., bzw. die beiden A. in die Gruppe der meist paarweise erscheinenden Nothelfer ein. Vgl. Dioskuren.

N.: Sophokles schrieb eine Tragödie über den lokrischen A., von der nur Fragmente erhalten sind.[6]

G e m ä l d e : A. und Kassandra, Rubens, um 1617, früher Wien, Gal. Liechtenstein.

[1] Ep. Graec. Fr. 49 f. Kinkel. Apollod. Epit. 5, 22. Schol. Il. 13, 66. Verg. Aen. 2, 403 ff. — [2] Hom. Od. 4, 499 ff. Apollod. Epit. 6, 6. Schol. Il. 13, 66. Hygin. Fab. 116. Verg. Aen. 1, 39 ff. — [3] Robert 1037 ff. — [4] Der große A., Basel 1930, 32 ff. — [5] A. a. O., 14 ff., 23. — [6] Soph. Fr. 10—17 N.

Aidonéus s. Hades

Aiétes, Vater der Medeia, s. auch Argonauten

Aigéus (Aígeus), Vater des Theseus, s. auch Medeia

Aigialéus, Sohn des Adrastos

Aígina, Tochter des Flußgottes Asopos* und der Metope

M.: Zeus* entführt sie nach der Insel Oinone und zeugt mit ihr den Aiakos*, den Großvater des Achilleus* und des Aias.[1] Die Insel wird seither nach A. benannt.[2]

K.: Bei dieser Erklärung des Namens der Insel handelt es sich um ein sogenanntes Orts-Aition: Der Name irgendeiner Lokalität wird durch einen Mythos — in Mittelalter und Neuzeit trat an seine Stelle vielfach die Legende! — begründet.

[1] Diod. 4, 72, 5. Paus. 2, 29, 2. Apollod. Bibl. 3, 12, 6. — [2] Zeus verwandelt A. auf der Flucht vor Asopos in eine Insel: Schol. Il. 1, 180.

Aigisthos (Aigísthos), Sohn des Thyestes* und der Pelopeia

M.: Als Agamemnon* in den troischen Krieg zieht, verführt A. dessen Gattin Klytaimestra. Nach der Rückkehr wird Agamemnon von A. und Klytaimestra im Bade ermordet.[1] A. selbst fällt von

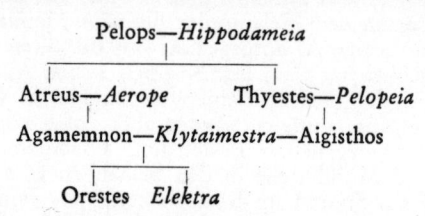

```
                 Pelops—Hippodameia
                         |
         ┌───────────────┴───────────────┐
    Atreus—Aerope              Thyestes—Pelopeia
         |                                |
    Agamemnon—Klytaimestra—Aigisthos
         |
    Orestes   Elektra
```

der Hand des Orestes*, des Sohnes Agammenons, der nach Jahren aus der Fremde zurückkehrt und die Blutrache an dem Mörder seines Vaters vollzieht.

N.: In den Werken der drei großen griechischen Tragiker und Senecas erscheint A. als grausamer Feigling.

O p e r: L'Egisto, F. Cavalli, 1642.

[1] Aigisthos allein als Mörder Agamemnons: Hom. Od. 3, 193 f., 303 f.; 4, 529 ff.; 11, 404 ff. Paus. 2, 16, 6. — Klytaimestra allein als Mörderin: Aisch. Ag. 1379 ff. Eum. 631 ff. — A. und Klytaimestra ermorden Agamemnon gemeinsam: Soph. El. 95 ff. Eur. El. 8 ff. Apollod. Epit. 6, 23. Hygin. Fab. 117.

Aigyptos (Aigýptos) s. Danaiden

Aiolos

1. Sohn des Hellen, König in Thessalien und Stammvater der Aioler. Von Enarete hat er sieben Söhne (Kretheus, Sisyphos*, Athamas, Salmoneus*, Deion, Magnes, Perieres) und fünf Töchter (Kanake, Alkyone, Peisidike, Kalyke, Perimede).[1] In zwei fragmentarisch erhaltenen Tragödien des Euripides erscheint auch Melanippe* als Tochter des A.

[1] Apollod. Bibl. 1, 7, 3. Schol. Pind. Pyth. 4, 107.

2. Sohn des Poseidon* und der Melanippe*, Enkel des A. 1.

M.: Von Zeus* als Beherrscher der Winde* eingesetzt, lebt A. auf der sagenhaften Aiolosinsel. Dem Odysseus* gibt er die widrigen Winde in einem Schlauch eingesperrt mit, um ihm so die Heimfahrt zu erleichtern. Knapp vor Ithaka öffnen die neugierigen Gefährten des Odysseus den Schlauch. Die Winde sind nun frei, und das Schiff wird zur Aiolosinsel zurückverschlagen. Als Odysseus den A. noch einmal um seine Hilfe bittet, wird er abgewiesen.[1]

R.: Diese Erzählung der Odyssee geht vielleicht auf ein Seefahrermärchen zurück. Radermacher erinnert an die dämonische Natur der Winde und vermutet als Vorbild der Erzählung eine aitiologische Legende, die den Ursprung der Winde zu erklären suchte.[2]

N.: K a n t a t e : Der zufriedengestellte Aeolus, J. S. Bach, 1725.

L i t e r a t u r : R. Strömberg, The Aeolus Episode and Greek Wind Magic, in: Symbolae Philol. Gotoburgenses 56 (1950), 71—84.

[1] Hom. Od. 10, 1—76. Hygin. Fab. 125. Ov. Met. 14, 223 ff. — [2] L. Radermacher, Die Erzählungen der Odyssee, Wien 1915, 18 ff.

Aíson, Sohn der Tyro, s. auch Medeia

Aithra, Mutter des Theseus

Akámas (Ákamas), Bruder des Demophon 2.

Akarnán, Sohn des Alkmaion

Ákastos (Akástos) s. Peleus

Ákis s. Polyphemos

Akóntios und **Kydíppe**

M.: Der junge A. aus Keos lernt bei einem Artemisfest auf Delos die Athenerin Kydippe kennen und lieben. Mit einer List weiß er das Mädchen zu gewinnen. Im Tempel rollt er ihr einen Apfel zu, in den er die Worte eingeritzt hat: „Bei Artemis, ich werde den A. heiraten." Kydippe hebt den Apfel auf, liest laut die Aufschrift und ist damit schon durch einen Schwur gebunden. Als der Vater wiederholt versucht, das Mädchen einem andern zu vermählen, sendet Artemis* jedesmal eine Krankheit, so daß die Hochzeit vereitelt wird. Schließlich erhält A. seine Kydippe.[1]

R.: Diese Erzählung des Kallimachos zeigt, wie hellenistische Dichter den Mythos bzw. die Sage — hier ist es die von der Begründung des keïschen Adelsgeschlechtes der Akontiaden — in ihrer Manier gestalteten.

N.: D i c h t u n g : A. and Cydippe, W. Morris, 1870.

O p e r n : Acontius und Cydippe, M. Hofmann, 1709. — Aconte et Cydipe, Girand, 1766 (Text von Boutillier). — Acontius und Cydippe, K. Ch. Agthe, 1774.

[1] Kallim. Ait. 3, 1, 26 ff. Ov. Her. 20, 21.

Akrísios, Bruder des Proitos, Vater der Danae

Aktaíon, Sohn des Aristaios* und der Autonoe, Tochter des Kadmos*

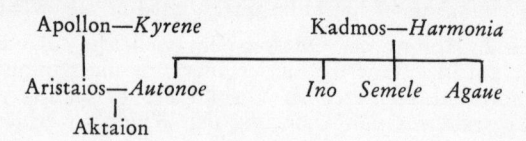

```
        Apollon—Kyrene         Kadmos—Harmonia
              |                        |
              |             ┌──────────┼──────────┐
        Aristaios—Autonoe   Ino     Semele      Agaue
              |
           Aktaion
```

M.: A. wird von dem Kentauren Cheiron* zu einem tüchtigen Jäger erzogen. Während der Jagd belauscht er eines Tages Artemis* und ihre Nymphen* im Bade und wird von der erzürnten Göttin sofort in einen Hirsch verwandelt. Die eigenen Hunde, die ihn nicht erkennen, zerreißen den jungen Jäger.[1]

R.: Nach einer älteren Version rühmte sich A., ein besserer Jäger als Artemis zu sein, und wurde für seine Überheblichkeit von der Göttin bestraft.[2] Wir hören aber auch von dem Motiv der Eifersucht von seiten der Göttin gegenüber A., der ursprünglich vielleicht selbst ein Gott war. Wilamowitz hält für die echte Todesursache des A. seine Hybris, die darin bestand, daß er sich um die von Zeus geliebte Semele* bewarb.[3]
Jedenfalls ist die Zerreißung eine bei Gottesverächtern häufige Todesart (vgl. Lykurgos, Pentheus, Orpheus).[4] Die oben erzählte Version, die später die anderen verdrängte, ist in ihrer Ausschmückung ziemlich jung, geht aber auf die althellenische Vorstellung zurück, daß der Mensch, der einen Gott erblickt hat, sterben müsse.[5]

N.: P l a s t i k: Artemis und A., Metope vom Heratempel in Selinunt, 460—450 v. Chr., Palermo, Museum (Relief). — Diana und A., F. Moschino, um 1570—80, Florenz, Bargello (Relief).
G e m ä l d e: Diana und A., A. Schiavone (gest. 1563), Oxford. — Diana und A., Tizian, 1559, London, Bridgewater-Gallery. — Diana und A., J. Heinz d. Ä. (1564—1609), Wien, Kunsthist. Museum. — Diana und A., A. Caracci (1560—1609), London, Sammlung Jarrer. — Diana und A., A. Caracči, Brüssel, Museum. — Diana und A., H. Rottenhammer, 1602, München, Pinakothek. — Diana und A., Hendrik van Balen (1575—1632), früher Dresden, Gemäldegal. — Diana und A., Rembrandt, 1635, Anholt, Schloß des Fürsten Salm-Salm. — Diana und A., L. Silvestre d. J. (1675—1760), früher Dresden, Schloß. — Diana und A., Tiepolo (1696—1770), Venedig, Akademie.

D r a m a t. B e a r b e i t u n g: A., F. Braun, 1921.
D i c h t u n g: A., Ch. G. D. Roberts, 1886.
R o m a n: A. onder de sterren, S. Vestdyk, 1941.
O p e r n: Actéon, M. A. Charpentier, 1686. — Actéon, F. Auber, 1836. — Actéon et le centaure, F. Chassaigne, 1878 (Operette).

[1] Kallim. Hymn. 5, 105 ff. Apollod. Bibl. 3, 4, 4. Ov. Met. 3, 138 ff. — [2] Eur. Bakch. 337 ff. — [3] Wilamowitz I 407 A. 3. — [4] W. Nestle, Legenden vom Tod der Gottesverächter, in: Archiv für Religionswiss. 33 (1936), 250—252. — [5] Radermacher 57 f.

Aleós (Áleos) s. Telephos

Alexándra s. Kassandra

Aléxandros s. Paris

Alkaíos, Sohn des Perseus, Vater des Amphitryon

Álkestis (Alkéstis), Tochter des Pelias und der Anaxibia[1], Gemahlin des Admetos, Sohnes des Pheres, Königs von Thessalien

M.: Apollon* muß zur Strafe für die Ermordung der Kyklopen* ein Jahr lang als Hirte bei Admetos dienen.[2] Er wird des Königs Freund, läßt seine Rinder prächtig gedeihen und verhilft ihm zum Besitz der vielumworbenen A. Weil Admetos jedoch das vorhochzeitliche Opfer an Artemis* vergißt, sendet ihm die Göttin Schlangen ins Brautgemach. Da von ihr noch weitere Rache zu befürchten ist, nimmt Apollon den Moiren* das Versprechen ab, den Admetos in seiner Todesstunde am Leben zu lassen, falls jemand freiwillig für ihn aus dem Leben scheide.[3] Admetos und A. leben in glücklicher Ehe, aus der zwei Kinder (Eumelos und Perimele) hervorgehen.
Als Admetos noch in jungen Jahren sterben soll, findet sich niemand, der sich für ihn opfern will. Auch seine alten Eltern lieben den Rest ihres Lebens mehr als den Sohn. Nur A. verzichtet aus Liebe zu Admetos auf ihre blühende Jugend und ihr Familienglück. Herakles*, der unmittelbar nach dem Tode der A. am Hause des Admetos vorbeikommt und von diesem trotz seiner Trauer überaus gastfreundlich aufgenommen wird, verfolgt den Thanatos (Tod), nimmt ihm seine Beute in einem gewaltigen Ringkampf wieder ab und führt A. ins Leben und in den Kreis ihrer Familie zurück.[4]

R.: A. Lesky hat in der unten angeführten Studie nachgewiesen, daß der Stoff der euripideischen „Alkestis", deren Inhalt sich mit der obigen Skizze im wesentlichen deckt, aus einem alten Volksmärchen stammt. Das Motiv des Liebesopfertodes, den ein Gatte für den anderen auf sich nimmt, findet sich in einer ganzen Reihe von Märchen, die aus der Gegend von Norddeutschland über Rußland bis zum Pontus und nach Armenien führen. Oft tritt die Erzählung vom Kampf mit dem Todesdämon hinzu. Dieses Märchen wurde nun in Hellas an den Sagenkreis um Apollon, Koronis* und Asklepios* angeschlossen.[5] Die Gestalt des Todes trat in den Hintergrund. Er wurde mehr oder weniger zu einem Handlanger der olympischen Götter. Nicht von ihm, sondern von den Moiren hängt das Leben Admets ab. Der Einschub der rachedurstigen Artemis dürfte gar erst nacheuripideisch sein.[6] Ein Kunstgriff des

Euripides hingegen war es, zwischen der Forderung des Todes und der Erfüllung einen Zeitraum von Jahren mit einem glücklichen Familienleben einzuschalten. Ursprünglich, d. h. im Märchen, mußte unmittelbar nach dem Erscheinen des Todesdämons das Opfer gebracht werden. Da gab es auch keine Motivierung für das Kommen des Todes.[7]
Daß gerade Herakles zum Kampf mit Thanatos herangezogen wurde, erklärt sich aus den mehrfachen Beziehungen des Helden zu den Dämonen der Unterwelt. Die in Anm. 4 angeführte Variante von der Rücksendung der A. aus der Unterwelt durch Persephone ist sekundär. Auch der allerdings sehr volkstümliche Ringkampf mit dem Tode ist nicht das Ursprüngliche. In der Urform des Märchens behält der Tod sein Opfer bei sich.[8]

N.: G e m ä l d e: Admetos und A., Röm. Wandgemälde aus Pompeji, Casa del poeta tragico, Neapel, Mus. Naz. — Tod der A., L. A. Masreliez, 1784, Stockholm.

D r a m a t. B e a r b e i t u n g e n: A., Euripides, 438 v. Chr. — Die getrewe Frau A. mit ihrem getrewen Mann Admeto, Hans Sachs, 1551. — A., W. Spangenberg, 1601. — A., A. Hardy, 1602. — L'Antigona delusa d'Alceste, A. Aureli, 1664. — A., J. Lagrange-Chancel, 1703. — A., P. Martello, 1737. — Admète et A., L. de Boissy, 1738. — A., Wieland, 1772. — Alceste seconda, V. Alfieri, 1798. — Admetus' Haus, der Tausch des Schicksals, Herder, 1803. — Die neue A., J. Perinet, 1807 (Musik von W. Müller). — A., H. Spicer, 1855. — A., J. Todhunter, 1879. — A., Hofmannsthal, 1898. — A., R. Prechtl, 1908. — A., P. Hallström, 1908. — A., C. Montenegro, 1909. — A., E. König, 1910. — A., G. Renner, 1912. — A., A. Lernet-Holenia, 1946. — Cocktail Party, Th. St. Eliot, 1947. — A., E. W. Eschmann, 1950. — Alkestiade, Th. Wilder, 1957.

D i c h t u n g e n: A., F. T. Palgrave, 1871. — The wheel, L. Housman, 1919.

N o v e l l e: Thanatos, P. Hallström, 1900.

K a n t a t e: Admeto, Donizetti, 1823.

O r a t o r i u m: A., Händel, 1749.

V e r t o n u n g: A. des Euripides, A. E. Elwart, 1847.

O p e r n: A., J. B. Lully, 1674 (Text von E. Quinault). — A., M. Trenta, 1679 (Text von O. Mauro). — A., J. W. Franck, 1680 (Text von E. Quinault). — A., N. A. Strungk, 1693 (Text von A. Aureli). — A., A. Draghi, 1699 (Text von D. Cupeda). — Admeto re di Tessaglia, P. Magni, 1702 (Text von d'Averara). — A., G. Porsile, 1718 (Text von Pariati). — A., G. K. Schürmann, 1719 (Text von U. König). — Admeto, Händel, 1727 (Text von Grimaldi). — A., G. B. Lampugnani, 1744 (Text von Dominique u. Romagnesi). — A., Gluck, 1767 (Text von Raniero di Calzabigi, um 1760). — A., A. Schweitzer, 1773 (Text von Wieland). — A., W. H. Benda, 1786 (Text von Wieland). — A., N. Zingarelli, 1786 (Text von Wieland). — A., M. A. Portogallo, 1798 (Text von Sografi). — A., G.

Staffa, 1852 (Text von G. G. Giannini). — A., A. Gambaro, 1882 (Text von G. G. Giannini). — A., A. Georges, 1891 (Text von A. Bassier). — A., H. Zilcher, 1916 (Text von Hofmannsthal). — A., K. Pembaur, 1918 (Text von R. Prechtl). — A., R. Boughton, 1924 (Text von G. Murray nach Euripides). — A., E. Wellesz, 1924 (Text von Hofmannsthal).

B a l l e t t e: Alceste, J. Weigl, 1800. — Admeto ed Alceste, Capuzzi, 1807.

L i t e r a t u r: A. Lesky, A., der Mythos und das Drama, Wien 1925. — L. Weber, Euripides' Alkestis, Leipzig 1930. — G. Megas, Die Sage von A., in: Archiv f. Religionswiss. 30 (1933), 1—33. — L. Weber, Die Alkestissage, in: Rhein. Mus. 85 (1936), 117—164. — E. M. Butler, A. in modern dress, in: Journal of the Warburg Instit. 1 (1937/38), 46—60. — H. Steinwender, A. vom Altertum bis zur Gegenwart, Diss. Wien 1951.

[1] Oder Phylomache: Apollod. Bibl. 1, 9, 10. — [2] Eur. Alk. 1 ff. Diod. 4, 71, 3. Apollod. Bibl. 3, 10, 4. Hygin. Fab. 49. — [3] Apollod. Bibl. 1, 9, 15. Hygin. Fab. 51. — [4] So Euripides in seiner „Alkestis". Nach anderer Version sendet Persephone A. unter die Lebenden zurück: Plat. Sympos. 179 C. Apollod. Bibl. 1, 9, 15. Man hat dabei an Einfluß orphischer Kreise gedacht: Lesky, 56 f. — [5] Lesky, 41. — [6] Lesky, 55. — [7] Lesky, 38 f. — [8] Anders urteilt G. Megas 28 f. auf Grund mehrerer, vor allem südslawischer Märchen. — Zur Bodenständigkeit des Mythos von A. und Admetos in Thessalien vgl. L. Weber, Rhein. Mus. 85 (1936), bes. 161 ff. Weber versucht auch Einflüsse der Orphik in der A.-Sage nachzuweisen.

Alkidíke (Alkídike), Mutter der Tyro

Álkimos, Vater des Mentor

Alkínoos, König der Phaiaken, s. auch Odysseus

Alkmaíon (att. Schreibung Alkmeon), Sohn des Amphiaraos und der Eriphyle

M.: Eriphyle läßt sich von Polyneikes* mit dem Halsband der Harmonia bestechen und verrät das Versteck ihres Gatten, so daß Amphiaraos an dem Zug der Sieben gegen Theben teilnehmen muß, obwohl er dessen unglücklichen Ausgang voraussieht.[1] Der Vater beauftragt den Sohn, ihn an der Mutter zu rächen.

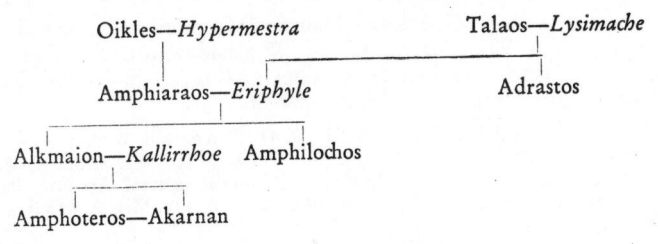

```
       Oikles—Hypermestra           Talaos—Lysimache
              |                            |
         Amphiaraos—Eriphyle            Adrastos
              |
   Alkmaion—Kallirrhoe   Amphilochos
         |
   Amphoteros—Akarnan
```

Als die sogenannten Epigonen, die Söhne der Sieben, zu einem neuen Feldzug gegen Theben rüsten, und A. seine Zusage verweigert, wiederholt Thersandros*, der Sohn des Polyneikes, die Bestechung der Eriphyle mit dem zweiten kostbaren Hochzeitsgeschenk seiner Urahne Harmonia, einem prächtigen Mantel. Eriphyle überredet ihre beiden Söhne A. und Amphilochos, an dem Zug teilzunehmen.² Nach der Rückkehr aus Theben tötet A. seine Mutter.³ Die Erinyen* verfolgen ihn auf seinem Weg durch ganz Griechenland. In Psophis heiratet er Arsinoe, die Tochter des Phegeus, und schenkt ihr die schicksalhaften Schmuckstücke seiner Mutter.⁴ Die Erinyen treiben ihn weiter, bis er vom Flußgott Acheloos* entsühnt wird, der ihm seine Tochter Kallirrhoe zur Frau gibt. Auf Betreiben Kallirrhoes gelingt es A., die beiden Schmuckstücke von Phegeus zurückzuerhalten. Sobald Phegeus sich hintergangen sieht, befiehlt er seinen beiden Söhnen, A. zu ermorden. Als Kallirrhoe vom Tode A.s hört, betet sie zu Zeus*, er möge ihre kleinen Söhne Amphoteros und Akarnan schnell zu Männern werden lassen.⁵ Dann sendet sie die beiden zur Rache aus. Sie töten den Phegeus und seine beiden Söhne, das verhängnisvolle Halsband und den Mantel weihen sie auf den Rat des Acheloos dem delphischen Apollon*.⁶

R.: Die zweite Bestechung der Eriphyle durch Thersandros verrät sich als eine Dublette zu der ersten Bestechung durch Polyneikes. In der ursprünglichen Fassung des Mythos erfolgte die Ermordung der Eriphyle durch A. wahrscheinlich vor dem Zug der Epigonen gegen Theben. Die romanhafte Ausgestaltung der späteren Schicksale des A. und seiner Söhne stammt offenbar erst aus der Tragödie des 5. Jahrhunderts.⁷ Der in Psophis lokalisierte Teil der Geschichte wurde an ein dortiges angebliches Grab des A. angeknüpft.⁸ Der Zug, daß die endgültige Entsühnung des A. in Akarnanien (Acheloos) stattfindet, geht vielleicht auf delphischen Einfluß zurück.⁹

N.: Sophokles schrieb eine Tragödie „Eriphyle", Euripides zwei Tragödien mit den Titeln „A. in Korinth" und „A. in Psophis", von denen wir Fragmente besitzen.¹⁰

D r a m a t. B e a r b e i t u n g: Eriphyle, Voltaire, 1732.

O p e r n: Erifile, A. Ariosti, 1697 (Text von G. B. Neri). — Erifile, J. Mysliweczek, 1773 (Text von G. Gamerra). — Alcmeone, G. G. Cambini, 1782 (Text von G. Martinelli). — Erifile, C. Monza, 1785 (Text von G. Gamerra).

L i t e r a t u r: G. Herzog-Hauser, Harmonias Halsband, in: Wr. Stud. 43 (1922/23), 7—35. — W. Schadewaldt, Zu einem Florentiner Papyrusbruchstück aus dem „Alkmeon in Psophis" des Euripides, in: Hermes 80 (1952), 46—66.

¹ Diod. 4, 65, 5 f. Paus. 5, 17, 7 f.; 9, 41, 2. Apollod. Bibl. 3, 6, 2. — ² Diod. 4, 66, 3. Apollod. Bibl. 3, 7, 2. — ³ Thuk. 2, 102, 5 f. Diod. 4, 65, 7. Paus. 8, 24, 7 ff. Ov. Met. 9, 407 ff. — ⁴ Alphesiboia statt Arsinoe: Paus. 8, 24, 8. Prop. 1, 15, 19. — ⁵ Apollod. Bibl. 3, 7, 6. Ov. Met. 9, 413 ff. — ⁶ Apol-

Iod. Bibl. 3, 7, 6 f. — Die Söhne des Phegeus weihen den Schmuck: Paus. 8, 24, 10; 9, 41, 2. — [7] Vgl. Robert 956 ff. Den Namen A. glaubte man jüngst auf einer Tafel aus Knossos (gegen 1400 v. Chr.!) lesen zu können: Journ. Hell. Stud. 73 (1953), S. 94. — [8] Robert 960 f. — [9] Robert 961. — [10] Soph. Fr. 104—106 N. Eur. Fr. 65—87 N. — In dem euripideischen „A. in Korinth" hatte A. von Manto, der Tochter des Teiresias*, zwei Kinder, die er dem König Kreon von Korinth zur Erziehung übergab, während er selbst auf der Flucht vor den Erinyen umherirrte. Das Wiederfinden und die Wiedererkennung von Sohn und Tochter spielte in dieser Tragödie eine besondere Rolle: Apollod. Bibl. 3, 7, 7. — Zum „A. ir Psophis" vgl. jetzt Schadewaldt, a. a. O.

Alkméne, Gattin des Amphitryon

Alkyóne, Gattin des Keyx

Allektó (Allékto) s. Erinyen

Aloáden, Otos und Ephialtes, die Söhne des Aloeus (oder des Poseidon*) und der Iphimedeia, zwei Riesen [1]

M.: Im Kampf gegen die Götter türmen sie, den Giganten* vergleichbar, die Berge Pelion und Ossa aufeinander, um den Olymp zu stürmen. Den Kriegsgott Ares* fesseln sie und halten ihn 13 Monate lang gefangen. [2] Artemis* springt in Gestalt einer Hirschkuh zwischen die beiden, worauf sie sich in blindem Jagdeifer gegenseitig töten. [3]

R.: Der Name des Otos kommt vermutlich vom Stampfen des Getreides, der des Ephialtes vom Keltern des Weines. Die Mutter Iphimedeia enthält die „Stärke" (der beiden Riesen) in ihrem Namen. Der Mythos vom Sturm der A. gegen den Olymp spiegelt den Kampf alteingesessener lokaler Gottheiten gegen die neueingeführte Zeusreligion wider. Die gigantenähnlichen Söhne passen übrigens gut zu Poseidon, dem es auch sonst an derartiger Nachkommenschaft nicht fehlt. [4]

[1] Apollod. Bibl. 1, 7, 4. — [2] Hom. Il. 5, 385 ff. Od. 11, 305 ff. Verg. Aen. 6, 582 ff. — [3] Apollod. Bibl. 1, 7, 4. Hygin. Fab. 28. — Nach anderer Version werden die A. von den Pfeilen Apollons* getötet: Hom. Od. 11, 318. — [4] Kern I 206 f.

Aloéus (Alóeus), Vater der Aloaden

Alpheíos s. Arethusa

Alphesíboia (Alphesiboía), Gattin des Alkmaion (A. 4)

Althaía, Mutter des Meleagros

Amáltheia (Amalthéa)

M.: A. ist eine Nymphe, nach anderer Auffassung eine Ziege, die den kleinen Zeus* mit ihrer Milch nährt. [1] Das abgebrochene „Horn der A." wird von Zeus zum unerschöpflichen, segenspendenden Füllhorn gemacht.[2] Es ist später im Besitz des Acheloos*, des Bruders der Naiade A., dann des Herakles*.[3] Als Symbol des Überflusses und des Wohlstandes erscheint es als Attribut der Göttin Eirene*, der Gaia*, des Plutos* (Pluton) und der Tyche*. A. wird von Zeus aus Dankbarkeit als Stern (Capella = Ziege, α Aurigae) an den Himmel versetzt.[4]

R.: Die Version von der Nymphe A. hat vielleicht die ursprüngliche Tiergestalt vermenschlicht.[5]

N.: Plastik: Der kleine Jupiter, ein Faun und die Ziege A., L. Bernini, um 1620, Rom, Gall. Borghese.

Gemälde: Jupiter wird von A. aufgezogen, A. Schiavone (gest. 1563), Wien, Kunsthist. Museum. — Ernährung des jungen Jupiter durch die Ziege A., J. Jordaens (1593—1678), Paris, Louvre. — Die Ziege A. ernährt den kleinen Jupiter, N. Poussin (1594—1665), früher Berlin, Kaiser-Friedrich-Museum.

[1] Ps.-Eratosth. Katast. 13. Ov. Fast. 5, 115 ff. — [2] Phokylid. Fr. 7 D. Anakr. Fr. 8 D. — Eines ihrer Hörner spendet Ambrosia, das andere Nektar: Kallim. Hymn. 1, 46 ff. und Schol.; Diod. 5, 70, 2 f. — [3] Apollod. Bibl. 2, 7, 5. — [4] Ps.-Eratosth. Katast. 13. — [5] Allerdings sind die Belege für die Nymphe A. wesentlich älter als die für die Ziege: Nilsson, The Minoan-Mycenaean Religion and its Survival in Greek Religion, Lund ²1950, 537 A. 9.

Amazonen, sagenhaftes Volk kriegerischer Frauen, in Kappadokien am Flusse Thermodon (Hauptstadt: Themiskyra) beheimatet

M.: In dem Weiberstaat der A. werden Männer nur zur Erhaltung des Geschlechts geduldet. Politik und Kriegführung liegen in der Hand der Frauen. Eine irrtümliche antike Auslegung erklärt den Namen A. als die „Brustlosen" nach der Sitte, sich die rechte Brust abzuschneiden oder auszubrennen, um bei der Handhabung von Pfeil und Bogen nicht behindert zu sein.
Die Sage bringt die A. mit mehreren griechischen Nationalhelden in Verbindung. Herakles* erkämpft sich den Gürtel der A.-Königin Hippolyte.[1] Bellerophon* zieht gegen die A. zu Felde.[2] Im troischen Krieg kommen die A. unter Führung ihrer Königin Penthesileia* dem Priamos gegen die Griechen zu Hilfe: Penthesileia fällt von der Hand des Achilleus*.[3] Theseus* raubt die A.-Königin Antiope, die ihm den Hippolytos gebiert.[4] Ein Rachefeldzug führt die A. bis nach Attika, wo sie am Areopag von den Athenern unter Führung des Theseus geschlagen werden.[5]

R.: In den Berichten über die A. sind wahrscheinlich historische und mythische Elemente zusammengeflossen. Im ganzen sind die A. vermutlich dem vorgriechischen Bereich zuzurechnen.[6] Die Frauenraubsage hebt sich als älterer Bestandteil von den auf der ausschmückenden Schilderung jüngerer Epik beruhenden großen Feldzügen ab.
Die oben erwähnte Erklärung des Namens der A. ging offenbar

von deren Sitte aus, die linke Brust entblößt zu tragen. Dies war vielleicht die vorgeschrittene und eingeschränkte Form des in Kreta nachgewiesenen Brauches, bei Opferungen den weiblichen Busen ganz zu enthüllen.[7]

N.: Plastiken: Amazonen auf einigen Metopen des Schatzhauses der Athener in Delphi, um 500 v. Chr., Delphi, Museum (Relief). — Herakles und Amazone, Metope vom Heratempel in Selinunt, 460—450 v. Chr., Palermo, Museum (Relief). — Verwundete A., Polykleitos, 2. Hälfte des 5. Jh. v. Chr. (Bronze); Marmorkopie Rom, Kapitolin. Museum (Sosikles). — A., Kresilas (?), 2. Hälfte des 5. Jh. v. Chr.; Kopie: früher Berlin, Museum („Sciarra"-sche A.). — Verwundete A., Pheidias (?), 2. Hälfte des 5. Jh. v. Chr.; Kopie: Rom, Vatikan (Mattei). — Amazonenschlacht, Fries des Apollontempels von Phigaleia-Bassai, um 420 v. Chr., London, Brit. Museum. — Amazonenschlacht, Ausschnitt aus dèm Fries des Heroons von Gjölbaschi-Trysa, 2. Hälfte d. 5. Jh. v. Chr., Wien, Kunsthist. Museum (Kalkstein). — Amazonenschlacht, Fries des Mausoleums zu Halikarnassos, Skopas u. a., Mitte d. 4. Jh. v. Chr., London, Brit. Museum. — Sterbende A. aus dem Weihgeschenk des Königs Attalos für die Akropolis von Athen, 1. Hälfte d. 2. Jh. v. Chr.; Kopie (2. Jh. n. Chr.), Neapel, Museum. — Verwundete A., J. Gibson, 1840, Richmond, Chesterfield House. — A. zu Pferde, L. Tuaillon, 1895, früher Berlin (Erz). — A., F. Stuck (1863—1928), Chicago, Art Institute (Erz).

Gemälde: Amazonenschlacht, Rubens, um 1620, München, Alte Pinakothek. — Sterbende A., P. Fendi (1796—1842), Wien, Kunsthist. Museum. — Amazonenschlacht, Feuerbach, 1873, Nürnberg, Künstlerhaus. — Amazonen auf der Wolfsjagd, Feuerbach, 1874, Darmstadt, Museum. — Kämpfende Amazone, F. Stuck (1863 bis 1928), Schleißheim, Sezessionsgalerie. — A. nach der Schlacht, A. Rothaug, 1936. — Amazonenschlacht (Theseus), O. Kokoschka, 1955.

Dramat. Bearbeitungen: Hippolyte, R. Garnier, 1573. — Die Amazone vor Troia, O. Gerhardt, 1912. — Hippolyte, A. Q. Scudder (1898—).

Dichtung: The rout of the Amazons, T. St. Moore, 1903.

Kantate: Les Amazones, C. Chaminade, 1888.

Opern: L'Ippolita, P. S. Agostini, 1670 (Text von C. M. Maggi). — Die großmüthige Thalestris oder letzte Königin der A., J. Ph. Förtsch, 1692 (Text von H. Chr. Postel). — Hercules unter denen A., J. Ph. Krieger, 1694 (Text von F. C. Bressand). — Les Amazones, Madame du Boccage, 1749. — Le Amazzoni, Ottani, 1784. — Die Amazonen, J. Elsner, 1795. — Les Amazones (La fondation de Thèbes), E. N. Méhul, 1811 (Text von Jouy). — Hippolyta, J. Křička, 1917 (Text von J. Munk).

Ballette: Die A., A. Schweitzer, 1774. — Ippolita, V. Trenta, 1789. — Le massacre des Amazones, J. Charrat, 1952.

Literatur: Sir Galahad, Mütter und Amazonen, München 1932. — R. Hennig, Über die voraussichtlich völkerkundlichen Grundlagen der Amazonen-Sagen und deren Verbreitung, in: Ztschr. f. Ethnologie 72 (1940), 362—371. — M. Ninck, Das A.-Problem, in: Schweizer Monatshefte 20 (1940/41), 409—417. — E. Bielefeld, Amazonomachie. Beitr. zur Geschichte der Motivwanderung in der antiken Kunst, Halle 1951. — D. Bothmer, Amazons in Greek art, Oxford 1957.

[1] Eur. Herakles 408 ff. Apoll. Rhod. 2, 777 ff., 966 ff. Diod. 4, 16. — [2] Apollod. Bibl. 2, 3, 2. — [3] Diod. 2, 46, 5. Apollod. Epit. 5, 1. Schol. Lykophr. 999. — [4] Hippolyte statt Antiope: Isokr. 12, 193. Aber auch andere Namen der geraubten A. sind nachzuweisen: Radermacher 284 f., 299. — [5] Diod. 4, 28. Plut. Thes. 26—28. Paus. 1, 2, 1. 1, 15, 2. Isokr. 4, 68 und 70. — [6] Radermacher 285. Anders Ninck, Schweiz. Monatsh. 20, 409 ff., der die A. den germanischen Walküren zur Seite stellt. — [7] Ch. Picard, Eranos-Jahrbuch 1938, 62. — Völkerkundliche Parallelen von getrennten Frauen- und Männerinseln aus aller Welt in Altertum und Mittelalter bringt R. Hennig, Ztschr. f. Ethnol. 72, 362—371.

Ammon, ägyptischer Gott

R.: A., ursprünglich Stadtgott von Theben, wurde später Sonnengott und höchster der ägyptischen Götter. Die berühmten Tempel von Luksor und Karnak waren ihm geweiht; in den libyschen Oasen verehrte man ihn als Orakelgott. Das weltbekannte Orakel in der Oase Siwah westlich von Memphis (= A.-Oase) wurde von Kroisos, Kambyses und Alexander d. Großen befragt. Seit seinem Besuch in der Oase Siwah hielt sich Alexander für einen Sohn des dort verehrten Zeus*-A. Im Mutterlande Hellas war A. schon vor der Zeit Alexanders bekannt geworden; so gab es in Athen einen öffentlichen A.-Kult bereits zu Beginn des 4. Jh. v. Chr.[1]

[1] Nilsson II 114.

Ámor s. Eros

Amphiáraos (Amphiaráos), Vater des Alkmaion, siehe auch Polyneikes

Amphílochos, Bruder des Alkmaion

Amphímaros s. Linos

Amphíon und Zethos, Zwillingssöhne des Zeus* und der Antiope*, die „thebanischen Dioskuren"

M.: Die Zwillinge werden kurz nach ihrer Geburt im Kithairon ausgesetzt. Ein Hirte findet sie und zieht sie auf (vgl. Antiope). In Charakter und Lebensführung sind die beiden Brüder grundverschieden. Zethos wird zum athletisch gebauten Sportler und Jäger, Amphion kennt nur seine Lyra, die ihm Hermes* geschenkt hat; sein Leben ist den Musen geweiht.

Nach der Beseitigung des Lykos übernehmen die Brüder die Herrschaft in Theben. Beim Mauerbau kann Zethos seine physischen Kräfte einsetzen. Dem Amphion aber fügen sich die größten Steine nach dem Klang seiner Lyra von selbst zur Mauer.[1]

R.: Die Erzählung von der Geburt von Zwillingen, die aus der Verbindung eines Gottes mit einer sterblichen Frau hervorgehen, ihre Aussetzung, Rettung und Erziehung durch Hirten, ihr glückliches Zusammentreffen mit der Mutter und die Bestrafung der die Mutter quälenden Verwandten (Nebenbuhlerin) ist ein häufig wiederkehrender Typus; vgl. Melanippe, Tyro, Romulus.

N.: Im Altertum galten A. und Z. seit der „Antiope" des Euripides als die typischen Vertreter zweier entgegengesetzter Lebenshaltungen, nämlich des theoretischen (beschaulichen) und des praktischen Lebens.[2] — Zur Bestrafung der Dirke durch A. und Z. vgl. Antiope! Amphions Gemahlin ist Niobe*.

Plastik: A. und Z., röm.-hellenistisch, Rom, Palazzo Spada (Relief).

Oper: A., J. B. de la Borde, 1767 (Text von Thomas). — A., J. G. Naumann, 1778 (Text von Thomas).

Walzer: Amphion-Klänge, „den Herrn Technikern" gewidmet, Joh. Strauß Vater, 1848.

Ballette: A., F. Weiß, 1806. — A., A. Honegger, 1929 (Text von P. Valéry).

[1] Hom. Od. 11, 260 ff. Apoll. Rhod. 1, 735 ff. Paus. 9, 5, 6—8. Apollod. Bibl. 3, 5, 5. — [2] Eur. Fr. 184—188 N. Hor. Epist. 1, 18, 41 ff. Dio Chrys. 73, 10.

Amphithéa (Amphíthea), Gattin des Adrastos

Amphitríte, Tochter des Nereus* und der Doris,[1] Gemahlin des Poseidon*

M.: A. flieht vor der Verbindung mit Poseidon zu Atlas*. Der Delphin ist der einzige der zahlreichen von Poseidon ausgesandten Kundschafter, der A. ausfindig macht und zur Rückkehr überredet.[2] Kinder von Poseidon und A. sind Triton* und Rhode.[3] Als Herrin des Meeres[4] fährt A., von Nereiden* und Tritonen begleitet, auf einem Muschelwagen über die Wasserfläche dahin.

R.: A. genoß nur in Gemeinschaft mit Poseidon kultische Verehrung. Ihr Name, der dieselbe Wurzel wie Triton enthält, ist noch nicht geklärt.[5] Vielleicht war A. eine vorgriechische Meeresgöttin.[6]

N.: Plastiken: A., M. Anguier, 1668, Versailles. — A., M. Klinger, 1899, früher Berlin, Nationalgalerie.

Gemälde: Neptun und A., Rubens, um 1620, früher Berlin, Kaiser-Friedrich-Museum. — A., C. Schut (1597—1655). — Neptun u. A., D. Teniers d. J. (1610—90), Berlin. — Triumph der A., Tiepolo, um 1740, Dresden, Gemäldegalerie. — Triumph der A., G. F. Doyen (1726—1806), Fontainebleau.

[1] Hes. Theog. 243. Apollod. Bibl. 1, 2, 7. — [2] Ps.-Eratosth. Katast. 31. — [3] Hes. Theog. 930 ff. Apollod. Bibl. 1, 4, 5. — [4] Hom. Od. 3, 91; 5, 422; 12, 60. — [5] Kern I 198 deutet A. als „die beiderseits von edlen Eltern Stammende". — [6] Nilsson I 422. Kern I 199 vermutet in A. eine Schöpfung der Ioner.

Amphitryón (Amphítryon), Sohn des Alkaios und der Astydameia,[1] Enkel des Perseus*, Gemahl der Alkmene

M.: Während A. einen Feldzug gegen die Taphier unternimmt, besucht Zeus* Alkmene in der Gestalt A.s. Als A. selbst in der nächsten Nacht zurückkehrt und von Alkmene hört, er sei schon in der vorhergehenden Nacht bei ihr gewesen, muß er so lange an die Untreue seiner Frau glauben, bis der Seher Teiresias* den Sachverhalt klärt. Alkmene gebiert Zwillinge, von Zeus den Herakles* und von A. den Iphikles.[2] A. fällt bei einer kriegerischen Unternehmung des Herakles gegen Orchomenos.[3]

R.: A., dessen Grab in Theben gezeigt wurde,[4] dürfte erst sekundär in die argeische Genealogie eingeschoben und zu einem Enkel des Perseus gemacht worden sein.[5] Alkmene wurde in Theben in der sehr alten Form eines Steinfetischs verehrt, worüber Pherekydes einen aitiologischen Bericht brachte.[6]

N.: Schon aus der Alten (attischen) Komödie kennen wir auf diesen Stoff bezügliche Titel und Fragmente. Der Besuch des Zeus bei Alkmene und die sich hieraus ergebenden Verwechslungen sind auch der Inhalt des plautinischen „Amphitruo", der für eine ganze Reihe von Komödien der Weltliteratur vorbildlich wurde.

Dramat. Bearbeitungen: Amphitruo, T. M. Plautus (gest. 184 v. Chr.). — A., F. Perez de Oliva, 1530. — Os Amphitriões, Camões (1524—80). — Il marito, L. Dolce (gest. 1568). — Les deux Sosies, J. Rotrou, 1636. — A., Molière, 1668. — A., J. Dryden, 1691. — A., Kleist, 1807. — Amphitryon 38, J. Giraudoux, 1929. — Zweimal A., G. Kaiser, 1948.

Opern: A., H. Purcell, 1690 (Text von Dryden). — A., F. Gasparini, 1725 (Text von J. Ph. Praetorius). — Amphitriões, A. J. da Silva, 1736. — Jupiter and Alcmena, Ch. Dibdin, 1781. — A., A. Grétry, 1788 (Text von Sedaine). — A., P. J. Lacome, 1875 (Text von Nuitter). — A., F. le Rey, 1919 (Text von Matrat). — Der Kuckuck von Theben, E. Wolf-Ferrari, 1943 (Text von L. Andersen und M. Ghisalberti). — A., R. Oboussier, 1950.

Literatur: F. Stößl, Amphitryon. Wachstum und Wandlung eines poetischen Stoffes; in: Trivium 2 (1944), 93—117. — H. Jacobi, A. in Frankreich und Deutschland. Ein Beitrag zur vergleichenden Literaturgeschichte, Zürich 1952.

[1] Daneben wird auch Laonome und Hipponome genannt: Apollod. Bibl. 2, 4, 5. — [2] Ps.-Hes. Schild, 27—56. Diod. 4, 9. Apollod. Bibl. 2, 4, 8. Schol.

Il. 14, 323. Od. 11, 266. — ³ Apollod. Bibl. 2, 4, 11. — ⁴ Pind. Pyth. 9, 81 f. Nem. 4, 20. — ⁵ Robert, 605 f. — ⁶ Robert, 607.

Amphóteros, Sohn des Alkmaion

Amúlius s. Romulus

Amýklas, Vater des Hyakinthos

Ámykos, Sohn des Poseidon* und der Nymphe Bithynis, König der Bebryker

M.: A. pflegt alle Fremden zu einem Boxkampf zu nötigen, in dem er stets Sieger bleibt und seine Partner erschlägt. Als die Argonauten* in das Bebrykerland (Propontis oder Pontus) kommen, fordert A. den Polydeukes zum Kampf heraus. Diesmal unterliegt A. und bezahlt mit seinem Leben.[1]

R.: Robert vermutete in A. einen vorgriechischen Dämon.[2]

N.: Eine realistische Schilderung des Boxkampfes gibt Theokrit in seinem 22. Gedicht.
L i t e r a t u r: D. Hagopian, Pollux' Faustkampf mit A., Wien 1955.

[1] Apoll. Rhod. 2, 1 ff. — Bei Theokr. 22, 27 ff. und anderen älteren Quellen verwehrt A. den Argonauten den Zutritt zu einer Quelle und wird nach seiner Niederlage an einen Baum oder Felsen gebunden bzw. gegen Eidschwur freigelassen. — [2] Robert, 844.

Amymóne, Tochter des Danaos (vgl. Danaiden)

M.: Auf der Jagd (oder der Suche nach einer Quelle) scheucht A. unabsichtlich einen Satyr* aus einem Gebüsch auf, der sich ihr sofort begehrlich nähert. Poseidon* vertreibt den Satyr und zeugt mit A. den Nauplios*. Zur Erinnerung an seine Verbindung mit A. läßt der Gott den lernäischen Quell entspringen.[1]

R.: Poseidon, als Herr der Gewässer, läßt wiederholt Quellen entspringen, so die Hippukrene auf dem Helikon oder die Salzquelle auf der athenischen Akropolis.

N.: Aischylos behandelte den Stoff in einem Satyrspiel.[2]
D i c h t u n g: A., A. J. Penzel, 1769.
O p e r: Neptune et A., G. B. Stuck-Batistin, 1712.
L i t e r a t u r: G. Méautis, Amymone, in: Mythes inconnus de la Grèce antique, Paris 1949, 76—81.

[1] Eur. Phoin. 187 ff. Apollod. Bibl. 2, 1, 4. Philostr. Imag. 1, 8. Schol. Il. 4, 171. Hygin. Fab. 169. — In Lerna gab es eine Quelle Amymone: Strab. 8, 6, 8. Paus. 2, 37, 1 u. 4. — [2] Aisch. Fr. 13—15 N.

Amýntor, Vater des Phoinix 2.

Amytháon, Sohn der Tyro

Anâhita, persische Göttin, der Großen Mutter verwandt

R.: A. oder Anaïtis stammte aus dem Kreise des Mazdaismus und war Göttin der befruchtenden Gewässer. In Kleinasien glich man sie der Großen Mutter an. Sie stand in enger Beziehung zu Mithras*.

Literatur: Nilsson II 644—647.

Anchíses, Sohn des Kapys und der Themis, König von Dardanos bei Troia

M.: Mit der Göttin Aphrodite*, die ihm ihre Liebe schenkt, zeugt er den Aeneas*.

R.: Die Verbindung der Göttin mit einem Sterblichen sollte wahrscheinlich einem in der Troas beheimateten Fürstengeschlechte (Aineiaden) die göttliche Abkunft bezeugen.[1]

N.: Plastik: Aeneas, A. und Ascanius, L. Bernini (1598—1680), Rom, Villa Borghese.

Gemälde: Venus und A., A. Schiavone (gest. 1563), Stuttgart, Museum. — Venus und A., W. Blake Richmond (1842—1921), London, Walker-Art-Gallery.

[1] Hom. Hymn. Aphrod. 192 ff. Il. 20, 215 ff. Strab. 13, 607. — Robert 999 f., 1003.

Andrógeos, Sohn des Minos

Andromáche (Andrómache), Tochter des Eetion,[1] Gattin Hektors*, Mutter des Astyanax

M.: Ein schwerer Schlag trifft A. während der Kämpfe um Troia mit dem Tode Hektors. Nach der Eroberung der Stadt fällt sie als Sklavin in die Hand des Neoptolemos*, des Sohnes des Achilleus*.[2] Den kleinen Astyanax stürzen die Griechen von einem Turm herab, um die männliche Nachkommenschaft des troischen Königshauses auszurotten.[3] In der nach ihr benannten Tragödie des Euripides erscheint A. als Gattin des Neoptolemos, dem sie in Hellas einen Sohn (später Molossos benannt) geboren hat. Unter der Eifersucht ihrer Nebenbuhlerin Hermione, der reichen Tochter des Menelaos*, hat A. viel zu leiden. Später heiratet sie den troischen Seher Helenos.[4]

R.: Der Name A. (= Manneskämpferin) ist ein Amazonenname.[5]

N.: Gemälde: A. an der Leiche Hektors, J. L. David, 1783, Paris, École des Beaux Arts. — Odysseus und A., G. F. Doyen (1726 bis 1806). — A. an der Urne Hektors, E. Wächter (1762—1852), Stuttgart, Museum. — Die gefangene A., F. Leighton (1830—96), Liverpool.

Dramat. Bearbeitungen: A., Euripides, um 425 v. Chr. — A., Racine, 1667. — Astyanax, Chateaubrun, 1755. — A., K. W.

Daßdorf, 1777. — Astyanax, Halma, 1805. — A. in captivity, W. E. Bailey, 1894. — A., G. Murray, 1900. — A., E. Possart, 1904. — A., E. Neaner, 1936. — Pyrrhus und A., F. Bruckner, 1953.
B ü h n e n m u s i k zur A. des Racine: C. Saint-Saëns, 1909.
O p e r n: Andromacca, P. Torri, 1716 (Text von Salvi). — A., A. Caldara, 1724 (Text von A. Zeno). — A., A. Bioni, 1729 (Text von A. Zeno). — A., Lampugnani, 1748 (Text von Salvi). — A., M. A. Valentini, 1754 (Text von Salvi). — A., G. Sarti, 1760 (Text von Salvi). — A., F. Bertoni, 1771 (Text von Salvi). — A., A. Grétry, 1780 (Text von Pitra). — A., G. Nasolini, 1790 (Text von Salvi). — A., G. Paisiello, 1797 (Text von Papini). — Astyanax, K. Kreutzer, 1800 (Text von Jaure). — A., St. Pavesi, 1804 (Text von Artusi). — Andromacca e Pirro, G. Tritto, 1807. — A., H. Windt, 1932.
B a l l e t t e : Andromacca e Pirro, L. de Baillou, 1777. — Andromacca e Pirro, C. Canobbia, 1784. — A., G. Scaramella, 1792.
L i t e r a t u r : A. Lesky, Der Ablauf der Handlung in der „Andromache" des Euripides, in: Anzeiger Öst. Ak. Wiss. phil. hist. Kl. 84 (1947), 99 ff.

[1] Hom. Il. 6, 395 ff. — [2] Apollod. Epit. 5, 23. Quint. Smyrn. 14, 20 ff. — [3] Ep. Graec. Fr. 50 Kinkel. Eur. Troad. 719 ff., 1133 ff. Andr. 8 ff. — [4] Verg. Aen. 3, 294 ff. — [5] Robert 985.

Androméda (Andrómeda) s. Perseus

Ánna Perénna, alte römische Gottheit

M.: Zur Zeit des römischen Ständekampfes zwischen Patriziern und Plebejern, nach der Auswanderung der Plebs auf den Heiligen Berg, verkauft A. in Gestalt einer alten Frau dem Volke Tag für Tag selbstgebackene Kuchen und rettet es so aus der Hungersnot.
Nach anderer Version ist A. eine Schwester Didos*. Nach deren Tod flüchtet sie vor Iarbas (vgl. Dido) und gelangt nach abenteuerlichen Erlebnissen zu Aeneas*, der inzwischen in Latium Fuß gefaßt hat. Sie berichtet Aeneas von dem traurigen Ende Didos. Vor der eifersüchtigen Lavinia, der Gattin des Aeneas, muß sie neuerdings fliehen und wird schließlich in eine Nymphe verwandelt.

R.: A. wurde in einem unmittelbar nördlich von Rom gelegenen Hain verehrt. Zur Erinnerung an die segensreiche Tätigkeit der A. während des Ständekampfes feierte man in Rom alljährlich am 15. März ein Volksfest im Grünen, bei dem es mit Essen und Trinken hoch herging.[1] In der Erzählung von der Speisung der Plebs durch A. haben wir also vermutlich eine aitiologische Legende zu sehen, die den Festbrauch erklären wollte.[2] — Der Name der A. P. ist wie der einer sterblichen Frau gebildet (vgl. Acca Larentia). Perenna (lat. perennis = ewig) wurde auf ihre Unsterblichkeit bezogen. F. Altheim erklärt den Namen P. für etruskisch und sieht in der Göttin eine Erscheinungsform der griechischen Erdmutter.[3]
L i t e r a t u r : W. F. Otto, A. P., in: Wr. Stud. 34 (1912), 322 bis

331. — G. Dumézil, Le festin d'immortalité. Étude de mythologie comparée Indoeuropéenne, Paris 1924, 126 ff.

[1] Ov. Fast. 3, 523 ff. Macrob. Sat. 1, 12, 6. — [2] Otto, Wiener Stud. 34, 327. — [3] Altheim, Terra Mater, 91 f.

Antaíos, Sohn des Poseidon* und der Gaia*

M.: A., ein libyscher Riese, pflegt die Fremden zu einem Ringkampf zu nötigen und dann zu töten. Auch Herakles* ringt mit ihm. Sooft A. den Boden, d. h. seine Mutter Erde, berührt, gewinnt er neue Kräfte. Herakles hebt ihn hoch und erwürgt ihn in der Luft.[1]

R.: Das griechische Wort A. bedeutet „Begegner". Auch Hekate* wurde Antaia genannt. Der Sage von A. scheint also die Begegnung mit einem unheimlichen, todbringenden Gespenst zugrundezuliegen, wie sie auch in Erzählungen neuzeitlicher Jahrhunderte zu belegen ist.[2]

N.: Plastik: Herakles und A., A. Pollaiuolo (1432—98), Florenz, Bargello.

Gemälde: Herakles und A., A. Pollaiuolo (1432—98), Florenz, Uffizien. — Herakles und A., H. Baldung Grien (um 1475/80 bis 1545), Kassel, Museum. — Herakles und A., Tintoretto (1518—94), Hartford, Conn. (USA), Wadsworth Athenaeum. — Herakles und A., Tiepolo (1696—1770), Castelgomberto, Conte da Schio.

[1] Pind. Isthm. 4, 52 ff. Diod. 4, 17, 4. Paus. 9, 11, 6. Philostr. Imag. 2, 21. Apollod. Bibl. 2, 5, 11. — [2] Radermacher 316 ff.

Ánteia (Anteía) s. Bellerophon

Anténor, ein Troer

M.: Vor der Belagerung Troias beherbergt A. Odysseus* und Menelaos*, die als Unterhändler wegen der freiwilligen Auslieferung der Helena* in die Stadt gekommen sind.[1] Er setzt sich auch für die Rückgabe der Helena und ihres Eigentums an die Griechen ein, allerdings erfolglos.[2]
Seiner Gastfreundschaft mit den beiden griechischen Heerführern verdankt es A., daß bei der Plünderung Troias sein Sohn Glaukos gerettet und sein Haus geschont wird.[3]

R.: Nach römischer Überlieferung, die auf griechische Quellen des 5., vielleicht sogar des 6. vorchristlichen Jahrhunderts zurückgeht,[4] gründete A. eine Kolonie der Eneter oder Veneter im Gebiet des heutigen Venetien.[5] Diese Gründungssage beruht vermutlich auf der Gleichsetzung der italischen Veneter mit den paphlagonischen Enetern, Bundesgenossen der Troer.[6]

N.: Sophokles schrieb eine Tragödie „Antenoridai" (Nachkommen des A.), von der nur wenige Fragmente erhalten sind.[7]

Literatur: J. Perret, Les origines de la légende troyenne de Rome (281—31), Paris 1942, 157—212.

[1] Hom. Il. 3, 203 ff. und Schol. 206. Vgl. Hdt. 2, 118. — [2] Hom. Il. 7, 347 ff. — [3] Strab. 13, 1, 53. — Odysseus rettet den verwundeten Helikaon, einen Sohn A.s, im Kampf: Paus. 10, 26, 8. — [4] Robert 1514. — [5] Liv. 1, 1. — Antenor als Gründer von Patavium (Padua): Verg. Aen. 1, 242 ff. — [6] Robert 1514. — Anders J. Perret, a. a. O., 234—256. — [7] Soph. Fr. 133—135 N.

Antigóne (Antígone)

1. Gattin des Peleus
2. Tochter des Oidipus* und der Iokaste, Schwester des Eteokles und Polyneikes* sowie der Ismene

M.: Ihren blinden Vater Oidipus begleitet A. in die Fremde und umsorgt ihn bis zu seinem Tode.[1] Als der Angriff der Sieben auf Theben abgewehrt ist und Eteokles und Polyneikes im Zweikampf gefallen sind, übernimmt A.s Onkel Kreon die Herrschaft. Er erläßt ein strenges Verbot, die Leichen der gefallenen Feinde, darunter auch die des Polyneikes, zu bestatten. A. widersetzt sich dem Gebote des Königs und folgt dem ungeschriebenen Gesetze der Menschlichkeit. Bei dem Versuch, die Leiche ihres Bruders Polyneikes zu bestatten, wird sie verhaftet und auf Kreons Befehl lebendig in ein

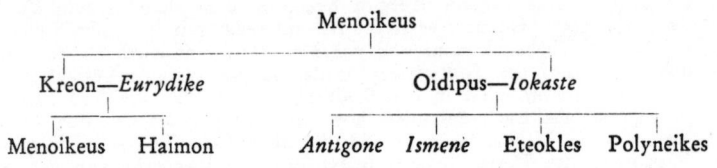

```
                    Menoikeus
                        |
        _____|_____
        |                               |
   Kreon—Eurydike                 Oidipus—Iokaste
        |                               |
     ___|___              _____|_____
     |     |              |      |        |         |
 Menoikeus Haimon     Antigone Ismene  Eteokles  Polyneikes
```

Felsengrab eingeschlossen. Kreons Sohn Haimon, der mit A. verlobt ist, dringt in das Verließ ein, um seine Braut zu befreien; aber A. hat sich bereits erhängt. Haimon tötet sich selbst; auch seine Mutter Eurydike, Kreons Gattin, begeht Selbstmord. So siegt A. noch im Tode über Kreons Starrheit.[2]
Später finden auch die übrigen Leichen der gefallenen Argeier ihre ordnungsgemäße Bestattung. Adrastos* flieht nach Athen und berichtet von dem grausamen Befehl Kreons. Theseus* zieht daraufhin mit einem athenischen Heer gegen Theben, besiegt Kreon und zwingt ihn, die Leichen zur Bestattung herauszugeben.[3]

N.: Von den Gestaltungen des Stoffes durch die großen Tragiker ist die „Antigone" des Sophokles zur Gänze, die des Euripides nur in Fragmenten erhalten. Den Zug des Theseus gegen Theben behandeln in attisch-patriotischem Sinne die „Hiketiden" des Euripides.
P l a s t i k: A., W. H. Rinehart (1825—74), New York, Metropolitan Museum.
D r a m a t. B e a r b e i t u n g e n: A., Sophokles, 441 v. Chr. — A., L. Alamanni, 1533. — A., R. Garnier, 1580. — A., J. Rotrou, 1638. — A., V. Alfieri, 1783. — A. or the Theban sister, E. Fitzball, 1821. — A., O. Marbach, 1839. — A., E. Reichel, 1877. — The daughters of Oedipus, W. E. Baily, 1894. — Vorspiel zur A. des

Sophokles, H. Hofmannsthal, 1908. — Der Tod der A., H. St. Chamberlain, 1915. — A., W. Hasenclever, 1917. — A., J. Cocteau, 1928. — A., R. Wörner, 1939. — A., J. Anouilh, 1942. — Antigonemodell 1948, B. Brecht, 1948.

Vertonungen: A. des Sophokles, Mendelssohn, 1841. — A. des Sophokles, C. Saint-Saëns, 1893.

Opern: Creonte, A. Scarlatti, 1699 (Text von J. M. Paglia). — A., G. M. Orlandini, 1718 (Text von Gasqualiga). — A., G. Scarlatti, 1755 (Text von Roccaforte). — A., G. Bianchini, 1769 (Text von Roccaforte). — A., T. Traetta, 1772 (Text von Coltellini). — A., J. Mysliweczek, 1773 (Text von Roccaforte). — Creonte, F. Bertoni, 1776. — A., N. Zingarelli, 1790 (Text von Marmontel). — A., P. Winter, 1791 (Text von Coltellini). — A., F. Bianchi, 1796 (Text von Roccaforte). — A., C. Pedrotti, 1839 (Text von Marcello). — A., B. Versa, 1919 (Text von Hasenclever). — A., C. Bondonio, 1920 (Text vom Komponisten). — A., H. Ruter, 1923 (Text von Sophokles). — A., A. Honegger, 1930. — A., C. Orff, 1949.

[1] Soph. Oid. Kol. 1 ff. — [2] Vgl. Aisch. Sieben 1005 ff. Apollod. Bibl. 3, 7, 1. — Nach anderer Version übergibt Kreon A. dem Haimon zum Vollzug der Todesstrafe. Haimon versteckt A. und zeugt mit ihr einen Sohn, der später nach Theben kommt und von Kreon erkannt wird. Da der König unerbittlich auf der Todesstrafe für den jungen Haimon besteht, folgen die Eltern ihrem Kind in den Tod: Hygin. Fab. 72, zum Teil nach der „Antigone" des Euripides (diese aber mit happy end); vgl. Eur. Fr. 157 bis 178 N. — [3] Isokr. Paneg. 54—58. Panathen. 168—174. — Nach anderer Version sendet Theseus einen Unterhändler und erreicht von den Thebanern die freiwillige Herausgabe der Leichen: Plut. Thes. 29, 9. Paus. 1, 39, 2.

Antíkleia (Antikleía), Mutter des Odysseus

Antílochos, Sohn des Nestor

Antiópe (Antíope)

1. Amazonenkönigin, s. Theseus
2. Tochter des Nykteus, Königs von Theben, und der Polyxo, Geliebte des Zeus*

M.: Der Gott nähert sich ihr in Gestalt eines Satyrs*. Während ihrer Schwangerschaft flieht A. aus Furcht vor ihrem Vater zum König Epopeus von Sikyon, der sie zur Frau nimmt. Sterbend beauftragt Nykteus seinen Bruder Lykos, dem er die Herrschaft hinterläßt, A. gewaltsam nach Theben zurückzuholen. Lykos zieht gegen Epopeus zu Felde, zerstört Sikyon, tötet den König und führt A. als Gefangene fort. Unterwegs, am Fuße des Kithairon, schenkt A. Zwillingen, Amphion* und Zethos, das Leben. Die Kinder werden auf Befehl des Lykos ausgesetzt, aber von einem Hirten gefunden und aufgezogen.

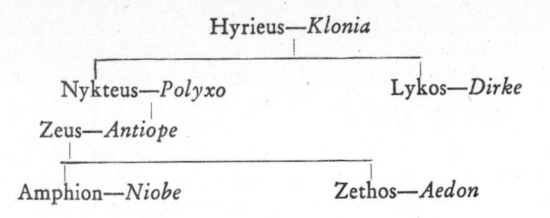

```
                    Hyrieus—Klonia
         ┌─────────────────┴─────────────────┐
    Nykteus—Polyxo                      Lykos—Dirke
    Zeus—Antiope
    ┌────────┴────────┐
Amphion—Niobe              Zethos—Aedon
```

A. hat als Sklavin im Hause des Lykos besonders unter den Launen von dessen Gattin Dirke zu leiden. Nach jahrelangem freudlosen Leben flieht A. aus Theben und trifft auf dem Kithairon zufällig ihre inzwischen herangewachsenen Söhne. Die Erzählung der Mutter von ihrem harten Schicksal im Hause des Lykos treibt Amphion und Zethos zur schnellen Rache. Sie bemächtigen sich Thebens und ermorden Lykos. Dirke aber binden sie an die Hörner eines Stieres und lassen sie von dem Tier zu Tode schleifen.[1] Die Leiche werfen sie in die nach Dirke benannte Quelle bei Theben.[2]

R.: Zu dem Erzählungstypus vgl. Amphion, Teil R. Die Eifersucht der zweiten Frau, hier Dirke, ist übrigens ein im Märchen weit verbreitetes Motiv. In der Einbeziehung der Dirke-Quelle in den Mythos tritt uns wieder ein Orts-Aition entgegen.

N.: Von einer Tragödie des Euripides, die die Schicksale der A. behandelte, sind uns zahlreiche Fragmente erhalten.[3]

P l a s t i k: Amphion und Zethos binden Dirke an den Stier, Apollonios und Tauriskos aus Tralles, 1. Jh. v. Chr.; Kopie und Umbildung (1. Jh. n. Chr.): Neapel, Museum (der sog. „Farnesische Stier").

G e m ä l d e: Bestrafung der Dirke, Römisches Wandgemälde aus Pompeji, Casa del Granduca (in Neapel, Mus. Naz.) und Haus der Vettier. — A., Correggio, um 1525, Paris, Louvre. — Jupiter (als Satyr) und A., Tizian, um 1560, Paris, Louvre. — Jupiter und A., Hans von Aachen (1552—1615), Wien, Kunsthist. Museum. — Jupiter und A., J. Jordaens, 1650, Grenoble. — Jupiter und A., L. Silvestre d. J. (1675—1760), Schloß Wilanow. — Jupiter (als Satyr) und A., A. Watteau (1684—1721), Paris, Louvre. — Jupiter und A., C. Vanloo (1705—65), Leningrad, Eremitage. — Jupiter und A., J. L. David, um 1768, Sens, Museum.

D r a m a t. B e a r b e i t u n g: A., K. H. Ayrenhoff, 1772.

O p e r n: Antiopa giustificata, J. K. Kerl, 1662 (Text von Bisari). — A., C. Pallavicini, 1689. — Dirce, C. E. Horn, 1821. — Dirce, A. Peri, 1843 (Text von Martini).

B a l l e t t: A., G. Jakoby, 1888.

[1] Nach anderer Version kommt Dirke zu einer Dionysosfeier auf den Kithairon, entdeckt die entflohene A. und will sie zur Strafe an die Hörner eines Stieres binden lassen. Amphion und Zethos erkennen die Mutter noch rechtzeitig und vollziehen die ihrer Mutter zugedachte Strafe an der

grausamen Dirke: Hygin. Fab. 8. — ² Zur ganzen Erzählung: Prop. 3, 15, 11 ff. Paus. 2, 6, 1 ff. Apollod. Bibl. 3, 5, 5. Schol. Apoll. Rhod. 4, 1090. — ³ Eur. Fr. 179—227 N. Supplem. Eurip., ed. Arnim, 1913, 9—22.

Anubis, ägyptischer Gott

R.: Dem altägyptischen Totengott A. war der Schakal heilig, mit dessen Kopf er häufig dargestellt wurde. Im Rahmen des Isis*-Serapis*-Kultes wurde A. als treuer Diener dieser Gottheiten in der Kaiserzeit der gesamten griechisch-römischen Oikumene bekannt.

Apharetíden s. Idas, s. Lynkeus 2., s. auch Molioniden

Aphrodíte, Tochter des Zeus* und der Dione,¹ Göttin der geschlechtlichen Liebe und der Schönheit

M.: A. ist mit dem hinkenden Schmiedegott Hephaistos* vermählt, den sie mit Ares* zum Hahnrei macht.² Aus ihrer Verbindung mit Ares gehen Eros* und Anteros, Harmonia, Deimos und Phobos hervor. Eros (lat. Amor) als verspielter Knabe in Gesellschaft seiner Mutter A. ist ein in der bildenden Kunst der Antike überaus beliebtes Motiv.
In dem Schönheitswettbewerb der drei Göttinnen trägt A. vor Hera* und Athene* den Preis davon und hilft dafür Paris*, Helena* zu gewinnen. Im Kampf um Troia* steht sie natürlich auf Seite der Troer. A. liebt auch den schönen Adonis*, der auf der Jagd von einem Eber getötet wird. Von Persephone* erreicht sie, daß Adonis nur die Hälfte jedes Jahres unter der Erde weilen muß, die andere Hälfte aber auf der Oberwelt verbringen darf.³ A. schützt die Liebenden und straft die Verächter der Liebe (Hippolytos, Narkissos).

R.: A. und ihr Kult sind vorgriechischen, und zwar wahrscheinlich asiatischen Ursprungs. Der homerische A.-Hymnos schildert die Liebe der Göttin zu dem sterblichen Anchises*. A. erscheint zur Liebesfeier auf dem Berge Ida, gefolgt von wilden Tieren, die sich auf ihren Wink paaren;⁴ sie erinnert an die asiatische Große Mutter. Man nimmt ferner an, daß der Kult der orientalischen Fruchtbarkeitsgöttin⁵ (vgl. die Astarte der Phoiniker) — vielleicht schon in mykenischer Zeit — über das Meer nach Hellas wanderte. Die auf diesem Wege liegenden Inseln Kypros und Kythera waren Hauptkultstätten der Göttin (ihre Beinamen: Kypris und Kythereia). Aus einer Etymologie ihres Namens leiteten die Griechen die Vorstellung ab, A. sei aus dem Schaum des Meeres geboren⁶ (A. Anadyomene = die aus dem Meere auftauchende A.). Vielleicht gehen auch die Beziehungen A.s zum Meer — sie hieß Euploia („die gute Fahrt verleiht") und besaß Tempel an der Küste — auf die Wanderung des Kultes über das Meer zurück.
Man unterschied vielfach zwischen der „himmlischen" A. (Urania) als Göttin der edlen Liebe und der „dem ganzen Volk gehören-

den" A. (Pandemos) als Göttin gemeiner Sinnlichkeit, der A. der Hetären. Während jedoch die Bezeichnung „Urania"[7] alt und schwer deutbar ist, erfolgte die Gegenüberstellung der beiden Formen der A. erst auf Grund späterer ethischer Auslegung.[8] Die Verbindung A.s mit Hephaistos beruht wahrscheinlich auf der Verknüpfung des Begriffes körperlicher Schönheit mit dem schöner Kunstwerke, wie sie der kunstreiche Schmied anzufertigen verstand. Ihr Abenteuer mit Ares wurde von der homerischen Götterburleske ausgestaltet.[9] Die Verbindung der beiden Gottheiten im Kult reicht jedoch in alte Zeit zurück.[10] Beinamen und Kultstätten der A. waren zahlreich, in Athen wurde sie u. a. als Gartengöttin verehrt. — Der griechischen A. entspricht die römische Venus*.

N.: Plastiken: Geburt der A., 5. Jh. v. Chr., Rom, Thermenmuseum (Relief auf einer Thronlehne). — A., Alkamenes, 2. Hälfte des 5. Jh. v. Chr.; Kopie: A. von Fréjus, Paris, Louvre. — A. von Knidos, Praxiteles, 4. Jh. v. Chr.; Kopie: Rom, Vatikan, Kopf: Berlin, Slg. Kaufmann. — A. von Capua, Lysippos, 2. Hälfte des 4. Jh. v. Chr.; Kopie: Neapel. — Kauernde A., Doidalsas, kurz nach 250 v. Chr. (Original Bronze); Kopie: Rom, Thermenmuseum. — A. von Melos (Milo), 2. Jh. v. Chr., Paris, Louvre. — A. von Kyrene, hellenistisch, Rom, Thermenmuseum. — Mediceische A., Florenz, Uffizien (früher in der Villa Medici zu Rom). — Venus, R. Donner, 1740, Wien, Barockmuseum (Bronze). — Venus, J.-B. Pigalle, 1748, früher Berlin, Kaiser-Friedrich-Museum. — Venus mit Trauben, J. Ph. Ollivier (1739—88), Brüssel, Museum. — Venus, J. Pradier, 1827, Orléans, Museum. — Venus und Amor, R. Begas, 1864, früher Berlin, Nationalgalerie. — Venus mit dem Halsband, A. Maillol 1861—1944), St. Louis, Museum (Bronze). — A., Cl. Wheeler (geb. 1892), London, Burlington House.

Gemälde: A. auf der Muschel, Römisches Wandgemälde aus Pompeji, Mitte 1. Jh. n. Chr. (1952 ausgegraben). — Triumph der Venus, F. Cossa, um 1470, Ferrara, Palazzo Schifanoia. — Geburt der Venus, Botticelli, um 1478, Florenz, Uffizien. — Venus, L. Cranach d. Ä., 1509, Leningrad, Eremitage. — Venus und Amor, L. Cranach d. Ä. (1472—1553), Brüssel, Museum. — Ruhende Venus, Palma Vecchio, um 1517, Dresden, Gemäldegalerie. — Venusfest, Tizian, 1518, Madrid, Prado. — Venus und Amor, Gossard, 1521, Brüssel, Museum. — Schlafende Venus, Giorgione (1478—1510), Dresden, Gemäldegalerie. — Venus Anadyomene, Tizian, nach 1530, London, Bridgewater-Gallery. — Venus und Vulkan, Tintoretto (1518—94), Florenz, Pal. Pitti. — Venus, Vulkan und Amor, Tintoretto, um 1559, München, Alte Pinakothek. — Venus entwaffnet Cupido, A. Allori, (1535—1607), Los Angeles, County Museum. — Venus und Adonis, Rubens, 1609/10, Düsseldorf, Akademie. — Die frierende Venus, Rubens, 1614, Antwerpen, Museum. — Toilette der Venus, Rubens, 1613—15, früher Wien, Gal. Liechtenstein. — Geburt der Venus, Rubens, 1614—16, Sanssouci. — Schlafende Venus, von Satyrn belauscht. N. Poussin, um

1625, Dresden, Gemäldegalerie. — Geburt der Venus, Rubens, um 1630, London, National Gallery. — Venusfest, Rubens, um 1632, Wien, Kunsthist. Museum. — Venus und Adonis, J. Ribera, 1637, Rom, Gall. Corsini. — Venus, sich spiegelnd, Velasquez, 1656, London, National Gallery. — Venus und Amor, Rembrandt, um 1662, Paris, Louvre. — Triumph der Venus, F. Boucher (1703—70), Stockholm, Nationalmuseum. — Mars und Venus, J.-M. Vien (1716—1809). — Venus, J.-M. Vien, 1773, Vincennes. — Venus Anadyomene, Böcklin, 1. Fassung 1869, 2. Fassung 1873. — Venus, Feuerbach, 1875, Wien, Akademie der bildenden Künste.

D r a m a t. B e a r b e i t u n g e n: Die Gefängnus der Göttin Veneris mit dem Gott Marte, Hans Sachs, 1568 (Schwank). — Venus, F. Paludan-Müller, 1841. — A. against Artemis, T. St. Moore, 1901. — A., B. Eelbo, 1906. — Die gefesselte A., Elisarion, 1911.

E p o s: Venus und Adonis, Shakespeare, 1593.

D i c h t u n g e n: 3 homerische Hymnen an A. — Venus and Psyche, R. Crawley, 1871. — Venus victrix, D. G. Rossetti, 1881.

R o m a n e: A., P. Lonys, 1896. — Cytherea, J. Hergesheimer, 1922. — A. in Aulis, G. Moore, 1930.

C h o r w e r k: La naissance de Venus, G. U. Fauré, 1895.

O p e r n: Venere, gelosa, F. Sacrati, 1643 (Text von Bartolini). — Vénus et Adonis, H. Desmarets, 1697 (Text von J. B. Rousseau). — Venere e Cupido, K. H. Grann, 1742 (Text von Bottarelli). — Venere in Cipro, F. Alessandri, 1779. — Vénus et Adonis, H. Leroux, 1905 (Text von Grammont). — A., C. Erlanger, 1906 (Text von Grammont). — A., M. Oberleithner, 1912 (Text von Liebstöckl). — Venus, O. Schoeck, 1922. — Trionfo di Afrodite, C. Orff, 1951.

B a l l e t t e: Vénus et Adonis, R. Desbrasser, 1759. — Venus und Adonis, J. Starzer, 1773. — Vénus et Adonis, F. Ch. Lefebvre, 1808. — Venus und Adonis, R. W. Henning, 1832. — Vénus et Adonis, E. Mestrès, 1899.

L i t e r a t u r: M. Bernhart, A. auf griechischen Münzen, München 1936. — E. Langlotz, A. in den Gärten, Heidelberg 1954. — R. Lullies, Die kauernde A., München 1954.

[1] Hom. Il. 5, 370 ff. Eur. Hel. 1098. — [2] Erzählung des Demodokos: Hom. Od. 8, 266 ff. — [3] Schol. Theokr. 3, 48. Hygin. Astron. 2, 6. Dreiteilung des Jahres: Apollod. Bibl. 3, 14, 4. Dazu Nilsson II 623 A. 6. — [4] Hom. Hymn. Aphrod. 69 ff. — [5] In dem berühmten aischyleischen Fragment aus den „Danaiden", das die Umarmung des Himmels und der Erde schildert, bezeichnet sich A. selbst als Urheberin der Fruchtbarkeit: Aisch. Fr. 44 N. — [6] Hes. Theog. 188 ff. — [7] Aus diesem Beinamen wurde offenbar die Entstehung der A. aus den Blutstropfen des Uranos* herausgesponnen: Nilsson I 490. — [8] Zur Vergeistigung der A. im Athen des 5. Jh.: Kern II 298 f. — [9] Zum Wesen dieser Götterburleske vgl. zuletzt K. Dienelt, Existentialismus — bei Homer, Festschrift zur 250-Jahrfeier des Bundesgymn. Wien VIII (Piaristengymn.), Wien 1951, 151—159. — [10] An einen Hieros Gamos als Vorbild für die Erzählung von der Liebe des Ares und der A. denkt Kern I 119.

Apis, ägyptischer Gott

R.: Die Ägypter verehrten in A. einen heiligen Stier, dessen Kult an die Totenstadt von Memphis gebunden war. Die lange umstrittene Gleichsetzung des Osiris-Apis, der Schutzgottheit dieser Totenstadt, mit Serapis*, wird heute von den meisten Forschern anerkannt. Die Griechen nannten den A. Epaphos und machten ihn zum Sohn der Io*, die sie der kuhgestaltigen Isis* gleichsetzten.

Apóllon, oft auch Phoibos genannt, Sohn des Zeus* und der Leto*, Zwillingsbruder der Artemis*

M.: Wenige Tage nach seiner Geburt auf der Insel Delos[1] tötet A. den Python*-Drachen von Delphi und übernimmt das Orakel.[2] Die pythischen Spiele in Delphi wurden in Erinnerung an dieses mythische Ereignis gefeiert. Mit Herakles* kämpft A. um den Dreifuß des Orakels.[3] Kassandra* verleiht er die Gabe der Weissagung.[4] Die Waffe A.s ist der Bogen. Er beteiligt sich an dem Kampf der olympischen Götter gegen die Giganten*.[5] Er sendet Pest und Tod ins Lager der Griechen vor Troia*.[6] Mit seinen Pfeilen tötet er den Tityos* und die Söhne der Niobe*. Zur Strafe für die Tötung der Kyklopen* muß er ein Jahr lang bei Admetos als Hirte dienen.[7] A.s Hand lenkt den Pfeil des Paris* auf Achilleus*.[8]
Als Städtebauer erscheint er gemeinsam mit Poseidon* in der Gründungssage von Troia. Von König Laomedon* um den Lohn für den Mauerbau betrogen, sendet er eine Pest über die Stadt.[9] A. gilt ferner als Vater der berühmtesten Sänger Orpheus* und Linos*.[10] Von Hermes* erhält er die Leier als Ersatz für die ihm gestohlene Rinderherde.[11] Den Marsyas*, der sich erkühnt, mit der von Athene* weggeworfenen Flöte zu einem musikalischen Wettstreit mit A. anzutreten, besiegt der Gott und zieht ihm die Haut ab.[12] — Die schöne Nymphe Daphne*, die A. liebt, ergreift vor ihm die Flucht. Als der Gott sie verfolgt, wird Daphne auf ihr Gebet in einen Lorbeerbaum verwandelt.

R.: A., der einst vielfach als der echteste Olympier und Inbegriff des Hellenentums erschien, wird heute überwiegend als Einwanderer aus Kleinasien aufgefaßt. In der Ilias kämpft der Gott auf seiten der Troer gegen die Griechen. Auffallend ist die verhältnismäßig geringe Zahl von A.-Festen im Mutterlande Hellas bei der so großen Verbreitung seines Kultes. Auch die mit der Ekstase verknüpfte Mantik und A.s Mutter Leto, die anscheinend nur in Kleinasien selbständige Kulte besaß, deuten auf Kleinasien als Heimat des Gottes. Schließlich wurden auch Beziehungen A.s zu den Hethitern und über diese weiter zu den Babyloniern beobachtet.[13]
Die Hellenen wurden schon in mykenischer Zeit mit A. bekannt. Sein Kult mit den vielen Reinigungen und Sühnungen, mit dem Orakelwesen und der Inspiration kam wahrscheinlich einem religiösen Bedürfnis entgegen. Jedenfalls breitete er sich von einigen wenigen Zentren (Klaros und Didyma in Kleinasien, Delphi, Delos)

über ganz Hellas aus. Unter den homerischen Göttern hat A. wohl die meiste geheimnisvoll göttliche Macht und ist vom Dichter am wenigsten vermenschlicht.

Eine der urtümlichsten Funktionen A.s war vielleicht die apotropäische des Torwächters. Als Steinpfeiler, der vor dem Hause auf der Straße stand, schützte der Gott das Haus und seine Bewohner (A. Agyieus). A. lieh seine übelabwehrenden Kräfte auch der bedrohten Landwirtschaft[14]: Als A. Smintheus vernichtete er die schädlichen Feldmäuse, als A. Lykeios schützte er die Herden vor den Wölfen (so jedenfalls die griechische Interpretation des Beinamens[15]), als Parnopios vertilgte er die Heuschrecken usw.

A. war ferner Heil- und Sühnegott. Die Pfeile seines Bogens brachten Krankheit und Tod. Der Gott übte aber auch die komplementäre Funktion des Arztes aus. An ihn richtete man die Paiane, Preislieder (später Siegeslieder), die ursprünglich um Befreiung von Krankheiten baten.[16] Diese Heilfunktion übernahm später A.s Sohn Asklepios*, der Gott der Ärzte.[17] Eng verbunden mit dem Wesen des Heilgottes waren die Weissagungen und die Orakelstätten, die A. in großer Zahl besaß. Durch den Mund der von ihm inspirierten Seherin (in Delphi die Pythia) sprach der Gott zu den Gläubigen. Die Epiphanie des Gottes erfolgte nur an bestimmten Tagen und wurde durch eigene Anrufungen erfleht. Oft mußte A. von einem alten Orakel gewaltsam Besitz ergreifen, wie z. B. in Delphi, was sich noch im Mythos widerspiegelt. Auch sonst verdrängte A. vielfach lokale Gottheiten und trat in Kult und Festesbrauch an ihre Stelle. Als ein Beispiel für viele seien Hyakinthos* und die Hyakinthien in Sparta genannt. Die Verehrung A.s und der Besuch seiner Orakelstätten (vor allem Delphi und Delos) durch Festgesandtschaften aus ganz Hellas bildete ein einigendes Band für die so stark zersplitterten griechischen Stadtstaaten. Unter seinen Schutz stellte sich die athenische Demokratie ebenso wie die spartanische Aristokratie.

Seit dem 6. Jh. v. Chr. ist die Verehrung A.s als Helios (Sonne) nachweisbar. Die Griechen sahen in A. jedoch nicht nur den Lichtgott, sondern den Garanten der sittlichen Ordnung und des edlen Maßes überhaupt. So wurde er von den Hellenen als Gott der Künste, insbesondere der Musik, und als Führer der Musen* (Musagetes) verehrt. Schon in der Ilias schlägt er zum Göttermahl die Leier, und die Musen singen unter seiner Führung.[18] Die Verwandtschaft der Leier mit dem Bogen, beides Instrumente des Gottes, wurde schon in der Antike empfunden. Von A., dem „Ferntreffenden", wie er schon in der Ilias heißt, stammt nicht nur der zielsichere Pfeil, sondern auch das „treffende" Lied.[19] Platon war von der ethischen Wirkung der apollinischen Musik überzeugt.[20]

In Rom war die Übernahme des griechischen Gottes A. bereits zu Beginn des 5. Jh. v. Chr. Tatsache (496 Befragung der sibyllinischen Bücher und Gelobung eines Tempels). Der A.-Kult in Kyme (Cumae) war mit dem Orakel der (cumanischen) Sibylle* verbunden.[21]

Im Rahmen des sittlich-religiösen Reformwerkes des Kaisers Augustus nahm der staatliche Kult des Gottes A., der zugleich von der kaiserlichen Familie besonders verehrt wurde und im Jahre 28 v. Chr. einen neuen prächtigen Tempel auf dem Palatin erhielt, eine hervorragende Stellung ein.[22]

N.: Plastiken: A. und Herakles im Kampf um den Dreifuß, Giebel des Siphnier-Schatzhauses in Delphi, um 525 v. Chr., Delphi, Museum. — A. und Herakles, Terrakottagruppe von Veji, Ende des 6. Jh. v. Chr. — A., Original um 450 v. Chr. (Pheidias?), Kopie: Kassel, Museum. — A., Mittelfigur des Westgiebels vom Zeustempel zu Olympia, Mitte des 5. Jh. — A. Sauroktonos (Eidechsentöter), Praxiteles, 4. Jh. v. Chr.; Kopie: Rom, Vatikan. — A. vom Belvedere, Leochares, 4. Jh. v. Chr. (nach einem Bronzeoriginal), Rom, Vatikan. — A., Agostino di Duccio, zwischen 1447 und 1454, Rimini, San Francesco (Relief). — A., J. Sansovino, um 1540—45, Venedig, Loggetta des Markusturmes (Bronze). — A. und Nymphen, F. Girardon (1628—1715), Versailles. — A. und Daphne, L. Mattielli, 1716, Wien, Schwarzenbergpark. — A., Thorwaldsen (1768—1844), Kopenhagen, Thorwaldsen-Museum. — A., Rodin, 1900.

Gemälde: A. und Diana, L. Cranach d. Ä. (1472—1553), Brüssel, Museum. — A. und Daphne, A. Schiavone (gest. 1563), Wien, Kunsthist. Museum. — A. und die Musen, M. de Vos (1531—1603), Brüssel, Museum. — A. und Juno, P. Veronese, um 1580—85, früher Berlin, Kaiser-Friedrich-Museum. — A., Domenichino, um 1615, Rom, Pal. Costaguti (Fresko). — A. und Marsyas, J. Ribera, 1637, Neapel, Mus. Naz. — A., G. Reni (1575—1642), München, Pinakothek. — A. schindet Marsyas, G. Reni, Toulouse, Museum. — Besuch bei A. und Diana, A. F. Maulbertsch (1724—96), Wien, Barockmuseum. — A. mit den Herden Admets, J. Chr. Klengel, 1802, früher Dresden, Gemäldegalerie. — A. vor den Hirten, G. Schick, 1808. — A. tötet den Python, M. W. Turner (1775—1851), London, National Gallery. — Sieg über die Pythonschlange, Delacroix, 1851, Paris, Louvre (Deckengemälde). — A. schießt Pestpfeile in die Stadt, A. Rothaug (1870—1946), Wien, Öst. Galerie.

Kupferstich: A. und Diana, Dürer, um 1505.

Dramat. Bearbeitungen: A. unter den Hirten, G. Jacobi, 1774. — A., F. Pixley, 1915. — L'Apollon de Bellac, J. Giraudoux, 1957.

Dichtungen: Hom. Hymnos an A., 7. Jh. v. Chr. — Hymnos an A., Kallimachos, 1. Hälfte d. 3. Jh. v. Chr. — Hymnos auf Delos (Geburt A.s), Kallimachos. — Ode to A., Keats, 1815. — Hymn of A., Shelley, 1824. — Dank an A., H. Benrath, 1937.

Roman: De Verminkte Apollo, S. Vestdyk, 1952.

Symphonische Dichtung: Hymn to A., A. Bliss, 1926.

Opern: A. in Tessaglia, P. Franceschini, 1619 (Text von Stanzani). — Il tempio d'A., A. Draghi, 1682 (Text von N. Minato). —

A. et Daphne, Lully, 1698 (Text von Danchet). — A. in cielo, A. Caldara, 1720 (Text von Pariati). — A., G. H. Stölzel, 1729. — A. et Hyacinthus, Mozart, 1767. — A. unter den Hirten, A. Schweitzer, 1770 (Text von Jacobi). — A. und Daphne, J. Haake, 1773. — A. et Coronis, J. B. u. Chr. J. Rey, 1781 (Text von Fuzelier). — A. enjoué, J. S. Kusser, 1800. — A. et les muses, Gaspar, 1921 (Text von Marcalis).

Ballette: A. placado, Baillou und Salieri, 1778. — A. und Daphne, G. A. Schneider, 1810. — A. Musagète, I. Strawinsky, 1928.

Literatur: W. Stechow, A. und Daphne, Lpz.-Berlin 1932. — R. D. Miller, The Origin and original Nature of Apollo, Philadelphia 1939. — F. G. Jünger, Griechische Götter. A., Pan, Dionysos, Frankfurt a. M. 1943. — K. A. Pfeiff, A. Die Wandlung seines Bildes in der griechischen Kunst, Frankfurt a. M. 1943. — H. Grégoire-R. Goossens-M. Mathieu, Asklèpios, A. Smintheus et Rudra, Brüssel 1950. — P. Amandry, La mantique apollonienne à Delphes. Essai sur le fonctionnement de l'Oracle, Paris 1950. — R. Pfeiffer, The Image of the Delian Apollo and Apolline Ethics, in: Journal of the Warburg and Courtauld Inst. 15 (1952), 20—32. — J. Gagé, Apollon Romain. Essai sur le culte d'Apollon et le développement du „ritus Graecus" à Rome des origines à Auguste, Paris 1955. — B. A. van Groningen, Apollo, Haarlem 1956.

[1] Hom. Hymn. Apoll. 14 ff. Kallim. Hymn. 4, 205 ff. — [2] Ov. Met. 1, 438 ff. Paus. 2, 7, 7. Plut. De def. orac. 417 F—418 D. Apollod. Bibl. 1, 4, 1. — [3] Cic. De nat. deor. 3, 16, 42. Plut. De E apud Delph. 387 D. Paus. 3, 21, 8. Apollod. Bibl. 2, 6. 2. — Bildliche Darstellung z. B. im Giebel des Siphnierschatzhauses zu Delphi. — [4] Aisch. Ag. 1202 ff. Hygin. Fab. 93. Serv. Aen. 2, 247. — [5] Pind. Pyth. 8, 12 ff. Apollod. Bibl. 1, 6, 2. — [6] Hom. Il. 1, 43 ff. — [7] Kallim. Hymn. 2, 47 ff. Apollod. Bibl. 1, 9, 15; 3, 10, 4. — [8] Verg. Aen. 6, 56 ff. Apollod. Epit. 5, 3. — [9] Hom. Il. 7, 452 f.; 21, 441 ff. Apollod. Bibl. 2, 5, 9. — [10] Pind. Pyth. 4, 176 f. Ov. Met. 10, 167. Paus. 2, 19, 8. Hygin. Fab. 161. — [11] Hom. Hymn. Herm. 68 ff. 513 ff. Apollod. Bibl. 3, 10, 2. — [12] Ov. Met. 6, 382 ff. Fast. 6, 703 ff. Diod. 3, 59, 2—5. Paus. 2, 22, 9. Apollod. Bibl. 1, 4, 2. — [13] Nilsson I 527, 531. — [14] Kern I 109 ff. hält A. für einen dorischen Hirtengott; die dorische Namensform Apellon wird mit apellai = Hürden, Zäune in Verbindung gebracht. — [15] Aisch. Sieben 145. Soph. El. 6 f. Paus. 2, 9, 7. — [16] Die Bezeichnung Paian kommt wahrscheinlich von dem im Epos neben A. stehenden Heilgott Paieon. Kern II 304 dachte zwar im Anschluß an Deubner an Ableitung des Gottes aus dem Gesang. Bei der Entzifferung der kretischen Silbenschrift Linear B konnte man aber kürzlich P. als selbständigen Gott auf einer Tafel aus Knossos (gegen 1400 v. Chr.) lesen: M. Ventris und J. Chadwick, in: The Journal of Hellenic Studies 73 (1953), S. 95. Den positiven Grundzug des Paians, die Begrüßung des Heilsamen, betont K. Kerényi, Der göttliche Arzt, Basel 1948, 90 f. — [17] Hom. Hymn. 16, 1 ff. Pind. Pyth. 3, 8 ff. Diod. 4, 71, 1. Apollod. Bibl. 3, 10, 3. — [18] Hom. Il. 1, 601 ff. — [19] Otto, 95 ff. — [20] Plat. Staat 399 A—E. — [21] Altheim II 29. Einfluß des delphischen A. in Rom: Altheim II 57. — [22] Altheim III 42 ff. sucht zu zeigen, daß gegenüber dem stärkeren Hervortreten der dunklen Seiten im Wesen des Gottes A. während der republikanischen Zeit jetzt, unter Augustus, das strahlende Bild des Olym-

piers klar in den Vordergrund trat. Zur inneren Verbundenheit und beginnenden Identifizierung des Kaisers mit dem Gott: Altheim III 61 ff.

Ápsyrtos (Apsýrtos), Bruder der Medeia, s. auch Argonauten

Aráchne (griech. arachne = Spinne), Tochter des Idmon, eines Purpurfärbers aus Kolophon

M.: A. ist durch ihre hervorragende Fertigkeit im Teppichweben weithin berühmt. Im Übermut fordert sie sogar die Göttin Pallas Athene* zu einem Wettkampf in dieser Kunst heraus. Obwohl Athene an der technischen Ausführung ihres Gewebes nichts aussetzen kann, ist sie über den Inhalt — die Liebesabenteuer der Götter — so empört, daß sie A. in eine Spinne verwandelt.[1]

R.: Es handelt sich bei A. um eine der beliebten Tierverwandlungssagen. Zumeist führt der Zorn eines Gottes zur Metamorphose; Ovids „Metamorphosen" bieten eine Fülle von Beispielen.

N.: G e m ä l d e: A., P. Veronese (1528—88), Venedig, Dogenpalast. — Pallas und A., Rubens, 1636—38, Brüssel, Privatbesitz. — Die Teppichwirkerinnen, Velasquez, um 1657, Madrid, Prado.

[1] Ov. Met. 6, 5 ff. Verg. Georg. 4, 246 f. und Servius zur Stelle. Mythogr. Vat. 1, 91; 2, 70.

Archémoros s. Hypsipyle

Areíon s. Demeter, s. auch Poseidon

Arés (Áres), Sohn des Zeus* und der Hera*

M.: Als Gott des verheerenden Angriffskrieges stürzt er sich, begleitet von seinen Söhnen Phobos und Deimos (Furcht und Grauen) sowie von Eris* (Göttin der Zwietracht), in das wildeste Schlachtgetümmel. Im Kampf um Troia steht er mit seiner ungestümen Kampfkraft auf Seite der Troer, muß aber die Überlegenheit der mit Besonnenheit kämpfenden Göttin Athene* erfahren. Seine Heimat ist Thrakien. In Theben wird er mit Aphrodite* vermählt, ein Bund, aus dem Harmonia, die Gattin des Kadmos*, hervorgeht. A. gilt als Vater zahlreicher Heroen und Amazonen*. Auch der von Kadmos getötete Drache, aus dessen Zähnen Krieger hervorsprießen, stammt von A. ab.[1] Auf das in der Odyssee erzählte Liebesabenteuer von A. und Aphrodite, die von Hephaistos* ertappt und in einem kunstreichen Netze gefangen werden, beziehen sich zahlreiche Darstellungen der bildenden Kunst.

R.: A., dessen Name wahrscheinlich soviel wie „Schädiger", „Strafer", „Rächer" bedeutet, besaß in Hellas wenig Kulte und Kultstätten. Bei Homer erscheint A. unter einer Gruppe von Personifikationen (Eris, Phobos, Deimos). Ferner wird das Wort A. auch oft für Krieg oder Kampf gebraucht. Dies alles deutet darauf hin, daß wir in A. keinen alten Gott vor uns haben, sondern nur einen Dämon

des Kampfes, der seine Stellung unter den Olympiern vermutlich allein dem homerischen Epos zu verdanken hat.²
Die Verbindung von A. und Aphrodite, aus der in Theben die Tochter Harmonia hervorgeht, kann man allegorisch verstehen: Der Bund des wilden Kriegers und der sanften Frau führt zu edler Harmonie; aus ihr kann sich menschliche Kultur entwickeln. Darum machten wohl die Thebaner ihren Ahnherrn und Gründer ihres Staates, Kadmos, zum Gatten der Harmonia.³ Vielleicht ist aber die kultische Verbindung von A. und Aphrodite in alter Zeit doch das Primäre und die allegorische Deutung nur aus einem alten Hieros Gamos abgeleitet.⁴ Die Römer setzten den italischen Mars* dem griechischen A. gleich.

N.: P l a s t i k e n: A., früher Lysippos zugeschrieben, 4. Jh. v. Chr.; Kopie: A. Ludovisi, Rom, Museo Boncampagni (Orig. Erz). — Mars, Agostino di Duccio, zwischen 1447 und 1454, Rimini, San Francesco (Relief). — Mars, J. Sansovino, 1567, Venedig, Dogenpalast. — Mars mit Amor, Thorwaldsen, 1809—11, Kopenhagen, Thorwaldsen-Museum. — Mars und Venus, Canova, 1816, London, Buckingham-Palast.

G e m ä l d e: A. und Aphrodite, mehrere römische Wandgemälde aus Pompeji. — Mars und Venus, Botticelli, um 1476—78, London, National Gallery. — Die Herrschaft des Mars, Altdorfer (um 1480 bis 1538), Lugano, Slg. Thyssen. — Vulkan fängt Venus und Mars, Marten van Heemskerck (1498—1574), Wien, Kunsthist. Museum. — Minerva und Mars, Tintoretto, 1578, Venedig, Dogenpalast. — Mars, Venus und drei Grazien, Tintoretto (1518—94), Chicago, Art Institute. — Venus und Mars, Paolo Veronese (1528—88), Wien, Kunsthist. Museum. — Mars und Venus, H. Rottenhammer, 1604, Amsterdam, Rijksmuseum. — Mars mit Venus und Amor, Rubens, um 1625, früher Berlin, Kaiser-Friedrich-Museum. — Venus, Mars und Amor, Rubens, um 1630, London, Dulwich College. — Mars, Rembrandt, 1655, Glasgow, Museum. — Mars, Velasquez (zwischen 1640—58), Madrid, Prado. — Kampf zwischen Minerva und Mars, J. L. David (1748—1825), Paris, Louvre. — Mars in der Schmiede des Vulkan, L. Corinth, 1910.

O p e r n: Marte deluso, M. A. Ziani, 1691 (Text von R. Ciallis). — The loves of Mars and Venus, J. Eccles, 1696. — Les amours de Mars et Vénus, A. Campra, 1712 (Text von A. Danchet).

¹ Apollod. Bibl. 3, 4, 1. — ² Nilsson I 488. — ³ Vgl. Wilamowitz I 323. — ⁴ So Kern I 119.

Aréthusa (Arethúsa), mehrfach bezeugter Name für Quellen im griechischen Sprachgebiet

M.: Der Jäger Alpheios liebt A., findet aber keine Gegenliebe. Er verfolgt sie auf der Jagd; A. wird als Quelle nach Sizilien versetzt. Alpheios verwandelt sich in einen Fluß und folgt der Geliebten durch das Meer.¹

R.: Wir haben ein Orts-Aition vor uns: Von der Quelle A. auf der Insel Ortygia bei Syrakus glaubte man im Altertum, sie stehe in unterirdischer Verbindung mit dem Fluß Alpheios (Peloponnes).[2] Daraus wurde die obige Sage entwickelt. Der Kopf der A. findet sich häufig auf syrakusanischen Münzen.
Plastik. A., L. Kasper, 1940.
Dichtung: A., Shelley, 1824.
Opern: Aretusa, della Viola, 1563 (Text von Lollio). — Aretusa, C. Monari, 1703 (Text von d'Averara). — Aréthuse, Montgoméry, 1894. — Aretusa, R. Cassalaina, 1904.
Literatur: A. Tomsin, La légende des amours d'Aréthuse, et d'Alphée, in: L'Antiquité classique 9 (1940), 53—56.

[1] Paus. 5, 7, 2. Ov. Met. 5, 573 ff. Schol. Verg. Ecl. 10, 1. — [2] Polyb. 12, 4 d. Strab. 6, 2, 4. Verg. Ecl. 10, 4. Aen. 3, 694 ff.

Argeía, Tochter des Adrastos

Árges s. Kyklopen

Argonaúten, die griechischen Helden, die auf dem Schiff Argo von Iolkos nach Kolchis fahren, um das Goldene Vlies zu holen, das einst Phrixos* dem Aietes übergab.

M.: Aison, der seinem Vater Kretheus in der Herrschaft über Iolkos folgen will, wird von seinem Stiefbruder Pelias (s. Tyro) vertrieben. Den kleinen Iason rettet der Vater und bringt ihn dem

```
1. Kretheus—Tyro              2. Poseidon—Tyro
        |                            |
    Aison—Polymede              Pelias   Neleus
        |                            |
    Iason—Medeia                 Akastos
```

Kentauren Cheiron* zur Erziehung. Als Iason herangewachsen ist, kehrt er nach Iolkos zurück und fordert das Erbe seines Vaters. Da der junge Held nur mit einem Schuh vor Pelias erscheint, fürchtet der Oheim (auf Grund eines Orakelspruches, der ihn vor dem Einschuhigen gewarnt hat) von dem Neffen das Schlimmste. So schickt er Iason aus, das goldene Vlies aus Kolchis zu holen.[1]
Im Hafen von Iolkos wird ein großes fünfzigruderiges Schiff gebaut, das den Namen Argo erhält. Athene* fügt dem Bug der Argo ein sprechendes Stück Holz der Eiche von Dodona ein.[2] Die A.-Fahrt wird eine Generation vor dem troischen Krieg angesetzt. Alle bedeutenden griechischen Heroen, die älter sind als die Troiakämpfer, werden als Begleiter Iasons genannt: Orpheus*, Herakles*, die Dioskuren*, Kalais und Zetes, Telamon*, Peleus*, Theseus*, Lynkeus* und Idas*, Amphiaraos, Laertes, Admetos, Meleagros*, Atalante* usw.[3]

Die A. landen zunächst auf der männerlosen Insel Lemnos, wo sie von der Königin Hypsipyle* und ihren Amazonen* so gastfreundlich aufgenommen werden, daß sie längere Zeit auf der Insel bleiben.[4] In Mysien wird Hylas* von Quellnymphen entführt; Herakles bleibt auf der Suche nach ihm zurück. Polydeukes besiegt den Bebrykerkönig Amykos* in einem Boxkampf. Den blinden König Phineus* befreien die Boreaden Kalais und Zetes von den Harpyien*. Das größte Hindernis vor der Einfahrt in das Schwarze Meer sind die Symplegaden, zwei Felsen, die immer zusammenschlagen, wenn sich ein Lebewesen zwischen ihnen befindet. Der kluge Rat des Phineus und die Blitzesschnelle der Argo lassen die A. auch diese Schwierigkeit überwinden; seit der Durchfahrt der Argo stehen die Symplegaden still.[5]

Als Iason in Kolchis von König Aietes das goldene Vlies verlangt, stellt ihm der König zwei Aufgaben. Iason soll feuerschnaubende Stiere mit ehernen Füßen vor den Pflug spannen und mit ihnen pflügen. Dann soll er Drachenzähne des Aietes in die Furchen säen und mit den daraus hervorwachsenden gepanzerten Männern kämpfen. Medea*, die Tochter des Aietes, die mit Zauberkünsten wohl vertraut ist, verliebt sich in Iason und gibt ihm eine Salbe, die ihn gegen den Feueratem der Stiere schützt. So besteht der Held das erste Abenteuer. Unter die gewappneten Männer der Drachensaat wirft er auf Medeias Rat einen Stein, worauf sie die Waffen gegeneinander kehren und einzeln Iason zum Opfer fallen. Als Aietes trotz Erfüllung beider Aufgaben das Vlies nicht herausgeben will und eine feindliche Haltung zeigt, raubt Iason des Nachts das Vlies, nachdem er dessen Wächter, den hundertäugigen Drachen, mit einem Zaubermittel Medeias eingeschläfert hat.

Die A. flüchten mit Medea und ihrem Bruder Apsyrtos. Um Aietes bei der Verfolgung aufzuhalten, tötet Medea ihren Bruder und wirft den Leichnam zerstückelt ins Meer. Während der König die Leiche seines Sohnes birgt, gewinnen die A. den entscheidenden Vorsprung.[6]

Auf weiten Umwegen, die in den antiken Berichten beliebig ausgeschmückt werden, kehren die A. nach verschiedenen Abenteuern, die denen der Odyssee ähneln, nach Iolkos zurück.

R.: In seiner vorbildlichen Analyse der A.-Sage[7] kommt L. Radermacher zu folgendem Ergebnis. Ein altes Märchen, an den Namen des Iason geknüpft, das den jungen Helden über das Meer nach Osten führt, um die Braut und einen Goldschatz zu gewinnen, bildete den Kern. An ihn setzten sich jene sagenhaften Episoden an, die das Abenteuer zu einer Gemeinschaftsfahrt vieler Helden machten und den Einzelnen ihre Aristien (im Verlaufe der Hinfahrt) zuwiesen. Ursprünglich galt die Fahrt der A. dem mythischen Lande Aia, das nach alter Überlieferung am Okeanos* liegen sollte. Die Ausdehnung des Weltbildes über den Raum des Schwarzen Meeres führte zur Lokalisierung des Zieles der A.-Fahrt in Kolchis. In diesem „pontischen" A.-Epos spiegelt sich die milesische Kolonisation des 7. Jh. v. Chr. im Pontus wider.[8] Den Versuch K. Meulis, die wichtigeren A. als „Helfer" nach dem Muster des Helfermärchens zu erklären, lehnt Radermacher ab.[9] Bei dem für Hellas repräsentativen Unternehmen (vgl. den Feldzug gegen Troia*) wollte kein griechischer Stamm fehlen; so kam es zu der großen Zahl von Teilnehmern.

Medeia war ursprünglich eine Göttin. Sie beherrscht als große Zauberin die Kräfte der Natur und hat wie Hekate* Beziehungen zur Erde. Ihr Vater Aietes ist Herrscher in Aia, einem mythischen Land, das aber im Griechischen soviel wie Erde bedeutet.[10] Als göttliche Helferin wie Hera*, Athene* oder Aphrodite* steht Medeia ihrem Iason zur Seite. Das Motiv der Frauenhilfe ist auch im Märchen beliebt (vgl. auch das Verhältnis Theseus*—Ariadne*).

Auch das überaus schnelle redende Schiff Argo (= „die Schnelle") stammt aus dem Bereich des Märchens (vgl. Phaiaken*). Die sich öffnenden und wieder schließenden Felsen (Symplegaden) sind in Sage und Märchen weit verbreitet.[11] Von den beiden Abenteuern des Iason in Kolchis stammt das eine — die Aussaat der Drachenzähne — aus der Kadmos-Sage. Daß ein zwischen die Männer geworfener Stein den Kampf aller gegen alle auslöst, in Mythos und Märchen kein vereinzelter Fall, geht auf die alte Vorstellung von einem zauberhaften Trug zurück.[12]

Die Zerstückelung des Apsyrtos auf der Flucht aus Kolchis erinnert an das bekannte Märchenmotiv, daß Verfolgte Gegenstände hinter sich werfen, die den Verfolger aufhalten; es hat hier eine rationalistische Wendung erfahren. Die Heimkehr der A. trug ursprünglich den Charakter eines Seefahrerberichtes über die Begegnung mit allerlei Wunderbarem (vgl. die Odyssee). Während die Rückfahrt aus dem mythischen Aia über den Okeanos selbstverständlich war, ergaben sich in der jüngeren Fassung Schwierigkeiten, da man nun die A. aus Kolchis, das gar nicht am Okeanos lag, trotzdem über den großen Weltstrom zurückkehren lassen mußte. Wir kennen noch einige ziemlich gezwungene Lösungsversuche.[13] Mit der Erweiterung der geographischen Kenntnisse und mit der steigenden Bedeutung der griechischen Kolonien im Westen wurde dieser Teil der Sage immer mehr rationalisiert. Einem uns unbekannten Epiker der Frühzeit verdankt die A.-Sage die Zusammenfassung der verschiedenen oben genannten Elemente und ihre literarische Gestaltung, die den Stoff in die Weltliteratur eingehen ließ.

N.: Aus der Antike sind uns drei A.-Epen erhalten: Zwei griechische, und zwar das hellenistische Epos des Apollonios von Rhodos und das in der späten Kaiserzeit entstandene Epos aus dem Kreise der Orphik, sowie die lateinischen „Argonautica" des Valerius Flaccus.

P l a s t i k e n : Die Argo, Metope vom Schatzhaus der Sikyonier in Delphi, nach 560 v. Chr., Delphi, Museum (Relief). — Die A. im Bebrykerlande, Ficoronische Cista, 4. bis 3. Jh. v. Chr., Rom, Collegio Romano (Bronzerelief). — Iason, Thorwaldsen, 1802, Kopenhagen, Thorwaldsen-Museum.

Gemälde: Die A., K. Rahl, um 1860—1865, Wien, Palais Wimpffen (Deckengemälde). — Medea, Delacroix, 1862, Paris, Louvre. — Abfahrt der Medea, Feuerbach, 1870, München, Neue Pinakothek. — Medea und Apsyrtus, H. J. Draper (geb. 1864), Bradford, Gallery. — Abreise der A., G. de Chirico, 1922, Mailand, Gal. del Milione.

24 Kupferstiche: Die A., J. A. Carstens, 1797—98, Kopenhagen, Kupferstichsammlung.

Dramat. Bearbeitungen: La toison d'or, P. Corneille, 1660. — Argonautenzug, M. Lindemayer, 1770. — Die A. (2.Teil der Trilogie: Das goldene Vließ), Grillparzer, 1820.

Epen: Argonautika, Apollonios v. Rhodos, vor 270 v. Chr. — Argonautica, C. Valerius Flaccus, 1. Jh. n. Chr. — Orphika Argonautika, 3. bis 4. Jh. n. Chr. — The life and death of Iason, W. Morris, 1867. — Der Zug des Iason, F. A. Bicking, 1873. — Argo or the quest of the golden fleece, A. Lindsay, 1876.

Roman: The Golden Fleece, R. Graves, 1944 (deutsch 1953). — Medea oder das Grenzenlose, W. Cordan, 1952.

Opern: La conquista del velle d'oro in Colco, G. E. Bernabei, 1674 (Text von D. Gisberti). — Argonauti in viaggio, A. Draghi, 1682 (Text von N. Minato). — Argonauti in Colco, G. Gazzaniga, 1789 (Text von Sografi). — Die A., O. Bach, um 1870. — Die A., G. Mahler, um 1879. — Les Argonautes, A. Holmes, 1881.

Literatur: K. Meuli, Odyssee und Argonautika, Berlin 1921. — J. R. Bacon, The Voyage of the Argonauts, London 1925. — H. Venzke, Die orphischen Argonautika in ihrem Verhältnis zu Apollonios Rhodios, Berlin 1941. — L. Radermacher, Iason, in: Mythos und Sage bei den Griechen, Wien 1942, 154—237. — R. Roux, Le problème des Argonautes, Paris 1949.

[1] Pind. Pyth. 4, 73 ff. und Schol. Apoll. Rhod. 1, 5 ff. Apollod. Bibl. 1, 9, 16. Schol. Lykophr. 175. — [2] Apoll. Rhod. 1, 524 ff. 4, 580 ff. — [3] Die Zahl der A. schwankt zwischen 50 und 60: Apoll. Rhod. 1, 20 ff. Apollod. Bibl. 1, 9, 16. Orph. Argon. 119 ff. Hygin. Fab. 14. Val. Flacc. Argon. 1, 352 ff. — [4] Apoll. Rhod. 1, 607 ff. Orph. Argon. 473 ff. Apollod. Bibl. 1, 9, 17. Schol. Il. 7, 467. — [5] Pind. Pyth. 4, 207 ff. Hdt. 4, 85. Apoll. Rhod. 2, 317 ff., 549 ff. — [6] Zu den Abenteuern in Kolchis: Pind. Pyth. 4, 211 ff. Apoll. Rhod. 2, 1260 ff.; 3, 1 ff.; 4, 1—240. Diod. 4, 48, 1—5. Apollod. Bibl. 1, 9, 23 f. — [7] Radermacher 154—237. — [8] Meuli, Odyssee u. Argonautika. Zuletzt R. Merkelbach, Untersuchungen zur Odyssee, München 1951, 201 f. — [9] Radermacher 208 ff. — [10] Darüber zuletzt A. Lesky, Wiener Stud. 63 (1948), 45—47. — [11] Zu den „Klappfelsen" vgl. L. Frobenius, Das Zeitalter des Sonnengottes, Berlin 1904, 405. — [12] Radermacher 361 A. 496, wo auch auf die historische Parallele Hdt. 5, 85 hingewiesen ist. — [13] Hes. Fr. 63 f. Hekataios (F. Gr. Hist. 1, 18). Pind. Pyth. 4, 25. Vgl. dazu Lesky 62 f.

Árgos, Wächter der Io

Ariádne, Tochter des Minos*, Königs von Kreta, und der Pasiphae, Schwester der Phaidra*

M.: Aus Liebe zu Theseus* schenkt sie dem Helden einen Wollknäuel, mit dessen Hilfe er nach seinem Abenteuer mit dem Minotauros den Rückweg aus den Irrgängen des Labyrinths findet.[1] Auf der Rückfahrt nach Athen entführt Theseus A., läßt sie jedoch auf der Insel Naxos einsam zurück.[2] Dionysos* findet die verlassene A.

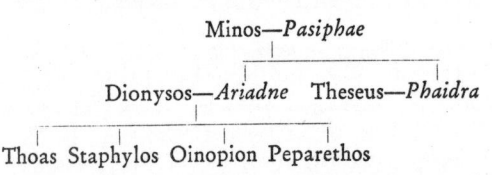

```
            Minos—Pasiphae
                  |
    ┌─────────────┴─────────────┐
Dionysos—Ariadne         Theseus—Phaidra
         |
  ┌──────┼────────┬──────────┐
Thoas Staphylos Oinopion Peparethos
```

und vermählt sich ihr.[3] Die Söhne Thoas, Staphylos, Oinopion und Peparethos gehen aus dieser Verbindung hervor. Nach A.s Tod führt Dionysos seine Gemahlin wie seine Mutter Semele* aus der Unterwelt in den Olymp empor.[4] Der Kranz, den Hephaistos* der A. anläßlich ihrer Vermählung mit Dionysos geschenkt hat, wird als Sternbild (Corona borealis = Nördl. Krone) an den Himmel versetzt.[5]

R.: A. war ursprünglich eine minoische Göttin (auch ihr kretischer Name Aridela = die herrlich Strahlende, ist überliefert).[6] Ihr Tod läßt in ihr eine Vegetationsgottheit vermuten. Bei Homer wird A. auf Weisung des Dionysos von Artemis* getötet.[7] In Argos zeigte man ein Grab der A. im Tempel des kretischen Dionysos.[8] Eine platt rationalistische Erklärung für die Verbindung der A. mit Theseus und Dionysos lesen wir bei Plutarch: Es habe zwei Frauen namens A. gegeben. Die ältere sei die Gemahlin des Dionysos gewesen, die jüngere sei von Theseus entführt worden.[9] Wahrscheinlich ist das Zusammentreffen von Dionysos und A. auf Naxos nicht nur mythologisch, sondern auch religionsgeschichtlich zu verstehen, wenngleich über die Deutung noch keine Einigkeit herrscht.[10] Von den Söhnen der beiden Gottheiten tragen zwei (Staphylos und Oinopion) die Beziehung zum Gott des Weines im Namen. Peparethos sollte den Anspruch auf naxische Besiedlung der gleichnamigen Insel (nördl. von Euboia) bestätigen.
Die Erzählung von dem Faden der A. hat man auf das Gewirr von Gängen in dem verfallenen Palast von Knossos zurückgeführt, den die Griechen Labyrinth nannten.[11]

N.: P l a s t i k e n : A. auf dem Panther, J. H. Dannecker, 1814, Frankfurt a. M., Museum Bethmann-Hollweg. — A., G. Kolbe (1877—1947).

G e m ä l d e : Dionysos und A. auf Naxos, Römische Wandgemälde aus Pompeji, Casa del Citarista (Neapel, Mus. Naz.) und Haus der Vettier (Neapel, Mus. Naz.). — Bacchus und A., Tizian, 1523, London, National Gallery. — A. und Bacchus. Tintoretto, 1578, Venedig, Dogenpalast. — Bacchus und A., G. Reni (1575—1642), Rom, Galleria Albani. — A., J. Jordaens (1593—1678), früher Dresden, Gemäldegalerie. — Die verlassene A., A. Kauffmann, vor 1782, Dresden, Gemäldegalerie. — A. auf Naxos, A. U. Wertmüller, 1783, Stockholm. — A. auf Naxos, G. F. Watts, 1863, Liverpool, Walker Art-Gallery. — Triumph der A., H. Makart (1840—84), Wien, Galerie des 19. Jh. — A. auf Naxos, L. Corinth, 1913.

D r a m a t. B e a r b e i t u n g e n: A., J. Gundulić, 1628. — Ariane, Th. Corneille, 1672. — Die travestierte A. auf Naxos, F. Satzenhofer, 1799. — A.-Libera, Herder, 1802. — A. auf Naxos, A. Kotzebue, 1803 (Travestie). — A. auf Naxos, P. Ernst, 1912. — Der verkleidete Theseus, F. G. Jünger, 1934. — A., E. W. Eschmann, 1939.

D i c h t u n g e n: A., A. W. Schlegel, 1790. — A., E. Thurlow, 1814. — A. in Naxos, M. Hewlett, 1911. — A., F. L. Lucas, 1932.

P r o s a: The legend of A., W. M. W. Call, 1871. — Minos oder die Geburt Europas, F. Spunda, 1931. — A. and the bull, E. Farjeon, 1945.

K a n t a t e n : A. auf Naxos, H. W. Gerstenberg, 1767. — Arianna abbandonata, A. Calegari, 1832.

O r a t o r i e n: A., P. Kuczynski, 1880 (Text von Herrig nach Herder). — A., L. Heß, 1909 (Text von E. König).

O p e r n: Arianna, Monteverdi, 1608 (Text von O. S. Rinuccini). — Ariane, R. Cambert, 1660 (Text von Perrin). — A., J. G. Conradi, 1691 (Text von H. Chr. Postel). — A., R. Keiser, 1692 (Text von H. Chr. Postel). — A., J. S. Kusser, 1692 (Text von C. F. Bressand). — Arianna e Teseo, Text von P. Pariati, wiederholt vertont, z. B. von A. Porpora 1714, L. Leo 1721, J. Abos 1748, G. Sarti 1756, G. Scarlatti 1760, D. Fischetti 1777. — Arianna in Creta, Händel, 1733 (Text von F. Colman). — Arianna e Teseo, D. Pasqui, 1764. — A. auf Naxos, G. Benda, 1775 (Text von J. Chr. Brandes, 1774, nach Gerstenberg). — Arianna in Nasso, J. Haydn, 1791. — I sacrifici di Creta, P. Winter, 1792 (Text von Pariati). — Arianna e Teseo, N. Benvenuti, 1810 (Text von Nicolini). — Arianna in Nasso, S. Mayr, 1815 (Text von G. Schmidt). — A., K. J. Brambach, 1885 (Text von O. Freudenberg). — Ariane, J. F. Massenet, 1906 (Text von C. Mendès). — A. auf Naxos, R. Strauß, 1912 (Text von Hofmannsthal, 1910). — L'Abandon d'Ariane, D. Milhaud, 1927 (Text von H. Hoppenot).

B a l l e t t e: Arianna e Bacco, W. A. Canavasso, 1780. — A. und Bacchus, C. Canobbio, 1789. — A. und Bacchus, Th. Weigl, 1803. — A. auf Naxos, E. Ludwig, 1911. — Bacchus et Ariane, A. Hermant-A. Roussel, 1930. — The Triumph of Bacchus and A., G. Balanchine, 1948.

L i t e r a t u r: P. Nicolai, Der A.-Stoff in der Entwicklungsgeschichte der deutschen Oper, Diss. Rostock 1919. — J. Meerdink, A. Een onderzock naar de orspronkelijke gestalte en de ontwikkeling der godin, Diss. Amsterdam 1939.

[1] Schol. Il. 18, 591 f. Schol. Od. 11, 320. Diod. 4, 61, 4. Apollod. Epit. 1, 8 f. — [2] Entschuldigt mit einer Weisung Athenes: Schol. Od. 11, 320. — [3] Paus. 1, 20, 3; 10, 29, 4. Schol. Apoll. Rhod. 3, 997. Cat. 64, 116 ff. Ov. Her. 10. Nach Apollod. Epit. 1, 9 findet die Vermählung in Lemnos statt. — [4] Hes. Theog. 947 ff. Diod. 4, 25, 4. Apollod. Bibl. 3, 5, 3. — [5] Apoll. Rhod. 3, 1001 ff. Arat. 71 f. Ov. Met. 8, 176 ff. — [6] Die Deutung des Namens A. als „die Hochheilige" führt auf eine ursprünglich namenlose Göttin: Kern I 233. — [7] Hom. Od. 11, 324 f. — [8] Paus. 2, 20, 4; 2, 23, 7. — [9] Plut. Thes. 20. — [10] H. Herter, Rhein. Mus. 88 (1939), 253 ff. Nilsson I 291 ff. — [11] Wilamowitz I 112.

Arion, lesbischer Sänger, um 600 v. Chr.

M.: Seiner bemächtigte sich die Legende: A. ist als Dichter und Sänger in der Fremde, in Sizilien und Italien, ein reicher Mann geworden. Auf der Rückfahrt von Tarent nach Korinth wollen ihn die Matrosen berauben und ins Meer werfen. Nur eine letzte Bitte wird ihm gewährt: In prächtigem Gewand singt und spielt A. ein Abschiedslied. Dann springt er unvermittelt ins Meer. Ein Delphin, bzw. mehrere Delphine abwechselnd, tragen den Sänger auf ihrem Rücken zum Vorgebirge Tainaron. A. begibt sich an den korinthischen Königshof. Hier werden die räuberischen Matrosen nach ihrer Ankunft entlarvt und bestraft.[1] Der musikliebende Delphin wird unter die Sterne versetzt.[2]

R.: A. Lesky denkt daran, daß sich die Legende aus einem Bildwerk, wie es Herodot (1, 24) bezeugt, entwickelt haben könnte.[3]

N.: Dramat. Bearbeitung: A., G. Conrad, 1870.
Romanze: A., A. W. Schlegel, 1797.
Oper: A., I. B. Matho, 1714 (Text von Fuzelier).
Literatur: M. Rabinovitch, Der Delphin in Sage und Mythos der Griechen, Dornach-Basel 1947.

[1] Hdt. 1, 23 f. Plut. Conviv. sept. sap. 18. Luk. Dial. marin. 8. — [2] Serv. Ecl. 8, 55. Hygin. Fab. 194. — [3] Lesky 105 f.

Aristaíos, Sohn des Apollon* und der Kyrene

M.: Der Gott entführt die Nymphe von den Ufern des Peneios nach Libyen. Hier wird sie Mutter des A. Hermes* bringt den kleinen A. zu den Horen* und zu Gaia*, die ihn unsterblich machen sollen.[1] In Boiotien vermählt er sich mit Autonoe und wird Vater des Aktaion*. A. gilt als Gründer der Stadt Kyrene und Beschützer der Herden,[2] als „Erfinder" des Silphiongemüses[3] und Meister der Bienenzucht und Honigbereitung.[4]

R.: A., ursprünglich wohl ein mächtiger Gott der Jäger (Agreus) und Hirten (Nomios), wurde im Mutterlande Hellas anscheinend von Apollon verdrängt. In Kyrene erhielt sich seine Verehrung als Sohn der Stadtgöttin. Als Kulturbringer und Heros gehört A. in die Reihe der Wohltäter der Menschheit.[5]

N.: Plastik: A., F. J. Bosio (1769—1845), Paris, Louvre.
Literatur: E. Norden, in: Sitzungsber. Berl. Ak. phil. hist. Kl. 1934, 636—650.
[1] Pind. Pyth. 9. Apoll. Rhod. 2, 500 ff. — [2] Justin. 13, 7, 1. Apoll. Rhod. 2, 507. Verg. Georg. 1, 14 f. und Serv. zur Stelle. — [3] Schol. Arist. Ritter 894. — [4] Verg. Georg. 4, 315 ff., 530 ff. Nonn. Dionys. 5, 242 ff. — [5] L. Bieler, Θεῖος ανηρ, Wien 1936, Bd. 2, 107 f.

Aristódemos s. Herakleiden

Aristómachos s. Machaon

Arkás (Árkas) s. Kallisto

Arsinóë (Arsínoë) 1. = Koronis, 2. Tochter des Phegeus, Gattin Alkmaions

Ártemis, Tochter des Zeus* und der Leto*, Zwillingsschwester Apollons*, in Delos geboren [1]
M.: Als jungfräuliche Jagdgöttin zieht A. mit ihren Nymphen*, die sie alle um Haupteslänge überragt, durch die Wälder. Ihre Waffe ist der Bogen. Mit Apollon verteidigt sie ihre Mutter gegen Tityos* und erlegt die Töchter der Niobe* und den Orion* mit ihren Pfeilen. A. schützt die Jugend und die Jungfräulichkeit. Hippolytos betet zu ihr, Kallisto* verwandelt sie zur Strafe für ihren Fehltritt in eine Bärin, Aktaion*, weil er sie mit ihren Nymphen im Bade belauscht, in einen Hirsch. — Vor der Hochzeit brachte man A. ein festliches Opfer dar. Dem Admetos, der dieses Opfer vergißt, sendet die Göttin Schlangen ins Brautgemach (s. Alkestis).[2] Iphigeneia* und Orestes* bringen das Kultbild der A. von Tauris nach Brauron in Attika. Als Mondgöttin besucht A. allnächtlich den von ihr geliebten schönen Jüngling Endymion* in seiner Höhle auf dem Latmos in Karien.
R.: In der Gestalt der überaus beliebten Göttin mit ihren weit verbreiteten verschiedenartigen Kulten können wir noch heute einige grundlegende Funktionen verschiedener Gottheiten nachweisen, die im Bilde der A. zueinander fanden. Darüber hinaus hat die Göttin zahlreiche lokale Kulte, mit denen sie ursprünglich nichts zu tun hatte, in ihren Bereich aufgenommen. Beweis für diesen Vorgang ist u. a. das verhältnismäßig häufige selbständige Auftreten der betreffenden Beinamen wie z. B. Orthia, Limnatis, Eukleia usf.
Eine der grundlegenden Komponenten im Bilde der A. ist die Herrin der Tiere (Potnia theron)[3] und der freien Natur überhaupt.[4] Wir kennen diesen durch bildliche Darstellungen aus der spätminoischen bis archaischen Zeit mehrfach bezeugten Typ, der auch in einer männlichen Variante erscheint, als vorgriechische Gottheit. Aber auch die hellenischen Einwanderer müssen eine verwandte Gottheit nach Griechenland mitgebracht haben. Von hier aus erklärt sich die Stellung der A. als Jagdgöttin, die besonders

in den homerischen Gedichten mit ihrer Schilderung der höfischen Gesellschaft hervortritt. In dem lauten Dahinstürmen der A. und ihres Jagdgefolges mag aber auch noch die Erinnerung an Naturdämonen fortleben. Unter den Tieren, mit denen die Jägerin A. zu tun hat, sind vor allem Hirsch und Bär zu nennen. Kallisto wird in eine Bärin verwandelt; die Dienerinnen der A. Brauronia (Attika) waren als Bärinnen verkleidet. Bei dem alljährlich mit einem Feuer verbundenen Fest der A. Laphria in Mittelgriechenland wurden Tiere in die Flammen geworfen.

Als Jägerin sendet A. mit ihren Pfeilen auch den Menschen oft den Tod. Den Orion* tötet sie, weil er als mächtiger Jäger gilt, und dasselbe Motiv wird neben anderen auch für Aktaion* angeführt. Im Kult der A. Tauropolos (A. als Göttin der Stiere) in Halai Araphrenides (Attika) konnte man die Widerspiegelung einstiger Menschenopfer feststellen.[5] In Tauris wurden einer jungfräulichen Göttin Menschenopfer dargebracht.[6] Aus dem Anklang im Namen der A. Tauropolos an Tauris wurde vermutlich die Erzählung von dem Kultbild der taurischen A. herausgesponnen, das Iphigeneia und Orestes nach Attika zurückbringen.[7]

Ebenso wichtig ist die Funktion der Vegetations- und Fruchtbarkeitsgöttin, die trotz der örtlichen Verschiedenheiten in den meisten Kulten der A. sich in irgendeiner Form nachweisen läßt. An einen (vielleicht minoischen) Baumkult erinnern mehrere Erzählungen von Kultbildern, die an Bäumen aufgehängt oder im Gesträuch versteckt gefunden wurden (z. B. das Bild der A. Orthia in Sparta). Die alljährliche Auspeitschung der Knaben am Altar der A. Orthia hat man u. a. als Schläge mit der Lebensrute aufgefaßt, wie sie im Baumkult beheimatet waren; später sei daraus die der spartanischen Abhärtung dienende Geißelung geworden.[8] Die von Burschen und Mädchen aufgeführten Maskentänze in mehreren peloponnesischen A.-Kulten, besonders aber die teilweise phallischen Kulttänze in den dorischen Kolonien Siziliens und Unteritaliens deuten auf A. als Fruchtbarkeitsgöttin.[9] In Kleinasien deckte sich ihr Kult mit dem der Großen Mutter (Kybele-Rheia*). Als asiatische Vegetationsgottheit trug A. auf ihrem Kultbild in Ephesos zahlreiche Brüste. Eine mütterliche Gottheit war A. jedoch nicht. Vielfach brachten ihr Burschen und Mädchen vor der Ehe sogenannte Voropfer dar. — Aus der Funktion der Vegetationsgöttin erklärt sich auch die häufige Lage von A.-Heiligtümern in feuchtem, sumpfigem Gelände und die Beziehungen der Göttin zu Quellen, Flüssen und Sümpfen, die in ihren Beinamen Heleia und Limnatis zum Ausdruck kommen. Natürlich hatte eine Fruchtbarkeitsgöttin auch Einfluß auf die Entbindung. So steht A. als Lochia den Frauen bei der Entbindung bei[10] und erhält dafür reiche Kleiderspenden.[11] Mit der eigentlichen Geburtsgöttin Eileithyia* wurde sie vielfach gleichgesetzt.

Die Jägerin A. stellte man sich auch mit einer Fackel dahinstürmend vor[12] und die A. Phosphoros (Lichtträgerin) hatte in Munichia (Hafen von Athen) einen Tempel.[13] Später wurde A. der Mondgöttin Selene* gleichgesetzt, wobei auch ihre Überschneidung mit Hekate* als Herrin der Tiere und der freien Natur eine Rolle spielte. Als solche hieß sie in Thessalien Enodia und Pheraia. Analog verehrten die Römer ihre Diana* als Mondgöttin Luna. So stand A. als Mondgöttin zu einer Zeit, da Apollon schon als Sonnengott verehrt wurde, passend neben ihrem Bruder. Übrigens scheint die Verbindung der beiden Geschwister sekundär zu sein. Neben der unabhängigen „Herrin" und mächtigen Göttin hatte auch kein göttlicher Gemahl als Partner einen Platz.

Die „Herrin der Meere", die glückliche Überfahrt verleiht oder verweigert (s. Iphigeneia),[14] gehörte wohl nicht ursprünglich zum Wesen der A.

Der Name A. ist bis heute nicht erklärt. Die Ableitung aus Artamos = Schlächter ist ebenso unsicher wie die Zusammenstellung mit der lydischen Artimis.

N.: Plastiken: A. Laphria zu Kalydon, Menaichmos und Soidas, um 500 v. Chr. (Gold-Elfenbein); Kopie: Neapel, Museo Nazionale. — A. und Leto, Metope des Nemesistempels in Rhamnus, 430—420 v. Chr., Rom, Villa Albani (Relief). — A., Praxiteles, 4. Jh. v. Chr.; Kopie (?): Diana von Gabii, Paris, Louvre. — A., um 320 v. Chr.; Kopie: A. von Versailles, Paris, Louvre. — Diana (mit Hirsch), J. Goujon, nach 1547, Paris, Louvre (Bronze). — Diana, J. A. Houdon, 1790, Paris, Louvre (Bronze). — Diana, P. de Vigne (1843 bis 1901), Brüssel, Museum (Bronze). — Diana, A. Saint-Gaudens (1848 bis 1907), New York, Madison Square Garden (Bronze). — Diana, A. Brütt, 1903, früher Berlin, Nationalgalerie. — Diana, E. Mc Cartan (1879—1948).

Gemälde: Diana als Jägerin, Correggio, 1518—19, Parma, Camera di San Paolo (Fresko). — Diana, Tizian, 1559, London, Bridgewater Gallery. — Schlafende Diana, Lukas Cranach d. J. (1515 bis 1586), Meazza. — Diana (= Luna) und die Horen, Tintoretto, um 1580, früher Berlin, Kaiser-Friedrich-Museum. — Diana, J. Zucchi, ca. 1586/87, Rom, Palazzo Ruspoli (Fresko). — Diana und Aktaion, A. Caracci (1560—1609), London, Sammlung Jarrer. — Jagd der Diana, D. I. Vinckelboons (1576—1629), Brüssel, Museum. — Dianas Heimkehr, Rubens, 1619, früher Dresden, Gemäldegalerie. — Jagd der Diana, Domenichino, um 1620, Rom, Galleria Borghese. — Jagd der Diana, Rubens, um 1632—35, früher Berlin, Kaiser-Friedrich-Museum. — Diana im Bade, Rembrandt, um 1635, London, National Gallery. — Diana im Bade, von Satyrn überrascht, Rubens, 1636—40, früher Berlin, Kaiser-Friedrich-Museum. — Diana mit ihren Nymphen, J. Vermeer, um 1655, Haag, Museum. — Geschichte der Diana, L. Silvestre d. J., um 1725, Schloß Moritzburg. — Diana nach dem Bade, F. Boucher, 1742, Paris, Louvre. — Diana, J. M. Vien, 1770, Vincennes. — Diana, Ch. Gleyre, 1838, Lausanne, Musée Arlaud. — Jagd der Diana, Böcklin, 1862, Basel,

Museum. — Bad der Diana, H. Marées, 1863, München, Neue Pinakothek. — Diana im Bade, C. Corot, 1873.
Dramat. Bearbeitungen: Ludus Dianae, K. Celtis, 1501. — Diana, J. Gundulić, 1628. — Diana, H. Heine, 1853 (Entwurf). — Diane, F. Jammes, 1928.
Dichtungen: Hymnos an A., Kallimachos, 1. Hälfte d. 3. Jh. v. Chr. — An Diana, Catull, Mitte d. 1. Jh. v. Chr. (Carm. 34).
Roman: Diana, J. de Montemayor, 1558.
Erzählung: Le Bain de Diane, P. Klossowski, 1956.
Opern: Diana ed Endimione, A. Scarlatti, 1670. — Diane et Endymion, A. D. Philidor, 1698. — Diana placata, J. J. Fux, 1717 (Text von Pariati). — Diane et Endymion, F. C. Blamont, 1731 (Text von Fontenelle). — Diana placata, G. Ferrandini, 1755. — Diana ed Endimione, J. Weigl, 1792. — Diane et Endymion, J. W. Hummel, 1807.
Literatur: J. Herbillon, Artémis Homérique, Luttre 1927. — G. Bruns, Die Jägerin A., Diss. München 1929. — Ch. Picard, Die Ephesia von Anatolien, in: Eranos-Jahrbuch 1938, 59—90. — K. Hoenn, A. Gestaltwandel einer Göttin, Zürich 1946.

[1] Hom. Hymn. Apoll. 14 ff. Serv. Aen. 3, 73. Hygin. Fab. 140. Das gelegentlich als Geburtsort genannte Ortygia („Wachtelstätte") ist nicht sicher zu lokalisieren: Kern I 102 f. — [2] Apollod. Bibl. 1, 9, 15. — [3] Hom. Il. 21, 470. — [4] Wilamowitz hat dafür den Begriff der „Göttin des Draußen" geprägt und anschaulich geschildert: Hellenist. Dichtung II 48 f. Glaube der Hellenen I 177 ff. — [5] So verstand schon Euripides die Festsitte, einen Mann mit einem Schwert am Halse zu ritzen, bis Blut floß: Iph. Taur. 1458 ff. — [6] Hdt. 4, 103: die Taurer selbst nannten sie Iphigeneia. — [7] Euripides in der Taurischen Iphigeneia: Wilamowitz I 181 A. 1. Anders Altheim, Griech. Götter im alten Rom, 105 ff. — [8] Vgl. Nilsson I 458. An eine Mannbarkeitsprüfung denkt Altheim, Griech. Götter im alten Rom, 151. — [9] Für das phallische Element scheidet minoischer Einfluß aus: Nilsson I 467. — [10] Kallim. Hymn. 3, 20 ff. — [11] Einer im Tempel der A. Brauronia verehrten Iphigeneia hingegen wurden die Kleider der im Wochenbett gestorbenen Frauen geweiht: Eur. Iph. Taur. 1464 ff. — [12] So Soph. Oid. Tyr. 206 ff. — [13] Clemens Alex. Strom. 1, 24 (418 P). — [14] Eur. Hipp. 228 f.

Ascánius (oder Iulus, griech. Askanios), Sohn des Aeneas* und der Kreusa[1]

M.: Er flieht mit seinem Vater aus Troia nach Italien und gründet hier die Stadt Alba longa.[2]

R.: A. wurde bald als einziger, bald als einer von mehreren Söhnen des Aeneas genannt.[3] Den Namen Iulus erhielt er in Rom mit Rücksicht auf das römische Kaiserhaus der Julier, das seine Abstammung über A. auf Aeneas und Aphrodite* zurückführte.

N.: Opern: Ascanio in Alba, G. A. Bernabei, 1686 (Text von Terzago). — Ascanio in Alba, Mozart, 1771 (Text von G. Parini).

— Ascanio in Alba, A. L. Moreira, 1785 (Text von C. N. Stampa).
— Ascanio, C. Saint-Saëns, 1890 (Text von L. Gallet).

[1] Verg. Aen. 2, 666 ff. Liv. 1, 3, 3. — Mutter Eurydike: Paus. 10, 26, 1. — [2] Liv. 1, 3, 3. Serv. Aen. 6, 760. — [3] Zu den verschiedenen Versionen vgl. Robert 1005 A. 2 und 1527 ff.

Asklepiós (Asklépios), Sohn des Apollon* und der Koronis*, Gott der Heilkunde

M.: Bei dem weisen Kentauren Cheiron* bildet sich A. zu einem vortrefflichen Arzt aus. Durch die Erweckung von Toten erregt er den Zorn des Zeus*, der ihn mit einem Blitzstrahl vernichtet (s. Kyklopen).[1]

R.: Während Homer den A. nur als vorbildlichen Arzt und als Vater des Machaon* und Podaleirios* kennt,[2] erlebte der Kult des Gottes — das älteste A.-Heiligtum stand im thessalischen Trikka — seit dem 5. Jh. v. Chr. einen gewaltigen Aufschwung (Peloponnes, Athen, Dodekanes). In Epidauros und anderen Kultstätten können wir beobachten, wie A. seinen „Vater" Apollon, den Heilgott, im Kult verdrängte und seine Stelle einnahm. Von dem Mittelpunkte des A.-Kultes in dem berühmten Kurort Epidauros breitete sich die Verehrung des Gottes durch Filialgründungen von Asklepieien immer weiter aus.[3] Bei der Gründung neuer A.-Heiligtümer wurde die Schlange als Inkarnation des Gottes in feierlichem Zuge mitgeführt.

Die Therapie der A.-Priester ging vor allem vom Psychischen aus. In einem mehrstündigen Schlaf im A.-Tempel (Inkubation) sollte der Gott den Kranken im Traum das richtige Heilmittel verkünden. Aus Votivtafeln geschickt zusammengestellte Berichte über die erfolgreichen, oft äußerst drastischen Wunderheilungen, die uns zum Teil erhalten sind, dienten propagandistischen Zwecken. Aber auch die Vertreter einer wissenschaftlichen Medizin, wie die Schüler des Hippokrates, d. h. die Ärzteschule auf der Insel Kos, nannten sich Asklepiaden und fühlten sich als Nachfahren und Jünger des A. — Die bildlichen Darstellungen des Gottes zeigen ihn mit Schlange und Stab.[4] Als weibliches Gegenbild des A. wurde seine Tochter Hygieia (= die Gesundheit) dargestellt.[5]

Die lateinische Namensform des Gottes ist Aesculapius. In Rom wurde der Kult des A. anläßlich einer Seuche auf Weisung der sibyllinischen Sprüche 293 v. Chr. eingeführt. Eine eigene Gesandtschaft brachte die Schlange des A. aus Epidauros nach Rom, wo sie sich auf der Tiberinsel niederließ; der Aesculapiustempel wurde dort 291 geweiht.[6]

N.: G e m ä l d e : Ein Besuch bei Aeskulap, E. J. Poynter, 1880, London, Tate-Gallery.

D i c h t u n g e n : Homerischer Hymnos an A. (16). — Herondas, Die opfernden Frauen im Asklepiostempel (Mimiambos).

Literatur: R. Herzog, Die Wunderheilungen von Epidauros, Lpz. 1931. — E. J. Edelstein and L. Edelstein, Asclepius. A Collection and Interpretation of the Testimonies, 2 Bde, Baltimore 1945. — U. Hausmann, Kunst und Heiltum. Untersuchungen zu den griechischen A.-Reliefs, Potsdam 1947. — K. Kerényi, Der göttliche Arzt. Studien über A. und seine Kultstätte, Basel 1948. — H. Grégoire — R. Goossens — M. Mathieu, Asklèpios, Apollon Smintheus et Rudra, Brüssel 1950.

[1] Pind. Pyth. 3, 8 ff. Apollod. Bibl. 3, 10, 3 f. Schol. Eur. Alk. 1. — [2] Hom. Il. 4, 194. 11, 518. — Machaon und Podaleirios sind Krieger und Ärzte in einer Person. — [3] Vgl. „Der Siegeszug des A.", in: Kern II 303—319. — [4] Über den Stab und die Schlange als „Symboltier" der Asklepiaden von Kos vgl. Kerényi, Der göttliche Arzt, 65 ff. — [5] Zur Hygieia vgl. Kerényi, a. a. O., 70 und Abb. 33, 34. — Hygieia wurde manchmal auch als Gemahlin des A. aufgefaßt; sie war offenbar nicht ursprünglich mit dem Gott verbunden: Kern II 310. — [6] Altheim II 109.

Asopós (Asópos), Sohn des Poseidon* und der Pero[1], boiotischer Flußgott

M.: Von seinen zahlreichen Töchtern stammen die berühmtesten hellenischen Helden ab. Seine Tochter Ismene wird Großmutter der Io*. Aigina* wird von Zeus* Stammutter der Aiakiden. Auf der Suche nach der entführten Aigina erfährt A. in Korinth von Sisyphos* den Namen des Verführers;[2] Zeus aber weist den Flußgott mit einem Blitz in seine Grenzen.[3]

R.: In der antiken Mythographie wurden die beiden griechischen Flüsse namens A. — der in Boiotien und der bei Sikyon — wiederholt vermengt.[4]

[1] Oder des Okeanos* und der Tethys: Apollod. Bibl. 3, 12, 6. Diod. 4, 72. — [2] Apollod. Bibl. 1, 9, 3. 3, 12, 6. Paus. 2, 5, 1. — [3] Kallim. Hymn. 4, 78. Schol. Apoll. Rhod. 1, 117. — [4] Wilamowitz I 92 A. 1.

Assárakos s. Ganymedes, s. Troia

Astarte, semitische Göttin

R.: Der Name A. — phoinikisch ʿaštoret, babylonisch Ištar — gehört zu einer semitischen Muttergottheit, die der Atargatis* nicht unähnlich war und mit ihr bisweilen verwechselt wurde. Während sie im Alten Testament als die Göttin der Sidonier erscheint, breitete sich ihr Kult zunächst in Palästina, dann aber durch die Phoiniker auch im Mittelmeerraum über Zypern und Kreta bis Karthago und Sizilien aus, wo A. auf dem Berge Eryx verehrt wurde. Aber auch in Sardinien und Britannien finden sich Spuren ihrer Verehrung. Der Kult der A. als einer orientalischen Fruchtbarkeitsgöttin wies mancherlei Ausschweifungen und auch sakrale Prostitution auf. Die Griechen sahen in A. eine Liebes- und Himmelsgöttin und identifizierten sie daher mit Aphrodite*[1], aber auch mit Selene*[2]. Bei Herodot[3] und sonst birgt sie sich hinter der Aphrodite Urania.

Eine phoinikische Kultsage, die mit dem Tempel der A. in Sidon verbunden war, entspricht durchaus dem Inhalt des griechischen Mythos von Europa*, der Liebe des Zeus* und der Entführung der Geliebten durch den stiergestaltigen Gott nach Kreta. Ein klarer Beweis für A.-Kult in Ägypten zur Zeit des Hellenismus ist das zum Serapeion gehörige Astarteion von Memphis. In Ägypten wurde A. auch im Sinne des späthellenistischen Synkretismus mit Isis* gleichgesetzt. Das der A. heilige Tier war die Taube.

N.: D i c h t u n g: A. syriaca, D. G. Rossetti, 1881.

B a l l e t t: Vénus Astarté, L. Schneider und Sciama, 1905.

[1] Joh. Lyd., De mens. 4, 64; Suda s. v. — [2] Lukian, De dea syr. 4. — [3] Hdt. 1, 105; Paus. 1, 14, 7.

Astería (Astéria) s. Titanen

Astraía s. Sterne (Jungfrau)

Astraíos s. Winde

Astýanax (Astýanax), Sohn des Hektor

Astydámeia (Astydameía), 1. Mutter des Amphitryon, 2. s. Peleus

Atalánte, Tochter des Schoineus[1] oder des Iasos und der Klymene, berühmte arkadische Jägerin

M.: A. wird als Kind ausgesetzt und von einer Bärin solange gesäugt, bis Jäger sie finden und aufziehen. Ihre Jungfräulichkeit verteidigt sie gegen die Kentauren* Rhoikos und Hylaios, die ihren Pfeilen erliegen.[2] Als Jägerin nimmt A. an der kalydonischen Jagd teil (s. Meleagros); auch beim Argonautenzuge fehlt sie nicht.
Ihre Freier müssen sich mit ihr im Wettlauf messen; wer unterliegt, wird getötet. Hippomenes (nach anderer Version Meilanion) läßt während des Laufes drei goldene Äpfel fallen, die er aus dem Garten der Hesperiden* besitzt. A. bückt sich nach den kostbaren Früchten, und Hippomenes wird Sieger.[3] Ein Sohn der beiden ist Parthenopaios, der als einer der Sieben gegen Theben zieht.[4]

R.: Das Aussetzen von Kindern und Säugen durch Tiere ist in Sage und Märchen weit verbreitet (vgl. Amaltheia*, Amphion*, Tyro* usw.). Der Wettlauf, in dem der Freier die Äpfel fallen läßt, erinnert an das Märchenmotiv, daß der Verfolgte durch Hinter-sich-Werfen von Gegenständen den Verfolger aufhält.

N.: P l a s t i k: Toilette der A., J. Pradier, 1850, Paris, Louvre (Relief).

G e m ä l d e: A. und Meleagros, A. Janssens (ca. 1575—1632), früher Berlin, Kaiser-Friedrich-Museum. — Landschaft mit der Jagd der A., Rubens (1577—1640), Madrid, Prado; Werkstattwiederholung

Brüssel, Museum. — Wettlauf der A. und des Hippomenes, G. Reni (1575—1642), Neapel, Pinakothek. — A. und Hippomenes, J. Jordaens, 1646.

Dramat. Bearbeitungen: A., J. Gottsched, 1741. — Atalanta in Calydon, Swinburne, 1865. — A., E. Ludwig, 1911. — A., G. Heym, 1911.

Chorwerk: A. in Calydon, G. Bantock, 1912.

Opern: A., J. K. Kerl, 1667 (Text von Pallavicini). — A., A. Draghi, 1669 (Text von N. Minato). — A., N. A. Strungk, 1695 (Text von Bressand). — A., Händel, 1736 (Text von A. Zeno). — A., J. A. Hasse, 1737 (Text von Pallavicini). — A. e Meleagro, V. Righini, 1797 (Text von A. Filistri). — A. und Hippomenes, A. Gyrowetz, 1805 (Text von Taglioni). — Hippomène et Atalante, L. Piccini, 1810 (Text von Lehor).

Ballette: A. e Ippomene, P. Canavasso, 1758. — A. et Hippomène, Vachon, 1769 (Text von Brunet).

[1] Schoineus: Hesiod bei Apollod. Bibl. 3, 9, 2. Diod. 4, 34, 4. Paus. 8, 35, 10. Vater Iasos: Apollod. Bibl. 3, 9, 2. — Iasios: Theogn. 1288. — Eine boiotische und eine arkadische A. trennt Robert 84; 93 ff. — [2] Kallim. Hymn. 3, 221 ff. Aelian. Var. hist. 13, 1. — [3] Theokr. 3, 40 ff. Ov. Met. 10, 560 ff. Hygin. Fab. 185. — Meilanion: Prop. 1, 1, 9. Ov. Ars amat. 2, 188. — Die goldenen Äpfel stammen von Aphrodite: Ov. Met. 10, 644 ff. — [4] Apollod. Bibl. 3, 6, 3. — Parthenopaios ein Sohn des Meleagros* und der A.: Hygin. Fab. 70. 99.

Atargatís, syrische Göttin

R.: A., „die syrische Göttin" (dea Syria), die in Bambyke (Hierapolis) einen berühmten Tempel besaß und in Syrien weithin verehrt wurde,[1] fand bereits in hellenistischer Zeit den Weg nach Hellas (Tempel und Inschriften auf Delos!). Die seit der ersten Hälfte des 2. Jahrhunderts v. Chr. immer größer werdende Menge semitischer Sklaven in Italien, vor allem unter der Landarbeiterschaft, bildete den erwünschten Nährboden für die chaldäischen Wahrsager-Astrologen und umherziehenden syrischen Bettelpriester.[2] Durch syrische Händler und weitere Einfuhr syrischer Sklaven steigerte sich der Einfluß der A. und anderer syrischer Gottheiten; Marius wandte sich an eine syrische Wahrsagerin.[3] In den ersten Jahrhunderten der Kaiserzeit setzten sich syrische Kulte im römischen Reich immer mehr durch, bis mit der Dynastie der Severer (193—235) das syrische Element in Politik und Geistesleben einen Höhepunkt erreichte.

N.: Von Lukian besitzen wir eine kleine Schrift über A. („De dea Syria").

[1] Einen Tempel der A. fand man 1929/30 auch bei den Ausgrabungen in Dura-Europos: The Excavations at Dura-Europos, New Haven III, 1932. — [2] Ps.-Lukian, Lukios 35 ff. Apul. Met. 8, 24 ff. — F. Cumont, Die orien-

tal. Religionen im röm. Heidentum, Leipzig-Berlin, ³1931, S. 94 ff. — ³ Plut. Mar. 17.

Áte, Verblendung und Schuld, die ins Verderben führt, sowie das Verderben selbst. A. wurde auch als Unheilsgöttin personifiziert und als Tochter des Zeus* bezeichnet.¹
¹ Hom. Il. 9, 502 ff., 19, 91 ff. Hes. Theog. 230.

Athámas (Áthamas) s. Ino, s. auch Phrixos

Athená (Athéna oder Athéne), oft Pallas (= das Mädchen) A., Tochter des Zeus*

M.: Hephaistos* spaltet das Haupt des Zeus mit einer Axt, worauf A. in voller Rüstung aus ihm hervorspringt.¹ A. ist Kriegs- und Friedensgöttin. Im Kampf der Olympier gegen die Giganten* zeichnet sie sich aus, indem sie den Enkelados in die Flucht schlägt und Sizilien auf ihn schleudert.² Dem Giganten Pallas zieht sie die Haut ab und bezieht damit ihren Schild. Im Kampf um Troia* steht sie auf Seite der Griechen, da Paris* in dem Schönheitswettbewerb der drei Göttinnen Aphrodite* und nicht ihr den Preis zugesprochen hat. Einzelne Helden wie Odysseus*, Achilleus* und Diomedes* sind ihre besonderen Lieblinge, denen sie jederzeit mit Rat und Tat zur Seite steht. Herakles* schenkt ihr aus Dankbarkeit für wiederholte Hilfe die goldenen Äpfel der Hesperiden*.³ Von Perseus*, den sie bei seinem Abenteuer mit Gorgo* unterstützt, erhält sie das Medusenhaupt. Von nun ab ziert es die Aegis, den Ziegenfellschild der Göttin.⁴ Die Rüstung der A. besteht aus Schild, Speer und Helm. Sie schützt die Staaten (Polias), besonders ihr Athen, nach außen und sorgt für den inneren Frieden durch Einsetzung eines Gerichtshofes auf dem Areopag.⁵ A. lehrt die Menschen Zucht und Bändigung der Rosse, den Wagen- und Schiffsbau.⁶ Auch die Flöte ist ihre Erfindung.⁷

Als Friedensgöttin bringt A. den Sterblichen Pflug und Rechen, Spinnrocken und Webstuhl und unterweist die Menschen, besonders die Frauen, in den entsprechenden Fertigkeiten. Als Ergane (Arbeiterin) ist sie Lehrerin aller handwerklichen Kunstfertigkeiten, besonders der Weberei.⁸ Als Göttin der Weisheit schützt sie Philosophen, Dichter und Redner. Das ihr heilige Tier ist die Eule.

Um den Besitz von Attika als Land mit ihren vornehmsten Kultstätten muß A. mit Poseidon* kämpfen. Nach Ratschluß der Zwölfgötter* soll das Land derjenigen Gottheit gehören, die ihm das wertvollere Geschenk bietet. Poseidon läßt mit seinem Dreizack auf der Akropolis einen Quell entspringen, A. den ersten Ölbaum wachsen: ihr wird der Sieg zugesprochen.⁹

R.: Die Geburt der A. aus dem Haupte des Zeus war zwar schon Homer bekannt,¹⁰ wurde aber als anstößig unterdrückt.¹¹ Sie gehört in die Reihe wunderbarer Geburten im Bereiche des Mythos, die ohne Mithilfe von Frauen zustande kommen (vgl. Dionysos). Wilamowitz zog zur Erklärung die Geburt aus einem Berggipfel heran.[12] Als Kriegsgöttin steht A. in Gegensatz zu Ares*, dem Gott des wilden Schlachtgetümmels.[13] Sie führt den Kampf zum Schutze der Heimat mit Überlegung und in geordneten Formen. Mehr als andere Göttinnen trat A. als Helferin von Helden im Kampf auf. Zu den oben angeführten Schützlingen der Göttin wäre noch zu erwähnen, daß sich das Schutzverhältnis vom Vater auf den Sohn zu übertragen scheint; dies gilt von Tydeus* — Diomedes* und Odysseus* — Telemachos*. Nilsson sieht darin eine Bekräftigung seiner Theorie, nach der A. aus einer friedlichen minoischen Hausgöttin durch die besonderen Verhältnisse der mykenischen Zeit zu einer kriegerischen mykenischen Palastgöttin wurde.[14] Als solche schützte sie den König, zu dem sie als Bewohnerin des Palastes in einem persönlichen Verhältnis stand, ebenso wie seine Familie und damit die ganze Stadt. In Hellas entwickelte sich A. dann zur reinen Stadtgöttin (Polias, Poliuchos), deren Tempel in einer ganzen Reihe von Städten auf der Akropolis und weiterhin auf Vorgebirgen zu finden waren. Zur Hausgöttin und Stadtgöttin A. gehört das nach Pallas benannte Götterbild, Palladion, das den Bestand des Hauses, bzw. der Stadt garantieren sollte. Solche Palladien sind für verschiedene Kultstätten der A. bezeugt. Die Erzählungen vom Raub des troischen Palladions (vgl. Diomedes 1.) und dessen Überführung in Städte des Mutterlandes Hellas scheinen auf der Erfindung epischer Dichter zu beruhen.[15]

In der Aegis der Göttin hat man wohl nichts anderes als einen mit Ziegenfell überzogenen Schild alter Art zu sehen, auf dem die Gorgo* in apotropäischer Funktion angebracht ist.[16] Die Zuordnung der Eule zu A. ist vielleicht auf die Eulen der athenischen Akropolis zurückzuführen. In dem scharfen, leuchtenden Auge der Eule, des „klügsten" Vogels, sah man jedenfalls ein Abbild wesentlicher Eigenschaften der Göttin.[17] Bei Homer erscheint A. in Gestalt verschiedener Vögel, ein Zug, den sie wieder mit der minoischen Hausgöttin gemein hat.[18] Vielleicht deutet auch die Schlange, mit der wir die Göttin auf der athenischen Akropolis in der Goldelfenbeinstatue des Pheidias und in anderen bildlichen Darstellungen verbunden sehen, auf die Hausschlange der minoischen Göttin. Der Name A. ist vorgriechisch; die Stadt hat ihn wahrscheinlich von der Göttin bekommen, nicht umgekehrt. Unerklärte Beinamen, wie Tritogeneia und Atrytone, zeugen von dem hohen Alter der Göttin A.[19]

Der Schirmherrin der Stadt Athen wurde auch der Schutz der staatseigenen Ölbäume anvertraut.[20] Für den sagenumwobenen heiligen Ölbaum im Erechtheion auf der Akropolis[21] bildete die oben erwähnte Legende von dem Wettstreit zwischen Poseidon und A. ein Orts-Aition.

Der Kult der A. Ergane ist in Mittelgriechenland, im Peloponnes und auf den Inseln vielfach bezeugt. Durch die Unterweisung in allen Kunstfertigkeiten steht die Göttin Hephaistos* nahe. Vielleicht ging die Verbindung der beiden Gottheiten im athenischen Kult auf Peisistratos zurück.[22] Auch die Erzählung von der Geburt des Erichthonios* sucht A. zu Hephaistos in Beziehung zu setzen.[23] A. als Göttin der Weisheit wurde sekundär aus der ihr eigenen Besonnenheit (Phronesis) entwickelt. Der jungfräulichen A. (Parthenos) war der herrlichste Tempel auf der Akropolis von Athen, der Parthenon, geweiht. Die Skulpturen des Ostgiebels zeigten den Wettkampf Poseidons und A.s. Im Inneren stand die berühmte Goldelfenbeinstatue der A. Parthenos des Pheidias. Wie alljährlich die kleinen, so feierte man in Athen alle vier Jahre (vier Tage lang im August) die großen Panathenäen zu Ehren der A. Auf dem Parthenonfries sehen wir die Wettkämpfe und Opferhandlungen, vor allem aber, wie die ganze Stadt auf die Akropolis zieht, um dem Priester der Göttin einen neuen prächtigen Peplos (Mantel) zu überreichen. Vor dem Parthenon stand die kolossale Erzstatue der A. Promachos (Vorkämpferin) von der Hand des Pheidias, die den Seefahrer schon von weitem grüßte, ein Wahrzeichen Athens.

N.: Plastiken: A. und Gigant, Metope vom Heratempel in Selinunt, 460—450 v. Chr., Palermo, Museum (Relief). — A. Lemnia, Pheidias, um 450 v. Chr. (Erz); Kopie: früher Dresden, Albertinum. — A. und Marsyas, Myron, Mitte des 5. Jh. v. Chr. (Erz; vgl. unten, Anm. 7); Kopie der A.: Frankfurt a. M., Liebighaus. — Pallas, J. Sansovino, um 1540—1545, Venedig, Loggetta (Bronze).

Gemälde: Pallas bändigt den Kentauren, Botticelli, um 1485, Florenz, Uffizien. — Minerva und Mars, Tintoretto, 1578, Venedig, Dogenpalast. — Minerva und Mars, Paolo Veronese, um 1580 bis 1585, früher Berlin, Kaiser-Friedrich-Museum. — Minerva und die Musen, H. Rottenhammer, 1603, München, Privatbesitz. — Minerva, Rembrandt, um 1632, früher Berlin, Kaiser-Friedrich-Museum. — Pallas und Arachne, Rubens, 1636—38, Brüssel, Privatbesitz. — Minerva, Rembrandt, um 1655, Leningrad, Eremitage. — Die Herrschaft Minervas, D. Gran (1694—1757), Wien, Barockmuseum. — Der Kampf zwischen Minerva und Mars, J. L. David, 1771, Paris, Louvre.

Dramat. Bearbeitung: Pallas und Venus, Hans Sachs, 1530 (Komödie).

Dichtungen: Hom. Hymnos an A. (28). — Das Bad der Pallas, Kallimachos, 1. Hälfte des 3. Jh. v. Chr.

Opern: La nascità di Minerva, A. Draghi, 1674 (Text von N. Minato). — Minerva, R. Keiser, 1703 (Text von Hinsch). — Minerva, A. Poli, 1781 (Text von M. Verazi). — Pallade, P. Guglielmi, 1786. — Pallas A. weint, E. Krenek, 1955.

Literatur: M. P. Nilsson, Die Anfänge der Göttin A., Kopenhagen 1921. — U. v. Wilamowitz-Möllendorff, A., in: Sitzungsber. Berl. Ak. 1921, 950—965. — H. Kleinknecht, Λουτρὰ τῆς Παλλάδος.

in: Hermes 74 (1939), 301—350. — R. Wittkower, Transformations of Minerva in Renaissance Imagery, in: Journal of the Warburg Institute 2 (1939), 194—205. — N. Yalouris, Athena als Herrin der Pferde, in: Museum Helveticum 7 (1950), 19—101. — K. Kerényi, Die Jungfrau und Mutter der griechischen Religion. Eine Studie über Pallas Athene, Zürich 1952. — C. J. Herington, Athena Parthenos and Athena Polias. A study in the religion of Periclean Athens, Manchester 1955. — F. Brommer, A. Parthenos, Bremen 1957.

[1] Pind. Ol. 7, 35 ff. Prometheus führt die Entbindung des Zeus durch: Eur. Ion 454 ff. Dies ist die ältere Fassung des Motivs, da Prometheus als älterer Feuergott auch sonst von Hephaistos verdrängt wurde. — [2] Eur. Ion 209 f. Verg. Aen. 3, 578 ff. Apollod. Bibl. 1, 6, 2. — [3] Apollod. Bibl. 2, 5, 11. — [4] Apollod. Bibl. 2, 4, 3. — [5] Aisch. Eumen. 681 ff. — [6] Mit ihrer Hilfe wird die Argo (Apoll. Rhod. 1, 524 ff.; 4, 580 ff.) und das Schiff des Danaos (Apollod. Bibl. 2, 1, 4) gebaut. — [7] A. wirft die Flöte wieder weg, da sie beim Blasen ihre Gesichtszüge entstellt; Marsyas* findet das Instrument: Ov. Fast. 6, 697 ff. Ars amat. 3, 305 f. Paus. 1, 24, 1. — Wilamowitz führte die Verächtlichmachung der phrygischen Flöte im Athen des 5. Jh. auf ein Satyrspiel zurück (I 198 A. 2); aus dieser Einstellung erwuchs die Gruppe des Myron. — [8] Hom. Od. 7, 110 f.; 20, 72. Il. 5, 733—735; 9, 390; 14, 178 f. — [9] Hdt. 8, 55. Ov. Met. 6, 70 ff. Plut. Them. 19. — Der Ölbaum der A. wurde noch zur Zeit des Pausanias auf der Akropolis gezeigt: Paus. 1, 27, 2. Vgl. Apollod. Bibl. 3, 14, 1. Nach anderer Version schenkt Poseidon das Pferd: Serv. Georg. 1, 12. — [10] Hom. Il. 5, 875. — [11] Wilamowitz I 332 A. 2. — [12] Wilamowitz I 124, 234. Ähnlich Kern I 185. Als rationalistisch primitiven Erklärungsversuch der Scheitelgeburt deutete man die Version bei Hesiod (Theog. 886—900): Zeus verschlingt seine Gattin Metis* während ihrer Schwangerschaft aus Furcht, sie werde einen Sohn gebären, der ihm die Weltherrschaft entreißen könnte: Kern I 185. Demgegenüber betont Otto 65 ff. die Urtümlichkeit der mythischen Vorstellung von der Scheitelgeburt und dem Verschlingen der schwangeren Frau. Zur Geburt der A. vgl. ferner A. B. Cook, Zeus struck with a double axe. The birth of Athena, in: Zeus III (1940), 656—739. — [13] Hom. Il. 18, 509 ff.; 20, 48 ff. — [14] Nilsson, Die Anfänge der Göttin A., und I 323 ff., 405 f. Kürzlich glaubte man Athana Potnia auf einer Tafel aus Knossos in kretischer Silbenschrift Linear B (gegen 1400 v. Chr.) lesen zu können: M. Ventris u. J. Chadwick, in: Journ. Hell. Stud. 73 (1953), S. 95. — [15] Vielleicht war der heilige Schild die ursprüngliche Form des Palladions, aus dem sich dann die Schildjungfrau entwickelte. Wilamowitz, Sb. Berl. Ak. 1921, 950 ff. H. Kleinknecht, Hermes 74 (1939), 310. — [16] Hom. Il. 5, 738 bis 742. Vgl. A. B. Cook, The Aigis and Gorgoneion of Athena, in: Zeus III (1940), 837—865. — [17] Otto 74 ff. Reiches Bildmaterial über A. und die Eule bei Cook, The Owl of Athena, in: Zeus III (1940), 776—836. — [18] Nilsson I 269 f., 325 f. — [19] Kern I 185 versteht Tritogeneia als die Göttin, die „von Anbeginn da war". — Die berühmte A. von Lindos (Rhodos) war eine vorgriechische Göttin. — [20] Ob auch der heilige Ölbaum der A. auf den minoischen Baumkult zurückzuführen ist (Nilsson I 326), erscheint zweifelhaft. — [21] Hdt. 8, 55. — [22] Kern II 11. — [23] Vgl. Soph. Fr. 760 N. und Hephaistos*, Anm. 5; dazu Cook, Zeus III (1940), 188—237.

Átlas, Sohn des Titanen Iapetos und der Okeanide Klymene, Bruder des Prometheus *[1]

M.: A. steht im Westen der Erde und trägt den Himmel auf seinen Schultern.[2] Unfern von ihm hüten seine Töchter, die Hesperiden*, die goldenen Äpfel im Garten der Götter. Als Herakles* die goldenen Äpfel holen soll, nimmt er dem A. seine schwere Last von den Schultern, während dieser den Weg zu den Hesperiden übernimmt. Nach der Rückkehr möchte A. seinen alten Posten nicht wieder einnehmen, sondern die Äpfel selbst zu Eurystheus bringen. Herakles erklärt sich zum Schein einverstanden, will aber noch einen Polster auf seine Schultern legen. Sobald A. seine Last wieder auf sich genommen hat, macht sich Herakles mit den Äpfeln aus dem Staube.[3]

R.: A. (eigentlich „Der Träger") war ursprünglich der Name des Kyllenegebirges im Peloponnes und wurde später auf den nordwestafrikanischen Gebirgszug übertragen. Von da erhielt das im Westen gesuchte Atlantis und der Atlantische Ozean seinen Namen. Die griechische Etymologie deutet darauf, daß A. schon ursprünglich als Träger oder Stütze des Himmels verstanden wurde. In der Antike hat man diese Funktion gelegentlich als Strafe für den Titanen ausgelegt.[4]
Die für uns schwer verständlichen Spuren von Beziehungen des A. zum Meer[5] erklärt A. Lesky durch Gegenüberstellung des erst vor wenigen Jahren veröffentlichten churritisch-hethitischen Kumarbi-Epos. In dem fragmentarisch überlieferten „Lied von Ullikummi", einem Teil dieses Epos, erscheint ein Urweltriese Upelluri, der Himmel, Erde und Meer trägt und mit gewissen Einschränkungen als Parallelfigur zu dem Titanensohn A. aufgefaßt werden darf.[6]

N.: P l a s t i k e n: Herakles, A. und eine Nymphe (Athena?), Metope vom Zeus-Tempel zu Olympia, vor der Mitte des 5. Jh. v. Chr., Olympia, Museum (Relief). — A. unter der Last des Himmelsgewölbes, hellenistisch; Kopie: Neapel, Museo Nazionale. — A., L. Lawrie (geb. 1877), New York, Rockefeller Center (Bronze).

D i c h t u n g: The witch of Atlas, Shelley, 1824.

L i t e r a t u r: E. Tièche, A. als Personifikation der Weltachse, in: Museum Helveticum 2 (1945), 67 ff. — A. Lesky, Hethitische Texte und griechischer Mythos, in: Anzeiger Öst. Ak. Wiss. phil. hist. Kl. 87 (1950), 137 ff.

[1] Hes. Theog. 507 ff. Mutter Asia: Apollod. Bibl. 1, 2, 3. — [2] Nach anderer Version trägt A. die Säule bzw. die Säulen des Himmels: Hom. Od. 1, 52 ff. Aisch. Prom. 348 ff. — Zur Odysseestelle Lesky 77 f. und Anz. Öst. Ak. Wiss. 1950, 150 ff. — [3] Paus. 5, 11, 5. Apollod. Bibl. 2, 5, 11. Schol. Apoll. Rhod. 4, 1396. — [4] Aisch. Prom. 347 ff. Vgl. Wilamowitz, Kronos und die Titanen, 1929, 44 A. 2. — [5] Hom. Od. 1, 52 ff. — [6] Lesky, Anz. Öst. Ak. Wiss. 1950, 150 ff.

Atréus (Átreus), Sohn des Pelops* und der Hippodameia
M.: Mit seinem Bruder Thyestes ermordet er den Stiefbruder Chrysippos, den Lieblingssohn des Pelops.[1] Der Vater verflucht die beiden Söhne und treibt sie aus dem Lande. Gemeinsam erhalten sie Anrecht auf die Herrschaft in Argos. A. hat einst der Göttin Artemis* gelobt, ihr das schönste Stück Jungvieh zu opfern. Als aber ein goldenes Lamm unter seiner Herde erscheint, behält er es als Symbol der Herrschaft zurück. Thyestes jedoch verführt Aerope, die Frau des A., und entwendet mit ihrer Hilfe das goldene Lamm.[2] Die Sonne aber kehrt in ihrem Lauf um und geht im Osten unter.[3] Eine auf drastische Effekte berechnete spätere Ausweitung der alten Sage findet sich vor allem bei römischen Autoren. Nach der Verführung Aeropes treibt A. den Bruder aus dem Lande. Thyestes gelingt es, den kleinen Pleisthenes, einen Sohn des A., mitzunehmen und als sein Kind aufzuziehen. Als der Junge erwachsen ist, schickt er ihn aus, den A. zu töten. Der König kommt dem Anschlag zuvor und läßt Pleisthenes beseitigen. Zu spät erkennt er, daß er sein eigenes Kind getroffen hat.[4] Zum Schein bietet A. dem Bruder die

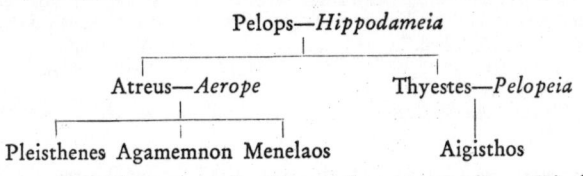

Pelops—*Hippodameia*
┌─────────────┴─────────────┐
Atreus—*Aerope*   Thyestes—*Pelopeia*
┌──────┼──────┐   │
Pleisthenes Agamemnon Menelaos   Aigisthos

Hand zur Versöhnung und nimmt ihn samt seinen Kindern in Argos auf. Insgeheim jedoch schlachtet er die Kinder des Thyestes und setzt sie dem Vater zum Mahle vor. Als Thyestes gegessen hat, zeigt ihm A. Köpfe und Hände der Kinder. Thyestes verflucht den Bruder.[5]
Thyestes, der abermals in der Verbannung lebt, erhält einen Orakelspruch, ein Sohn, den er mit seiner eigenen Tochter Pelopeia zeuge, werde ihn an A. rächen. Kurz darauf heiratet A. Pelopeia, die sich bei dem König Thesprotos aufhält, wo sie A. bei einem Besuch als dessen Tochter kennenlernt. Den Knaben Aigisthos*, dem Pelopeia das Leben schenkt, hält A. für sein eigenes Kind, während es tatsächlich das seines Bruders ist. Als Aigisthos herangewachsen ist, sendet ihn A. mit dem Auftrag aus, Thyestes zu ermorden. Vater und Sohn erkennen einander noch rechtzeitig, und Aigisthos vollzieht die Rache für Thyestes, indem er A. erschlägt. Thyestes wird König von Argos.[6] Die Feindschaft der Väter bleibt zwischen den Söhnen Agamemnon* und Aigisthos aufrecht.
R.: Der Zug, daß der Blutrücher auch mütterlicherseits dem Geschlecht des Ermordeten angehören und Thyestes daher den Aigisthos in Blutschande zeugen muß, scheint sehr alt zu sein.[7] Doppelung eines Motivs findet sich in dem verbrecherischen Auftrag des A. an Aigisthos, der genau dem des Thyestes an Pleisthenes entspricht. Pleisthenes ist eine in unserer Überlieferung schwankende

Figur: Er wurde teils in der A.-Generation, teils in der Atridengeneration oder zwischen beiden angesetzt; in der älteren Sage dürfte er größere Bedeutung gehabt haben.[8]

N.: Sophokles schrieb einen „Thyestes" und einen „Atreus", Euripides einen „Thyestes", Tragödien, von denen nur Fragmente erhalten sind; dagegen besitzen wir den „Thyestes" Senecas vollständig.

Dramat. Bearbeitungen: Thyestes, L. A. Seneca. — Atrée et Thyeste, P. Crébillon, 1707. — A. und Thyest, C. F. Weisse, 1766. — A. und Thyest, J. J. Bodmer, 1768. — Atreo, J. M. Heredia y Campuzano, 1822. — Das Gastmahl zu Mykenae, L. Trönle, 1933. — Daughters of A., R. Turney, 1936.

Literatur: A. Lesky, Die griechischen Pelopidendramen und Senecas Thyestes, in: Wiener Stud. 43 (1922/23), 172—198.

[1] Schol. Il. 2, 105. Hygin. Fab. 85. Vgl. Paus. 6, 20, 7. — [2] Eur. El. 699 ff. Or. 995 ff. Plat. Politikos 268 f. Apollod. Epit. 2, 10—12. — [3] Während Thyestes in dem Streit um die Herrschaft seinen Anspruch mit dem Besitz des goldenen Lammes begründet, gewährt Zeus dem A. als Zeichen für seinen Herrschaftsanspruch die unerhörte Himmelserscheinung: Apollod. Epit. 2, 11 f. Schol. Il. 2, 106. Schol. Eur. Or. 811.998. — [4] Hygin. Fab. 86. — [5] Hygin. Fab. 88.258. Ov. Ars am. 1, 327 ff. Sen. Thyest. 682 ff. Mart. 3, 45, 1 f. Das grauenvolle Mahl des Thyestes schon bei Aisch. Ag. 1590 ff. — [6] Hygin. Fab. 87, 88. Schol. Stat. Theb. 4, 306. — [7] Robert 298. — [8] A. Lesky, RE 21/1 (1951), 199—205.

Attis, phrygische Gottheit, Geliebter der Großen Mutter

M.: In einer vermutlich älteren Version der Sage ist A. ein schöner Jüngling, der, wie Adonis*, auf der Jagd von einem Eber getötet wird.[1] Die jüngere Fassung des Mythos ist durch die Entmannung des A. charakterisiert. Agdistis, ein gefährliches, von Zeus* abstammendes Zwitterwesen, wird von Dionysos* trunken gemacht und entmannt sich unwillkürlich, als es von seinem Rausch erwacht. Aus seinen Geschlechtsteilen erwächst ein Mandelbaum. Die Tochter des Flußgottes Sangarios wird von einer Frucht dieses Mandelbaumes schwanger und gebiert den schönen Knaben A. Agdistis — dies der in Pessinus gebräuchliche Name der Großen Mutter — liebt A. leidenschaftlich. Als A. der Göttin mit der pessinuntischen Königstochter bzw. mit einer Nymphe die Treue bricht, läßt sie ihn wahnsinnig werden. Unter einer Pinie entmannt sich der Rasende und stirbt auf der Stelle; aus seinem Blute wachsen Frühlingsblumen und Bäume hervor. Agdistis bereut ihre Tat, kann aber keine Wiederbelebung des A. erreichen. Zeus verspricht ihr lediglich, daß der Körper des A. nicht verfaulen werde.[2]

R.: Der aus Phrygien stammende A. kam mit der Großen Mutter im Jahre 204 v. Chr. nach Rom. Die Kulthandlungen im Rahmen des großen Frühlingsfestes erstreckten sich in Rom — wahrscheinlich seit dem Beginn der Kaiserzeit — über zwei Wochen. Am 22. März wurde eine Pinie gefällt und von den Baumträgern (dendrophori) zum Heiligtum getragen. Diese mit Binden umwickelte und mit Veilchen bekränzte Pinie war das Symbol des A.; sie läßt auf einen alten Baumkult schließen. Danach trauerte man um den toten A. Am 24. März steigerten sich die Gallen, die Diener des A., unter dem Lärm von Handpauken und Zymbeln mit wilden Tänzen in eine orgiastische Ekstase hinein, in der sie sich Schnittwunden zufügten. Die neu aufgenommenen Gallen entmannten sich nach dem Vorbild ihres Gottes (dies sanguinis = Tag des Blutes). Andere überlieferte Bräuche und Namen dieses Festes sind noch nicht geklärt. Den leidenschaftlichen Orgiasmus des phrygischen Kultes hat man mit den auffallenden Extremen in Klima und Vegetation dieses Landes in Verbindung gebracht. Vermutlich spielten aber auch asketische Tendenzen bei der Entmannung der Gallen eine Rolle.[3]

N.: Den orgiastischen A.-Kybelekult schildert eindrucksvoll Catull in seinem 63. Gedicht.

Literatur: H. Hepding, A., seine Mythen und sein Kult, Religionsgeschichtl. Versuche und Vorarbeiten 1, 1903. — J. G. Frazer, Adonis, A., Osiris, London 1906. — H. Graillot, Le culte de Cybèle, mère des dieux, Bibl. Éc. Franç. 107, 1912. — F. Cumont, Die oriental. Religionen im römischen Heidentum, [3]1931, S. 43—67. — J. Carcopino, La réforme romaine du culte de Cybèle et d'Attis, in: Aspects mystiques de la Rome païenne, Paris 1941, S. 49—171. — Nilsson II 614—630.

[1] Paus. 7, 17, 9. Plut. Sert. 1. Hdt. 1, 34 ff. (Übertragung auf Atys, den Sohn des Königs Kroisos.) — [2] Ov. Fast. 4, 223 ff. Paus. 7, 17, 10 ff. Arnob. Adv. nat. 5, 5 ff. Vgl. auch Diod. 3, 58 f. — [3] F. Cumont, Die oriental. Religionen im röm. Heidentum, [3]1931, S. 46 f.

Aúge, Mutter des Telephos

Augeías (Augías), König von Elis, s. Herakles

Auróra s. Eos

Autólykos, Sohn des Hermes*, Großvater des Odysseus* (mütterlicherseits)

M.: A. ist als schlauer Rinderdieb bekannt, der von Hermes selbst im Diebshandwerk unterwiesen wurde. In Sisyphos* jedoch findet er seinen Meister. Bei einem Besuch des A. erkennt Sisyphos die ihm gestohlenen Rinder leicht an einem Monogramm, das er ihnen in die Hufe gebrannt hat. Hier lernt er auch des A. Tochter Antikleia kennen, die er vor ihrer Heirat mit Laertes verführt; Antikleia wird Mutter des Odysseus.[1]

R.: Durch diese Genealogie des Odysseus sollte dessen überlegene Schlauheit mit dem Erbgut von seiten des Vaters Sisyphos und des Großvaters A. erklärt werden.[2] A. bedeutet soviel wie „der wahre Wolf".

[1] Hom. Od. 19, 394 ff.; 24, 333 f. Soph. Phil. 417, 1311. Schol. Lykophr. 344. — [2] Vgl. Schol. Soph. Ai. 190.

Autonóe (Autónoe), Tochter des Kadmos, Mutter des Aktaion

B

Bácchus s. Dionysos, s. auch Liber

Bálios s. Harpyien

Baúcis s. Philemon

Bellerophón (Bellérophon), oder Bellerophóntes, Sohn des Glaukos und der Eurymede, Enkel des Sisyphos*, korinthischer Nationalheros
M.: B. muß wegen eines Totschlages Korinth verlassen und wird am Hofe des Königs Proitos von Tiryns freundlich aufgenommen.[1] Stheneboia[2], die Gattin des Proitos, gibt ihrer leidenschaftlichen Liebe zu B. nach, wird aber abgewiesen und verleumdet nun den Gast bei ihrem Gemahl, er habe ihr nachgestellt.[3] Proitos schenkt seiner Frau vollen Glauben, will aber den Gastfreund nicht eigenhändig verletzen. So schickt er B. zu seinem Schwiegervater Iobates, dem König von Lykien. Ein Brief, den er ihm mitgibt, enthält den Auftrag, den Überbringer zu töten.
Iobates will diesen Auftrag nur indirekt ausführen, indem er B. auf einige gefährliche Abenteuer aussendet. Zuerst soll er die Chimaira bezwingen, ein Ungetüm mit dreigeteiltem Leib (vorne Löwe, in der Mitte Ziege, hinten Schlange), das mit seinem feurigen Atem das Land verwüstet.[4] B. besteigt sein Flügelroß Pegasos* und vernichtet die Chimaira aus der Luft.[5] Auch das zweite Abenteuer, den Kampf mit dem kriegerischen Bergvolk der Solymer, besteht B. glänzend. Als er von dem dritten Abenteuer, dem Krieg gegen die Amazonen*, siegreich heimkehrt, legt ihm Iobates einen Hinterhalt. Da B. alle seine Feinde erschlägt, nimmt ihn Iobates in Gnaden auf, gibt ihm eine seiner Töchter[6] zur Frau und macht ihn zu seinem Thronerben.[7]
B. kehrt nach Tiryns zurück, um sich an Stheneboia zu rächen. Er überredet sie zur Flucht mit Hilfe des Pegasos und stürzt sie mitten auf dem Fluge ins Meer hinab.[8] Als B. sich auf dem Pegasos zum Olymp emporschwingen will, wird er von Zeus* auf die Erde zurückgeschleudert. Er endet im Wahnsinn.[9]

R.: Den Namen B. deutete Kretschmer, nicht ohne auf Widerspruch zu stoßen, aus dem Griechischen als den „Töter des Belleros", wobei er in Belleros den vorgriechischen Namen eines Unholdes sieht, den B. in Argos erlegt habe.[10] Eine dünne Schichte griechischer Einwanderer habe die B.-Sage nach Lykien mitgebracht, und erst hier seien die bodenständigen Abenteuer mit der Chimaira und den Solymern auf B. übertragen worden. Demgegenüber hält L. Malten B. für einen echten Lykier und Kleinasiaten. In dem Helden, der auf seinem Flügelpferd durch die Luft reitet, wollte er einen ursprünglichen Himmelsgott erkennen, der später zum Heros herabsank.[11]
F. Schachermeyr deutete jüngst die Gestalt des B. als eine Art von fahrendem Ritter, wie sie in mykenischer Zeit vom Mutterlande

Hellas aus nach Karien und Lykien gekommen seien und öfter in die kleinasiatischen Adelsfamilien einheirateten.¹² Die bei Homer erwähnten Verwandtschaftsbeziehungen zwischen mutterländischem, achäischem und kleinasiatischem Adel lassen diese Deutung als möglich erscheinen. Daß in der Sage eine bewußte Verbindung zwischen Argos und Lykien durch die Person B.s hergestellt wird, ist eindeutig. Den Kern aber bilden Märchenmotive: Die drei Aufgaben, die dem Helden gestellt werden, das geflügelte Zauberpferd, die dreigestaltige Chimaira. Die dazu erfundene Vorgeschichte arbeitet mit den Allerweltsmotiven von der Frau des Potiphar (vgl. Peleus, Phaidra) und dem Uriasbrief. Der Drachenkampf des B. mit der Chimaira gehörte vielleicht schon zu dessen Heldentaten, bevor er noch mit dem Flügelroß verbunden war.¹³ Der Pegasos erfuhr kürzlich eine Deutung als Blitzroß des karischen Zeus, das in Boiotien und Korinth mit dem von Poseidon und der Medusa gezeugten chthonischen Roß gleichgesetzt worden sei.¹⁴

Auffällig ist die zweimalige Flucht des B. aus Korinth mit Hilfe des Pegasos, einmal ohne und einmal mit der abgewiesenen Königin, eine Version, die wahrscheinlich auf die euripideische „Stheneboia" zurückging. Radermacher nimmt an, Euripides habe hier die lykische und karische Variante der Sage verbunden.¹⁵ Wahnsinn als Strafe für einen Frevel ist ein in der griechischen Sage weit verbreitetes Motiv (vgl. Aias 1., Orestes, Herakles).¹⁶

N.: Euripides schrieb die Tragödien „Bellerophon" und „Stheneboia", von denen wir nur Fragmente besitzen.¹⁷

Plastiken: B., Bertoldo di Giovanni (gest. 1491), Wien, Kunsthist. Museum (Bronze). — B. im Kampf mit der Chimaira, J. N. Schaller, 1821, Wien, Galerie des 19. Jh.

Gemälde: Sieg B.s über die Chimaira, L. Silvestre d. J. (1675 bis 1760), früher Dresden, Kunstgewerbemuseum.

Dramat. Bearbeitungen: B., K. Bradley-E. Cooper, 1881. — B., G. Kaiser, 1948.

Dichtungen: B. at Argos; B. in Lycia, W. Morris, 1870.

Roman: B. ou l'amour du destin, A. Dubois La Chartre, 1941.

Opern: Bellerofonte, F. Sacrati, 1642 (Text von Nolfi). — B., J. B. Lully, 1679 (Text von Th. Corneille, Fontenelle und Boileau). — La Chimera, A. Draghi, 1682 (Text von N. Minato). — B., Ch. Graupner, 1708. — Iobates und B., R. Keiser, 1717. — Bellerofonte, F. Araja, 1750 (Text von Bonecchi). — Bellerofonte, J. Mysliweczek, 1767 (Text von Bonecchi). — B., J. F. Binder v. Krieglstein, 1785.

Literatur: L. Malten, Bellerophontes, Berlin 1925. — P. Cristophe, B. et sa légende, Thèse lic. Liège 1942. — L. Malten, Homer und die lykischen Fürsten, in: Hermes 79 (1944), 1—12. — P. Kretschmer, Bellerophontes, in: Glotta 31 (1948), 92—104. — F.

Schachermeyr, Pegasos, in: Poseidon und die Entstehung des griechischen Götterglaubens, Salzburg 1950, 174—188. — T. J. Dunbabin, B., Herakles and Chimaera, in: Studies presented to D. M. Robinson, Bd. 2, 1953, S. 1164—1184.
[1] Schol. Lykophr. 17. Schol. Il. 6, 155. — [2] Bei Homer Anteia: Il. 6, 160. — [3] Hom. Il. 6, 155 ff. Apollod. Bibl. 2, 3, 1. Hygin. Fab. 57. — [4] Die Chimaira ist eine Tochter des Typhon* und der Echidna: Hes. Theog. 319 f. — [5] Hom. Il. 6, 179 ff. Hes. Theog. 319 ff. Pind. Ol. 13, 84 ff. — [6] Philonoe: Apollod. Bibl. 2, 3, 2. Antikleia: Schol. Pind. Ol. 13, 59. Kassandra: Schol. Il. 6, 155. Alkmene: Mythogr. Vat. 1, 71. 2, 131. — [7] Apollod. Bibl. 2, 3, 2. — [8] Stheneboia endet durch Selbstmord: Hygin. Fab. 57. Mythogr. Vat. 1, 71. 2, 131. — [9] Schol. Il. 6, 155. Vgl. Pind. Isthm. 7, 44 ff. — [10] Zuletzt Glotta 31 (1948), 93 f. — [11] L. Malten, zuletzt Hermes 79 (1944), 11 f. Radermacher 111 ff. versuchte die Beziehungen des B. zum Meer — als sein Vater wird neben Glaukos auch Poseidon genannt; ein lykisches Märchen läßt ihn als Urheber einer Überschwemmung auftreten — mit der Annahme eines Himmelsgottes B. in Einklang zu bringen. — [12] F. Schachermeyr, Poseidon und die Entstehung des griech. Götterglaubens, Salzburg 1950, 174 ff. — [13] F.Schachermeyr, a. a. O., 185 f. — [14] F. Schachermeyr, a. a. O., 179 ff. — [15] Radermacher 347 A. 250. — [16] W. Nestle, Archiv. für Religionswiss. 33 (1936), 248 stellt den „Himmelsstürmer" B. in die Reihe der Gottesverächter. — [17] Eur. Fr. 285—312 und 661—674 N. Supplem. Eurip., ed. Arnim 1913, 43 ff.

Bellóna, römische Kriegsgöttin

B. ist nichts anderes als eine reine Personifikation (lat. bellum = Krieg), wenn sie auch gelegentlich als Gattin des Mars* aufgefaßt wird. Vgl. auch Mâ.

N.: G e m ä l d e: B., Rembrandt, 1633, New York, Kunsthandel.

Bélos s. Io, s. auch Lamia

Béndis, thrakische Göttin, von den Griechen der Artemis* oder Hekate* gleichgesetzt

R.: Ihr Kult wurde zur Zeit des Perikles in Athen eingeführt. B. wurde unter die Staatsgötter aufgenommen und erhielt ein reich ausgestaltetes, bis in die Nacht hinein dauerndes Fest (Bendideia).[1] Wahrscheinlich geht dies auf die engen politischen Beziehungen zwischen Athen und Thrakien zurück.[2]

Literatur: A. Wilhelm, Inschrift aus Piräus, in: Österr. Jahreshefte 5 (1902), 127 ff. — M. P. Nilsson, Bendis in Athen, in: From the Collections of Ny Carlsberg Glyptothek 3 (1942), 169—188.
[1] Beschreibung des nächtlichen Festes in Athen: Plat. Staat 327—328. Deubner 219 f. — [2] Kern II 236 f. Nilsson, Bendis in Athen, 177 ff., zuletzt in: Cults, Myths, Oracles und Politics in ancient Greece, Lund 1951, 45 ff. Wahrscheinlich fiel die Einführung des B.-Kultes in das erste Jahr des Peloponnesischen Krieges (431), als sich die Athener die thrakische Freundschaft sichern wollten: Bendis in Athen, 187 f.

Bías, Bruder des Melampus, s. auch Proitos

Bóna Déa s. Fauna

Boréas (Bóreas) s. Winde

Briáreos s. Zeus, S. 376

Briseís (Briséis), schöne Lieblingssklavin des Achilleus* im Lager vor Troia

M.: Agamemnon* nimmt als Oberbefehlshaber die B. dem Achilleus weg und verursacht so dessen Groll (Ausgangspunkt der Ilias).[1]

R.: B. (= Mädchen von Brisa) ist nach einem Vorgebirge der Insel Lesbos benannt.

N.: Plastik: Entführung der B., Thorwaldsen, 1803—05, Kopenhagen, Thorwaldsen-Museum (Relief).

Gemälde: Achilleus entläßt B., Römisches Wandgemälde aus Pompeji, Casa del poeta tragico, um 70—79 n. Chr., Neapel, Mus. Naz. — Achilleus und B., Rubens, um 1620—22, New York, Privatbesitz. — B. wird zu Agamemnon geführt, Tiepolo, 1757, Vicenza, Villa Valmarana (Fresko).

Dramat. Bearbeitung: B. ou la colère d'Achille, Poinsinet de Sivry, 1763.

Opern: Briseide, A. Steffani, 1696 (Text von Palmieri). — Briseide, F. Corradini, 1745. — Briseide, F. Bianchi, 1784. — Il ratto di Briseide, P. Guglielmi, 1794. — B., E. Chabrier, 1899 (Text von Michel und Gallet). — B., K. Goldmark, 1899.

[1] Hom. Il. 1, 318 ff. 2, 688 ff.

Britómartis (oder Diktynna), kretische Gottheit, der griechischen Artemis* gleichgesetzt

M.: Minos* verfolgt sie, als sie seine Liebe nicht erwidert. B. rettet sich durch einen Sprung ins Meer; Fischer fangen sie in ihren Netzen auf.[1]

R.: Der vorgriechische Name B. soll nach spätantiken Zeugnissen soviel wie „süße Jungfrau" bedeuten. Diktynna hängt offenbar mit dem kretischen Berg Dikte bzw. dem kretischen Vorgebirge Diktynnaion zusammen. Die Geschichte mit den Fischernetzen ist aus einer Etymologie (diktyon = Netz) herausgesponnen. D. hatte nicht nur in Kreta, sondern auch in Lakonien Kultstätten. Das Motiv des Meeressprunges, der einen Menschen zum Meeresdämon werden läßt, kehrt bei Ino*-Leukothea und Glaukos* 1. wieder.[2]

[1] Kallim. Hymn. 3, 189 ff. — [2] Zur Wandlung der Existenz durch den Meeressprung vgl. Lesky 142—144.

Bróntes s. Kyklopen

Búsiris (Busíris), Sohn des Poseidon* und der Lysianassa, König von Ägypten

M.: Bei einer langjährigen Hungersnot läßt B. auf Grund eines Orakelspruches alle Fremden ergreifen, um sie zu opfern. Herakles*, der ebenfalls geopfert werden soll, entledigt sich seiner Fesseln und erschlägt den B. und seinen Sohn Iphidamas.[1]

R.: Die Erzählung von B. erinnert an den alten und einst weit verbreiteten Brauch des Fremdenopfers. Im griechischen Bereich denkt man zunächst an die Opferung der Fremden in Tauris (vgl. Artemis, Iphigeneia). Die Motivierung des Opfers durch Hungersnot und Orakelspruch erscheint als späterer Zusatz. Herodot übt dort, wo er von der mißlungenen Opferung des Herakles berichtet, an der Erzählung rationalistische Kritik.[2]

N.: Euripides schrieb ein Satyrspiel, Isokrates einen Essai „Busiris".[3]

O p e r: Busiri, G. Pescetti, 1740 (Text von Rolli).

[1] Diod. 4, 18, 1. 4, 27, 2 f. Apollod. Bibl. 2, 5, 11. — [2] Hdt. 2, 45. — [3] Eur. Fr. 313—315 N. Isokr. 11.

C

Cácus, Sohn des Vulcanus*

M.: C. ist ein italischer Riese und feuerschnaubender Unhold, der in einer Höhle auf dem Aventin haust und vorüberziehende Wanderer tötet. Dem Herakles*, der mit den Rindern des Geryoneus durch Italien zieht, stiehlt C. einen Teil seiner Herde und zieht die Tiere an den Schwänzen in seine Höhle. Die Rinder verraten sich aber durch ihr Gebrüll, Herakles dringt in die Höhle ein und erschlägt den C. Zum Dank für die Befreiung von dem Unhold stiftete man in Rom an der Ara maxima auf dem Forum boarium dem Herakles einen besonderen Kult.[1]

R.: C. war ein altrömischer Gott, der ursprünglich am Palatin seinen Kult hatte. Später wurde er durch den griechischen Heros Euandros aus dem palatinischen Kult verdrängt und wanderte zur Porta Trigemina am Fuße des Aventin. Den Kampf zwischen C. und Euandros faßte man etymologisch als den Gegensatz zwischen dem „Schlechten" (das nicht mehr verstandene C. als griech. kakos = „schlecht" gedeutet!) und dem „guten Mann" (= Euandros). Etwa zu Beginn des 3. vorchristlichen Jahrhunderts bildete sich die oben mitgeteilte Legende, in der Herakles zum Gegner des C. wurde. Dabei zog man das Motiv des Rinderdiebstahls heran, um so gleichzeitig für das Forum boarium (Rindermarkt mit Herakleskult!) ein Orts-Aition zu gewinnen.
F. Altheim sieht in C., dem Sohn des Volcanus, den unterirdischen Dämon des Erdfeuers.[2] Während C. selbst im Kult ganz verschollen zu sein scheint, erhielt sich ein Kult seiner „Schwester" Caca.

N.: Plastiken: Herakles und C., Andrea Pisano (gest. 1348/49), Florenz, Campanile (Relief). — Herakles und C., B. Bandinelli (1493—1560), Florenz, Piazza della Signoria.
Gemälde: Herakles tötet C., F. Lemoyne, 1718, Paris, École des beaux arts.
Literatur: J. Bayet, Les origines de l'Hercule Romain, Paris 1926, S. 149 ff., 203 ff., 214 ff.

[1] Verg. Aen. 8, 185 ff. Liv. 1, 7, 3 ff. Ov. Fast. 1, 543 ff. — [2] F. Altheim, Griech. Götter im alten Rom, 185.

Cádmus s. Kadmos

Callíope s. Musen

Candaúles s. Gyges

Cassiopeía s. Perseus

Cástor s. Dioskuren

Cécrops s. Kekrops

Centaúren s. Kentauren

Céphalus s. Kephalos

Cépheus s. Perseus

Cérberus s. Kerberos

Céres, römische Göttin des Ackerbaus, Erdmutter

M.: C. ist Tochter des Saturnus* und der Ops*, Schwester des Jupiter* und Pluto, Mutter der Proserpina.

R.: C. entspricht der griechischen Demeter*, deren Kult in Rom zu Beginn des 5. Jh. v. Chr. offiziell übernommen wurde. Die italische C. war vielleicht wie Demeter nicht nur Göttin des Wachstums, sondern auch chthonische Gottheit. Nach dieser Auffassung ließ sie gleich der italischen Tellus* oder Terra Mater das Lebendige aus ihrem Schoße hervorgehen, um es nach dem Tode wieder zu sich zu nehmen.[1] C. war ferner wie Demeter als Fruchtbarkeitsgottheit auch Göttin der Ehe und galt als Gesetzgeberin.[2] Der Tempel der C. stand auf dem Aventin und war gleichzeitig den Gottheiten Liber* und Libera* geweiht. Das Fest dieser Götterdreiheit waren die Cerealia am 19. April. Auch die römische Dea Dia deckt sich mit Ceres.

N.: Zu den Darstellungen in bildender Kunst und Literatur vgl. Demeter.

Literatur: H. Le Bonnec, Le culte de Cérès à Rome des origines à la fin de la République, Paris 1958.

[1] F. Altheim, Terra Mater, 111 ff. — Gegen diese Auffassung der Tellus und gegen die Gleichsetzung von C. und Demeter wandte sich S. Weinstock, Tellus, in: Glotta 22 (1933/34), 140—162. Vgl. auch L. Deubner, in: Archiv für Religionswiss. 33 (1936), 107 ff. — [2] Cato, De agricult. 134. Ov. Met. 5, 343.

Céyx s. Keyx

Chalkiópe (Chalkíope), Gattin des Phrixos

Cháos, der klaffende, leere Raum

M.: In der Schilderung Hesiods gehen aus dem C. Erebos und Nyx (Nacht) hervor. Gaia* und Eros* stehen daneben als weitere Urprinzipien, die nicht unmittelbar von C. abstammen.[1]

R.: Während man später in naturphilosophischer Spekulation über die Kosmogonie in Eros den alles schöpfenden und gestaltenden Gott sah, der aus dem C. den Kosmos schuf,[2] scheint Hesiod diese Vorstellung noch fernzuliegen.[3]

N.: Gemälde: Chaos, G. F. Watts, 1850, London, Tate-Gallery.

Literatur: F. Börtzler, Zu den antiken Chaoskosmogonien, in: Archiv für Religionswiss. 28 (1930), 253—268.
[1] Hes. Theog. 116 ff. — [2] Plat. Sympos. 178 B. — [3] Kern I 250 f.

Chariklό, Mutter des Teiresias

Chάriten, drei Töchter des Zeus* und der Eurynome[1]

M.: Ihre Namen sind Aglaia (Glanz), Euphrosyne (Frohsinn) und Thaleia (Blüte). Die C. treten im Gefolge der Aphrodite*, des Hermes* und des Apollon* auf und bringen Göttern und Menschen Anmut, Schönheit und Festesfreude. Sie stehen den Horen* und Nymphen* nahe. Bei den Römern entsprachen den C. die Grazien.

R.: Ursprünglich gab es wahrscheinlich nur eine Charis. Sie erscheint als Gemahlin des Hephaistos*, was wohl dahin zu verstehen ist, daß man dem Verfertiger reizvoller Kunstwerke den personifizierten Liebreiz (= Charis) zugesellte.[2] Die Dreizahl geht auf Hesiod zurück. Die Namen wechselten und wurden auch mit denen der Horen vertauscht. Der Kult der C. ist in Attika, Sparta und sonst nachweisbar.

N.: Den hohen Wert der Gaben, welche die C. den Menschen bringen, preist Pindar in der 14. olympischen Ode.[3]

Plastiken: Drei Grazien: G. Pilon, um 1560, Paris, Louvre. — Canova, um 1811, Leningrad, Eremitage. — Thorwaldsen, 1821, Kopenhagen, Thorwaldsen-Museum (Relief). — J. Gibson (1790 bis 1866), Liverpool, Walker Art-Gallery. — J. Pradier, 1831, Versailles.

Gemälde: Die drei Grazien, Römisches Wandgemälde aus Pompeji, Masseria di Cuomo, Neapel, Mus. Naz. — Der Frühling, Botticelli, um 1480, Florenz, Akademie. — Die drei Grazien und Merkur, Tintoretto, 1578, Venedig, Dogenpalast. — Die Natur wird von den Grazien geschmückt, Rubens, 1613—14, Glasgow, Art-Gallery. — Die drei Grazien, Rubens, 1620—21, Wien, Akademie. — Die drei Grazien, Rubens, 1620—23, Florenz, Uffizien. — Die drei Grazien, Rubens, um 1638—40, Madrid, Prado.

[1] Hes. Theog. 907 ff. Paus. 9, 35, 3—5. — [2] Hom. Il. 18, 382 f. — [3] Sie gilt den Chariten von Orchomenos.

Chάron, der Totenfährmann in der Unterwelt*

M.: C. übernimmt die Schatten, die ihm Hermes* Psychopompos zuführt, um sie über die Unterweltströme Acheron, Kokytos und Styx überzusetzen und an das Tor des Hades* zu bringen. Voraussetzung ist die Beerdigung der Leiber an der Oberwelt und die Entrichtung eines Obolos als Fährlohn, den man dem Toten unter die Zunge legt. Die Überfuhr Lebender ist C. verboten; nur ein goldener Zweig öffnet dem Lebenden die Pforten der Unterwelt.

R.: Die uralte, weit verbreitete Vorstellung von einem Jenseits, das über dem Meere liegt, oder von einem Wasser, das das Land der Lebenden und der Toten trennt, kannte auch den mächtigen Totenfährmann, der die Verstorbenen ins Jenseits führte. C. war ursprünglich dieser gewaltige, aus dem Jenseits kommende Ferge,[1] der später — als sich die Vorstellung von einem unterirdischen Reich des Hades immer mehr ausbildete — seine oben beschriebene Funktion am Unterweltstrom vielleicht durch einen Dichter zugewiesen erhielt.[2] Das Mitgeben der Münze erinnert an den älteren Brauch, dem Toten Waffen, Schmuck und allerlei Gerät ins Jenseits mitzugeben.

N.: G e m ä l d e: Aeneas, Sibylle und C., G. M. Crespi (1665—1747), Wien, Kunsthist. Museum. — C., K. Haider (1846—1912), München, Künstlerbund. — Die Toteninsel, Böcklin, seit 1880 in mehrfacher Fassung.

D r a m a t. B e a r b e i t u n g: Der Caron mit den abgeschiedenen Geistern, Hans Sachs, 1531.

[1] Radermacher, Das Jenseits im Mythos der Hellenen, Bonn 1903, 90 ff. — [2] Vgl. jetzt auch Radermacher, Das Meer und die Toten, Anzeiger Öst. Ak. Wiss. phil. hist. Kl. 86 (1949), 315. — Der Name C. scheint für den Totenfährmann zuerst in dem thebanischen Epos Minyas verwendet worden zu sein: Radermacher, Wr. Stud. 34 (1912), 31 f. — Als ursprünglich hundsgestaltigen Totendämon, analog dem Kerberos*, versteht den C. H. Scholz, Der Hund in der griech.-röm. Magie und Religion, Diss. Berlin 1937, 33.

Chárybdis (Charýbdis) s. Skylla 1.

Cheíron (Chíron), Sohn des Kronos* und der Philyra,[1] weiser Kentaur*

M.: C. wohnt in einer Höhle des Peliongebirges.[2] Er unterweist den Asklepios* in der Heilkunst und erzieht viele berühmte Helden wie Achilleus*, Theseus*, Iason, die Dioskuren* und Aktaion*. Als die übrigen Kentauren vor Herakles* zu C. flüchten (vgl. Pholos), wird dieser von einem Giftpfeil des Herakles getroffen. C. ist zwar unsterblich, seine Wunde kann aber nie mehr heilen. So verzichtet er auf seine Unsterblichkeit zugunsten des Prometheus*, um von seinem Leiden befreit zu werden.[3]

R.: C. war wohl ursprünglich ein mächtiger thessalischer Gott, zu dessen Wesen die Heilfunktion und chthonische Züge gehörten.[4] Im Gegensatz zu den anderen Kentauren, den wilden und schädlichen Waldgeistern, ist C. weise, gerecht und menschenfreundlich. Den freiwilligen Verzicht auf die Unsterblichkeit hat man dahin verstanden, daß der ursprüngliche Gott C. später seinen Kult verlor.[5] Kern (II 41) deutet den Namen C. als „Gott der heilenden Hand" (griech. cheir = Hand).

N.: P l a s t i k: Achilleus und C., R. Rinaldi (1793—1873), Venedig, Akademie.

G e m ä l d e: C. und Achilleus, Römisches Wandgemälde aus Herculaneum, Neapel, Mus. Naz. — Der sterbende Kentaur C., F. Lippi (um 1457—1504), Oxford, Christ Church. — Achilleus und der Kentaur C., G. M. Crespi (1665—1747), Wien, Kunsthist. Museum. — C. und Achilleus, D. Creti (1671—1749), Bologna.

Dramat. Bearbeitung: C., R. C. Trevelyan, 1927.

Literatur: H. Jeanmaire, Chiron, in: Παγκάρπεια, Mélanges H. Grégoire 1 (1949), 255—265. — W. R. Dawson, Chiron the Centaur, in: Journal of the History of Medecine and allied Sciences 4 (1949), 267 ff.

[1] Apollod. Bibl. 1, 2, 4. Philyra = „Linde". — [2] Da die Kentauren von den Lapithen vom Pelion vertrieben werden, nimmt man später als Wohnsitz des C. Malea im Südosten des Peloponneses an: Apollod. Bibl. 2, 5, 4. — [3] Apollod. Bibl. 2, 5, 4. 2, 5, 11. — [4] Als dunkles Gegenstück zu dem lichten Heilgott Paieon versteht ihn K. Kerényi, Der göttl. Arzt. Studien über Asklepios und seine Kultstätte, Basel 1948, 106—108. — [5] Wilamowitz I 197. Kerényi sieht in C. den Erlöser des Prometheus, der dessen Qualen übernimmt und als Unsterblicher freiwillig in die Unterwelt geht, um hier ewig zu leiden: Prometheus, das griech. Mythologem von der menschlichen Existenz, Zürich 1946, 74 ff.

Chímaira (Chimaíra) s. Bellerophon

Chióne s. Winde

Chlóe s. Daphnis

Chrysáor s. Gorgonen, s. auch Perseus, Poseidon

Chryseís (Chryséis), Tochter des Apollonpriesters Chryses

M.: Da Agamemnon* seine Lieblingssklavin C. im Kriegslager vor Troia, durch die von Apollon* gesandte Pest gezwungen, dem Vater zurückgeben muß, hält er sich an Briseis*, der Sklavin des Achilleus*, schadlos und erregt so dessen Zorn.

R.: C. (= Mädchen aus Chryse) wurde in einer in der Troas gelegenen Stadt Chryse (mit Apollontempel) beheimatet gedacht.[1]

[1] Zu den beiden Varianten für das homerische Chryse vgl. Robert 1116.

Chrýsippos s. Laios

Chrysóthemis, Schwester der Elektra

Clío s. Musen

Cupido s. Eros

D

Dämon s. Daimon

Daídalos (Daédalus), Sohn des Metion, eines Sohnes des athenischen Königs Erechtheus, und der Iphinoe,[1] hervorragender Baumeister und „Erfinder" des Kunsthandwerks

M.: D. stürzt seinen Neffen Talos aus Eifersucht auf dessen Erfindertalent — von ihm stammt Töpferscheibe, Säge und Zirkel — von der Akropolis herab. Er wird vom Areopag verurteilt und flieht zu König Minos* nach Kreta.[2] Hier baut er das berühmte Labyrinth mit seinen zahlreichen Irrgängen, das den Minotauros beherbergen sollte. Als Theseus* nach Kreta kommt, gibt D. Ariadne* den entscheidenden Hinweis, wie Theuseus wieder aus dem Labyrinth herausfinden könne. Deshalb fällt er bei König Minos in Ungnade und wird samt seinem Sohne Ikaros in das Labyrinth gesperrt. D. verfertigt für sich und Ikaros Flügel aus Federn und Wachs und flieht so aus dem Labyrinth. Ikaros nähert sich im Fluge trotz der Warnung seines Vaters zu sehr der Sonne. Das Wachs schmilzt und Ikaros stürzt in das seither nach ihm benannte Ikarische Meer. D. erreicht Sizilien und wird von König Kokalos aufgenommen, der seine Auslieferung an Minos ablehnt.[3]

R.: Der Name D. ist aus dem griech. daidallein = „kunstvoll arbeiten" abgeleitet. Schon in der Ilias wurde D. mit Ariadne auf Kreta in Verbindung gebracht.[4] Das Vorbild für die griechische Vorstellung vom kretischen Labyrinth gab vermutlich die weitläufige Palastruine von Knossos ab.[5] Die Sage von D. und Ikaros ist Ausdruck der uralten menschlichen Sehnsucht, es dem Vogel im freien Flug durch die Lüfte gleichzutun. Daß der Name des Ikarischen Meeres aus dem Sturz des Ikaros abgeleitet wird, ist eines der bekannten Orts-Aitia.

N.: G e m ä l d e: Landschaft mit Sturz des Ikaros, P. Brueghel d. Ä. (1525—69), Brüssel, Museum. — D. und Ikaros, J.-M. Vien, 1755, Paris, École des beaux-arts.

D r a m a t. B e a r b e i t u n g e n: Ikarus und D., H. Eulenberg, 1912. — Ikarus, H. Joachim, 1940. — Die Flügel des D., F. Diettrich, 1941.

D i c h t u n g e n: The death of Icarus, A. K. Sabin, 1906. — Icarus, J. R. Anderson, 1932.

R o m a n: Ich und die Könige, E. Schnabel, 1958.

B a l l e t t: Icare, I. Markevitsch, 1943.

[1] Pherekydes: Schol. Soph. Oid. Kol. 472. Plat. Ion 533 A. — Vater Eupalamos, Mutter Alkippe: Apollod. Bibl. 3, 15, 8. — [2] Diod. 4, 76, 4—7. — Perdix statt Talos: Ov. Met. 8, 236 ff. — [3] Zur Flucht von D. und Ikaros: Strab. 14, 1, 19. Schol. Il. 2, 145. Ov. Met. 8, 183 ff. — [4] Hom. Il. 18, 590 ff. — [5] Vgl. z. B. Radermacher 280 f. — An Entstehung der Labyrinthvorstellung bei den Attikern zu einer Zeit, da der Palast von Knossos noch unversehrt war,

denkt H. Herter, Rhein. Mus. 85 (1936), 214 f. nach dem Vorgang von M. P. Nilsson, The Mycenaean Origin of Greek Mythology, Berkeley Calif. 1932, 171.176. Anders K. Kerényi, Labyrinthstudien, 1941 (= Albae Vigiliae N. F. 10). Kerényi gibt mit H. Güntert, Sitzungsber. Heidelberg 1932/1, die Etymologie von Labyrinth als „Steinbruch, Bergwerksanlage mit vielen Schächten, Grotten und Steinhöhlen" und versteht unter Labyrinth gleichzeitig Höhle und Tanz bzw. Tanzplatz.

Daímon

R.: Das griech. Wort D. bezeichnete zunächst vermutlich die Schicksal zuteilende Funktion einer beliebigen, nicht näher bestimmten Gottheit, dann diese selbst. Dieses geheimnisvoll unbestimmte, göttliche Wesen konnte zum Guten und zum Bösen wirken. Der D. wurde mit der Zeit individuell aufgefaßt und dem persönlichen Schicksal des Einzelnen ziemlich gleichbedeutend.[1] Daneben bildeten die Dämonen (Daimones) eine Zwischenstufe zwischen Göttern und Heroen,[2] oder wurden als Verstorbene angesehen, die aus ihren Gräbern auf die Lebenden einwirken.[3] Dem volkstümlichen Glauben an den D. als persönlichen Schutzgeist stand die philosophische Auffassung des D. als des höchsten, göttlichen Teiles der menschlichen Seele gegenüber.[4] In christlicher Zeit wurden die Dämonen zu bösen Geistern oder Teufeln.

Literatur: P. C. van der Horst, Δαίμων, in: Mnemosyne, ser. 3, 10 (1940), 61—68.

[1] Herakleitos Fr. 119 D. — [2] Plat. Apol. 27 D. Ges. 738 D. Soph. Fr. 511, 2. Vgl. Eur. Hel. 1137. — [3] Hes. Werke 121 ff. Eur. Alk. 1003. Plat. Phaid. 107 D. — [4] Marc Aurel 5, 27. P. C. v. d. Horst, a. a. O.

Damástes s. Theseus

Danáe (Dánae), Tochter des Akrisios, Königs von Argos, und der Eurydike

M.: Auf Grund eines Orakelspruches fürchtet Akrisios den Tod von der Hand eines Enkels und sperrt D. in ein unterirdisches Gewölbe. Zeus* liebt die schöne D. und dringt in Gestalt eines Goldregens zu ihr. D. wird Mutter des Perseus*.[1] Akrisios sperrt Mutter und Kind in einen hölzernen Kasten und setzt sie auf dem Meere aus.

R.: Das Motiv der Kinderaussetzung, die mit einem drohenden Orakelspruch begründet wird, ist häufig (das „unheilbringende Kind", vgl. Oidipus). Daß Zeus in Gestalt des Goldregens zu seiner Geliebten dringt, erinnert an seine Funktion als Regenspender und Fruchtbarkeitsgott.[2] Im Griechischen hieß „es regnet" = Zeus hyei (eigentl. Zeus regnet, läßt regnen).[3] Radermacher vermutete, die Sage vom goldenen Regen sei aus der Anschauung eines reicheren Sternschnuppenfalles erwachsen.[4]

N.: Ein Satyrspiel des Aischylos („Diktyulkoi" = „Die Netzfischer") sowie Tragödien des Sophokles und Euripides, die nur mehr in Fragmenten erhalten sind, behandelten das Schicksal der D.[5]

Gemälde: D., J. Gossaert, 1527, München, Alte Pinakothek. — D., Correggio, um 1530, Rom, Gall. Borghese. — D. mit Amor, Tizian, 1545—46, Neapel, Museum. — D., Tizian, 1554, Madrid, Prado. — D., Tintoretto, um 1555, Lyon, Museum. — D., H. Goltzius, 1603, Paris, Privatbesitz. — D., A. van Dyck (1599—1641), früher Dresden, Gemäldegalerie. — D., Rembrandt, 1636, Leningrad, Eremitage. — D., Tiepolo, um 1740, Stockholm, Universitätsmuseum. — D. im goldenen Regen, A. U. Wertmüller, 1787, Stockholm. — D. und der eherne Turm, E. Burne-Jones, 1872. — D., A. Rothaug, um 1942, Wien, Privatbesitz.

Dramat. Bearbeitung: Imber aureus (Der Goldregen), A. Telesio (1480—1520).

Dichtungen: The doom of king Acrisius, W. Morris, 1868. — D., T. St. Moore, 1903. — D., R. Nichols, 1917.

Opern: D., A. D. Philidor, 1701 (Text von Lenoble). — D., Bonno, 1744. — D., Candeille, 1796. — D., H. Gärtner, 1922 (H. Lanik-Laval). — Die Liebe der D., R. Strauß, 1944 (Text von J. Gregor nach dem Szenarium von Hofmannsthal).

Literatur: L. Radermacher, D. und der goldene Regen, in: Archiv f. Religionswiss. 25 (1927), 216—218. — A. B. Cook, The Myth of Danae and analogous Myths, in: Zeus III (1940), 455—478.

[1] Soph. Ant. 944 ff. Apollod. Bibl. 2, 4, 1. Hygin. Fab. 63. Schol. Apoll. Rhod. 4, 1091. — [2] Dazu ausführlich Cook, Zeus III (1940), 455—478. — [3] Vgl. Cook, Zeus II (1925), 1 ff. E. Hermann, Nachr. Ges. d. Wiss. Göttingen 1926, 274 ff. — [4] Archiv f. Religionswiss. 25 (1927), 216 ff. — [5] Aisch.: Oxyrh. Pap. 18 (1941). Soph. Fr. 168—173 N. Eur. Fr. 316—330 N.

Danaíden, die fünfzig Töchter des Danaos

M.: Da ihr Vater mit seinem Bruder Aigyptos, dem Vater von fünfzig Söhnen, in einen Streit um die Herrschaft gerät, baut er mit Hilfe der Göttin Pallas Athene* als erster ein fünfzigruderiges Schiff[1] und flieht aus Furcht vor der Übermacht mit seinen Töchtern aus Ägypten nach Argos.[2] Die Aigyptos-Söhne folgen mit ihrem Vater den D. und verlangen, sie zu heiraten. Danaos lost seine Töchter an die Aigyptos-Söhne aus, versieht sie aber insgeheim mit Dolchen und befiehlt ihnen, ihre Freier in der Hochzeitsnacht zu ermorden.[3] Die D. führen diesen Befehl aus; nur Lynkeus* wird von Hypermestra gewarnt und flieht. Die Köpfe der ermordeten Aigyptos-Söhne werfen die D. in den Lerna-See, die Leichen bestatten sie vor der Stadt.[4] Danaos verheiratet Hypermestra später mit Lynkeus, seine übrigen Töchter aber mit Siegern in einem leichtathletischen Wettkampf (Wettlauf).[5]

Eine andere Version besagt, daß die D. unvermählt sterben und zur Sühne für ihre Untat in der Unterwelt* Wasser in ein durchlöchertes Faß schöpfen müssen.[6]

R.: Die D.-Sage deutet auf alte Beziehungen zwischen Ägypten und Hellas hin. Die wesentlichen Züge weisen mit einiger Wahrscheinlichkeit auf die Herkunft aus dem Bereiche des Märchens bzw. der volkstümlichen Erzählung: Streit der Brüder um die Herrschaft, Flucht, Triumph der weiblichen List über feindliche Übermacht, die Ausführung eines wichtigen Gebotes durch alle außer einer (Hypermestra).[7] In der zugrundeliegenden Erzählung konnte der einzige verschont gebliebene Freier glücklich entfliehen. Ob die Mädchen nun gleich zur Strafe für ihre Tat in den Hades hinab mußten, oder der zurückgekehrte Freier später an ihnen und ihrem Vater grimmige Rache nahm, läßt sich nicht entscheiden. Die Einführung des Wettkampfes und die Verheiratung der D. dürfte eine Umgestaltung der alten Überlieferung durch einen Dichter (Aischylos?) sein.[8] Parallelen zur Erringung der Braut durch einen Wettkampf oder Wettlauf mit dem Vater der Braut oder mit dieser selbst bot der Mythos zur Genüge (Pelops, Herakles [Iole], Atalante).

Die Strafe der D. im Hades, das vergebliche Wassertragen, wurde mit der entsprechenden Tätigkeit der in die Mysterien nicht Eingeweihten in Zusammenhang gebracht, die sich in der Unterwelt abmühen, das bei Lebzeiten versäumte Reinigungsbad der Mysterien zustandezubringen.[9] Jedenfalls haben auch die D. nach hellenischer Anschauung durch die Verweigerung der Ehe ihr Lebensziel nicht erreicht.[10] Ihre Tätigkeit im Hades wurde bei den Griechen für jede vergebliche Arbeit sprichwörtlich.

N.: Das Schicksal der D. wurde in Dichtung und bildender Kunst der Hellenen und Römer wiederholt behandelt.[11] Aus der Danaidentrilogie des Aischylos besitzen wir die „Hiketiden" als älteste vollständig erhaltene griechische Tragödie. In der Verweigerung der Ehe durch die D. sah der Dichter ein schweres Vergehen gegen die Natur des Weibes.

Plastik: Danaide, Rodin, 1890, Paris, Luxembourg-Museum.

Dramat. Bearbeitungen: Les Danaïdes, J. O. Gombault, 1646. — Hypermnestre, Riupéroux, 1704. — Hypermnestre, A. M. Lemièrre, 1759. — The daughters of Danaus and the sons of Aegyptus or Fifty weddings and nine and forty murders, Th. J. Dibdin, 1821 (Burleske). — Hypermestra or the Danaides, F. Sikes, 1869 (Burleske). — Hypermestra, V. Hardung, 1921.

Opern: Ipermestra, F. Cavalli, 1658 (Text von G. A. Moniglia). — Hypermnestre, Ch. H. Gervais, 1716 (Text von Lafont). — Ipermestra, A. Vivaldi, 1727 (Text von A. Salvi). — Ipermestra, Text von P. Metastasio, wiederholt vertont, z. B. von Gluck 1742, J. A. Hasse 1744, F. G. Bertoni 1748, N. Jommelli 1751, G. B. Lampugnani 1754, G. Sarti 1766, J. G. Naumann 1774, G. Paisiello 1791, F. Bianchi 1798. — Les Danaides, A. Salieri, 1784 (Text von Rollet und Tschudi). — I Danaidi, S. Mayr, 1818 (Text von F. Romani).

Literatur: G. A. Megas, Die Sage von Danaos und den D., in:

Hermes 68 (1933), 415—428. — A. B. Cook, Watercarrying in the myth of the Danaides, in: Zeus III (1940), 355—426.
[1] Schol. Il. 1, 42. Marm. Par. 15. — [2] Aisch. Hik. 318 ff. Diod. 5, 58, 1. — [3] Als Motiv wird in einer anderen Version der Sage ein Orakelspruch angeführt, der den Danaos warnt, es drohe ihm Gefahr von seiten der Aigyptos-Söhne: Schol. Eur. Or. 872. — [4] Apollod. Bibl. 2, 1, 5. — Die D. werfen die Leichen in den See und bringen die Köpfe ihrem Vater zum Beweis der Tat: Paus. 2, 24, 2. — [5] Apollod. Bibl. 2, 1, 5. Pind. Pyth. 9, 112 ff. Paus. 3, 12, 2. — [6] z. B. Ps.-Plat. Axioch. 371 E. — [7] In diesem Sinne deutet die D.-Sage G. A. Megas, Hermes 68 (1933), 415 ff. — [8] Megas, a. a. O., 426. — [9] Robert 277 A. 3. — [10] Megas, a. a. O., 425 A. 3 sucht den Ausgangspunkt im griechischen Volkswitz, der meinte, den alten Jungfern könnte auch der nach allgemeiner Sitte ins Grab mitgegebene Wasserkrug (Lutrophoros) zu keinem Brautbad mehr verhelfen. Von hier sei das Motiv auf die D. und auch auf die Mysterienweihe übertragen worden. — [11] Tragödien: Phrynichos, Aischylos (Trilogie: Hiketides, Aigyptioi, Danaides. Satyrspiel: Amymone), Theodektes aus Phaselis. — Komödien: Aristophanes (Fr. 245—265 K.), Diphilos (Fr. 25 K.). — Zu den bildlichen Darstellungen aus der D.-Sage vgl.: Verg. Aen. 10, 497 ff. Ov. Am. 2, 2, 4. Stat. Theb. 4, 132 ff.

Dánaos, Vater der Danaiden

Dáphne, Tochter des Flußgottes Peneios

M.: Apollon* liebt die schöne Nymphe und verfolgt sie, da sie vor ihm flieht. Als der Gott sie beinahe eingeholt hat, wird D. auf ihr Gebet in einen Lorbeerbaum verwandelt.[1] Seitdem ist der Lorbeer dem Apollon heilig.

R.: Die Verwandlungssage will die Verwendung des Lorbeers im Kulte des Apollon erklären (griech. daphne = Lorbeerbaum). Tatsächlich spielte der Lorbeer im Kulte des Gottes eine große Rolle. So wurde von Knaben frischer Lorbeer als Mittel der Entsühnung aus dem Tempe-Tal geholt und zum Apollontempel nach Delphi gebracht. In Theben zog bei der sog. Daphnephorie ein Lorbeerbaum in festlicher Prozession ein.[2]

N.: In Dichtung und bildender Kunst erfreute sich die Sage großer Beliebtheit.

Plastiken: Apollo und D., L. Bernini, um 1623—25, Rom, Villa Borghese. — Apollo und D., L. Mattielli, 1716, Wien, Schwarzenbergpark. — D., R. Sintenis (geb. 1888), früher Berlin, Nationalgalerie (Bronze).

Gemälde: Apollo und D., A. Pollaiuolo, um 1467, London, National Gallery. — Apollo und D., Giorgione (um 1478—1510), Venedig, Seminario arcivescovile. — Apollo und D., B. Luini (um 1480—1532), Mailand, Brera. — Apollo und D., A. Schiavone (gest. 1563), Wien, Kunsthist. Museum. — Apollo und D., F. Gessi (1588 bis 1649), Turin, Pinakothek. — Apollo und D., N. Poussin, um 1630—35, München, Alte Pinakothek. — Apollo und D., C. Cignani, um 1680, Parma, Palazzo del Giardino. — Apollo und D.,

L. Silvestre d. J. (1675—1760), Potsdam, Schloß Sanssouci. — Apollo und D., A. Appiani (1754—1817), Mailand, Brera. — Apollo und D., G. F. Watts, 1870, London, Privatbesitz.
D r a m a t. B e a r b e i t u n g: Die D., eines Königs Tochter, Hans Sachs, 1558.
D i c h t u n g e n: D., G. Meredith, 1851. — D., T. St. Moore, 1899.
O p e r n: D., J. Peri, 1594 (Text von Rinuccini). — D., Marco da Gagliano, 1607 (Text von Rinuccini). — D., H. Schütz, 1627 (Text von M. Opitz). — D., A. Ariosti, 1696. — Florindo und D., Händel, 1708 (Text von Hinsch). — Dafne in lauro, J. J. Fux, 1714 (Text von Pariati). — D., A. Caldara, 1719. — D., J. Ch. Smith, 1746 (Text von Pope). — D., A. Bird, 1897 (Text von M. Werringson). — D., R. Strauß, 1938 (Text von J. Gregor).
L i t e r a t u r: W. Stechow, Apollo und Daphne, Lpz.-Berlin 1932.

[1] Ov. Met. 1, 452 ff. Hygin. Fab. 203. Vgl. Paus. 8, 20, 2 ff. Die in ältere Zeit zurückreichende „arkadische" Version nannte den arkadischen Flußgott Ladon als Vater der D. Hier wurde D. auf ihrer Flucht von ihrer Mutter Gaia* (Erde) schützend aufgenommen, d. h. verschlungen, und diese ließ an ihrer Stelle einen Lorbeerbaum hervorsprießen; vgl. W. Stechow, Apollo und D., 64 f. — [2] Wilamowitz I 294 vermutet, daß ursprünglich der Gott Apollon selbst in dem Lorbeerbaum seinen Einzug hielt.

Dáphnis, sizilischer Hirte, „Erfinder" der bukolischen Dichtung

M.: Mit seiner Jugendschönheit und seinem lieblichen Flötenspiel bezaubert D. die Nymphen*. Stesichoros soll ihn zuerst besungen haben.[1] Hellenistische Dichter lassen ihn, der sich gegen Aphrodite* und die von ihr gesandte Liebe zur Wehr setzt, an diesem seelischen Zwiespalt zugrundegehen.[2]
Nach anderer Überlieferung liebt D. die Nymphe Echenais (oder Nomia). Als er ihr untreu wird, blendet sie ihn, bzw. zieht ihn zu sich ins Wasser.[3]

R.: D., dessen Name vom Lorbeer (daphne) abgeleitet ist, scheint eine dem Hippolytos verwandte Gestalt zu sein.[4] Die Version von der Nymphe, die D. ins Wasser zieht, hat Parallelen in der Sage von Hylas* und ähnlichen Erzählungen.

N.: Der Name D. war schon in der antiken Literatur für Hirten beliebt; Longos (3. Jh. n. Chr.) nannte seinen Hirtenroman „D. und Chloe". In der Schäferpoesie des 17. und 18. Jh. feierte D. glorreiche Auferstehung.

P l a s t i k: D., P. A. Cattier (1830—92), Brüssel, Museum.

G e m ä l d e: D. und Chloe, P. Bordone (1500—71), London, National Gallery. — D. und Chloe, F. Gérard, 1824, Paris, Louvre.

G e d i c h t s a m m l u n g: Daphnis-Lieder, A. Holz, 1904.

R o m a n: D. und Chloe, Longos, 3. Jh. n. Chr.

O p e r n: Dafni, A. Scarlatti, 1700. — D. et Chloé, Offenbach, 1860 (Travestie). — D. et Chloé, F. le Borne, 1885. — D. et Chloé, H. Ma-

réchal, 1899 (Text v. J. u. P. Barbier). — D. und Chloe, E. Nacke, 1913. — Dafni, G. Mulé, 1925 (Text v. I. Romagnoli).
Ballettmusik: D. et Chloé, M. Ravel, 1912.
Ballett: D. and Chloe, F. Ashton, 1951.
Literatur: U. v. Wilamowitz-Möllendorff, Reden und Vorträge, Bd. 1 (1925), 259 ff.

[1] Aelian. Var. hist. 10, 18. — [2] Theokr. 1, 65 ff. Ov. Ars am. 1, 732. Nonn. Dionys. 15, 308 ff. — [3] Serv. Ecl. 5, 20. Schol. Theokr. 8, 92. — [4] Radermacher, Hippolytos und Thekla, Wien 1916, 15 f. — Wilamowitz, Reden und Vorträge 1, 267 mit Hinweis auf Diod. 4, 84, wo D. als Jagdgefährte der Artemis* auftritt.

Dárdanos s. Troia

Deiáneira, Gemahlin des Herakles

Deidámeia (Deidameía) s. Achilleus

Deímos s. Ares

Deionéus s. Ixion

Deíphobos s. Helene, s. Menelaos

Deipýle (Deípyle), Tochter des Adrastos, Gattin des Tydeus

Deméter, die Mutter Erde, Tochter des Kronos* und der Rheia*,[1] von Zeus* Mutter der Persephone*[2]

M.: Persephone (= Kore) wird beim Spiel mit den Okeaniden* von Hades*, der aus der Tiefe auftaucht, überrascht und als Braut in die Unterwelt entführt. D. irrt auf der Suche nach ihrer Tochter ratlos umher, bis ihr Helios* von dem Raub erzählt, der mit Wissen des Zeus ausgeführt wurde. Nun zieht sich D. von aller Welt zurück und läßt keine Saaten mehr wachsen. Alle Boten des Zeus weist sie ab, bis Hermes* Persephone aus der Unterwelt zurückholt. Allein Hades gibt der scheidenden Gemahlin einen Granatapfel zu essen, um sie dadurch für immer an die Unterwelt zu fesseln. Durch Vermittlung des Göttervaters kommt ein Vertrag zustande, nach dem Persephone ein Drittel des Jahres in der Unterwelt, die übrige Zeit bei den Göttern im Olymp zubringen soll.[3]
Auf der Suche nach ihrer Tochter kommt D. in Gestalt einer alten Frau auch zu dem König Keleos von Eleusis, wo sie von den Töchtern des Hauses freundlich aufgenommen wird. Sie widmet sich der Pflege des jüngsten Sohnes Demophon*, dem sie die Unsterblichkeit verleihen will, indem sie ihn mit Ambrosia salbt und des Nachts auf die Glut des Herdfeuers legt.[4] Die ängstliche Mutter Metaneira stört die Göttin, die sich daraufhin zu erkennen gibt. D. befiehlt nun dem Keleos, einen Tempel zu bauen. Seinem Sohn Triptolemos

(nach antiker Etymologie = „Dreimalpflüger") gibt sie den Weizen und beauftragt ihn, den Ackerbau und ihren Kult über die ganze Welt zu verbreiten.[5] Männer, die sich der Einführung des Demeterkultes widersetzen, wie die Könige Lynkos und Erysichthon* überwindet und bestraft die Göttin ähnlich wie Dionysos* seine Feinde.

R.: D., eine der am meisten verehrten griechischen Gottheiten, war als Göttin der Fruchtbarkeit und des Wachstums, insbesondere des Ackerbaus und des Getreides, zugleich die mütterliche unter den großen Göttinnen, die besonders von den Frauen verehrt wurde. Das Motiv der Entführung und Rückkehr der Vegetationsgottheit mag ins Vorgriechische zurückreichen. Auch der in Kreta lokalisierte Mythos von der Verbindung D.s mit dem sterblichen Iasion, deren Frucht Plutos*, der Gott des Reichtums ist, weist auf die minoische Sphäre.[6] Die volle Ausbildung jedoch erfuhren Mythos und Kult im Mutterlande Hellas. In der Erzählung vom Raub der Kore verband sich die Vorstellung von dem periodischen Wechsel des Blühens und Absterbens in der Natur mit dem Gedanken an das Hervorholen des Saatgutes zur Zeit der Aussaat im Herbst. So wie die Feldfrucht in Griechenland bei der Ernte im Frühjahr von den Feldern verschwindet und glühende Sonnenhitze während der Sommermonate auf den öden Flächen lastet, bis nach der Herbstaussaat die ersten grünen Spitzen aus dem Boden emporsprießen, so dachte man D.s Tochter Persephone für diese Zeit unter der Erde weilend, von Hades, dem Herrn der Unterwelt, geraubt. Der Granatapfel, den Kore in der Unterwelt ißt, galt und gilt in Griechenland als Symbol der Fruchtbarkeit. Die Verbindung des Jenseitsglaubens mit der menschlich ergreifenden Gestalt der göttlichen Mutter, die verzweifelt nach ihrem Kinde sucht, verlieh dem D.-Kult eine besondere religiöse Tiefe.[7]
Allerdings dürfen wir auch den chthonischen Einschlag in Mythos und Kult der D. nicht übersehen. Die Vorstellung von der Erde, die alles Lebendige aus ihrem Schoße hervorgehen läßt, aber auch alles Todgeweihte wieder zu sich nimmt, war den Hellenen durchaus geläufig.[8]
Daß D. keine Göttin des ionischen Adels war, ersieht man indirekt daraus, wie selten sie in den homerischen Epen erwähnt wird. An einer bemerkenswerten Stelle der Ilias erscheint die Bauerngöttin D. beim Drusch auf der Tenne.[9]
An einigen Orten Griechenlands (Thelpusa, Phigaleia, Lykosura) erzählte man, Poseidon* habe als Hengst D. in Gestalt einer Stute besprungen und so eine Tochter und das Wunderroß Areion gezeugt.[10]
Das Motiv, daß einem kleinen Kind die Unsterblichkeit verliehen werden soll (wie dem Demophon), finden wir bei Achilleus* wieder. Die Aussendung des Triptolemos sollte bekräftigen, daß D. die Menschen den Getreidebau lehrte. Damit brachte sie ihnen — so konnte man weiter folgern — Seßhaftigkeit, gesetzliche Ordnung und Kultur.

D. zu Ehren feierte man allenthalben in Hellas die Thesmophorien,[11] ein Fest der Frauen (unter Ausschluß der Männer) im Monat der Aussaat, bei dem es um die menschliche Fruchtbarkeit ebenso wie um die der Erde ging.[12] Hier und in Eleusis erscheint D. fast immer in Verbindung mit ihrer Tochter Persephone, beide zumeist kurz „die beiden Göttinnen" (to theo) genannt, bei denen man auch schwören konnte. Eleusis in Attika war überhaupt die wichtigste Kultstätte der D.[13]. An den großen Mysterien, einem neuntägigen Fest im September,[14] zog eine große feierliche Prozession aus Athen nach Eleusis, um hier die Wiederkehr der Kore und die Vereinigung der „beiden Göttinnen" zu feiern. Die Teilnahme an dem Geheimkult der Mysterien war jedoch an die Einweihung und die Aufnahme in den Kreis der Mysten gebunden. Den Eingeweihten, die die Kulthandlung und die Göttin selbst schauen durften (Epopten), war strenge Schweigepflicht auferlegt. Sie hofften auf Reinigung von ihren Sünden und das ihnen versprochene glückliche Leben im Jenseits.[15] Der altehrwürdige[16] D.-Kult stand in Athen in höchstem Ansehen; Vergehen gegen die Mysterien wurden streng bestraft.[17] — Wie die Eleusinien und die Thesmophorien stand auch das Erntefest der Thalysien unter dem Schutze und im Zeichen der D.; das 7. Gedicht Theokrits ist diesem Feste gewidmet.

N.: Plastiken: D., Kore und Triptolemos, 5. Jh. v. Chr. (gefunden in Eleusis), Athen, Nationalmuseum (Dreifigurenrelief). — D. von Knidos, um 340 v. Chr.: Kopie: London, Brit. Museum. — Ceres, B. Ammanati, 1557, Florenz. — Ceres, J. H. Dannecker, 1787, Stuttgart, Schloß. — D., V. Rousseau, 1898, Brüssel, Museum (Halbfigur).

Gemälde: Ceres, Bacchus und Venus, B. Spranger, 1590, Wien, Kunsthist. Museum. — Bacchus und Ceres, Hans von Aachen (1552 bis 1615), Wien, Kunsthist. Museum. — Verspottung der Ceres, A. Elsheimer (1578—1610), Madrid, Prado. — Statue der Ceres, Rubens, 1612—15, Leningrad, Eremitage. — Venus, Amor, Bacchus und Ceres, Rubens, um 1613, Kassel, Galerie. — Ceres und Bacchus, Böcklin, 1874.

Dramat. Bearbeitungen: Die gefangene Göttin Ceres, Hans Sachs, 1541 (Schwank). — Die reisende Ceres, M. Lindemayr, 1780 (Lustspiel). — The story of Eleusis, L. V. Ledoux, 1916.

Dichtungen: Homerischer Hymnos an D. (2), 7. Jh. v. Chr. — Hymnos an D., Kallimachos, 3. Jh. v. Chr. — Thalysia, Theokrit (7), 3. Jh. v. Chr. — Das Eleusische Fest, Schiller, 1798. — D. and Persephone, Tennyson, 1889. — D., E. D. Hill, 1918.

Opern: Ceres, E. W. Wolf, 1773 (Text von Einsiedl). — D., W. H. Hadon, 1905 (Text von R. Bridges). — D. and Persephone, W. H. Baker, 1905 (Text von T. M. Davidson).

Literatur: A. Dieterich, Mutter Erde, Lpz. 1905. ²1925. — F. Altheim, Terra Mater, Gießen 1931. — G. Méautis, Les mystères d'Eleusis, Neufchâtel 1934. — V. Magnien, Les mystères d'Eleusis.

Leurs origines, le rituel de leurs initiations, Paris ²1938. — Ch. Picard, Die Große Mutter von Kreta bis Eleusis, in: Eranos-Jahrbuch 1938, 91—119. — C. G. Jung und K. Kerényi, Einführung in das Wesen der Mythologie. Gottkindmythos. Eleusinische Mysterien. Amsterdam-Lpz. 1941. — K. Deichgräber, Eleusinische Frömmigkeit und homerische Vorstellungswelt im homerischen Demeter-Hymnus, Mainz 1950. — W. v. Uxkull, Die Eleusinischen Mysterien. Versuch einer Rekonstruktion. Büdingen-Gettenbach 1957.

[1] Hes. Theog. 453 ff. Apollod. Bibl. 1, 1, 5. — [2] Hes. Theog. 912 ff. — [3] Raub der Kore: Hom. Hymn. 2, 1 ff. Diod. 5, 4, 1—3. Ov. Fast. 4, 419 ff. Met. 5, 346 ff. — [4] Hom. Hymn. 2, 231 ff. Apollod. Bibl. 1, 5, 1. Triptolemos statt Demophon: Ov. Fast. 4, 549 ff. Hygin. Fab. 147. Serv. Georg. 1, 19. — [5] Zu diesem Zweck schenkt sie ihm einen von geflügelten Drachen gezogenen Wagen: Soph. Fr. 539 N. Serv. Georg. 1, 163. Sophokles schrieb eine Tragödie „Triptolemos". — [6] Hom. Od. 5, 125 ff. Hes. Theog. 969 ff. Zeus erschlägt den Iasion mit einem Blitz. Kern I 65 deutet dies als Konkurrenzkampf zweier Kulte: D. in Verbindung mit dem Zwerg Iasion und D. mit Zeus im Hieros Gamos verbunden. — [7] Nilsson I 447 f. — [8] Z. B. Aisch. Choeph. 128 f. Eur. Fr. 195 N. — [9] Hom. Il. 5, 499 ff. Als Göttin des Ackerbaues bei Hes. Werke 32, 300 f., 392 f., 465 f., 597 f., 805. -- [10] Der altertümliche arkadische Mythos von der Verbindung der D. mit Poseidon bezeugt zunächst die Roßgestalt und die enge, vielleicht sogar ursprüngliche Verknüpfung mit dem Lande für den angeblichen Meeresgott Poseidon. Eine allerdings nicht unbestrittene Erklärung seines Namens faßt ihn als „Gatte der Erde (= D.)" auf; vgl. Poseidon. — [11] Gegen die herkömmliche Ableitung dieses Namens von der D. Thesmophoros als der Gesetzgeberin: Deubner 44 und A. 9; Nilsson I 435. — [12] Nach diesem Fest hat die Komödie des Aristophanes „Die Thesmophoriazusen" ihren Namen. — Zur Parallele: Fruchtbarkeit der Erde und der Frau, vgl. Plat. Menex. 238 A. — [13] Zu anderen Kultstätten der Göttin auf hellenischem Boden vgl. Kern I 213 ff. — [14] Neun Tage lang soll D. ihre Tochter vergeblich gesucht haben. — [15] Die eleusinischen Mysterien weisen mehrfache Beziehungen zum Dionysoskult auf: Soph. Ant. 1119 ff. Paus. 8, 25. — [16] Seine Einführung wird dem ältesten König von Athen nach der deukalionischen Flut, Erechtheus, zugeschrieben: Marm. Par. 12 f. Diod. 1, 29, 1—3. — [17] Z. B. Alkibiades: Thuk. 6, 28. Vgl. auch Liv. 31, 14.

Demódokos, blinder Sänger am Hofe des Phaiakenkönigs Alkinoos

M.: Eine Muse, die D. liebte, hat ihn des Augenlichtes beraubt, ihm aber dafür die Gabe des ergreifenden Gesanges verliehen. In Anwesenheit des Odysseus* singt er von dessen Streit mit Achilleus* und von dem Liebesabenteuer des Ares* und der Aphrodite*.[1]

N.: G e m ä l d e: D. singt vor den Phäaken, K. Rahl (1812—65), Kopenhagen, Ny-Carlsberg Glyptothek.

[1] Hom. Od. 8, 62 ff., 266 ff.

Demophón (Démophon)

1. Sohn des Keleos, Königs von Eleusis, und der Metaneira

M.: Demeter* will den kleinen D. bei ihrem Besuch in Eleusis unsterblich machen, wird aber durch Metaneira gestört (s. Demeter).[1] Zumeist tritt Triptolemos an die Stelle D.s.[2]

R.: Wie Demeter wird auch Thetis* gestört, als sie ihren Sohn Achilleus* durch das Bad im Styx unsterblich machen will.

2. Sohn des Theseus*,[2] Bruder des Akamas

M.: Auf der Rückfahrt von Troia, wo die beiden Brüder ihre Großmutter Aithra aus der Gefangenschaft befreien, gewinnt D. bei den thrakischen Bisalten die Liebe der Königstochter Phyllis und verspricht ihr die Ehe. Da er aber aus Athen lange nicht zurückkehrt, begeht Phyllis Selbstmord; sie wird in einen unbelaubten Mandelbaum verwandelt. Als D. nach Thrakien zurückkehrt und die Geliebte umarmt, treibt der Baum Blätter.[4] — Nach dem Tode des Menestheus wird D. König von Athen.[5]

R.: Die Erzählung von der aus Liebe sterbenden Phyllis trägt den Stempel hellenistischer Erfindung und gehört in die Gruppe der Pflanzenverwandlungssagen (vgl. Daphne).

N.: G e m ä l d e: Phyllis und D., E. Burne-Jones, 1870.

O p e r n: Demofoonte, Text von P. Metastasio, wiederholt vertont, z. B. von A. Caldara 1733, G. B. Lampugnani 1738, A. Bernasconi 1741, Gluck 1742, N. Jommelli 1743, K. F. Graun 1746, J. A. Hasse 1748, G. Sarti 1755, N. Piccini 1761, P. Anfossi 1773, A. Bernasconi 1786, M. A. Portogallo 1794. — Démophon, Cherubini, 1788 (Text von J. F. Marmontel). — Démophon, J. H. Vosgel, 1789 (Text von Desriaux).

[1] Hom. Hymn. 2, 231 ff. Apollod. Bibl. 1, 5, 1. — [2] Ov. Fast. 4, 549 ff. Hygin. Fab. 147. Serv. Georg. 1, 19. — [3] Eur. Herakliden 213. Hygin. Fab. 48. — [4] Ov. Heroid. 2. Serv. Ecl. 5, 10. — Abweichend: Apollod. Epit. 6, 16. — Akamas statt D.: Schol. Lykophr. 495. — [5] Plut. Thes. 35.

Dendrítis, Beiname der Helene*

Deukalíon (Deukálion)

1. Sohn des Minos*

2. Sohn des Prometheus*, Gemahl der Pyrrha, Tochter des Epimetheus und der Pandora*[1]

M.: Als Zeus* das Menschengeschlecht durch eine Sintflut vernichten will, baut D. auf den Rat seines Vaters Prometheus einen großen Kasten aus Holz, den er mit dem Lebensnotwendigen belädt. Zusammen mit Pyrrha wird er neun Tage und Nächte lang von den Fluten hin- und hergetrieben, bis er am Parnassos in Boiotien landet. Hier bringt er Zeus ein Dankopfer für die Rettung dar. Als ihm der Gott eine Bitte freistellt, wünscht er sich, neue Menschen erschaffen zu können. Auf Weisung des Zeus werfen D. und Pyrrha Steine hinter sich, aus denen neue Männer bzw. Frauen hervorgehen. Nach dem Ahnherrn des neuen Menschengeschlechtes wird die Sintflut auch als Deukalionische Flut bezeichnet.[2]

R.: In der Sage von D. und Pyrrha haben wir die griechische Fassung der Sintflutsage vor uns. Die Steine, die D. und Pyrrha werfen, sind vermutlich aus einer spielerischen etymologischen Vergleichung von griech. laós (= Volk) mit láas (= Stein) herausgesponnen.[3]

N.: Gemälde: D. und Pyrrha, A. Schiavone (gest. 1563), Venedig, Akademie.
Dramat. Bearbeitungen: D., F. A. C. Werthes, 1777. — D., H. J. Rehfisch, 1921.
Opern: D. et Pyrrha, P. Montan Berton, 1755 (Text von Saint-Foix). — D. og Pyrrha, G. Sarti, 1772 (Text von Bredal). — D. und Pyrrha, F. A. Holly, 1777 (Text nach Saint-Foix). — Deucalione e Pirra, F. Bertoni, 1786 (Text von S. Sografi). — D. et Pyrrha, A. Montfort, 1855 (Text von J. Barbier). — D. et Pyrrha, E. Diache, 1870 (Text von Clairville).

[1] Apollod. Bibl. 1, 7, 2. — [2] Ov. Met. 1, 260—415. Apollod. Bibl. 1, 7, 2. Hygin. Fab. 153. — [3] Nilsson I 31 f.

Diana, römische Göttin, der griechischen Artemis* entsprechend

M.: Die aus dem griechischen Mythos bekannten Erzählungen von Artemis verbanden die Römer mit D.

R.: Als Frauengottheit und Mondgöttin hatte D. Kulte in Rom und Latium. Ihr Tempel auf dem Aventin war das Heiligtum des Latinischen Bundes, der seit Servius Tullius unter ihrem besonderen Schutz stand. Ihr Fest fiel auf den 13. August, den Stiftungstag des Tempels.
F. Altheim suchte zu beweisen, daß D. der griechischen Artemis nicht erst gleichgesetzt wurde, sondern nichts anderes als die griechische Göttin selbst war. Er stützte sich dabei auf das Auftreten der Göttin in Gestalt der „Herrin der Tiere" in Latium, Kampanien und in Etrurien sowie die Beliebtheit dieses Typus in der etruskischen Kunst. In der ephesischen Artemis, die als Herrin der Vögel dargestellt wurde und im „Wachteltal" Ortygia geboren sein sollte, sieht Altheim ein Vorbild für die italische D., deren Sitz in Rom, der Aventin, als Berg der jungen Vögel gedeutet wurde.[1] Ferner zog Altheim eine Verbindungslinie von dem Rex Nemorensis (Hainkönig), dem D.-Priester in Aricia (Latium), der stets ein Fremder, Landflüchtiger oder Sklave sein mußte, zu der griechischen Artemis als Schutzherrin der Fremden, Rechtlosen, der „Göttin des Draußen". Den Namen D. leitet er aus *Diviana (= die Leuchtende) ab, was etwa dem griechischen Sellasia bzw. Selasphoros (Beinamen der Artemis als Mondgöttin) entspricht.[2] Daß die Römer den Kult der Artemis-D. durch Vermittlung der Etrusker kennenlernten, ist wahrscheinlich.[3]

N.: Vgl. Artemis.
Literatur: F. Altheim, Griechische Götter im alten Rom, Gießen 1930, 93—172.

[1] P. Kretschmer, Glotta 14 (1925), 86. Altheim, Griech. Götter, 140. — [2] Altheim, a. a. O., 142 f. Zur Kritik dieser und anderer Hypothesen Altheims vgl. L. Deubner, Archiv f. Religionswiss. 33 (1936). 105 ff. — [3] Die Übernahme der D.-Feier aus Etrurien bezeugt Macrob. Sat. 1, 15, 14.

Dído (= Elissa), Tochter des Königs von Tyros (Syrien)

M.: Ihr Bruder Pygmalion ermordet ihren Gatten Acerbas (oder Sychaeus), um sich seiner Schätze zu bemächtigen. D. flieht mit ihrer Habe nach Afrika. Hier will ihr der König Iarbas so viel Land gewähren, als sie mit einer Rinderhaut bedecken könne. D. zerschneidet die Haut in feinste Riemen und umspannt damit ein Gebiet, auf dem sie die Burg von Karthago, die Byrsa, gründen kann. Als sich Iarbas mit ihr vermählen will, weist ihn D. aus Treue zu ihrem toten Gatten ab. Da sie vor den Drohungen des Königs keine Rettung findet, scheidet sie durch den Sprung in einen brennenden Scheiterhaufen aus dem Leben.[1]

N.: Eine andere D. zeichnet Vergil in seiner „Aeneis", vermutlich nach dem Vorbilde des Naevius. Aus der treuen Witwe ist die liebende Frau geworden, die um ihre Liebe zu Aeneas* leidenschaftlich kämpft. Da der Held dem Ruf seines Schicksals folgt und nach Italien segelt, bleiben für D. nur Verzweiflung, Wahnsinn und selbstgewählter Tod.[2]

G e m ä l d e: D., Mantegna (1431—1506), London, Privatbesitz. — Aeneas und D., G. Reni (1575—1642), Kassel. — Der Tod der D., Rubens, um 1635—38, Paris, Privatbesitz. — Tod der D., G. Coli (1636—81), Los Angeles, County Museum. — Der Tod der D., J. Reynolds (1723—92), Sammlung Murray. — Aeneas und D., J. H. Tischbein d. Ä., 1773, Kassel, Galerie. — D., W. Turner, 1814, London.

D r a m a t. B e a r b e i t u n g e n: Didon se sacrifiant, Jodelle, 1552. — D. (lat.), H. Knaust, 1566. — D. (lat.), N. Frischlin, 1581. — The tragedy of D. Queene of Carthage, Ch. Marlowe u. Th. Nash, 1599. — Los amores de D. y Eneas, G. de Castro y Bellvis (1569—1631). — Didon se sacrifiant, A. Hardy, 1603. — D., G. Scudéry, 1637. — D., J. E. Schlegel, 1744. — Die verlassene D., J. L. Ghelen, 1747. — D., P. Weidmann, 1771. — D., Charlotte v. Stein, 1794. — D., F. Nissel, 1863. — D., A. Kellner, 1884. — D., E. Samhaber, 1886. — D., F. J. Miller, 1900. — D., die Gründerin von Karthago, A. Außerer, 1912. — D., W. Becker, 1914. — D., M. Hartwich, 1918. — Didos Tod, A. Müller, 1941.

E p i s c h e B e a r b e i t u n g e n: Aeneis, Vergil, 29—19 v. Chr. — Eneit, Heinrich von Veldeke, vor 1190. — Historia. Die Königin D., Hans Sachs, 1557. — Gründung Karthagos, A. v. Platen, 1832.

O p e r n: La Didone di Gio, P. F. Cavalli, 1641 (Text von F. Busenello). — Didone, A. Mattioli, 1656 (Text von P. Moscardini). — D. und Aeneas, H. Purcell, 1688. — Didone delirante, A. Scarlatti, 1696 (Text von A. Franceschi). — D., Königin von Carthago, Ch.

Graupner, 1707 (Text von Hinsch). — Didone abbandonata, Text von P. Metastasio; wiederholt vertont, z. B. von A. Scarlatti 1724, N. A. Porpora 1725, A. Bernasconi 1739, J. A. Hasse 1742, N. Jommelli 1747, T. Traetta 1757, P. Anfossi 1775, J. Haydn 1778, G. Gazzaniga 1787, G. Paisiello 1794. — D., B. Klein, 1823 (Text von L. Rellstab). — Didon, T. Blangini, 1866 (Text von A. Belot). — Didon, G. Charpentier, 1887 (Text von Lassus). — D., O. Neitzel, 1889. — Didone, D. Lavranga, 1909 (Text von P. Arkal). — D., F. Hummel, 1912 (Text von A. Außerer).

L i t e r a t u r : H. Oppermann, Dido bei Naevius, in: Rhein. Mus. 88 (1939), 206—214. — M. Addamo, Didone nella letteratura latina, Palermo 1952. — A. Dermutz, Die Didosage in der englischen Literatur des Mittelalters und der Renaissance, Diss. Wien 1957.

[1] Justin. Epit. 18, 4 ff. — [2] Verg. Aen. 4. Ov. Heroid. 7. Fast. 3, 545 ff.

Díke s. Horen

Díktynna (Diktýnna) s. Britomartis

Díktys s. Perseus

Diomédes

1. Sohn des Tydeus* und der Deipyle, einer Tochter des Adrastos*, einer der berühmtesten griechischen Helden vor Troia*

M.: D. nimmt an dem Zug der Epigonen gegen Theben teil (s. Polyneikes). Er erscheint unter den Freiern der Helene* und führt eine argeische Flotte von 80 Schiffen gegen Troia. Im Kampf zeichnet er sich mehrfach aus, wobei ihm Pallas Athene* als ihrem besonderen Liebling wiederholt beisteht. Einmal verwundet er sogar die Göttin Aphrodite*, die ihrem Sohn Aineias (Aeneas*) zu Hilfe eilt.[1] Gemeinsam mit Odysseus* tötet er auf einem nächtlichen Spähtruppunternehmen (Dolonie) den Troer Dolon und den Thrakerkönig Rhesos mit mehreren seiner Leute.[2] Als den Griechen geweissagt wird, die Eroberung Troias sei an den Besitz des Palladions, eines troischen Bildes der Göttin Pallas Athene geknüpft, schleicht D. mit Odysseus in die Stadt, raubt das Palladion und kehrt nach verschiedenen Abenteuern wieder ins Lager zurück.[3] — Wie Nestor ist D. einer der wenigen Griechen, die unbehelligt von Troia in die Heimat zurückkehren.[4]

R.: D. war vermutlich ein alter argeischer Kriegsgott.[5] In Argos wurde der Schild des D. mit dem Kultbild der Athene, mit der er überhaupt eng verbunden erscheint, zum Fluß Inachos getragen und dort gewaschen.[6] In der Ilias zeigt sich D. als ebenbürtiger, ja teils überlegener Gegner im Kampf gegen Aphrodite und Ares*, wenngleich in dem letzteren Athene ihm zur Seite steht.[7] Auf ursprünglich göttliches Wesen des D. deuten auch Spuren in der Beschreibung des Helden bei Homer, wie der feurige Glanz, der von seinem

Haupt und den Schultern, von Helm und Schild ausstrahlt.[8] Auffallend ist eine gewisse Parallelität und „versteckte Rivalität" zwischen D. und Achilleus* in der Ilias.[9]

N.: Der 5. Gesang der Ilias ist den Heldentaten des D. gewidmet.
Plastiken: D., J. T. Sergel, 1771, Gipsmodell in Stockholm. — Venus zeigt dem Mars ihre von D. verwundete Hand, J. N. Schaller, 1813, Wien, Galerie d. 19. Jh. (Relief).
Gemälde: D. und Venus, G. F. Doyen (1726—1806).
Dramat. Bearbeitung: Diomed, M. R. Stern, 1899.
Erzählung: Die Heimkehr des D., S. Trebitsch, 1949.

[1] Hom. Il. 5, 1 ff. — [2] Hom. Il. 10, 203 ff. (Eur.) Rhes. 565 ff. — [3] Apollod. Epit. 5, 13. Suda s. v. Diomedeios ananke und Palladion. Schol. Plat. Staat 493 D. Verg. Aen. 2, 162 ff. und Serv. Aen. 2, 166. — [4] Apollod. Epit. 6, 1. — [5] Robert 303 ff. — [6] Kallim. Hymn. 5, 35 f. — [7] Hom. Il. 5, 330 ff. 846 ff. — [8] Hom. Il. 5, 4 ff. Vgl. P. v. d. Mühll, Der große Aias, Basel 1930, 40 f. — [9] Robert 1059 f. — Als „Jugendideal" des „adligen Musterhelden" versteht den homerischen D. K. Bielohlawek, Wr. Stud. 65 (1950/51), 15.

2. König von Thrakien, dessen menschenfressende Rosse Herakles* nach Argos bringt (s. Herakles, 8. Abenteuer).

N.: Plastik: Die Rosse des D., J. Gutzon Borglum (geb. 1867), New York, Metropolitan Museum.

Opern: Diomede punito da Alcide, B. Gabadini, 1691 (Text von A. Aureli). — Diomede punito da Alcide, T. Albinoni, 1700 (Text von A. Aureli).

Dióne, Mutter der Aphrodite

Diónysos, auch Bakchos, Sohn des Zeus* und der Kadmostochter Semele*[1]

M.: Auf Anraten der eifersüchtigen Hera* wünscht Semele ihren göttlichen Liebhaber in seiner wahren Gestalt zu sehen. Als Zeus unter Donner und Blitz erscheint, verbrennt die sterbliche Semele unter dem göttlichen Blitzstrahl. Zeus birgt die sechsmonatige Leibesfrucht in seinem Schenkel und trägt sie bis zur Geburt aus.[2] Das neugeborene D.-Knäblein übergibt Hermes* in die Obhut der Nymphen* von Nysa.[3] Seine spätere Erziehung ist dem Silenos* anvertraut.

Auf der Überfahrt von Ikaria nach Naxos wollen tyrrhenische Seeräuber den Gott in Fesseln legen und als Sklaven nach Italien verkaufen. Da fallen die Fesseln von selbst ab, Efeuranken und Weinreben schlingen sich um Mast und Segel des Schiffes, das plötzlich stillsteht. Nun erkennen die erschreckten Seeräuber die Macht des Gottes, stürzen sich ins Meer und werden in Delphine verwandelt. — Auf Naxos vermählt sich D. mit der von Theseus verlassenen Minostochter Ariadne*.

Die Anhänger des D. sind des Gottes voll („Enthusiasmos"!), sie treten aus ihrer alltäglichen Lebens- und Wesensart heraus („Ekstasis"!) und folgen in begeistertem Rausche dem Schwarm (Thiasos) des Gottes über die Berge und durch die Wälder. Die Bakchai (Mänaden, Thyiaden oder Bakchantinnen) — nur Frauen nehmen an diesem Treiben teil! — mischen sich efeubekränzt, mit Rehfellen und Thyrsosstäben ausgestattet, tanzend unter die Schar der Satyrn* und Nymphen. Im orgiastischen Taumel zerfleischen sie junge Rehkälbchen und verzehren das rohe Fleisch. D. erscheint dabei in Tiergestalt, zumeist als Bock oder Stier. Als Gott, der den Weinstock geschaffen, läßt er in wundertätiger Macht Wein, Milch und Honig aus dem Boden sprudeln.[4] Als „Löser" (Lysios, Lyaios) befreit er die Menschen von Sorgen, sprengt Fesseln und läßt Mauern einstürzen. Männer, die sich gegen die Einführung dieses dionysischen Schwärmens zur Wehr setzen, wie die Könige Lykurgos* und Pentheus*, werden von D. vernichtet.[5]

R.: D. ist Gott des Weines und im weiteren Sinne der Baumzucht und der Vegetation überhaupt. Er gilt zumeist als thrakischer bzw. lydisch-phrygischer Gott, der auf dem Land-, teilweise auch auf dem Seewege nach Griechenland kam und erst im Kampfe gegen mannigfache Widerstände seine Anerkennung und Verehrung bei den Hellenen durchsetzte.[6] Die Mythen von Lykurgos und Pentheus verdeutlichen die Abwehrkräfte, auf die die neue D.-Religion stieß (vgl. auch Ikarios). — Daß das kleine D.-Knäblein zu den Nymphen des fremdländischen Nysa gebracht wird, ist wohl auch eine Erinnerung an die Herkunft des Gottes aus der Fremde.

Homer kennt D. noch nicht als Olympier; der ionische Adel hatte für den volkstümlichen Gott und seine ekstatische Religion nichts übrig. Unter die Zwölfgötter* wurde D. erst später aufgenommen. Apollon* teilt mit D. zwar nicht das Orakel, wohl aber sein Allerheiligstes in Delphi. Die delphische Priesterschaft verstand es offenbar, sich aus dem gefährlichen Gegner einen Freund zu machen.[7] In Delphi war das Grab des D., dessen Wiedergeburt alle zwei Jahre auf dem Parnaß gefeiert wurde.[8] Die Vorstellung des sterbenden und regelmäßig wieder auferstehenden Gottes weist D. in den Kreis der Vegetationsgottheiten.

Die obige Schilderung des dionysischen Thiasos beruht auf den antiken literarischen und künstlerischen Darstellungen. Diese wieder nahmen ihre Farben von tatsächlich geübtem Brauch; gerade das Fest auf dem Parnaß ist historisch bezeugt.[9] D., der dabei in Tiergestalt erscheint, gehört in die stattliche Reihe theriomorpher Gottesvorstellungen der Griechen. Die im Volksglauben seit je heimischen Natur- und Walddämonen wie die Nymphen, Silene und Satyrn wurden dem mächtigen Gott als Begleiter untergeordnet. Daß der Vegetationsgott D. auch als Gott der Fruchtbarkeit verehrt wurde, zeigt das häufige Vorkommen des Phallos bei den dionysischen Prozessionen und Festen.

In Athen hielt D. seinen feierlichen Einzug auf dem Schiffskarren und ergriff Besitz von der Gattin des „Königs", des Archon Basileus, der er im Bukoleion, im Amtshause des Archon, beiwohnte.[10] Dieser Einzug des D. fiel mit den Anthesterien (im Februar) zusammen und wurde als Rückkehr des Gottes aus der Unterwelt aufgefaßt. Vielleicht sollte der Schiffskarren auch den in das Frühjahr fallenden Beginn der Schiffahrt versinnbildlichen.[11] Anderseits scheint dieser Brauch ebenso wie die Erzählung von dem meerbefahrenden D. mit den Seeräubern eine Erinnerung daran zu sein, daß ein Teil des D.-Kultes einst auf dem Seewege nach Hellas kam. Die kleinen (ländlichen) Dionysien waren ein Weinlesefest; an den großen (städtischen) Dionysien, einem Frühlingsfest im März, und an den Lenäen im Jänner fanden regelmäßig Aufführungen neuer Tragödien und Komödien statt.

In Phrygien hieß der dem D. entsprechende Gott Sabazios: er griff mit seinem Mysterienwesen im 5. Jh. v. Chr. nach Hellas über. Im Westen erstreckte sich der Kult des D. über Italien, im Osten über die Inselwelt der Ägäis. In hellenistischer Zeit malte man sich den Siegeszug des D. bis nach Indien aus.[12] Spätere Orphik (vgl. Orpheus) bezeichnete den von den Titanen* zerrissenen D. als Zagreus*.[13]

N.: In der bildenden Kunst der Antike wandelte sich die Darstellung des D. vom Typus des älteren, bärtigen Mannes in langem Gewande zu dem eines schönen, aber unathletischen, weichlichen Jünglings.

P l a s t i k e n: D. und die Seeräuber, Denkmal des Lysikrates, 334 v. Chr., Athen (Relief). — Bacchus, Michelangelo, 1497, Florenz, Museo Nazionale. — Bacchus, J. Sansovino (1486—1570), Florenz, Bargello. — Bacchus mit Nymphen, I. Elhafen, um 1700, Braunschweig, Museum (Elfenbein). — Bacchus, J. H. Dannecker, 1788, Stuttgart, Schloß. — Bakchantin mit Faun, Clodion (1738—1814), Châlons sur Marne, Museum. — Bacchus, Thorwaldsen, (1768 bis 1844), Kopenhagen, Thorwaldsen-Museum. — Bakchantin, Thorwaldsen, Nysö, Thorwaldsen-Slg. — Triumph des Bacchus, Ch. A. Fraikin (1817—93), Brüssel, Museum.

V a s e n b i l d: Seefahrt des D. mit Delphinen, Schale des Exekias, um 540 v. Chr., München, Museum antiker Kleinkunst.

M o s a i k: D.-Mosaik, Köln (vgl. dazu E. W. Gerster, Das D.-Mosaik in Köln, Bonn 1948).

G e m ä l d e: D.-Mysterien, Römische Wandgemälde aus Pompeji, Villa dei Misteri. — Thronender D., Röm. Wandgemälde aus Pompeji, Casa del naviglio, Neapel, Mus. Naz. — Die Herrschaft des Bacchus, Altdorfer (1480—1538), Lugano, Slg. Thyssen. — Bacchanal, Tizian 1518—19, Madrid, Prado. — Bacchus und Ariadne, Tizian, 1523, London, National Gallery. — Triumphzug des Bacchus, A. Carracci (1560—1609), Rom, Palazzo Farnese. — Erziehung des Bacchus, N. Poussin, vor 1609, Paris, Louvre. — Der kleine Bacchus, G. Reni (1575—1642), früher Dresden, Gemäldegalerie. — Bacchanal, Rubens, 1611/12, Wien, Akademie; desgl. 1613—15,

Leningrad, Eremitage. — Aus dem Gefolge des Bacchus, Rubens, 1615—20, München, Berlin, Leningrad, Dresden. — Triumph des Bacchus, Jordaens (1593—1678), Brüssel, Museum. — Bacchus und die Zecher, Velazquez, um 1628, Madrid, Prado. — Bacchus, Rubens, um 1635—40, Leningrad, Eremitage. — D. bei den Nymphen von Nysa, L. de Lahire (1606—56), Leningrad, Eremitage. — Bacchus und Ariadne (= Bacchanal), N. Poussin, 1632—36, Madrid, Prado. — Geschenke an Bacchus, A. C. Lens (1739—1822), Brüssel, Museum. — Bacchus und Bacchanten, Feuerbach, 1849, Mannheim, Privatbesitz. — Die Bakchantin mit dem Panther, Corot, 1855—60, New York, Metrop. Museum.

D r a m a t. B e a r b e i t u n g e n: Bakchai, Euripides, 406 v. Chr. —The bride of D., R. C. Trevelyan, 1912. — Die Bakchantinnen des Euripides, K. Falke, 1919 (Nachdichtung). — Die Flucht des D., H. Meinke, 1919. — Bakchos D., F. Schwiefert, 1921 (Komödie). — Die Bakchantinnen, H. W. Philipp, 1925. — Die Bakchantinnen des Euripides, B. Viertel, 1925 (Nachdichtung). — D. (Trilogie), I. Westpfahl, 1948. — Bacchus, J. Cocteau, 1953.

E p o s: Dionysiaka, Nonnos, 5. Jh. n. Chr.

D i c h t u n g: Homerischer Hymnos auf D. (7).

E r z ä h l u n g: Der gefrorene D., S. Andres, 1941.

K a n t a t e: Bacchus und Venus, F. Müller, um 1780.

S y m p h o n. D i c h t u n g: Bacchanal, M. Reger, 1913. — Dionysiaques, F. Schmitt, 1914.

O p e r n: Ariane et Bacchus, M. Marais, 1696 (Text von Saint-Jean). — Arianna e Bacco, A. Tarchi, 1784. — Bacchus und Ariadne, A. Müller, 1867 (Text von Auguste). — D., Debussy, 1904 (Text von Gasquet). — D., L. Moreau, 1905 (Text von Gasquet). — Bacchus, J. F. Massenet, 1909 (Text von C. Mendès). — Bacchus triomphant, C. Erlanger, 1910 (Text von H. Cam). — Ariadne auf Naxos, R. Strauß, 1912 (Text von Hofmannsthal, 1910).

B a l l e t t e: Bacchus et Ariane, B. Rochefort, 1791. — Bacchus und Ariadne, T. Weigel, 1803. — Bacchusfesten, A. Grandjean, 1878. — Bacchus, V. A. Duvernoy, 1902. — Bacchus et Ariane, A. Hermant-A. Roussel, 1930.

L i t e r a t u r: W. F. Otto, D., Mythos und Kultus, Frankfurt a. M. ²1939. — F. G. Jünger, Griechische Götter. Apollon, Pan, D. Frankfurt a. M. 1943. — M. Bernhart, D. und seine Familie auf griechischen Münzen. Numismatischer Beitrag zur Ikonographie des D., München 1949. — G. Méautis, D. ou le pouvoir de fascination, in: Mythes inconnus de la Grèce antique, Paris 1949, 33—53. — H. Jeanmaire, D. Histoire du culte de Bacchus, Paris 1951. — A. Pastorino, Tropaeum Liberi. Saggio sul Lucurgus di Nevio e sui motivi dionisiaci nella tragedia latina arcaica, Arona 1955.

[1] Hes. Theog. 940 ff. Eur. Bakch. 1 ff. — Den Namen D. deutete Kretschmer als „Sohn des Zeus" (Diós nýsos). — [2] Pind. Fr. 85. Hdt. 2, 146. Eur. Bakch.

94 ff., 242 ff., 286 ff. — ⁸ Dieses Nysa wird bald in Ägypten (Hdt. 2, 146), bald in Arabien (Diod. 3, 65, 7) oder Indien (Serv. Aen. 6, 805) lokalisiert. — Nach anderer Version übernimmt Ino, die Schwester der Semele, die Erziehung des D.-Knäbleins: Apollod. Bibl. 3, 4, 3. Hygin. Fab. 5. — ⁴ Eur. Bakch. 142 f. 706 ff. Plat. Ion 534 A. — ⁵ Den Kampf des Lykurgos gegen den D.-Kult behandelte Aischylos in der tragischen Trilogie „Lykurgeia", von der wir Fragmente besitzen. Den Untergang des Pentheus schildern die „Bakchai" des Euripides. — ⁶ In scharfem Gegensatz dazu hält W. F. Otto, D., Mythos und Kultus,² 1939, D. für einen rein hellenischen Gott, der mit Asien nichts zu tun habe. Jüngst glaubte man den Namen D. bei der Entzifferung der kretischen Silbenschrift Linear B auf einer Tafel aus Pylos (um 1200 v. Chr.!) lesen zu können: M. Ventris und J. Chadwick, in: The Journ. of Hellenic Studies 73 (1953), S. 95. — ⁷ Kern I 230 f. II 116 ff. — ⁸ D. wurde dabei als „Liknites" (= Gottkind in der Getreideschwinge) verehrt: Plut. De Is. 365 A. Serv. Georg. 1, 166. — An den Nachtfeiern auf dem Parnaß nahmen auch Männer teil: Eur. Ion 550. — ⁹ Paus. 10, 4, 3. Plut. Mul. virt. 249 E. — Der nach dem Fackelschein der nächtlichen D.-Feier benannte delphische Monat Dadaphorios rückt den Brauch in das 7. vorchristl. Jh. hinauf. — ¹⁰ Aristot. Pol. Athen. 3, 5. Hesych s. v. Dionýsu gámos. — Auch dieser Brauch führt in das 7. Jh. hinauf: Wilamowitz II 76. — ¹¹ Deubner 102. Lesky 37. — ¹² Diesem Thema ist ein Großteil der „Dionysiaka" des Nonnos aus Panopolis, eines umfangreichen Epos des 5. Jh. n. Chr., gewidmet. — ¹³ Nonnos, Dionys. 10, 294 f.; 27, 341; 44, 213 und öfter. — Gegen die starke Betonung chthonischer Züge im Wesen des D. durch W. F. Otto: A. Lesky, D. und Hades, in: Wr. Stud. 54 (1936), 24—32. Die Zeugnisse für die Beziehungen des Gottes zur Totenwelt sind mit Zurückhaltung zu beurteilen.

Dioskuren, Kastor und Polydeukes, Zwillingssöhne des Zeus* und der Leda*, Brüder der Helene* und Klytaimestra

M.: Die mythographische Überlieferung über die Abstammung der D. ist widersprechend. Bei Homer ist nur Helena göttlicher Herkunft, Kastor, Polydeukes und Klytaimestra sind sterbliche Kinder des Tyndareos und der Leda (Tyndariden). Der Name D. anderseits besagt selbst, daß Kastor und Polydeukes als „Söhne des Zeus" gelten. Eine andere Version läßt Kastor einen sterblichen Sohn des Tyndareos, Polydeukes aber einen unsterblichen Sohn des Zeus sein. Während sich Kastor als Rossebändiger auszeichnet, wird Polydeukes als Faustkämpfer berühmt.¹ Die D. ziehen gegen Theseus* zu Felde, der Helena geraubt hat, erobern Aphidnai und befreien ihre Schwester.² Sie nehmen am Argonautenzuge teil; Polydeukes besiegt den Bebrykerkönig Amykos* in einem berühmten Boxkampf.³ Die D. ziehen mit Herakles* gegen die Amazonen* und erscheinen bei der kalydonischen Jagd.⁴ Als sie von ihren messenischen Vettern, den Apharetiden Lynkeus* und Idas*, zur Hochzeit geladen sind, bemächtigen sie sich der beiden Bräute, Phoibe und Hilaeira, der Töchter des Leukippos. Es kommt zum Kampf, in dem Kastor von der Hand des Idas fällt, während Polydeukes den Lynkeus tötet; Zeus erschlägt den Idas mit einem Blitzstrahl.⁵ Polydeukes wird in den Olymp aufgenommen, erbittet aber von Zeus die Erlaubnis, mit seinem sterblichen

Bruder beisammenbleiben zu dürfen. So verbringen die D. abwechselnd je einen Tag im Olymp und einen Tag in der Unterwelt.[6]

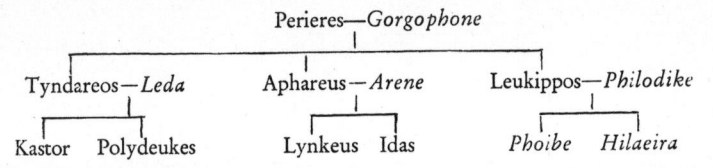

```
                    Perieres—Gorgophone
        ┌──────────────────┼──────────────────┐
   Tyndareos—Leda      Aphareus—Arene    Leukippos—Philodike
   ┌────┴────┐          ┌────┴────┐          ┌────┴────┐
 Kastor  Polydeukes   Lynkeus   Idas      Phoibe    Hilaeira
```

R.: Die Verehrung der D. ging von Sparta aus, wo sie beheimatet sind, verbreitete sich aber über ganz Griechenland und auch über Italien. Im alten Glauben wurden sie oft als „Schimmelreiter" angerufen. Sie wurden aber auch (in Boiotien) als leukó pólo (= die beiden Schimmel) bezeichnet, was auf die ursprüngliche Pferdegestalt der Götter deutet. Der Glaube an ein göttliches Zwillingspaar als Nothelfer war indogermanisches Gemeingut.[7] So galten auch die D. als Helfer der Menschheit, als ritterliche Schirmherren im Kampf, besonders aber als Retter in Seenot. Wenn aus den Wolken einzelne Sterne erschienen oder wenn sich das Elmsfeuer an den Mastspitzen zeigte, glaubte man die D. selbst als Helfer zu sehen.[8] Später wollte man sie in dem Tierkreiszeichen Zwillinge am Himmel erkennen.[9]
Die Sage von dem abwechselnden Aufenthalt der D. im Olymp und in der Unterwelt ging offenbar darauf zurück, daß man einerseits von Kastors Tod wissen wollte — man zeigte ja auch sein Grab[10] — und anderseits die Vorstellung der stets gemeinsam auftretenden Zwillinge zum alten Volksglauben gehörte. Schließlich handelt es sich hierbei vielleicht um die Verschmelzung sterblicher Heroen mit Gottheiten.
Daß die spartanischen D. ihrer Schwester Helena zu Hilfe kommen, ist nur natürlich. Ihr Auftreten bei den verschiedenen Gemeinschaftsunternehmungen der heroischen Zeit (Argonauten*, kalydonische Jagd usw.) verdanken die D. der Erfindung einzelner epischer Dichter. Es ist dies ein weiterer Beweis für die Beliebtheit des göttlichen Zwillingspaares.
In dem siegreichen Kampf der D. mit ihren messenischen Vettern kommt vielleicht der historische Sieg Spartas über Messenien zum Ausdruck.[11] Die göttlichen Bräute der D., die Leukippiden, tragen die Schimmelstuten im Namen.
In Rom wurden die D. in einem auf dem Forum Romanum gelegenen Tempel neben der Quelle der Juturna verehrt. Den Kult erklärte man mit der Legende, die D. hätten den Römern in der Schlacht am See Regillus (499 v. Chr.) erfolgreiche Waffenhilfe geleistet und die Siegesbotschaft selbst nach Rom gebracht, wo sie ihre Rosse an der Quelle der Juturna wuschen.

N.: Der Raub der Leukippiden war in der bildenden Kunst der Antike ein beliebtes Thema.[12]
P l a s t i k : Raub der Leukippiden, Ausschnitt aus dem Fries des

Heroons von Gjölbaschi-Trysa, 2. Hälfte des 5. Jh. v. Chr. Wien, Kunsthist. Museum (Kalksteinrelief). — Die D. als Rossebändiger, Rom, Monte Cavallo, nach Originalen der 2. Hälfte des 5. Jh. v. Chr.

Gemälde: Raub der Leukippiden, Rubens, 1619—20, München, Alte Pinakothek.

Dramat. Bearbeitung: Les Tyndarides, A. Danchet, 1707.

Dichtungen: Homerischer Hymnos an die D. (33). — Die D., Theokrit (22), 3. Jh. v. Chr. — Die D., H. Gstettner, 1942.

Opern: Castor et Pollux, J. Ph. Rameau, 1737 (Text von G. Bernard). — Castore e Polluce, F. Bianchi, 1779 (Text von Frugoni). — Castore e Polluce, G. Sarti, 1786 (Text von Morelli). — Kastor und Pollux, G. J. Vogler, 1787 (Text vom Komponisten). — Kastor und Pollux, P. Winter, 1806 (Text von Morel). — Castore e Polluce, F. A. Radicale, 1815 (Text von Romanelli).

Ballette: Castore e Polluce, G. B. Calvi, 1788. — Castor und Pollux, Gyrowetz, 1827.

Literatur: F. Altheim, Juturna und die D., in: Griechische Götter im alten Rom, Gießen 1930, 4—39. — F. Chapouthier, Les Dioscures au service d'une déesse, Paris 1935. — B. Hemberg, Die Kabiren, Uppsala 1950.

[1] Hom. Il. 3, 237. Od. 11, 300. — [2] Hdt. 9, 73. Plut. Thes. 31 f. — Eroberung Athens statt Aphidnais: Apollod. Epit. 1, 23. — [3] Apoll Rhod. 2, 1 ff. Theokr. 22, 27 ff. — [4] Ov. Met. 8, 301 f. Apollod. Bibl. 1, 8, 2. — [5] Theokr. 22, 137 ff. Schol. Il. 3, 243. Ov. Fast. 5, 699 ff. — Die Teilung einer Rinderherde als Ursache des Streites: Pind. Nem. 10, 60 ff. — [6] Hom. Od. 11, 298 ff. Pind. Nem. 10, 55 ff., 75 ff. Hygin. Fab. 80. — [7] Lesky 145 f. — [8] Hom. Hymn. 33, 10 f. Alkaios Fr. 78 D. Eur. Hel. 140; vgl. 1495 ff., 1664 f. — [9] Ps.-Eratosth. Katast. 10. — [10] Paus. 3, 13, 1. — [11] Wilamowitz I 230. — [12] Paus. 1, 18, 1. 3, 17, 3. 3, 18, 11. 4, 31, 9.

Dírke s. Antiope 2.

Dis Pater, römischer Gott des Reichtums und der Unterwelt, dem griechischen Hades* entsprechend

Dolichénus, Baal von Doliche = Jupiter D.

R.: Dieser kleinasiatische Himmels- und Blitzgott wurde auf einem Stier stehend und die uralte Doppelaxt schwingend dargestellt. In dem Städtchen Doliche (in Kommagene) verband sich der Gott mit einem einheimischen Baal, wodurch sein Kult semitischen Charakter annahm. Zur Zeit der Perserherrschaft wurde er zum Teil dem Ahura-Mazda gleichgesetzt. Die griechische Oberschicht der hellenistischen Periode machte aus ihm einen Zeus*-Oromasdes, einen in höchsten Höhen thronenden Herrn des Himmels.[1] Die aus Kommagene stammenden Soldaten des römischen Heeres verbreiteten den Kult des Jupiter D. in allen Provinzen des großen römischen Reiches. Überaus zahlreich sind die noch heute erhaltenen Denkmäler des D.-Kultes.[2]

[1] F. Cumont, Die oriental. Religionen im röm. Heidentum, ⁸1931, S. 135. —
[2] Unter ihnen befinden sich auch mehrere Altäre und Inschriften von Carnuntum: Kubitschek-Frankfurter, Führer durch Carnuntum, Wien ⁶1923, 160 ff. E. Swoboda, Carnuntum, Wien ²1953, S. 100 und Taf. XIII/XIV. — Zwei moderne Materialsammlungen über die Denkmäler des Jupiter D.: A. H. Kan, Juppiter Dolichenus. Sammlung der Inschriften und Bildwerke, Leiden 1943. — P. Merlat, Répertoire des inscriptions et monuments figurés du culte de Jupiter Dolichenus, Paris 1951. — Zu dem 1935/36 in Dura-Europos gefundenen Heiligtum des D. vgl.: The Excavations at Dura-Europos, New Haven IX/3, 1952, S. 97—134.

Dólon s. Odysseus, S. 240

Dorís (Dóris), Gattin des Nereus

Dryáden s. Nymphen

Drýas, Vater des Lykurgos

Dýmas, Vater der Hekabe

E

Echenaís s. Daphnis

Échidna, griech. Fabelwesen, halb Weib, halb Schlange[1]

M.: E. ist Tochter des Phorkys* und der Keto[2] oder des Tartaros und der Gaia*,[3] vermählt mit Typhon*. Aus dieser Verbindung werden die verschiedensten Ungeheuer hergeleitet: Kerberos*,[4] Orthos, der Hund des Geryoneus,[5] Chimaira,[6] die Sphinx*[7] usw.

[1] Hes. Theog. 295 ff. — [2] Schol. Apoll. Rhod. 2, 1248. — [3] Apollod. Bibl. 2, 1, 2. — [4] Hes. Theog. 310 ff. Soph. Trach. 1099. — [5] Apollod. Bibl. 2, 5, 10. — [6] Hes. Theog. 319 f. — [7] Apollod. Bibl. 3, 5, 8.

Echíon, Vater des Pentheus

Echó (Écho), Personifikation des Widerhalls

M.: E. ist eine schöne Bergnymphe, die sich in den jungen Narkissos* verliebt, aber keine Gegenliebe findet. Sie verzehrt sich vor Gram und magert zu einem Knochengerüst ab, bis ihr Gebein zuletzt in Felsen verwandelt wird und nur die Stimme übrig bleibt.[1]

R.: Die Erzählung von E., ein Aition für den Widerhall in felsiger Landschaft, trägt in der hier wiedergegebenen Form den Stempel später, vermutlich hellenistischer Erfindung an sich.

N.: Auf der Bühne erschien E. allerdings schon bei Euripides. In der fragmentarisch erhaltenen Tragödie „Andromeda" ruft die auf einsamem Felsen ausgesetzte Heroine die „in Felsgrotten (wohnende)" Nymphe E. an.[2] Zu den übrigen Darstellungen in Literatur und bildender Kunst vgl. Narkissos.

Dramat. Bearbeitung: E., K. Rostworowski, 1911.

Epos: E. und Narcissus, J. Shirley, 1618.

Dichtung: E. and Narcissus, R. Garnett, 1893.

Literatur: J. Bolte, Das Echo in Volksglaube und Dichtung, in: Forschungen und Fortschritte, Berlin, 11 (1935), 320 f.

[1] Ov. Met. 3, 356 ff. Auson. Epigr. 101. Mythogr. Vat. 1, 185. 2, 180. — [2] Eur. Fr. 114 ff. N.

Egéria, römische Quellnymphe

M.: In der Sage erscheint E. als Geliebte bzw. Gattin und Ratgeberin des Numa Pompilius, die den König zu seiner weisen und segensreichen Herrschaft inspiriert.[1]

R.: Kultstätten hatte E. in Aricia und in Rom an der Porta Capena, wo sie zusammen mit den Kamenen* verehrt wurde.[2]

N.: Gemälde: E., N. Poussin, um 1630—35, Chantilly.

Dramat. Bearbeitung: Égérie, Saint-Foix, 1747.

Opern: E., J. Ph. Förtsch, 1690 (Text von Postel). — E., N. Jommelli, 1760. — E., J. A. Hasse, 1764 (Text von Metastasio). — E., S. Mayr, 1816 (Text von C. Arici).

Walzer: Egerien-Tänze, „den Herrn Hörern der Rechte an der Hochschule in Wien" gewidmet, Joh. Strauß Vater, 1842.

[1] Liv. 1, 21, 3. Plut. Num. 13. Ov. Met. 15, 487 ff. — [2] E. Tabeling, Mater Larum, Frankfurt a. M. 1932, 85 f.

Eidothéa (Eidóthea), Tochter des Proteus

Eileíthyia (Eileithýia), griechische Geburtsgöttin

M.: Sie kann — einzeln und in einer Mehrzahl — die Geburtswehen der Frauen hemmen oder beschleunigen. So versucht Hera* mit ihrer Hilfe die Entbindung Letos*[1] und die Geburt des Herakles*[2] zu verzögern. E. gilt als Tochter des Zeus* und der Hera, steht den Moiren* und vor allem Hera und Artemis* nahe.[3]

R.: Der Name E. bedeutet wahrscheinlich „die (zuhilfe) kommt". Der Kult der E. war besonders in Kreta und Lakonien verbreitet. In ihrer Funktion als Geburtsgöttin trug auch Artemis den Beinamen E.

[1] Hom. Hymn. Apoll. 97 ff. — [2] Hom. Il. 19, 119. — [3] Hom. Il. 11, 269 ff. Hes. Theog. 922. Pind. Nem. 7, 1 ff. Ol. 6, 42. Plat. Sympos. 206 D.

Eiréne, Tochter des Zeus* und der Themis*, griechische Göttin des Friedens, eine der drei Horen*

R.: Wenn E. als Tochter der Themis bezeichnet wurde, so sollte dies der symbolische Ausdruck dafür sein, daß die Herrschaft von Recht und Gesetz die Voraussetzung für das Entstehen und Gedeihen des Friedens bilden. In Athen wurde E. seit dem 5. Jh. v. Chr. verehrt.[1] An dem Feste Synoikia wurde ihr ein unblutiges Opfer dargebracht.[2]

N.: Aristophanes brachte die Friedensgöttin als stumme Person auf die Bühne.[3] Dargestellt wurde sie mit einem Speer ohne Spitze und mit dem kleinen Plutos* und einem Füllhorn auf dem Arm. Der griechischen E. entsprach die römische Pax.

Plastiken: E. mit dem Plutosknaben, Kephisodot, 4. Jh. v. Chr. (Bronze); Marmorkopie: München, Glyptothek. — Pax, J. Sansovino, 1540—45, Venedig, Loggetta (Bronze).

[1] Errichtung eines Altars nach dem Siege am Eurymedon 465 v. Chr.: Plut. Kim. 13. — Im 4. Jh., wahrscheinlich nach dem Siege von Leukas (375 v. Chr.), wurde in Athen die Eirenestatue des Kephisodot auf dem Marktplatz aufgestellt: Paus. 1, 8, 2. — [2] Aristoph. Friede, 1019 f. — [3] Aristoph. Friede, aufgeführt 421 v. Chr. Vgl. auch Eur. Kresphontes, Fr. 453 N.

Eléktra

1. Tochter des Okeanos* und der Tethys*, Gattin des Thaumas, Mutter der Iris* und der Harpyien*
2. Eine der 7 Pleiaden*
3. Tochter des Agamemnon*, Königs von Mykenai, und der Klytaimestra

M.: E. ist Schwester des Orestes*, der Iphigeneia* und Chrysothemis. Homer nennt an ihrer Stelle eine Laodike unter den Töchtern Agamemnons.[1] Umso wichtiger ist ihre Rolle in den erhaltenen Tragödien der drei großen Tragiker. E. läßt nach der Ermordung Agamemnons durch Aigisthos* und Klytaimestra den jüngeren Bruder Orestes nach Phokis bringen, wo er im Hause des Onkels Strophios gemeinsam mit dessen Sohne Pylades aufwächst. Sie selbst bleibt in Mykenai, wo sie mannigfachen Erniedrigungen durch die Mörder ihres Vaters ausgesetzt ist. Ihr Haß steigert sich immer mehr, die Blutrache ist ihr einziger Gedanke. Als Orestes nach Jahren zurückkehrt und die Schwester wiederfindet, treibt sie den Bruder zur Tat. Orestes erschlägt Aigisthos und Klytaimestra; E. triumphiert (s. auch Orestes). — Später wird E. die Gattin des Pylades, des besten Freundes ihres Bruders Orestes.

N.: In drei erhaltenen griechischen Tragödien spielt E. die Hauptrolle: In den „Choephoren" des Aischylos und in den beiden nach ihr benannten Werken des Sophokles und des Euripides.

Gemälde: E. am Grabe Agamemnons, W. Blake Richmond (1842 bis 1921), Toronto, Galerie.

Dramat. Bearbeitungen: Choephoroi (2. Teil der Trilogie Oresteia), Aischylos, 458 v. Chr. — E., Sophokles, um 415 v. Chr. — E., Euripides, um 413 v. Chr. — E., Joost van den Vondel, 1639. — E., P. Crébillon, 1709. — E., Longepierre, 1719. — E. oder die gerächte Übeltat, J. J. Bodmer, 1760. — Orest und E., W. Gotter, 1772. — E., W. H. Dalberg, 1780. — E., G. Arrivabene, 1795. — E., H. Allmers, 1872. — E., B. Pérez Galdós, 1900. — E., H. v. Hofmannsthal, 1904. — La tragédie d'Électre et d'Oreste, A. Suarès, 1905. — Mourning becomes E., E. O'Neill, 1931. — Électre, J. Giraudoux, 1937. — Les mouches, Sartre, 1943. — E., G. Hauptmann, 1944.

Dichtung: The tower beyond tragedy, R. Jeffers, 1924.

Novellen: E., F. Hirschfeld, 1923.

Opern: E., C. Cannabich, 1781 (Text von Dalberg). — Électre, J. B. Lemoyne, 1782 (Text von Guillard). — Électre, Gossec, 1783 (Text von Rochefort). — E., A. H. Dietrich, 1872 (Text von Allmers). — E., R. Strauß, 1909 (Text von Hofmannsthal). — E., W. Damrosch, 1917 (Text von Sophokles). — E., A. Diepenbrock, 1921 (Text von Sophokles).

Ballett: E., G. Meyer, 1898.

L i t e r a t u r: H. Lang, Zur Behandlung des E.-Stoffes in der Weltliteratur des 20. Jahrhunderts: Progr. Gymn. Wien III, 1955/56.

[1] Hom. H. 9, 144 f.

Elektrýon, Sohn des Perseus

Elýsium s. Unterwelt

Émpusa (Empúsa), griechische Spukgestalt mit großer Verwandlungsfähigkeit

M.: E. erscheint bald als schönes Mädchen, bald als häßliches Gespenst.[1]

R.: E., die der Hekate* nahestand, gehörte dem niederen Volksglauben an.

[1] Aristoph. Ekkles. 1056 f. Frösche 288 ff.

Enaréte, Gattin des Aiolos 1.

Endeís, Gattin des Aiakos

Endymíon (Endýmion), Sohn des Aethlios (oder des Zeus*) und der Kalyke[1]

M.: E. ist ein schöner Hirte oder Jäger, der von Selene* (bzw. der mit ihr verschmolzenen Artemis*) geliebt wird. Wenn E. nachts in seiner Höhle auf dem Berge Latmos in Karien schläft, verläßt die Mondgöttin ihren Wagen, um ihn zu besuchen und im Schlafe zu küssen.[2] E. erbittet sich von Zeus ewigen Schlaf und ewige Jugend.[3]

R.: Vielleicht handelt es sich bei der E.-Legende nur um die mythische Umkleidung des Todes des E. Entrückung (hier auf den Latmos) eines geliebten Sterblichen durch eine Gottheit bedeutet im Mythos den Tod des Betreffenden.[4] Man wollte in E. auch einen vorgriechischen Gott sehen, der zunächst in Karien verehrt wurde und dann nach Elis wanderte.[5]

N.: G e m ä l d e: Diana und E., Tintoretto, etwa 1575—80, London, Privatbesitz. — Diana und E., A. van Dyck, um 1626, Madrid, Prado. — Diana und E., Rubens, um 1636—37, London, National Gallery. — Diana und E., J. B. van Loo (1684—1745), Brüssel, Museum. — Luna und E., J. M. Schmidt (Kremser-Schmidt 1718 bis 1801), Wien, Barockmuseum. — Diana und E., U. Gandolfi (1728—81), Bologna. — Diana und E., W. Etty (1787—1849), London, Privatbesitz. — Diana und E., G. F. Watts, 1873, London, Privatbesitz. — Luna und E., A. Romako, zwischen 1873 und 1876, Wien, Privatbesitz.

D r a m a t. B e a r b e i t u n g e n: E., J. Lyly, 1591 (Komödie). — E. and Phoebe, M. Drayton, 17. Jh. — Endimione, A. Loria, 1947 (Satyrspiel).

Epos: E., J. Keats, 1818.
Dichtung: E., O. Wilde, 1881.
Roman: E., V. Heidenstam, 1889.
Opern: Endimione, G. Tricarico, 1655 (Text von Passarelli). — Der gedemütigte E., R. Keiser, 1701 (Text von Nothnagel). — Endimione, Text von P. Metastasio; wiederholt vertont, z. B. von A. Bioni 1727, D. Alberti 1737, A. Bernasconi 1742, N. Jommelli 1756, M. Haydn 1765, J. Chr. Bach 1774. — E., G. H. Stölzel, 1740.
Ballett: E. et Phoebe, F. Thomé, 1906.

[1] Schol. Apoll. Rhod. 4, 57. Apollod. Bibl. 1, 7, 6. — [2] Apoll. Rhod. 4, 57 f. Hygin. Fab. 271. Catull 66, 5 f. Cic. Tusc. 1, 92. — E. gewinnt Lunas Liebe durch seine blendend weißen Schafe: Serv. Georg. 3, 391. — [3] Apollod. Bibl. 1, 7, 6. — Der Schlaf des E. war sprichwörtlich: Plat. Phaid. 72 C. Aristot. Eth. Nik. 1178 b. — [4] L. Radermacher, Das Jenseits im Mythos der Hellenen, Bonn 1903, 113 ff. Hinweis auf die für E. wichtige Stelle Paus. 5, 1, 5: S. 115, A. 2. — [5] Kern I 44.

Enipéus s. Tyro

Enodía (Enódia) s. Hekate

Eós (Éos), die Morgenröte, gelegentlich auch Hemera (= Tag) genannt, Tochter des Titanen Hyperion und der Titanin Theia, Schwester des Helios* und der Selene*[1]

M.: E. lebte in der Phantasie der Hellenen als schöne junge Frau, deren Leib (insbesondere Finger, Arme, Knöchel) und Kleidung in den Farben Rosenrot, Safrangelb und Gold schimmern. Im Fluge oder in einem Wagen[2] legt sie ihre Bahn zurück. Der Morgenstern eilt ihr voran, während die übrigen Sterne vor ihr fliehen. Ihre Kinder von Astraios sind die Winde* und die Sterne*.[3] E. raubt aber auch den schönen Jäger Orion*, um den sie die Götter beneiden; er stirbt von den Pfeilen der Artemis*.[4] Auch den Kephalos* weiß sie seiner Prokris zu entfremden und für sich zu gewinnen.[5] Zumeist wird E. jedoch mit Tithonos verbunden, den sie nach Aithiopien oder an den Okeanos entführt. Von seinem Lager erhebt sie sich jeden Morgen, wie Homer sagt, um Göttern und Menschen das Tageslicht zu bringen.[6] Für Tithonos erbittet E. von Zeus die Unsterblichkeit, vergißt aber die Bitte um ewige Jugend. So altert dieser Sproß des troischen Königshauses wie jeder andere Sterbliche und wird zuletzt von E. in eine Zikade verwandelt.[7] Beider Sohn ist der als Bundesgenosse der Troer bekannte Memnon*. E. entführt seinen Leichnam und klagt um ihn;[8] ihre Tränen fallen als Tau auf die Erde herab.[9] — Bei den Römern entsprach der griechischen E. die Aurora.

R.: Die Erzählung von dem zwar unsterblichen, im Alter aber jämmerlich zusammenschrumpfenden Tithonos scheint Erfindung eines Dichters zu sein. Der Raub eines schönen Jünglings durch Götter, für E. in mehreren Varianten bezeugt, kehrt in der Entführung des Ganymedes* wieder.[10] Man hat die Entrückung eines Sterblichen durch eine Göttin wie E. oder die Nymphen vermutlich als Tod des betreffenden Menschen zu verstehen.[11]

N.: G e m ä l d e: Aurora, G. Reni, 1614, Rom, Palazzo Rospigliosi (Deckenfresko). — Aurora, Guercino, um 1622, Rom, Villa Ludovisi (Deckenfresko). — Aurora, Luna erweckend, L. Silvestre d. J., 1715, früher Dresden, Schloß. — Aurora, F. Solimena, 1715—17, Wien, Palais Daun (Fresko). — Aurora, E. Burne-Jones, 1896. D r a m a t. B e a r b e i t u n g: Tithon, F. Paludan-Müller, 1844. D i c h t u n g e n: The rape of Aurora, G. Meredith, 1851. — Tithonus, Tennyson, 1860.

O p e r n: Titone, F. Cavalli, 1645 (Text von Faustini). — Aurora in Atene, A. Gianellini, 1678 (Text von G. Frisari). — Aurora, A. Schweitzer, 1772 (Text von Wieland). — Aurora, G. Pugnani, 1773 (Text von G. D. Baggio). — Aurora, E. T. A. Hofmann, 1811. — Aurora, J. F. Gläser, 1836 (Text von Holbein). — Aurora, G. Longo, 1899 (Text von V. Sacca).

[1] Hes. Theog. 371 ff. Apollod. Bibl. 1, 2, 2. — E. als Tochter des Helios: Pind. Ol. 2, 35. — E. als Tochter der Nacht: Aisch. Ag. 265. — [2] Hom. Od. 23, 243 ff. Aisch. Pers. 386. Eur. Troad. 855. — [3] Hes. Theog. 378 ff. Apollod. Bibl. 1, 2, 4. — [4] Hom. Od. 5, 121 ff. — Andere Todesursachen für Orion: Apollod. Bibl. 1, 4, 5. — [5] Hes. Theog. 986 ff. Eur. Hipp. 454 f. Apollod. Bibl. 1, 9, 4. Ov. Met. 7, 700 ff. — [6] Hom. Il. 11, 1 f. Od. 5, 1 f. — [7] Schol. Il. 3, 151. 11, 1. — [8] Ov. Met. 13, 581 f. Sen. Troad. 239 f. — [9] Serv. Aen. 1, 489. — [10] Beide Entführungen nebeneinander: Eur. Troad. 845 ff. — [11] L. Radermacher, Das Jenseits im Mythos der Hellenen, Bonn 1903, 113—115.

Épaphos, Sohn der Io

Epeiós (Epeíos) s. Troia

Ephiáltes s. Aloaden

Epigónen, Söhne der „Sieben gegen Theben", s. Polyneikes

Epikáste s. Oidipus Anm. 1

Epimethéus (Epimétheus) s. Pandora

Epióne, Gemahlin des Asklepios

N.: Walzer: Epionen-Tänze, „den Herrn Hörern der Medizin" gewidmet, Joh. Strauß Vater, 1846.

Epopéus (Epópeus) s. Antiope 2.

Erató (Eráto) s. Musen

Erde s. Gaia

Érebos s. Unterwelt

Erechthéus (Eréchtheus) s. Erichthonios

Ergínos s. Herakles, S. 138

Eríboia (Eriboía), Gattin des Telamon

Erichthónios, erdentsprossener mythischer König von Athen

M.: Hephaistos* stellt der jungfräulichen Göttin Athene* nach, die sich gegen ihn zur Wehr setzt. Aus dem auf die Erde herabfließenden Samen des Hephaistos entsteht der kleine E., in dessen Namen der seiner Mutter (Erde = chthon) enthalten ist. E., der von Athene erzogen wird, gilt als zweiter Gründer des attischen Staates nach der deukalionischen Flut wie Kekrops* als erster König von Athen vor diesem Ereignis. Athene übergibt den kleinen E. in einer verschlossenen Kiste den Töchtern des Kekrops, den Aglauriden, die in ihrer Neugier gegen das Verbot die Kiste öffnen, den schlangengestaltigen Knaben sehen und darüber wahnsinnig werden.

R.: Die Entstehung eines göttlichen Wesens aus dem Samen eines Gottes hat in der griechischen Religion Parallelen.[1] Der Mythos von der Kindheit des E. läßt sich einer Gruppe von Gottkind-Mythen einreihen.[2] Das Motiv der Kiste, die nicht geöffnet werden darf, stammt wahrscheinlich aus den Geheimriten, die es wie in Eleusis auch in Athen gab.[3]

Ferner sah man E. in der heiligen Burgschlange der athenischen Akropolis verkörpert.[4] E. deckt sich aber auch mit Erechtheus (Poseidon-Erechtheus). Sein altes Heiligtum auf der Akropolis war

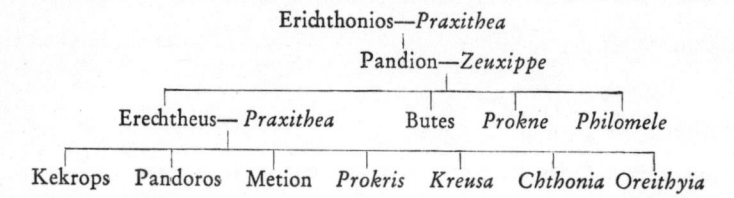

```
                    Erichthonios—Praxithea
                              |
                       Pandion—Zeuxippe
                              |
       ┌──────────────┬───────┴───────┬──────────┐
  Erechtheus—Praxithea              Butes    Prokne   Philomele
       |                                        |
  ┌────┼────┬──────┐                    ┌───────┼────────┐
Kekrops Pandoros Metion Prokris      Kreusa  Chthonia  Oreithyia
```

das Erechtheion, auf dessen Boden die Erinnerungszeichen an den Streit zwischen Poseidon* und Athene bewahrt und gezeigt wurden. Alte Genealogen trennten E. von Erechtheus und machten diesen zu einem Sohn des Pandion und Enkel des E.[5] In einem Krieg mit den Eleusiniern unter Eumolpos opferte Erechtheus auf Grund eines Orakelspruches seiner Töchter. Die anderen opferten sich freiwillig für ihre Heimat.[6]

N.: Von Euripides gab es eine Tragödie „Erechtheus".[7]

Gemälde: Die Töchter des Kekrops und der kleine E., Rubens, 1615—17, früher Wien, Galerie Liechtenstein. — Die Kekropstöchter finden den jungen E., J. Jordaens (1593—1678), Wien, Kunsthist. Museum.

Dramat. Bearbeitung: Erechtheus, A. Ch. Swinburne, 1876.

Literatur: A. B. Cook, The Birth of E., in: Zeus III (1940), 181 bis 188. — Murray Fowler, The Myth of E., in: Classical Philology 38 (1943), 28—32.

[1] Kern II 11 f. — Auf eine bemerkenswerte Parallele in indischen Schöpfungsmythen weist Murray Fowler, a. a. O., hin, der den E.-Mythos für indogermanisches Erbe hält. — [2] Nilsson I 294 f. — [3] Deubner 11, denkt an das Gerät der Arrephoren in Athen. — [4] Paus. 1, 24, 7. Hdt. 8, 41. Aristoph. Lysistr. 758 f. und Schol. — E. wie Kekrops halb Mensch, halb Schlange: Hygin. Fab. 166. Serv. Georg. 3, 113. — Eine oder zwei Schlangen bewachen den kleinen E. in der Kiste: Eur. Ion 20 ff. Apollod. Bibl. 3, 14, 6. — [5] Apollod. Bibl. 3, 14, 8. Vgl. Prokne. — [6] Eur. Ion 277 ff. Lykurgos, Gegen Leokrates 98 f. Cic. Tusc. 1, 116. De nat. deor. 3, 50. Hygin. Fab. 46. — [7] Eur. Fr. 349 bis 370 N.

Erigóne (Erígone), 1. Tochter des Ikarios 1. 2. Tochter des Aigisthos und der Klytaimestra, s. Orestes

Erínyen (griech. Erinýes, lat. Furiae, Dirae), unterirdische Rachegöttinnen

M.: Die E. bestrafen jeden Frevel wider das ungeschriebene Sittengesetz wie Mord, Meineid und Verletzung der Gastfreundschaft.[1] Sie gehen aus den Blutstropfen hervor, die Gaia* bei der Verstümmelung des Uranos* durch Kronos* aufnimmt.[2] Gelegentlich werden sie auch als Töchter der Nacht bezeichnet.[3] Manchmal wird die Dreizahl mit den Namen Allekto, Teisiphone und Megaira besonders hervorgehoben. Entsetzlich sehen diese Dienerinnen des Hades* und der Persephone* aus: Mit verzerrten Gesichtszügen, schlangenbedeckten Häuptern und drohend geschwungenen Fackeln tauchen sie aus der Tiefe auf und verfolgen den Frevler unermüdlich auf ehernen Füßen durch alle Welt. Insbesondere den Verwandtenmörder suchen sie in Wahnsinn und Tod zu treiben. Ihr berühmtestes Opfer ist Orestes*, der nach langer vergeblicher Flucht von Apollon* entsühnt und durch Eingreifen Athenes* von dem athenischen Areopag freigesprochen wird.

R.: Die Erinys eines Menschen war ursprünglich vielleicht nichts anderes als die Seele des Verstorbenen, die für einen Mord Rache forderte. Wenn kein Angehöriger des Ermordeten das Gesetz der Blutrache erfüllen konnte, traten die E. als Rächer auf.[4] — Die athenischen Kultstätten der E. am Fuße des Aeropags und im Kolonos galten den Semnai („Ehrwürdigen") und Eumenides („Wohlgesinnten"), d. h. den euphemistisch als segensreiche, wohlwollende Gottheiten bezeichneten E. Diese Wandlung in der Auffassung der E. war eine Folge der Entwicklung des staatlichen Strafrechtswesens: der Staat hatte die strafende Funktion der E. übernommen.

N.: Die Verwandlung der E. in Eumeniden und die Einführung ihres Kultes im Heiligtum am Areopag wurde von Aischylos in seinen „Eumeniden" dichterisch gestaltet.

P l a s t i k: Schlafende Erinys (?), sog. Medusa Ludovisi, röm. Kopie nach hellenist. Original, Rom.

Dramat. Bearbeitungen: Die Eumeniden (3. Teil der Trilogie Oresteia), Aischylos, 458 v. Chr. — Les Érinyes, Ch. M. R. Leconte de Lisle, 1873 (Musik von J. Massenet).
Dichtung: Die Kraniche des Ibykus, Schiller, 1797 (Ballade).
[1] Hom. Il. 9, 571 f. 19, 259 f. Od. 17, 475. Hes. Werke 803 f. — [2] Hes. Theog. 183 ff. Apollod. Bibl. 1, 1, 4. — [3] Aisch. Eumen. 69, 321 ff. — Die E. als Töchter der Ge und des Skotos: Soph. Oid. Kol. 39 f. — [4] Nilsson I 91. — Im Gegensatz zu dieser Auffassung hält Wilamowitz I 404 ff. die E. für Erdgottheiten.

Eriphýle (Erίphyle), Mutter des Alkmaion, s. auch Polyneikes

Éris, griechische Göttin der Zwietracht, Schwester des Ares*

M.: Zur Hochzeit des Peleus* und der Thetis* sind alle Götter geladen, nur E. wird vergessen. Sie rächt sich, indem sie einen goldenen Apfel mit der Aufschrift „Der Schönsten!" unter die Hochzeitsgäste wirft. Es entsteht ein Streit zwischen Hera*, Athene* und Aphrodite*, der durch das Urteil des troischen Königssohnes Paris* entschieden werden soll. Paris gibt den Apfel Aphrodite, die ihm die schönste Frau versprochen hat. Die Göttin hilft ihrem Schützling bei der Entführung der Helena*. So wird der Apfel der E. zum mittelbaren Anlaß des troischen Krieges.[1]

R.: E. (= Zwietracht, Streit) ist eine der zahlreichen Personifikationen im griechischen Mythos, eine „Göttin" ohne Kult.

[1] Hygin. Fab. 92. Mythogr. Vat. 1, 208. 2, 206.

Éros, Sohn des Ares* und der Aphrodite*[1], Gott der Liebe

M.: In der Phantasie des Volkes, seiner Dichter und Künstler lebte E. als der geflügelte Knabe, der mit Pfeil und Bogen Götter und Menschen ins Herz trifft und der Liebe unterwirft. E. entzündet nicht nur die Liebe zwischen den beiden Geschlechtern, sondern wacht auch über dem Freundschafts- und Liebesbund zwischen Männern und Knaben. Sein Bild wurde in den Gymnasien aufgestellt; die Spartaner opferten ihm vor der Schlacht.
E. selbst wird von Liebe zur schönen Psyche*, der personifizierten Menschenseele, ergriffen. Als Bruder und Gespiele wurde dem Gott der kleine Anteros zur Seite gestellt.

R.: Kultische Verehrung genoß E. bei den Griechen wenig (Tempel und uralter Steinfetisch in Thespiai), galt aber als Verkörperung einer lebensbeherrschenden Macht. Hesiod pries seinen gewaltigen Einfluß auf Götter und Menschen,[2] die Orphiker aber machten ihn zum Weltschöpfer.[3] In Platons „Symposion", dem Dialog, in dem das Wesen des Gottes zur Debatte steht, wird E. — der Sohn des Poros (Weg, Mittel) und der Penia (Armut) — von Sokrates als das „Verlangen nach Zeugung im Schönen", zunächst in physischer, insbesondere aber in geistig-seelischer Hinsicht charakterisiert.[4]

In hellenistischer Zeit verjüngte sich E. immer mehr. So erscheint er im Olymp als verspielt tändelndes Kind, aber auch als vorlauter, diebischer Spitzbube, dem jedoch niemand gram sein kann.

N.: Später treffen wir immer häufiger auf eine Vielzahl von Eroten, munteren Knäblein, die in der antiken Vasen- und Wandmalerei (meist in einer Beschäftigung von Erwachsenen), aber auch in der Kunst der Renaissance, des Barock und Rokoko als Amoretten, Genien oder flügellose Putti fortleben. — Dem griechischen E. entspricht der römische Amor bzw. Cupido.

P l a s t i k e n: E., Praxiteles, nicht erhalten. — Bogenspannender E., Lysippos, 4. Jh. v. Chr.; Kopie: Rom, Kapitolin. Museum. — E. und Psyche, Rom, Kapitolin. Museum. — Amor, aus der Keule des Herkules einen Bogen schnitzend, E. Bouchardon (1698—1762), Paris, Louvre. — Merkur mit Amor, R. Donner, 1735, Stift Klosterneuburg, Museum (Bronze). — Amor, E. M. Falconet, 1757, Paris, Louvre. — Amor und Psyche, T. Sergel, um 1787, Stockholm, Museum. — Amor und Psyche, Canova, 1793, Paris, Louvre. — Amor und Psyche, Thorwaldsen, 1806, Rügen, Schloß Putbus. — Triumphierender Amor, Thorwaldsen, 1814, Kopenhagen, Thorwaldsen-Museum. — Amor und Psyche, R. Begas, 1854, später in Rom ausgeführt. — Venus und Amor, R. Begas, 1864. — Amor und Psyche, Rodin, 1893.

G e m ä l d e: Die Bestrafung des E., Römisches Wandgemälde aus Pompeji, Casa dell'Amore punito, um 20—30 n. Chr., Neapel, Mus. Naz. — Zahlreiche Darstellungen von Eroten in römischen Wandgemälden aus Pompeji, z. B. im Haus der Vettier. — Triumph des Amor, Jacopo del Sellaio, 15. Jh., Fiesole, Museo Bandini. — Amor und Psyche, Raffael (Schule), 1518, Rom, Villa Farnesina (Deckenfresko). — Erziehung des Amor, Correggio, um 1525, London, National Gallery. — Der bogenschnitzende Amor, Parmeggianino, nach 1531, Wien, Kunsthist. Museum. — Venus mit Amor, Tizian, um 1545, Florenz, Uffizien. — Hochzeit des Amor und der Psyche, B. Spranger, 1587, Oldenburg, Museum. — Amor und Psyche, J. Zucchi, 1589, Rom, Galleria Borghese. — Venus und Amor, G. Reni (1575—1642), früher Berlin, Kaiser-Friedrich-Museum. — Amor, G. Reni, Wien, Kunsthist. Museum. — Amor schnitzt den Bogen, Rubens, 1614, Schleißheim, Schloßgalerie. — E. verwundet Psyche, F. Boucher, 1741, Los Angeles, County Museum. — Amor und Psyche, G. B. Greuze (1725—1805), Lille, Museum. — Amor und Psyche, O. Kokoschka, 1955.

D r a m a t. B e a r b e i t u n g e n: Cupid's Revenge, J. Fletcher, 1612. — Amor og Psyche, F. Paludan-Müller, 1834. — E., E. Didring, 1911. — Amor und Psyche, M. Gruner-Crome, 1923.

E p o s: Amor und Psyche, R. Hamerling, 1882.

D i c h t u n g: Amor und Psyche, enthalten im Roman „Metamorphosen" des L. Apuleius, 2. Jh. n. Chr. (Märchen).

Prosa: Eros' Begräbnis, H. Bergmann, 1921. — E. Anadyomenos, H. Benrath, 1927. — Traktat vom E., O. Flake, 1949.
Opern: Amor innamorato, P. F. Cavalli, 1642. — Les fêtes d'Amour et de Bacchus, J. B. Lully, 1672 (Text von Molière und Quinault). — L'Amour et Psyché, Mondonville, 1760. — Amor und Psyche, F. Gaßmann, 1767 (Text von Coltellini). — Amore e Psiche, J. F. Agricola, 1767 (Text von Landi). — Amore e Psiche, T. Traetta, 1773 (Text von Coltellini). — Amour et Psyché, P. J. Candeille, 1780. — Amour et Psyché, O. Pilati, 1856 (Operette). — Amor enamorado, J. E. Arrieta, 1880. — E. und Psyche, M. Zenger, 1901 (Text von W. Schriefer). — E. und Psyche, L. Rosycki, 1917. — Der schlaue Amor, K. Beilschmidt, 1921.

B a l l e t t e: Amore e Psiche, G. Angiolini, 1789. — Amore e Psiche, G. Vigano, 1792. — Amor und Psyche, C. Casos, 1810. — Amor und Psyche, P. Hindemith, 1944.

L i t e r a t u r: R. Reitzenstein, Das Märchen von Amor und Psyche bei Apuleius, Lpz.-Berlin 1912. — R. Reitzenstein, Noch einmal E. und Psyche, in: Archiv f. Religionswiss. 28 (1930), 42—87. — A. Dyroff, Das Märchen von Amor und Psyche, Köln 1941. — K. Kerényi, Der große Daimon des Symposion, Amsterdam 1942. — F. Lasserre, La figure d'Eros dans la poésie grecque, Diss. Lausanne, 1946.

[1] Simonid. Fr. 24 D. — E. als Sohn des Hermes* und der Artemis* bzw. der Aphrodite: Cic. De nat. deor. 3, 23, 60. K. Kerényi, Hermes der Seelenführer, Zürich 1944, 64 ff., grenzt das Wesen des E. gegenüber dem des Hermes im Rahmen seiner mythologischen Schau ab und bezeichnet E. als „etwas idealistischer und dümmer geratenen Sohn" des Hermes (S. 70). — [2] Hes. Theog. 120 ff. Dazu Kern I 250 f. Vgl. auch Plat. Sympos. 178 B. Aristot. Metaph. 1, 4. 984 b. — [3] Über E. als Demiurg bei Pherekydes von Syros (6. Jh. v. Chr.): Kern I 271 f. — Verspottung orphischer Kosmogonie bei Aristophanes, Vögel 693 ff. — Unterscheidung von kosmogonischem und gewöhnlichem, irdischem E.: Lukian, De salt. 7; dial. deor. 2, 1. Paus. 9, 27, 2. Nicht bei Hesiod, Theog. 120 ff. 201. — [4] Plat. Sympos. 199 C—212 C.

Erymanthischer Eber s. Herakles, 4. Abenteuer

Erysichthon, Sohn des Thrakerkönigs Triopas

M.: E. fällt in einem Hain der Demeter* in Dotion (Thessalien) eine der Göttin heilige Schwarzpappel, obwohl ihn Demeter in Gestalt einer Priesterin warnt. Die Göttin straft ihn mit unstillbarem Heißhunger, so daß er alle Vorräte des Hauses verzehrt und schließlich als Bettler an den Dreiwegen endet.[1]

R.: Kallimachos behandelte das Schicksal des E. in seinem Demeterhymnos. Die Erzählung gehört in das Gebiet der Aretalogie, der Beweise für die Macht und wunderwirkende Kraft eines Gottes. Die Strafe des unstillbaren Heißhungers ist für die Göttin charakteristisch, die selbst durch das Gedeihen der Feldfrüchte den Hunger der Menschen stillt.

N.: Gemälde: Adonis und E., Giorgione (ca. 1478—1510), Padua, Galerie.
Literatur: U. v. Wilamowitz-Möllendorff, Reden und Vorträge, Bd. 1, Berlin 1925, 229 ff.

[1] Älteste Erwähnung bei Hellanikos: Athen. 10, 416 B. — Kallim. Hymn. 6, 24—117. Lykophr. 1393 ff. Ov. Met. 8, 738 ff.

Eteoklés (Etéokles), Bruder des Polyneikes

Etéoklos s. Polyneikes

Euádne, Gattin des Kapaneus

Eúandros s. Cacus

Euéres, Vater des Teiresias

Eúmaios (Eumaíos) s. Odysseus, S. 243

Eúmelos (Eumélos), Sohn der Alkestis

Eumeníden s. Erinyen

Eúmolpos (Eumólpos) s. Erichthonios

Eunomía s. Horen

Eupálamos, Vater des Daidalos

Euphoríon (Euphórion)
M.: E. ist ein Sohn des Achilleus* und der Helene*, die nach dem Tode des Helden gemeinsam auf den Inseln der Seligen leben. Ihr Kind, ein geflügelter Knabe, ist mit übernatürlichen Kräften begabt. Zeus*, von Liebe entbrannt, verfolgt E., der von ihm nichts wissen will, bis zur Insel Melos, wo er ihn erreicht und mit einem Blitzstrahl tötet. Die Nymphen, die E. bestatten, verwandelt der zürnende Gott in Frösche.[1]
N.: In Goethes Faust, II. Teil, erscheint der geflügelte E. als Sohn des Faust und der Helena.
Epos: E., F. Gregorovius, 1858.

[1] Ptolem. Hephaest. 4.

Európa, Tochter des Agenor,[1] Königs von Phoinikien, und der Telephassa
M.: Zeus* verwandelt sich in einen zahmen Stier, mischt sich unter die am Strande spielenden Mädchen und entführt E. über das Meer nach Kreta.

Agenor—*Telephassa*
                |
   ┌────────┬───────┬──────┐
Zeus—*Europa* Kadmos Phoinix Kilix
   │
┌──────┬────────────┐
Minos Rhadamanthys Sarpedon

Hier zeugt er mit ihr drei Söhne, Minos*, Rhadamanthys und Sarpedon. Der Erdteil Europa erhält von ihr seinen Namen.[2]
R.: Die Stiergestalt ist für Zeus außer dem Zusammenhang der E.-Sage nicht bezeugt. Poseidon* und andere Wassergötter hingegen treten oft in Stiergestalt auf. Andrerseits spielt in die E.-Sage offenbar die vorgriechische Vorstellung und Verehrung des Himmelsstieres hinein: E. ist ja aus Phoinikien gebürtig, ihre Vereinigung mit Zeus ist in Kreta lokalisiert.[3] Die Hochzeit des Zeus und der E. nahe bei Gortyn wurde in der Antike mit einer heiligen Platane in Verbindung gebracht.[4] Im Zusammenhang damit stehen die Darstellungen auf gortynischen Münzen, die auf einen Hieros Gamos und auf einen Baumkult deuten.[5]

N.: Der Raub der E. wurde in der bildenden Kunst der Antike (Vasenbilder, Wandgemälde) wiederholt dargestellt.

P l a s t i k: E. auf dem Stier, um 550 v. Chr., Metope des ältesten Tempels in Selinunt, Palermo, Museum. — E. auf dem Stier, Metope vom Schatzhaus der Sikyonier in Delphi, nach 560 v. Chr., Delphi, Museum (Relief).

G e m ä l d e: Entführung der E., Römisches Wandgemälde aus Pompeji, um 10 n. Chr., Neapel, Mus. Naz. — Raub der E., Tizian, um 1560, Boston, Gardner-Museum. — Raub der E., Paolo Veronese, um 1580, Venedig, Dogenpalast. — Raub der E., G. Reni (1575—1642), London, Slg. D. Mahon. — E., Rembrandt, 1632, Paris, Privatbesitz. — Raub der E., C. Lorrain, 1667, London, Buckingham-Palast. — Raub der E., C. Cignani, um 1680, Parma, Palazzo del Giardino. — Raub der E., S. Ricci (1659—1734), Venedig, Akademie. — Raub der E., Tiepolo (1696—1770), Venedig, Akademie. — E., G. F. Watts, 1897, London, Privatbesitz.

D r a m a t. B e a r b e i t u n g e n: Der Raub der E., K. L. Mayer, 1913. — E., G. Kaiser, 1915.

D i c h t u n g: E., Moschos, 2. Jh. v. Chr. (Epyllion).

R o m a n: Fahrt der E., M. Bontempelli, 1956.

O p e r n: E. rapita, O. Vernici, 1623 (Text von S. Branchi). — Jupiter and E., J. E. Galliard, 1723. — Die Entführung der E., D. Milhaud, 1927 (Text von H. Hoppenot).

B a l l e t t: L'Enlèvement d'Europe, J. B. Rochefort, 1774.

L i t e r a t u r: J. Vürtheim, Europa, Amsterdam 1924. — L. de Brauw, Europe en de stier, Diss. Amsterdam 1940.

[1] Oder des Phoinix: Hom. Il. 14, 321 f. Bakchyl. 17, 29 ff. — Zu den Widersprüchen in der Genealogie des phoinikischen Königshauses, vgl. Kadmos,

Anm. 1. — ² Moschos 2, 77 ff. Diod. 5, 78, 1. Apollod. Bibl. 3, 1, 1. Ov. Met. 2, 836 ff. — ³ Vgl. Lesky 132 f. — ⁴ Theophr. Hist. plant. 1, 9, 5. — ⁵ L. Radermacher, Das Jenseits im Mythos der Hellenen, Bonn 1903, 99 ff. Nilsson I 196.

Eúros s. Winde

Euryále (Erýale), Mutter des Orion

Eurybíe s. Gaia

Eurydíke (Eurýdike) 1. Gattin des Orpheus, 2. Mutter der Danae, 3. Gattin des Kreon, s. Antigone

Eurýkleia (Eurykleía) s. Odysseus, S. 243

Eurýlochos s. Odysseus, S. 241 f.

Euryméde, Mutter des Bellerophon

Eurynóme (Eurýnome), Mutter der Chariten

Eurysákes (Erýsakes), Sohn des Aias 1.

Eurysthéus (Erýstheus) s. Herakles, S. 138 f., 141

Eurýthemis, Mutter der Leda

Eurytíon (Erýtion) 1. s. Peleus, 2. s. Kentauren

Eúrytos s. Herakles, S. 142

Eutérpe s. Musen

F

Fama

R.: Römische Personifikation des Gerüchtes, das sich aus kleinen Anfängen mit überraschender Schnelligkeit zu ungeheuerer Größe ausdehnt.[1] F. entstand nur durch das allegorisierende Denken römischer Dichter.

N.: G e m ä l d e: Triumph der F., L. Costa, 1490, Bologna, Kirche San Giacomo Maggiore.

[1] Verg. Aen. 4, 173 ff. 666 ff. — Beschreibung ihres phantastischen Palastes zwischen Himmel und Erde: Ov. Met. 12, 39 ff.

Fames, römische Allegorie des Hungers

M.: Die entsprechende griechische Allegorie (Limos) erscheint bei Hesiod unter den Kindern der Eris*.[1]

[1] Hes. Theog. 227.

Fauna, weibliches Gegenstück des Faunus*, als seine Frau oder Schwester bezeichnet

R.: F. ist wie Faunus eine Göttin, die Fruchtbarkeit von Vieh und Feld fördert. Sie wurde von den Römern auch als Bona Dea verehrt.[1]

[1] Macrob. Sat. 1, 12, 21. Serv. Aen. 7, 47.

Faunus, altlatinischer Gott der freien Natur, Beschützer der Hirten und Bauern, ihres Viehs und ihrer Äcker[1]

M.: F. ist Sohn des Picus (= Mars*), Enkel des Saturnus* und Vater des Latinus, Königs von Latium.[2] Als Inuus (der Befruchtende) sorgt er für die Fruchtbarkeit der Herden.[3] F. wurde dem griechischen Pan* angeglichen.[4] Er schreckt die Menschen in Haus und Wald (auch durch böse Träume: Incubus)[5] und erscheint oft in einer Vielzahl von Faunen, entsprechend den Panen bzw. Satyrn*.[6] Als Fatuus gibt er Weissagungen wie Pan.[7] Die Lüsternheit der Faune wurde sprichwörtlich.

R.: Das Hauptfest des „Wolfsgottes"[8] F. in Rom waren die Lupercalia am 15. Februar. Die Priester des Gottes (Luperci = Wölfe) liefen, nur mit dem Fell eines frisch geschlachteten Bockes bekleidet, um den palatinischen Hügel und schlugen die ihnen Entgegenkommenden mit Riemen, die aus dem Fell der Opfertiere geschnitten waren. Kinderlose Frauen erhofften sich von der Berührung mit diesen Riemen Fruchtbarkeit. Die Lupercalia galten aber auch als Sühne- und Reinigungsfest, das dem Monat Februar seinen Namen gab (lat. februare = reinigen).[9]

N.: P l a s t i k e n: Trunkener Faun, J. H. Dannecker, 1803 (Sandstein); Gipsabguß Stuttgart, Museum. — Zimbelspieler (= Faun),

R. Westmacott (1799—1872), Chatsworth. — Faun und Nymphe, Rodin, 1892. — Zahlreiche Kleinplastiken von P. Picasso, vgl. A. Verdet, Faunes et Nymphes de Pablo Picasso, Genf 1952.
G e m ä l d e: Faun und Nymphe, Palma Vecchio, 1505—08, München, Alte Pinakothek. — Faun und Faunin, Rubens, um 1612, Wien, Galerie Schönborn. — Kämpfende Faune, F. Stuck, 1889, München, Neue Pinakothek.

[1] Favnus — nach antiker Etymologie von lat. faveo — ist der Gott, der günstig, gewogen ist: Serv. Georg. 1, 10. Macrob. Sat. 1, 12, 22. — [2] Verg. Aen. 7, 48 f. — [3] Serv. Aen. 6, 775. — [4] Liv. 1, 5, 2. Hor. Carm. 1, 17, 2. Ov. Fast. 2, 424 ff. — [5] Varro L. Lat. 7, 36. Dionys. Hal. Arch. 5, 16. Cic. De nat. deor. 2, 6. — [6] Ov. Met. 1, 193. 6, 392. — [7] Varro L. Lat. 6, 55. Verg. Aen. 7, 81 f. Ov. Fast. 4, 649 ff. — [8] Das Wesen des F. und der mit ihm zusammenhängenden Luperci bzw. der Lupercalia ist ein vielbehandeltes Problem der römischen Religionsgeschichte. Ergänzend zu der von den meisten Forschern angenommenen Wolfsnatur des F. bringt F. Altheim eine interessante Etymologie zu F. = „Würger": II 74 ff., ebenso Röm. Religionsgeschichte I (1951), 131 ff. — [9] Zu den Lupercalia: Ov. Fast. 2, 267 ff. Plut. Rom. 21. Caes. 61. Serv. Aen. 8, 343.

Faústulus s. Romulus

Flóra, Göttin der Blumen und Blüten, altitalische Frühlingsgöttin[1]

R.: F. wurde als Flora mater verehrt und hatte einen eigenen Flamen (Opferpriester).[2] Ihr Tempel stand in der Nähe des Circus maximus.[3] In Rom fand das Fest der Göttin, die Floralia, vom 28. April bis 1. Mai statt. Es war ein heiteres, ungebundenes Frühlingsfest. Bei den mimischen Aufführungen traten Hetären auf, die auf Wunsch der Menge die Kleider abwarfen.[4] Unter das Volk wurden Spenden verteilt.[5] Eine komische Ziegen- und Hasenhetze beschloß das Fest.[6]
F. Altheim zeigte Beziehungen der F. zu Ceres* und Tellus*, der griechischen Demeter* verwandten Göttinnen, auf. Er sieht in F. nicht nur eine Göttin des irdischen Wachstums, sondern auch der Toten, und vergleicht die Floralia mit dem attischen Frühlings- und Totenfeste der Anthesterien.[7] Die Hetären werden als Vertreterinnen der Göttin selbst — F. wurde auch als meretrix (Dirne) bezeichnet — bzw. ihres Gefolges aufgefaßt. Das Abwerfen der Kleider und die sonstige Laszivität der Floralia deutet Altheim in apotropäischem Sinne als ursprünglich bewußtes starkes Gegenmittel gegen die Welt der Toten.[8]

N.: P l a s t i k: F., A. Maillol (1861—1944), Paris.
G e m ä l d e: F., Tizian, zwischen 1511 und 1516, Florenz, Uffizien. — F., Palma Vecchio, um 1520—25, London. — F., J. Massys (1509 bis 75), Stockholm, Nationalmuseum. — F., J. Boeckhorst (ca. 1588 bis 1631), Wien, Kunsthist. Museum. — Das Reich der F., N. Poussin, um 1630—35, Dresden, Gemäldegalerie. — Triumph der F., N. Poussin, um 1630—35, Paris, Louvre. — F., Rembrandt,

1633, London, Montague House. — F., Rembrandt, 1634, Leningrad, Eremitage. — F., Rembrandt, um 1656—58, Slg. Earl Spencer in Althorp. — F., J. M. Vien, 1773, Vincennes. — F., Böcklin, 1869, Basel, Museum.

O p e r n: F., A. Sartorio, 1681 (Text von N. Bonis). — F., M. A. Ziani, 1706 (Text von P. A. Bernardoni). — Die gekrönte F., G. H. Stölzel, 1736. — F., Fay, 1792 (Text von Dubuisson). — Flore et Zéphire, J. F. E. Gautier, 1852 (Text von de Leuven und Deslys).

L i t e r a t u r: F. Altheim, Terra Mater, Gießen 1931, 129—146.

[1] Varro, R. rust. 1, 1, 6. Ov. Fast. 5, 183 ff. Augustin. De civ. d. 4, 8. — [2] Varro L. Lat. 7, 45. Lucr. 5, 739. — [3] Tac. Ann. 2, 49. — [4] Lact. Instit. 1, 20, 10. Tert. De spect. 17. — [5] Pers. 5, 178. — [6] Ov. Fast. 5, 371 ff. Mart. 8, 67, 4. — [7] Terra Mater, 135 ff. — [8] A. a. O., 146.

Flußgötter

R.: Griechen und Römer sahen in den Flüssen Gottheiten, die in der Tiefe des Flußbettes oder in Grotten in der Nähe der Quelle wohnten. Die Verehrung der F. war, wie die Ilias bezeugt, sehr alt, ihr Kult von großer Bedeutung.[1] In der hellenischen Mythographie erscheinen immer wieder F. als Väter bzw. Ahnherrn von Heroen. Mehrfache Zeugnisse der literarischen und bildlichen Überlieferung weisen auf ursprüngliche Stiergestalt der F. hin.[2] Wie alle Wassergottheiten besitzen die F. Verwandlungsfähigkeit und vielfach die Gabe der Weissagung. Bei den Griechen ist der wichtigste Flußgott Acheloos*, bei den Römern Tiberinus.

[1] Hom. Il. 3, 278 f. 5, 77 f. 20, 7 ff. 21, 379 f. 23, 144 ff. — [2] Kern I 90 ff.

Fortuna s. Tyche

Furien s. Erinyen

G

Gaia (= Ge bzw. Ga), die Mutter Erde

M.: In der „Theogonie" Hesiods steht G. als eines der Urprinzipien neben Chaos* und Eros*. Aus ihr gehen Himmel (Uranos*), Gebirge und Meer (Pontos), ferner die Titanen*, die Kyklopen* und die Hekatoncheiren hervor. Aus den Blutstropfen, die G. bei der Verstümmelung des Uranos durch Kronos* aufnimmt, entstehen die Erinyen*, die Giganten* und die melischen Nymphen.[1] Von Pontos gebiert sie Nereus*, Thaumas, Phorkys*, Keto und Eurybie. G. veranlaßt den Sturz des Uranos durch Kronos. Im Kampf des Zeus* gegen Kronos unterstützt sie die Titanen durch den aus ihrer Verbindung mit Tartaros hervorgegangenen Typhoeus (Typhon*).[2] Zuletzt findet sie sich mit dem Siege des Zeus ab; auf ihrer Weissagung und Billigung beruht schließlich die Herrschaft der olympischen Götter.[3]

R.: Die zahlreichen oben angeführten genealogischen Kombinationen Hesiods sind Ausdruck der Vorstellung, daß aus der G. schließlich alles Lebendige hervorgeht. A. Dieterich hat vor nunmehr fünf Jahrzehnten in seinem nachhaltig wirkenden Buch „Mutter Erde" in fesselnder Darstellung das Bild einer Mutterreligion entworfen, in deren Mittelpunkt G. als die alle Lebewesen aus sich hervorbringende und nach dem Tode wieder in ihren Schoß aufnehmende Mutter steht. W. F. Otto[4] zog von einer vorgriechischen Mutterreligion die Verbindungslinien zu den vielberufenen Bereichen des Mutterrechts. Wilamowitz hingegen hielt den Glauben an eine über den anderen Göttern stehende Allmutter Erde für echt hellenisch.[5] Nilsson wiederum will an eine alte Volksreligion der G. nicht recht glauben.[6] Immerhin gibt es eine ganze Reihe von Belegen für die kultische Verehrung der G.[7] und einige schöne literarische Zeugnisse, die allerdings mehr oder weniger philosophisch gefärbt sind.[8] Schon bei Homer findet sich, wie auch noch später, die Sitte, bei G. neben der Sonne zu schwören. Von der Pythia in Delphi glaubte man, daß sie durch die aus der Erdtiefe aufsteigenden Dämpfe inspiriert sei. So erklärt sich wahrscheinlich die Vorstellung von G. als ältester Inhaberin des delphischen Orakels.[9] Nach mythischer Überlieferung mußte G. das Orakel später an Themis* abtreten,[10] die es wieder an Apollon* weitergab.

N.: G e m ä l d e: G., Feuerbach, 1875, Wien, Akademie der bildenden Künste.

D i c h t u n g: Homer. Hymnos an G. (30).

O p e r: Gaea, G. A. Goldschmidt, 1888 (Trilogie).

L i t e r a t u r: A. Dieterich, Mutter Erde, Lpz. ³1925.

[1] Hes. Theog. 116 ff. 183 ff. Apollod. Bibl. 1, 1, 4. 1, 6, 1. — [2] Hes. Theog. 820 ff. Apollod. Bibl. 1, 6, 3. Schol. Apoll. Rhod. 2, 40. — [3] Sie rät Zeus, Metis zu verschlingen und sichert so seine Herrschaft: Hes. Theog. 886 ff. Apollod. Bibl. 1, 3, 6. — [4] Otto, 27 ff. — [5] Wilamowitz I 202 ff. — [6] Nilsson

I 428 ff. — [7] Nilsson, a. a. O. — [8] Anrufung der G. als Allmutter bei Aischylos, Choeph. 128 f.; vgl. Eur. Phoin. 685 f. — In den Herakliden des Euripides soll G. die feindlichen Argeier von attischem Boden abwehren (770 ff.): gemeint sind in der in den ersten Jahren des peloponnesischen Krieges geschriebenen Tragödie die feindlichen Lakedaimonier, die Attika mit der Invasion bedrohten; vgl. Wilamowitz I 203. Ferner Aisch. Hiket. 890 ff. Fr. 44 N. Eur. Fr. 839 und 1023 N. — [9] Nilsson I 159. — [10] Aisch. Eumen. 1 ff.

Galáteia (Galateía) s. Polyphemos

Ganymédes, Sohn des Tros, Königs von Ilion,[1] und der Kallirrhoe, Tochter des Skamandros[2]

M.: Zeus* raubt G. wegen seiner außerordentlichen Schönheit und macht ihn zum Mundschenk der olympischen Göttertafel. Der Vater erhält als Entgelt edle Rosse[3] oder einen goldenen Weinstock.[4]

R.: Seit dem 6. Jh. v. Chr. war die Knabenliebe das Motiv für die Entführung des G.[5] Im 4. Jh. v. Chr., dem der Stoff wohlvertraut war (mehrere Komödientitel), wurde zum ersten Male die Entführung durch den Adler, die die älteren Quellen nicht kannten, bildlich dargestellt. Später nahm man an, daß Zeus selbst in der Gestalt des ihm heiligen Vogels den G. entführt habe.[6] In späthellenistischen und römischen Erzählungen wurde G. als Sternbild Wassermann (Hydrochoos) an den Himmel versetzt.[7]

N.: P l a s t i k e n : Der Adler entführt G., Leochares, 4. Jh. v. Chr.; Kopie: Rom, Vatikan. — G., den Adler fütternd, Thorwaldsen, 1817, Kopenhagen, Thorwaldsen-Museum.

G e m ä l d e : Die Entführung des G., Correggio, um 1531, Wien, Kunsthist. Museum. — G., Rubens, um 1611, Wien, Fürst Schwarzenberg. — Der Raub des G., Rembrandt, 1635, Dresden, Gemäldegalerie. — Der Raub des G., Rubens, 1636—37, Madrid, Prado. — G. in den Fängen des Adlers, A. J. Carstens (1754—98), Weimar, Museum. — G., G. F. Watts, 1850, London, Privatbesitz. — G., H. v. Marées, 1887, München, Neue Pinakothek.

D i c h t u n g : G., Goethe, 1774.

L i t e r a t u r : R. Herbig, G. und der Adler, in: Ganymed, Heidelberger Beiträge zur antiken Kunstgeschichte, Heidelberg 1949, S. 1 bis 10. — H. Sichtermann, G. Mythos und Gestalt in der antiken Kunst, Berlin 1953. — G. Lippold, Leda und G., München 1954.

[1] Hom. Il. 20, 231. — [2] Schol. Il. 20, 231. Apollod. Bibl. 3, 12, 2. — [3] Hom. Il. 5, 640. Apollod. Bibl. 2, 5, 9. — [4] Kleine Ilias, Fr. 6 K. Antiphanes Fr. 73 K. — [5] Pind. Ol. 1, 43 ff. Eur. Kykl. 582 ff. Or. 1392. — [6] Anthol. Pal. 12, 64. 65. Ov. Met. 10, 155 ff. — [7] Ps.-Eratosth. Katast. 26. Schol. Arat. 283.

Ge s. Gaia

Genius

R.: In dem G. sahen die Römer einen unsichtbaren, persönlichen Schutzgeist des Einzelnen; im Grunde war er wohl eine Personifikation der Zeugungskraft. Der G. begleitete den Menschen von der Geburt an durch sein ganzes Leben und lebte selbst nach dem Tode im Lar* fort. Dem G. wurden Speise-, Trank- und Rauchopfer dargebracht. Man schwor bei seinem G.; der Geburtstag war der Festtag des G. In der Kaiserzeit gewann der Kult des kaiserlichen G. (genius Augusti) besondere Bedeutung. Wie die einzelnen Personen (Menschen und Götter!) hatten auch Städte und Staaten, vor allem das römische Volk (genius populi Romani), Örtlichkeiten (genius loci) und Zustände ihren G. Dem G. der Männer entsprach eine Juno der Frauen als weiblicher Schutzgeist (ursprünglich Sinnbild der Gebärkraft).

L i t e r a t u r: W. F. Otto, Die Manen, Berlin 1923, S. 59 ff. — E. Rink, Die bildlichen Darstellungen des römischen G., Berlin 1933. — A. Blanchet, Le Genius populi Romani. Remarques et hypothèses, in: Comptes Rendus de l'Académie des Inscriptions et Belles Lettres, Paris 1943, 333—348.

Geryonéus (Gerýoneus) s. Herakles, 10. Arbeit

Giganten, wildes Geschlecht erdgeborener[1] Riesen

M.: Die G. werden zwar oft mit den Titanen* verwechselt,[2] sind aber nicht unsterblich wie diese.[3] Sie gehen aus den Blutstropfen hervor, die Gaia* bei der Verstümmelung des Uranos* durch Kronos* aufnimmt.[4] Ihr Kampf gegen die olympischen Götter (Gigantomachie) war in der Literatur[5] und vor allem der bildenden Kunst der Antike ein sehr beliebtes Thema. Die Leiber der G. ließ man in zwei schuppige Schlangen auslaufen.[6] Bewaffnet sind sie mit Felsblöcken, Baumstämmen und Keulen. Mit ihren Riesenkräften türmen sie sogar Berge übereinander.[7] Die unter Zeus'* Führung kämpfenden Olympier — neben Zeus zeichnen sich besonders Athene*[8] und Apollon* aus — können den Sieg nur mit Unterstützung durch einen Sterblichen erringen: Herakles* wird für seine Schützenhilfe nach dem Siegesfest unter die Olympier aufgenommen.[9] Als Schauplatz des Kampfes wird zumeist Phlegra (Brandstätte) genannt und überwiegend in Pallene (der westlichsten Landzunge der Chalkidike) lokalisiert.[10]

R.: Über den volkstümlichen Glauben an Riesen und Zwerge ist uns von den Hellenen weniger überliefert als von anderen Völkern. Auch die G. gehörten vorwiegend der Mythologie, kaum dem lebendigen Glauben an. Die Gigantomachie ist der Ausdruck einer im griechischen Volk fest wurzelnden Überzeugung vom notwendigen und gerechten Sieg der von Ordnung und Gesetz beherrschten Welt der Olympier über die chaotisch wilde Urzeit. In hellenistischer Zeit, als der gewaltige Pergamonfries geschaffen wurde (unter Eumenes II., 197—159 v. Chr.), verwandte man die Gigantomachie bereits als ein Symbol für zeitgenössische Kämpfe und Siege über die Barbaren.[11]

N.: Plastiken: Gigantomachie aus dem Nordfries des Schatzhauses der Knidier in Delphi, 6. Jh. v. Chr. (Relief). — Gigantomachie vom Unterbau des Zeusaltares in Pergamon, Menekrates u. a. 1. Hälfte d. 2. Jh. v. Chr., früher Berlin, Pergamon-Museum (Relief).

Gemälde: Der Sturz der G., Giulio Romano, 1534, Mantua, Palazzo del Te (Fresko). — Der Sturm der G. gegen den Olymp, Il Cavaliere d'Arpino (1568—1640), Wien, Kunsthist. Museum. — Sturz der G., G. Reni (1575—1642), Pesaro, Museum.

Epos: Gigantomachia, Cl. Claudianus (um 370—404 n. Chr.).

Oper: La caduta dei Giganti, Gluck, 1746.

Literatur: F. Vian, Répertoire des Gigantomachies figurées dans l'art grec et romain, Paris 1951. — F. Vian, La guerre des Géants. Le mythe avant l'époque hellénistique, Paris 1952.

[1] z. B. Soph. Trach. 1058 f. Eur. Ion 987 f. Phoin. 128.1131. Aristoph. Vögel 824. — [2] Schol. Eur. Hek. 472. — [3] Paus. 8, 29, 2. — [4] Hes. Theog. 183 ff. Schol. Apoll. Rhod. 4, 992. — [5] Parodien in der Komödie: Hegemon bei Athen. 407 A., 698 A. — [6] Ov. Met. 1, 184. Trist. 4, 7, 17. Serv. Aen. 3, 578. — [7] Nur als Versuch: Hom. Od. 11, 315 f. Verg. Georg. 1, 281 f. Hor. Carm. 3, 4, 51 f Ausgeführt: Ov. Met. 1, 153. Claudian. Gigantom. 66 ff. — [8] Pheidias stellte die Gigantomachie auf der Innenseite des Schildes der Athene Parthenos dar. — [9] Eur. Herakles 177 ff. Diod. 4, 15, 1. — Auch Dionysos verdient sich durch seine Teilnahme an der Gigantomachie die Aufnahme unter die Olympier. — [10] Hdt. 7, 123. Lykophr. 127, 1407. — [11] Kern III 170 ff.

Glaúke, Tochter des Königs Kreon von Korinth, s. Medeia

Glaúkos

1. Hilfreicher, niederer Meeresgott

M.: In Anthedon (Boiotien) erzählten die Fischer, die ihn besonders verehrten, G. sei einst selbst Fischer gewesen, nach dem Genuß eines Zauberkrautes ins Meer gesprungen und dann zum Gott geworden.

R.: Der Name G. gehört zu griech. glauke = Meer (das Adjektiv glaukos = blauglänzend), dem auch der Name einer Nereide* Glauke entspricht. G. ist wie Proteus*, Nereus* und Phorkys* ein Meerdämon, der wie die übrigen Wassergeister die Gabe der Verwandlungsfähigkeit und der Weissagung besitzt. Alle diese Meeresgottheiten wurden gelegentlich auch als Halios Geron (= der Meeresalte) bezeichnet, ohne deswegen ihre Selbständigkeit zu verlieren.[1] Übrigens pflegte man die Meeresgötter sich als alte Männer vorzustellen. — Die Erzählung vom Meeressprung und der Verwandlung des Menschen in einen Gott erinnert an die analoge Geschichte von Britomartis*-Diktynna.[2]

N.: Plastik: Neptun und G., L. Bernini, 1620, London, Victoria and Albert Museum.

Gemälde: G. und Skylla, B. Spranger (1546—1611), Wien, Kunsthistor. Museum.
Dramat. Bearbeitung: Glauco, E. Morselli, 1919.
Dichtung: An idyl for Glaucus, E. Pound, 1909.

[1] Lesky 112 f. — [2] Zur Frage des Meeressprunges vgl. Lesky 142 ff.

2. Sohn des Minos* und der Pasiphae

M.: Als Kind fällt G. in ein offenes Honigfaß und erstickt. Der Seher Polyeidos erweckt ihn mit einem wunderwirkenden Kraut vom Tode.[1]

N.: Sophokles und Euripides behandelten den Stoff in Tragödien, von denen wir Fragmente besitzen.[2]

[1] Apollod. Bibl. 3, 3, 1. Schol. Lykophr. 811. — Nach anderer Version wird G. durch Asklepios* ins Leben zurückgerufen: Apollod. Bibl. 3, 10, 3. Schol. Pind. Pyth. 3, 54 (96). — [2] Soph. Fr. 358—368 N. Eur. Fr. 634—646 N.

3. Vater des Bellerophon

4. Sohn des Antenor

Goldenes Zeitalter s. Weltalter, s. Saturnus

Gorgonen, drei Töchter des Phorkys* und der Keto[1]

M.: Ihre Namen sind Stheno, Euryale und Medusa; nur Medusa ist sterblich. Die G. sind geflügelt, haben Schlangenhaare und mächtige Zähne. Ihr Blick läßt jeden, der sie sieht, zu Stein werden.[2] Perseus* schlägt der Medusa das Haupt ab und schenkt es der Göttin Athene*, die es seither in ihrem Schilde führt.
An den Namen der Medusa (eigentlich = die Herrschende, Waltende) knüpft sich außerdem der Mythos, sie habe sich mit Poseidon* in Roßgestalt verbunden und im Tode die Pferde Pegasos* und Chrysaor geboren.

R.: Die Gorgo (= Medusa) gehört in eine Reihe von Spukgestalten und Dämonen, deren Spuren noch im neugriechischen Volksglauben anzutreffen sind. Die Dreizahl der G. ist eine rein mythologische Erfindung. Die Heldentat des Perseus, der der G. mit göttlicher Hilfe das Haupt abschlägt, entstammt der Sphäre des Märchens. Ein Beweis für die Dämonenfurcht der archaischen Zeit, die nur in der feudalen Gesellschaft des homerischen Epos stark zurücktritt, ist die häufige Verwendung des Gorgoneions (des fratzenhaften G.-Hauptes) im apotropäischen Sinne.[3] So finden wir das Gorgoneion auf dem Schild der Athene ebenso wie auf dem des Agamemnon,[4] auf Gräbern, Trinkgefäßen usw.

N.: Während die archaische Kunst das Abstoßende, Fratzenhafte des G.-Antlitzes betonte, wurde seit etwa 400 v. Chr. auch die Medusa als schöne Frau dargestellt. Die Geliebte des Poseidon und

Mutter eines oder zweier mythischer Pferde dachte und gestaltete man ähnlich den Kentauren* als Mischwesen von Weib und Stute.[5]

Plastiken: G. in der Giebelmitte des Artemistempels von Korfu, um 590 v. Chr., Korfu, Museum. — Sog. Medusa Rondanini, hellenistisch; Kopie: München, Glyptothek (Kopf).

Gemälde: Kopf der Medusa, Leonardo da Vinci (1452—1519), Florenz, Uffizien. — Perseus erschlägt die Medusa, Peruzzi (1481 bis 1536), Rom, Villa Farnesina (Deckengemälde). — Kopf der Medusa, Caravaggio, 1588, Florenz, Uffizien. — Kopf der Medusa, Rubens, um 1614, Wien, Kunsthist. Museum.

Literatur: Kaiser Wilhelm II., Studien zur Gorgo, Berlin 1936.[6] — H. Besig, Gorgo und Gorgoneia in der archaischen griechischen Kunst, Berlin 1937.

[1] Hes. Theog. 270 ff. — [2] Aisch. Prom. 798 ff. Apollod. Bibl. 2, 4, 2. — [3] Nilsson I 211. — [4] Hom. Il. 11, 36. — [5] Robert 222 f. — [6] Von der Giebeldarstellung des G.-Tempels in Korfu ausgehend verfolgt der Verf. die Formgeschichte des G.-Bildes in allen Kulturkreisen.

Gorgophóne, Tochter des Perseus

Graien, Töchter des Phorkys* und der Keto[1]

M.: Die G. besitzen zu dritt nur ein Auge und einen Zahn.[2] Perseus* raubt ihnen Auge und Zahn, worauf ihm die G. den Weg zu den Nymphen* weisen.

R.: Die G. sind, wie ihre Abstammung zeigt, die Personifikation häßlicher Meeresungeheuer. Ihr Name bedeutet „die alten Frauen".

N.: Aischylos widmete den G. ein Satyrspiel.[3] Als Phorkyaden erscheinen die G. in Goethes „Faust" II, 3. u. 4. Akt.

Gemälde: Perseus und die G., E. Burne-Jones, 1892.

[1] Hes. Theog. 270 ff. — [2] Aisch. Prom. 794 ff. Apollod. Bibl. 2, 4, 2. — Zwei Graien: Ov. Met. 4, 774 ff. — [3] Aisch. Fr. 261 f. N.

Grazien s. Chariten

Große Mutter s. Kybele, s. auch Anâhita, Attis, Mâ

Gýges, lydischer Usurpator

M.: G. beseitigte den König von Lydien, Kandaules, und wurde dessen Nachfolger (Anf. d. 7. Jh. v. Chr.). Dieses historische Ereignis wurde in der Überlieferung mit novellen- und märchenhaften Zügen umkleidet. Kandaules rühmt G. gegenüber die Schönheit seiner Gattin und versteckt den Freund in seinem Schlafgemach, um ihn von der Wahrheit seiner Worte zu überzeugen. Die Königin entdeckt den Eindringling und stellt ihn tags darauf vor die Wahl, den König zu töten und sie zu heiraten oder selbst die Todesstrafe zu erleiden. G. entscheidet sich für das Erstere und wird Nachfolger des Kandaules.[1]

Nach anderer Version findet G. als Hirte in einer unterirdischen Höhle einen Ring, der seinen Besitzer unsichtbar macht, sobald man den Stein einwärts kehrt. Mit Hilfe dieses Ringes tötet G. den Kandaules und gewinnt die Königin.[2]

R.: Das Motiv des unsichtbar machenden Ringes stammt aus dem Bereiche des Märchens. Die bei Platon erzählte Version ist wohl als die ursprünglichere aufzufassen. Man hat darauf aufmerksam gemacht, daß in der novellistischen Fassung Herodots die Wirkung des unsichtbar machenden Ringes auf einer höheren Stilstufe durch die Ausmalung der Szene im Schlafgemach ersetzt wurde.[3]

N.: 1950 wurde ein aus Ägypten stammendes Papyrusfragment einer bisher völlig unbekannten griechischen Gyges-Tragödie veröffentlicht, die von einigen Gelehrten in das frühe 5. Jh. v. Chr., mit größerer Wahrscheinlichkeit aber in hellenistische Zeit gesetzt wird.

G e m ä l d e: Kandaules, J. Jordaens, 1646, Stockholm, Museum.

D r a m a t. B e a r b e i t u n g e n: G. und sein Ring, Hebbel, 1856. — Le roi Candaule, A. Gide, 1901.

N o v e l l e: Le roi Candaule, Th. Gautier, 1844.

O p e r n: Candaule re di Lidia, F. Provenzale, 1679 (Text von Morselli). — Candaule re di Lidia, P. A. Ziani, 1679 (Text von Morselli). — Gige in Lidia, D. Gabrieli, 1684 (Text von Neri). — Candaule re di Lidia, D. Sarri, 1705 (Text von Morselli). — Le roi Candaule, A. Bruneau, 1920 (Text von M. Donnay, kom. Oper).

L i t e r a t u r: K. F. Smith, in: American Journal of Philology 23 (1902), 261 ff. 362 ff. 41 (1920), 1 ff. — K. Reinhardt, G. und sein Ring, in: Europäische Revue 15/2 (1939), 384—391. — D. L. Page, A new Chapter in the History of Greek Tragedy, Cambridge 1951. — A. Lesky, Das hellenistische Gyges-Drama, in: Hermes 81 (1953), 1—10.

[1] Hdt. 1, 7 ff. — Radermacher 131 zieht ein Beispiel aus germanischer Sage zum Vergleich heran. — [2] Plat. Staat 359 D—360 B. 612 B. — [3] K. Reinhardt, Europ. Revue 15/2 (1939), 386.

H

Hádes (= Aidoneus, Plutos oder Pluton), Sohn des Kronos* und der Rheia*,[1] Gemahl der Persephone*, Gott der Unterwelt*

M.: Bei der Teilung der Welt unter die drei Söhne des Kronos (Zeus*, Poseidon*, H.) erhält H. die Unterwelt,[2] um hier wie ein homerischer Fürst in seinem Palast an der Seite seiner Gemahlin Persephone über die Seelen der Abgeschiedenen zu herrschen.[3] Da H. kein Mitleid kennt, ist er allen Menschen verhaßt; jedermann darf in sein Haus eintreten, aber für niemand gibt es eine Rückkehr. Nur Herakles* nimmt den Kampf mit H. auf und verwundet den Gott, der sich zur Heilung seiner Wunden in den Olymp begibt.[4] Athene bedient sich der Tarnkappe des H. im Kampfe mit Ares*.[5] — H. heißt auch Polydektes oder Polydegmon (= „der viele aufnimmt", „der große Wirt" [Kern I 131]), weil alle Menschen in sein Reich hinab müssen.

R.: In vorhomerischer Zeit mag die Person des H. als Gegenstück zu Zeus, gleichsam als „Schattenzeus" und Unterweltsgott entstanden sein.[6] H., der im Epos nie handelnd auftritt,[7] verblaßt gegenüber der eigentlichen Herrin der Unterwelt, Persephone. An die Funktion eines Todesgottes scheint das homerische klytopolos (= „der durch Rosse berühmte")[8] zu erinnern. Man dachte H. wohl ursprünglich als Räuber, der das Opfer überrascht und auf seinem Wagen entführt (wie Persephone, vgl. Demeter). Später übernahm Hermes* Psychopompos das Amt, die Seelen in die Unterwelt zu geleiten.

Als Pylartes („der das Tor schließt")[9] wachte H. am Eingang seines unterirdischen Palastes, um jeder Seele, die hier eingetreten war, die Rückkehr abzuschneiden. An diesem Tor wurde auch der Kampf des Herakles mit H. lokalisiert. Die Spuren eines H.-Kultes sind vereinzelt.[10] Erst die Gleichsetzung des H. mit dem unterirdisch lebenden Gott des Reichtums Plutos* oder Pluton[11] belebte die Mythenbildung. Den Gott des Reichtums dachte man unter der Erde wirkend, da er hier der Pflanzenwelt ihren Nährboden und den Menschen seine Schätze an Edelmetallen darbieten konnte. Der Name Aidoneus und H. wurde auch als „der Unsichtbare" gedeutet; von hier nahm vermutlich die Zuweisung der Tarnkappe an H. ihren Ausgang.[12]

N.: P l a s t i k e n: Pluto raubt Proserpina, L. Bernini (1598—1680), Rom, Gall. Borghese. — Pluto raubt Proserpina, F. Girardon, 1699, Versailles. — Pluto und Proserpina, L. Mattielli, 1716, Wien, Schwarzenbergpark.

G e m ä l d e: Pluto raubt Proserpina, Rembrandt, 1632, früher Berlin, Kaiser-Friedrich-Museum.

E p o s: The epic of H., L. Morris, 1877.

L i t e r a t u r: E. Wüst, Artikel Pluton in: RE 21/1 (1951), 990 bis 1026.

[1] Hes. Theog. 453 ff. Plutos als Sohn des Iasion und der Demeter: Hes. Theog. 969 ff. — [2] Hom. Il. 15, 187 ff. — [3] Hom. Il. 20, 61 ff. 22, 482. Od. 10, 491. — [4] Hom. Il. 5, 395 ff. — [5] Hom. Il. 5, 844 f. — [6] RE 21/1 (1951), 994. — [7] Die einzige Ausnahme, daß er sich nach seinem Kampf mit Herakles in den Olymp begibt (Hom. Il. 5, 395 ff.), ist dichterische Erfindung. Tatsächlich kann der Herr der Unterwelt sein Reich nicht verlassen: Wilamowitz I 335 Anm. 1. — [8] Hom. Il. 5, 564. 11, 445. — [9] Hom. Il. 8, 367. 13, 415. — [10] Paus. 6, 25, 2. — [11] Die Form Pluton findet sich erst ab dem 5. Jh v. Chr.: Nilsson I 424. Zur Umbenennung des H. in Pluton vgl. Plat. Krat. 403 A-E. — [12] Nilsson I 425—427. J. Roeger, Ἀϊδος κυνέη. Das Märchen von der Unsichtbarkeit in den homerischen Gedichten, Graz 1924.

Haímon, Bräutigam der Antigone 2.

Halirróthios s. Zwölfgötter

Halkyóne, Gattin des Keyx

Hamadryáden s. Nymphen

Harmonía, Gattin des Kadmos

Harpokrates, hellenisierte Form des Horos, s. Isis

Harpýien, die zwei oder drei Töchter des Thaumas und der Elektra[1]

M.: Ihre wechselnden Namen (Aello, Aellopus, Podarge, Okypete, Kelaino) weisen auf den Sturmwind und die Schnelligkeit hin. Als Sturmdämonen stehen sie den Windgöttern Zephyros und Boreas nahe. Aus der Verbindung des Zephyros und der Podarge stammt das Paar windschneller Rosse des Achilleus*: Xanthos und Balios.[2] Innerhalb der Argonautensage erscheinen die H. in der Phineus*-Episode. Als häßliche Mischwesen aus Mädchen- und Vogelleibern rauben sie dem greisen Seher einen Teil seines Essens und besudeln den Rest. Von den Boreas-Söhnen Kalais und Zetes werden sie vertrieben bzw. getötet.[3]

R.: Die H. (eigentlich = „Rafferinnen") wurden wegen ihrer dem Sturmwind gleichkommenden Natur vogelgestaltig dargestellt. Man dachte sie aber auch als Pferde wie die Windgötter; so wurden die windschnellen Rosse des Achilleus von ihnen hergeleitet. Wilamowitz meint, die Phineus-Episode sei erfunden, um zu zeigen, wie die H. unschädlich gemacht wurden, ein Zeichen, daß man an diese Wesen nicht mehr glaubte.[4]

[1] Hes. Theog. 267. Apollod. Bibl. 1, 2, 6. — [2] Hom. Il. 16, 148 ff. 19, 400. — [3] Apoll. Rhod. 2, 176 ff. Verg. Aen. 3, 225 ff. — [4] Wilamowitz I 267.

Hébe, Tochter des Zeus* und der Hera*[1]

M.: An der olympischen Göttertafel kredenzt H. den Nektar, bis das Mundschenkamt später von Ganymedes* allein übernommen wird. Der zum Lohn für seine übermenschlichen Leistungen unter die Götter aufgenommene Herakles* erhält H. nach seiner Aussöhnung mit Hera zur Gemahlin.²

R.: H. (griech. = „Jugendblüte") ist die reine Personifikation der Jugendblüte. Wo wir auf Spuren eines H.-Kultes stoßen, ist er wie in Argos aus dem Hera-Kult abgezweigt, allenfalls im Schatten eines Herakles-Kultes zu verstehen.³

N.: Plastiken: H., Canova, 1796, früher Berlin, Nationalgalerie. — H., Thorwaldsen, 1816, Kopenhagen, Thorwaldsen-Museum. — H., J. Gibson (1790—1866), London, Privatbesitz.
Gemälde: H., Bronzino (1502—72), Rom, Gall. Nazionale.
Opern: Herkules und H., R. Keiser, 1699 (Text von Chr. H. Postel). — Le nozze d'Ercole e d'Ebe, Gluck, 1747.

¹ Hes. Theog. 921 ff. Apollod. Bibl. 1, 3, 1. — ² Hom. Od. 11, 602 ff. Hes. Theog. 950 ff. Pind. Nem. 1, 69 ff. Eur. Heraklid. 915 f. (854 ff.!). — ³ Wilamowitz I 244.

Hekábe (Hékabe, lat. Hécuba), Tochter des Dymas,¹ Gemahlin des Priamos*, Königs von Troia

M.: Unter ihren zahlreichen Söhnen sind bemerkenswert Hektor*, Paris*, Helenos, Deiphobos und Polydoros, unter den Töchtern Kassandra* und Polyxene*. Nach der Eroberung Troias durch die Griechen fällt H. als Sklavin in die Hände des Odysseus*.² Auf der Rückfahrt nach Hellas findet H. in Thrakien am Strande die Leiche ihres Sohnes Polydoros. Priamos hatte ihn einst als Knaben reich ausgestattet dem Thrakerkönig Polymestor zum Schutze übergeben. Nach dem Fall Troias ermordete Polymestor seinen Schützling aus Gier nach dessen Reichtum und warf die Leiche ins Meer. — H. lockt Polymestor nun in ihr Zelt, tötet gemeinsam mit anderen Troerinnen seine Kinder und sticht ihm die Augen aus.³ Nach ihrem Tode wird H. in einen Hund verwandelt.⁴ Ihr Grab lokalisierte man im Altertum am Vorgebirge Kynossema (= „Hundsgrab") am Hellespont.⁵

R.: Die Verwandlung der H. in einen Hund scheint mit der Göttin Hekate* zusammenzuhängen, der der Hund heilig war.⁶ Das „Hundsgrab" am Hellespont hieß auch Hekates agalma (= Denkmal der Hekate).

N.: Euripides schildert den Leidensweg der gefangenen Königin in seiner erhaltenen Tragödie „Hekabe". — Die Redensart „Das ist mir Hekuba" im Sinne von „Das ist mir gleichgültig" geht auf Shakespeares „Hamlet" II 2 („Um nichts das alles! Um Hekuba! Was ist ihm Hekuba, ... ?") zurück.

Gemälde: Blendung des Polymestor durch die Troerinnen, G. M. Crespi (1665—1747), Brüssel, Museum.

Dramat. Bearbeitungen: H., Euripides, um 425 v. Chr. — Hecuba triste, Parez de Oliva, um 1530. — Hecuba, Joost van den

Vondel, 1625. — Polidore, Pellegrin, 1703. — Hecuba, J. E. Schlegel, 1737 (= Die Trojanerinnen). — Königin H., W. Fischer-Graz, 1905.
R o m a n : Töchter der Hekuba, C. Viebig, 1917.
O p e r n : Polydore, J. B. Stuck-Batistin, 1720 (Text von Pellegrin). — Polydorus, K. H. Graun, 1726 (Text von J. S. Müller). — Hécuba, Granges de Fontenelle, 1800 (Text von Milcent). — Ecuba, G. F. Malipiero, 1940.
L i t e r a t u r : M. L. Deflandre, Hécube. Étude philologique et archéologique, Thès. lic. Liège 1939.

[1] Hom. Il. 16, 718 f. — Oder des Kisseus: Eur. Hek. 3. Verg. Aen. 7, 320. — Sowohl Vater wie Mutter der H. sind in der antiken Überlieferung durchaus unsicher: Schol. Eur. Hek. 3. Hygin. Fab. 91. 111. 249. Schol. Il. 16, 718. Daher die ironische Frage des Kaisers Tiberius an die Grammatiker: „Wer war die Mutter der H.?" (Suet. Tib. 70). — [2] Apollod. Epit. 5, 23. Quint. Smyrn. 14, 20 ff. — [3] Eur. Hek. 658 ff. — [4] Eur. Hek. 1265. Quint: Smyrn. 14, 347 ff. Schol. Lykophr. 315. 1176. — [5] Eur. Hek. 1271 ff. Apollod. Epit. 5, 23. Suda s. v. Kynosemon und Kynos sema. — [6] Eine andere Version berichtet von der Entrückung der H. nach Lykien, wo Hekate besonders verehrt wurde: Robert 1279.

Hekále (Hékale), eine arme, alte Frau

M.: H. nimmt Theseus* vor seinem Kampf mit dem marathonischen Stier gastfreundlich auf und bewirtet ihn.[1] Bei seiner Rückkehr bringt Theseus der inzwischen verstorbenen H. aus Dankbarkeit ein Opfer dar.

R.: H. war der Name eines attischen Demos, in dem man einem Zeus* Hekalos und der H. Opfer darbrachte. Die Erzählung von Theseus stellt ein Aition für diesen Brauch dar und sollte gleichzeitig den Kult dieses Demos der attischen Hauptstadt Athen religionspolitisch unterordnen.[2] Die Geschichte übertrug das Motiv der wandernden Götter, die bei Menschen gastfreundlich aufgenommen und bewirtet werden, auf die Heroenwelt (vgl. Philemon* und Baukis).[3]

N.: Kallimachos behandelte die Geschichte in seinem Kleinepos „Hekale", von dem wir eine größere Anzahl Fragmente besitzen.
D i c h t u n g : Theseus der Jüngling, I. Wiesinger-Maggi, 1953.
L i t e r a t u r : I. Kapp, Callimachi Hecalae fragmenta, Berlin 1915. — Callimachus, ed. R. Pfeiffer I, Oxford 1949, Fr. 230—377, S. 226—303.

[1] Plut. Thes. 14. Julian. Epist. 41. — [2] Deubner 217. — [3] L. Malten, Hermes 74 (1939), 179 ff.

Hekáte (Hékate), Tochter des Titanen Perses und der Asteria[1]

M.: Als chthonische Gottheit ist H. hilfreich und unheimlich zugleich und beim Volke sehr beliebt. Wie die Erinyen* trägt sie eine

Fackel und Schlangen im Haar. H. ist Herrin alles nächtlichen Unwesens, der Zauberei und Giftmischerei.

R.: H. ist eine aus Karien (Kleinasien) nach Hellas eingewanderte Gottheit. Beleg dafür sind die vielen von ihrem Namen abgeleiteten Personennamen (Hekataios, Hekatomnos usw.) in Karien und den benachbarten Inseln.[2] Homer kennt H. nicht oder ignoriert sie. In einer Hesiod wohl nicht zugehörigen Partie der Theogonie wird H. als allseits verehrte Göttin geschildert, deren Machtbereich sich über Erde, Meer und Himmel erstreckt; orphischer Einfluß auf diese Darstellung wurde vermutet.[3]

Im sog. homerischen Demeterhymnos wird H., die die Hilferufe der geraubten Persephone* hört, ohne weitere Motivierung mit Demeter* zusammengebracht; beide Göttinnen erscheinen mit Fackeln in den Händen.[4]

H. als Herrin alles Zauber-, Spuk- und Hexenwesens war im 5. Jh. sehr populär und ist uns namentlich aus Athen gut bekannt. Sie war in erster Linie Frauengöttin. Ihr Altar stand vor jedem athenischen Haus, wo man ihr ebenso wie an den von alters her irgendwie unheimlichen Weggabelungen Speiseopfer aussetzte. H.-Tempel sind aus Aigina, Argos, Eleusis und sonst bekannt. Mit ihrem nächtlichen Schwarm — der wilden Jagd entsprechend — zog H., von heulenden Hunden begleitet, dahin und brachte Verderben demjenigen, dem sie begegnete. Ihr Beiname Antaia (= „Begegnerin", vgl. Antaios) weist auf diese ihre gespenstische Funktion hin. So wird sie die Urheberin von allerlei krankhaften Zuständen.[5] Zauberinnen wandten sich bei ihrem nächtlichen Treiben besonders gern an H.[6] Der Hund war ihr beliebtestes Opfertier.[7]

H. wurde als Führerin eines wilden Heeres oft mit Artemis* (auch als Geburtshelferin)[8], aber auch mit Selene*, Enodia (= Trioditis, lat. Trivia, Göttin der Dreiwege)[9] und (als Herrin der Toten) mit Persephone[10] gleichgesetzt.

N.: G e m ä l d e: H., Guercino (1591—1666), früher Dresden, Gemäldegalerie. — H., W. Blake, 1795, London, Tate-Gallery.

[1] Hes. Theog. 409 ff. Apollod. Bibl. 1, 2, 4. Andere Genealogie für H.: Schol. Apoll. Rhod. 3, 467. — [2] Nilsson, Griechische Feste, 397. — [3] Theog. 411 bis 452. Nilsson I 684 f. Dagegen Wilamowitz I 172. Kern I 245. — [4] Hom. Hymn. Dem. 25. 52 ff. 438. — [5] Hippokr. De morbo sacro 1. Vgl. Eur. Hipp. 142 u. Adespot. Trag. 375. — [6] Soph. Fr. 491. 492. Eur. Med. 395 ff. Theokr. 2, 12 ff. u. Schol. Theokr. 2, 69. — [7] Eur. Fr. 968. Paus. 3, 14, 9. Schol. Aristoph. Friede 277. — H. Scholz, Der Hund in der griech.-röm. Magie und Religion, Diss. Berlin 1937, 41 ff. — [8] Aisch. Hik. 676. Eur. Phoin. 109 f. — [9] Soph. Fr. 492. Eur. Hel. 569 f. — [10] Soph. Ant. 1199. Schol. Theokr. 2, 12.

Hekatoncheíren s. Kronos

Héktor, erstgeborener Sohn des Königs Priamos* und der Hekabe*

M.: H. ist Gatte der Andromache* und Vater des Astyanax (= Skamandrios). In den Kämpfen um Troia* zeichnet sich H.

wiederholt aus. Sein Abschied von Andromache ist in der Dichtung und bildenden Kunst der Antike (Vasenbilder) mehrfach dargestellt.[1] H. tötet den Protesilaos*, der als erster Grieche an der asiatischen Küste vom Schiff an Land springt.[2] Während der Belagerung fordert er den stärksten Griechen zum Zweikampf heraus; Aias* und H. sind einander ebenbürtige Gegner, so daß der Kampf unentschieden abgebrochen wird.[3] Einmal gelingt es H., an der Spitze der Troer in das befestigte Lager der Griechen einzudringen.[4] Ein andermal stürmt er bis an die Küste vor und wirft Feuer in die griechischen Schiffe.[5] Den Patroklos*, der in der Rüstung des Achilleus* die Troer zurückdrängt, tötet H. vor den Toren Troias.[6] Er selbst fällt im Zweikampf mit Achilleus*, der die Leiche H.s an seinen Wagen bindet und ins Lager schleift.[7] Später gibt Achilleus H.s Leichnam dem greisen Priamos zurück, als dieser im griechischen Lager erscheint und reiche Geschenke anbietet.[8]

R.: Einige Gelehrte vermuteten in H. einen mittelgriechischen und zwar thebanischen Heros.[9]

N.: Plastiken: H., J. H. Dannecker, 1795—97, Stuttgart, Museum (Gips). — H. mit seinem Söhnchen Astyanax, J. B. Carpeaux, 1854, Valenciennes, Carpeaux-Museum.

Gemälde: Achilleus mit der Leiche H.s, D. Creti (1671—1749), Bologna.

Dramat. Bearbeitungen: H., Sconin, 1674. — H., R. Shepherd, 1770.

Dichtung: Hektors Abschied, Schiller, 1780. — Hektors lefnad, C. Almquist, 1814.

Kantate: Hektors Tod, P. Winter, 1785.

Oper: Astyanax, K. Kreutzer, 1800 (Text von Jaure).

Literatur: D. M. Búry, Le merveilleux dans le thème d'Hector, in: Les Études classiques 21 (1953), 28—48.

[1] Vorbild: Hom. Il. 6, 390 ff. — [2] Hom. Il. 2, 698 ff. — [3] Hom. Il. 7, 66 ff. — [4] Hom. Il. 12, 436 ff. — [5] Hom. Il. 15, 716 ff. — [6] Hom. Il. 16, 712 ff. — [7] Hom. Il. 22. — [8] Hom. Il. 24, 169 ff. — [9] Robert 82. Den Namen H. glaubten M. Ventris und J. Chadwick auf einer in Linear B geschriebenen Tafel aus Knossos (gegen 1400 v. Chr.) lesen zu können: Journ. Hell. Stud. 73 (1953), S. 94.

Héleios, Sohn des Perseus

Heléne (Hélena), Tochter des Zeus* und der Leda*,[1] Schwester der Dioskuren* und der Klytaimestra

M.: H. soll aus einem Ei geboren worden sein. Nach attischer Sage wird sie schon in jungen Jahren von Theseus* und Peirithoos* entführt und nach Aphidnai (Attika) gebracht.[2] Später, als Theseus mit Peirithoos in der Unterwelt weilt, wird H. von ihren Brüdern, den Dioskuren, befreit und nach Sparta zurückgeholt.[3] Als schönste

Frau hat H. zahlreiche Freier.⁴ Auf den Rat des Odysseus*, der selbst um H. freit, läßt ihr Stiefvater Tyndareos die Freier schwören, demjenigen, der H. zur Frau erhalte, in Zukunft in jedem Kampf um ihren Besitz beizustehen.⁵ So wird H. die Gemahlin des Königs Menelaos*; aus dieser Ehe geht eine Tochter Hermione (und ein Sohn Nikostratos) hervor.⁶
Von dem troischen Königssohn Paris* läßt sich H. nach Troia entführen. Menelaos sammelt ein griechisches Heer, das unter dem Oberbefehl seines Bruders Agamemnon* gegen Troia segelt. Nach zehnjähriger Belagerung wird die Stadt erobert. H., die nach dem Tode des Paris Gattin des Deiphobos geworden ist, gerät mit den anderen Troerinnen in Gefangenschaft. Menelaos hat sich für H. strengste Strafen ausgedacht, läßt sich jedoch durch ihren Charme abermals blenden und nimmt sie als Gemahlin mit nach Sparta.⁷

R.: H., die Zeustochter, war ursprünglich eine Göttin. Als H. Dendritis wurde sie im Baumkult verehrt. So gab es eine Platane der H. in Sparta,⁸ und in Kaphyai wurde der Baumkult auch auf Menelaos übertragen.⁹ In Rhodos wurde ihr Baumkult damit erklärt, daß sie an einem Baum erhängt worden sei.¹⁰ Von diesen Tatsachen des Kultes sowie dem Entführungs- und Todesmotiv, das ähnlich bei der aus Kreta stammenden Ariadne* wiederkehrt, ausgehend hat man H. als eine (vielleicht minoische) Vegetationsgöttin aufgefaßt.¹¹ Entführung und Tod einer Vegetationsgottheit wird auf das absterbende Leben in der Natur gedeutet. Merkwürdig ist, daß der Entführer Theseus sowohl H. wie Ariadne wieder verliert.¹² Die Entführung des Theseus¹³ und die Lokalisierung der Entführungsgeschichte in Aphidnai gehen auf attischen Einfluß zurück. Erst durch die Übertragung des Entführungsmotivs in die Vorgeschichte des troischen Krieges wurde H. zu der aus dem homerischen Epos bekannten Heroine.

N.: Wie mancher andere Dichter stellte auch der Chorlyriker Stesichoros (um 600 v. Chr.) H. als schönes, aber treuloses und verführerisches Weib dar. Nach der Überlieferung soll er deshalb erblindet sein und nun eine Palinodie (Widerruf) gedichtet haben¹⁴: Die H., die mit Paris nach Troia kommt, ist bloß ein nebelhaftes Truggebilde. Die wirkliche H. wird nach Ägypten versetzt und lebt dort jahrelang, bis sie von Menelaos auf seiner Rückkehr von Troia nach langen Irrwegen gefunden und heimgeführt wird. Eine dramatische Bearbeitung dieser Version von der ägyptischen H. ist uns in der „Helene" des Euripides erhalten.¹⁵ Ferner besitzen wir eine Lobrede des Sophisten Gorgias (5. Jh. v. Chr.)¹⁶ und des Isokrates (4. Jh. v. Chr.) auf H.

P l a s t i k: Paris und H., Vincenzo de'Rossi, Florenz, Giardini Boboli.

G e m ä l d e: Raub der H., Benozzo Gozzoli (1420--98), London, National Gallery. — Raub der H., Italien. Schule, 15. Jh., Baltimore, Walter's Art Gallery. — Raub der H., Giulio Romano

(1499—1546), Mantua, Corte reale. — Entführung der H., G. Reni (1575—1642), Paris, Louvre. — Raub der H., Tiepolo, um 1760, Mailand, Sammlung Borletti. — Der Raub der H., J. H. Tischbein d. Ä., 1787, Kassel, Galerie. — H. und Hermione, E. J. Poynter (1836—1919), Liverpool, Walker-Art-Gallery. — H., H. v. Marées, 1881, früher Berlin (Triptychon). — Um H., A. Rothaug, 1911, Wien, Städt. Sammlungen (Triptychon). — Menelaos und H., A. Rothaug, 1941, Wien, Privatbesitz.

Dramat. Bearbeitungen: H., Euripides, 412 v. Chr. — Elena casta, P. Martello (1655—1727). — H., Wieland, 1805 (Übersetzung des Euripides). — H., Goethe (Fragment), begonnen 1800, vollendet als: „Helena, klassisch-romantische Phantasmagorie, Zwischenspiel zu Faust." 1827. — Helenas Heimkehr, E. Verhaeren (deutsch: St. Zweig 1910). — Helenas Heimat, E. A. Geißler, 1917. — Helen of Argos, R. Newson, 1932. — H., H. Roßmann, 1944. — Der Spiegel der H., O. Brües, 1949. — Helen of Troy, J. W. Miller, 1952. — Die schöne H., H. Steguweit, 1957. — H. bleibt in Troja, Selahattin Batu, 1957 (deutsch: B. Heiseler).

Dichtungen: The new Helen, O. Wilde, 1881. — Helena in Troas, J. Todhunter, 1886. — The home of Helen, T. St. Moore, 1899. — Helen redeened, M. Hewlett, 1913. — Helen of Troy, B. Drew, 1924.

Romane: The private life of Helen of Troy, J. Erskine, 1926 (deutsch 1953). — Skandal um H., E. H. Hansen, 1955.

Opern: Il ratto d'Elena, V. Puccitelli, 1634. — H., R. Keiser, 1709. — Paride ed Elena, Gluck, 1770. — Die schöne Helena, J. Offenbach, 1864 (Travestie). — H., C. Saint-Saëns, 1904. — Die ägyptische Helena, R. Strauß, 1928 (Text von Hofmannsthal).

Literatur: M. Selinger, der historische Wandel des Helena-Motivs und Goethes Helena-Dichtung, Diss. Wien 1930. — F. Chapouthier, Les Dioscures au service d'une déesse, Paris 1935. — F. Funck-Brentano, La belle Hélène, reine de Sparte, Paris 1935. — M. Becker, Helena. Ihr Wesen und ihre Wandlungen im klassischen Altertum, Leipzig 1939. — D. Brunnhofer, Helena, Diss. Zürich 1941. — K. Kerényi, Die Geburt der Helena, Zürich 1945. — P. Wiesmann, Die schöne Helena, Darstellung eines Menschen bei Homer, Chur 1950. — L. B. Ghali-Kahil, Les enlèvements et le retour d'Hélène dans les textes et les documents figurés, Paris 1955.

[1] Oder der Nemesis*: Apollod. Bibl. 3, 10, 7. Paus. 1, 33, 7 f. — Über diese urweltliche Vogelhochzeit (Zeus als Schwan, Nemesis als Gans) und die Geburt der H. aus dem Ei vgl. K. Kerényi, Die Geburt der Helena, Zürich 1945. — [2] Troizen an Stelle von Aphidnai: Schol. Apoll. Rhod. 1, 101. Dazu Radermacher 259. — [3] Hdt. 9, 73. Diod. 4, 63, 2 ff. Plut. Thes. 31 f. — [4] Freierlisten: Apollod. Bibl. 3, 10, 8. Hygin. Fab. 81. — [5] Eur. Iph. Aul. 57 ff. Thuk. 1, 9. — [6] Nur Hermione: Hom. Od. 4, 12 ff. Il. 3, 174. f. — Hermione und Nikostratos: Schol. Soph. El. 539. Schol. Od. 4, 12. — [7] Eur. Troad. 860 ff. — [8] Theokr. 18, 39 ff. — [9] Paus. 8, 23, 4 u. 6. Nilsson I 195. — [10] Paus. 3, 19, 10. — [11] Nilsson I 446. — Wilamowitz I 231 Anm. 1 lehnt

diese Auffassung ab; das ursprüngliche Wesen der H. sei nicht aufzuhellen.
— [12] Radermacher 283, der gleichzeitig auf die weitverbreitete Sitte des Frauenraubes hinweist. — [13] An seiner Stelle sei in einer älteren Fassung des Mythos der Unterweltgott Aphidnos gestanden, der ursprünglich H. geraubt habe wie Hades* die Persephone*: A. H. Krappe, Rhein. Mus. 80 (1931), 124 und M. Becker, Helena, 1939, 149 f. — [14] Plat. Phaidr. 243 AB. Staat 586 C. Isokr. 10, 64. — [15] Eur. Hel. 31 ff. 582 ff. 669 ff. El. 1280 ff. Vgl. auch Hdt. 2, 112 ff. — [16] Diels-Kranz, Fragmente der Vorsokratiker 2, [6]1952, 288—294.

Hélenos, Sohn des Priamos*, troischer Seher, s. Odysseus, S. 240, s. Aeneas

Heliáden, Kinder des Helios, s. auch Phaethon

Hélios, Sohn des Titanen Hyperion und der Titanin Theia,[1] Enkel des Uranos*, Bruder der Selene* und der Eos*, griechischer Sonnengott
M.: Am Tage fährt H. auf einem von vier schnellfüßigen, feuerschnaubenden Flügelrossen gezogenen Wagen über den Himmel, des Nachts aber weilt er im Westen (im Lande der Hesperiden* oder überhaupt im Okeanos*) oder kehrt in einem goldenen Becher über das Meer zum Lande des Sonnenaufgangs zurück.[2] So erscheint H. auch in der Sage von Phaethon*. Ausdruck seiner Macht sind seine Strahlen, die wie Geschosse treffen.[3] Als Gemahlin des H. gilt gelegentlich seine Schwester Selene (die Mondgöttin), die sich zur Zeit des Neumondes mit dem Gatten vereint. Aber auch Perse oder Perseis wird als Frau des H. und Mutter von Aietes, Kirke* und Pasiphae genannt.[4] Auf Thrinakia (in der Antike mit Sizilien identifiziert) besitzt der Sonnengott 7 Rinder- und 7 Schafherden von je 50 Stück Vieh, an denen sich die Gefährten des Odysseus* vergreifen.[5]
R.: Die Sonne als Symbol und Garant alles Lebens auf der Erde, als Licht- und Wärmequell, als Herr über Tages- und Jahresablauf genoß bei vielen Völkern frühzeitig göttliche Verehrung.[6] Für Hellas sind die Belege für H.-Kult auffallend dürftig; Gestirnkult galt den Hellenen der klassischen Zeit als barbarisch.[7] Immerhin gab es Kultstätten des H. auf Rhodos[8] und im Peloponnes.
H. ist schon bei Homer der Gott, der alles sieht und hört.[9] Hellenischer Glaube sah in ihm den Zeugen aller Taten und Rächer jedes Frevels.[10] Selbst makellos und über alle Schuld erhaben, wurde er beim Schwure als Zeuge angerufen.[11] H. war als Lichtgott auch Herr des Augenlichtes,[12] der Blindheit heilt,[13] aber auch Frevler mit Blindheit straft.[14] Vielfach wurde H. dem Zeus* oder wie bei den Orphikern dem Apollon* gleichgesetzt.[15] Gegenüber den Stimmen der sophistischen Aufklärung des 5. Jh. v. Chr., die wie Anaxagoras in H. nur einen glühenden Stein sahen,[16] hielt das Volk an dem alten Bilde des Sonnengottes fest.
N.: Die bildende Kunst stellte H. zumeist mit Sonnenscheibe oder Strahlenkranz dar. Zum Sonnengott der Römer vgl. Sol.

Plastik: H., Metope des Athenetempels in Ilion, um 300 v. Chr., Berlin, Völkerkunde-Museum (Relief).
Literatur: P. Sarasin, H. und Keraunos oder Gott und Geist, Innsbruck 1924. — F. Altheim, H. und Heliodor von Emesa, Amsterdam 1942. — K. Kerényi, Vater H., in: Eranos-Jahrbuch 10 (1943), 81—124. — K. Kerényi, Töchter der Sonne, Zürich 1944. — K. Schauenburg, Helios. Archäologisch-mythologische Studien über den antiken Sonnengott, Berlin 1955.

[1] Hes. Theog. 371 ff. 1011. Pind. Isthm. 5, 1. — [2] Stesich. Fr. 6 D. Aisch. Fr. 69 N. Diesen Becher erhält auch Herakles* von H., um in ihm über das Meer zu fahren: Schol. Apoll. Rhod. 4, 1396. — [3] Eur. Herakles 1090. Fr. Adesp. 546, 7 f. — [4] Hes. Theog. 956 f. Apoll. Rhod. 3, 998. Apollod. Bibl. 1, 9, 1. 3, 1, 2. — [5] Hom. Od. 1, 8 f. 11, 108 ff. 12, 127 ff. 397 ff. — [6] Soph. Fr. 672 N. Plat. Ges. 887 E. — [7] Aristoph. Friede 406 ff. Plat. Krat. 397 CD. Vgl. auch Selene. — [8] Der Koloß von Rhodos, eines der sieben Weltwunder, war eine eherne H.-Statue, die zu Beginn des 3. Jh. v. Chr. in Rhodos errichtet wurde und schon nach zwei Menschenaltern bei einem Erdbeben zusammenstürzte. — [9] Hom. Il. 3, 277. Od. 11, 109. — [10] Aisch. Choeph. 983 ff. Soph. Oid. Kol. 868 ff. El. 825. — [11] Hom. Il. 19, 197. 258 f. — [12] Plat. Staat 507 D—509 B. Ov. Met. 4, 227 f. — [13] Hes. Fr. 182. Eur. Hek. 1068. Vgl. Orion. — [14] Soph. Oid. Kol. 868 ff. Apoll. Rhod. 2, 181. — [15] Macrob. Sat. 1, 23, 13. Ps.-Eratosth. Katast. 24. — [16] Vgl. auch Eur. Or. 983 f.

Hélle, Schwester des Phrixos

Héphaistos, Sohn des Zeus* und der Hera*,[1] griechischer Gott des Feuers, der Schmiede und Handwerker

M.: Da H. lahm zur Welt kommt, wirft ihn Hera aus dem Olymp ins Meer, wo er von den Nereiden* Thetis* und Eurynome aufgenommen und gepflegt wird.[2] Später kehrt er wieder in den Olymp zurück, wo er für sich und die übrigen Götter prächtige Paläste baut.[3]

In seiner unterirdischen Schmiede arbeitet H. mit seinen riesigen Gehilfen, den Kyklopen*, und fertigt die kostbarsten Waffen und Geräte. Nach dem Tode des Patroklos* schmiedet er im Olymp eine neue Rüstung für Achilleus*. Aus seiner Werkstätte stammen ferner die Aegis der Athene* und das Szepter des Zeus, der Wagen des Helios* und die Pfeile des Eros*, das Halsband der Harmonia u. a. Dem großen Künstler wird trotz seiner körperlichen Mängel die schönste Göttin Aphrodite* bzw. Charis, der personifizierte Liebreiz, zur Frau gegeben.

R.: H. ist ein kleinasiatischer Gott, der in Lemnos seine Hauptkultstätte hatte. Ausgangspunkt für die Verehrung des H. auf Lemnos war offenbar das aus dem Boden hervorbrechende Erdfeuer.[4] Später lokalisierte man die Schmiede des H. in den vulkanischen Gebieten Siziliens und Unteritaliens (Aetna, Liparische Inseln). Die Auffassung, daß H. ursprünglich Feuergott war, wird durch den metonymischen Gebrauch des Wortes H. für Feuer bekräftigt.[5]

Daß der Gott des Feuers zum Gott der Schmiede wurde, der Handwerker, die stets am Feuer arbeiten, ist nur zu verständlich. Im Epos wurde ihm auch die äußere Gestalt des Schmiedes gegeben: breite Brust, kräftige Arme, aber schwache Beine.⁶ Ob seine Verkrüppelung auf ursprüngliche Zwergengestalt deutet — man hat die schmiedekundigen Zwerge der germanischen Sage verglichen — bleibt fraglich. Jedenfalls sollte die Erzählung vom Sturz aus dem Olymp seine Lahmheit begründen.⁷

Die Übertragung des H.-Kultes aus Lemnos nach Athen mag gegen Ende des 6. Jh. v. Chr. nach der Eroberung der Insel durch athenische Truppen erfolgt sein. Außer für Athen sind für das Mutterland Hellas kaum Kulte des H. bezeugt;⁸ der früher als Theseion bezeichnete Tempel in Athen gehörte wahrscheinlich dem H.

Als Gott der Künste und des Handwerks steht H. Pallas Athene* nahe.⁹ In das athenische Schmiedefest (Chalkeia), das zu Ehren der Göttin Athene gefeiert wurde, drang H. erst später ein, ein weiterer Beweis für seine fremde Herkunft.¹⁰ Übrigens wurde in Athen vor und neben H. Prometheus* als Schöpfer und Schutzherr des Kunsthandwerks verehrt.¹¹ Das athenische Fest zu Ehren des H. (Hephaistia) schloß sich mit seinem Fackellauf an die Promethia (Fest zu Ehren des alten Feuergottes Prometheus) an.¹² Dem griechischen H. entspricht der römische Vulcanus*.

N.: Plastik: Venus in der Schmiede Vulkans, R. Donner, 1732, Wien, Barockmuseum (Bronzerelief).

Gemälde: Venus, Vulkan und Amor, Tintoretto, um 1550, München, Alte Pinakothek. — Vulkan und die Zyklopen, Tintoretto, 1578, Venedig, Dogenpalast. — Venus in der Schmiede Vulkans, Rubens (1577—1640), Brüssel, Museum. — Schmiede Vulkans, Velazquez, 1630, Madrid, Prado. — Venus in der Schmiede Vulkans, A. van Dyck, um 1630—32, Wien, Kunsthist. Museum. — Vulkan, Rubens, 1636—37, Madrid, Prado. — Schmiede Vulkans, Tiepolo (1696—1770), Madrid, Eskorial. — Venus bei Vulkan, F. Boucher (1703—70), Paris, Louvre.

Roman: Der Schmied der Götter. Leben und Liebe des Hephaistos, O. Völckers, 1939.

Ballett: Vulkan, Th. Schacht, 1789.

Literatur: L. Malten, Hephaistos, in: Jb. d. Dt. Arch. Inst. 27 (1912), 232 ff. und Artikel H. in RE. — F. Brommer, Die Rückführung des H., in: Jb. d. Dt. Arch. Inst. 52 (1937), 198—219. — M. Delcourt, Héphaistos ou la légende du magicien, Paris 1957.

¹ Hom. Il. 1, 571 f. 577 f. — Hera gebiert H. aus sich ohne Verbindung mit Zeus: Hes. Theog. 927 f. — ² Hom. Il. 18, 394 ff. — Nach anderer Version wirft Zeus den H. aus dem Olymp, weil er seiner Mutter Hera gegen den Vater beistehen will; H. landet in Lemnos: Hom. Il. 1, 590 ff. — ³ Nach einer Version ist die Rückkehr des H. in den Olymp erforderlich, um Hera aus den Fesseln eines Thronstuhles zu befreien, dessen Mechanismus H. ersonnen hat und allein betätigen kann. Da sich H. an Hera rächen will und

die Rückkehr ablehnt, muß ihn Dionysos* trunken machen und mit dem Schwarm seiner Silene* und Satyrn* auf den Olymp zurückführen. Das gesamte Bildmaterial zu diesem Thema, das seit dem Ende des 6. Jh. unter dem Einfluß von Satyrspielen entstand, stellte F. Brommer zusammen: Die Rückführung des H., in: Jb. d. Dt. Arch. Inst. 52 (1937), 198 ff. — [4] Nilsson I 498. — [5] Hom. Il. 2, 426. — Hesych s. v. Hephaistos. — [6] Nilsson I 496. — [7] Dies trifft natürlich nur für die in Anm. 2 wiedergegebene Version zu. Das Motiv der Lahmheit wurde auch auf Söhne des H. übertragen: Radermacher 268. — [8] Nilsson I 497. — [9] Hom. Od. 6, 233 f. Plat. Kritias 109 CD. — Die Geschichte von der Zeugung des Erichthonios* durch Hephaistos sucht diesen mit Athene zu verbinden: Apollod. Bibl. 3, 14, 6. Eur. Fr. 925 N. Zu den Beziehungen zwischen H. und Athene vgl. Kern II 10 ff. 81 f. A. B. Cook, H. and Athena, in: Zeus III (1940), 188—237. — [10] Deubner 35 f. — [11] H. übernimmt die Funktion des Prometheus bei der Geburt der Athene: Apollod. Bibl. 1, 3, 6. Er schmiedet Prometheus im Auftrage des Zeus an seinen Felsen im Kaukasus: Aisch. Prom. — Zu dem Verhältnis H.-Prometheus vgl. auch Schol. Soph. Oid. Kol. 56. — [12] Deubner 212 ff.

Héra, Tochter des Kronos* und der Rheia*, Schwester und Gemahlin des Zeus*

M.: H., die sich mit dem Götterkönig schon vor der Hochzeit vermählt, wird als Mutter des Ares*, des Hephaistos*, der Eileithyia* und der Hebe* genannt. Sie wacht eifersüchtig über der Treue ihres Gemahls, dessen Seitensprünge ihre wilden Zornesausbrüche hervorrufen, ein beliebtes Thema der griechischen Götterburleske. So stehen der freundlichen Seite der gnädig waltenden Himmelskönigin wiederholt auch unversöhnlicher Haß und grausame Härte gegenüber, wie in der Verfolgung der Io* und des Herakles*, in der Blendung des Teiresias*, der Bestrafung der Proitiden (s. Proitos), des Athamas und der Ino*. Im Kampf um Troia* nimmt H. für die Griechen Partei; nach dem Falle Troias verfolgt sie Aeneas* und die anderen troischen Flüchtlinge mit ihrem Haß bis nach Italien.

R.: Der Name der H. bedeutet wahrscheinlich soviel wie „Herrin" (vgl. griech. heros) und kennzeichnet sie als Schutzgöttin, sei es nun des Königs und der Stadt oder des ganzen Landes.[1] Als persönliche Schutzgöttin eines Helden (vgl. Athene) erscheint sie in der Argonautensage, wo Iason unter ihrem Schutz steht.[2] Nilsson denkt daran, H. wie Athene aus einer Form der mykenischen Palastgöttin herzuleiten.[3] Für die Hellenen war H. jedenfalls schon im Epos und auch später die Gemahlin des Zeus und damit Götterkönigin.

Ihr vorehelicher Umgang mit Zeus[4] spiegelt die Sitte des sog. Kiltganges wider, des nächtlichen Besuches junger Burschen bei den Mädchen.[5] In Athen, Samos und Knossos wurde die Verbindung von Zeus und H. als Hieros Gamos gefeiert.[6] H. war Göttin der Ehe und wurde besonders von den Frauen verehrt. Ihre Eifersucht und die Verfolgung der Söhne sterblicher Frauen des Zeus sind mythischer Ausdruck für den Schutz, den die Göttin der Ehe angedeihen läßt. Das Schicksal der Frau überhaupt und dessen Erfüllung, der Weg von der Jungfrau zur Ehegattin und ihr Zusammenleben mit dem Manne, sind der eigentliche Bereich der Göttin. In diesem Sinne erhielt sie den Beinamen Teleia („die Erfüllung bringt"). In weiterer Folge wurde H. von den Frauen auch als Geburtsgöttin angerufen und verehrt.[7] In der mythischen Genealogie wurde diese (sekundäre) Seite ihres Wesens dadurch ausgedrückt, daß man die eigentliche Geburtsgöttin Eileithyia zu ihrer Tochter machte.[8] Wie Eileithyia scheinen auch die übrigen Kinder, die man H. in der alten Mythologie zuwies, ihr nicht ursprünglich gehört zu haben.[9] Die Hauptkultstätte der H. lag in Argos mit dem berühmten Heraion (H.-Tempel). Daher wurde die Göttin Argeia benannt, ein Beiname, den wir aus Homer kennen und der auch für Sparta und Kos bezeugt ist. Ihr Kult erstreckte sich ferner u. a. auf Olympia — hier war der älteste Tempel des heiligen Bezirkes ein H.-Tempel — Korinth, Attika[10] und die Inseln Euboia, Delos und besonders Samos.[11]

Die hochzeitlichen Bräuche wurden auf den H.-Kult übertragen. So hören wir, daß das Kultbild der Göttin als Braut gebadet, geschmückt und auf einem von Kühen gezogenen Wagen in festlichem Aufzug zum Brautgemach gefahren wurde.[12] Das der H. heilige Opfertier war die Kuh.[13] — Der griechischen H. entspricht die römische Juno*.

N.: P l a s t i k e n : H. des Polykleitos, 5. Jh. v. Chr., Argos, Heraion (Goldelfenbein, nicht erhalten). — Zeus und H., Metope vom Heraion zu Selinunt, Mitte des 5. Jh. v. Chr., Palermo, Museum (Relief). — H. Farnese, nach einem Original des 5. Jh. v. Chr., Neapel, Museum (Kopf). — H. Ludovisi, Rom (Kopf).

G e m ä l d e : Juno, Correggio, 1518—19, Parma, Camera di San Paolo (Fresko). — Juno und Argus (vgl. Io*), Rubens (1577—1640), Köln, Museum. — Juno und die Milchstraße (vgl. Milchstraße*), Rubens, 1636—38, Madrid, Prado. — Juno, Io und Argus, F. Solimena (1657—1747), früher Dresden, Gemäldegalerie. — Huldigung an Juno, Tiepolo, um 1731, Mailand, Palazzo Archinti (Deckenfresko). — H. bei Hephaistos, W. Blake Richmond (1842—1921), Toronto, Galerie.

K a n t a t e : Giunone e Pallade, S. Mayr, 1820.

O p e r : Giunone placata, J. J. Fux, 1725 (Text von I. Zanelli).

L i t e r a t u r : U. Pestalozza, Βοῶπις πότνια Ἥρη, in: Athenaeum 1939, 105—137.

[1] Wilamowitz I 237. II 143. — [2] Über das Verhältnis Medeias* zu H. vgl. Radermacher 234. — [3] Nilsson I 326. — [4] Hom. Il. 14, 295 f. — [5] Nilsson I 403. Kallim. Ait. 3, Fr. 75, 1 ff. Pfeiffer, deutet in einer Aposiopese den vorehelichen Verkehr von Zeus und H. an im Zusammenhang mit dem auf einen Fruchtbarkeitsritus zurückgehenden Brauch, die Braut in der Nacht vor der Hochzeit mit einem Knaben, dessen Eltern noch am Leben sind, schlafen zu lassen. Vgl. dazu Pfeiffer in der neuen Ausgabe des Kallimachos, Bd. I, Oxford 1949, S. 77. — [6] Deubner 177 f. Nilsson, a. a. O. — [7] Man glaubte, die Göttin könne eine Geburt beschleunigen oder verzögern wie bei

Eurystheus und Herakles: Hom. Il. 19, 114—119 und Schol. zu 119. Ov. Met. 9, 292 ff. — [8] Hes. Theog. 922. Eileithyia als Schwester der H.: Hom. Il. 11, 270 f. — [9] Wilamowitz I 244 f. Nilsson I 401. — [10] In Athen war ihr der 7. Monat (Gamelion, von griech. gamos = Hochzeit) heilig. — [11] Hier lag eine der wichtigsten Kultstätten: Paus. 7, 4, 4. Athen. 672 A. In Samos trat H. an die Stelle einer alten karischen Gottheit: Wilamowitz I 319. — [12] Eur. El. 171 ff. Duris bei Athen. 525. 672. Ov. Am. 3, 13. Dion. Hal. Arch. 1, 21, 2. — [13] Das homerische Beiwort boopis (kuhäugig) für H. wird nicht als ausreichender Beleg für ehemalige Kuhgestalt der Göttin angesehen: Wilamowitz I 246. Nilsson I 326 Anm. 5.

Herakleíden (Heraklíden), Nachkommen des Herakles*

M.: Der gehässige Eurystheus, in dessen Auftrag Herakles seine berühmten zwölf Arbeiten ausführen mußte, verfolgt nach dem Tode des Heros auch dessen Nachkommen. Der Kampf, in dem die H. in Attika zunächst ein Asyl und dann Waffenhilfe finden, geht dank dem Opfertod einer Heraklestochter — sie wird nach einer Quelle bei Marathon später Makaria genannt — zugunsten der Verbündeten aus; Eurystheus und seine Söhne fallen.
Daran schließen sich in der Überlieferung die Versuche der H., den Peloponnes, die Heimat ihrer Vorfahren, zurückzuerobern. Zum ersten Male brechen die Söhne des Herakles unter Führung des Hyllos im Peloponnes ein, werden aber durch eine militärische Niederlage oder durch eine Hungersnot gezwungen, sich nach Attika zurückzuziehen.[1] Auf Grund eines mißverstandenen Orakelspruches versucht Hyllos nach drei Jahren in den Peloponnes zurückzukehren, wird aber wiederum abgewiesen. Erst der dritten Generation nach Hyllos, also den Ururenkeln des Herakles, Aristodemos, Temenos und Kresphontes, ist es beschieden, den Peloponnes zu erobern.[2] Durch das Los fällt dem Temenos Argos, den beiden Söhnen des Aristodemos Sparta und dem Kresphontes Messene zu.[3]

R.: Bei der H.-Sage handelt es sich um den Versuch, einen geschichtlichen Vorgang aus politischen Motiven in der den Griechen geläufigen Form des Mythos zu begründen. So erscheinen die Erinnerungen an die dorische Wanderung in der H.-Sage stets als eine „Rückkehr" der H. in den Peloponnes, in dem die Vorfahren ihres Anherrn Herakles ihre Heimat gehabt hatten.[4]

N.: Das Schicksal der nach Attika geflüchteten Kinder des Herakles behandelte Euripides in seiner Tragödie „Die Herakleiden".[5]

Dramat. Bearbeitungen: Die H., Euripides, um 428 v. Chr. — Cresphonte ou Le retour des Héraclides, G. Gilbert, 1657. — L'Aristodemo, C. Dottori, 1675. — Les Héraclides, De Brie, 1695. — Les Héraclides, A. Danchet, 1719. — Les Héraclides, J. F. Marmontel, 1753. — Aristodemos, F. M. Klinger, 1787. — Aristodemo, V. Monti, 1794. — Hyllus, R. Ch. Dunning, 1910.

Epos: Makaria, J. J. Bodmer, 1778.

Literatur: G. Vitalis, Die Entwicklung der Sage von der Rückkehr der H., untersucht im Zusammenhang mit der politischen

Geschichte des Peloponnes bis auf den ersten messenischen Krieg, Diss. Greifswald 1930.
[1] Diod. 4, 58, 1—4. Paus. 4, 3, 3. — [2] Hdt. 6, 52. Paus. 2, 18, 7. Nach einer Version allerdings geht Aristodemos vor der Überfahrt des Heeres zugrunde: Er wird von einem Blitz getötet: Apollod. Bibl. 2, 8, 2 oder von den Kindern des Pylades und der Elektra ermordet: Paus. 3, 1, 6. — [3] Paus. 4, 3, 4 f. Polyain. Strateg. 1, 6. Vgl. Robert 656—664. — [4] Zur historischen Auswertung der H.-Sage vgl. G. Vitalis, Die Entwicklung der Sage von der Rückkehr der H., S. 56—63. — [5] Über die Fragmente der aischyleischen „Herakleiden" s. M. Untersteiner, Gli „Eraclidi" e il „Filottete" di Eschilo, Firenze 1942.

Heraklés (Hérakles), Sohn des Zeus* und der Alkmene, der Gemahlin des Amphitryon*, beliebtester Heros der Hellenen

M.: Als die Geburt des H. unmittelbar bevorsteht, erklärt Zeus vor den Göttern, daß der demnächst geborene Nachkomme des Perseus* über Mykenai herrschen solle. Hera* hemmt in ihrer Eifersucht die Geburtswehen Alkmenes und läßt Nikippe, die Gattin des Sthenelos, eines Sohnes des Perseus, ein Siebenmonatskind gebären. So wird Eurystheus Herr von Mykenai, und H. ist ihm später lange Jahre botmäßig.[1]
Einen Tag nach H. wird sein Zwillingsbruder Iphikles geboren. Als H. acht Monate alt ist, sendet Hera zwei große Schlangen, die das

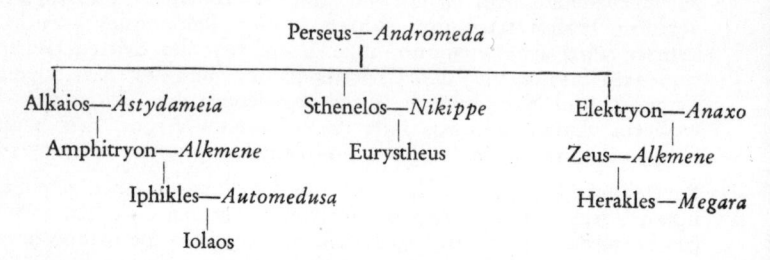

```
                        Perseus—Andromeda
     ┌──────────────────────────┼──────────────────────────┐
Alkaios—Astydameia        Sthenelos—Nikippe           Elektryon—Anaxo
     │                          │                          │
Amphitryon—Alkmene           Eurystheus                Zeus—Alkmene
     │                                                     │
Iphikles—Automedusa                                   Herakles—Megara
     │
   Iolaos
```

Kind vernichten sollen. Während die Eltern noch vom Schrecken gelähmt sind, packt der kleine H. die beiden Untiere und erwürgt sie.[2]
In Theben wird H. in allen ritterlichen Waffenübungen unterwiesen. Als ihn Linos*, sein Lehrer im Kitharaspiel, einmal zurechtweist, erschlägt er ihn kurzerhand.[3] Amphitryon schickt H. daraufhin als Hirten auf den Kithairon; hier erlegt der Held in seinem 18. Lebensjahre den kithaironischen Löwen. In einem gegen Erginos, den König von Orchomenos, geführten Feldzug befreit H. die Thebaner von einem schweren Tribut; Amphitryon fällt bei dieser Unternehmung.[4]
Kreon, der König von Theben, gibt H. seine Tochter Megara, dem Iphikles seine Tochter Automedusa zur Frau. In einem von Hera gesandten Wahnsinnsanfall tötet H. später die seiner Ehe mit Me-

gara entsprossenen Kinder.[5] Iolaos, ein Sohn des Iphikles, wird ein treuer Waffengefährte des H. Die Götter schenken dem Helden erlesene Waffen; eine Keule schnitzt er sich selbst im Hain von Nemea. Das delphische Orakel nennt den Heros zum ersten Male Herakles[6] und beauftragt ihn, zwölf Jahre im Dienste des Eurystheus in Mykenai (oder Tiryns) zu leben. Die 12 Arbeiten (Dodekathlos), die H. im Auftrage des Eurystheus vollbringt, sind folgende:

1. *Der nemeische Löwe.* Dieser Löwe, wie fast alle Ungeheuer von Typhon* und Echidna gezeugt, besitzt ein Fell, das ihn unverwundbar macht. Weder mit seinen Pfeilen noch mit seiner Keule kann ihm H. etwas anhaben. Der Heros drängt den Löwen in eine Höhle und erwürgt ihn dort. Den Löwenkopf benützt H. fortab als Helm, das Fell als Panzer. Mit seiner ersten Beute schüchtert H. den Eurystheus derart ein, daß er von nun ab nicht mehr die Stadt betreten darf und seine Aufträge durch Vermittlung eines Herolds erhält.[7]

2. *Die Hydra von Lerna.* Diese neunköpfige Wasserschlange ist eine Landplage in Argolis, da sie Mensch und Vieh überfällt. H. nimmt seinen Neffen Iolaos auf das Abenteuer mit. Mit Pfeilschüssen schreckt er die Hydra auf, um ihr dann die Köpfe abzuschlagen. Aber für jeden abgeschlagenen Kopf wachsen zwei neue nach. Noch dazu erscheint plötzlich ein Riesenkrebs, der H. in den Fuß zwickt. Der Held zertritt den Krebs und ruft Iolaos zu Hilfe. Er läßt ihn den benachbarten Wald anzünden und brennt die Köpfe der Hydra mit Feuerbränden aus. Mit der Galle des erlegten Ungetüms bestreicht H. seine Pfeile, die fortab unheilbare Wunden verursachen.[8]

3. *Die kerynitische Hirschkuh.* H. soll die der Artemis* heilige Hindin mit goldenem Geweih und ehernen Füßen, die in Arkadien lebt (der Fluß Kerynites entspringt hier), lebend fangen. Ein Jahr lang muß der Held das windschnelle Tier verfolgen, bis ihm der Fang am Fluß Ladon gelingt.[9]

4. *Der erymanthische Eber.* Auch dieses Wild soll H. lebend nach Mykenai bringen. Auf dem Wege nach dem Berge Erymanthos, wo der Eber haust, hat H. das Abenteuer mit Pholos* und den Kentauren* zu bestehen. Das Tier treibt er in ein Schneefeld, hetzt es bis zur Erschöpfung und trägt es auf seinen Schultern zu Eurystheus, der beim Anblick des Ebers vor Schrecken in ein Faß kriecht.[10]

5. *Die stymphalischen Vögel.* Diese menschenfressenden Raubvögel, die im Sumpf von Stymphalos in Arkadien leben, haben eherne Federn, die sie wie Pfeile auf Menschen und Tiere abschießen können. H. scheucht sie mit Hilfe einer großen Klapper, die ihm Athene* geschenkt hat, aus dem Sumpf auf und erschießt sie dann mit seinen Pfeilen.[11]

6. *Reinigung der Ställe des Augeias (Augias).* Augeias ist König von Elis, der ungeheure Viehherden besitzt; H. soll dessen Ställe an einem einzigen Tage reinigen. Er bedingt sich von Augeias ein Zehntel seines Viehs aus, falls ihm die Reinigung der Ställe in einem Tag gelingen sollte. Darauf leitet er die Flüsse Alpheios und Peneios

durch die Ställe und schwemmt so den Mist fort. An Augeias, der H. den ausbedungenen Lohn vorenthält, rächt sich der Held später.[12]

7. *Der kretische Stier.* König Minos* von Kreta hat Poseidon* um ein schönes Opfertier gebeten, worauf der Gott einen prächtigen Stier aus dem Meere auftauchen läßt. Als aber Minos den Stier, statt ihn zu opfern, seiner Herde einverleibt, läßt Poseidon das Tier zur Strafe wütend werden. H. fängt den Stier und bringt ihn nach Mykenai. Hier läßt er ihn aber wieder frei, so daß der Stier so lange wütet, bis ihn Theseus* in Marathon tötet.[13]

8. *Die Rosse des Diomedes*.* Diomedes, der König der thrakischen Bistonen, ein Sohn des Ares*, besitzt menschenfressende Rosse. H. wirft den König den Rossen zum Fraße vor, zähmt sie und bringt sie dem Eurystheus.[14]

9. *Das Wehrgehenk der Hippolyte.* Da Admete, die Tochter des Eurystheus, das Wehrgehenk der Amazonenkönigin Hippolyte, ein Geschenk des Ares, besitzen möchte, wird H. beauftragt, es zu holen. Der Held segelt mit einer Schar von Begleitern nach Themiskyra. Hippolyte ist bereit, ihm den Gürtel freiwillig zu übergeben. Da hetzt Hera in Gestalt einer Amazone das Volk auf, indem sie das Gerücht verbreitet, H. wolle die Königin entführen. Es kommt zum Kampf, in dem die Amazonen geschlagen werden und Hippolyte getötet wird; H. segelt mit dem Wehrgehenk ab.[15] Auf der Rückkehr befreit er Hesione, die Tochter Laomedons*, des Königs von Troia.[16]

10. *Die Rinder des Geryoneus.* Geryoneus, ein Sohn des aus der Gorgo* Medusa hervorgegangenen Chrysaor, ist ein dreileibiger Riese, der eine stattliche Rinderherde auf der Insel Erytheia, weit im Westen, besitzt. Auf dem Wege dahin errichtet H. die nach ihm benannten beiden Säulen (die Felsen von Gibraltar und Ceuta).[17] Den Sonnengott, der ihm mit seinen Strahlen hart zusetzt, greift H. mit seinen Pfeilen an. Helios* bewundert den Mut des Helden und borgt ihm seinen goldenen Becher, in dem er allnächtlich den Okeanos durchquert.[18] H. erreicht in diesem Becher die Insel Erytheia und tötet hier die Wächter der Herde, den Riesen Eurytion und den zweiköpfigen Hund Orth(r)os. Als er die Herde wegtreiben will, erscheint Geryoneus und stellt H. zum Kampf. Der Heros erlegt den Riesen durch einen Pfeilschuß.[19] Dann treibt er die Herde über Spanien, Gallien, Italien und Sizilien nach Griechenland. Dabei besteht er Kämpfe mit räuberischen Eingeborenen,[20] erschlägt in Rom den Riesen Cacus* und in Sizilien den Faustkämpfer Eryx.[21] Eurystheus opfert die Rinder der Hera.[22]

11. *Die Äpfel der Hesperiden*.* Auf dem Wege nach dem Garten der Hesperiden, den sich H. von Nereus* zeigen läßt,[23] besteht der Held einen Zweikampf mit dem Riesen Antaios*, tötet den grausamen Ägypterkönig Busiris* und befreit Prometheus*, nachdem er den Adler durch einen Pfeilschuß erlegt hat.[24] (Vgl. Hesperiden und Atlas.)

12. *Kerberos*.* In diesem letzten und gefährlichsten Abenteuer gilt

es, den Höllenhund Kerberos aus der Unterwelt heraufzuholen. Bei Kap Tainaron steigt H. in die Unterwelt hinab. Hier trifft er Theseus* und Peirithoos*, die Persephone* entführen wollten und nun im Hades verbleiben mußten. Es gelingt H., den Theseus zu befreien, während er Peirithoos zurücklassen muß. Hades erlaubt die Entführung des Kerberos, wenn H. sich bei seiner Bändigung keiner Waffen bediene. In einem gewaltigen Ringkampf überwältigt H. den Höllenhund, fesselt ihn und schleppt ihn vor Eurystheus, um ihn dann wieder in die Unterwelt zurückzubringen.[25]

Mit diesen 12 Arbeiten hat H. seine Dienstzeit bei Eurystheus beendet. Es werden aber noch zahlreiche andere Abenteuer des Heros erzählt. Er ringt die verstorbene Alkestis* dem Tode wieder ab, nimmt an dem Argonautenzuge teil, allerdings nur für kurze Zeit und in untergeordneter Stellung (vgl. Hylas),[26] und hilft den Olympiern bei ihrem Kampfe gegen die Giganten*.

In Oichalia verspricht König Eurytos demjenigen die Hand seiner schönen Tochter Iole, der ihn und seine Söhne im Bogenschießen übertreffe. H. erfüllt diese Bedingung, die Hand Ioles wird ihm aber verweigert. Bald darauf stürzt H. den Iphitos, einen Sohn des Eurytos, von einem Turm seiner Burg in Tiryns herab.[27] Als nun H. von einer Krankheit befallen wird, wendet er sich an das delphische Orakel um Rat. Da ihm die Pythia keine Antwort gibt, stürmt H. den Tempel und raubt den Dreifuß. Apollon* gerät mit dem Helden in einen erbitterten Kampf, den Zeus durch seine Blitze abbrechen muß.[28] Zur Strafe für dieses schwere Vergehen muß H. als Sklave in den Dienst der lydischen Königin Omphale* treten. Während seiner Dienstzeit bei Omphale überwältigt und fesselt er die beiden Kerkopen, affenähnliche Kobolde, und tötet den Riesen Syleus, der die vorüberkommenden Wanderer in seinem Weinberg Zwangsarbeit leisten ließ.[29]

In einem Feldzug gegen Troia bestraft H. den wortbrüchigen König Laomedon*. Ein anderes Unternehmen führt er gegen den elischen König Augeias, der ihn einst um den ausbedungenen Lohn für die Reinigung seiner Ställe betrogen hatte. Nach einem anfänglichen Mißerfolg dringt H. in Elis ein, tötet den Augeias und setzt dessen Sohn Phyleus in die Herrschaft ein.[30] Gleichzeitig führt er die olympischen Spiele ein und errichtet den Zwölfgöttern* sechs Doppelaltäre.[31] In einem Feldzug gegen Pylos tötet H. den König Neleus mit allen seinen Söhnen mit Ausnahme des Nestor*.[32] Hierauf wendet er sich gegen Lakedaimon, wo Hippokoon seinen Halbbruder Tyndareos vertrieben hat. H. vernichtet Hippokoon samt seinen Söhnen und führt Tyndareos nach Sparta zurück.[33]

In Tegea zeugt H. mit der Athenepriesterin Auge den Telephos*.

— Bei König Oineus von Kalydon freit H. um dessen Tochter Deianeira.[34] Nachdem er in dem Flußgott Acheloos* einen gefährlichen Nebenbuhler überwunden hat, heiratet H. Deianeira; ein Sohn aus dieser Ehe ist Hyllos. Auf dem Wege zu seinem Freunde Keyx in Trachis kommt H. mit seiner Gattin an den Fluß Euenos,

wo der Kentaur Nessos die Wanderer über den Fluß zu setzen
pflegt. Als Nessos Deianeira über den Fluß trägt, versucht er, sich
an ihr zu vergreifen. H., der den Fluß bereits durchquert hat, trifft
den Kentauren tödlich mit einem Pfeil. Nessos rächt sich, indem er
Deianeira sterbend rät, das Blut seiner Wunde als Liebeszauber für
H. aufzubewahren.[85] Von Trachis aus kämpft H. gegen die Dryoper
und Lapithen. Auch im Zweikampf mit Kyknos, einem Sohn des
Ares, bleibt H. Sieger.[36]
H. sammelt nun ein Heer zu einem Rachefeldzug gegen den König
Eurytos von Oichalia. Die Stadt wird erobert, Eurytos und seine
Söhne fallen, Iole gerät in Gefangenschaft.[37] H. bereitet am Vorgebirge Kenaion (auf Euboia) ein großes Dankopfer vor. Deianeira
kann sich angesichts der schönen Iole der Eifersucht nicht erwehren
und sendet ihrem Gatten ein Opfergewand entgegen, das sie mit
einer Salbe aus dem Blute des Nessos bestrichen hat. Als H. in diesem Gewande das Opfer darbringen will, wird er von brennenden
Schmerzen gepeinigt; bei dem Versuch, sich das Kleid vom Leibe
zu reißen, fügt sich der Held schwere Wunden zu. Den Herold
Lichas*, den Überbringer des Gewandes, zerschmettert H. in rasendem Zorn. Deianeira nimmt sich bei der Nachricht von der Wirkung des Giftes, das sie als Liebeszauber verwenden wollte, das
Leben. H. zieht auf den Berg Oite (Oeta) und läßt sich hier auf
einem Scheiterhaufen verbrennen.[38] Dem Philoktetes*, der ihm
diesen letzten Dienst erweist, schenkt H. seinen berühmten Bogen.[39]
H. wird unter die Olympier aufgenommen und erhält Hebe* zur
Gemahlin.

R.: H. war ursprünglich in Argos zu Hause, wurde aber frühzeitig
zum Lieblingshelden aller Peloponnesier und schließlich zum Nationalheros von ganz Hellas. An der Gestalt des H. und den ihn betreffenden Mythen wird die enge Verbindung griechischer Götter- und
Heldensage besonders deutlich. H., der die Beziehung zu Hera
schon im Namen trägt („der durch Hera berühmte") ist in seinem
ganzen mythischen Lebenslauf von Zeus und Hera nicht zu trennen.[40]
Die Erzählung der oben genannten 12 Arbeiten des H. geht vielleicht auf ein verlorenes episches Gedicht zurück, dessen Entstehung
im Peloponnes anzunehmen ist.[41] Der Rahmen des Dodekathlos, die
Stellung von scheinbar unlösbaren Aufgaben, die der Held aber
doch meistert, entstammt offenbar der Sphäre des Märchens. Im
einzelnen sind aber geschichtliche, mythische und märchenhafte Züge
bei der Beliebtheit des Heros so zahlreich zusammengeflossen, daß
eine Scheidung meist große Schwierigkeiten bereitet.[42]
Von Wilamowitz stammt die Konzeption des H. als Urbild eines
Mannes, der sich durch ein Leben voll Arbeit und Heldentaten im
Dienste der Menschheit die Aufnahme in den Himmel und die
Unsterblichkeit verdient.[43] Der Held des Dodekathlos und vieler
anderer Heldentaten und Abenteuer, der die Erde von zahllosen
menschlichen und tierischen Ungeheuern befreit, wird durch die
Aufnahme in den Olymp und die Verheiratung mit der Göttin

Hebe belohnt. Hervorragende körperliche und charakterliche Eigenschaften befähigen H. zum strahlenden, ruhmreichen Sieger in allen Kämpfen (Kallinikos), aber auch zum großen Nothelfer (Alexikakos) und Heiland (Soter) der Menschen.
Andere Eigenschaften wiederum wurden in dem Bilde des volkstümlichen H. hervorgehoben, wie wir ihn aus Komödie und Satyrspiel kennen: als roher Naturbursche ist H. grobsinnlichen Genüssen hingegeben, tritt vor allem als gewaltiger Esser und Trinker auf. Dem gegenüber stellte die griechische Philosophie die ethische Seite des H.-Mythos in den Vordergrund. Der Sophist Prodikos formulierte die für diese Auffassung charakteristische Parabel von H. am Scheidewege: Der junge Heros, vor die Wahl gestellt, den verlockenden, bequemen Weg der Lust oder den schweren, mühevollen Weg der Tugend zu gehen, wählt die Bahn der Tugend, die ihn zur Unsterblichkeit führt. In diesem Sinne wurde H. später zu einem „Heiligen" der Kyniker."
In dem Mythos vom Kampfe des H. mit Apollon um den pythischen Dreifuß, den Zeus schlichten muß, spiegelt sich eine Rivalität zwischen den beiden Kulten um den Besitz von Delphi wider. Die Apollonpriester von Delphi erkannten den Kult des H. an, verstanden es aber, ihn dem Apollonkult einzubauen und unterzuordnen.[45] Für Attika kennen wir H.-Kult vor allem aus den Dörfern. In Kynosarges und wahrscheinlich auch in Marathon wurde H. bei seinem Fest mit Tafelgenossen gemeinsam bewirtet; wir denken dabei an den volkstümlichen Vielfraß der Komödie.[46]
Der H.-Kult breitete sich aber auch über Italien aus und drang zu den romanisierten Kelten und Romanen.[47] Der römische Hercules[48] entstand im 3. vorchristlichen Jahrhundert aus der Verschmelzung dreier rivalisierender H.-Heiligtümer an der Porta Trigemina (am Fuße des Aventin), an der Ara maxima (auf dem Forum boarium) und in Tibur. Der älteste der drei Kulte an der Porta Trigemina,[49] der vermutlich schon im 5. Jh. v. Chr. aufkam, zeigt einen dem Apollon verwandten griechischen H., dessen Teilnahme an den römischen Lectisternien (Göttermahlzeiten) seit Beginn des 4. Jh. bezeugt ist. Der selbst weit gereiste Heros wurde zunächst für die griechischen Kaufleute in Rom, später aber in weitem Umkreis ein Gott des Handels und Verkehrs. Während der H. von der Porta Trigemina einen Staatskult hatte, blieb der H. von der Ara maxima — ein vielleicht über Kroton eingewanderter griechischer chthonischer Vegetationsgott — zunächst auf privaten Kult beschränkt, bis der Censor Appius Claudius Caecus 312 v. Chr. den inzwischen sehr beliebt gewordenen palatinischen H. in den Staatskult übernahm. Der neue römische H. erhielt unter dem Einfluß des griechischen Kallinikos und des H. Victor von Tibur den Beinamen Victor und Invictus, was zu seiner Funktion als Gott des Militärs gut paßte.

N.: Plastiken: H. und die Kerkopen, Metope vom Tempel C zu Selinunt, Anfang 6. Jh. v. Chr., Palermo, Museum (Kalktuffrelief). — Apollon und H., Terrakottagruppe von Veji, Ende des 6. Jh. v. Chr. — H. und der nemeische Löwe, H. und die kerynitische Hirschkuh, H. und Kyknos, Metopen vom Schatzhaus der Athener in Delphi, um 500 v. Chr., Delphi, Museum (Relief). — 12 Taten des H., Metopen vom Zeustempel zu Olympia, vor der Mitte des 5. Jh. v. Chr. Davon gut erhalten: Der nemeische Löwe, der kretische Stier, die Übergabe der stymphalischen Vögel. Paris, Louvre (Relief). — H. und Atlas, Olympia, Museum (Relief). — Taten des H., 10 Metopen von der Ostseite des sog. Theseion (Hephaisteion) zu Athen, 2. Hälfte d. 5. Jh. v. Chr., Athen (Relief). — Sog. H. Farnese, ausruhender H., Kopie des Glykon nach Lysippos (2. Hälfte d. 4. Jh. v. Chr.), Neapel, Museum. — H., J. Sansovino, 1550—53, Brescello. — H. und Nessos, Giovanni da Bologna, 1599, Florenz, Loggia dei Lanzi. — Herkulesbrunnen, Adriaen de Vries, 1602, Augsburg. — H. und die Hydra, M. Gasteiger (geb. 1871), St. Louis, Museum. — H. und die stymphal. Vögel, E. A. Bourdelle (1861—1929), Rom, Museum moderner Kunst. — H. als Bogenschütze, E. A. Bourdelle, 1909, Brüssel, Museum (Bronze).

G e m ä l d e: Der kleine H. würgt die Schlangen, Römisches Wandgemälde aus Pompeji, Haus der Vettier. — H. u. die Hydra, A. Pollaiuolo (1433—98), Florenz, Uffizien. — H. und Nessos, A. Pollaiuolo, Cambridge (USA), Yale University, Fogg-Museum. — H. im Kampf mit den stymphalischen Vögeln, Dürer, 1500, Nürnberg, German. Museum. — H. und Kerberos, A. Schiavone (gest. 1563), Venedig, Privatbesitz. — H. u. Antaios, Tintoretto (1518—94), Hartford, Conn. (USA), Wadsworth Athenaeum. — H. und Deianeira, Paolo Veronese (1528—88), Wien, Kunsthistor. Museum. — H., Deianeira und der tote Kentaur Nessos, B. Spranger (1546—1611), Wien, Kunsthistor. Museum. — H., von seinen Kämpfen ausruhend, A. Carracci, um 1596, Rom, Palazzo Farnese (Fresko). — H. am Scheidewege, A. Carracci, um 1596, Neapel, Museum. — Raub der Deianeira, G. Reni (1575—1642), Paris, Louvre. — Der trunkene H., Rubens, 1615—16, Dresden, Gemäldegalerie. — H. auf dem Scheiterhaufen, G. Reni, Paris, Louvre. — H. am Scheidewege, A. van Dyck (1599—1641), Florenz, Uffizien. — H. und Deianeira, J. Jordaens, 1649, Kopenhagen. — H. raubt die Rinder des Geryoneus, G. Langetti (1625—76), Wien, Kunsthist. Museum. — H. tötet Cacus, F. Lemoyne, 1718, Paris, École des beaux arts. — Raub der Deianeira, L. Silvestre d. J., 1732, früher Dresden, Gemäldegalerie. — Triumph des H., Tiepolo, um 1760, Verona, Palazzo Canossa (Fresko). — H. und die Hydra, R. Jettmar, 1910.

D r a m a t. B e a r b e i t u n g e n: H., Euripides, um 421 v. Chr. — Die Trachinierinnen, Sophokles, vor 416 v. Chr. — Hercules (furens), L. Annaeus Seneca (gest. 65 n. Chr.). — Hercules (Oetaeus), Seneca. — Hercule mourant, J. Rotrou, 1632. — Hercule, La Tuillerie, 1682. — Hercule, J. J. C. Renout, 1757. — Die Wahl des H., Wieland, 1773. — Die Taten des H., J. S. Patzke, 1780. — Der verbannte Göttersohn, F. M. Klinger, 1786. — Die Vergötterung des

H., J. B. Alxinger, 1794. — H., F. Wedekind, 1917. — Herkules und der Stall des Augias, F. Dürrenmatt, 1954. — Der trunkene Herkules, C. Zuckmayer, 1958.
Dichtungen: Ercole, G. Giraldi Cinzio, 1557. — The judgment of Hercules, W. Dunkin, 1769. — H., A. Blumauer, 1794 (Travestie). — Jole, S. Phillips, 1908.
Romane: Los trabajos de Hércules, Enrique de Villena, 1417. — Die Taten des H., F. Braun, 1927. — H. in den Alpen, F. Brach, 1948. — Die Memoiren des Herkules, H. Hömberg, 1950. — Die Geschichten von H., Paris und Theseus, H. Snell, 1953. — Journal intime d'Hercule, A. Dubois la Chartre, ⁸1957.
Kantate: H. am Scheidewege, J. S. Bach, 1733.
Oratorium: H., Händel, 1744.
Symph. Dichtungen: La jeunesse d'Hercule, C. Saint-Saëns, 1877. — Deianeira, Saint-Saëns, 1898. — H. im Garten der Hesperiden, H. P. Busser (geb. 1872).
Opern: Ercole acquisitore dell'immortalità, A. Draghi, 1677. — Alcide, Lully, 1693 (Text von Champistron). — H. unter den Amazonen, J. Ph. Krüger, 1694 (Text von F. C. Bressand). — H. und Hebe, R. Keiser, 1699 (Text von Chr. H. Postel). — Ercole vincitore di Gerione, C. A. Badia, 1708 (Text von Bernardini). — Le nozze d'Ercole e d'Ebe, Porpora, 1744. — Le nozze d'Ercole e d'Ebe, Gluck, 1747. — Alcide al bivio, J. A. Hasse, 1760 (Text von P. Metastasio). — Hercule mourant, N. d'Auvergne, 1761 (Text von J. F. Marmontel). — Alcide negli orti esperidi, G. F. de Majo, 1764 (Text von Coltellini). — Die Wahl des H., A. Schweitzer, 1773 (Text von Wieland). — Alcide al bivio, G. Paisiello, 1780 (Text von Metastasio). — Alcide, G. G. Cambini, 1782 (Text von Champistron). — Alcide al bivio, N. Zingarelli, 1787 (Text von Metastasio). — Alcide al bivio, V. Righini, 1790 (Text von Metastasio). — Alcide al bivio, S. Mayr, 1809 (Text von Metastasio). — Hercule aux pieds d'Omphale, J. L. Roques, 1869 (Text von F. Savard). — Ercole ed Euristeo, V. Galleani, 1888 (Text von V. u. G. Gargano). — Déjanire, C. Saint-Saëns, 1898 (Text von L. Gallet). — H., Reisch, 1919 (Text von F. Wedekind).

Literatur: U. v. Wilamowitz-Möllendorff, Euripides' Herakles, Berlin ²1895. — B. Schweitzer, Herakles, Tübingen 1922. — J. Bayet, Les origines de l'Hercule Romain, Paris 1926. — E. Panofsky, Hercules am Scheidewege und andere antike Bildstoffe in der neueren Kunst, Lpz.-Berlin 1930. — E. Kroeker, Der H. des Euripides, Diss. Lpz. 1938. — J. Schoo, H. im Fernen Westen der Alten Welt, in: Mnemosyne, ser. 3, Bd. 7 (1939), 1—24. — J. Schoo, Der Kampf mit der Hydra, in: Mnemosyne, ser. 3, Bd. 7 (1939), 281—317. — M. Launey, Le sanctuaire et le culte d'Héraklés a Thasos, Paris 1944. — F. Stößl, Der Tod des H. Arbeitsweise und Form der antiken Sagendichtung. Zürich 1945. — M. P. Nilsson, Der Flammentod d. H. auf dem Oite, in: Opuscula selecta 1, 1951, 348—354 (Neudruck aus dem Archiv für Religionswiss. 21, 1922). — F. Brommer, H. Die zwölf Taten des Helden in antiker Kunst und Literatur, Münster-Köln 1953. — M. Simon, Hercule et le christianisme, Paris 1955. — U. Hoetzer, Die Gestalt des H. in Hölderlins Dichtung. Freiheit und Bindung. Stuttgart 1955.

[1] Hom. Il. 19, 95—133. Apollod. Bibl. 2, 4, 5. — [2] Pind. Nem. 1, 33 ff. Theokr. 24. — [3] Diod. 3, 67, 2. — [4] Diod. 4, 10, 3—5. — [5] Eur. Herakles 967 ff. Diod. 4, 11, 1 f. Die Zahl der Kinder wird verschieden angegeben: 8 nennt Pindar, Isthm. 4, 63 f.; 3 Eur. Herakles 995 f.; 2 Schol. Od. 11, 268. — [6] Bisher hieß H. Alkeides (Alkide) nach seinem Großvater Alkaios, dem Vater Amphitryons, oder hatte selbst den Namen Alkaios: Apollod. Bibl. 2, 4, 12. Schol. Pind. Ol. 6, 68. — [7] Hes. Theog. 326 ff. Bakchyl. 8, 6 ff. Soph. Trach. 1091 ff. Apollod. Bibl. 2, 5, 1. — [8] Eur. Herakles 419 ff. Apollod. Bibl. 2, 5, 2. — Der Krebs wird von Hera unter die Tierkreiszeichen versetzt: Ps.-Eratosth. Katast. 11. — Vergleich des Hydra-Abenteuers mit einem analogen schwedischen Märchen: Radermacher 91. Weitere Parallelen von Drachenkampfsagen verschiedener Völker bei J. Schoo, Der Kampf mit der Hydra, in: Mnemosyne ser. 3, Bd. 7 (1939), 281—317. — [9] Pind. Ol. 3, 28 ff. Eur. Herakles 375 ff. — [10] Soph. Trach. 1097. Apollod. Bibl. 2, 5, 4. — [11] Apoll. Rhod. 2, 1054 ff. und Schol. 1054. Diod. 4, 13, 2. — [12] Theokr. 25, 7 ff. Diod. 4, 13, 3. — Daß die Reinigung der Ställe des Augeias ursprünglich der Erringung der Königstochter (Epikaste) galt und mit dem Auftraggeber Eurystheus nichts zu tun hatte, zeigt B. Schweitzer, Herakles, 146 ff. — [13] Diod. 4, 13, 4. Paus. 1, 27, 9 f. — [14] Diod. 4, 15, 3 f. Philostr. Imag. 2, 25. — Das Motiv der Erbeutung edler Rosse dürfte aus der Laomedon *-Sage übernommen sein: Robert 460. — [15] Eur. Herakles 408 ff. Apoll. Rhod. 2, 777 ff. 966 ff. Apollod. Bibl. 2, 5, 9. — [16] Damit wurde das Andromeda-Motiv in die troische Sage verpflanzt. — [17] Strab. 3, 5, 5. Diod. 4, 18, 5. — Nach anderer Auffassung befinden sich die beiden Säulen im Tempel des Herakles in Gadeira (Cadiz): Strab. 3, 5, 5. Plin. Nat. hist. 2, 242. Vgl. auch A. 19. — [18] Pherekydes bei Athen. 11, 470 CD. Stesichoros, a. a. O. 469 E. — [19] In dem mythischen Land Erytheia („Rotland") im Westen hat man eine Umschreibung des Jenseits erkannt. Der Kampf des H. mit Geryoneus und dessen Hund Orth(r)os ist im Grunde nichts anderes als der Kampf des Helden mit Hades und Kerberos: Wilamowitz II 23. — Über die antiken Versuche der Lokalisierung von Erytheia und über die Säulen des H. vgl. Lesky 75 f. — J. Schoo sucht Erytheia auf den Kanarischen Inseln und deutet Geryoneus als Vulkan: Mnemosyne, ser. 3, Bd. 7 (1939), 1 ff. — [20] Aition für die Entstehung des Steinfeldes zwischen Arles und Marseille (Plaine de la Crau): Strab. 4, 1, 7. Dionys. Hal. Arch. 1, 41, 3. — [21] Diod. 4, 23, 2. Verg. Aen. 5, 410 ff. — [22] Zum ganzen Abenteuer: Hes. Theog. 287 ff. 979 ff. Pind. Fr. 169. Hdt. 4, 8. — [23] Bevor Nereus sein Wissen preisgibt, muß ihn H. in einem Ringkampf bezwingen, in dessen Verlauf der Meerdämon verschiedene Gestalten annimmt; zur Nereus-Episode vgl. Lesky 128 ff. — [24] Aisch. Prom. 773 f. Apollod. Bibl. 2, 5, 11. Auch das Westland der Hesperiden war vermutlich einst „ein Stück Jenseits": Lesky 76. — [25] Hom. Il. 8, 366 ff. Od. 11, 623 ff. Eur. Herakles 23 ff. 1276 ff. Paus. 3, 25, 5 f. — Herakles bringt Theseus u n d Peirithoos aus der Unterwelt mit: Hygin. Fab. 79. Er kann keinen der beiden befreien: Diod. 4, 63, 5. — [26] Zur Einschaltung der H.-Episode in die Argonautensage vgl. Radermacher 196 f. — [27] Hom. Od. 21, 22 ff. Soph. Trach. 270 ff. — [28] Plut. De E apud Delphos 6. Apollod. Bibl. 2, 6, 2. Schol. Pind. Ol. 9, 29 (44 a). — [29] Diod. 4, 31, 7. Apollod. Bibl. 2, 6, 3. — Euripides schrieb ein Satyrspiel „Syleus": Fr. 687—694 N. —

[30] Diod. 4, 33, 1. 4. Paus. 5, 1, 10—5, 3, 1. Über die Kämpfe des H. in Elis handelt ausführlich B. Schweitzer, Herakles, 107 ff. — [31] Pind. Ol. 5, 4 ff. Diod. 4, 14, 1 f. — [32] Hom. Il. 11, 690 ff. — [33] Diod. 4, 33, 5 f. Apollod. Bibl. 2, 7, 3. — [34] Seine erste Gattin Megara hat H. nach Vollendung der 12 Arbeiten an Iolaos verheiratet: Apollod. Bibl. 2, 6, 1. — [35] Soph. Trach. 555 ff. Diod. 4, 36, 3 ff. Vielleicht war Nessos ursprünglich nicht Kentaur, sondern Flußgott: Wilamowitz I 196 f. — [36] Ps.-Hes. Schild des Herakles, 57 ff. Eur. Herakles 391 ff. — [37] Soph. Trach. 351 ff. 476 ff. Apollod. Bibl. 2, 7, 7. — [38] Die Verbrennung des H. auf dem Scheiterhaufen ist ein Aition für das Jahresfeuer auf dem Berg Oite, in dem menschengestaltige Puppen verbrannt wurden: M. P. Nilsson, Der Flammentod des H. auf dem Oite, in: Archiv f. Religionswiss. 21 (1922), 310—316 = Opuscula selecta 1, Lund 1951, 348—354. — [39] Soph. Trach. 1191 ff. — An Stelle von Philoktetes dessen Vater Poias: Apollod. Bibl. 2, 7, 7. — [40] Nilsson I 320. — [41] Wilamowitz, Euripides Herakles ²1895, I 58 ff. — [42] Radermacher 94 f. Versuch einer Analyse des Dodekathlos bei Schweitzer, Herakles, 133—158. F. Brommer, Herakles 61 f., setzt die Entstehung des Dodekathlos erst in hellenistische Zeit. — [43] Wilamowitz, Euripides Herakles ²1895, I 58 ff. — [44] Wilamowitz II 274. — Über auffällige Parallelen im Leben Jesu und in der Herakles-Biographie vgl. F. Pfister, Herakles und Christus, in: Archiv f. Religionswiss. 34 (1937), 42—60. Dagegen H. J. Rose, in: Harvard Theol. Review 31 (1938), 113—142. — [45] Wilamowitz II 41 f. — [46] Deubner 226 f. — [47] Zur Verbreitung des Kultes in Italien: Dionys. Hal. Arch. 1, 40, 6. — [48] J. Bayet, Les origines de l'Hercule Romain, Paris 1926. — [49] Gegen diese These Bayets F. Altheim II 32.

Herakliden s. Herakleiden

Hérkules s. Herakles

Hermaphróditos (Hermaphrodít), göttlicher Zwitter

M.: H., ein Sohn des Hermes* und der Aphrodite*, wird von der Quellnymphe Salmakis leidenschaftlich geliebt. Da er ihre Liebe nicht erwidert, bittet Salmakis die Götter, ihre beiden Körper für immer zu verschmelzen. Die Quelle, in der diese Verwandlung stattfindet, macht alle Menschen, die in ihr baden, zu Hermaphroditen.[1]

R.: Die von Ovid erzählte Verwandlungssage soll die Entstehung des Zwitters erklären. Aphroditos war im kyprischen Kult das männliche Gegenstück zu Aphrodite. Die Bezeichnung H. für eine Herme mit beiderlei Geschlechtsmerkmalen findet sich zuerst bei Theophrast.[2] Vielleicht handelt es sich hier um die Verehrung alter Hochzeitsgötter.[3] K. Kerényi deutet diesen H. im Hausinneren als Ausdruck des in der Ehe wiederhergestellten Urzustandes, der — vor der geschlechtlichen Differenzierung — als gemeinsame Lebens- und Seelenquelle der Familie zu verstehen sei.[4]

N.: Plastiken: H., Polykles, 2. Jh. v. Chr. (Original Bronze); Kopie: Rom, Thermenmuseum. — Salmakis, F. J. Bosio (1769—1845), Paris, Louvre.

Gemälde: Salmakis und H., B. Spranger (1546—1611), Wien, Kunsthist. Museum. — Salmakis und H., G. Carnovali (1806—1873).

Dichtung: H., Swinburne, 1866. — The H., S. Loveman, 1926.
Literatur: M. Delcourt, Hermaphrodite. Mythes et rites de la bisexualité dans l'antiquité classique, Paris 1958.
[1] Ov. Met. 4, 285 ff. — [2] Theophr. Char. 16, 10. Vgl. dazu H. Bolkestein, Theophrastos' Charakter der Deisidaimonia als religionsgeschichtliche Urkunde, in: Religionsgesch. Versuche u. Vorarb. 21, 2, Gießen 1929, 45 ff. — [3] Kern III 71. — [4] K. Kerényi, Hermes der Seelenführer, Zürich 1944, 97.

Hermés (Hérmes), Sohn des Zeus* und der Maia*
M.: Kaum ist H. in einer Höhle des Berges Kyllene[1] in Arkadien zur Welt gekommen, so erfindet er die Leier — er baut sie aus der in Arkadien häufig vorkommenden Schildkröte! — und stiehlt seinem Bruder Apollon* eine Rinderherde. Gegen Abgabe der Leier darf er die Rinder behalten.[2] Apollon schenkt ihm auch seinen goldenen Zauberstab,[3] mit dem H. später den Argos, den alles sehenden Wächter der Io*, einschläfert.[4]
Als Götterbote bringt er den neugeborenen Dionysos* zu Ino* und Athamas, später zu den nysaeischen Nymphen.[5] Die Göttinnen Hera*, Athene* und Aphrodite* geleitet er zu Paris*.[6]
R.: H. war nicht nur ein sehr alter Gott, wie u. a. seine unerklärten Beinamen bei Homer beweisen,[7] sondern auch ein in Hellas überaus populärer Gott, obwohl die Zahl seiner uns bekannten Feste und Kulte nur gering ist. Für Wilamowitz ist H. „ein urhellenischer und ein rein hellenischer Gott".[8] Arkadien, in dem die Geburtslegende des H. lokalisiert ist, weist besondere Beziehungen zu dem Gotte auf. Die von H. abgeleiteten Personennamen sind hier zahlreich und auch die nach H. benannten Steinpfeiler (Hermen) finden sich hier besonders häufig.[9]
Die Etymologie des Namens H. führt auf das griech. hermax und hermaion = Steinhaufen. Dem H. waren die in aller Welt verbreiteten, in Hellas offenbar sehr beliebten Steinhaufen heilig, die der Orientierung des Wanderers dienten (vgl. die Steinmandln in unseren Alpen!) und sich dadurch vergrößerten, daß vorübergehende Wanderer einen neuen Stein dazulegten.[10] Vielfach waren die aus Griechenland bekannten Steinhaufen allerdings Grabmäler, und zwar um einen in der Mitte aufgerichteten Stein angeordnet. Von diesen Steinhaufen, in denen der Gott selbst verehrt wurde und auf denen man ihm Opfer darbrachte, führt eine Linie zu den vor den griechischen Häusern stehenden Hermen, Steinpfeilern, in denen man ebenfalls den Gott selbst sah, der das Haus vor der bösen Außenwelt schützen sollte.[11] Als dieser vor der Haustüre stehende und den Eingang schützende Gott hieß H. Pylaios oder Propylaios.[12] Der sonst an keinen festen Ort gebundene Gott, der stets unterwegs ist,[13] wurde nicht nur zum Schutzherrn der Wanderer und Reisenden, sondern verband auch als Götterbote wie bei Homer Himmel und Erde und geleitete als Psychopompos (= Seelengeleiter) die menschlichen Seelen aus dem Diesseits ins Jenseits. Diese Funktion zeigt allerdings auch die chthonische Seite seines Wesens auf. Am

dritten Tage der attischen Anthesterien, eines Frühlings- und Totenfestes, den sog. Chytren (von chytroi = Töpfe) wurden dem H. Töpfe mit gekochten Speisen als Opfer aufgestellt, wobei man für die Verstorbenen betete.[14] Eine in Jena befindliche Lekythos (Flasche) zeigt H., wie er mit seinem Zauberstab die Seelen aus der Unterwelt heraufholt bzw. sie wieder hinabzwingt.[15] Trotzdem kann man H. nicht als chthonischen Gott im üblichen Sinne bezeichnen; er stellt nur die Verbindung zwischen den beiden Welten her, trägt aber selbst keine finsteren Züge.[16] Vielleicht lassen sich die Beziehungen des H. zum Dienerwesen — er selbst dient den olympischen Göttern; in einer drastischen Sklavenrolle zeichnet ihn Aristophanes im „Plutos"! — auf das chthonische Element seines Wesens zurückführen.[17]

Der goldene Stab, den H. bei Homer trägt, ist ein Zauberstab, mit dem der Gott die Menschen einschläfern und wecken kann;[18] so sendet er als Schlafgott den Menschen auch die Träume.[19] Später wurde aus diesem Zauberstab der Heroldsstab (Kerykeion) des Götterboten mit dem 8förmig verschlungenen Ende.[20] Dieser Heroldsstab gehört nebst Flügelschuhen und Reisehut zu den ständigen Attributen des H.

Seit alters war H. auch Gott der Hirten. Er vermehrt die Herden[21] und sorgt als Nomios (Weidegott) für das Vieh. Als „guter Hirte" wurde H. manchmal mit einem Widder unter dem Arm oder auf den Schultern dargestellt. Man könnte daraus und aus anderen Zeugnissen auf ursprüngliche Widdergestalt des Gottes schließen.[22] Alt ist die Verbindung des H. mit den Nymphen oder Chariten*.[23] Auf Vasenbildern sehen wir ihn oft in Gesellschaft von Satyrn*,[24] und Pan* galt als sein Sohn.[25] Das phallische Element, das in der Darstellung der Hermen zum Ausdruck kommt, gehörte wohl nicht ursprünglich zum Wesen des H.[26]

Dafür fallen der glückliche Fund (hérmaion) und das Ansichnehmen dieses Fundes (Diebstahl, Raub) in den Bereich des Gottes. Die Schlauheit ist ein wesentlicher Zug im Charakter des H. So schildert ihn der Hermes-Hymnos als Meisterdieb, der schon als Wickelkind seinem Bruder Apollon eine ganze Rinderherde stiehlt. Den Autolykos* unterweist H. im Diebshandwerk.[27]

Als Gott des glücklichen Fundes wurden H. allerlei Erfindungen zugeschrieben: Das Feuerreiben, die Syrinx (Hirtenflöte), die Leier. So musiziert er als Reigenführer der Nymphen oder Chariten. Das glückliche Finden auf geistigem Gebiet, das Auslegen und Erklären (hermeneia), das in der Praxis für den Redner von großem Wert war, der überhaupt die Schlauheit des Gottes brauchen konnte, ließ H. zum Schutzpatron der Redner werden. Daß ihn Kaufleute und Diebe verehrten ist nach der Schilderung seiner Eigenschaften selbstverständlich. Schließlich stellte sich auch die sportliche Jugend Griechenlands in den Ringschulen und Gymnasien unter den Schutz des jugendlichen Gottes, von dem man sich auch Glück bei Wettkämpfen erhoffte.[28]

Nach dem flinken Götterboten wurde der schnellste Planet benannt.[29] Bei den Römern entsprach dem griechischen H. der Gott des Handels und Verkehrs Mercurius.
Unter dem Namen des H. Trismegistos (des „Dreimalgrößten") kannte die Spätantike eine große Zahl astrologischer, religiös-philosophischer und okkultistischer Schriften, von denen 17 in einer Sammlung, dem sog. Corpus Hermeticum, erhalten sind. Die Hermetik, welche sowohl Kosmogonie wie Entstehung des Menschengeschlechts und Erlösungslehre umfaßt, zeigt prophetische Tendenzen auf synkretistischer Grundlage.[30]

N.: Plastiken: H. mit dem Dionysosknaben, Praxiteles, 4. Jh. v. Chr., Olympia. — Ausruhender H., Schule des Lysippos, 2. Hälfte des 4. Jh. v. Chr. (Original Bronze); Kopie: Neapel, Museum. — Merkur, J. Sansovino, 1540—45, Venedig, Loggetta (Bronze). — Merkur, Giovanni da Bologna, 1563, Florenz, Bargello (Bronze). — Merkur und Psyche, Adriaen de Vries, 1593, Paris, Louvre (Bronze). — Merkurbrunnen, Adriaen de Vries, 1599, Augsburg. — Merkur, A. Coysevox (1640—1720), Paris, Tuilerien. — Merkur, R. Donner, 1740, Wien, Barockmuseum (Bronze). — Merkur, J.-B. Pigalle, 1744, Paris, Louvre. — Merkur, seine Sandalen anlegend, J. B. Pigalle (1714—85), New York, Metropolitan Museum (Bronze). — Merkur als Argustöter, Thorwaldsen, 1818, Kopenhagen, Thorwaldsen-Museum. — Merkur, R. Begas, 1870, früher Berlin, Börse. — Merkur erfindet den Heroldsstab, A. Idrac (1849—84), Paris, Louvre.

Gemälde: Jupiter, Merkur und die Tugend, Dosso Dossi (zirka 1490—1542), Wien, Kunsthist. Museum. — Die drei Grazien und Merkur, Tintoretto, 1578, Venedig, Dogenpalast. — Waldlandschaft mit Merkur und Argus, A. Elsheimer (1578—1610), früher Berlin, Kaiser-Friedrich-Museum. — Merkur und Minerva, H. Goltzius, 1611, Haarlem. — Merkurs Abschied von Antwerpen, Rubens, 1634 bis 35, Leningrad, Eremitage. — Merkur, Rubens, 1636—37, Madrid, Prado. — Merkur raubt die Rinder Apollons, C. Lorrain (1600—82), Rom, Palazzo Doria. — Merkur mit dem Kopf des Argus vor Juno, D. Creti (1671—1749), Bologna.

Dramat. Bearbeitungen: Die Spürhunde (Ichneutai), Sophokles, etwa zur Hälfte erhalten (Satyrspiel, das den Rinderdiebstahl und die Erfindung der Leier behandelte; Papyrusfund 1912!). — Merkur, ein Gott der Kaufleut, Hans Sachs, 1526 (Schwank).

Hymnos: Homerischer Hymnos an H.

Literatur: L. Radermacher, Der homerische Hermeshymnus, erläutert und untersucht. Wien 1931. — L. Curtius, Zeus und Hermes. Studien zur Geschichte ihres Ideals und seiner Überlieferung. München 1931. — P. Raingeard, Hermès psychagogue. Essai sur les origines du culte d'Hermès. Paris 1935. — K. Kerényi, Hermes der Seelenführer, Zürich 1944. — O. N. Brown, Hermes the thief. The evolution of a myth. Madison 1947. — G. van Moorsel, The my-

steries of Hermes Trismegistus, Utrecht 1955. — V. Orsini, Ermetismo. Fonti, cause, caratteri e sviluppi della poesia ermetica, Pescara ²1956.
[1] Daher sein Beiname Kyllenios: Hom. Od. 24, 1. — [2] Hom. Hymn. Herm. 68 ff. Soph. Ichneutai: Suppl. Soph. ed. E. Diehl, 1913, 1 ff. — [3] Er erhält dafür die von H. erfundene Hirtenflöte (Syrinx): Apollod. Bibl. 3, 10, 2. — [4] Wilamowitz I 163 A. 4. — Den etymologisch schwierigen Beinamen des H. Argeiphontes legte man schon im Altertum als „Argostöter" aus: Apollod. Bibl. 2, 1, 3. Schol. Il. 2, 103. Schol. Aisch. Prom. 561. — [5] Apollod. Bibl. 3, 4, 3. — Kerényi, Hermes der Seelenführer, Zürich 1944, 104 sieht in dem Gott „den berufenen Träger aller göttlichen Kinder, eben als Bringer von Seelen- und Sonnenkindern". — [6] Eur. Andr. 274 ff. Iph. Aul. 1299 ff. — [7] Nilsson I 471. — [8] Wilamowitz I 159. — [9] Nilsson I 473. — [10] Nilsson I 474. — [11] Thuk. 6, 27. — Hipparch ließ Hermen als Wegweiser auf der Landstraße errichten: Plat. Hipp. 228 D—229 A. Hermen an der Landesgrenze von Argolis und Arkadien: Paus. 2, 38, 7. Vgl. auch Wilamowitz I 162. Nilsson I 477. — [12] Über die besondere Beziehung des H. zur Türe vgl. Kerényi, Hermes der Seelenführer, 98. — [13] Der schwebende Zustand des Reisenden als „sichtbarster Aspekt der Hermes-Welt" wird eindrucksvoll geschildert von Kerényi, a. a. O., 21 ff. — Nach der mythologischen Deutung Kerényis sahen die Griechen in dem Gott die „Quelle einer besonderen Welterfahrung und Weltgestaltung" (a. a. O., 64). — [14] Deubner 112. — [15] Abgebildet z. B. bei Deubner, Taf. 8/2. — [16] Wilamowitz I 168. Betonung des Chthonischen: Kern I 205. — [17] Kerényi, a. a. O., 99 verweist in diesem Zusammenhang auf ein dem römischen Saturnalien ähnliches H.-Fest in Kreta, bei dem die Sklaven die Rolle der Herren übernahmen, und deutet es als Starkwerden des Schwächsten und Einbruch von Unterweltlichem. — [18] Hom. Il. 24, 343 f. Od. 5, 47 f. — Über die Zugehörigkeit des H. zur alten Zauberwelt: Kern II 18 ff. — [19] Hom. Hymn. Herm. 14. — [20] Da man das Kerykeion nicht mehr als Zauberstab empfand, gab der Maler der oben erwähnten Lekythos dem Gott neben dem Heroldsstab noch einen Zauberstab in die Hand: Nilsson I 480. — [21] Hes. Theog. 444 ff. Hom. Hymn. Herm. 567 ff. — [22] Wilamowitz I 165. — Kerényi, a. a. O., 99 ff. deutet den Kriophoros (Widderträger) als Sonnenträger und den Widder als Sonne und erinnert daran, daß H. mit goldenen Widdern das Atridenhaus und den Phrixos beschenkte. Er rückt den Widdergott H. in den Kreis der Kabiren *. — [23] Hom. Od. 14, 435. — Hom. Hymn. Aphrod. 257 ff. — [24] Nilsson I 473 A. 7. — [25] Cic. De nat. deor. 3, 56. Apollod. Epit. 7, 40. — [26] Wilamowitz I 160 ff. — Anders Kerényi, a. a. O., 57, 64 ff., 78 ff. — [27] Hom. Od. 19, 394 ff. Vgl. noch Hom. Il. 5, 385 ff. 20, 35. — [28] Die attischen Hermaia waren ein von den Palästren veranstaltetes Turnfest: Plat. Lys. 206 DE. Deubner 217. — [29] Cic. De nat. deor. 2, 53. — [30] Vgl. A. J. Festugière, La révélation d'Hermès Trismégiste: I, L'astrologie et les sciences occultes, 1944; II, Le Dieu cosmique, 1949; IV, Le dieu inconnu et la gnose, 1954. — Der Text jetzt bei A. D. Nock-A. J. Festugière, Hermes Trismégiste, 2 Bde., Paris 1945. — Nilsson II 556—596.

Hermióne (Hermíone), Tochter des Menelaos, s. Neoptolemos

Heró (Héro) und **Léandros** (Léander), berühmtes Liebespaar der Antike

M.: Der junge L., der in Abydos am Hellespont beheimatet ist, liebt die Aphroditepriesterin H. aus der jenseits der Meerenge gelegenen Stadt Sestos. Gegen den Willen seiner Eltern, die einer Heirat nicht zustimmen wollen, schwimmt L. Nacht für Nacht zu der Geliebten, wobei ihm eine kleine Lampe Heros von einem Turm aus den Weg weist. Einmal löscht der Sturm das Licht und L. ertrinkt. Als H. die Leiche des Geliebten am Strande findet, verzweifelt sie und stürzt sich von ihrem Turm.[1]

R.: Die Namen H. und L. dürften nicht viel mehr als „Frau" und „Mann" bedeuten.[2] Die Lokalisierung der Sage in Abydos und Sestos ist, wie L. Malten jüngst gezeigt hat, durch die Strömungsverhältnisse im Hellespont eindeutig zu erklären. Leuchttürme befanden sich schon in der Antike an den für die Überfahrt geeigneten Stellen des Hellesponts. Aus dem Feuer eines solchen Leuchtturmes wurde in der Sage die Lampe der H., die dem Geliebten bei Nacht den Weg weist.[3] Da die antiken Leuchttürme auf das Vorbild des alexandrinischen Pharos (vollendet 280 v. Chr.) zurückgingen, ist mit der Entstehung der H.-L.-Sage etwa im 3. Jh. v. Chr. zu rechnen.[4]

N.: Die ausführlichste Darstellung der Geschichte ist uns in dem kleinen Epos „Hero und Leandros" des Musaios (5. bis 6. Jh. n. Chr.) erhalten. Verschiedene Papyrusfragmente beweisen die Beliebtheit des Stoffes seit hellenistischer Zeit.[5]

P l a s t i k : H. und L., J. Gibson, 1821, Chatsworth (Relief).

G e m ä l d e : H. und L., Rubens, 1602—05, früher Dresden, Gemäldegalerie. — H. und L., D. Feti (ca. 1589—1624), Wien, Kunsthistor. Museum. — H. und L., C. Schut (1597—1655), Wien, Kunsthistor. Museum. — H. und L., G. Backernel (ca. 1600—ca. 1660), Wien, Kunsthistor. Museum.

D r a m a t . B e a r b e i t u n g e n : Des Meeres und der Liebe Wellen, Grillparzer, 1831. — H. und L., L. F. Ratisbonne, 1859.

E p e n : H. und L., Musaios, 5./6. Jh. n. Chr. — Leandris, C. Barth, 1612. — H. and Leander, J. Hunt, 1819. — H. and L., Th. Hood, 1827.

G e d i c h t e : H. and L., Chr. Marlowe, 1598. — H. and L., J. Graeme, 1770. — Leandro y Hero, M. M. Barbosa du Bocage, ca. 1797. — H. und L., Schiller, 1801. — H. to L., Tennyson, 1830. — Hero's lamp, D. G. Rossetti, 1881. — The death of L., J. Drinkwater, 1906.

K a n t a t e : Ero e Leandro, L. Mancinelli, 1898.

S y m p h o n . D i c h t u n g : Ero e Leandro, A. Catalani (1854—93).

O p e r n : Il Leandro, F. A. Pistocchi, 1679 (Text von C. Badovero). — Leandro, A. Scarlatti, 1693. — Léandre et Héro, Brassac, 1750 (Text von Lefranc de Pompignan). — Ero, S. Mayr, 1793 (Text von Pecco). — Ero, S. Nasolini, 1797. — H., G. A. Schneider, 1817 (Text von Herklots). — H., J. Brandl, 1833 (Text von A. Schreiber). — Ero e Leandro, Battesini, 1879 (Text von A. Boito). — Hero, E.

Frank, 1884 (Text von F. Vetter). — Hero, L. Schytte, 1898 (Text von P. Levin). — Ero, G. Bonnard, 1914 (Text von G. Goldini).

B a l l e t t: H. et L., Staub, 1913.

L i t e r a t u r: L. Malten, Hero und Leander, in: Rhein. Museum 93 (1950), 65—81.
[1] Ov. Heroid. 17. 18. Verg. Georg. 3, 258 ff. Ov. Ars am. 2, 249 f. — [2] Malten, Rhein. Mus. 93 (1950), 78. — [3] Malten, a. a. O., 75. — [4] Malten, a. a. O., 76. — [5] Malten, a. a. O., 66 ff.

Hérse, Tochter des Kekrops

Hesióne (Hesíone), Tochter des Laomedon

Hesperíden, Töchter des Atlas* und der Hesperie oder der Nyx (Nacht)[1]

M.: Sie wohnen im Garten der Götter in der Nähe des Atlasgebirges und hüten hier die goldenen Äpfel, die einst Gaia* dem Zeus* und der Hera* als Hochzeitsgeschenk gebracht hat. Da Hera an der Zuverlässigkeit der H. zweifelt, setzt sie den hundertköpfigen Drachen Ladon als Wächter der goldenen Äpfel ein. Als Herakles* dem Eurystheus die goldenen Äpfel bringen soll, übernimmt Atlas für ihn die schwierige Aufgabe. Nach anderer Version tötet Herakles den Ladon und holt selbst die goldenen Äpfel.[2]

R.: Das weit im Westen angesetzte Land der H. war ursprünglich wohl ein Stück Jenseits.[3] Daraus, daß Gaia den Baum mit den goldenen Äpfeln zur Hochzeit des Zeus und der Hera dort wachsen ließ, schloß man, daß diese Hochzeit einst nicht auf dem Olymp, sondern eben im fernen Westland stattgefunden habe.[4]
Bei Hesiod bewacht der Drache tief unter der Erde die goldenen Äpfel.[5] Daß Herakles selbst ihn tötet, und nicht Atlas, ist wohl die ursprüngliche Fassung. Die H. waren einst, als Töchter der Nacht, keineswegs freundliche Mädchen, sondern gefährliche Vögel, ähnlich den Harpyien* und Sirenen*.[6] Radermacher weist u. a. auf das moderne finnische Märchen von Ilmarinen, dem Schmied, hin, in dem drei Jungfrauen die eigentlichen Schatzhüterinnen sind.[7] Die Einsetzung des Drachens durch Hera ist eine sekundäre Motivierung für das Nebeneinander mehrerer Schatzhüter (Drache und H.).

N.: P l a s t i k: Herakles bei den H., Original, 2. Hälfte des 5. Jh. v. Chr.; Kopie: Rom, Villa Albani (Relief).

G e m ä l d e: Die H., Raffael (1483—1520), Chantilly, Musée Condé. — Die H., E. Burne-Jones, 1873, London, Privatbesitz. — Die H., H. v. Marées, 1884—87, München, Neue Pinakothek (Triptychon).

D i c h t u n g: Hesperides, Tennyson, 1833.

S y m p h o n. D i c h t u n g: Herakles im Garten der H., H. P. Busser (geb. 1872).

Oper: Alcide negli orti Esperidi, F. Majo, 1764 (Text von Coltellini).

Literatur: W. Amelung, Herakles bei den Hesperiden, Berlin 1923.

[1] Hes. Theog. 215. — [2] Hes. Theog. 215 f. Eur. Herakles 394 ff. Apoll. Rhod. 4, 1396 ff. mit Schol. Diod. 4, 26. Paus. 5, 11, 6. 5, 18, 4. 6, 19, 8. Apollod. Bibl. 2, 5, 11. — [3] Lesky 76 unter Hinweis auf Hes. Theog. 215, 275. Als Personifikation der Kanarischen Inseln deutet die H., wohl abwegig, J. Schoo, Mnemosyne ser. 3, Bd. 7 (1939), 15 ff. — [4] Wilamowitz I 253. — [5] Hes. Theog. 335. — [6] Wilamowitz I 267 f. — [7] Radermacher 224 und A. 556. — Vgl. dort auch zur Übertragung von Zügen aus dem H.-Abenteuer auf die Erbeutung des goldenen Vlieses durch Iason in Kolchis.

Hestía, Tochter des Kronos* und der Rheia*, griechische Göttin des Herdes und Herdfeuers

M.: Als himmlische Jungfrau der Artemis* und Athene* verwandt, gehörte H. zu den olympischen Zwölfgöttern*. Sie wurde jedoch bei den Griechen zu keiner lebendigen Gestalt, so daß man über sie auch keine Mythen erzählte.[1]

R.: Seit ältester Zeit war der Herd Mittelpunkt des Hauses und des Familienlebens der Hellenen, wo sich auch der Fremde, der Schutzflehende, geborgen fühlte. Hier wurde der H. vor jeder Mahlzeit ein kleines Opfer dargebracht. Bei Opferhandlungen pflegte man zuerst zu ihr zu beten, so daß „Fang' mit Hestia an!" sprichwörtlich wurde.

Man verehrte die Göttin aber auch im gemeinsamen Herd des Stammes oder der Gemeinde, so in Athen im Prytaneion, wo die Regierungsbeamten und die offiziellen Gäste speisten. Den gemeinsamen Herd ganz Griechenlands repräsentierte die delphische H. In den Städten des Hellenismus schwand die Bindung des einzelnen Menschen an Haus und Hof, so daß auch das Bild der Göttin H. immer mehr verblaßte.[2]

Die römische Vesta* war Staatsgöttin und nicht Göttin des einzelnen Familienherdes.

[1] Nilsson I 315. — [2] Wilamowitz I 157. — Zur H. allgemein vgl. auch Kern II 13 ff.

Hiláeira s. Dioskuren

Hippodámeia (Hippodameía) 1. Gattin des Pelops, 2. Gattin des Peirithoos

Hippokóon (Hippókoon) s. Herakles, S. 141

Hippolýte (Hippólyte), Königin der Amazonen, s. auch Theseus, s. auch Herakles, 9. Arbeit

Hippólytos s. Phaidra

Hippomédon (Hippómedon) s. Polyneikes

Hippoménes (Hippómenes) s. Atalante

Hölzernes Pferd s. Troia, s. Sinon

Hóren, Töchter des Zeus* und der Themis*,[1] Göttinnen der Jahreszeiten

M.: Bei Homer bewegen die H. die den Olymp umgebenden Wolken[2] und versorgen Pferde und Wagen der Hera*.[3] Sie stehen den Chariten* nahe und treten auch wie diese in der Dreizahl auf. Als Eunomia (Gesetzlichkeit), Dike (Recht) und Eirene* (Friede) wachen sie wie ihre Mutter Themis über die menschlichen Rechtsordnungen.[4]

R.: Hora bedeutet im Griechischen die Zeit, die etwas reifen läßt, sowie die volle Reife und Schönheit selbst. So waren die H. zunächst Naturkräfte, denen man das Reifwerden der Früchte in Feld und Garten verdankte. In diesem Sinne nannten die Athener die H. Thallo (Göttin der Blüte), Auxo (Göttin des Wachstums) und Karpo (Göttin der reifen Frucht). Die oben genannten Namen der H. bei Hesiod und ihre Zusammenstellung mit Themis zeigen eine Verschiebung ihres Einflusses aus dem Bereich von Naturgottheiten in die ethische Sphäre. Später gewann das Bedeutungselement „Zeit" die Oberhand und die H. wurden zuletzt nur mehr als die Jahreszeiten aufgefaßt.

N.: G e m ä l d e: Pan und H., Römisches Wandgemälde aus Pompeji, Neapel, Mus. Naz. — Luna und die H., Tintoretto, 1580, früher Berlin, Kaiser-Friedrich-Museum.

W a l z e r: Eunomien-Tänze, „den Herrn Hörern der Rechte an der Hochschule zu Wien" gewidmet, Joh. Strauß Vater, 1845.

L i t e r a t u r: G. M. A. Hanfmann, The Season Sarcophagus in Dumbarton Oaks, 2 Bände, Cambridge Mass. 1951. Mit einem umfassenden Verzeichnis aller antiken Darstellungen der Horen und Jahreszeiten: Bd. 2, 129—192. — F. Matz, Ein römisches Meisterwerk. Der Jahreszeitensarkophag Badminton-New York. Berlin 1958.

[1] Hes. Theog. 901 ff. Apollod. Bibl. 1, 3, 1. — [2] Hom. Il. 5, 749 ff. 8, 393 ff. — [3] Hom. Il. 8, 433 ff. — [4] Pind. Ol. 13, 6 ff. — Daneben steht auch die Verehrung der einzelnen Horen: Eunomia, Pind. Ol. 9, 15 f. Solon 3, 32 f. D. — Dike, Hes. Werke 222 ff. 256 ff. — Vgl. Eirene.

Horos, Sohn der Isis

Hyáden s. Sterne

Hyákinthos, Sohn des Amyklas

M.: Der schöne H. ist ein Liebling des Apollon*. Beim Diskoswerfen treibt der eifersüchtige Zephyros (Westwind) den Diskos Apollons auf den Kopf des H. zu, der zusammenbricht und auf der

Stelle stirbt. Aus dem Blut läßt Apollon die Blume H. (Hyazinthe) entsprießen.[1]

R.: H., der einen vorgriechischen Namen trägt, war ein Vegetationsgott, dessen Tod das Sterben und Wiederaufleben der Natur versinnbildlichte. Sein Kult und die Verwendung seines Namens für Monatsnamen ist in dorischen Gebieten mehrfach bezeugt.[2] In Amyklai (südl. Sparta) wurde H. von Apollon verdrängt, so daß auch das nach ihm benannte dreitägige Fest (Hyakinthia) an Apollon überging.[3] H. war hier nur mehr ein Heros, dessen Grab man unter dem Throne des Apollon zeigte. Daß er einst ein Gott gewesen war, kann man u. a. auch daraus erschließen, daß auf demselben Thron in Amyklai der Einzug des H. auf dem Olymp dargestellt war.[4] Die oben erwähnte Verwandlungssage will den Namen der Blume H. aus dem Tode des H. erklären.

N.: G e m ä l d e: Apollon und H., A. Caracci (1560—1609), Rom, Palazzo Farnese. — Apollon und H., Domenichino, um 1602—03, Rom, Palazzo Farnese (Fresko). — H., Tiepolo (1696—1770), Lugano, Schloß Rohoncz.

O p e r: Apollo et Hyacinthus, Mozart, 1767.

L i t e r a t u r: M. J. Mellinck, Hyakinthos, Utrecht 1943.

[1] Eur. Hel. 1471 ff. Apollod. Bibl. 1, 3, 3. 3, 10, 3. Ov. Met. 10, 162 ff. — An Stelle des Zephyros wird verschiedentlich Boreas als Nebenbuhler Apollons genannt. — [2] Nilsson I 294. 500. — [3] Kern II 68 ff. — [4] Wilamowitz I 105.

Hýdra von Lerna s. Herakles, 2. Arbeit

Hygíeia (Hygieía) s. Asklepios

Hylaíos, Kentaur, s. Atalante

Hýlas, Sohn des Theiodamas, Liebling des Herakles*

M.: Auf der Argonautenfahrt wird H. in Mysien zum Wasserholen ausgesandt und von den Quellnymphen entführt. Herakles macht sich auf die Suche nach H. und versäumt so die Abfahrt der Argo; er scheidet damit aus der Zahl der Argonauten aus und kehrt nach Argos zurück.[1]

R.: Den Namen H. versuchte man aus einem ekstatischen Klageruf (beim Tode eines Vegetationsgottes) abzuleiten.[2] Die Erzählungen von Nymphen* und Najaden, die ihre Lieblinge ins Wasser ziehen, sind vielleicht Reste eines Glaubens an die Gefährlichkeit der Wasserwesen.[3] Innerhalb der Argonautensage ist die Heraklesepisode als Einlage gekennzeichnet.[4]

N.: P l a s t i k e n: Nymphe und H., L. Mattielli, 1716, Wien, Schwarzenbergpark. — H. mit zwei Najaden, J. Gibson, 1826, London, Tate-Gallery. — H., Thorwaldsen, 1833 (Relief).

Gemälde: Raub des H., Piero di Cosimo, um 1480—90, New York, Privatbesitz. — H. und die Nymphen, W. Etty, 1833.
Dichtungen: Hylas, Theokrit (13), 3. Jh. v. Chr. — H., St. Brooke, 1888. — H., D. F. G. Johnson, 1919.
Oper: H., Th. Dubois, 1893.

[1] Apoll. Rhod. 1, 1207 ff. Apollod. Bibl. 1, 9, 19 — [2] P. Kretschmer, Glotta 14 (1925), 35. — [3] Lesky 131. — Entrückung von geliebten Sterblichen durch Göttinnen bedeutet ihren Tod; vgl. Eos. — [4] Radermacher 196 f.

Hýllos, Sohn des Herakles, s. auch Herakleiden

Hymén oder Hyménaios (Hymenaéus), griechischer Gott der Hochzeit

M.: H. gilt bald als Sohn des Dionysos* und der Aphrodite*, bald als Sohn des Apollon* und einer der Musen*. Der schöne Jüngling stirbt bei einer Götterhochzeit oder verliert seine Stimme. Zur Erinnerung an ihn wird der Hochzeitsgesang eingeführt.

R.: H. wurde bei jeder Eheschließung feierlich angerufen. Die verschiedenen über ihn umlaufenden Erzählungen sind aitiologisch zu verstehen, sie wollen den Brauch des Hochzeitsgesanges erklären. Ähnlich dem Eros* wurde H. als geflügelter Jüngling mit einer Hochzeitsfackel dargestellt. Der Hochzeitsgesang hieß bei den Griechen auch hymenaios. Die Vermutung liegt nahe, daß H. nur eine Personifikation des Hochzeitsgesanges darstellt, die aus dem Refrain „Hymen o hymenaie" abgeleitet wurde.[1]

Literatur: R. Muth, „Hymenaios" und „Epithalamion", in: Wiener Studien 67 (1954), S. 5—45.

[1] Kern I 153.

Hyperboréer, für die Griechen ein sagenhaftes, glückliches Volk im hohen Norden

M.: Bei den H., die Apollon* besonders verehren, hält sich der Gott während des Winters auf. Hyperboreische Mädchen bringen dem Apollon Weihegaben nach Delos. Auch Perseus* und Herakles* besuchen das weit entfernte Nordvolk.

R.: Vielleicht beruht die H.-Legende auf der tatsächlich geübten Sitte, Erstlingsgaben aus den Gegenden am Unterlauf der Donau nach Delos zu senden.[1] Für die Worterklärung von H. erwog Radermacher das „jenseits der Stürme wohnende" Volk.[2]

[1] Nilsson I 518. — Zu den Namen der Mädchen vgl. jetzt Radermacher, Die Mädchen aus dem Hyperboreerland, in: Rhein. Museum 93 (1950), 325 bis 329. — [2] Wiener Stud. 36 (1914), 327 f.

Hyperíon s. Titanen

Hypermḗstra s. Danaiden

Hýpnos (= Schlaf) und **Thánatos** (= Tod), Söhne der Nyx (Nacht)[1]

M.: Die Phantasie der Dichter und Künstler zeichnete ihren mächtigen Einfluß auf Menschen und Götter. So kann H. den Zeus* einschläfern;[2] T. aber ist selbst den Göttern verhaßt.

R.: In der Religion der Griechen spielten H. und T. kaum eine Rolle. T., für den spartanischer Kult bezeugt ist, gehörte dem Volksglauben an.[3]

N.: Dargestellt wurden H. und T. zumeist als geflügelte Jünglinge, H. mit Mohnköpfen und einem kleinen Horn in der Hand, T. auch mit einer umgestürzten Fackel.

Literatur: H. Schrader, Hypnos, Berlin 1926. — I. Hjertén, Hypnos och Thanatos i dikt och konst, Stockholm 1951.

[1] Hom. Il. 14, 231. Hes. Theog. 212. 756 f. — [2] Hom. Il. 14, 231 ff. — [3] Kern I 262 f.

Hypsipýle (Hypsípyle), Tochter des Thoas, Königs von Lemnos

M.: Die Lemnierinnen unterlassen die Opfer an Aphrodite* und ziehen so den Zorn der Göttin auf sich. Ihre Männer, die in Thrakien Krieg führen, nehmen sich fremde Frauen. Nach der Rückkehr werden alle Männer auf gemeinsamen Beschluß der Frauen getötet. Nur H. rettet insgeheim ihren Vater Thoas und hält ihn versteckt. Sie wird Königin des Frauenstaates.

Als die Argonauten* auf ihrer Fahrt nach Kolchis in Lemnos landen, werden sie von den Lemnierinnen mit offenen Armen empfangen; H. gebiert dem Iason einen Sohn.[1] Nach dem Abschied der Argonauten wird Thoas entdeckt und H. des Landes verwiesen. Sie flieht nach Nemea und wird dort Wärterin des kleinen Königssohnes Opheltes.

Auf ihrem Zuge gegen Theben kommen die sieben Helden auch nach Nemea und lassen sich hier von H. eine Quelle zeigen. Opheltes, der im Grase liegen geblieben ist, wird unterdessen von einer Schlange getötet. Er erhält den Namen Archemoros; ihm zu Ehren werden die Nemeischen Spiele gestiftet.[2]

R.: H. herrscht auf Lemnos über einen Staat von Amazonen*. Die H.-Episode hatte in der Argonautensage keinen festen Platz; sie wurde an den Beginn oder auch an den Schluß der Fahrt gesetzt.[3] Iason war mit H. schon in der Ilias verbunden, die Euenos als Sohn der beiden nennt.[4] Die Verknüpfung der H. mit Nemea ist, soviel wir sehen, rein äußerlich und wahrscheinlich Erfindung des Euripides.[5] In Nemea war die Gründungssage der Festspiele an den Zug der Sieben gegen Theben gebunden. Das tote Kind bedeutete für die Teilnehmer der Expedition ein böses Omen (Archemoros = mit Unglück oder Tod anfangend, Tod verursachend).[6]

N.: Den Besuch der Argonauten in Lemnos behandelten nicht erhaltene Tragödien des Aischylos und Sophokles.[7] Von der „Hypsipyle" des Euripides besitzen wir größere Papyrusfragmente.[8]

Plastik: Tod des Opheltes, hellenistisch, Rom, Palazzo Spada (Relief).
Dichtung: H., M. Hewlett, 1913.
Opern: Issipile, Text von P. Metastasio, wiederholt vertont, z. B. von N. A. Porpora 1723, G. Porta 1732, J. Chr. Smith 1746, Gluck 1752, G. Scarlatti 1760, P. Anfossi 1784, G. Marinelli 1796, J. L. Ellerton (1801—73).

[1] Apoll. Rhod. 1, 607 ff. und Schol. 609. 615. Apollod. Bibl. 1, 9, 17. Hom. Il. 7, 468 f. und Schol. 467. — [2] Bakchyl. 9, 10 ff. Paus. 2, 15, 3. Apollod. Bibl. 3, 6, 4. Schol. Pind. Nem. Argum. — [3] Radermacher 198. — [4] Hom. Il. 7, 468 f. — [5] C. Robert, Hermes 44 (1909), 399 ff. — [6] Wilamowitz I 392 weist die Gestaltung dieser Sage dem Dichter der nachhomerischen Thebais zu. — [7] Aisch. Fr. 247 f. Soph. Fr. 353—357 N. — [8] Euripides Hypsipyla, ed G. Italie, Berlin 1923.

Hyriéus s. Antiope 2.

I

Iakchos (Iákchos), Gott der eleusinischen Mysterien

M.: I. wird als Sohn der Demeter* oder der Persephone*, manchmal auch als Gatte der Demeter aufgefaßt. Man sieht in ihm einen wiedergeborenen Zagreus*. Als Hera* den Sohn des Zeus* und der Persephone, Zagreus, in ihrer Eifersucht verfolgt und von den Titanen* zerreißen läßt, verschlingt der zu spät herbeigeeilte Zeus das noch zuckende Herz und läßt daraus einen neuen Zagreus entstehen: er wird I. genannt.

R.: I. ist im Grunde die Personifikation des von den Gläubigen beim eleusinischen Festzug ausgerufenen „Iakche!"[1] Der aus Athen bezeugte Ritus deutet wohl auf eine Verbindung des Dionysoskultes mit den eleusinischen Mysterien.[2] Der Gleichklang der Namen I. und Bakchos trug zur gelegentlichen Gleichsetzung von I. und Dionysos* bei.

[1] Aristoph. Frösche 324 ff. 340 ff. Kern II 203. — [2] Nilsson I 565.

Iapetós (Iápetos), Vater des Atlas, s. auch Prometheus

Iárbas s. Dido

Iasíon (Iásion) s. Demeter

Iáson s. Argonauten, s. Medeia

Iasos 1. Vater der Atalante, 2. Vater der Io

Idas, Sohn des Aphareus bzw. des Poseidon* und der Arene, Zwillingsbruder des Lynkeus* 2.

M.: I. ist einer der beiden Apharetiden, der messenischen Dioskuren. Als Apollon* Marpessa, die Tochter des Euenos und Braut des I., rauben will, tritt ihm dieser mit schußbereitem Bogen entgegen und zwingt den Gott, auf das Mädchen zu verzichten. Aus der Verbindung des I. mit Marpessa geht Kleopatra, die Gattin des Meleagros*, hervor.[1] — Zu den gemeinsamen Taten der Zwillingsbrüder vgl. Lynkeus 2.

N.: D r a m a t. B e a r b e i t u n g: I. und Marpissa, J. Perinet, 1807 (Travestie; Musik von Tuczek).

G e d i c h t: Marpessa, St. Phillips, 1898.

O p e r: I. und Marpissa, I. Seyfried, 1807 (Text von M. Stegmayer).

L i t e r a t u r: B. Snell, Bakchylides' Marpessa-Gedicht, in: Hermes 80 (1952), 156—163.

[1] Hom. Il. 9, 556 ff.

Idoméus, Sohn des Deukalion*,[1] Enkel des Minos*, Königs von Kreta

M.: Als älterer Mann und guter Freund der Atriden nimmt I. mit 80 Schiffen am Feldzug gegen Troia* teil.[2] Im Kampf zeichnet er sich gelegentlich aus;[3] nach der Eroberung Troias kehrt er unversehrt nach Kreta zurück.[4] Nach anderer Version gerät er auf der Rückfahrt in Seenot und gelobt, dem Poseidon* das zu opfern, was ihm bei der Landung in Kreta zuerst begegnen werde. Als ihm sein Sohn entgegenkommt, hält er sein Gelübde und opfert ihn. I. wird aus Kreta vertrieben und flieht nach Italien.[5]

N.: In dem Troiaroman des Diktys, der sich selbst einen Gefährten des I. nennt, spielt dieser eine wichtige Rolle.

G e m ä l d e: I., Rossi-Lodi (1853—1923), Bologna, Villa Barbieri.

D r a m a t. B e a r b e i t u n g e n: Idoménée, P. Crébillon, 1705. — Idoménée, A. M. Lemièrre, 1764. — Idomeneo, A. de Cienfuegos (1764—1809).

D i c h t u n g: The shipwreck of I., G. Meredith, 1851.

O p e r n: Idoménée, A. Campra, 1712 (Text von A. Danchet). — Idomeneo rè di Creta, Mozart, 1781 (Text von Varesco). — Idomeneo, rè di Creta, G. Gazzaniga, 1790 (Text von G. Sertor). — Idomeneo, rè di Creta, F. Paer, 1794 (Text von G. Sertor). — Idomeneo, rè di Creta, V. Federici, 1806 (Text von Romanelli). — Idomeneo, rè di Creta, G. Farinelli, 1811 (Text von G. Rossi).

[1] Hom. Il. 13, 451 ff. — [2] Hom. Il. 2, 645 ff. — 40 Schiffe: Apollod. Epit. 3, 13. — [3] Seine Aristie: Hom. Il. 13, 361—454. — [4] Hom. Od. 3, 191. — [5] Verg. Aen. 3, 121 f. 400 f. 11, 264 f. Mythogr. Vatic. 1, 195 (die Tochter wird geopfert!). 2, 210.

Ikários, 1. Vater der Penelope

2. Athener, Vater der Erigone

M.: I. nimmt den Gott Dionysos* gastfreundlich auf und erhält von ihm eine Weinrebe und alle erforderlichen Anweisungen für den Weinbau. Als I. auch andere Menschen an dem Geschenk des Gottes teilnehmen lassen will, glauben die betrunkenen Hirten, von I. vergiftet zu sein, und erschlagen ihn. Sobald ihr Rausch verflogen ist, bestatten sie den I. Erigone, die ihren Vater lange vergeblich sucht — daher ihr Beiname Aletis = die Umherirrende —, wird von dem treuen Hund Maira zum Grabe des I. geführt. Hier erhängt sie sich in ihrer Verzweiflung.[1] Zur Entsühnung von dem Selbstmord der Erigone führen die Athener das Schaukelfest (Aiora) ein.[2]

R.: Die Erzählung von der Verbreitung des Weinbaus durch I. ist analog der Triptolemos-Legende gebildet (vgl. Demeter).[3] Daß I. bei der Erfüllung eines Auftrages des Dionysos ums Leben kommt, erinnert an die Widerstände gegen die Einführung des Dionysoskultes.⁴ Für den mit Wein gesegneten attischen Demos Ikaria war I. der eponyme Heros.

Die Verbindung des athenischen Schaukelfestes mit Erigone ist rein aitiologisch: es sollte der Brauch des Schaukelns, der am letzten Tage des Anthesterienfestes, also im Frühling, geübt wurde, erklärt werden; so nahm man ihn als Entsühnung für den Tod der Erigone, die sich ja an einem Baum erhängt hatte. Tatsächlich handelte es sich bei der Aiora wohl um einen Reinigungs- und Segnungsritus, wie er mehrfach bezeugt ist. Man glaubte, durch heftige Bewegung alle Art von schädlichen und unheilvollen Stoffen beseitigen zu können.⁵

N.: Der hellenistische Gelehrte Eratosthenes schrieb ein Gedicht „Erigone", in dem alle Beteiligten nach ihrem Tode unter die Sterne versetzt wurden, I. als Bootes (Ochsentreiber), Erigone als Jungfrau und der Hund Maira als Prokyon (kleiner Hundsstern).⁶

Plastik: Erigone, E.-M. Falconet, 1747.

Opern: Bacchus et Erigone, Candeille, 1780. — Erigone, Mondonville, 1784 (Text von La Bruyère).

Ballett: Erigone, Gyrowetz, 1817.

¹ Apollod. Bibl. 3, 14, 7. Aelian. De nat. anim. 7, 28. Schol. Il. 22, 29. Nonn. Dionys. 47, 34 ff. — ² Hesych s. v. Aiora. Athen. 14, 618 E. — ³ Nilsson I 31. — ⁴ Wilamowitz II 66. — ⁵ Deubner 118 ff. — ⁶ Hygin. Astron. 2, 5.

Íkaros, Sohn des Daidalos

Ília s. Rhea Silvia

Ilos s. Troia

Ínachos, Vater der Io

Inó (Íno), Tochter des Kadmos* und der Harmonia¹

M.: Sie ist Gemahlin des Athamas, Königs von Theben, Stiefmutter von Phrixos* und Helle, Mutter des Learchos und Melikertes. I. trachtet ihren Stiefkindern nach dem Leben, die von Nephele, der ersten Gattin des Athamas, stammen.² Athamas wird wahnsinnig

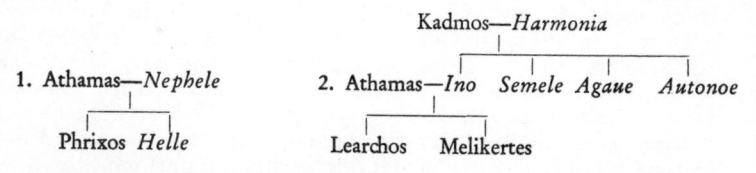

```
                    Kadmos—Harmonia
                         |
1. Athamas—Nephele    2. Athamas—Ino  Semele  Agaue  Autonoe
         |                      |
   Phrixos Helle          Learchos  Melikertes
```

und erschießt den Learchos. Um sich und Melikertes vor Athamas zu retten, springt I. mit dem Kind von einem Felsen ins Meer.³ Hier wird sie von den Nereiden* freundlich empfangen und zu einer Seegottheit erhoben.

Als Ursache für den Wahnsinn des Athamas wird auch der Zorn Heras* angegeben: Die Göttermutter zürnt Ino, weil diese den neugeborenen Dionysos*, den Sohn des Zeus und ihrer Schwester Semele*, nach deren Tod zu sich genommen und aufgezogen habe.[4] — Als Seegottheiten heißen Ino und Melikertes Leukothea und Palaimon.[5] Sie sind freundliche Helfer in Seenot. So wird der schiffbrüchige Odysseus durch den Schleier der Ino-Leukothea aus Lebensgefahr gerettet.[6]

R.: Das Verhalten der I. gegenüber Phrixos und Helle erinnert an das aus modernen Märchen wohlbekannte Motiv der bösen Stiefmutter. — Den Namen I. hat Wilamowitz für vorgriechisch erklärt.[7] Die Gleichsetzung der Kadmostochter I. mit der Seegottheit Leukothea, die älter als die Odyssee ist (vgl. Hom. Od. 5, 333 ff.), hat die Bekanntschaft der Boioter mit dem Meere zur Voraussetzung;[8] Palaimon hatte in Korinth einen Kult. Für das Motiv des Meeressprunges, der eine Wandlung der Existenz bewirkt, hat kürzlich A. Lesky Britomartis*-Diktynna und Glaukos* von Anthedon zum Vergleich herangezogen.[9]

N.: Die Sage von I. und Melikertes wurde von Dichtern wiederholt behandelt. Von den Tragödien „Athamas" des Sophokles und „Ino" des Euripides besitzen wir Fragmente.

P l a s t i k: Die Furien des Athamas, P. Fedi, um 1890, Florenz.

D r a m a t. B e a r b e i t u n g e n: Ino et Mélicerte, J. Lagrange-Chancel, 1713. — Ino, J. F. Reichardt, 1779. — Ino e Temisto, G. B. Niccolini (1782—1861).

K a n t a t e n: Ino, G. J. Vogler, 1779 (Text von Ramler). — Ino, Joh. Chr. Fr. Bach, 1786.

O p e r n: I., J. F. Reichardt, 1779 (Text von Brandes). — I., Donizetti, 1828 (Text von F. Romani).

L i t e r a t u r: M. Halberstadt, Mater Matuta, Frankfurt a. M. 1934, 22—46. 65—69.

[1] Hes. Theog. 975 ff. — [2] Schol. Il. 7, 86. Apollod. Bibl. 1, 9, 1. Hygin. Fab. 2. — [3] Eur. Med. 1284 ff. Ov. Met. 4, 481—542. Schol. Lykophr. 229. — [4] Apollod. Bibl. 3, 4, 3. Schol. Lykophr. 22. — [5] Die entsprechenden römischen Gottheiten sind Mater* Matuta und Portunus: Serv. Aen. 5, 241. — [6] Hom. Od. 5, 333 ff. — [7] Wilamowitz I 102. — [8] Wilamowitz I 216 f. Anders beurteilt die Frage M. Halberstadt, Mater Matuta, 29 ff. — [9] Lesky 142 ff.

Ió (Io), Tochter des Inachos, Königs von Argos,[1] Priesterin der Hera*

M.: Zeus* liebt die schöne I., wird von Hera überrascht und verwandelt seine Geliebte in eine weiße Kuh. Die eifersüchtige Hera erbittet sich die Kuh als Geschenk und läßt sie durch den hundertäugigen Wächter Argos (auch Panoptes = der alles sieht, benannt) bewachen.[2] Im Auftrage des Zeus schläfert Hermes* den Argos ein (bzw. tötet ihn) und befreit I. Nun sendet Hera eine Bremse, welche die Kuh im Wahnsinn von Land zu Land treibt.[3] Über den nach ihr benannten Bosporos (Rinderfurt) gelangt I. nach Asien, erfährt im Kaukasus von Prometheus* ihr weiteres Schicksal und findet schließlich in Ägypten Ruhe. Zeus schenkt ihr ihre menschliche Gestalt wieder, worauf ihm I. den Epaphos gebiert, der König von Ägypten wird und Memphis gründet.⁴ Aigyptos und Danaos sind seine Urenkel.

R.: Daß I. von Hera (vgl. Anm. 2) bzw. von Zeus in eine Kuh verwandelt wird, hat man mit der Bedeutung der Kuh im Herakult zusammengebracht und auf Dienerinnen der Hera geschlossen, die als Kühe verkleidet gewesen seien, wie wir es ähnlich von den als

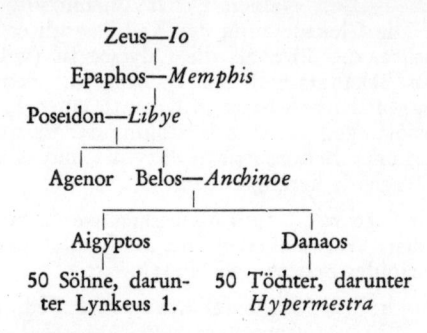

```
              Zeus—Io
                 |
          Epaphos—Memphis
                 |
          Poseidon—Libye
                 |
          ┌──────┴──────┐
       Agenor    Belos—Anchinoe
                        |
                 ┌──────┴──────┐
              Aigyptos        Danaos
                 |               |
         50 Söhne, darun-  50 Töchter, darunter
         ter Lynkeus 1.     Hypermestra
```

Bärinnen maskierten Verehrerinnen der Artemis* Brauronia kennen.⁵ Von Griechen in Ägypten wurde I. schon im Altertum der kuhgestaltigen Isis* gleichgesetzt.⁶ Der zunächst in Argos lokalisierte Mythos wurde durch die Einbeziehung fernliegender Gegenden (Bosporos, Kaukasus) erweitert und mit Ägypten verknüpft.⁷

N.: G e m ä l d e: Ios Ankunft in Ägypten, Römisches Wandgemälde aus Pompeji, Isistempel und Neapel, Mus. Naz. — Io mit Hermes und Argos, Römisches Wandgemälde aus dem Haus der Livia (Rom) und aus Pompeji (Macellum, Isistempel, Casa del citarista u. a.). — I. empfängt den Kuß Jupiters, Correggio, um 1530, Wien, Kunsthistor. Museum. — Jupiter und I., A. Schiavone (gest. 1563), Leningrad. — Der Tod des Argos, Rubens, um 1610, Köln, Museum Wallraf-Richartz. — Merkur bringt Juno die Augen des Argus, H. Goltzius, 1615, Rotterdam, Museum. — Merkur und Argus, D. Teniers d. Ä. (1582—1649), Wien, Kunsthistor. Museum. — Jupiter, Juno und die in eine Kuh verwandelte I., D. Teniers d. Ä., Wien, Kunsthistor. Museum. — Merkur und Argus, J. Jordaens (1593 bis 1678), Lyon, Museum. — Merkur und Argus, Rubens, 1635—38, Dresden, Gemäldegalerie. — Merkur und Argus, Rubens, 1636—38, Madrid, Prado. — Merkur und Argus, Velazquez, um 1659, Madrid, Prado. — Juno und Argus, F. Solimena (1657—1747), früher Dresden, Gemäldegalerie.

D i c h t u n g e n: I. in Egypt, R. Garnett, 1859. — I. and Jupiter, D. Beresford, 1908.

Opern: Jupiter e Io, G. A. Bontempi, 1673. — Io, J. Ph. Rameau, 1757.

[1] Aisch. Prom. 589 ff. 705. — Hdt. 1, 1. — Iasos als Vater der Io: Paus. 2, 16, 1. — [2] Aisch. Hik. 291 ff. (hier wird Io von Hera in eine Kuh verwandelt!). Ov. Met. 1, 588 ff. Schol. Eur. Phoin. 1116. Schol. Il. 2, 103. — [3] Aisch. Hik. 540 ff. Prom. 788 ff. — [4] Aisch. Prom. 846 ff. Hdt. 2, 153. 3, 27 (Epaphos = der ägyptische Apis!). — [5] A. B. Cook, Zeus I (1914), 441 ff. — [6] Hdt. 2, 41. Diod. 1, 24, 8. — [7] Hdt. 1, 1 bietet dafür die rationalisierende Erklärung, die argeische Königstochter I. sei von phoinikischen Kaufleuten geraubt und nach Ägypten entführt worden.

Iobátes s. Bellerophon

Iokáste, Gattin des Oidipus

Iólaos (Ioláos), Neffe des Herakles

Ióle s. Herakles

Ion, Sohn des Apollon* und der Kreusa, einer Tochter des Königs Erechtheus von Athen, eponymer Heros der Ioner

M.: Kreusa setzt den heimlich geborenen Knaben in einer dem Apollon heiligen Höhle am Nordhang der Akropolis aus und bittet den Gott, für seinen Sohn zu sorgen. Der kleine I. wird von Hermes* nach Delphi gebracht, wo er im Apollontempel aufwächst. Kreusa heiratet inzwischen Xuthos. Da die Ehe kinderlos bleibt, wenden sich die beiden an das delphische Orakel. Hier führt Apollon den Sohn der Mutter zu.

R.: Daß I. von den Athenern zu ihrem Ahnherrn gemacht wurde, bedeutete den Anspruch auf Vorrang vor den übrigen Ionern; Athen sollte als Mutterstadt der anderen Reichsstädte anerkannt werden.[1] Apollon, dessen ältestes Athener Heiligtum in einer Höhle des nördlichen Burgfelsens der Akropolis lag, konnte so zum Patroos (= väterlichen, zu ihrem Geschlecht gehörigen Gott) der Athener werden.[2] Die Nähe des Erechtheion (= des Hauses des Erechtheus, des Vaters der Kreusa) bot die Gelegenheit, die Zeugung des I. in die Höhle Apollons zu verlegen.[3]

N.: Euripides behandelte die Geschichte in seinem „Ion", der nach verschiedenen Verwicklungen und Schwierigkeiten mit der Erkennungsszene zwischen Mutter und Sohn und der Einsetzung Ions auf den Thron seiner Väter endet. Die späteren Mythographen beachteten diese Version des attischen Tragikers nicht; I. wurde auch nicht in die athenische Königsliste aufgenommen.[4]

Dramat. Bearbeitungen: Ion, Euripides, um 420 v. Chr. — Ion, A. W. Schlegel (Übertragung des Euripides), 1803. — Ion, Th. Noon Talfourd, 1835. — L'Apollonide, Leconte de Lisle, 1888. — The Confidential Clerk, Th. St. Eliot, 1952.

Epos: Kreusa, J. J. Bodmer, 1777.

Literatur: U. v. Wilamowitz-Möllendorff, Euripides Ion, Berlin 1926.
[1] Wilamowitz, Euripides Ion, S. 3 und 9. — [2] Wilamowitz, a. a. O., S. 2. — [3] Eur. Ion 10 ff. Wilamowitz, a. a. O., S. 9. — [4] Robert 149.

Iphiánassa (Iphianássa) 1. Tochter des Proitos, 2. Tochter des Agamemnon (Anm. 2)

Iphidámas (Iphídamas), Sohn des Busiris

Iphigéneia (Iphigénie, lat. Iphigenía), Tochter des Agamemnon*, Königs von Mykenai, und der Klytaimestra, Schwester des Orestes*, der Elektra* und Chrysothemis

M.: Als die Griechenflotte vor der Ausfahrt gegen Troia* durch eine Windstille in Aulis zurückgehalten wird, erklärt der Seher Kalchas*, die von Agamemnon beleidigte Göttin Artemis* fordere die Opferung Iphigeneias. Agamemnon entschließt sich, Mutter und Tochter ins Lager kommen zu lassen; dabei bedient er sich des Vorwandes, I. solle vor der Abfahrt der Flotte mit Achilleus* vermählt werden.[1] Zu Beginn der Opferhandlung entrückt Artemis I. als Priesterin in ihr Heiligtum im Taurerland (Krim) und legt eine Hirschkuh an ihrer Stelle als Opfer auf den Altar.[2] Bei den Taurern muß I. im Auftrage des Königs Thoas als Priesterin die dort üblichen Menschenopfer durchführen.[3]
I.s Bruder Orestes, der nach der Ermordung seiner Mutter Klytaimestra von den Erinyen* verfolgt wird, erhält von Apollon* den Orakelspruch, er könne entsühnt werden, wenn er das hölzerne Schnitzbild der Artemis aus dem Taurerland nach Attika bringe.[4] Als er nun mit seinem Freund Pylades zu den Taurern kommt, soll er als Fremder von der Artemispriesterin geopfert werden. Die Geschwister erkennen einander und fliehen mit dem Götterbild nach Griechenland.[5]

R.: Die Opferung I.s in Aulis, wie sie aus den Tragikern bekannt ist, gehört in die Reihe der in großer Notlage dargebrachten Opfer, deren Gegenstand etwas besonders Liebes oder Wertvolles sein muß.[6] Einmal hören wir allerdings auch von einem Gelöbnis Agamemnons, das Schönste, was im Jahre geboren werde, der Göttin Artemis zu opfern;[7] Wilamowitz hält dies für die älteste Form der Sage.[8] Demnach wäre ein Verschulden Agamemnons gegenüber der Göttin, wie es zuerst in den „Kyprien"[9] und dann bei Sophokles[10] erscheint, eine sekundäre Erfindung.
I. selbst war ursprünglich wohl eine Göttin. Sie wurde als Hekate* bezeichnet,[11] und in Hermione (Argos) hatte Artemis den Beinamen I.[12] In Brauron (Attika) wurde I. im Artemistempel verehrt, wo man ihr die Kleider der bei der Entbindung verstorbenen Frauen weihte.[13]
Aus der Kombination des Kultes der Artemis Tauropolos, der man einst Menschenopfer darbrachte, mit den aus Tauris bekannten

Menschenopfern für eine jungfräuliche Göttin[14] dürfte Euripides, vermutlich unter dem Eindruck der ähnlich klingenden Namen Tauris und Tauropolos, die Erzählung von dem Kultbild der taurischen Artemis geschaffen haben, das I. und Orestes nach Attika zurückbrachten.[15] Diese Version der Sage setzte sich durch und zahlreiche Orte in Hellas und Italien nahmen den Ruhm für sich in Anspruch, das echte Kultbild der taurischen Artemis zu besitzen.[16]

N.: Von Euripides sind die Tragödien „Iphigeneia bei den Taurern" und „Iphigeneia in Aulis" erhalten.

Gemälde: Opferung I.s, Römisches Wandgemälde aus Pompeji, Casa del poeta tragico, Neapel, Mus. Naz. — Opferung I.s, J. F. M. Rottmayer (1654—1730), Wien, Kunsthistor. Museum. — Opferung I.s, Tiepolo (1696—1770), Hamburg, Privatbesitz. — Opferung I.s, G. B. Crosato (1697—1756), Stupinigi, Villa Reale (Fresko). — Opferung I.s, C. Vanloo (1705—65), Potsdam, Neues Palais. — Opferung I.s, G. F. Doyen, 1748. — Opferung I.s, Tiepolo, 1757, Vicenza, Villa Valmarana (Fresko). — Opferung I.s, L. A. Masreliez (1748—1810), Norrköping, Museum. — I., Feuerbach, 1871, Stuttgart, Museum.

Dramat. Bearbeitungen: *I. auf Tauris:* I. bei den Taurern, Euripides, um 413 v. Chr. — Die Geschwister in Taurien, J. E. Schlegel, 1737. — Iphigénie en Tauride, G. de La Touche, 1757. — I. auf Tauris, Goethe, 1779 (Prosafassung). — I., Maler Müller, begonnen 1805 (Fragment). — Iphigénie, J. Moréas, 1903. — I., A. Law, 1931. — I. in Amerika, E. Vietta, 1948.
I. in Aulis: I. in Aulis, Euripides, 406 v. Chr. — L'Ifigenia in Aulide, O. Scammacca (1562—1648). — I., J. Rotrou, 1640. — Iphigénie, Racine, 1674. — I. in Aulis, Gottsched, 1734. — I. in Aulis, L. Villati, 1748. — I. in Aulis, Schiller (Übersetzung des Euripides), 1790. — I. in Aulis, K. Levetzow, 1805. — I. in Aulis, F. Halm, 1862. — I. in Aulis, T. A. Burghardt, 1865. — The sacrifice of I., W. E. Baily, 1894. — I. s. Opfertod, W. Hoster, 1916. — The Aulis difficulty, M. Baring (1874—1945). — I. in Aulis, G. Hauptmann, 1943. — I. at Aulis, K. Rexroth, 1944. — I. in Aulis, H. Schwarz, 1948. — Une fille pour du vent, A. Obey, 1952 (dt.: Ein Mädchenleben für Wind, 1958).
I. in Delphi[17]*:* I. in Delphi, K. L. Kannegießer, 1843. — Iphigenia at Delphi, A. Thompson Gurney, 1855. — I. in Delphi, F. Halm, 1857. — I. in Delphi, J. V. Widmann, 1865. — I. in Delphi, R. Garnett, 1890. — I. in Delphi, S. Anger, 1898. — I. mit dem Gotte, R. Pannwitz, 1913. — I. in Delphi, G. Hauptmann, 1941. — I. kehrt heim, I. Langner, 1948.

Opern: Die wunderbar errettete I., R. Keiser, 1699 (Text von H. Chr. Postel). — Iphigénie en Tauride, Desmaret-Campra, 1704 (Text von Duché-A. Danchet). — Ifigenia in Aulide, D. Scarlatti, 1713. — Ifigenia in Aulide, A. Caldara, 1718 (Text von A. Zeno). — Ifigenia in Aulide, G. Porta, 1738 (Text von A. Zeno). — Ifigenia in Aulide, K. H. Graun, 1748 (Text von Villati). — Ifigenia in Tauride, N. Jommelli, 1771 (Text von M. Verazi). — Iphigénie en Aulide, Gluck, 1774 (Text von Le Blanc du Roullet). — Ifigenia in Aulide, G. Sarti, 1777 (Text von A. Zeno). — Iphigénie en Tauride, Gluck, 1779 (Text von N. F. Guillard). — Ifigenia in Aulide, Cherubini, 1788 (Text von F. Morelli). — Ifigenia in Tauride, M. Carafa, 1877 (Text von M. Verazi). — I. in Aulis, W. Damrosch, 1915 (Text von Euripides).

L i t e r a t u r: S. Fazio, Ifigenia nella poesia e nell' arte figurata, Palermo 1932. — E. Philipp, Die Iphigeniensage von Euripides bis Gerhart Hauptmann, Diss. Wien 1948 (Maschinschr.). — E. Oberländer, Die Iphigenie-Dramen der französischen Literatur, Diss. Wien 1950 (Maschinschr.).

[1] Eur. Iph. Aul. 98 ff. 128 ff. 691 ff. 884 f. Iph. Taur. 15 ff. — [2] Ep. Graec. Fr. 19 Kinkel. Eur. Iph. Taur. 26 ff. 358 ff. 783 ff. Iph. Aul. 1541 ff. — [3] Hdt. 4, 103. Eur. Iph. Taur. 34 ff. — [4] Eur. Iph. Taur. 77 ff. 970 ff. — [5] Eur. Iph. Taur. — [6] Nilsson I 375. — [7] Eur. Iph. Taur. 20 ff. — [8] Wilamowitz I 181. — [9] Ep. Graec. Fr. 19 Kinkel. — [10] Soph. El. 563 ff. — [11] Paus. 1, 43, 1. — [12] Paus. 2, 35, 2. — [13] Eur. Iph. Taur. 1462 ff. — Wilamowitz I 182 deutet den Namen I. auf die schwere Geburt. — [14] Hdt. 4, 103. — [15] Euripides in der Taur. Iph.: Wilamowitz I 181 A. 1. Für wesentlich älter hält diese Fassung des Mythos F. Altheim, Griech. Götter im alten Rom, 105 ff. — [16] z. B. Brauron (Attika): Eur. Iph. Taur. 1446 ff. — Sparta: Paus. 3, 16, 7 ff. — Aricia (Italien): Serv. Aen. 2, 116. Vgl. K. Hönn, Artemis, Zürich 1946, 54 f. — [17] Der Stoff stammt aus dem „Aletes" des Sophokles (Fr. 97—103 N.), dessen Inhalt vermutlich bei Hygin. Fab. 122 vorliegt: In Mykenai trifft die falsche Nachricht von einer Opferung des Orestes und Pylades im Taurerlande ein. Aletes, ein Sohn des Aigisthos, besteigt den Thron der Atriden. Elektra begibt sich nach Delphi, um sich von Apollon Rat zu holen. Gleichzeitig trifft Iphigeneia mit Orestes und Pylades in Delphi ein. Der Bote, der falsche Nachricht nach Mykenai gebracht hat, bezeichnet I. Elektra gegenüber als Mörderin ihres Bruders. Im Jähzorn will Elektra ihrer Schwester mit einem glühenden Scheit die Augen ausbrennen. Orestes wirft sich zwischen die beiden Frauen, die Geschwister erkennen einander.

Iphiklés (Iphikles), Sohn des Amphitryon, s. auch Herakles

Iphimédeia, Mutter der Aloaden

Iphinóe (Iphínoe), Tochter des Proitos

Iphitos s. Herakles, S. 141

Iris, Tochter des Thaumas und der Elektra,[1] Schwester der Harpyien*[2]

M.: I. ist die geflügelte Götterbotin, die vom Olymp auf die Erde und in die Tiefen des Meeres herabeilt, um Befehle und Botschaften der olympischen Götter, vor allem des Zeus* und der Hera*,[3] zu überbringen.

R.: In der Ilias finden wir noch eine Trennung zwischen der Götterbotin I. und dem Regenbogen (= iris). Schon bei Hesiod jedoch sind beide Begriffe verbunden, was später in der kaiserzeitlichen römischen Literatur gang und gäbe ist.[4] Während der Name I. noch keine befriedigende Deutung gefunden hat, gehört der Name des Vaters Thaumas zu griech. thauma = Wunder. Vielleicht wollte Hesiod durch die Erfindung dieses Vaters das Wunder des Regenbogens genealogisch erklären.[5] Wilamowitz vermutete karischen Ursprung der I., die wohl nie zu einer griechischen Göttin wurde.[6]

N.: Bereits in der Odyssee ist I. durch den Götterboten Hermes* völlig verdrängt. In Satyrspiel und Komödie lebte die Götterbotin der Ilias weiter.[7]

[1] Hes. Theog. 265 ff. — [2] I. rettet die Harpyien vor den Boreaden: Apoll. Rhod. 2, 286 ff. — [3] In der hellenistischen Dichtung erscheint I. als persönliche Dienerin Heras: Kallim. Hymn. Del. 66 f. 228 ff. Theokr. 17, 134 f. Apoll. Rhod. 4, 753 f. — [4] Regenbogen = Bahn der Göttin: Verg. Aen. 4, 693 ff. 5, 605 ff. 9, 14 ff. Ov. Met. 11, 631 f. 14, 830. — Regenbogen = Gewand der I.: Ov. Met. 1, 270 f. 11, 589 f. — [5] Kern II 16. — [6] Wilamowitz I 264 und A. 2. — [7] Kern II 17. Aristophanes ließ I. in der Flugmaschine vom Olymp herab auf die Bühne kommen: Vögel, 1201 ff.

Iros s. Odysseus, S. 243

Ischys s. Koronis

Isis, ägyptische Göttin

M.: I. trauert gemeinsam mit ihrer Schwester Nephthys um ihren von Set ermordeten Bruder-Gemahl Osiris-Serapis*. Sie schenkt dem kleinen Horosknaben das Leben und macht sich auf die Suche nach dem toten Osiris. Horos rächt die Ermordung seines Vaters. I. setzt die von Set zerstückelte und zerstreute Leiche wieder zusammen und bestattet sie.

R.: Die Griechen lernten I. schon im 7. Jh. v. Chr. in Ägypten kennen und verglichen sie mit Demeter* (mütterliche Gottheit; lange Suche nach einem geliebten Wesen)[1] oder mit Io* (I. wurde auch kuhgestaltig dargestellt!).[2] In den Vorstellungen vom Wesen und in der künstlerischen Darstellung (Typus, Attribute) der von den Griechen übernommenen Göttin I. wird die Hellenisierung der ägyptischen Gottheit deutlich (z. B. I. als Aphrodite* oder Tyche*, Horos als Harpokrates in hellenistischer Auffassung). Die synkretistische (ägyptisch-griechische), von den Ptolemäern inaugurierte I.-Serapisreligion breitete sich zunächst im Raum der Ägäis, bald aber auch im Westen des Mittelmeeres aus und kam über Großgriechenland schon im 2. Jh. v. Chr. nach Rom. Hier fanden die geheimnisumwitterten Mysterien und die eindrucksvollen Prozessionen der I. sowie die anpassungsfähige, universale und pantheistische Interpretation ihres Wesens beim Volk so großen Anklang, daß auch wiederholte polizeiliche Maßnahmen gegen den I.-Dienst in der ausgehenden Republik und der beginnenden Kaiserzeit die Verbreitung des I.-Serapiskultes bis in die Donauländer und sogar nach Britannien nicht verhindern konnten. Caligula errichtete im Jahre 38 der I. einen Tempel auf dem Marsfelde, der später von Kaiser Domitian prächtig ausgebaut wurde. Den Einfluß der I.-Serapisreligion auf intellektuelle Kreise zeigen Männer wie Apuleius und Plutarch. Seit dem 3. Jh. verspürte die I.-Religion die Konkurrenz der syrischen Baale, des persischen Mithras* und später auch des Christentums. Um 400 gab es noch I.-Prozessionen in Rom, im 5./6. Jh. scheint der Kult ausgestorben zu sein.[3]

N.: Plutarch versuchte in seiner Schrift „Über Isis und Osiris" anstößige Züge des I.-Mythos und -Kultes durch Mythenallegorie und philosophischen Eklektizismus wegzuinterpretieren. Apuleius beschreibt in seinen Metamorphosen[4] ausführlich Mysterien und Prozessionen der I. Durch Mozarts „Zauberflöte" leben I. und Osiris im abendländischen Opernrepertoire weiter.

G e m ä l d e: Fest im Isistempel, Römisches Wandgemälde aus Herculaneum, Neapel, Mus. Naz.

O p e r n: I., Lully, 1677 (Text von Quinault). — I., J. Klein, 1918 (Text von C. Cerry).

L i t e r a t u r: Th. Hopfner, Fontes historiae religionis aegyptiacae, Bonn 1922—25. — F. Cumont, Die oriental. Religionen im röm. Heidentum, ³1931, 68—93. — G. Vandebek, De interpretatione graeca von de Isisfiguren, Louvain 1948. — A. J. Festugière, A propos des arétalogies d'Isis, in: Harv. Theol. Review 42 (1949), 209 ff. — Nilsson II 597—613.

[1] So schon Hdt. 2, 59. — [2] Hdt. 2, 41. Diod. 1, 24, 8. — [3] F. Cumont, Die oriental. Religionen im röm. Heidentum, S. 78. — [4] Apul. Met. 11, 19 ff.

Isméne, Schwester der Antigone 2

Ítylos, Sohn der Aedon, s. Prokne

Itys, Sohn der Prokne

Iúlus s. Ascanius

Ixíon, Sohn des Phlegyas, König der Lapithen

M.: I. ermordet seinen Schwiegervater Deioneus, indem er ihn in eine mit glühenden Kohlen gefüllte Grube stößt. Er wird aber von Zeus* entsühnt und sogar zur Göttertafel zugelassen. In seiner Undankbarkeit und Hybris wagt er es, sich Hera* in ungebührlicher Weise zu nähern. Zeus täuscht den Frevler durch das Trugbild einer Wolke vom Aussehen der Götterkönigin. Aus der Verbindung des I. mit der Wolke gehen die Kentauren* hervor. Als I. sich seines Triumphes über Hera rühmt, stößt ihn Zeus in den Tartaros hinab, wo er auf ein nimmer ruhendes feuriges Rad geflochten wird und ewig büßen muß.[1]

R.: I. galt als der erste Mörder. Die Erzählung von seiner Entsühnung durch Zeus und dem Frevel des Undankbaren gegenüber seinem Wohltäter sollte Zeus in seinen Funktionen als Sühnegott (Katharsios)[2] und als Schirmherr der Schutzsuchenden (Hikesios)[3] bestätigen.
I., ein Sohn des Phlegyas (= Brandstifter), der selbst seinen Schwiegervater in einer Grube verbrennt, ist vielleicht die Personifikation des Feuers als einer vernichtenden Kraft.[4] Das feurige Rad, auf das er zur Strafe geflochten wird, hat man als Sonnenrad angesprochen.[5] Die Verbindung des vernichtenden Feuers mit der Regen bringenden Wolke deutet auf Beziehungen des I.-Mythos zum Wetterzauber.[6]

N.: Gemälde: Bestrafung des I., Römisches Wandgemälde aus Pompeji, Haus der Vettier. — I., von Juno getäuscht, Rubens, 1615 bis 17, Paris, Louvre. — I., J. Ribera, 1632, Madrid, Prado.

Dichtung: I., R. Browning, 1883.

Prosa: I. in heaven, B. Disraeli, 1832 (Burleske).

Opern: I., N. A. Strungk, 1699. — I., G. K. Schürmann, 1703. — I., J. Ph. Käfer, 1717.

Ballett: Issione fulminato da Giove, G. Albini, 1838.

Literatur: G. Méautis, Ixion ou l'ingratitude humaine, in: Mythes inconnus de la Grèce antique, Paris 1949, 13—32.

[1] Pind. Pyth. 2, 21—48 mit Schol. — Diod. 4, 69, 4 f. Hygin. Fab. 62. — [2] Aisch. Eumen. 717 f. Schol. Apoll. Rhod. 3, 62. — [3] Zeus Hikesios (Hiketas) bestraft also nicht nur das Vergehen an einem Schutzsuchenden, sondern auch das des Schutzsuchenden gegenüber seinem Wohltäter: Wilamowitz II 121 A. 2. — [4] K. Kerényi, Der göttliche Arzt, Basel 1948, 102. — [5] A. B. Cook, Zeus I (1914), 198 ff. 254. G. Dumézil, Le problème des Centaures, Paris 1929, 190—193. — [6] Nilsson I 389.

J

Jánus, römischer Gott der Tordurchgänge, des Aus- und Einganges, im übertragenen Sinne des Anfangs und Endes

M.: In der römischen Legende erscheint J. als einer der ältesten Götter, der sich in grauer Vorzeit auf dem nach ihm benannten Janiculus (Hügel in Rom) niederläßt und von hier aus Latium regiert. Er nimmt den von seinem eigenen Sohn aus Griechenland vertriebenen Saturnus* (Kronos*) freundlich auf. Saturnus richtet sich J. gegenüber auf dem Kapitol ein; das Land erlebt sein „Goldenes Zeitalter". J. erfindet den Gebrauch der Münzen und der Schiffe. Er führt bei der vorher rohen Urbevölkerung der Aboriginer Ackerbau, Gesetzgebung und geschlossene Siedlungen, kurz die Zivilisation, ein.

R.: Der doppelköpfig dargestellte Gott blickt wie jede Türe nach zwei Seiten. Der Neujahrstag und alle Monatsersten waren ihm heilig; der Januar ist nach ihm benannt. Im Staats- und Privatleben wurde der Anfang wichtiger Unternehmungen und Handlungen unter seinen Schutz gestellt: Auszug ins Feld, Amtsantritt des Konsuls, Beginn der Aussaat oder Ernte, Antritt einer Geschäftsreise usw. J. wurde bei allen Gebeten und Opfern zuerst angerufen. Der uralte Janustempel auf dem Forum, eigentlich ein überwölbtes Doppeltor, wurde nur in Friedenszeiten geschlossen. Kaiser Augustus rühmte sich, daß dies unter seiner Regierung dreimal, in der ganzen vergangenen Geschichte Roms aber nur zweimal der Fall gewesen sei.[1]

N.: G e m ä l d e: Der Janustempel, Rubens, 1634—35, Leningrad, Eremitage.

L i t e r a t u r: F. Börtzler, Janus und seine Deuter, Bremen 1930. — O. Huth, Janus. Ein Beitrag zur altrömischen Religionsgeschichte. Bonn 1932 (Dazu die Rezension von L. Deubner in: Archiv f. Religionswiss. 33 (1936), 111 f.). — L. A. Mac Kay, Janus, Berkeley 1956.

[1] Monum. Ancyr. 13.

Júno, altitalische Gottheit, nach der wahrscheinlich der Monat Juni benannt ist.

M.: Die meisten aus dem griechischen Mythos bekannten Züge der griechischen Götterkönigin Hera* wurden von den römischen Dichtern auf J. übertragen.

R.: Mit Jupiter* und Minerva* wurde sie in dem ältesten römischen Staatsheiligtum auf dem Kapitol verehrt. J. war wie die griechische Hera Göttin der Ehe, Schutzherrin des hochzeitlichen Brauchtums und der Ehefrauen, sowie Göttin der Geburten (J. Lucina); die Wöchnerinnen beteten um ihre Hilfe.[1] Als J. Regina schützte sie die Stadt Rom und das ganze römische Reich.[2] Von verschiedenen Ermahnungen, die sie den Römern gegeben haben soll, hatte J. Moneta ihren Beinamen,² deren Tempel auf der Burg nordwestlich des Kapitols stand; in ihm befand sich die römische Münzstätte. Alle Monatsersten (Kalenden) waren der J. heilig. Am 1. März feierten die römischen Hausfrauen zu Ehren der J. Lucina das Familienfest der Matronalien.⁴ J. war ursprünglich auch der dem männlichen Genius* entsprechende weibliche Schutzgeist, der jede Frau durch das Leben begleitet.⁵

N.: Zu den Darstellungen der bildenden Kunst vgl. Hera.

L i t e r a t u r: E. L. Shields, Juno. A Study in early Roman Religion. Northampton Mass. 1926. — P. Noailles, Junon, déesse matrimoniale des Romains, in: Festschrift Paul Koschaker I (1939), 386 bis 400.

¹ Plaut. Aulul. 692. Ter. Andr. 473. — ² Liv. 3, 17, 3. Cic. Pro Scauro 47. Verr. 5, 184. CIL III 1074—1076. — ³ Cic. De divin. 1, 111. Liv. 7, 28, 4 f. Ov. Fast. 1, 638. — ⁴ Ov. Fast. 3, 229 ff. Juven. 9, 52 f. Mart. 5, 84, 10 f. — ⁵ Petron. Sat. 25, 4.

Júp(p)iter, lateinischer Name des indogermanischen Licht- und Himmelsgottes (griech. Zeus*)

M.: Was im griechischen Mythos von Zeus erzählt wurde, übertrugen die römischen Dichter auf J.

R.: Ihm waren alle Iden (Vollmondstage) heilig;¹ J. war also nicht nur Gott des Tageshimmels, sondern auch des nächtlichen Lichtes.² Er sandte Blitz (J. Feretrius, J. Fulgur)³ und Donner (J. Tonans).⁴ J. war Schirmherr von Recht und Sitte (als J. Farreus schützte er die Ehe) und Schwurgott (Dius Fidius). Als J. Stator verlieh er dem kämpfenden Heere Widerstandskraft⁵ und als J. Victor den Sieg.⁶ J. Optimus Maximus („der Beste und Größte") war in geschichtlicher Zeit der Hauptgott Roms, der zusammen mit Juno* und Minerva* im ältesten Tempel des römischen Staatskultes auf dem südlichen Teil des kapitolinischen Hügels verehrt wurde.⁷ Dieser Tempel nahm im politischen Leben Roms eine wichtige Stellung ein. Hier versammelte sich der Senat zu Kriegserklärungen,⁸ hier leistete der Feldherr Opfer und Gelübde vor seiner Abreise in die Provinz,⁹ hier wurden internationale Verträge ausgehängt. Der triumphierende Feldherr fuhr als lebendiges Abbild des J. Optimus Maximus im Wagen zum kapitolinischen Tempel des Gottes hinauf.¹⁰ Ihm zu Ehren wurden die ludi Romani (vom 4. bis 19. September) gefeiert.¹¹ In der Kaiserzeit wurde J. Optimus Maximus (J. O. M.) vielen fremden Göttern gleichgesetzt, z. B. J. O. M. Hammon (Hammon von Kyrene), J. O. M. Serapis, Sabazios (für die Griechen = Dionysos*) und J. O. M. Dolichenus*. — Nach J. benannten die Römer den zweitlichtstärksten Planeten.¹² — Zu den Darstellungen der bildenden Kunst vgl. Zeus.

L i t e r a t u r: K. Koch, Der römische Juppiter, Frankfurt a. M. 1937. — G. Dumézil, Jupiter, Mars, Quirinus. Paris 1941.

[1] Macrob. Sat. 1, 15, 14 f. — [2] F. Altheim, Griechische Götter im alten Rom, 96. — [3] Plut. Rom. 16. Liv. 1, 24, 8. — [4] Augustus weihte dem J. Tonans ein Heiligtum: Suet. Aug. 91, 2. Mon. Ancyr. 19. — [5] Liv. 10, 36, 11. 37, 15. Ov. Fast. 6, 793. — [6] Auch J. Invictus: Liv. 10, 29, 14. Ov. Fast. 4, 621 f. — [7] Liv. 1, 10, 5—7. Serv. Aen. 6, 859. — [8] Liv. 33, 25, 7. — [9] Liv. 21, 63, 9. 42, 49, 1. — [10] Dionys. Hal. Arch. 9, 71, 4. Ov. Ex Ponto 2, 1, 57 f. — [11] Liv. 22, 9, 10. 31, 9, 6. — [12] Cic. De nat. deor. 2, 52.

Jutúrna s. Dioskuren

Juvéntas (auch Juventus), römische Göttin der Jugend, der griechischen Hebe* gleichgesetzt

K

Kabíren (griech. Kábeiroi)

M.: Sie gelten im Mythos als Söhne oder Nachkommen des Hephaistos*.

R.: Die K. sind wahrscheinlich orientalische Vegetationsgottheiten, deren Kult in archaischer Zeit von Kleinasien über die Inselwelt nach Hellas kam und hier unter dem Einfluß orphischer Ideen im griechischen Sinne umgestaltet wurde.[1] Es gab männliche und weibliche K.; ihre Zahl ist nicht genau bestimmbar.[2] Hauptstätten der Verehrung waren Samothrake, Lemnos und Theben. Kultisch waren die K. mit Hephaistos (Lemnos!) und chthonischen Göttern verbunden; sie wurden auch als „die großen Götter" angerufen.[3] Als Seegottheiten den Dioskuren* gleichgesetzt, übernahmen die K. den Schutz der Seeleute.[4] In den hellenistischen Jahrhunderten erlebten die K.-Mysterien und die Heiligtümer auf Samothrake eine Blütezeit.

N.: Aischylos schrieb eine (nicht erhaltene) Tragödie „Kabeiroi".[5]

Literatur: O. Kern, Kabeiros in RE. — O. Kern, Religion der Griechen I (1926), 235—243. — P. Wolters und G. Bruns, Das Kabirenheiligtum bei Theben, Berlin 1940. — K. Kerényi, Mysterien der Kabiren, in: Eranos-Jahrbuch 11 (1944), 11—53 = Albae Vigiliae NF. 3 (1945), 42—78. — B. Hemberg, Die Kabiren, Uppsala 1950 (Reiche Materialsammlung).

[1] Nilsson I 634 ff. — [2] Die schon von Goethe (Faust II 8075 ff.) gefühlte Unbestimmtheit im Wesen der K. betont wiederholt B. Hemberg, Die Kabiren, 1950, z. B. 17 ff., 270 ff. — [3] Zur zweckmäßigeren Trennung von Kabiren, „Großen Göttern" und „Samothrakischen Göttern" vgl. Hemberg, a. a. O., 22 u. ö. — [4] Hdt. 2, 51. Aristoph. Friede 276 ff. Schol. Apoll. Rhod. 1, 917. Kern I 236. — [5] Fr. 95—97 N.

Kádmos, Sohn des Agenor,[1] Königs der Phoiniker, und der Telephassa, Bruder der Europa*

M.: Nach der Entführung Europas durch Zeus* wird K. von seinem Vater ausgesandt, die Schwester zu suchen. Nach einem vorübergehenden Aufenthalt in Thrakien wendet er sich an das delphische Orakel, das ihn beauftragt, einer Kuh bis zum Rastplatz zu folgen und dort eine Stadt zu gründen. K. folgt dieser Weisung und gründet die Kadmeia, Burg und Stadtkern des späteren Theben.[2] Einen von Ares* abstammenden Drachen, der seine Gefährten tötet, erlegt K. mit Steinwürfen. Auf den Rat der Göttin Pallas Athene* bricht er dem Ungeheuer die Zähne aus und sät sie in die Erde. Sofort gehen aus dieser Drachensaat bewaffnete Männer hervor (= die Sparten), die einander überfallen und gegenseitig ausrotten.[3] Auf die fünf überlebenden Sparten führten die thebanischen Adelsgeschlechter ihre Abstammung zurück.[4] Nach achtjährigem Bußdienst für die Ermordung des Drachens wird K. durch die Verhei-

ratung mit Harmonia, der Tochter des Ares und der Aphrodite*, ausgezeichnet.
Bei der Hochzeitsfeier auf der Kadmeia sind alle Götter anwesend.⁵ Hephaistos* schenkt der Braut das berühmte verhängnisvolle Halsband (vgl. Alkmaion).
Aus dieser Ehe gehen ein Sohn Polydoros und vier Töchter Autonoe, Ino*, Semele* und Agaue hervor.

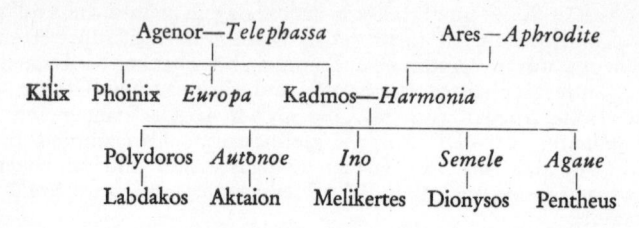

```
          Agenor—Telephassa              Ares—Aphrodite
    ┌───────┬────────┬──────┐                 │
   Kilix  Phoinix  Europa  Kadmos─────────Harmonia
              ┌────────┬─────────┬─────────┬─────────┐
           Polydoros  Autonoe   Ino     Semele     Agaue
              │         │        │         │         │
           Labdakos  Aktaion  Melikertes Dionysos Pentheus
```

K. soll auch das phoinikische Alphabet nach Griechenland gebracht haben. Im Alter wanderte er mit Harmonia nach Illyrien aus, wo beide in Schlangen verwandelt und zuletzt ins Elysion versetzt werden.⁶

R.: Die K.-Sage, die zugleich Gründungssage der Stadt Theben ist, will die Abstammung des thebanischen Königshauses auf die Phoiniker zurückführen. Das Motiv des Drachentöters ist aus dem Märchen wohlbekannt. Die wunderbare Geburt aus Körperteilen des Getöteten — hier der Sparten aus den Drachenzähnen — ist im Mythos nicht selten und wurde aus der K.-Sage in die Argonautensage (Iason in Kolchis!) übertragen.⁷ — Die Hochzeit des K., der den Thebanern offenbar soviel wie Kosmos (sinnvolle Ordnung) bedeutete, mit Harmonia (= edler Einklang) läßt sich symbolisch verstehen. Die Verbindung dieser beiden Elemente (Ordnung und Eintracht) schafft die Voraussetzungen für die Entstehung menschlicher Kultur.⁸
Die traurigen Schicksale der K.-Töchter Agaue und Autonoe bzw. deren Söhne Pentheus* und Aktaion* scheinen die Konzeption eines Dichters zu sein, der sich zur neuen Dionysosreligion bekannte und dadurch, daß er Semele* zur Tochter des K. machte, die Geburt des Dionysos* in Theben lokalisierte.⁹ Semele wird in den Olymp aufgenommen; Ino* nimmt als alte Göttin eine Sonderstellung ein. Der K.-Sohn Polydoros, dessen Name („der an Geschenken Reiche") an die reichen Hochzeitsgeschenke bei der Feier auf der Kadmeia erinnert, wurde wahrscheinlich aus dynastischem Interesse auf Wunsch der Labdakiden (des thebanischen Königshauses) in die Genealogie eingeschoben. Der Ahnherr der Dynastie, Labdakos, wurde zu einem Sohn des Polydoros und damit zu einem Enkel des K. gemacht.¹⁰ Die Sage von dem König K., der auf den Höhen des Lebens größten Glückes teilhaftig wird und dann mit den traurigen Schicksalen seiner Töchter viel bitteres Leid erfahren

muß, scheint nach dem Vorbild des älteren Oidipus*-Mythos ausgemalt worden zu sein.[11]

N.: G e m ä l d e: Der Drache frißt die Leute des K., C. Cornelisz van Haarlem (1562—1636), Wien, Kunsthistor. Museum.

O p e r n: Il Cadmo, K. Förster, 1663 (Text von Werner). — Cadmus et Hermione (vgl. Anm. 5), J. B. Lully, 1673 (Text von Quinault). — Cadmus, J. P. Kuntze, 1725 (Text von J. U. König). — Il Cadmo, da Silva, 1784 (Text von Martinelli).

B a l l e t t: Cadmo e Ino, A. le Messier, 1761.

L i t e r a t u r: G. Herzog-Hauser, Harmonias Halsband, in: Wiener Stud. 43 (1922/23), 7—35.

[1] Als Vater des K. wird auch Phoinix genannt. Die ganze Genealogie dieser gemeinsamen mythischen Vorfahren von Phoinikern, Kilikiern (also Kleinasiaten) und Hellenen war schon in der Antike durcheinander geraten und machte den Mythographen Schwierigkeiten: Schol. Apoll. Rhod. 2, 178. 3, 1185. — [2] Paus. 9, 12, 1 f. Schol. Il. 2, 494. Schol. Eur. Phoin. 638. Ov. Met. 3, 6 ff. — [3] Eur. Phoin. 939 f. Paus. 9, 10, 1. Apollod. Bibl. 3, 4, 1. — [4] Ihre Namen: Paus. 9, 5, 3. Schol. Apoll. Rhod. 3, 1178. — [5] Pind. Pyth. 3, 88 ff. Eur. Phoin. 822 f. Theogn. 15—18. Diod. 5, 48, 5—49, 1. Hermione statt Harmonia: Mythogr. Vatic. 2, 78. — [6] Apoll. Rhod. 4, 517 ff. Strab. 1, 2, 39. — [7] Radermacher 202. — [8] Wilamowitz I 323. — [9] Wilamowitz I 407 f. — [10] Wilamowitz I 408 f. — [11] F. Dirlmeier, Der Mythos von König Oedipus, Mainz 1948, A. 90.

Kaineús (Kaíneus), ein riesiger Lapithe

M.: Im Kampf der Lapithen und Kentauren* wird er unter Fichtenstämmen begraben.[1] Nach späterer, offenbar hellenistischer Erfindung ist K. ursprünglich ein Mädchen, namens Kainis, das dem Poseidon* seine Liebe schenkt und sich dafür von dem Gotte die Verwandlung in einen unverwundbaren Mann ausbedingt.[2] K. wird nach seinem Tode wieder in eine Frau verwandelt.[3]

R.: Vermutlich liegt dieser Erzählung die verbreitete Vorstellung vom Geschlechtswechsel zugrunde (vgl. Teiresias). Auch Verkleidungsriten wurden zur Erklärung herangezogen.[4]

N.: Zwei Kentauren schlagen K. mit ausgerissenen Bäumen in den Boden, Bronzeblech aus Olympia (1937 gefunden), 7. Jh. v. Chr. (vgl. Jahrb. d. Dtsch. Arch. Inst. 52, 1937, S. 85 f. und Tafel 28).

[1] Vgl. Kentauren. Als Strafe für seine Überheblichkeit und Gottlosigkeit: Schol. Il. 1, 264. Schol. Apoll. Rhod. 1, 57. — Die älteste Schilderung der Schuld und Strafe des K. bei Akusilaos: Ox. Pap. 13 (1919), 133 f. — [2] Verg. Aen. 6, 448 f. Ov. Met. 12, 459 ff. Apollod. Epit. 1, 22. — [3] Serv. Aen. 6, 448. Mythogr. Vatic. 1, 154. 2, 108. — [4] G. Dumézil, Le problème des Centaures, Paris 1929, 181 u. A. 1.

Kálais s. Phineus, s. auch Winde

Kálchas, Sohn des Thestor, berühmter griechischer Vogelschauer und Seher

M.: K. weissagt die Dauer des troischen Krieges vor der Abfahrt der Flotte aus Griechenland.[1] Er erklärt den Zorn der Artemis* in Aulis und vollzieht das Opfer an Iphigeneia*. Ferner prophezeit K., daß zur Eroberung Troias die Anwesenheit des Achilleus* und der Bogen des Philoktetes* notwendig seien.[2] K. stirbt aus Ärger darüber, daß der Seher Mopsos, ein Enkel des Teiresias*, bei einem Rätselwettstreit sich überlegen erweist.[3]

[1] Hom. Il. 2, 299 ff. — [2] Die den Bogen des Philoktetes betreffende Prophezeiung wird auch dem troischen Seher Helenos zugeschrieben: Soph. Phil. 604 ff. Vgl. Schol. Lykophr. 911. — [3] Strab. 14, 1, 27. Apollod. Epit. 6, 2 ff. Zu den Varianten des Rätselwettstreits vgl. Robert 1471 ff.

Kalliópe (Kallíope) s. Musen

Kallirrhóe (Kallírrhoe), Gattin des Alkmaion

Kallistó (Kallísto), Tochter des Lykaon, Jagdgefährtin der Artemis*

M.: Zeus* nähert sich ihr in Gestalt Apollons* oder der Artemis. K. bricht ihr Keuschheitsgelübde und wird Mutter des Arkas.[1] Um K. vor der eifersüchtigen Hera* zu retten, verwandelt Zeus sie in eine Bärin.[2]

R.: Die K.-Sage weist auf alte Tiergestalt der Göttin Artemis hin. Zu dieser Annahme paßt die Verkleidung der Artemis-Dienerinnen im Kult von Brauron (Attika) als Bärinnen. Vielleicht haben wir in K. die alte arkadische Bärengöttin zu sehen, deren Platz später Artemis einnahm. Bei Trikolonoi (Arkadien) wurde das Grab der K. in einem Hügel gezeigt, auf dessen Spitze ein Tempel der Artemis Kalliste stand.[3] Zum Sternbild des Großen Bären vgl. Sterne.

N.: G e m ä l d e: K. und Artemis, Römisches Wandgemälde aus Pompeji, Neapel, Mus. Naz. — Diana und K., Tizian, 1559, London, Bridgewater-Gallery. — Jupiter und K., Rubens, 1613, Kassel, Galerie. — Diana und K., Rubens, 1638—40, Madrid, Prado. — Jupiter und K., N. Poussin (1594—1665), Cincinnati, Museum. — Diana und K., F. Solimena (1657—1747), Florenz, Uffizien. — Fehltritt der K., A. van der Werff, 1704, früher Dresden, Gemäldegalerie. — K., Tiepolo (1696—1770), Venedig, Akademie. — Jupiter und K., J. H. Tischbein d. Ä., 1756, Kassel, Galerie.

D i c h t u n g: Callisto, A. H. Fisher, 1934.

O p e r n: Callisto, F. Cavalli, 1651 (Text von Faustini). — Callisto, N. Staggino, 1675 (Text von Crowne). — Callisto, D. Sarri, 1706.

[1] Paus. 1, 25, 1. 8, 3, 6 f. Apollod. Bibl. 3, 8, 2. Ov. Met. 2, 409—507. — [2] Nach anderen Versionen führt Hera oder Artemis die Verwandlung durch, um Kallisto zu bestrafen. — [3] Paus. 8, 35, 8. — Nilsson I 199.

Kalydonische Jagd s. Meleagros

Kalypsó (Kalýpso), Tochter des Atlas*, Nymphe auf der Insel Ogygia
M.: Sie liebt den schiffbrüchigen Odysseus* und behält ihn sieben Jahre bei sich (s. Odysseus).
R.: Ein Deutungsversuch sah in K. eine „verhüllende" (d. h. tötende; griech. kalypto = verhüllen) Todesgöttin. Daß Odysseus dem Werben der buhlerischen Todesgöttin zuletzt entgeht, bedeutet nach dieser Auffassung einen Triumph über den Tod.[1]
N.: G e m ä l d e: Odysseus und K., Hendrik van Balen (1575 bis 1632), Wien, Akademie d. bild. Künste. — Amor bei K. und ihren Nymphen, Th. Stothard (1755—1834), London, National Gallery. — Odysseus und K., Böcklin, 1883, Basel, Museum. — Insel der K., H. J. Draper, 1897.

D r a m a t. B e a r b e i t u n g e n: Calypso, H. Kemp, 1924. — K., F. Th. Csokor, 1942.

D i c h t u n g: Calypso, R. Holden, 1922.

O p e r n: K., G. Ph. Telemann, 1727 (Text von Prätorius). — Calipso, L. Romano, 1783. — Calipso, Th. Schacht, 1784. — Calipso, P. Winter, 1803. — K., A. Conradi, 1872 (Text von Winterfeld; Burleske).

B a l l e t t: Calipso abbandonata, L. Baillou, 1778.

L i t e r a t u r: H. Güntert, Kalypso, Halle 1919.

[1] H. Güntert, Kalypso, 196 ff.

Kaménen (oder Kamönen, lat. Camenae), italische Quellgottheiten, von den Römern den griechischen Musen* gleichgesetzt. Ihr Heiligtum in Rom befand sich unfern der Porta Capena.

Kandaúles s. Gyges

Kapanéus (Kapáneus), Sohn des Hipponoos, einer der Sieben gegen Theben (s. Polyneikes)
M.: Beim Sturm auf die Stadt prahlt er in seiner Überheblichkeit, kein Gott, nicht einmal Zeus*, könne ihn aufhalten. Als er auf einer Leiter die Mauern erklimmt, wird er von einem Blitz des Zeus getroffen.[1] Während die übrigen Leichen der Argeier später durch die Vermittlung des Adrastos* und durch das Einschreiten des Theseus* auf einem Scheiterhaufen gemeinsam bestattet werden (s. Antigone 2.), wird K. als ein vom Blitz Getroffener von ihnen abgesondert. Euadne, die Gattin des K., springt in den brennenden Scheiterhaufen ihres Gemahls.[2] Diese Szene ist uns in den „Hiketiden" des Euripides überliefert.
R.: K. mit seiner Hybris gehört in die Reihe der Gottesverächter.[3] Der vom Blitz Getroffene galt in alter Zeit als tabu, später als ge-

heiligt.⁴ Aus der Erzählung von dem Opfertode der Euadne darf man nicht auf Witwenverbrennung schließen.⁵

N.: E p o s: Euadne, J. J. Bodmer, 1777.

¹ Aisch. Sieben 423 ff. Eur. Phoin. 1172 ff. Hik. 496 ff. — ² Eur. Hik. 1034 ff. Apollod. Bibl. 3, 7, 1. — Eigentlich sollte K. als ein vom Blitz Getroffener nach antikem Brauche nicht verbrannt, sondern bestattet werden: Plin. N. h. 2, 145. Vgl. Eur. Hik. 934 ff. — Nach anderer Überlieferung wurde K. vom Blitz in Stücke gerissen und diese in alle Winde zerstreut: Eur. Phoin. 1183—85. — ³ W. Nestle, Legenden vom Tod der Gottesverächter, in: Archiv f. Religionwiss. 33 (1936), 249. — ⁴ Nilsson I 64. — ⁵ Wilamowitz I 308 A. 1. Anders Radermacher 40.

Kassándra, Tochter des Königs Priamos* von Troia und der Hekabe*

M.: Apollon* liebt sie und verleiht ihr die Sehergabe; da K. die Liebe des Gottes nicht erwidert, straft sie Apollon, indem er sie zwar die Wahrheit voraussagen, aber ihre Prophezeiungen nirgends Glauben finden läßt.¹
Vergebens warnt K. die Troer vor dem hölzernen Pferd, umsonst prophezeit sie den Untergang der Stadt. Während der Plünderung Troias wird sie, obwohl sie sich an ein Bild der Göttin Athene* geflüchtet hat, von dem Lokrer Aias* fortgeschleppt und vergewaltigt.² Bei der Teilung der Beute gerät sie als Sklavin in die Hand Agamemnons*, der sie nach Griechenland mitnimmt. In Mykenai fällt sie gemeinsam mit Agamemnon dem Mordanschlag des Aigisthos* und der Klytaimestra zum Opfer.³

R.: In Lakonien, wo man an verschiedenen Orten auch das Grab der K. zeigte, setzte man sie einer einheimischen Heroine Alexandra gleich.⁴

N.: Im „Agamemnon" des Aischylos erlebt K. in einer großartigen Vision den Mord voraus, während Agamemnon schon den Palast betreten hat. Das Epos „Alexandra" des hellenistischen Dichters Lykophron ist eine einzige lange Kette meist gewollt dunkler Weissagungen der K.

P l a s t i k e n: K., J. Pradier, 1843, Avignon, Museum. — K., M. Klinger, 1895, früher Leipzig, Städt. Museum.

G e m ä l d e: Aias und K., Rubens, um 1617, Gal. Liechtenstein. — K., A. Rothaug, 1910, Wien, Belvedere.

D r a m a t. B e a r b e i t u n g e n: K., H. Zirndorf, 1856. — Agamemnon and Cassandra or The profit and loss of Troy, R. Reece, 1868 (Burleske). — K., F. Geßler, 1877. — K., H. Pischinger, 1903. — K., H. Eulenberg, 1903. — K., L. Ukrainka, 1907. — Casandra, B. Peréz Galdós, 1910. — Cassandra in Troy, J. Mavrogordato, 1914. — K., P. Ernst, 1915. — K., H. Schwarz, 1941. — K., G. Hagenau, 1948.

E p o s: Alexandra, Lykophron, um 295 v. Chr.

Dichtungen: K., Schiller, 1802. — Cassandra, G. Meredith, 1862. — Cassandra, D. G. Rossetti, 1870.

Erzählung: Die Seherin, E. Mitterer, 1942.

Roman: Nächte mit K., F. Walter, 1952.

Symphon. Dichtung: K., R. Wiemann (geb. 1870).

Kantate: K., Joh. Christ. Friedr. Bach, 1786.

Opern: Cassandra, F. A. Capillo, 1691 (Text von Salomoni). — Cassandre, F. Bouvard u. T. Bertin, 1706 (Text von J. Lagrange-Chancel). — Cassandra abbandonata, K. Hanke, 1776. — K., J. A. Houck, 1898. — Cassandra, V. Gnecchi, 1905.

Literatur: J. Davreux, La légende de la prophétesse Cassandre d'après les textes et les monuments, Paris 1942. — K. Ledergerber, Kassandra. Das Bild der Prophetin in der antiken und insbesondere in der älteren abendländischen Dichtung. Diss. Freiburg (Schweiz) 1950.

[1] Aisch. Ag. 1202 ff. Apollod. Bibl. 3, 12, 5. — [2] Ep. Graec. Fr. 49 f. Kinkel. Schol. Il. 13, 66. Verg. Aen. 2, 403 ff. — [3] Hom. Od. 11, 421 ff. Pind. Pyth. 11, 19 ff. Aisch. Ag. 1256 ff. 1438 ff. — [4] Robert 1296.

Kassiépeia (Kassiopéia) s. Perseus

Kastalía (Kastália), Quelle am Parnaß bei Delphi

R.: Hier wuschen sich die Tempeldiener vor Betreten des Apollontempels die Haare.[1] Das Wasser der K. wurde auch zur Tempelreinigung verwendet.[2] Seit hellenistischer Zeit und besonders bei den Römern galt die K. als Musenquell.[3]

[1] Eur. Ion 94 ff. Phoin. 222. — [2] Eur. Ion 144 ff. — [3] Theokr. 7, 148. Verg. Georg. 3, 293. Culex 17. Hor. Carm. 3, 4, 61.

Kástor s. Dioskuren

Katréus (Kátreus), Sohn des Minos

Kedalíon s. Orion

Kékrops, ältester König Attikas

M.: K. galt als Erbauer der athenischen Burg (Kekropia = Akropolis) und Schöpfer der ersten Gesetze und sozialen Einrichtungen. In der Sage erscheint er als erdgeborener Ureinwohner Attikas, in seiner Gestalt halb Mensch, halb Schlange.[1] Nach einer Version ist er Schiedsrichter in dem berühmten Streit Poseidons* und Athenes* um die Vorherrschaft in Attika.[2] Die drei Töchter des K. Herse, Aglauros und Pandrosos, sind den Horen* und Nymphen* verwandte Gottheiten, die den Feldern und Wiesen den Tau spenden. Hermes* führt ihren Reigen; Pan* bläst dazu die Flöte.[3] Aus dem Liebesbund des Hermes und der Herse geht Kephalos* hervor.[4]

Die Kekropstöchter erhalten von Athene eine verschlossene Kiste, in der sich der kleine Erichthonios* befindet. Als sie gegen das ausdrückliche Verbot der Göttin die Kiste öffnen, werden sie wahnsinnig und stürzen sich von der Akropolis hinab.[5] — Ein jüngerer K. wird von den alten Genealogen als Sohn des Erechtheus erwähnt.[6]

R.: Die Schlangengestalt des K. erklärt sich aus dem alten Glauben, der den Toten in einer Schlange fortleben ließ. Die K.-Töchter hießen auch Agrauliden (= Feldmädchen). Die Namen Herse und Pandrosos beziehen sich auf den Tau; Aglauros ist nur eine Umformung von Agraulos. Die Dreizahl findet sich ebenso bei den Chariten* und Moiren*.[7] In Athen wurde anläßlich der Hersephoria zu Ehren der Pandrosos den drei Tauschwestern ein festliches Mahl bereitet.[8] Ihr heiliger Bezirk lag am Nordabhang und Fuß der Akropolis.

N.: G e m ä l d e: Die Töchter des K. und der kleine Erichthonios, Rubens, 1615—17, Galerie Liechtenstein. — Die Kekropstöchter finden den jungen Erichthonios, J. Jordaens (1593—1678), Wien, Kunsthistor. Museum. — Merkur verliebt sich in Herse, die von ihren Schwestern Aglauros und Pandrosos begleitet, zum Tempel der Minerva geht, J. Boeckhorst (1605—68), Wien, Kunsthistor. Museum.

O p e r n: Die drei Töchter Cecrops, M. A. v. Königsmark, 1680. — K. mit seinen drei Töchtern, J. Ph. Krieger, 1688.

L i t e r a t u r: A. B. Cook, The Daughters of Kekrops, in: Zeus III (1940), 237—261.

[1] Aristoph. Wespen 438 u. Schol. — Eur. Ion 1163 f. — [2] Apollod. Bibl. 3, 14, 1. — [3] Eur. Ion 492 ff. — [4] Apollod. Bibl. 3, 14, 3. Kreusa statt Herse: Hygin. Fab. 160. — [5] Eur. Ion 20 ff. 266 ff. Paus. 1, 18, 2. Ov. Met. 2, 552 ff. — [6] Apollod. Bibl. 3, 15, 1. — [7] Wilamowitz I 194. — [8] Deubner 14 u. A. 8.

Kelainó (Kelaíno) s. Harpyien

Keleós (Kéleos), Vater des Demophon 1., s. auch Demeter

Kentaúren, wilde, halbtierische Fabelwesen mit menschlichem Oberkörper und Pferdeleib

M.: Ihre Heimat ist Thessalien, wo sie insbesondere mit dem Peliongebirge verbunden sind. Antike Mythologen führten ihre Abstammung auf einen Kentauros, Sohn des Ixion*, zurück.[1] Während einzelne K. wie Pholos* und Cheiron* freundliche und sogar edle Charakterzüge aufweisen, gelten sie im allgemeinen als die „Tiere", die ihre Wildheit besonders bei der Hochzeit des Peirithoos* zeigen. Dieser Fürst der thessalischen Lapithen lädt die K. zu seiner Hochzeit mit Hippodameia[2] ein. In der Trunkenheit vergreift sich der Kentaur Eurytion an der Braut, und die übrigen K. versuchen die Frauen der Lapithen zu rauben. Es kommt zum Kampf zwischen

Lapithen und K. (Kentauromachie), in dem sich auf der Seite der Lapithen neben Peirithoos Theseus* und Nestor* besonders auszeichnen. Der unverwundbare Riese Kaineus* wird von den K. unter einer Masse von Fichtenstämmen begraben.³ Aber der Endsieg fällt den Lapithen zu. Die überlebenden K. flüchten in verschiedene Gegenden Griechenlands und ziehen sich in die Berge zurück.⁴ — Neben ihrer Wildheit wird an den K. ihre Vorliebe für den Weingenuß hervorgehoben (vgl. Pholos). So erscheinen sie auch seit dem 4. Jh. v. Chr. im Gefolge des Dionysos* neben Satyrn* und Bakchantinnen.⁵ — Zu Nessos vgl. Herakles.

R.: Die Etymologie des Namens K. ist unsicher.⁶ Man hat die K. aus ähnlichen Erscheinungen bei den verschiedensten Völkern zu deuten versucht.⁷ Offenbar sind sie Naturdämonen, wie sie primitive Menschen allenthalben in der Natur, besonders dort, wo es nicht ganz geheuer ist, zu sehen pflegen. Ihr Reich sind schwer zugängliche Gebirge und unwegsame Wälder. Solchen Dämonen traut man Gewalttätigkeit (Frauenraub) ohneweiters zu. Die Wilden Männer des germanischen Volksglaubens entsprechen ungefähr den griechischen K.

Die ältesten bildlichen Darstellungen zeigen einen Pferdeleib an einen vollkommenen Menschenleib angesetzt, d. h. K. mit nur zwei Pferdebeinen. Erst seit dem Ende des 6. Jh. v. Chr. herrscht der uns geläufige Typus mit vier Pferdebeinen vor.⁸ Häufig tragen die K. Baum-, vor allem Fichtenstämme, an denen ihre Jagdbeute (Wildbret, Hasen, Vögel) hängt. Die Kentauromachie spiegelt vielleicht Kämpfe benachbarter thessalischer Gaue wider.⁹ Im Rahmen dieser Erzählungen wurden die K. zu sterblichen Wesen, zumal man später an ihre Existenz nicht mehr glaubte.

N.: P l a s t i k e n: Kentaur, Metope des Schatzhauses in Foce Sele, um 540 v. Chr. (Relief). — Kampf der Lapithen und K., Westgiebel des Zeustempels zu Olympia, 1. Hälfte d. 5. Jh. v. Chr., Olympia, Museum. — Kampf der Lapithen und K., Westfries des sogenannten Theseions zu Athen, 2. Hälfte d. 5. Jh. v. Chr. (Relief). — Zahlreiche Einzelszenen aus einer Kentauromachie, Südmetopen des Parthenon, um 440 v. Chr., London, British Museum (Relief). — Kentauromachie, Fries des Apollontempels zu Phigaleia-Bassai (Peloponnes), um 420 v. Chr., London, British Museum (Relief). — Älterer und jüngerer Kentaur, Aristias und Papias von Aphrodisias, 2. Jh. n. Chr., nach hellenist. Vorbild, Rom, Kapitolin. Museum. — Kentaurenkampf, Michelangelo, um 1493—94, Florenz, Museo Buonarotti (Relief). — Kentaur und Bachkantin, J. Pradier, 1819, Rouen, Museum. — Kentaur kämpft mit Lapithen, A. L. Barye (1795 bis 1875), Paris, Louvre (Bronze). — Kentaurengruppe, R. Begas, 1883, Berlin (Bronze). — Kentaurin, Rodin, 1900.

G e m ä l d e: Die K. am Hofe des Peirithoos, Römisches Wandgemälde aus Pompeji, Neapel, Mus. Naz. — Kampf der Lapithen und K., Piero di Cosimo (1462—1521), London, Privatbesitz. —

Kampf der Lapithen und K., G. B. de Rossi (1494—1541), Fontainebleau (Fresko). — Kampf der Lapithen und K., H. Rottenhammer (1564—1625), Wien, Kunsthistor. Museum. — Kampf der Lapithen und K., Rubens, 1636—38, Madrid, Prado. — Kampf der Lapithen und K., F. Solimena (1657—1747), früher Dresden, Gemäldegalerie. — Kentaur und Nymphe, Böcklin, 1855, früher Berlin, Nationalgalerie. — Kentaurenkampf, Böcklin, 1871—74, Basel, Museum. — Kämpfende K., F. Stuck (1863—1928), Frankfurt a. M., Städelsches Museum. — Kentaur in der Dorfschmiede, Böcklin, 1888. — Kentaur und Nymphe, L. Corinth, 1918.

D r a m a t. B e a r b e i t u n g e n: Der Zentaur, G. Kaiser, 1916. — Die Kentaurin, H. Unger, 1919. — Star and the centaur, A. Qu. Scudder (geb. 1898). — Il Centauro, S. Madia, 1953.

D i c h t u n g e n: Le Centaure, M. de Guérin (1810—39), übers. von Rilke (Prosa). — Lycus, the Centaur, Th. Hood, 1822. — The centaur's booty, T. St. Moore, 1903. — Zentaur mit verwundeter Frau am Rand eines Flusses, Hofmannsthal, 1911 (Idylle nach einem antiken Vasenbild).

R o m a n: Kentaurenschlacht, M. Babits, 1922.

L i t e r a t u r: G. Dumézil, Le problème des Centaures. Étude de mythologie comparée indo-européenne, Paris 1929. — A. Isard, Le centaure dans la légende et dans l'art, Thès. Lyon 1939.

[1] Pind. Pyth. 2, 44 ff. Apollod. Epit. 1, 20. — [2] Deidameia: Plut. Thes. 30. — [3] Apoll. Rhod. 1, 57—64. — [4] Ein Kampf des Peirithoos mit den K. und deren Ausschreitungen bei einem Hochzeitsmahle werden schon von Homer erwähnt: Il. 2, 742 ff. Od. 21, 295 ff. — Vgl. ferner Diod. 4, 70, 3 f. Plut. Thes. 30. Paus. 5, 10, 8. — [5] Der Kentaur Pholos ist ein Sohn des Silenos: Apollod. Bibl. 2, 5, 4. — [6] P. Kretschmer, Glotta 10 (1920), 50 ff., deutet die K. als die „Wasserpeitscher", d. h. als alte Flußgottheiten. — [7] Sehr weit ausholend und vielfach problematisch G. Dumézil in dem oben angeführten Werke, bes. S. 155—193. — [8] Nilsson I 214. — [9] Wilamowitz I 196. — Kern I 207 sieht in der Kentauromachie ein Abbild des Kampfes zwischen Herrenreligion (die Lapithen als Burgherren in der thessalischen Ebene) und Volksreligion (die K. als Dämonen der Waldgebirge).

Képhalos, Sohn des Hermes* und der Herse, einer Tochter des Kekrops*[1]

M.: K. heiratet Prokris, eine Tochter des athenischen Königs Erechtheus; beide Gatten sind passionierte Jäger. Eines Tages entführt Eos* den K. als ihren Liebling in den Olymp.[2] Als er sich nach Prokris zurücksehnt, rät ihm Eos, die Treue seiner Gattin zu prüfen. K. erscheint als Fremder verkleidet bei Prokris. Es gelingt ihm, sie durch Geschenke zur Verletzung der ehelichen Treue zu überreden. Nun gibt sich K. zu erkennen, und Prokris flieht nach Kreta zu König Minos*, der sie freundlich aufnimmt und ihr einen Jagdhund sowie einen immer treffenden Speer schenkt (nach anderer Version erhält Prokris diese Geschenke von Artemis*).
Später kehrt Prokris nach Athen zurück, wo sich K. mit ihr ver-

söhnt. Da K. sehr häufig auf die Jagd geht, folgt ihm Prokris eines Tages in ihrer Eifersucht und beobachtet ihn, in einem Busch versteckt. K. vermutet ein Wild in dem Gebüsch und trifft Prokris tödlich mit dem nie fehlenden Speer.[3]

R.: Die hier im wesentlichen nach Ovid und Hygin wiedergegebene Erzählung ist in unseren mythographischen Quellen mit den verschiedensten Kombinationen und Umstellungen überliefert.[4] Vielfach wird Prokris als verbuhltes Weib geschildert. Ohne Rücksicht auf die wechselnden genealogischen Angaben sind K. und Prokris jedenfalls der attischen Sage zugehörig. Den Kern der Erzählung bildete wahrscheinlich eine Novelle von dem jungen Jägerehepaar: Der Mann geht in der Begeisterung für das Weidwerk so weit, daß er die Frau vernachlässigt und dadurch deren Eifersucht wachruft. Als die junge Frau ihren Gatten im Wald belauscht, wird sie unversehens getötet.[5]

N.: G e m ä l d e: Tod der Prokris, Piero di Cosimo (1462—1521), London, National Gallery. — K. und Prokris, B. Luini, 1520/21 (Freskenzyklus für die Casa Rabia in Mailand), Washington, Nat. Gallery. — Raub des K., A. Caracci (1560—1609), Rom, Palazzo Farnese (Fresko). — Tod der Prokris, A. Elsheimer (1578—1610), Corsham Court. — K. und Prokris, Denis van Alsloot und Hendrick de Clerck, 1608, Wien, Kunsthistor. Museum. — K., N. Poussin, 1630—35, London, National Gallery. — K. und Prokris, Guercino, 1644, Dresden, Gemäldegalerie. — Tod der Prokris, Claude Lorrain (gest. 1682), London, Nat. Gallery. — Raub des K., F. Solimena, 1728, Wien, Palais des Prinzen Eugen. — Aurora und K., F. Boucher (1703—70), Paris, Hôtel de Soubise.

D r a m a t. B e a r b e i t u n g e n: Cefalo, Niccolo da Correggio, 1487. — Il rapimento di Cefalo, G. Chiabrera, 1600. — Cefalo y Procris, Calderon (Burleske). — Céphale et Procris, Dancourt 1711 (Musik von Gilliers). — Procris und Cephalus, J. E. Schlegel, 1767. — Cephalus und Procris, K. W. Ramler, 1778. — K. und Prokris, H. Lange, 1948.

D i c h t u n g e n: Cephalus and Procris, R. W. Dixon, 1884. — Procris, W. G. Hole, 1886.

O p e r n: Cephalus und Procris, J. Ph. Krieger, 1689. — Cefalo e Procri, G. B. Buononcini, 1704. — Cephalus und Procris, G. Bronner, 1708 (Text von Bressand). — Prokris und Cephalus, G. K. Schürmann, 1734 (Text von Bressand). — Cephalus und Procris, F. Araja, 1755. — Céphale et Procris, A. Grétry, 1773 (Text von J. F. Marmontel). — Cephalus und Procris, J. F. Reichardt, 1777 (Text von Ramler). — Cephalus und Procris, F. W. H. Benda, 1805 (Text von Ramler). — Cefalo e Procri, E. Krenek, 1933/34 (Text von R. Küfferle).

B a l l e t t e: Céphale et Procris, Stuck-Batistin, 1711. — Céphale et Procris, C. G. Toeschi, 1768. — Cephalus, Calcara, 1823.

Literatur: I. Lavin, Cephalus and Procris. Transformations of an Ovidian myth, in: Journal of the Warburg and Courtauld Inst. 17 (1954), 260—287.

[1] Apollod. Bibl. 3, 14, 3. Kreusa statt Herse: Hygin. Fab. 160. — K. ein Sohn des Deioneus und der Diomede: Paus. 1, 37, 6. — [2] Hes. Theog. 986 f. (hier wird Eos von K. Mutter des Phaethon*). Eur. Hipp. 454 ff. Ov. Met. 7, 700 ff. — [3] Zur ganzen Erzählung: Paus. 10, 29, 6. Schol. Od. 11, 321. Ov. Met. 7, 670 ff. Apollod. Bibl. 3, 15, 1. Hygin. Fab. 189. — [4] Vgl. Robert 162 bis 166, bes. die Übersicht 166 A. 2. — [5] Parallelen zu diesem Novellenstoff bringt Radermacher, Hippolytos und Thekla, Wien 1916, 16 f.

Kephéus (Képheus) s. Perseus

Kérberos, der Höllenhund, Sohn des Typhon* und der Echidna

M.: Dieses Ungeheuer mit seinen drei schlangenbedeckten Köpfen läßt jedermann in die Unterwelt* eintreten, aber niemand zurückkehren. Nur Orpheus* besänftigt K. mit Gesang und Saitenspiel. Herakles* überwindet ihn durch seine gewaltigen Körperkräfte.

R.: Der Name K. ist offenbar onomatopoetisch; er soll das Knurren des bissigen Hundes wiedergeben.[1] Der Hund, der in der Antike als unreines Tier galt, gehörte der magischen und chthonischen Sphäre an.[2] Um den Toten vor dem (Leichen fressenden) Hadeshund zu schützen, gab man ihm einen Honigkuchen mit. Der Darstellung des dreiköpfigen K. geht ein Stadium des einköpfigen bzw. zweiköpfigen Hundes voraus.[3]

Literatur: H. Scholz, Der Hund in der griechisch-römischen Magie und Religion, Diss. Berlin 1937. — F. Kretschmar, Hundestammvater und Kerberos, Stuttgart 1938.

[1] Wilamowitz I 314 A. 2. — [2] Kern III 214 f. — [3] H. Scholz, a. a. O., 35.

Kéren, Schadendämonen

M.: Bei Hesiod sind die K. Kinder der Nyx (Nacht).[1]

R.: Ker (in der Einzahl) und K. bedeutete im Griechischen zunächst soviel wie „Verderben" oder „Tod". Dichtung und volkstümliche Vorstellungen malten die K. mit abstoßenden, schauderhaften Zügen aus.[2] Auch die Erinyen* konnten als K. bezeichnet werden. Ob die K. auch die Seelen der Toten bedeuteten, ist heute umstritten. Neuerdings wurden auch gewichtige Bedenken gegen die Auffassung erhoben, daß man in Athen am 3. Tage des Anthesterien-Festes, den sogenannten Chytren, die den Toten gewidmet waren, die als K. bezeichneten Totenseelen zunächst in den Häusern bewirtet und dann mit einem bekannten Spruch („Hinaus, ihr Keren, die Anthesterien sind vorbei!") zur Tür hinausgejagt habe.[3]

[1] Hes. Theog. 211. 217. — [2] Hom. Il. 18, 535 ff. Ps.-Hes. Schild 249 ff. — [3] Deubner 113 u. A. 5 mit Literatur über Parallelen zu diesem Brauch. — Gegen die Auffassung der K. als Totenseelen Wilamowitz I 272 und Nilsson I 208 f. Vgl. auch W. F. Otto, Die Manen, Berlin 1923, 50—52. — Entschie-

dene Ablehnung der oben wiedergegebenen Deutung des Spruches und Erklärung der „Kares" als Sklaven bei R. Ganszyniec, Θύραζε Κᾶρες in: Eranos 45 (1947), 100 bis 113.

Kerkópen (griech. Kérkopes) s. Herakles, S. 141

Kerkyón (Kerkýon) s. Theseus

Kerynítische Hirschkuh s. Herakles, 3. Arbeit

Ketó (Kéto) s. Gaia

Kéyx, Sohn des Hesperos und der Philonis, König von Trachis

M.: K. lebt in glücklicher Ehe mit Halkyone, einer Tochter des Aiolos* 1. Da sich die beiden Gatten in ihrer Hybris Zeus* und Hera* nennen, werden sie zur Strafe von Zeus in Vögel verwandelt.[1] — Bekannter ist eine andere Version: Als K. von einer Seereise nicht mehr zurückkehrt, stürzt sich Halkyone ins Meer. Zeus verwandelt die beiden aus Mitleid in Eisvögel (griech. halkyones). Da die See während der Brutzeit dieser Tiere besonders ruhig sein soll, wurde diese Schönwetterperiode als „halkyonische Tage" in der Antike sprichwörtlich.[2]

R.: Die Erzählung von K. und Halkyone gehört in die große Gruppe der Tierverwandlungssagen. Besonders für die Vogelstimmen scheinen die Hellenen ein feines Ohr gehabt zu haben, so daß das aus dem Bereich des Märchens stammende Verwandlungsmotiv hier günstigen Boden vorfand.[3] Vgl. Prokne.

N.: Die Eisvögel als Symbol glücklich liebender Ehegatten erscheinen wiederholt in den Illuminationen der Wenzelsbibel, des zwischen 1390 und 1400 entstandenen Hauptwerkes der böhmischen Buchmalerei und anderer Handschriften der Wenzelswerkstätte (s. Abb. 15).

K a n t a t e: Alcyone, M. Ravel, 1902.

O p e r n: Alcyone, M. Marais, 1706 (Text von La Motte). — Alcyone, Blaise, 1741 (Text von Romagnesi). — Alcyone, G. Palicot, 1891 (Text von Guérin).

B a l l e t t: Ceyx und Alcyone, Ch. Cannabich, 1763.

[1] Apollod. Bibl. 1, 7, 4. — [2] Ov. Met. 11, 410 ff. bes. 710 ff. Hygin. Fab. 65. Lukian. Halkyon 1 f. — [3] Wilamowitz I 149.

Kikónen s. Odysseus, S. 240

Kílix, Bruder des Kadmos

Kírke, Tochter des Helios* und der Perse (Perseis), Schwester des Aietes, Zauberin auf der Insel von Aia

M.: Sie entsühnt die Argonauten* auf ihrer Heimfahrt von der Ermordung des Apsyrtos.[1] Odysseus*, dessen Gefährten sie zunächst in Schweine verwandelt hat, bleibt ein Jahr lang bei ihr auf der Insel; sie gebiert ihm den Telegonos* (s. Odysseus).

R.: K. ist neben Medeia* die zweite große Zauberin des griechischen Mythos. Philologische Kritik hat erwiesen, daß K. mit ihrer Insel in der Odyssee nach dem Vorbild der im Lande Aia beheimateten Medeia der Argonautensage gezeichnet ist.² Nach dem mythischen Lande Aia ist ja auch der Vater der Medeia benannt, der ebenso wie K.s Bruder Aietes heißt. Aus diesem mythischen Ostland Aia, das später in Kolchis lokalisiert wurde, hat der Dichter der Odyssee die zu dem Inselhaften dieses Epos besser passende Insel von Aia („Aiaia") gemacht.³
Die Verwandlung in Tiere ist ein beliebtes Märchenmotiv. K. Kerényi, der K. im Zusammenhang mit der Familie des Helios* behandelt, will in seiner Mythenanalyse an der Zauberin auch chthonische Züge, Hetärenhaftes und Beziehungen zur „Herrin der Tiere" feststellen.⁴

N.: G e m ä l d e: Circe, Dosso Dossi, um 1513, London, Sammlung Benson. — Odysseus und K., B. Spranger (1546—1611), Wien, Kunsthistor. Museum. — Circe, E. Burne-Jones (1833—98), London, Privatbesitz. — Odysseus und K., A. Romako, 1884/85, Wien, Privatbesitz.

D r a m a t. B e a r b e i t u n g e n: La Circe, G. Gelli, 1549. — Ulysse dans l'isle de Circé, Boyer, 1648. — Circé, Th. Corneille, 1675. — K., K. Levetzow, 1909 (Komödie). — Circe, O. Krauß, 1914. — Odysseus und K., F. Hübel, 1922. — K., H. Guntert, 1934 (Satyrspiel). — Circe, C. Bax, 1949.

D i c h t u n g: The wine of Circe, D. G. Rossetti, 1870.

O p e r n: Circe, Ziani, 1665 (Text von Ivanovich). — Circe, A. Stradella, 1667 (Text von Apollonio). — Circé, Charpentier, 1675 (Text von Th. Corneille). — Circe, H. Purcell, 1685 (Text von Davenant). — Circé, H. Desmarets, 1694 (Text von Saintonge). — Gli amori di Circe con Ulisse, C. A. Badia, 1709 (Text von G. B. Ancioni). — Circe, N. A. Strungk, 1734. — Circe, J. Mysliweczek, 1779 (Text von D. Perelli). — Ulysses und Circe, B. Romberg, 1807 (Text nach Calderon). — K., A. Bungert, 1898 (2. Teil der Tetralogie: Die Homerische Welt). — Circe, R. Chapi, 1902. — Circé, R. Brunet, 1903 (Text von Ch. Richot). — Circé, Hillemacher, 1907 (Text von E. Harancourt). — Circe und ihre Schweine, R. Winterberg, 1919 (Text von M. Brod). — Circe, A. Chitz, 1921 (Text von O. Krauß). — Circe, W. Egk, 1947 (Text nach Calderon).

L i t e r a t u r: K. Kerényi, Töchter der Sonne, Zürich 1944, 65—91. — A. Lesky, Aia, in: Wiener Stud. 63 (1948), 22—68.

¹ Apoll. Rhod. 4, 576 ff. — ² K. Meuli, Odyssee und Argonautika, Berlin 1921, 97 ff. 112 ff. — ³ A. Lesky, Wr. Stud. 63 (1948), 49 f. — ⁴ Kerényi, Töchter der Sonne, 73 ff. 84 ff.

Kleopátra (Kleópatra)
1. Gattin des Phineus
2. Gattin des Meleagros

Klío (griech. Kleió) s. Musen

Klónia s. Antiope

Klyméne (Klýmene) s. Titanen, s. auch Atlas, Palamedes, Prometheus

Klytaimestra, Gemahlin Agamemnons, s. auch Aigisthos, Dioskuren, Elektra, Orestes

Koíos s. Titanen

Kókalos s. Minos

Kokytós (Kokýtos) s. Unterwelt

Kóre s. Persephone

Koronís (Korónis), Tochter des Phlegyas, Schwester des Ixion*
M.: K. wird von Apollon* Mutter des Asklepios*. Noch während der Schwangerschaft betrügt sie den Gott mit einem Sterblichen (Ischys). Ein Pfeil Apollons (oder der Artemis*) straft die Treulose Dem bis dahin weißen Raben, der ihm die Botschaft vom Verrat seiner Geliebten überbringt, läßt Apollon schwarze Federn wachsen. Den kleinen Asklepios rettet der Gott aus dem Leib der toten Mutter und bringt ihn dem Kentauren Cheiron* zur Erziehung.[1]

R.: K. Kerényi[2] weist darauf hin, daß K. in diesem Mythos von unheimlichen Gestalten umgeben ist. Ihr Vater Phlegyas ist seinem Namen und der Sage nach ein „Brandstifter", ihr Bruder Ixion desgleichen; er wird zur Strafe für seinen Frevel auf ein feuriges Rad geflochten.[3] K. selbst stirbt nach einer Version des Mythos den Feuertod.[4] Die Erzählung von der Geburt des Asklepios ist analog der von der Geburt des Dionysos* gestaltet (vgl. Semele).
Den sterblichen Nebenbuhler Apollons Ischys (= die Stärke), einen Sohn des Elatos (Name eines Kentauren; elate = die Fichte), weist Kerényi einem „kentaurischen, urweltlichen Bereich" zu, dessen Gegensatz zu dem Apollinischen eben in dem K.-Mythos zum Ausdruck komme.[5] Pindar tilgte den Zug der Benachrichtigung Apollons durch den Raben, da er offenbar seiner Auffassung von der Allwissenheit des Gottes widersprach. Die Erklärung der schwarzen Farbe des Raben ist vielleicht ein späterer Zusatz eines Mythographen.[6]

N.: Opern: Coronis, T. Gatti, 1691 (Text von Beaugé). — Apollon et Coronis, Rey, 1781 (Text von Fuzelier).

[1] Hes. Fr. 122. 123. Hom. Hymn. 16, 1 ff. Pind. Pyth. 3, 8 ff. u. Schol. — [2] K. Kerényi, Der göttliche Arzt, Basel 1948, 102. — [3] Zu Phlegyas und den Phlegyern vgl. Robert 26—29. — [4] Apollod. Bibl. 3, 10, 3. — [5] A. a. O., 102 ff. — [6] Zu den textlichen Quellen des K.-Mythos vgl. A. Lesky, Alkestis, der Mythos und das Drama, Wien 1925, 43 ff.

Korybánten, den Kureten* ähnliche Diener der Göttin Rheia*-Kybele

M.: Sie stammen von Zeus* ab, der als Regen die Erde befruchtet.[1] Im Kult ihrer Göttin führen sie unter Begleitung der Pauken und Flöten orgiastische Tänze auf. Im Zustande der Besessenheit stoßen sie wilde Schreie aus, verrenken sich die Glieder und fügen sich selbst Verwundungen zu.[2]

R.: Der ekstatische Kult kam etwa im 7. Jh. v. Chr. aus Kleinasien nach Griechenland. Der Name K. ist wahrscheinlich ungriechisch;[3] die Griechen leiteten jedoch von ihm ein vielgebrauchtes Verbum (korybantian = sich wie K. benehmen) ab.

L i t e r a t u r : J. Pörner, De Curetibus et Corybantibus, Halle 1913.

[1] Schol. Aristoph. Wespen 8 f. Lys. 558. Schol. Plat. Sympos. 215 E. — [2] Aristoph. Wespen 8. Plat.Krit. 54 D. Sympos. 215 E. Lukian. Dial. deor. 12, 1. Pörner, De Curetibus et Corybantibus, 341 ff. — [3] Wilamowitz I 129 A. 1.

Kótys (oder Kotyttó), thrakische Göttin

R.: Ihr orgiastischer Kult verbreitete sich über Griechenland und Italien. Der attische Komödiendichter Eupolis richtete in seinen „Baptai" (= „die Täufer") 416/415 v. Chr. Angriffe gegen den Kult der K. Vermutlich war die Einweihung mit einem Bad verbunden.[1] Vgl. auch Bendis.

[1] Kern II 239 f. Deubner 223.

Krebs s. Sterne

Kreíos s. Titanen

Kréon
1. König von Korinth, s. Medeia
2. König von Theben, s. Antigone

Kresphóntes s. Herakleiden, s. auch Merope

Kretheús (Krétheus) s. Tyro

Kretischer Stier s. Herakles, 7. Arbeit

Kréusa (Kreúsa)
1. Mutter des Ion
2. Tochter des Königs Kreon von Korinth, s. Medeia
3. Gattin des Aeneas

Krommyonische Sau s. Theseus

Krónos, Titan, jüngster Sohn des Uranos* und der Gaia*

M.: Da Gaia ihrem Gemahl wegen der Verbannung der Kyklopen* und Hekatoncheiren in den Tartaros zürnt, überredet sie K. zum Kampf mit Uranos und stellt ihm dazu eine scharfzahnige Sichel zur Verfügung. Als Uranos Gaia des Nachts besucht, überfällt ihn K., entmannt ihn und bemächtigt sich der Weltherrschaft.[1] Um selbst einem ähnlichen Schicksal zu entgehen, verschlingt K. alle Kinder, die er von Rheia* hat, nämlich Hestia*, Demeter*, Hera*, Hades* und Poseidon*. An Stelle des jüngsten Kindes Zeus* reicht Rheia dem K. einen in Windeln gewickelten Stein, den er hastig verschluckt.[2] Zeus wird auf Rheias Veranlassung von Nymphen* in einer Grotte des Berges Dikte[3] auf Kreta erzogen. Die Ziege Amaltheia* säugt den Götterknaben. Die Kureten*, Priester der Rheia, müssen durch den Lärm ihrer Waffen K. die Anwesenheit seines Kindes verheimlichen. Der herangewachsene Zeus nimmt den Kampf mit seinem Vater auf und zwingt ihn, die einst verschlungenen Geschwister wieder herauszugeben[4] und auf die Weltherrschaft zu verzichten. K. wird mit seinen Geschwistern, den Titanen*, in den Tartaros gestürzt, später aber begnadigt und zum Herrscher über die Inseln der Seligen gemacht.[5]
Aus der Verbindung des K. mit der Okeanide Philyra geht der Kentaur Cheiron* hervor.[6]

R.: Die Erzählung von der Entmannung des Uranos durch K. wurde kürzlich mit überzeugender Begründung auf den kosmogonischen Urmythos von der Trennung des Himmels und der Erde zurückgeführt.[7] Wenn K. seine Kinder verschlingt und zunächst nicht wieder freigibt, handelt er im Grunde ebenso wie Uranos, der seine und der Gaia Kinder „im Schoße der Mutter", unter der Erde, nämlich im Tartaros, festhält.[8] Moralisierende, wertlose Deutung begründete mit diesem Verhalten der beiden Väter den Verlust ihrer Herrschaft.
Der Kampf des Zeus gegen K. und die Titanen wurde vielfach als Ablösung einer älteren religiösen Schicht durch die olympischen Götter aufgefaßt.[9] Tatsächlich ist der Gedanke, die Herrschaftsansprüche verschiedener Gottheiten in einem System einander gewaltsam ablösender Göttergenerationen darzustellen, nicht auf griechischem Boden gewachsen. Das erst kürzlich entdeckte und publizierte churritisch-hethitische Kumarbi-Epos, das sich bis gegen die Mitte des zweiten vorchristlichen Jahrtausends zurückverfolgen läßt, bringt mit seinen Göttergenerationen Alalu—Anu—Kumarbi—Wettergott, von denen die letzten drei den griechischen Uranos—Kronos—Zeus entsprechen, auch in manchen Einzelmotiven auffallende Parallelen. Wenn auch der Weg der Übernahme und Umformung dieses Mythos durch die Griechen heute noch nicht eindeutig geklärt werden kann, so ist die Beziehung zwischen dem

hethitischen Epos und der hesiodischen Theogonie nicht mehr von der Hand zu weisen.[10] Das Motiv des göttlichen Kindes — Zeus in der kretischen Grotte von den Kureten bewacht —, das aus dem minoischen Glauben stammt, wurde in dieses System der Göttergenerationen eingebaut.[11] Jüngeren Datums ist die aus Pindar bekannte Vorstellung von K., der (mit den Titanen) in den Gefilden der Seligen herrscht. Sie geht auf die Theorie der einander ablösenden und sich immer mehr verschlechternden Zeitalter zurück, die im griechischen Bereich zuerst bei Hesiod auftritt. K. wurde mit dem ältesten und besten, dem „Goldenen Zeitalter",[12] verbunden, in dem die Menschen am glücklichsten lebten. Vielleicht kam er dadurch in Beziehung zu einem alten ländlichen Fest, bei dem die Sklaven die Rolle der Herren übernahmen und alles auf Freude und festlichen Schmaus abgestimmt war. Die attischen Kronia, die mit den römischen Saturnalien verglichen wurden, und analoge Feste einzelner anderer Orte weisen durch den Monatsnamen Kronion eine Beziehung zu K. auf; eine ganze Reihe anderer hierher gehöriger griechischer Feste hatte aber mit K. nichts zu tun.[13]

Im hellenischen Kult spielte K. keine Rolle; nur je ein Tempel und eine Statue sind bekannt.[14] In antiker und moderner Spekulation (und auch Unkenntnis) wurde K. oft mit Chronos (Zeit) gleichgesetzt. — Die Bezeichnung des Planeten (Saturn) als „Stern des K." findet sich zuerst bei Aristoteles.[15]

N.: G e m ä l d e: Saturn, J. Zucchi, ca. 1586/87, Rom, Palazzo Ruspoli (Fresko). — Saturn verschlingt eines seiner Kinder, Rubens, 1636—37, Madrid, Prado. — Saturn verschlingt eines seiner Kinder, Goya (1746—1828), Madrid, Prado (s. Abb. 34).

L i t e r a t u r: M. Pohlenz, K. und die Titanen, in: Neue Jahrbücher für das klass. Alt. 37 (1916), 549—594. — U. v. Wilamowitz-Möllendorff, K. und die Titanen, Berlin 1929. — K. Marót, K. und die Titanen, Bologna 1932. — W. Staudacher, Die Trennung von Himmel und Erde. Ein vorgriechischer Schöpfungsmythus bei Hesiod und den Orphikern. Diss. Tübingen 1942. — K. Marót, Die Trennung von Himmel und Erde, in: Acta antiqua Academiae scientiarum Hungaricae 1, Budapest 1951, 35—63.

[1] Hes. Theog. 154 ff. Plat. Staat 377 E—378 A. Den Namen des Kap Drepanon in Achaia leitete man von der Sichel des Kronos ab, die der Gott dort ins Meer geworfen haben sollte: Paus. 7, 23, 4. — [2] Hes. Theog. 453—491. — [3] Diod. 5, 70. Apollod. Bibl. 1, 1, 6. — Statt Dikte Ida: Kallim. Hymn. 1, 51. — [4] Dabei hilft ihm Gaia: Hes. Theog. 492 ff. oder Metis*, seine Gemahlin, die Kronos ein Brechmittel gibt: Apollod. Bibl. 1, 2, 1. — Den zuletzt verschlungenen Stein, den Kronos zuerst ausspeit, zeigte man in Delphi: Paus. 10, 24, 6. — [5] Pind. Pyth. 4, 291. Ol. 2, 75 ff. — [6] Apollod. Bibl. 1, 2, 4. Die Mischgestalt des Kentauren erklärte man damit, daß sich Kronos vor der Zeugung in einen Hengst verwandelt habe: Schol. Apoll. Rhod. 1, 554. — [7] W. Staudacher, Die Trennung von Himmel und Erde, Tübingen 1942, bringt reiches Material über die Himmel-Erde-Trennungsmythen aus aller

Welt bei und zeigt, wie die kosmische Bedeutung des Mythos von der Uranos-Entmannung in Hellas verblaßte und dieser im Laufe der Zeit zu einem „politischen Familiendrama" wurde (73 f.). Ferner sucht er die Quelle der widerspruchsvollen Erzählung Hesiods mit ihrem den Hellenen selbst widerwärtigen Thema in volkstümlichem Glaubensgut, das dem vorgriechischen, mediterranen Kulturbereich entstammte. Dagegen: K. Marót, Acta antiqua 1 (1951), 35 ff. — [8] In den Himmel-Erde-Trennungsmythen sind die Menschen in dem engen, finsteren Raum zwischen der Erde und dem auf ihr lastenden Himmel eingeschlossen. Das ist auch der ursprüngliche Aufenthaltsort des K. und der Titanen. Erst später, als man die zugrundeliegende Anschauung nicht mehr verstand, wurde daraus der Aufenthalt im Schoße der Gaia bzw. im Tartaros: Staudacher, a. a. O., 66 f. — [9] Z. B. M. Pohlenz, Neue Jahrb. f. klass. Alt. 37 (1916), 549 ff. — Pohlenz sieht in K. einen alten Wettergott, der von Zeus verdrängt wurde. — [10] A. Lesky, Hethitische Texte und griechischer Mythos, in: Anzeiger der Öst. Ak. Wiss. phil. hist. Kl. 87 (1950), 137 ff. — [11] M. P. Nilsson, The Minoan-Mycenaean Religion, Lund ²1950, 542 ff. — [12] Zur Bezeichnung „Goldenes Zeitalter" als Erfindung Hesiods vgl. jetzt H. C. Baldry, Who invented the Golden Age? in: The Classical Quarterly 46 (1952), 83—92. — [13] M. P. Nilsson, Griechische Feste, 1906, 35 ff. — Gegen Wilamowitz, K. und die Titanen, 1929, 37, der die Kronia aus dem Wunsche des Volkes erklärt, einmal einen Tag lang wie im Goldenen Zeitalter leben zu wollen, blieb Deubner 152 ff. bei dem Charakter der Kronia als Erntefest. Es scheint aber kaum zulässig, aus dem nicht gesicherten Wesen der Kronia und aus der Verwendung der Sichel bei der Entmannung des Uranos auf K. als Erntegott zu schließen, wie dies öfter versucht wurde. Zur Frage der „Sichel" vgl. Nilsson I 483 A. 3 und Staudacher, a. a. O., 69—71. — [14] Nilsson I 486. — [15] Metaphys. 1073 b 35.

Kuréten, den Korybanten* wesensähnliche Diener der Rheia*-Kybele*

M.: Um ihren jüngsten Sohn Zeus* vor Kronos* zu retten, der seine Kinder verschlingt, übergibt ihn Rheia den K., die mit ihren lauten Waffentänzen das Geschrei des Kindes übertönen und Kronos auf seiner Suche täuschen.[1] Die Szene wird zumeist in eine Höhle des Diktegebirges auf Kreta verlegt.

R.: Die K. standen in enger Beziehung zu den Vegetationsdämonen, waren vielleicht ursprünglich selbst nichts anderes. In Messene wurden bei ihrem Fest Tiere aller Art, von den größten bis zu den kleinsten, ins Feuer geworfen.[2] Daß die K. auf Kreta einen Waffentanz aufführen, paßt zu der Tatsache, daß die Waffentänze in Kreta beheimatet waren. Der Etymologie K. = „die Geschorenen"[3] ist die Ableitung von griech. kuroi = „Jünglinge, junge Männer" vorzuziehen.[4] In dem zu Beginn des 20. Jh. gefundenen Zeus-Hymnos von Palaikastro, einer Inschrift aus dem Tempel des diktäischen Zeus, werden die K. erwähnt. Zeus wird hier als Vegetationsgott angerufen, der alljährlich erscheint und durch seine Zeugungskraft Fruchtbarkeit spendet.[5]

Literatur: J. Pörner, De Curetibus et Corybantibus, Halle 1913. — H. Jeanmaire, Couroi et Courètes, Lille 1939.

[1] Kallim. Hymn. 1, 51 ff. Diod. 5, 70, 2—4. Apollod. Bibl. 1, 1, 7. — [2] Paus. 4, 31, 9. Nilsson, Griechische Feste, 1906, 433 f. — [3] A. B. Cook, Zeus I

(1914), 23 A. 6. — Wilamowitz I 129 A. 1. — ⁴ J. Pörner, a. a. O., 418 f. — ⁵ A. B. Cook, Zeus II (1925), 931. J. E. Harrison, Themis, ²1927, 1—29. Nilsson I 299 f.

Kybéle (Kýbele), phrygische Gottheit, Große Mutter

M.: K. liebt den schönen Attis*, einen Enkel des phrygischen Flußgottes Sangarios. Als er ihr untreu wird und die Königstochter von Pessinus heiraten will, erscheint K. und läßt die Hochzeitsgäste in geistige Verwirrung fallen. A. flieht ins Gebirge, entmannt sich und begeht Selbstmord. Die Göttin stiftet für ihn ein Trauerfest. Ihre Priester ziehen in die Berge und suchen den verlorenen Attis. Wenn sie sein Bild finden, überlassen sie sich ausgelassen wilder Freude und bringen sich im orgiastischen Taumel Schnittwunden bei. — In Pessinus wurde die Große Mutter nach dem Berge Agdos Agdistis genannt.¹

R.: K. wurde als Große Mutter oder Mutter der Götter bezeichnet und verehrt. Unnahbar thront sie auf den Bergeshöhen. Löwen und Panther ziehen den Wagen der Herrin aller Kreatur. Kureten* und Korybanten* begleiten sie mit rauschender Musik. Menschen, welche die Große Mutter in ihren Bannkreis zieht, wie Attis, sind dem Untergang geweiht. Als Herrin der Natur spendet sie alle Fruchtbarkeit und läßt alljährlich die erstorbene Natur zu neuem Leben erwachen.

Am Ende des 3. Jh. v. Chr. wanderte K. nach Rom — ihr feierlicher Einzug fiel in das Jahr 204 —, wo sie mit der einheimischen Ops* verschmolz.² Der der Göttin heilige Meteorstein wurde im Tempel der Victoria auf dem Palatin und später in einem eigenen Heiligtum verehrt.³ K., in Rom zumeist als Magna Mater Deum Idea (Große Göttermutter vom Berge Ida) bezeichnet, die aus der angeblichen Heimat des römischen Volkes (Kleinasien) gekommen war, erhielt einen Staatskult, als dessen Träger insbesondere die römische Nobilität auftrat. Die Einführung des K.-Kultes fiel mit den letzten Entscheidungsjahren des 2. punischen Krieges und mit der beginnenden römischen Aktivität in Kleinasien zusammen.⁴ Die orgiastische Seite des K.-Kultes wurde in Rom zunächst stark eingeschränkt.⁵ Seit dem Beginn der Kaiserzeit jedoch konnte sich der K.-Kult in Rom auch in seinen ekstatisch-orgiastischen Formen frei entfalten. Römische Bürger übernahmen den Posten des Archigallus, der in jeder Stadt an der Spitze der Gallen, der Attis-K.-Diener, stand. Das große Frühlingsfest zu Ehren der beiden phrygischen Gottheiten wurde im kaiserzeitlichen Rom mit großem Prunk gefeiert. Die Überlieferung bringt diese Veränderung mit dem Eingreifen des Kaisers Claudius in Zusammenhang.⁶ Vgl. auch Attis.

N.: Plastik: K., Rodin, 1904 (Bronze).

Gemälde: Ankunft des K.-Kultbildes in Rom, Mantegna (1431 bis 1506), London, National Gallery. — Magna Mater, Böcklin, 1869—70, Basel, Museum (Fresko).

Opern: Atys, J. B. Lully, 1676 (Text von Quinault). — Atys, N. Piccini, 1780 (Text von Marmontel).

Literatur: H. Graillot, Le culte de Cybèle, mère des dieux, Bibl. Éc. Franc. 107, 1912. — F. Cumont, Die oriental. Religionen im röm. Heidentum, ⁸1931, 43—67. — Vorträge über Gestalt und Kult der „Großen Mutter", in: Eranos-Jahrbuch 1938. — J. Carcopino, La réforme romaine du culte de Cybèle et d'Attis, in: Aspects mystiques de la Rome païenne, Paris 1941, 49—171. — Nilsson II 614—630.

¹ Paus. 1, 4. 5. — ² Liv. 29, 10, 4 ff. 11, 5 ff. 14, 10 ff. Ov. Fast. 4, 179 ff. — ³ Altheim II 139. — ⁴ Vgl. F. Cumont, Die oriental. Religionen im röm. Heidentum, ⁸1931, 43 f. — ⁵ Altheim II 139 f. — Cumont, a. a. O., 48 ff. — ⁶ Joh. Lydos, De mens. 4, 59. Vgl. Cumont, a. a. O., 51 f., der auf die Konkurrenz des von Caligula geförderten Isis*-Dienstes und auf den großen Einfluß der asiatischen Freigelassenen am Hofe des Kaisers Claudius hinweist.

Kydíppe s. Akontios

Kyklópen (griech. Kýklopes = Rundaugen), Söhne des Uranos* und der Gaia*¹

M.: Die K. sind Riesen mit einem Auge auf der Stirne. Ihre Namen Brontes, Steropes und Arges weisen auf Donner und Blitz. Sie werden von Uranos in den Tartaros geworfen,² von Kronos* nur vorübergehend, von Zeus*, den sie im Kampf gegen Kronos unterstützen, endgültig befreit; sie schmieden ihm Donnerkeile und Blitze.³ Als Zeus mit einem solchen Blitz den Asklepios*, den Sohn Apollons*, getötet hat, rächt sich Apollon und erlegt die K.⁴ Später erscheinen mehrere K. als Gehilfen des Hephaistos* in seiner Schmiede. Sie gelten auch als Erbauer der aus gewaltigen unbehauenen Steinen zusammengefügten Burgmauern von Tiryns und Mykenai.⁵ — Dem Geschlecht der K. gehört auch der Riese Polyphemos* an.

N.: Gemälde: Vulkan und die Zyklopen, Tintoretto, 1578, Venedig, Dogenpalast.

Literatur: P. Julien, Le thème du Cyclope dans les littératures grecque et latine, Paris 1941.

¹ Hes. Theog. 139 ff. — ² Apollod. Bibl. 1, 1, 2. — ³ Hes. Theog. 501 ff. — ⁴ Eur. Alk. 3 ff. Pind. Pyth. 3, 57 ff. Diod. 4, 71, 1—3. — Nach Pherekydes tötet Apollon nicht die K., sondern ihre Söhne: Schol. Eur. Alk. 1 ff. — ⁵ Bakchyl. 11, 77 f. Paus. 2, 25, 8.

Kýknos s. Achilleus, s. auch Herakles

Kyréne, Mutter des Aristaios

L

Lábdakos, Großvater des Oidipus, s. auch Kadmos und Laios

Labyrinth s. Daidalos A. 5.

Ládon
1. Drache im Garten der Hesperiden
2. Flußgott, Vater der Daphne (A. 1)

Laértes, Vater des Odysseus

Láios, Sohn des Labdakos, Vater des Oidipus*, König von Theben

M.: Als sein Vater stirbt, ist L. noch ein Kind. Die Herrschaft übernimmt Lykos, der später von Amphion* und Zethos getötet wird. Die beiden vertreiben L. aus Theben.[1] Er findet im Peloponnes bei König Pelops* gastfreundliche Aufnahme. Dort ergreift ihn eine widernatürliche Neigung zu Chrysippos, dem Sohn des Pelops. Als L. den Knaben zu entführen versucht, tötet sich Chrysippos selbst.[2] L. kehrt nach Theben zurück und übernimmt nach Amphions Tod die Herrschaft. Er wird später von seinem Sohne Oidipus erschlagen, ohne von ihm erkannt zu werden.

R.: Labdakos, der Ahnherr des Labdakidenhauses, entspricht seinem Namen nach (wahrscheinlich = der Hinkende) seinem Enkel Oidipus (= der Mann mit dem geschwollenen Fuß) und stellt wohl eine genealogische Füllfigur dar.[3] Die oben wiedergegebene Abfolge in der Reihe der thebanischen Herrscher entsprang der Notwendigkeit, die mit Theben verbundenen Brüder Amphion und Zethos sowie Lykos in die Reihe der Labdakiden einzuschieben. Auffallend sind die vielen „redenden" Namen im Labdakidengeschlecht, außer den bereits erwähnten (Labdakos und Oidipus): Eteokles (= der Mann des wahren Ruhmes) und Polyneikes (= der Streitsüchtige).[4] Die Flucht des L. nach dem Peloponnes und seine Beziehungen zu Chrysippos stammen aus der verlorengegangenen Tragödie „Chrysippos" des Euripides.

[1] Apollod. Bibl. 3, 5, 5. — [2] Apollod. Bibl. 3, 5, 5. Schol. Eur. Phoin. 1760. — [3] Robert 877 f. — [4] F. Dirlmeier, Der Mythos von König Oedipus, Mainz 1948, A. 89 begründet dies mit dem hohen Alter des Mythos: die redenden Namen hätten alte karische Namen ersetzt.

Laistrygónen s. Odysseus, S. 241

Lamía (Lámia), die „Verschlingerin", menschenfeindliches Gespenst des griechischen Volksglaubens

M.: Der Sage nach ist L. die schöne Tochter des Belos und der Libye. Als Zeus* ihr seine Liebe bekundet, wird sie von der eifersüchtigen Hera* wahnsinnig gemacht, so daß sie ihre eigenen Kinder tötet. Vor Kummer verliert sie Schönheit und Schlaf; andern

Müttern raubt sie ihre Kinder. Zeus verleiht ihr Verwandlungsfähigkeit.[1]

R.: Die offenbar späte mythologische Erfindung, daß L. im Wahnsinn ihre eigenen Kinder getötet habe, ist ein Aition für den griechischen Volksglauben, daß L. kleine Kinder raube. Als eine Art Vampir, der den Menschen das Blut aussaugt und ihr Herz auffrißt, ist L. den römischen Lemuren* verwandt.[2]

[1] Diod. 20, 41, 3 ff. Schol. Aristoph. Wespen 1035. — Kinder, die von der L. gefressen wurden, werden aus ihrem Bauch herausgeholt: Hor. Ars poet. 340. — [2] Aristoph. Ekkles. 76 f. Wespen 1035. 1177. Friede 758. — W. F. Otto, Die Manen, Berlin 1923, 54.

Laodámas (Laódamas) s. Polyneikes

Laodámeia (Laodamía), Gattin des Protesilaos

Laodíke, Tochter Agamemnons (A. 2)

Laokóon (Laókoon), troischer Apollonpriester

M.: Als die Griechen zum Schein von Troia* absegeln, warnt L. seine Landsleute vor dem hölzernen Pferd, das die Belagerer als „Weihgeschenk an Athene" zurückgelassen haben, und schleudert einen Speer gegen das Pferd. Die Troer sind aber noch unschlüssig. Inzwischen wird L. durch das Los bestimmt, gemeinsam mit seinen Söhnen dem Poseidon* am Strande ein Opfer darzubringen. Da tauchen plötzlich zwei große Schlangen aus dem Meere auf und töten L. und seine Söhne am Altare. Dann kriechen sie in den Tempel der Pallas Athene*.[1] Die Troer sehen darin ein göttliches Zeichen, schlagen nun die Warnung L.s in den Wind und ziehen das hölzerne Pferd in die Stadt. Aeneas* aber erkennt die wahre Bedeutung dieses Vorzeichens und rettet sich mit den Seinen auf den Berg Ida.

R.: Die Erzählung von L. geht auf die „Iliupersis" („Zerstörung Ilions"), ein kyklisches Epos des Arktinos, zurück. Vermutlich fand sich schon bei Bakchylides und in der L.-Tragödie des Sophokles die Version, daß Apollon* seinem Priester verboten hatte, zu heiraten und Kinder zu zeugen. Die Übertretung dieses Gebotes bestraft der Gott, indem er die Schlangen sendet, die L. und seine Söhne vernichten. Bei Vergil hingegen sendet Athene, deren Weihgeschenk durch den Speer des L. verletzt wurde, die Schlangen. Auffällig ist, daß der Apollonpriester L. dem Poseidon ein Opfer darbringen muß.[2] E. Bickel denkt daran, daß L. bestraft wurde, weil er (als Poseidonpriester) gegen den ursprünglich theriomorphen Gott selbst (Poseidon als Pferd!) die Lanze geschleudert habe.[3]

N.: Vom „Laokoon" des Sophokles besitzen wir Fragmente.[4] Die 1506 gefundene berühmte späthellenistische L.-Gruppe wirkte in den folgenden Jahrhunderten stark auf Ästhetik und Kunsttheorie.

Plastiken: L.-Gruppe, Hagesandros-Athenodoros-Polydoros, 1. Jh. v. Chr.; Original 1506 in Rom gefunden; jetzt Vatikan. — L., Adriaen de Vries, 1623, Drottningholm.

Gemälde: L., G. Romano (1499—1546), Mantua, Corte reale (Fresko). — L., El Greco (1541—1614), Belgrad. — L., F. Hayez, 1812, Mailand, Brera.

Dramat. Bearbeitungen: L., G. C. Braun, 1824. — L., E. Proschek, 1919. — L., E. Maydolf, 1925.

Essai: L., Lessing, 1766.

Oper: Laocoonte, P. Guglielmi, 1787.

Literatur: E. Bickel, Das Verbrechen des L. Die Geschichte vom hölzernen Pferd und Poseidon theriomorph als Zerstörer von Troias Mauer, in: Rhein. Museum 91 (1942), 19—27. — M. Bieber, Laocoon. The Influence of the Group since its Rediscovery, New York 1942. — H. Kleinknecht, L., in: Hermes 79 (1944), 66—111. — H. Sichtermann, L., Bremen 1957.

[1] Ep. Graec. Fr. 49 Kinkel. Dion. Hal. Arch. 1, 48, 2. Apollod. Epit. 5, 17 ff. Verg. Aen. 2, 199 ff. — Der Tod durch die Schlangen ist Strafe für einen Frevel: L. hat im Angesicht der Apollonstatue im Heiligtum des Gottes mit seiner Frau geschlechtlich verkehrt: Serv. Aen. 2, 201. — H. Kleinknecht, Hermes 79 (1944), 99 erwägt sogar die Möglichkeit, in diesem Strafwundertypus die ältere Form des Mythos zu sehen. — [2] Zu den antiken Erklärungsversuchen vgl. Robert 1252. — [3] E. Bickel, Rhein. Museum 91 (1942), 19 ff. — [4] Soph. Fr. 341—347 N.

Laomédon (Laómedon), König von Troia

M.: Apollon* und Poseidon* erbauen gemeinsam für ihn die Mauern der Stadt, werden aber von L. um den ausbedungenen Lohn betrogen.[1] Zur Strafe sendet Apollon eine Pest, Poseidon ein Meeresungeheuer, das Mensch und Vieh verschlingt. Auf Grund eines Orakelspruches muß L. seine Tochter Hesione dem Untier zum Fraße aussetzen, um das Land zu befreien. Nun verspricht der König demjenigen, der seine Tochter befreien und das Ungeheuer töten würde, die göttlichen Rosse, die Zeus* einst dem Tros, dem Großvater Laomedons, als Ersatz für den in den Olymp entführten Ganymedes* geschenkt habe. Herakles*[2] kommt nach Troia, tötet das Ungetüm und befreit Hesione. L. jedoch verweigert ihm den vereinbarten Lohn.[3]

Später zieht Herakles mit einer Streitmacht gegen Troia, erobert die Stadt und tötet den wortbrüchigen L.[4] Hesione und ihr Bruder Podarkes geraten in Gefangenschaft; Hesione wird mit Telamon*, einem Kampfgefährten des Herakles, vermählt.[5] Als Herakles Hesione freistellt, einen Gefangenen loszukaufen, opfert sie ihren Schleier für ihren Bruder Podarkes. Es ist dies der aus dem troischen Krieg bekannte König Priamos*;[6] nach der Abfahrt des Herakles und Telamon geht er daran, Troia wieder aufzubauen.

R.: Die Erzählung von Hesione und dem Meeresungeheuer ist wahrscheinlich jünger als die ihr entsprechende von Andromeda. Die Befreiung einer Prinzessin, die einem Untier ausgeliefert ist (und die Belohnung des Befreiers mit der Hand der Prinzessin), stammt aus dem Märchen. Hesione selbst deutete Wilamowitz als die „Asiatin".[7] Die Vorstellung von dem Meeresungeheuer ist wie sein griechischer Name (ketos) vorgriechischer Provenienz.[8] Die Eroberung von Ilion durch Herakles ist ebenso wie der durchsichtige Name des L. (= „Volksherrscher") eine sekundäre Erfindung.[9] Immerhin dürfte das Motiv, sich durch Bestehen eines Abenteuers in den Besitz edler Rosse zu setzen, aus der L.-Sage auf die Rosse des Diomedes* 2. übertragen worden sein.[10]

N.: R o m a n: Son of Hylas, G. Baker, 1952.

O p e r: Hésioné, A. Campra, 1700 (Text von A. Danchet). — Laomedonte, L. Basseggio, 1715 (Text von Roberti). — Hésioné, Dominique und Romagnesi, 1729 (Travestie). — Hesione, A. M. Benincori, 1807.

[1] Hom. Il. 7, 452 f. Pind. Ol. 8, 31 ff. — Nach einer Version baut Poseidon allein die Mauern, während Apollon die Herden des L. weidet: Hom. Il. 21, 441 ff. — [2] Das Abenteuer mit L. wurde bald vor, bald nach dem Amazonenzug des Herakles eingeschoben, bald mit der Argofahrt in Zusammenhang gebracht; vgl. dazu Robert 548. — [3] Hom. Il. 5, 638 ff. Apollod. Bibl. 2, 5, 9. — [4] Hom. Il. 5, 640 ff. Pind. Isthm. 6, 26 ff. — [5] Soph. Ai. 1299 ff. — [6] Apollod. Bibl. 2, 6, 4. Der Zug, daß Hesione ihren Bruder loskauft, wurde einer antiken Etymologie von Priamos zuliebe (priasthai = kaufen) eingefügt. — [7] Wilamowitz, Aristoteles und Athen II 181. — [8] Lesky 141. — [9] Wilamowitz II 21, A. 1. — [10] Robert 460.

Lapíthen, thessalischer Stamm, s. Kentauren

Laren (Lares), römische Schutzgottheiten, zunächst des Hauses und der Familie

R.: In der Zeit der römischen Republik wurde im Privathaus ein einzelner Familienlar (Lar familiaris) verehrt, der wie die Penaten* an den täglichen Mahlzeiten und dem ganzen Familienleben teilnahm. Sein Bild stand in einem Schrein auf dem Herde oder in einer kleinen Kapelle (Lararium). Der Lar schützte alle Hausbewohner. Seit Augustus kam der gemeinsam mit den L. verehrte Genius des Kaisers hinzu. Über den häuslichen Bereich hinaus waren die L. auch Schutzgötter der Kreuzwege (Lares compitales) und der Felder. Ihr Fest, die Larentalia, fiel auf den 23. Dezember. Auf phallischen Charakter der L. und ihre Beziehungen zu Erd- und Totengottheiten wies W. F. Otto hin.[1]

L i t e r a t u r: E. Tabeling, Mater Larum. Zum Wesen der Larenreligion. Frankfurt a. M. 1932.

[1] W. F. Otto, Archiv f. lat. Lexikographie 15, 118 und Wiener Stud. 35 (1913), 73 f. — Über die kontroverse Deutung der L. in der modernen Forschung vgl. E. Tabeling, Mater Larum, 1—9.

Laréntia s. Acca Larentia

Latínus s. Aeneas, s. auch Telemachos

Latóna s. Leto

Lavínia s. Aeneas

Leánder (griech. Léandros) s. Hero

Léarchos, Sohn der Ino

Léda, Tochter des Thestios, Königs von Aitolien, und der Eurythemis,[1] Gemahlin des Tyndareos
M.: Zeus* vermählt sich ihr in Gestalt eines Schwanes, und L. gebiert zwei Eier, aus denen Helena* und die Dioskuren* Kastor und Polydeukes hervorgehen.[2] Nach einer anderen Version sind nur Helena und Polydeukes Kinder des Zeus, während Kastor und Klytaimestra von Tyndareos stammen.[3]
R.: In dem Namen L. wollte man das lykische (kleinasiatische) lada = Frau wiedererkennen. K. Kerényi baut darauf seine Hypothese von dem „Urweib" L. auf, das mit griechischem Namen Nemesis* genannt worden sei.[4]

Plastiken: L. mit dem Schwan, A. Hildebrand (1847—1921), früher Dresden, Albertinum (Relief). — L. mit dem Schwan, J. Desbois, 1905 (Bronze).

Gemälde: L. mit dem Schwan, Leonardo da Vinci (1452—1519), Rom, Sammlung Spindon. — L. mit dem Schwan, Peruzzi (1481 bis 1536), Rom, Villa Farnesina (Deckengemälde). — L., Correggio, um 1532, früher Berlin, Kaiser-Friedrich-Museum. — L. mit dem Schwan, Paolo Veronese (1528—88), früher Dresden, Gemäldegalerie. — L., Tintoretto, 1550—60, Florenz, Uffizien. — L. mit dem Schwan, L. Silvestre d. J. (1675—1760), früher Dresden, Schloß. — L. atomica, S. Dali, 1945, Slg. Gala Dali (s. Abb. 40).

Dichtungen: To L., T. St. Moore, 1904. — L., A. Huxley, 1920. — L. and the swan, W. B. Yeats, 1928.

Literatur: G. Catinella, Il mito di Leda e l'uovo di Elena, Bari 1937. — K. Kerényi, Die Geburt der Helena, Zürich 1945.

[1] Apollod. Bibl. 1, 7, 10. — [2] Eur. Hel. 16 ff. Lukian. Dial. deor. 20, 14. — Die Dioskuren und Helena gehen aus einem Ei hervor: Mythogr. Vatic. 1, 78. 3, 3, 6. — Das Ei der L. konnte man noch zur Zeit des Pausanias im Tempel der Leukippiden in Sparta sehen: Paus. 3, 16, 1. — [3] Pind. Nem. 10, 79 ff. Apollod. Bibl. 3, 10, 7. — [4] Kerényi, Geburt der Helena, 22.

Lemúren (oder Larven)
R.: So hießen bei den Römern die bösen Geister der Verstorbenen, die als nächtliche Schreckgespenster im Gegensatz zu den gut-

gesinnten Schutzgeistern von Haus und Familie, den Laren* und Penaten*, im Hause gefürchtet waren. Ihr Fest, die Lemuria am 9., 11. und 13. Mai, diente der Versöhnung der L. und ihrer Vertreibung aus dem Hause.[1]

N.: Bei Goethe, Faust II. Teil, 5. Akt, schaufeln die L. dem Helden das Grab.

Literatur: E. Jobbé-Duval, Les morts malfaisants „larvae, lemures" d'après le droit et les croyances populaires des Romains, Paris 1924.

[1] Varro, De vita pop. Rom. bei Non. 135. Ov. Fast. 5, 421 ff. — W. F. Otto, Die Manen, Berlin 1923, 54 f.

Lernäische Hydra s. Herakles, 2. Arbeit

Léthe s. Unterwelt

Letó (Léto, lat. Latóna), Tochter des Titanen Koios und der Phoibe[1]

M.: Als L. von Zeus* mit den göttlichen Zwillingen Apollon* und Artemis* schwanger ist, verweigert ihr alle Welt auf Veranlassung der eifersüchtigen Hera* ein Obdach für die Entbindung. Nur die Insel Delos, die bis dahin ebenso unstet war wie die Göttin, gewährt L. ein Asyl. Seither ist Delos im Meere fest verankert und trägt seinen neuen Namen (als Delos = die „Berühmte" gedeutet); vorher hieß Delos Ortygia (Wachtelinsel). Nun versucht Hera noch mit Hilfe der Geburtsgöttin Eileithyia* die Entbindung der L. zu verzögern. Nach Geburtswehen von 9 Tagen und 9 Nächten erblicken die göttlichen Zwillinge der L. endlich das Licht der Welt.[2] Apollon und Artemis sind ihrer Mutter allzeit treu ergeben. Sie verteidigen sie gegen die Angriffe des Tityos* und gegen die Schmähungen der Niobe*.

R.: Der Name L. wird mit dem lykischen lada (= Weib) in Zusammenhang gebracht. Die Verbreitung des Kultes und der mit ihrem Namen gebildeten Personennamen lassen L. als kleinasiatische, vor allem in Lykien beheimatete Göttin erscheinen. Ihre Kulte in Hellas sind jung und unbedeutend.[3]

N.: Plastiken: Apollon, L. und Artemis, Metope des ältesten Tempels in Selinunt, um 550 v. Chr., Palermo, Museum (Relief). — Raub der L. durch Tityos, Schatzhaus in Foce Sele, um 540 v. Chr. (Relief). — Artemis und L., Metope vom Nemesistempel in Rhamnus, 430—420 v. Chr., Rom, Villa Albani (Relief).

Literatur: E. Bethe, Das archaische Delos und sein Letoon, in: Hermes 72 (1937), 190—201.

[1] Hes. Theog. 404 ff. — [2] Hom. Hymn. Apoll. 62 ff. Kallim. Hymn. Del. Apollod. Bibl. 1, 2, 2. — Außer Delos wurden auch andere Orte für die Entbindung Letos angegeben; vgl. zuletzt M. P. Nilsson, Cults, Myths, Oracles

and Politics in ancient Greece, Lund 1951, 116 ff. — ³ Wilamowitz I 324. Nilsson I 470 f.

Leukippíden s. Dioskuren

Leúkippos (Leukíppos) s. Dioskuren

Leukothéa (Leukóthea) s. Ino

Líber, altitalische Gottheit, dem griechischen Dionysos* entsprechend¹

R.: L. und sein weibliches Gegenstück Libera* hatten auf dem Aventin mit Ceres* einen gemeinsamen Tempel.² Die Liberalia, das Fest des L. und der Libera, fanden in Rom am 17. März statt. F. Altheim sieht in L. nicht eine italische Gottheit, sondern Dionysos selbst.³ L. und Libera, deren Namen vielleicht nur soviel wie „Sohn" und „Tochter" bedeuten, wurden auch als Kinder der Erdgöttin aufgefaßt.⁴

Literatur: F. Altheim, Terra Mater, Gießen 1931, 15—48. — A. Bruhl, Liber Pater. Origine et expansion du culte dionysiaque à Rome et dans le monde romain. Paris 1953.

¹ Varro, R. rust. 1, 1, 5. Cic. De nat. deor. 2, 62. — ² Liv. 3, 55, 7. — ³ Altheim, Terra Mater, 17—27. — Dagegen Wilamowitz II 334 A. 2 und L. Deubner in: Archiv f. Religionswiss. 33 (1936), 107 ff. — ⁴ A. Blumenthal, Rhein. Museum 87 (1938), 273.

Líbera (= Prosérpina), Tochter der Ceres*, Schwester des Liber*

R.: L. war auch Beiname der Ariadne* als Gemahlin des Bacchus (Dionysos*). Ceres, Liber und L. wurden in Rom als Dreiheit verehrt. Diese chthonische Trias stand der kapitolinischen Trias Jupiter*, Juno* und Minerva* gegenüber.¹

¹ F. Altheim, Terra Mater, Gießen 1931, 36 f.

Libitína, römische Göttin der Bestattung

R.: In ihrem Tempel und Hain war alles zur Leichenbestattung und Totenfeier erforderliche Gerät vorhanden.¹ Bei Dichtern tritt L. an die Stelle des Todes.²

¹ Ascon. in Milon. 32, 9 Stangl. — ² Hor. Carm. 3, 30, 7. Epist. 2, 1, 49. Juven. 12, 122.

Libýe (Líbye)
1. Mutter der Lamia
2. Enkelin der Io

Líchas, Herold des Herakles*

M.: Er überbringt dem Helden im Auftrage der Deianeira das mit der Salbe des Nessos bestrichene Gewand, an dem Herakles zugrunde gehen muß. In seiner Wut packt Herakles den L., zerschmettert ihn an einem Felsen und schleudert ihn ins Meer.[1]

R.: L. hat seinen Namen von den Lichades (= „Muschelinseln"), drei kleinen Felsklippen vor dem Kenaion, dem Vorgebirge an der Westspitze Euboias. Dieses Verhältnis wurde, wie so oft, in der Sage umgekehrt, indem man erzählte, die Klippen hätten von dem hier zerschmetterten L. ihren Namen erhalten.[2] Wir haben also in der Erzählung von dem Tode des L. ein Orts-Aition vor uns.

N.: P l a s t i k: Herkules und L., Canova, 1796, Venedig, Akademie (Gips).

[1] Soph. Trach. 777 ff. — [2] Robert 595 f.

Línos, Sohn des Apollon* und der Psamathe[1]

M.: Die Mutter setzt das Kind aus Furcht vor ihrem Vater aus; es wird von Hunden zerrissen.[2]
In einer anderen Version ist L. ein berühmter Musiker, der sich in einen musikalischen Wettstreit mit Apollon einläßt und von dem Gotte getötet wird.[3] Eine andere Überlieferung wiederum macht L. zum Musiklehrer des jungen Herakles*, der ihn im Jähzorn wegen einer Rüge erschlägt.[4] Schließlich wird L. ähnlich wie Amphion* und Orpheus* als Komponist und Schöpfer der Kitharodie (Gesang und Kitharabegleitung) gepriesen.[5]

R.: L. bedeutete zunächst die Melodie eines alten griechischen Volksliedes, das man später immer als Trauerlied auffaßte.[6] Aus diesem Lied entwickelte sich durch Personifikation höchstwahrscheinlich[7] die Gestalt des L., die nun mit verschiedenen Zügen (Abstammung, Wettstreit mit Apollon, frühzeitiger Tod) ausgestattet wurde. In der boiotischen Überlieferung, derzufolge Apollon den L. als musikalischen Konkurrenten erschlägt, wurde an Stelle Apollons der Poseidonsohn Amphimaros als Vater des L. eingefügt.[8]

Literatur: E. Reiner, Die rituelle Totenklage der Griechen, Stuttgart-Berlin 1938, 109 ff.

[1] Dies die argeische Überlieferung; verschiedene andere Elternpaare in der Suda s. v. Linos. Als Vater erscheint zumeist Apollon oder Hermes*, der Gott, der die Leier spielt, oder der, der sie erfand, als Mutter irgendeine Muse: A. Lesky, Rhein. Museum 93 (1950), 55 f. — [2] Paus. 1, 43, 7. Schol. Il. 18, 569. — [3] Paus. 9, 29, 6 f. — [4] Theokr. 24, 103. Apollod. Bibl. 2, 4, 9. — [5] Plin. Nat. hist. 7, 204. — [6] Hom. Il. 18, 570 ff. — Bei Hdt. 2, 79 schon die Personifikation. — [7] Kern I 153. Abert-Kroll, Artikel Linos in RE XIII 1, 715 ff. Zweifelnd E. Reiner, Die rituelle Totenklage, 111. — [8] A. Lesky, Rhein. Mus. 93 (1950), 56.

Lotís (Lótis) s. Priapos

Lotophágen (= Lotosesser) s. Odysseus, S. 240 f.

Lucína, latinische Geburtsgöttin, in Rom als Juno Lucina verehrt
R.: Ursprünglich hatte jede Frau ihre individuelle L., wie auch ihre eigene Juno*.[1] In der Literatur wurde sie als Diana* L. der griechischen Artemis* Eileithyia* gleichgesetzt.[2]

[1] Plaut. Truc. 476. — [2] Cat. 34, 13 f. Verg. Ecl. 4, 10. Hor. Carm. saec. 13 ff.

Lúna, römische Mondgöttin
R.: L. wurde der griechischen Selene* gleichgesetzt und wie diese mit Diana* und Hekate* vermischt. Sie hatte einen von König Servius Tullius errichteten Tempel auf dem Aventin.[1] Vgl. Diana und Artemis.

[1] Tac. Ann. 15, 41.

Lupérci s. Faunus

Lykáon, Sohn des Pelasgos und der Okeanide Meliboia, König von Arkadien

M.: L. und seine 50 Söhne sind durch ihre Grausamkeit bekannt. Als Zeus* in Menschengestalt die Erde besucht, um die Menschheit zu prüfen, setzt ihm L. das Fleisch eines geschlachteten Knaben zum Mahle vor.[1] Zeus vernichtet L. samt seiner Nachkommenschaft mit seinem Blitz. Nach anderer Version wird L. in einen Wolf verwandelt.[2] Über die entartete Menschheit sendet Zeus die große Deukalionische Flut (s. Deukalion).

R.: Der L.-Mythos stellt die Verbindung einer Werwolferzählung mit einem Aition für die Menschenopfer zu Ehren des Zeus Lykaios dar. Auf dem Lykaion (Wolfsberg) in Arkadien wurden dem Zeus Lykaios Menschenopfer dargebracht.[3] Hier glaubte man auch wie in anderen Gegenden von Hellas an die Verwandlung von Menschen in Wölfe, ein Glaube, der sich in verschiedenen Gegenden Europas bis in die Gegenwart erhalten hat. Menschenopfer und Werwolfglaube gehören eigentlich zu dem vorgriechischen Wolfsgott, der auf dem Lykaion von Zeus verdrängt wurde.[4] Das Motiv der Zerstückelung eines Kindes ist auch aus der Tantalos*- und aus der Atreus*-Thyestes-Sage bekannt.[5]

[1] L. schlachtet seinen eigenen Sohn: Clem. Alex. Protrept. 2, 36 oder seinen Enkel: Ps.-Eratosth. Katast. 8. — Nicht L., sondern einige seiner Söhne begehen den Frevel: Nikol. Damask. Fr. 43 (Suda s. v. Lykaon). — [2] Ov. Met. 1, 237 ff. — Die Verwandlung erfolgt, als L. einen Säugling zur Opferung an den Altar des Zeus Lykaios bringt: Paus. 8, 2, 3. — [3] Ps.-Plat. Minos 315 C. — [4] Kern I 187 f. Vgl. auch den Zeus Laphystios (s. Phrixos). — [5] Zum L.-Mythos im ganzen vgl. W. R. Halliday, The Greek Questions of Plutarch, 1928, 169 ff. Nilsson I 373 f.

Lykomédes, König von Skyros, s. Achilleus, s. auch Theseus

Lýkos, König von Theben, s. Antiope 2.

Lykúrgos, Sohn des Dryas, König der thrakischen Edonier

M.: L. widersetzt sich der Einführung des orgiastischen Dionysoskultes, indem er den Gott und seine Ammen verjagt. Dionysos* flieht ins Meer zu Thetis*.[1] Von hier aus befreit er die von L. gefangengenommenen Mänaden und läßt den König wahnsinnig werden: L. meint, Weinstöcke umzuhauen, und tötet dabei seinen eigenen Sohn.[2] Außerdem sendet Dionysos Unfruchtbarkeit über das Land und fordert in einem Orakelspruch den Tod des L. Der König wird von seinem eigenen Volk auf das Pangaiongebirge geschleppt und dort von Pferden zerrissen.[3]

R.: Aus dem Mythos von L. können wir auf den Widerstand und die Kämpfe schließen, unter denen sich die ekstatische Dionysosreligion allmählich durchsetzte. Die von Homer erwähnten Ammen des Dionysos sind die Pflegerinnen des „göttlichen Kindes", das von seiner Mutter verlassen ist. Es handelt sich hier um eine religiöse Vorstellung, die dem vorgriechischen Bereich angehört, im griechischen Mythos jedoch in verschiedener Brechung aufscheint.[4]
Daß sich Dionysos vor L. ins Meer flüchtet, deutet auf die Beziehungen des Gottes zum Meer. Wahrscheinlich ist ja Dionysos zum Teil auf dem Seewege nach Hellas gekommen.[5] Die Zerreißung ist eine als Strafe für Gottesverächter häufige Todesart (vgl. Pentheus, Orpheus, Aktaion).[6]

N.: Aischylos behandelte den Mythos in seiner tragischen Trilogie „Lykurgeia", von der wir Fragmente besitzen.

G e m ä l d e: Schlacht zwischen Bakchos und L., B. Genelli (1798 bis 1868), München, Galerie Schack.

L i t e r a t u r: K. Deichgräber, Die Lykurgie des Aischylos, Göttingen 1939.

[1] Hom. Il. 6, 129 ff. Soph. Ant. 955 ff. Apollod. Bibl. 3, 5, 1. — [2] L. amputiert sich im Wahnsinn beide Beine: Serv. Aen. 3, 14. — [3] Apollod. Bibl. 3, 5, 1. — [4] Nilsson I 548. — [5] Lesky 102. — [6] W. Nestle, Legenden vom Tod der Gottesverächter, in: Archiv für Religionswiss. 33 (1936), 250—252.

Lynkéus (Lýnkeus)

1. Sohn des Aigyptos, s. Danaiden
2. Sohn des Aphareus und der Arene,[1] Zwillingsbruder des Idas*[2]

M.: Die Apharetiden sind das messenische[3] Gegenstück zu den lakonischen Zwillingsbrüdern Kastor und Polydeukes, den Dioskuren*, ihren Vettern.

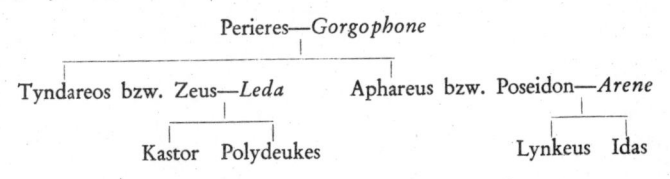

```
              Perieres—Gorgophone
              |                 |
Tyndareos bzw. Zeus—Leda   Aphareus bzw. Poseidon—Arene
        |                              |
   Kastor  Polydeukes              Lynkeus  Idas
```

L. und Idas nehmen an der kalydonischen Jagd⁴ und an der Argonautenfahrt⁵ teil. Nach attischer Sagenversion entführen sie, und nicht Theseus*, die Helena*.⁶ Apharetiden und Dioskuren erbeuten gemeinsam eine Rinderherde, über deren Teilung sie in Streit geraten.⁷ Nach anderer Version ist der Anlaß des Kampfes die Entführung der mit L. und Idas verlobten Leukippiden durch die Dioskuren.⁸ L. und Idas fallen, aber auch Kastor büßt mit dem Tode, und Polydeukes siegt nur mit Hilfe der Blitze seines göttlichen Vaters Zeus*.⁹

L. ist wegen seines scharfen Auges berühmt,¹⁰ mit dem er sogar feste Gegenstände, wie Bäume, Steine oder Erde, durchdringen kann.¹¹ Vom Taygetos aus sieht er weithin ins Land. Seine Sehschärfe war sprichwörtlich.¹²

R.: Der Name L. ist vom griechischen lynx = Luchs abgeleitet und paßt zu dem scharfen Auge seines Trägers.¹³

N.: L. erscheint als „Türmer" in Goethes Faust II. Teil, 5. Akt.

Plastik: Rinderraub, Metope vom Schatzhaus der Sikyonier in Delphi, nach 560 v. Chr., Delphi, Museum (Relief).

¹ Paus. 5, 5, 6. Wie bei den Dioskuren wurde bisweilen ein Sterblicher, bisweilen ein Gott (Poseidon) als Vater der Zwillinge, manchmal Poseidon nur als Vater des Idas bezeichnet. — ² Paus. 4, 2, 7. — ³ Lakonien als Heimat der Apharetiden: Lykophr. 559. — ⁴ Apollod. Bibl. 1, 8, 2. — ⁵ Apoll. Rhod. 1, 151 ff. — ⁶ Plut. Thes. 31. — ⁷ Pind. Nem. 10, 60 ff. Apollod. Bibl. 3, 11, 2. — ⁸ Theokr. 22, 137 ff. Schol. Il. 3, 243. — ⁹ Pind. Nem. 10, 65 ff. — ¹⁰ Kypria Fr. 9 K. Pind. Nem. 10, 61 f. — ¹¹ Schol. Aristoph. Plut. 210. — ¹² Aristoph. Plut. 210. — ¹³ K. Meuli, Odyssee und Argonautika, Berlin 1921, 9 ff. wollte aus diesem und ähnlichen Zügen auf eine alte theriomorphe Version der Argonautensage (Tiere an Stelle der Menschen) schließen.

Lysimáche (Lysímache), Mutter des Adrastos

Lysíppe, Tochter des Proitos

M

Mâ, kappadokische Gottheit, der Großen Mutter verwandt

R.: M., deren orgiastischer Kult den der Kybele* an Wildheit noch übertraf, wurde von Sulla in Rom eingeführt. Wegen ihres kriegerischen Charakters bezeichneten die Römer M. auch als Bellona*.[1]

[1] Plut. Sulla 27. F. Cumont, Die oriental. Religionen im röm. Heidentum, ³1931, 50 f.

Macháon, Sohn des Asklepios*

M.: M. ist bei Homer ein berühmter griechischer Arzt im Heerlager vor Troia*.[1] Er heilt u. a. den verwundeten Philoktetes*.[2] M. fällt von der Hand Penthesileias*.[3]

R.: Der Name M. hängt mit dem griechischen mache = Schlacht zusammen und deutet auf die wechselseitige Bedingtheit von Verwundung (im Kampf) und Heilung. Auch andere Heilheroen, wie Aristomachos, Nikomachos und Polemokrates, führen Kampf und Krieg in ihrem Namen.[4]

[1] Hom. Il. 11, 511 ff. — [2] Ep. Graec. Fr. 36 Kinkel. — Machaons Bruder Podaleirios heilt Philoktetes: Apollod. Epit. 5, 8. — [3] Apollod. Epit. 5, 1. — [4] Vgl. Wilamowitz II 228 A. 4. K. Kerényi, Der göttliche Arzt, Basel 1948, 81. 84.

Mänáden s. Dionysos

Magna Mater s. Kybele, s. auch Anâhita, Attis, Mâ

Maía, eine Bergnymphe

M.: M. ist Tochter des Atlas*[1] und der Pleione, eine der Pleiaden*. Zeus* vermählt sich ihr auf dem arkadischen Berg Kyllene; sie wird Mutter des Hermes*.[2]

R.: In M. (= „Mütterchen") wollte man die alte Erdgöttin wiedererkennen.[3]

[1] Hes. Theog. 938. — [2] Hom. Hymn. Herm. 1 ff. — Maia als Pflegemutter des Arkas, des Sohnes der Kallisto*: Apollod. Bibl. 3, 8, 2. — [3] Kern I 205.

Maíra, Hund des Ikarios 2.

Makaría (Makária) s. Herakleiden

Mantó (Mánto), Tochter des Teiresias

Máron, Apollonpriester in Ismaros, s. Odysseus, S. 241

Marpéssa s. Idas

Mars, römischer Kriegsgott, dem griechischen Ares* gleichgesetzt

R.: Der italische Bauerngott M., zu dem man um gedeihliches Wachstum in Feld und Stall betete, wurde in Rom zum Kriegsgott. So konnte er wie der griechische Ares — ein reiner Kriegsgott — aufgefaßt werden und etwa bei dem allgemeinen Götter-Lectisternium von 217 v. Chr. die Stelle des Ares unter den Zwölfgöttern* einnehmen.[1] Die Römer verehrten in M. als Vater des Romulus* und Remus (von der Vestalin Rhea* Silvia) ihren Ahnherrn. Neben Jupiter* und Quirinus* wurde er der wichtigste Nationalgott, der dem jungen aufstrebenden Volk von Rom in seinen zahlreichen Kämpfen Sieg verlieh und den römischen Staat schützte. Der vom Himmel gefallene, an beiden Seiten ausgeschnittene heilige Schild (ancile) des Gottes hing mit seinen elf irdischen Imitationen in der Regia, dem Amtshaus des Pontifex maximus, als Unterpfand für den Bestand des Römischen Reiches. Die zwölf Salier, das Priesterkollegium des M., veranstalteten alljährlich im März mit diesen Schilden unter Tanz und Gesang eine Prozession durch die Stadt.

Der M. Gradivus (der dem Heer in die Schlacht voranschreitet) hatte seinen uralten Tempel an der Via Appia außerhalb Roms. Auf dem dem Kriegsgott geweihten Marsfelde (Campus Martius) fanden die großen Heeresversammlungen statt. Hier wurde an dem Altar des M. alle fünf Jahre (lustrum) das feierliche Suovetaurilienopfer dargebracht. Augustus erbaute hier dem M. Ultor (Rächer) den in der Schlacht bei Actium gelobten Tempel. Im Kulte des M. Ultor war der Gott nach griechischem Vorbild (Ares — Aphrodite*) mit Venus* verbunden, in der man — als Mutter des Aeneas* — zugleich die Stammutter des julischen Kaiserhauses verehrte.

Nach dem Gott M. wurde der Monat März (Martius) benannt. Außer den im März gefeierten Festtagen des M. gab es noch den Equus October (Oktoberroß) am 15. und das Armilustrium (Waffenweihe) am 19. dieses Monats. Wolf und Specht waren dem M. heilige Tiere; wir beobachten aber auch Beziehungen des Gottes zu Stier und Pferd. Der rötlich schimmernde Planet erhielt seinen Namen von dem Kriegsgott.[2] — Zu den bildlichen Darstellungen vgl. Ares.

Literatur: G. Hermansen, Studien über den italischen und den römischen Mars, Kopenhagen 1940. — G. Dumézil, Jupiter, Mars, Quirinus, Paris 1941.

[1] Liv. 22, 1, 8 ff. — [2] Cic. De nat. deor. 2, 46, 119.

Marsyas (Mársyas), ein Satyr* oder Silen*

M.: M. findet die von Athene* weggeworfene Flöte[1] und erlangt hohe Fertigkeit im Flötenspiel. In frevlerischer Überhebung läßt er sich auf einen musikalischen Wettstreit mit Apollon* ein, wobei der Besiegte dem Sieger bedingungslos ausgeliefert sein soll. Apollon siegt mit der Kithara, läßt den M. an einem Baum aufhängen und ihm die Haut abziehen.²

R.: Die verschiedene Bewertung der Flöte durch Athene und M., die in der Gruppe des Myron zum Ausdruck kommt, hält Wilamowitz für den Nachklang eines verlorenen attischen Satyrspieles, in dem die Geringschätzung des „phrygischen" Instrumentes speziell durch die Athener gestaltet gewesen sei.³ Die Erzählung von der Schindung des M. ist ein Aition für eine in dem phrygischen Ort Kelainai aufgehängte Haut.⁴

N.: Plastiken: Athene und M., Myron, 5. Jh. v. Chr. (Original Bronze); Marmorkopie: M., Rom, Lateran; Athene, Dresden und Frankfurt a. M. — M., Flöte spielend und tanzend („Silen Borghese"), Schule Lysipps, um 300 v. Chr. — Bestrafung des M. (M. an den Baum gefesselt), Kleinasien, 3. Jh. v. Chr.; Istanbul. — Apollon und M., Michelangelo, um 1490, München, Privatbesitz.

Gemälde: Apollon und M., Pietro Perugino, um 1505, Paris, Louvre. — Apollon und M., Tintoretto, vor 1545, früher London, Privatbesitz. — Wettstreit zwischen Apoll und M., H. Rottenhammer, 1599, Stockholm, Privatbesitz. — Schindung des M., G. Reni (1575—1642), Turin, Pinakothek. — Apollon schindet M., J. Ribera (1588—1652), Brüssel, Museum. — M., Rubens, 1603, Madrid, Prado. — Apollon und M., J. Ribera, 1637, Neapel, Mus. Naz. — Apollon und M., G. Langetti (1625—1676), früher Dresden, Gemäldegalerie. — Apollon und M., C. Vanloo, 1735. — Apollon und M., Tiepolo (1696—1770), Venedig, Akademie.

Essai: Dialog vom Marsyas, H. Bahr, 1905.

Opern: Marsia deluso, C. F. Polarolo, 1714 (Text von A. Piovene). — Marsia, G. A. Gambarano, 1819.

¹ Athene erfindet selbst die Flöte, wirft sie aber weg, da das Spiel ihre Gesichtszüge entstellt: Ov. Fast. 6, 697 ff. — ² Hdt. 7, 26. Diod. 3, 59, 2—5. Ov. Met. 6, 382 ff. — ³ Wilamowitz I 198 A. 2. — ⁴ Hdt. 7, 26.

Máter Matúta, altitalische Gottheit

M.: Bei Lukrez breitet M. die Morgenröte aus und spendet das Frühlicht.¹

R.: Andere Züge lassen an M. als Muttergottheit und Kurotrophos denken, die für die Kinder sorgt. Als Ammengöttin stand M. in Zusammenhang mit der griechischen Dionysos-Amme Ino* Leukothea, die man in Italien seit dem 6. Jh. v. Chr. verehrte. Etwa im 1. Jh. v. Chr. setzte man M. der Ino Leukothea gleich. Mit ihrem Sohne Portunus (griech. Palaimon = Melikertes) wurde M. als Schiffahrtsgöttin verehrt.² Ihr Tempel stand neben dem der Fortuna auf dem Forum boarium in Rom.³

Literatur: M. Halberstadt, Mater Matuta, Frankfurt a. M. 1934.

¹ Lucr. 5, 656 f. — Andere Auffassung dieser Stelle: Halberstadt, a. a. O., 63. — ² Cic. De nat. deor. 3, 19, 48. Ov. Fast. 6, 473 ff. — ³ Liv. 5, 19, 6.

Médeia (Medéa), Tochter des Königs Aietes von Kolchis

M.: Als die Argonauten* nach Kolchis kommen, verliebt sich M. in Iason und verhilft ihm mit ihren Zauberkünsten zum goldenen Vlies. Auf der Flucht vor Aietes tötet sie ihren Bruder Apsyrtos und wirft den Leichnam zerstückelt ins Meer, um den Vater bei der Verfolgung aufzuhalten. Auf der Heimfahrt der Argonauten feiert sie mit Iason bei König Alkinoos auf Kerkyra Hochzeit.[1] Auf Kreta vernichtet sie den gefährlichen Riesen Talos*, der die Argonauten bedroht.[2] Nach der Ankunft in Iolkos überreicht Iason seinem Onkel Pelias das goldene Vlies, bleibt aber von der Herrschaft ausgeschlossen. Schon vorher hat Pelias Iasons Vater Aison und dessen Familie in den Tod getrieben.[3] Im Auftrage Iasons nimmt M. an Pelias grimmige Rache. Sie zeigt dessen Töchtern die Verjüngung eines alten Widders, den sie in Stücke schneidet und mit Zauberkräutern aufkocht. Es gelingt ihr, die Mädchen zu überreden, ihren Vater ebenso zu zerstückeln, um ihn wieder jung zu machen. Natürlich wendet M. ihren Verjüngungszauber diesmal nicht an. Des Pelias Sohn Akastos treibt Iason und M. aus dem Lande.[4]
Die beiden fliehen nach Korinth, wo sie jahrelang in glücklicher Ehe leben, aus der zwei Knaben hervorgehen. Später verstößt Iason die Barbarin M., um die Tochter des Königs Kreon von Korinth, Glauke, zu heiraten. M. übersendet Glauke ein kostbares Gewand, aus dem Flammen emporschlagen, so daß der König mit seiner Tochter verbrennt. Um die Rache an Iason vollkommen zu machen, tötet M. sogar ihre beiden Kinder. Nachdem sie die Leichen der Kinder auf der Burg von Korinth im Heiligtum der Hera* Akraia bestattet hat, flieht sie selbst auf einem Wagen mit geflügelten Drachen, den sie von ihrem Großvater Helios* erhält, zu König Aigeus nach Athen.[5] — Als M. hier nach Jahren Theseus*, den Sohn des Königs, zu vergiften versucht, wird sie auch aus Athen vertrieben.[6]
R.: M. wohnt als Tochter des Aietes und Enkelin des Helios in dem mythischen Ostland Aia, das die Hellenen nach der ionischen Kolonisation in Kolchis wiederzufinden glaubten. Die Etymologie ihres Namens (von griech. medomai = ersinnen) weist auf das Ratwissen für sich und andere.[7] M. erscheint als größte Zauberin und Hexe des griechischen Mythos. Ihre gewaltigen Zauberkräfte, die in dem Wieder-jung-kochen des Widders ihren stärksten Ausdruck finden, ihre Abstammung von dem Sonnengott und andere Züge weisen darauf hin, daß M. in einer der epischen Sagengestaltung vorausliegenden Zeit eine Gottheit gewesen war. Als solche stand sie wohl der unheimlichen Hekate* nahe.[8] Diese in Thessalien, dem klassischen Lande der Hexen und der Zauberei, beheimatete M. war mit der Argonautensage von Anfang an verknüpft: Sie nimmt als Helferin Iasons die Stelle der hilfreichen Tochter des bösen Königs oder Dämons ein, den der Held des Märchens oft mit deren Hilfe überwindet.[9]

Von dieser kolchischen M., der thessalischen Zauberin, hebt sich deutlich die korinthische M. ab. Sie war — lange vor Euripides — eine mit dem Hera- und Aphroditekult in Korinth verbundene Göttin, die später zur Heroine herabsank.[10] Die Verschmelzung der beiden Gestalten, der kolchischen und der korinthischen, ist uns im einzelnen nicht mehr faßbar. Die Bestattung der Kinder auf Akrokorinth, von der wir bei Euripides hören,[11] ist ein Aition für den in Korinth bestehenden Grabkult der M.-Kinder. Das Motiv des für die Nebenbuhlerin todbringenden Gewandes stammt aus dem Märchen, der vereitelte Giftmordversuch wahrscheinlich aus der Tragödie.[12]

N.: Die Gestaltung der M.-Sage durch Euripides in seiner uns erhaltenen Tragödie „Medeia" wurde Vorbild für die Behandlung des Stoffes in der Weltliteratur.

P l a s t i k e n: M. und die Töchter des Pelias, 2. Hälfte d. 5. Jh. v. Chr. Kopie: Rom, Lateran (Dreifigurenrelief). — Jason, B. Bandinelli (1488—1560), Florenz, Mus. Naz. (Bronze).

G e m ä l d e: Jason vor Pelias, Römisches Wandgemälde aus Pompeji, Neapel, Mus. Naz. — M. vor dem Kindermord, Römisches Wandgemälde aus Pompeji, Casa dei Dioscuri und aus Herculaneum, Neapel, Mus. Naz. — M. und die Peliastöchter, Römisches Wandgemälde aus Pompeji, Neapel, Mus. Naz. — M., C. Vanloo (1705—65), Potsdam, Neues Palais. — M., Delacroix, 1838, Lille, Museum. — M., Delacroix, 1849, früher Berlin, Nationalmuseum. — M., Delacroix, 1862, Paris, Louvre. — Abfahrt der M., Feuerbach, 1870, München, Neue Pinakothek. — M. mit dem Dolch, Feuerbach, 1872, Mannheim, Kunsthalle. — M. und Apsyrtos, H. J. Draper (geb. 1864), Bradford.

D r a m a t. B e a r b e i t u n g e n: M., Euripides, 431 v. Chr. — M., Seneca (gest. 65 n. Chr.). — Médée, P. Corneille, 1635. — Médée, Longe-Pierre, 1694. — Médée, Clément, 1780. — M., B. Lidner, 1784. — M. in Korinth, F. M. Klinger, 1786. — M., L. Tieck, 1789. — M. auf dem Kaukasus, F. M. Klinger, 1790. — M., G. B. Niccolini, 1810. — M., J. Soden, 1814. — M. (3. Teil der Trilogie: Das goldene Vließ), Grillparzer, 1822. — M., H. F. Read, 1848. — Médée, E. Legouvé, 1854. — M. in Corinth, J. A. Heraud, 1857. — M., O. Marbach, 1858. — M., M. Heron, 1861. — M. in Corinth, W. G. Wills, 1872. — M., G. Konrad, um 1870. — Médée, C. Mendès, 1898. — Der Tod des Iason, A. v. Bernus, 1912. — M., H. H. Jahnn, 1920. — M., J. Tralow, 1924. — M., R. Jeffers, 1946. — Médée, J. Anouilh, 1946. — M. postbellica, F. Th. Csokor, 1947. — Die Liebende, F. Forster, 1952.

E p e n: Argonautika, Apollonios Rhodios, 3. Jh. v. Chr. — The life and death of Iason, W. Morris, 1867. — Der Zug des Jason, F. A. Bicking, 1873.

Dichtungen: M., T. St. Moore, 1904. — Solstice, R. Jeffers 1935.

Romane: M., R. Kohlrausch, 1917. — M. oder das Grenzenlose, W. Cordan, 1952.

Opern: Giasone, F. Cavalli, 1649 (Text von C. A. Cicognini). — Jason, J. S. Kusser, 1692 (Text von Bressand). — Medée, M. A. Charpentier, 1693 (Text von Th. Corneille). — M., G. Gebel, 1752 (Text von Klest). — M., G. Benda, 1779 (Text von F. W. Gotter, 1775). — Giasone e Medea, G. Andreozzi, 1784. — M., J. H. Vogel, 1786 (Text von Desriaux). — M., Cherubini, 1797 (Text von F. W. Gotter, 1775). — M., S. Mayr, 1813 (Text von F. Romani). — M., S. Mercadante, 1851 (Text von F. Romani). — M., V. P. d'Indy, 1898 (Text von C. Mendès). — M., L. Léon, 1904 (Text von C. Mendès). — M., V. Tommasini, 1906 (Text vom Komponisten). — M., P. Bastide, 1911 (Text vom Komponisten).

Dramat. Monolog für Sopran und Orchester: M., E. Křenek, 1951.

Ballett: M. und Jason, J. G. Noverre, 1776.

Literatur: A. Lesky, Artikel Medeia in RE XV/1, Spalte 29—64. — K. Kerényi, Töchter der Sonne, Zürich 1944, 91—116.

[1] Apoll. Rhod. 4, 1111—1169. — [2] Apoll. Rhod. 4, 1638 ff. — [3] Apollod. Bibl. 1, 9, 27. — [4] Diod. 4, 51 f. Paus. 8, 11, 2 f. — [5] Eur. Med. 1136 ff. — Kreusa statt Glauke: Schol. Eur. Med. 19. — [6] Plut. Thes. 12. — [7] A. Lesky, RE XV/1, 30. — [8] Radermacher 234. — [9] Lesky, RE XV/1, 52. — [10] Lesky, a. a. O., 50 f. — Iason und M. sind Schützlinge der Hera; die Hochzeit des Paares bei Alkinoos ist vom Standpunkt der Ehegöttin Hera aus zu verstehen: Kerényi, Töchter der Sonne, 110 ff. — [11] Eur. Med. 1378 ff. — [12] Lesky, a. a. O., 46 denkt an den „Aigeus" des Euripides.

Medúsa (Medúsa) s. Gorgonen

Mégaira (Megaíra) s. Erinyen

Megapénthes, Sohn des Proitos, s. auch Perseus

Megára (Mégara), Gattin des Herakles

Meilaníon (Meilánion) s. Atalante

Melámpus, griechischer Seher

M.: M. ist Sohn des Amythaon und Bruder des Bias. Schlangen lecken ihm im Schlaf die Ohren aus, so daß er nach dem Erwachen die Vogelsprache versteht. Nach einer Begegnung mit Apollon* wird er vollends zum berühmten Seher.[1] M. heilt die Töchter des Proitos* von ihrem Wahnsinn und erhält Anteil an der Herrschaft über Argos.[2] Von ihm stammt ein ganzes Geschlecht von Sehern ab.

R.: Daß die Reinigung der Ohren durch Schlangen zum Verstehen der Tiersprache, besonders der Vogelsprache, führt, ist ein im Märchen öfter vorkommender Zug.³
In einer Version heilt M. nur drei Töchter des Proitos, in einer anderen alle von dionysischer Ekstasis ergriffenen argeischen Frauen durch Sühnemittel und Reinigungen. Als Priester des Gottes Apollon war M. dazu bestimmt, die Auswüchse des neuen Dionysoskultes einzudämmen. Die vom Mythos noch dicht umsponnene Gestalt des Sühnepriesters und Sehers M. mag einen historischen Kern besessen haben; dann ist M. zeitlich etwa an der Grenze der mythenschöpferischen Periode anzusetzen (7./6. Jh. v. Chr.).⁴

N.: D i c h t u n g: M., G. Meredith, 1883.

¹ Hes. Fr. 149. Apollod. Bibl. 1, 9, 11. — ² Bakchyl. 11, 40 ff. Hdt. 9, 34. Diod. 4, 68, 4. — ³ Robert 59 A. 2. — ⁴ Nilsson I 582 f.

Melaníppe, Tochter des Aiolos* 1.

M.: M. wird von Poseidon* Mutter der Zwillinge Boiotos und Aiolos* 2. Ihr Vater läßt die Kinder aussetzen und M. ins Gefängnis werfen. Hirten finden die Zwillinge und ziehen sie auf. Das kinderlose Königspaar Metapontos und Theano nehmen sie an Kindes statt an. Als Boiotos und Aiolos erwachsen sind, wehren sie einen heimtückischen Anschlag auf ihr Leben ab, finden ihre Mutter wieder und befreien sie aus dem Kerker.¹

R.: Der Mythos von der Vereinigung des Poseidon mit M. (der „schwarzen Stute") deutet wie so mancher andere auf die ursprüngliche Roßgestalt des Gottes. Die Erzählung von der Aussetzung der Kinder, dem Aufwachsen bei Hirten und der Befreiung der Mutter erinnert an die Tyro*-Sage; auch dort ist Poseidon Vater der Zwillinge. Zu vergleichen sind auch die ähnlichen Sagen von Amphion* und Zethos sowie von Romulus* und Remus. Der eine Sohn der M. ist der eponyme Heros der Boioter, der andere der Aioler.

N.: Euripides behandelte den Stoff in den Tragödien „Die kluge M." und „Die gefesselte M.".²

¹ Hygin. Fab. 186. — ² Suppl. Eurip., ed. Arnim 1913, 25 ff. 28 ff.

Meleágros (Meleáger), Sohn des Oineus¹, Königs von Aitolien, und der Althaia

M.: Nach seiner Geburt weissagen die Moiren*, M. werde so lange leben, bis das Holzscheit, das jetzt im Herdfeuer liege, völlig ver-

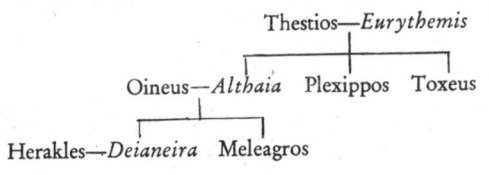

```
                Thestios—Eurythemis
                        |
        ┌───────────────┼───────────┐
Oineus—Althaia      Plexippos    Toxeus
        |
    ┌───┴───┐
Herakles—Deianeira  Meleagros
```

brannt sei. Althaia nimmt es sofort aus dem Feuer und verwahrt es sorgfältig.

Als M. herangewachsen ist, vergißt Oineus beim Erntefest das Dankopfer an Artemis*. Zur Strafe schickt die Göttin einen gefährlichen Eber, der auf den Fluren Kalydons großen Schaden anrichtet. An der Jagd auf dieses Untier („Kalydonische Jagd") nehmen die berühmtesten Helden Griechenlands teil: Neben M. selbst und den Brüdern seiner Mutter Plexippos und Toxeus[2] die Dioskuren* Kastor und Polydeukes, die Apharetiden Idas* und Lynkeus*, Theseus*, Peirithoos*, Admetos, Iason, Iphikles, Telamon*, Peleus*, Amphiaraos, die Jägerin Atalante* u. a. Atalante trifft den Eber zuerst, aber seine Wut fordert noch manches Opfer, bis ihm M. den Todesstoß versetzt. M. schenkt Kopf und Haut des Ebers der Atalante, in die er sich verliebt hat. Plexippos und Toxeus nehmen ihr den Siegespreis wieder ab. Darüber kommt es zum Kampf, und M. erschlägt die Brüder seiner Mutter. Althaia rächt die Brüder an ihrem Sohn. Sie wirft das schicksalhafte Scheit ins Feuer, worauf M. stirbt.[3]

Bei Homer ist die Sage von der kalydonischen Jagd mit dem Krieg zwischen Kalydon und Pleuron verbunden. Nachdem M. die Söhne des Thestios erschlagen hat, kommt es zum Kampf zwischen den beiden Städten. Da Althaia ihren Sohn verflucht, und M. sich vom Kampfe zurückzieht, geraten die Kalydonier in ihrer belagerten Stadt in arge Bedrängnis. Erst durch die inständigen Bitten seiner Gattin Kleopatra läßt sich M. bewegen, in den Kampf einzugreifen. Er unternimmt einen erfolgreichen Ausfall, bleibt aber selbst auf dem Schlachtfeld.[4]

R.: In der ersten Fassung der M.-Sage, die zwar später bezeugt, aber ursprünglicher ist als die homerische der Ilias, treffen wir die aus dem magischen Bereich stammende Vorstellung, daß Seele oder Herz eines Menschen von seinem Leibe getrennt und in einen beliebigen Gegenstand gebannt werden können.[5] Die Lebenskraft des M. ist seit dem Schicksalsspruch der Moiren, die wie die Feen im Märchen an der Wiege des Kindes erscheinen, von der Existenz des Holzscheites abhängig, das seine Mutter aus dem Feuer gerettet und verwahrt hat; mit dem Verbrennen des Scheites muß auch M. sterben. Einen altertümlichen Zug müssen wir darin sehen, daß Althaias Bindung an ihre Brüder inniger ist als die an ihr eigenes Kind. Sie stellt bedenkenlos die Pflicht der Blutrache über die Mutterliebe. Vermutlich klingen hier alte mutterrechtliche Verhältnisse nach.[6]

Die Umgestaltung der Sage durch einen epischen Dichter, wie sie in der Ilias vorliegt, beseitigte das Motiv des schicksalhaften Scheites und setzte dafür den Fluch der Mutter. Der M. des Epos, der die Liebe zur Gattin über alle Bindungen an Blutsverwandte stellt — Kleopatra allein kann ihn dazu bewegen, wieder am Kampf teilzunehmen —, steht in wirkungsvollem Gegensatz zu der in anderen, älteren Bindungen lebenden Mutter Althaia.

Die kalydonische Jagd wurde ähnlich wie der troische Feldzug und die Argonautenfahrt als großes hellenisches Gesamtunternehmen ausgebaut, an dem man Helden aller griechischen Stämme teilnehmen ließ. Den Eber schickt Artemis als „Herrin der Tiere" (s. Artemis).

N.: Sophokles und Euripides behandelten die Schicksale des M. in Tragödien.[7]

P l a s t i k e n: Die kalydonische Jagd, Fries des Heroons von Gjölbaschi-Trysa, 2. Hälfte des 5. Jh. v. Chr., Wien, Kunsthistor. Museum (Kalksteinrelief). — M., Skopas (?), 4. Jh. v. Chr. Kopie: Rom, Vatikan. — M., J. Gibson (1790—1866), Rom, Accademia S. Luca.

G e m ä l d e: M. und Atalante, Rubens, 1613—15, Kassel, Galerie. — M. und Atalante, J. Jordaens, um 1628, Madrid, Prado. — M. und Atalante, Rubens, um 1635, München, Alte Pinakothek. — Die kalydonische Jagd, N. Poussin (1594—1665), Madrid, Prado. — Die kalydonische Jagd, Werkstätte Rubens, 17. Jh., Wien, Kunsthistor. Museum.

D r a m a t. B e a r b e i t u n g e n: M., A. Hardy, 1604. — M., Benzerade, 1640. — M., J. Lagrange-Chancel, 1699. — M., Lemercier, 1788. — M., P. Heyse, 1854. — Althäa und ihr Kind, O. Borngräber, 1912. — M., R. C. Trevelyan, 1927.

O p e r n: Meleagro, M. A. Ziani, 1706 (Text von Bernardoni). — Mélèagre, J. B. Stuck-Batistin, 1709 (Text von Jolly). — Meleagro, F. B. Conti, 1724 (Text von Pariati). — M. und Atalanta, J. A. Kobelius, 1729. — Meleagro, N. A. Zingarelli, 1798. — Meleagro, D. Pagliano, 1826 (Text von G. Schmidt). — Althea, R. G. Poppen, 1889 (Text von Caroline).

L i t e r a t u r: W. Kraus, M. in der Ilias, in: Wiener Studien 63 (1948), 8—21. — W. Wolfring, Ilias und Meleagrie, in: Wiener Studien 66 (1953), 24— 49.

[1] Oder des Ares: Apollod. Bibl. 1, 8, 2. — [2] Diese Namen bei Ovid, Met. 8, 440 f. — Iphiklos, Euippos, Plexippos und Eurypylos als Söhne des Thestios: Apollod. Bibl. 1, 7, 10. — Plexippos und Agenor: Mythogr. Vatic. 1, 146. — [3] Bakchyl. 5, 93 ff. Diod. 4, 34. — [4] Hom. Il. 9, 529 bis 599. — [5] Der folkloristische Fachausdruck dafür ist the external soul („die auswärtige Seele"): Nilsson I 19 f. — [6] W. Kraus, a. a. O., 19 f. — [7] Soph. Fr. 369—373 N. Eur. Fr. 515—539 N.

Melikértes, Sohn der Ino

Melische Nymphen s. Nymphen

Melpoméne (Melpómene) s. Musen

Mémnon, Sohn des Tithonos und der Eos*

M.: M., Fürst der Aithioper, kommt den Troern in einer von Hephaistos* gefertigten Rüstung gegen die Griechen zu Hilfe, tötet den Antilochos und fällt selbst von der Hand des Achilleus*.[1] Zeus gewährt ihm auf Bitten seiner Mutter Eos die Unsterblichkeit.[2]

R.: Der Ursprung der mit märchenhaften Zügen ausgestatteten M.-Sage ist wohl im Orient zu suchen. Könige der ptolemaeischen Dynastie lokalisierten M. in Ägypten.[3]

N.: M.s Schicksal war in dem zum Kyklos gehörigen Epos „Aithiopis" des Arktinos und in den Tragödien „Memnon" und „Psychostasia" des Aischylos behandelt.[4] — Die Memnonskolosse bei Theben (Ägypten) sind zwei kolossale Sitzfiguren aus Sandstein, die auf Pharao Amenophis (Amenhotēp) III. zurückgehen. Der nördliche Koloß, der im Altertum durch ein Erdbeben beschädigt wurde, tönte bei Sonnenaufgang; man deutete dies als Gruß M.s an seine Mutter Eos.[5] Seit der unter Kaiser Septimius Severus (193—211 n. Chr.) durchgeführten Wiederherstellung des Kolosses hörte man keine Töne mehr.

Plastik: Antilochos und M., J. Alvarez y Cubero (1768 bis 1827), Madrid, Prado.

Dichtungen: M., Ch. G. D. Roberts, 1880. — M., L. Binyon, 1930.

Opern: M., L. Ch. Ragué, 1784 (Text von Guichard). — M., Ch. Grisart, 1871 (Text von Cadol-Bocage).

Lied: M., Schubert (Text von J. Mayrhofer).

Literatur: A. Wiedemann, Die Memnonskolosse, in: Bonner Jahrbücher 124 (1917), 53 ff. — A. Smieszek, De origine Graecae fabulae quae fertur de Memnone rege Aethiopum, Krakau 1926.

[1] Hom. Od. 4, 187 f. Hes. Theog. 984 f. Pind. Ol. 2, 90 f. — [2] Ov. Met. 13, 587 ff. — [3] Hierzu und zu den übrigen Lokalisierungen der M.-Sage vgl. Robert 1185. — [4] Hier wurden die Lebenslose des Achilleus und des M von Zeus in Gegenwart der beiden Mütter (Thetis* und Eos) gewogen: Plut. De aud. poet. 2, 17 A. — [5] Philostr. Imag. 1, 7, 3.

Menelaos (Meneláos), Sohn des Atreus* und der Aerope, Bruder Agamemnons*

M.: Unter den zahlreichen Freiern der Helena* geht M. als Sieger hervor und übernimmt von seinem Schwiegervater Tyndareos die Königsherrschaft in Sparta. Kinder aus dieser Ehe sind Hermione (und Nikostratos).

Nach der Entführung der Helena durch Paris* wendet sich M. an seinen Bruder Agamemnon, der alle ehemaligen Freier der Helena, die sich durch einen Schwur zu gegenseitiger Hilfeleistung verpflichtet haben, zum Kriegszug gegen Troia aufruft. Bei der Belagerung der Stadt zeichnet sich M. zunächst im Zweikampf mit Paris aus, in den zuletzt Aphrodite* eingreifen muß, um ihren Schützling zu retten.¹ Ein besonderes Ruhmesblatt ist der Schutz und die Bergung der Leiche des Patroklos*.² Nach der Eroberung Troias erschlägt M. den Deiphobos, einen Sohn des Priamos*, den Helena nach dem Tode des Paris geheiratet hat, versöhnt sich mit Helena und nimmt sie als Gattin mit nach Griechenland. Nach anderer Version wird M. durch Stürme verschlagen und kommt auf Umwegen über Kypros und Phoinikien nach Ägypten, wo er die wahre Helena antrifft, die ihm nie untreu geworden ist (s. Helena).³ Nach Sparta zurückgekehrt vermählt M. seine Tochter Hermione mit Neoptolemos*, dem Sohne des Achilleus*.⁴ Nach seinem Tode wird M. als Gemahl der Zeustochter Helena in die Elysischen Gefilde versetzt.⁵

R.: Der Baumkult der Göttin Helena wurde auch auf deren sterblichen Gatten M. ausgedehnt. Wir hören von einer nach ihm benannten Platane unfern von Sparta.⁶ Trotzdem wird man in M. wie in anderen Personen des troischen Sagenkreises wohl am ehesten dichterischer Phantasie entsprungene Gestalten zu sehen haben, die vielleicht mit diesem oder jenem Zug einer historischen Persönlichkeit ausgestattet wurden.⁷

N.: P l a s t i k: M. mit der Leiche des Patroklos (sog. Pasquino-Gruppe), 1. Hälfte d. 2. Jh. v. Chr.; Kopie Rom, Palazzo Braschi.

G e m ä l d e: M. und Helena, A. Rothaug, 1941, Wien, Privatbesitz.

D r a m a t. B e a r b e i t u n g: Protée, P. Claudel, 1927 (Musik von D. Milhaud).

P r o s a: On a moral triumph, J. G. Fletcher, 1925.

¹ Hom. Il. 3, 324—382. — ² Hom. Il. 17, 1 ff. 712 ff. — ³ Hom. Od. 3, 276 ff. Eur. Hel. 31 ff. 582 ff. 669 ff. — ⁴ Hom. Od. 4, 3 ff. — ⁵ Hom. Od. 4, 561 ff. Eur. Hel. 1676 ff. — ⁶ Paus. 8, 23, 4. Nilsson I 195. — ⁷ Vgl. J. Schmidt in RE XV/1, 823.

Menesthéus (Menéstheus) s. Theseus

Menoikéus (Menoíkeus), Sohn des Königs Kreon von Theben

M.: Bei der Belagerung der Stadt durch die Sieben (s. Polyneikes) prophezeit der Seher Teiresias* den Thebanern Sieg, wenn Kreons Sohn dem Ares* geopfert werde. M. tötet sich hierauf freiwillig zur Rettung der Heimat.¹

R.: Das Opfer des M. gehört wie das der Iphigeneia* in Aulis in die Gruppe der sogenannten stellvertretenden Opfer: Ares nimmt das Leben des Einen, der sich opfert, für das seiner Mitbürger.²

N.: O p e r: Menoeceus, B. A. Weber, 1792.

¹ Eur. Phoin. 911 ff. Apollod. Bibl. 3, 6, 7. — ² Nilsson I 95.

Menoítios, Vater des Patroklos

Méntor, Sohn des Alkimos, Jugendfreund des Odysseus*
M.: Bei der Abfahrt nach Troia vertraut ihm Odysseus den Schutz seines Hauses an.[1] In der Gestalt Mentors erscheint Athene* dem Telemachos* als göttliche Ratgeberin[2] und hilft Odysseus im Kampf gegen die Freier.[3]
N.: In der Neuzeit wird der Name M. als Appellativum für einen erfahrenen Berater verwendet.
[1] Hom. Od. 22, 205 ff. — [2] Hom. Od. 2, 267 ff. 399 ff.; 3, 22 ff. 240 ff.; 4, 654 ff. — [3] Hom. Od. 22, 205 ff.; 24, 445 ff. 502 ff.

Mercúrius, römischer Gott des Handels, dem griechischen Hermes* entsprechend

Meriónes (Meríones), Kreter, Waffengefährte des Idomeneus

Merópe (Mérope), Gattin des Herakleiden* Kresphontes, Königs von Messene
M.: Kresphontes und zwei seiner Söhne werden ermordet. Polyphontes, der Mörder und Nachfolger des Kresphontes, zwingt M. zur Heirat. Inzwischen hat die Mutter ihren dritten Sohn, der auch Kresphontes heißt, zu einem Gastfreund nach Aitolien bringen lassen, wo er als Rächer aufwachsen soll. Polyphontes dingt Mörder, sucht aber vergebens das Versteck des jungen Kresphontes ausfindig zu machen. Als dieser herangewachsen ist, kehrt er nach Messene zurück und gibt sich hier unter dem Namen Telephontes als Mörder des Kresphontes aus. Nach einigen Verwicklungen und der Wiedererkennung seiner Mutter tötet er den Polyphontes und übernimmt die Herrschaft.[1]
N.: Euripides behandelte den Stoff in seiner Tragödie „Kresphontes", von der wir Fragmente besitzen.[2]
D r a m a t. B e a r b e i t u n g e n: Philoclée et Téléphonte, Gilbert, 1642. — Téléphonte, La Chapelle, 1682. — M., S. Maffei, 1713. — M., Voltaire, 1743. — M., Clément, 1749. — M., F. W. Gotter, 1774. — M., V. Alfieri, 1798. — M., Almeida Garrett, 1820. — M., M. Arnold, 1858. — M., O. Urbach, 1934.
D i c h t u n g: M., H. C. Kendall, 1869.
O p e r n: M., Text von A. Zeno, wiederholt vertont z. B. von F. Gasparini 1711, A. Scarlatti 1716, G. Giacomelli 1734, G. Scarlatti 1740, M. Capranica 1751, T. Traetta 1776. — M., K. H. Graun, 1756 (Text von G. Tagliazacchi). — M., S. Nasolini, 1796 (Text von M. Botturini). — M., H. Mühlenbruch, 1846 (Text von Pluntz). — M., Zandomeneghi, 1871 (Text von S. Cammarano).
[1] Paus. 4, 3, 7 f. Hygin. Fab. 137. Apollod. Bibl. 2, 8, 5 nennt den jüngeren Kresphontes Aipytos und läßt ihn bei dem Vater der M. auf-

wachsen. — [2] Eur. Fr. 449—459 N. Hygin. Fab. 137 und 184 bietet offenbar die Inhaltsangabe des euripideischen „Kresphontes". — Zur politisch bedingten Umgestaltung der Sage im 4. Jh. v. Chr. vgl. Robert 672 ff.

Méstor, Sohn des Perseus

Metáneira, Mutter des Demophon 1.

Métis, Göttin der Klugheit, Tochter des Okeanos* und der Tethys*

M.: Der Vermählung mit Zeus* sucht sich M. durch Verwandlung in verschiedene Gestalten zu entziehen. Als M. schwanger wird, prophezeit Gaia*, sie werde dem zukünftigen Herrn des Himmels das Leben schenken. Zeus verschlingt M.; aus seinem Haupte entspringt Pallas Athene*.[1]

R.: Die Verwandlungsfähigkeit der M. paßt zu ihrer Abstammung von Okeanos. Sie teilt diese Eigenschaft mit den übrigen Wasserwesen. Ähnliches wie von M. vor ihrer Verbindung mit dem Gott wird von Thetis*, Psamathe und Nemesis* erzählt.[2] Das Motiv des Verschluckens, das wohl aus dem Märchen stammt, kennen wir aus dem Mythos von Kronos* und seinen Kindern. Die bei Hesiod überlieferte Erzählung jedoch ist vielleicht ein rationalisierender Erklärungsversuch der Scheitelgeburt der Göttin Athene. Erst zu einer Zeit, da man Athene auch als Göttin der Weisheit auffaßte, machte man M. (= die Klugheit, Weisheit) zu ihrer Mutter.[3]

[1] Hes. Theog. 886 ff. Apollod. Bibl. 1, 3, 6. — [2] Vgl. Lesky 122. — [3] U. v. Wilamowitz-Möllendorff, Athena, Sitzungsber., Berlin 1921, 957 f.

Mídas, König von Phrygien, Sohn des Gordios und der Kybele

M.: Sein außergewöhnlicher Reichtum kann seine Gier nach Gold nicht befriedigen. Eines Tages verirrt sich der trunkene Silen* in die Rosengärten des M. Der König nimmt ihn freundlich auf, bewirtet ihn und bringt ihn zu Dionysos* zurück. Daraufhin stellt der Gott dem König einen Wunsch frei. M. wünscht, daß alles, was er berührt, zu Gold werde. Von den Folgen dieser verhängnisvollen Gabe befreit Dionysos den M. durch ein Bad im Flusse Paktolos, der seither Goldsand führt.[1]
Bei dem musikalischen Wettstreit zwischen Apollon* und Pan* entscheidet sich M. für Pan. Apollon läßt ihm daraufhin Eselsohren wachsen.[2]

R.: Das Bad des M. im Paktolos verrät sich als Aition für den Goldsand des Flusses. Die Eselsohren des M. suchte man aus einer ledernen Kopfbedeckung (Kappe aus dem Stirnstück eines Esels oder Pferdes mit absichtlich erhaltenen Ohren) abzuleiten.[3]

N.: G e m ä l d e: Tantalos und M., B. Peruzzi (1481—1536), Rom, Villa Farnesina (Fresko). — Urteil des M., A. Schiavone (gest. 1563), Hampton Court. — M. vor Bacchus, N. Poussin, 1632—36, Mün-

chen, Alte Pinakothek. — Urteil des M., M. J. Schmidt (Kremser Schmidt), 1767, Wien, Akademie der bildenden Künste.
D r a m a t. B e a r b e i t u n g e n: M., J. Lyly, 1589 (Komödie). — King M. and the golden touch, Ch. Chorpenning, 1950.
R o m a n z e n z y k l u s: M., D. Schiebeler, 1774.
R o m a n: König M., Z. Ambrus, 1906.
O p e r n: M., Th. A. Arne, 1734. — M., F. Metzger, 1762 (O'Hara). — Le jugement de M., A. Grétry, 1778 (Text von d'Hèle). — Urteil des M., H. Hermann, 1905 (Text von Wieland). — M., M. Steinberg, 1914. — König M., W. Kempff, 1931. — Die Liebe der Danae, R. Strauß, 1944 (Text von J. Gregor nach dem Szenarium von Hofmannsthal).
L i t e r a t u r: R. Lehmann-Nitsche, König M. hat Eselsohren, in: Zeitschrift f. Ethnologie 68 (1936), 281 ff.

[1] Ov. Met. 11, 85 ff. Serv. Aen. 10, 142. — [2] Marsyas* statt Pan im Wettstreit mit Apollon: Hygin. Fab. 191. — [3] Unter Beibringung zahlreicher volkskundlicher Parallelen: R. Lehmann-Nitsche, a. a. O., 281 ff.

Milchstraße

M.: Die Entstehung der M. wird von den griechischen Mythographen mit der Göttermilch der Hera* in Zusammenhang gebracht. Nur wer als Säugling an ihrer Brust gelegen ist, kann dereinst unter die Unsterblichen aufgenommen werden. Deshalb läßt Zeus* den kleinen Herakles*, den ihm Alkmene geboren hat (s. Amphitryon), durch Hermes* aus der Pflege des Kentauren Cheiron* wegholen und der schlafenden Hera an die Brust legen. Der junge Heros saugt aber so kräftig, daß die Himmelskönigin erwacht und das fremde Kind empört wegstößt. Dabei verspritzt die Göttermilch und ein milchiges Band verbreitet sich über den ganzen Himmel.[1] Ähnliches wurde von verschiedenen Göttersöhnen, auch in römischer Überlieferung (Ops* an Stelle der Hera!), erzählt.[2]

R.: Der Peripatetiker Herakleides Pontikos (4. Jh. v. Chr.) nahm an, daß die Seelen der Verstorbenen von der M. aus zu den Göttern empor- oder zu neuer Einkörperung auf die Erde herabstiegen. Später galt die M. als Aufenthaltsort der Seligen.[3] Die oben wiedergegebene, sicher nicht sehr alte Erzählung mag einerseits von dem äußeren Erscheinungsbild der M., andererseits von der Beobachtung ausgegangen sein, daß der Mensch, der auf Grund besonderer Verdienste unter die Götter aufgenommen werden sollte — das bekannteste Beispiel dafür war eben Herakles — auf dem Bande der M. am besten von der Erde in den Himmel gelangen könne.

N.: G e m ä l d e: Die Entstehung der M., Tintoretto, nach 1570, London, National Gallery. — Juno und die M., Rubens, 1636—38, Madrid, Prado.

[1] Ps.-Eratosth. Katast. 44. Hygin. Astron. 2, 43. — [2] Zeus selbst erschafft die M. zur Erinnerung daran, daß Dionysos* an Heras Brust gelegen: Nonn. Dionys. 35, 302 ff. — [3] Wilamowitz II 313. 534 ff. Vgl. auch Nilsson II 228 f.

Minérva, italische Göttin, die vielleicht aus dem südlichen Etrurien (Falerii) nach Rom kam[1]

R.: M., die Herrin des Handwerks, wurde seit dem Ende des 3. Jh. v. Chr. der griechischen Athene* gleichgesetzt; sie gehörte nicht zu den ältesten römischen Gottheiten.[2] In dem 509 v. Chr. eröffneten Tempel der vermutlich aus Etrurien stammenden Götterdreiheit auf dem Kapitol hatte M. ihre Cella (Raum für das Kultbild) rechts neben der Jupiters*, so wie Juno* die ihre links.[3] Der Stiftungstag ihres Tempels auf dem Aventin war zugleich das Hauptfest der M. in Rom, die sogenannten Quinquatrus (19. bis 23. März). Es war ein Fest der Künstler und Handwerker.[4] Den Lehrern wurde ihr Jahreshonorar ausgezahlt, die Schüler hatten Ferien.[5] M. war auch Kriegsgöttin wie die griechische Athene.[6] — Zu den Darstellungen der bildenden Kunst vgl. Athene.

Literatur: F. Altheim, Athena und Minerva, in: Römische Religionsgeschichte 1 (1951), 190—220.

[1] Altheim, Röm. Religionsgesch. 1 (1951), 199 ff. — [2] Entgegen dieser von den römischen Religionsforschern bisher allgemein vertretenen Auffassung betont Altheim, a. a. O., 210 ff., daß M. nicht erst mit Athene gleichgesetzt wurde, sondern von Anfang an nichts anderes als die griechische Olympierin Athene selbst gewesen sei. — [3] Liv. 7, 3, 5. Vgl. 6, 29, 9. — [4] Dies artificum. Ov. Fast. 3, 809 ff. — [5] Macrob. Sat. 1, 12, 7. Hor. Epist. 2, 2, 197 f. — [6] Ihre Beziehungen zu Mars*: Ov. Fast. 3, 679 ff. Altheim, a. a. O., 213 ff.

Mínos, Sohn des Zeus* und der Europa*, König von Kreta

M.: Wegen seiner gerechten Gesetzgebung und Herrschaft wird M. nach seinem Tode mit seinem Bruder Rhadamanthys und mit Aiakos* als Totenrichter in die Unterwelt* versetzt. Als Richter im Hades erscheint M. schon in der Nekyia,[1] während die spätere Dichtung, besonders die attische Tragödie, in ihm vor allem den bösen König und Feind der Griechen (Athens) sieht.
Um seinen Anspruch auf die Königsherrschaft in Kreta zu rechtfertigen, bittet M. den Poseidon*, einen Stier aus dem Meer emporsteigen zu lassen, und verspricht, ihn dem Gott zu opfern. Poseidon erfüllt diesen Wunsch des Königs. Als aber M. den Stier, statt ihn

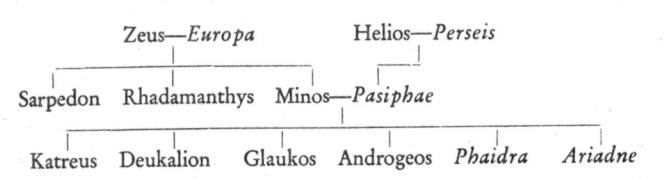

```
        Zeus—Europa            Helios—Perseis
        │         │                │
   Sarpedon  Rhadamanthys     Minos—Pasiphae
                                    │
        │         │          │         │        │        │
     Katreus  Deukalion   Glaukos  Androgeos  Phaidra  Ariadne
```

zu opfern, als erlesenes Prachtexemplar seiner Herde einverleibt, läßt der Gott das Tier wütend werden. In Pasiphae aber, der Gattin des Königs, läßt er eine unnatürliche Leidenschaft zu dem Stier entstehen. Aus ihrer Verbindung geht das Ungeheuer Minotauros hervor, das halb Stier-, halb Menschengestalt besitzt.[2]

M. sperrt den Minotauros in das Labyrinth, das ihm Daidalos* erbaut hat, und läßt ihm Menschen zum Fraße vorwerfen. Als sein Sohn Androgeos in Attika ums Leben kommt, unternimmt M. einen Feldzug gegen Athen. Die Stadt Megara erobert er mit Hilfe der Skylla*. Den Athenern legt er nach ihrer Niederlage die schwere Buße auf, alljährlich sieben Knaben und sieben Mädchen zur Fütterung des Minotauros nach Kreta zu senden. Theseus* tötet den Minotauros und befreit Athen von diesem harten Tribut.
Den Daidalos, der Theseus im Kampf gegen den Minotauros mittelbar unterstützt, sperrt M. samt seinem Sohne Ikaros in das Labyrinth. Daidalos flüchtet nach Sizilien zu dem König Kokalos. Als M. bei Kokalos erscheint und die Auslieferung des Daidalos verlangt, wird er zunächst freundlich aufgenommen, dann aber von den Töchtern des Kokalos mit siedend-heißem Wasser getötet.[3] — Vgl. auch Britomartis.

R.: Die Funktion des M. als Totenrichter beruht auf der Vorstellung einer vergeltenden Gerechtigkeit im Jenseits, die in nachhomerischer Zeit zu einer neuen Mythenbildung führte, wie sie uns vornehmlich aus Platon bekannt ist.[4] Daß M. im griechischen Mythos vor allem als mächtiger und böser Feind hingestellt wird, läßt sich am leichtesten aus Erinnerungen an die alte kretische Seemacht erklären, die einst das ganze Ägäis beherrscht hatte. Der harte Tribut, den M. den Athenern auferlegt, ist wahrscheinlich ein Nachklang historischer Ereignisse.[5]
In der Sage von der Liebe der Helios-Tochter Pasiphae zu dem Stier, den Poseidon aus dem Meer schickt, scheint der vorgriechische Glaube an den göttlichen Himmelsstier mit der indogermanischen Vorstellung des Stiers als Wasserwesen merkwürdig verquickt zu sein.[6] Die Deutung der Pasiphae als das Land Kreta mit seiner unnatürlichen Neigung zu Erdbeben (der brüllende Stier als Ausdruck seismischer Tätigkeit!)[7] wirkt nicht überzeugend.

N.: Euripides brachte Pasiphae und ihre Liebe zu dem Stier in den „Kretern" auf die Bühne, von denen wir Fragmente besitzen. — Nach König M. wurde die altkretische Kultur von ihrem Entdecker Sir Arthur Evans als minoisch bezeichnet.

P l a s t i k: Theseus als Sieger über den Minotaurus, Canova, 1782, Modell in Possagno, Canova-Museum.

G e m ä l d e: Minotaurus, G. F. Watts (1817—1904), London, Privatbesitz.

D r a m a t. B e a r b e i t u n g: Pasiphae, H. de Montherlant, 1953.

D i c h t u n g: M. king of Crete, M. Hewlett, 1911.

Romane: M. oder die Geburt Europas, F. Spunda, 1931. — Ariadne and the bull, E. Farjeon, 1945.
Walzer: Minos-Klänge, „den Herrn Hörern der Rechte an der Hochschule zu Wien" gewidmet, Joh. Strauß Vater, 1843.
Ballett: The Minotaur, J. Taras, 1946.
Literatur: F. Weißengruber, Labyrinthus. Hic habitat Minotaurus, in: Festschrift zum 400jährigen Jubiläum des hum. Gymnasiums in Linz, Linz 1952, 127—147. — J. Forsdyke, Minos of Crete, in: Journal of the Warburg and Courtauld Inst. 15 (1952), 13—19. — L. Cottrell, The Bull of Minos, London 1954.

[1] Hom. Od. 11, 568 ff. Hier ist M. aber noch nicht Totenrichter, der über Lohn und Strafe im Jenseits entscheidet, sondern er schlichtet die Streitigkeiten der Hadesbewohner und setzt so seine irdische Tätigkeit in der Unterwelt fort: Nilsson I 426. — [2] Eur. Fr. 471 f. N. aus den „Kretern"; vgl. Supplem. Eurip., ed. Arnim 1913, 22 ff. Diod. 4, 77. Plut. Thes. 15 ff. — [3] Diod. 4, 79, 2. Paus. 7, 4, 6. Apollod. Epit. 1, 12—15. — [4] Nilsson I 774 f. — [5] Die griechischen Historiker kannten eine Überlieferung von dem einst mächtigen kretischen Inselreich: Hdt. 1, 171. Thuk. 1, 4. — [6] Vgl. Lesky 132 f. — [7] J. Schoo, Mnemosyne ser. 3, Bd. 4 (1936/37), 291 f.

Minótauros (Minotaúros) s. Minos

Míthras, persischer Gott

R.: Die M.-Religion beruhte auf der dualistischen Lehre des Mazdaismus, die den Sinn der Welt im Kampf zwischen dem Prinzip des Guten (vergöttlicht als Ahura-Mazda, Schöpfer der Welt und der guten Dinge) und des Bösen (vergöttlicht als Ahriman, Herr der bösen Dämonen) sah. M. war für die Iranier der „unbesiegbare" Sonnen- und Lichtgott, Symbol der Reinheit und Keuschheit. Wer sich seiner Lehre anschloß, mußte wie der Rekrut einen Eid ablegen und in dem Heer des Gottes als „Soldat" dienen. Gehorsam, Treue, Wahrhaftigkeit und ein geläuterter Ehrbegriff zeichneten den M.-Anhänger aus, der in seinem persönlichen Leben den Kampf gegen die Dämonen Ahrimans mitkämpfen mußte, dafür aber nach seinem Tode für seine Seele ein gnädiges Gericht und am Ende der Welt auch für seinen Leib die Unsterblichkeit durch Vermittlung des M. erwarten durfte. In ihren Mythen und Riten erfuhr die M.-Religion zwar chaldäischen, kaum aber griechischen Einfluß. M.-Denkmäler, die nicht von römischen Soldaten stammen, gehören in Hellas zu den größten Seltenheiten. [1] Während die griechische Sprache viele theophore (aus Götternamen gebildete) Eigennamen aufweist, die von ägyptischen oder phrygischen Gottheiten abgeleitet sind, wie Isidoros, Serapion, Metrodoros, Metrophilos usw., stammen die mit M. zusammengesetzten Namen aus barbarischem Bereich. [2] Der bekannteste, Mithradates, der in der pontischen Dynastie so beliebt war, beweist neben Denkmälern aus Trapezunt, daß sich M. im Nordosten Kleinasiens festgesetzt hatte. Der Kult des Gottes, der soldatische Tugenden und den persönlichen Einsatz in einem gefahrvollen Leben verlangte, wurde durch Soldaten und Seeleute über das ganze Imperium Romanum, bis an dessen äußerste Grenze im Norden, Nordwesten und Südwesten verbreitet. Die durch ihre Geschlossenheit schlagkräftige Lehre eroberte aber auch die führende Schicht des römischen Reiches und schließlich das Herrscherhaus. Kaiser Commodus (180—192) ließ sich in die M.-Mysterien einweihen. Die Kaiser Diokletian, Galerius und Licinius aber ließen anläßlich der Kaiserkonferenz des Jahres 308 in Carnuntum „dem Beschützer ihres Reiches" sein gut ausgestattetes Heiligtum renovieren.[3] Hier, an der Donau, und am Rhein scheint die M.-Religion besonders tief verankert gewesen zu sein.

N.: Plastiken: Antiochos I. vor M., Steinrelief aus Nimrud Dagh. — M., den Stier tötend, Rom, Konservatorenpalast. — Dass., Paris, Louvre (Relief). — Dass., Karlsruhe, Landesmuseum (Relief von Osterburken). — M.-Darstellungen in den Mithräen wie in denen von Dura-Europos, Carnuntum, Pettau usw. — A. Rossellino, M., Grab des Kardinals von Portugal, 1461, Florenz, San Miniato.

Literatur: F. Cumont, Les Mystères de Mithra, [1]1900, deutsch [3]1923. — J. Leipoldt, Die Religion des Mithra, Leipzig 1930. — F. Saxl, Mithras, Leipzig 1931. — C. Clemen, Der Mithrasmythus, in: Bonner Jahrbücher 142 (1937), 13 ff. — A. D. Nock, The Genius of Mithraism, in: Journ. Rom. Stud. 27 (1947), 108 ff. — Weitere Lit. bei Nilsson II 641 A. 1. — M. J. Vermaseren, Corpus inscriptionum et monumentorum religionis Mithriacae, den Haag, Bd. 1, 1956.

[1] Nilsson II 642. — [2] F. Cumont, Die oriental. Religionen im röm. Heidentum, [3]1931, 136. — [3] CIL III 4413. E. Swoboda, Carnuntum, Wien [2]1953, 60 f.

Mnemosýne s. Musen, s. auch Zeus

Moíren

M.: Bei Hesiod sind die drei M. Töchter des Zeus* und der Themis*.[1] Man brachte sie mit dem Bilde des Lebensfadens in Zusammenhang: Klotho spinnt den Lebensfaden, Lachesis teilt das Lebenslos zu (sie erhält den Lebensfaden durch alle Zufälligkeiten), Atropos, die Unabwendbare, durchschneidet ihn.

R.: Ursprünglich bedeuteten die M. die Anteile an Lebensschicksalen, die den einzelnen Menschen zufallen. Es hatte also zunächst jedermann seine individuelle Moira. Allmählich wurden diese M. personifiziert und ihre Vielzahl auf die Dreizahl beschränkt. Bei der Personifikation und Vergöttlichung der M. mag das Märchenmotiv der Feen, die an der Wiege des neugeborenen Kindes erscheinen und ihm Geschenke bringen, mitgewirkt haben.[2] Das Bild der M. als Spinnerinnen hat man auf die vorgriechische Auf-

fassung der Erdgöttin als spinnender, Wolle abwägender Frau zurückzuführen versucht.³
Homer spricht nur von e i n e r dem einzelnen Menschen oder Gott zugehörigen Moira, die vielfach als Todes- oder Unglücksgöttin erscheint.⁴ Sie darf jedoch nicht als allmächtiges Schicksal aufgefaßt werden, dem Götter und Menschen unterworfen sind.⁵ — Den griechischen M. entsprachen die römischen Parzen.

N.: G e m ä l d e: Die Parzen, Rubens (1577—1640), Paris, Louvre. — Die Parzen, G. M. Crespi (1665—1747), Bologna, Palazzo Campogrande. — Die Parzen, F. Goya (1746—1828), Madrid, Prado. — Die Parzen, K. Rahl (1812—65), Wien, Galerie des 19. Jh.

H o l z s c h n i t t: Die Parzen, H. Baldung, 1513.

K o n z e r t k a n t a t e: Gesang der Parzen, Brahms, 1882.

L i t e r a t u r: E. Leitzke, Moira und Gottheit im alten griechischen Epos, Diss. Göttingen 1930. — E. Steinbach, Der Faden der Schicksalsgottheiten, Leipzig 1931. — W. Krause, Zeus und Moira bei Homer, in: Wiener Studien 64 (1949), 10—52.

¹ Hes. Theog. 904 ff. — ² Nilsson I 340. — ³ W. Krause, Wiener Stud. 64 (1949), 51 und A. 127 unter Hinweis auf Hom. Il. 12, 433 ff. — ⁴ Hom. Il. 5, 613. 18, 119. 19, 87. 410. Od. 3, 269. 11, 292. — ⁵ W. Krause, a. a. O., bes. 29 ff.

Molioníden (oder Aktorione), die beiden Söhne des Aktor (oder des Poseidon*) und der Molione, Eurytos und Kteatos

M.: Für ihren Onkel Augeias kämpfen sie gegen Herakles*.¹

R.: Die M. sind aus einem Ei hervorgegangen. Mit ihren zusammengewachsenen Körpern stellen sie ein Gegenstück zu den siamesischen Zwillingen dar. Die M. wurden aber auch als eines der berühmten Zwillingspaare aufgefaßt wie die Dioskuren*, die Apharetiden, Amphion* und Zethos usw.²

L i t e r a t u r: B. Schweitzer, Herakles, Tübingen 1922, 107—129

¹ Hom. Il. 11, 709 f., 750 ff. — ² Schol. Il. 11, 709. Paus. 5, 1, 10—21.

Molossós (Molóssos), Sohn des Neoptolemos

Mómos, griechische Personifikation des Tadels

Mond s. Selene

Monéta s. Juno

Mópsos, griechischer Seher, s. Kalchas

Morphéus (Mórpheus), Sohn des Hypnos*, griechischer Gott der Träume

R.: Der Name M. ist von dem griechischen morphe (= Gestalt) abgeleitet; unbegrenzter Gestaltwandel ist ja für die Traumbilder charakteristisch. In der Religion spielten zwar die Träume und ihre Deutung, nicht aber die blasse Gestalt des M. eine Rolle. Da die Träume im Schlaf kommen, wurde M. ein Sohn des Hypnos genannt.[1]

N.: M. wurde zumeist geflügelt dargestellt.

Plastik: M., J. A. Houdon, 1777, Paris, Louvre.

Gemälde: M. und Halkyone, F. Gessi (1588—1649), Wien Kunsthistor. Museum.

[1] Ov. Met. 11, 633 ff.

Mormó (Mórmo), griechisches Gespenst und Kinderschreck, Gestalt des Volksglaubens

Musen, Töchter des Zeus* und der Mnemosyne[1]

M.: Aus der ursprünglich einzelnen Muse ist schon bei Homer und Hesiod ein Chor von neun Schwestern geworden, die dem Göttermahle im Olymp beiwohnen, auf Erden aber in Pierien (östlich des Olymp in Thessalien) oder auf dem boiotischen Helikon (Quelle Hippukrene) oder dem Parnaß bei Delphi (Quelle Kastalia*) anzutreffen sind. Hier tanzen und singen sie unter Führung Apollons*, der in dieser Funktion den Beinamen Musagetes trägt. Wer sich anmaßt, den M. im Sangeswettstreit gleichzukommen, muß nach seiner Niederlage strenger Strafe gewärtig sein. Die Sirenen* verlieren so ihr Gefieder, der Sänger Thamyris* das Augenlicht und den Gesang.[2]

Die schon dem Epos bekannten Namen der neun M. wurden später mit einzelnen Funktionen verknüpft, die den gesamten Umkreis der dem Griechen als musisch geltenden Künste umfaßten und in der bildlichen Darstellung der M. durch entsprechende (mitunter allerdings wechselnde) Attribute zum Ausdruck kamen. Erató (Eráto), Muse der Lyrik, insbesondere der Liebesdichtung, mit einem Saiteninstrument in Händen. Eutérpe, Muse der vom Flötenspiel begleiteten lyrischen Poesie, mit Doppelflöte dargestellt. Kalliópe (Kallíope), Muse der epischen Dichtung und der Wissenschaft, mit Tafel oder Buchrolle und Griffel versehen. Kleió (Klío), Muse der Geschichtsschreibung, mit Griffel und Buchrolle, allenfalls mit einer Bücherkiste ausgestattet. Melpoméne (Melpómene), Muse des Gesanges und der Tragödie, mit tragischer Maske, Keule und einem Kranz von Weinlaub geschmückt. Polyhymnía (Polyhýmnia), Muse des ernsten, instrumental begleiteten Gesanges, in der Regel ohne Attribute, gelegentlich mit einer Buchrolle, stets in ernster, sinnender Haltung dargestellt. Terpsichóre (Terpsíchore), Muse des Tanzes, an Lyra und Plektron, oft an der tanzenden Stellung zu erkennen. Tháleia (Thalía), Muse der Komödie, durch eine komische Maske, einen Efeukranz und Krummstab gekennzeichnet. Uranía, Muse der Astronomie, mit Himmelsglobus und Zeigestab dargestellt.

R.: Die ursprünglich einzelne Muse war Schutzgottheit des Rhapsoden. Das Element der Gedächtniskraft, das wohl auch in ihrem Namen steckt,[3] war für den Rhapsoden zur Ausübung seiner Kunst unerläßlich. Die Anrufung der Muse zu Beginn eines Werkes gehörte daher seit ältester Zeit (Homer) zur Tradition griechischer Dichtkunst. So wurde auch Mnemosyne (= Gedächtnis, Erinnerung) als Mutter der neun M. angesetzt. Deutlich ist auch die Verbindung der M. mit Quellen (vgl. oben), so daß man in ihnen ursprüngliche Quellgottheiten vermuten möchte.[4]

Da die M. im Laufe der Zeit zu Beschützerinnen alles Geistigen wurden, treffen wir ihre verschiedentlich bezeugten Kulte vor allem im Zusammenhang mit Stätten des geistigen Lebens. Schulen, Gymnasien und Zirkel von Philosophen unterstellten sich dem Schutz der M. und ließen ihnen Statuen errichten. Es gab auch nach den M. benannte Schulfeste (Museia), bei denen die Schüler zeigen konnten, was sie gelernt hatten.[5]

N.: P l a s t i k e n: Musengruppe (zu Unrecht dem Philiskos v. Rhodos zugeschrieben), 3. Jh. v. Chr. (Original Bronze); Kopien: Rom, Istanbul. — Apotheose Homers, Archelaos von Priene, um 125 v. Chr., London, British Museum (Relief). — Polyhymnia, Canova, 1815, Wien, Hofburg.

G e m ä l d e: Der Parnaß, Mantegna, 1497, Paris, Louvre. — Der Frühling, Botticelli, um 1480, Florenz, Kunstakademie. — Urania, G. Pencz (ca. 1500—50), Pommersfelden. — Die neun M., Tintoretto (1518—94), Hampton Court. — Minerva und die M., H. Rottenhammer, 1603, München, Privatbesitz. — Erato, Polyhymnia und Melpomene, E. Le Sueur (1617—55), Paris, Louvre. — Euterpe, Tiepolo (1696—1770), Berlin, Privatbesitz. — Apollon und die neun M., R. Mengs, 1761, Rom Villa Albani (Deckengemälde). — Bacchus unter den M., B. Genelli, 1868, München, Galerie Schack.

D i c h t u n g e n: Mnemosyne, Hölderlin. — Die M., P. Claudel (deutsch von F. Blei, 1917).

O p e r n: Les muses, A. Campra, 1703 (Text von A. Danchet). — Terpsichore, Händel, 1734.

L i t e r a t u r: P. Boyancé, Le culte des Muses chez les philosophes grecs, Paris 1937. — E. R. Curtius, Die Musen, in: Europäische Literatur und lateinisches Mittelalter, Bonn 1948, 233—250. — W. F. Otto, Die Musen und der göttliche Ursprung des Singens und Sagens, Düsseldorf-Köln 1955.

[1] Hes. Theog. 75 ff. 915 ff. — [2] Hom. Il. 2, 594 ff. Apollod. Bibl. 1, 3, 3. — [3] Griech. musa = „die Sinnende". — [4] Kern I 208. — [5] Deubner 217.

Myrmidónen, s. Achilleus

Mýrrha, Mutter des Adonis

Myrtílos (Mýrtilos), Sohn des Hermes*, Wagenlenker des Oinomaos
M.: M. hilft Pelops*, Hippodameia, die Tochter des Oinomaos, zu gewinnen und verschuldet so den Tod seines Herrn. Da er selbst Hippodameia liebt, versucht er, sich ihrer zu bemächtigen, wird aber von Pelops ins Meer gestürzt.[1] Nach seinem Tode wird M. von seinem Vater als Sternbild Fuhrmann (Auriga) an den Himmel versetzt.[2] Andererseits erscheint er aber auch als Frevler unter den Büßern in der Unterwelt*.

R.: Der listige und gewalttätige M. ist ein echter Sohn des Hermes. In Pheneos (Arkadien) zeigte man hinter dem Tempel des Hermes das Grab des M.[3] Man brachte aber auch den Namen des Myrtoischen Meeres mit ihm in Zusammenhang und lokalisierte seinen Sturz ins Meer zumeist an den Geraistischen Klippen (Südspitze Euboias).

[1] Zu den zahlreichen einander teils widersprechenden Varianten dieser Geschichte vgl. Robert 213 ff. — [2] Ps.-Eratosth. Katast. 13. — [3] Paus. 8, 14, 10.

Mysterien s. Demeter

N

Naiáden s. Nymphen

Nárkissos (Narkíssos), Sohn des Flußgottes Kephissos und der Naiade Leiriope

M.: Der schöne Jüngling verschmäht die Liebe der Nymphe Echo* und wird von Aphrodite* (oder Nemesis*) mit unstillbarer Selbstliebe bestraft. Beim Trinken beugt er sich über eine Quelle und verliebt sich in sein eigenes Bild. Da ihm der Gegenstand seiner Liebe unerreichbar bleibt, verzehrt er sich immer mehr vor Sehnsucht, bis er schließlich in die nach ihm benannte Narzisse verwandelt wird.[1]

R.: Die Erzählung von N. gehört in die Gruppe der Pflanzenverwandlungssagen. Während hier eine Verwandlung des Jünglings in eine Blume angenommen wird, ist N. im Grunde umgekehrt die Personifikation der Narzisse. Sein Widerstand gegen die Liebe und die Bestrafung dieses Verhaltens wurde mit dem Eros*-Kult in Thespiai in Zusammenhang gebracht.[2] Andererseits erinnert N. aber auch an Daphnis*, der ebenfalls die Liebe verschmäht und dann an ihr zugrunde gehen muß. — Das Betrachten des eigenen Spiegelbildes und der darauf erfolgende Tod des N. hängt vielleicht mit dem antiken Spiegelzauber zusammen.[3]

N.: Plastik: N., G. Grupello (1644—1730).

Gemälde: N., G. A. Boltraffio (1467—1516), London, National Gallery. — N., G. Mocetto (ca. 1458 bis ca. 1531). — N., Franciabigio (1482—1525), London, Sammlung Benson. — N., A. Schiavone (gest. 1563), Wien, Privatbesitz. — N., Domenichino, um 1602—03, Rom, Palazzo Farnese (Fresko). — N., F. Lemoyne (1688 bis 1737), Hamburg, Kunsthalle. — Echo und N., G. F. Watts (1817 bis 1904), London, Tate-Gallery.

Dramat. Bearbeitungen: Eco y Narciso, Calderon. — Narcisse, A. F. Herbold, 1868. — Narzissos, M. Pulver, 1919. — Narziß, W. Riemerschmied, 1955.

Dichtung: N., E. Carpenter, 1873.

Opern: Narcisso ed Eco immortalati, F. Cavalli, 1642 (Text von O. Persiani). — Narcisso, C. Bozzio, 1676 (Text von F. de Lemene). — Narcissus, J. S. Kusser, 1692 (Text von G. Fiedler). — Narcissus, G. F. Stölzel, 1711 (Text vom Komponisten). — Narcisso, D. Scarlatti, 1714 (Text von A. Zeno). — N., G. Sarti, 1763 (Text von A. Zeno). — Eco e Narcisso, Gluck, 1779 (Text von J. B. L. Th. Tschudi). — Narcisse, Massenet, 1878.

---

[1] Ov. Met. 3, 339—510. Auch andere schöne Knaben werden in Blumen verwandelt: Serv. Ecl. 2, 47 f. Nonn. Dionys. 48, 581 ff. Vgl. auch Hyakinthos. — [2] S. Eitrem in RE XVI/2, Sp. 1727. Vgl. Konon Fr. 24 (Jacoby, Fr. Griech.

Hist. I 197 f). — ³RE XVI/2, 1728. In den antiken Traumbüchern bedeutete: Sich spiegeln = Tod.

Naúplios, Sohn des Poseidon* und der Amymone*, von Klymene Vater des Palamedes*, König von Euboia

M.: Als Palamedes durch die Intrige des Odysseus* des Hochverrates verdächtigt und von den Griechen gesteinigt wird, begibt sich N. in das griechische Heerlager und fordert Genugtuung für die Ermordung seines Sohnes. Er wird von den Heerführern höhnisch abgewiesen.
Bei der Rückkehr der griechischen Flotte nach der Eroberung Troias gibt N. von dem euboiischen Vorgebirge Kaphereus aus irreführende Feuerzeichen und läßt die Schiffe auf die Felsklippen auffahren, so daß ein Großteil der Besatzungen zugrunde geht.[1]

N.: G e m ä l d e: Die Rache des N., G. B. de Rossi (1494—1541), Fontainebleau (Fresko).

[1] Eur. Hel. 766 f. 1126 ff. Apollod. Epit. 6, 7—11. Schol. Eur. Or. 432.

Nausikáa (Nausíkaa), Tochter des Alkinoos, Königs der Phaiaken*

M.: Odysseus*, dessen Floß in einem von Poseidon* gesandten Sturm zerbrochen ist, kann sich mit Hilfe der Meeresgöttin Ino*-Leukothea an das Ufer der Phaiaken-Insel Scheria retten. Nun schläft er, erschöpft von den überstandenen Anstrengungen, 30 Stunden lang im Dickicht. Inzwischen ist N. mit ihren Mädchen aus der Stadt an den Strand gefahren, um hier Wäsche zu waschen. Nach getaner Arbeit baden die Mädchen und vertreiben sich die Zeit bis zum Trocknen der Wäsche mit Ballspiel. Als der Ball ins Wasser fällt, schreien die Gespielinnen auf, Odysseus erwacht und tritt nackt aus dem Dickicht hervor. Während die anderen Mädchen aufkreischend vor dem „Wilden Mann" die Flucht ergreifen, hält N. stand und gewährt dem Schiffbrüchigen auf seine wohlüberlegte Bitte ihre Hilfe. Sie bringt Odysseus, der nach einem Bad frisch gesalbt und gekleidet in der ganzen Herrlichkeit des Helden erscheint, in die Stadt zum Palast ihres Vaters.[1]

N.: Berühmt war die heute verlorene Tragödie „Nausikaa" des Sophokles, in der der Dichter selbst in der Rolle der N. als eleganter Ballspieler auftrat.

P l a s t i k: Odysseus und N., E. Gill (1882—1940), Morecambe (England).

G e m ä l d e: Odysseus und N., Rubens, 1630—35, Florenz, Palazzo Pitti. — Odysseus und N., P. Lastman, 1619, Augsburg, Galerie. — Odysseus und N., J. H. W. Tischbein, 1819, Oldenburg, Schloß. — Odyseelandschaft mit N., Massimo d'Azeglio, 1866, Turin, Galerie.

D r a m a t. B e a r b e i t u n g e n: N., Goethe, 1786—88 (Fragment). — N., A. Widmann, 1858. — N., H. Schreyer, 1884. — N., E. Ros-

mer, 1906. — Odysseus auf Scheria, H. Helge, 1907. — N., O. Weddingen, 1909. — Odysseus und N., R. Faesi, 1911. — N., H. Langenhagen, 1929. — N., W. Becker, 1939. — N., E. Peterich, 1943.
E p e n: Telemach und N., J. J. Bodmer, 1776. — N., K. Grassberger, 1930.
D i c h t u n g e n: N., R. Garnett, 1893. — N., W. Hundertmark, 1939.
R o m a n e: N., J. Gall, 1892. — N., S. Berger, 1941. — Homer's daughter, R. Graves, 1955 (deutsch von F. G. Pincus, 1956).
O p e r: N., A. Bungert, 1901 (3. Teil der Tetralogie: Die Homerische Welt).
L i t e r a t u r: F. Neumeyer, Odysseus und Nausikaa. Ein Beitrag zur Tiefenpsychologie der Geschlechter, in: Universitas 6 (1951), 27—32.

[1] Hom. Od. 6.

Neléus (Néleus), Sohn der Tyro, Vater des Nestor

Nemeischer Löwe, s. Herakles, 1. Arbeit

Némesis, griechische Göttin

M.: N. erscheint bei Hesiod neben der Aidos, der sittlichen Scheu,[1] ein andermal als Tochter der Nacht.[2] Sie sorgt für die richtige Verteilung von Glück und Recht im Menschenleben und straft jede menschliche Überheblichkeit (Hybris).[3] — Nach einer besonderen Sagenversion gilt N. als Mutter der Helena* von Zeus,* dem sie sich durch die Flucht und die Verwandlung in verschiedene Tiere vergeblich zu entziehen sucht. In Gestalt eines Schwanes und einer Gans feiern die beiden Götter Hochzeit.[4]

R.: N. bedeutet im Griechischen das Zuteilen des Gebührenden (vom Verbum nemein) und gleichzeitig den Unwillen über Unrecht und Ungebührliches (nemesan), z. B. über unverdientes Glück. Die Personifikation dieses gerechten Unwillens kennt Homer noch nicht. Die aus den Kypria stammende Version von der Vogelhochzeit des Zeus und der N. trägt urtümliche Züge an sich.[5]
Hauptkultstätten der N. waren Rhamnus (Attika) und Smyrna. Im Sinne des Zuteilens als eines Vergeltens für Untaten konnte N. auch die Rächerin des Frevels sein. Sie hat verschiedene Beziehungen zum Tod und zu den Toten; so erklärt sich ihre Verehrung von seiten der Soldaten. Aber auch als Göttin der Agone (Wettkämpfe aller Art) wurde N. in der Kaiserzeit besonders in den Amphitheatern und Rennbahnen verehrt.

N.: Im Hymnos des Mesomedes erscheint N. als Schicksalsgöttin, die die Funktionen der Dike und der Tyche* in sich vereinigt.

K u p f e r s t i c h: N., Dürer, um 1503.

Hymnos: An N., Mesomedes, 1. Hälfte des 2. Jh. n. Chr.
Literatur: B. Schweitzer, Dea N. Regina, in: Jahrb. d. Dt. Archäol. Inst. 46 (1931), 175—246. — J. Coman, L'Idée de la Némésis chez Eschyle, Paris 1931. — K. Kerényi, Die Geburt der Helena, Zürich 1945.

[1] Hes. Werke 200. — [2] Hes. Theog. 223 f. — [3] Aisch. Fr. 266 N. Pind. Pyth. 10, 44. Soph. El. 792. — N. überwacht frevlerische und überhebliche Reden der Menschen: Plat. Ges. 717 D. Kallim. Hymn. 6, 56. Nonn. Dionys. 1, 481. — [4] Helena geht aus einem Ei hervor, das die in eine Gans verwandelte N. gelegt hat: Apollod. Bibl. 3, 10, 7. Paus. 1, 33, 7 f. — [5] Vgl. K. Kerényi, Die Geburt der Helena, 9 ff., der in der N. des Kypriendichters nicht nur eine große Göttin, sondern ein Symbol sieht: „Ein sprechendes Bild der kosmischen Weiblichkeit, die ihre Tochter und Doppelgängerin, das schöne Übel für die Menschheit gebar" (S. 26).

Neoptólemos (oder Pýrrhos)[1], Sohn des Achilleus* und der Deidameia

M.: N. wird am Hofe des Königs Lykomedes auf der Insel Skyros geboren. Da seine Anwesenheit zur Eroberung Troias* unerläßlich ist, wird er gegen Ende der Belagerung von Odysseus* und Phoinix aus Skyros geholt.[2] N. erhält die herrliche Rüstung seines Vaters und zeichnet sich im Kampf aus.
Im „Philoktetes" des Sophokles unterstützt er Odysseus bei dem schwierigen Unternehmen, den Bogen des Herakles* dem einsamen Philoktetes* auf Lemnos abzunehmen und zum griechischen Heer zu bringen. N. ist dabei als edler, lauterer Charakter gezeichnet, dem Trug und Verstellung von Grund aus zuwider sind.[3]
Er gehört ferner zu der Gruppe von Helden, die sich in das hölzerne Pferd einschließen lassen. Bei der Eroberung der Stadt wütet er gegen die Troer. Den greisen König Priamos* erschlägt er am Altar des Zeus* Herkeios.[4] Die Königstochter Polyxene* opfert er am Grabe seines Vaters.
Bei der Verteilung der Beute erhält N. neben Helenos Hektors Gattin Andromache* als Sklavin; er nimmt sie mit nach Epeiros und zeugt mit ihr den Molossos.[5] Vor dem Fall Troias hat Menelaos* dem N. die Hand seiner Tochter Hermione versprochen. Hermione ist aber inzwischen die Braut des Orestes* geworden, der nun nach der Ermordung seiner Mutter von den Erinyen* verfolgt wird. N. heiratet Hermione, wird aber in Delphi von Orestes getötet.[6]

R.: Der Name N. (= Held des neuen Krieges) wurde für den in der Ilias noch unbenannten Sohn des Achilleus und der Deidameia als Zerstörer Troias nach dem Tode seines Vaters erfunden.[7]

N.: Dramat. Bearbeitungen: Hermione, J. F. Brömel, 1778. — Orest und H., F. G. Steidele, 1788. — Pirro re di Epiro, G. Gamerra, 1798 (Musik von N. A. Zingarelli).

Opern: Ermione, G. A. Bernabei, 1680 (Text von V. Terzago). — Die glücklich wiedererlangete Hermione, Chr. H. Postel, 1695.

— Pyrrhus et Polyxène, A. Dauvergne, 1763 (Text von Joliveau).
— Ermione, Rossini, 1819 (Text von Tottola). — Pyrrhus in Delphi, E. Seidelmann, 1834 (Text von Perglass). — Hermione, M. Bruch, 1872.

B a l l e t t: Pyrrhus und Polyxena, P. Winter, 1781.

L i t e r a t u r : J. Perret, Les origines de la légende troyenne de Rome (281—31), Paris 1942, 213—233. — A. Lesky, Der Ablauf der Handlung in der „Andromache" des Euripides, in: Anzeiger Österr. Ak. Wiss. phil. Kl. 84 (1947), 99 ff.

[1] Der Name Pyrrhos erscheint schon in den Kypria, also im epischen Kyklos, setzte sich aber erst mit dem steigenden Einfluß der in Epeiros herrschenden Familie seit dem 4. Jh. durch. Die römischen Dichter bevorzugen den Namen Pyrrhus für N. — [2] Hom. Od. 11, 506 ff. Soph. Phil. 343 ff. — [3] Vgl. A. Lesky, in: Neue Jahrbücher für Wissenschaft und Jugendbildung 8 (1932), 409 f.; Neue Jahrbücher für Antike und deutsche Bildung 2 (1933), 370 bis 372. — [4] Eur. Hek. 21 ff. Verg. Aen. 2, 533 ff. — [5] Apollod. Epit. 6, 12. — [6] Apollod. Epit. 6, 14. Hom. Od. 4, 3 ff. und Schol. — Hermione ist mit Orestes verheiratet und erwartet ein Kind von ihm: Schol. Eur. Andr. 32. — Menelaos hat Hermione vor Beginn des Feldzuges mit Orestes verheiratet: Eur. Andr. 966 ff. — Nach anderer Version wird Neoptolemos von einem delphischen Priester oder anderen Bewohnern Delphis erschlagen: Schol. Eur. Or. 1655. Schol. Eur. Andr. 53. Vgl. Eur. Andr. 1085 ff. Ausführliche Behandlung der Überlieferung bei Robert, 1453—1469. — [7] Robert 1218 f.

Nephéle, Mutter des Phrixos

Neptúnus, römischer Gott des Meeres, dem griechischen Poseidon* entsprechend

M.: N. hat wie die meisten römischen Götter keine bodenständigen Legenden.

R.: Als Gott der Rennbahnen hatte er einen Tempel am Circus Flaminius in Rom. Sein Fest wurde am 23. Juli gefeiert. — Im übrigen vgl. Poseidon.

Nereíden, die 50 Töchter des Nereus*

M.: Die N. sind freundliche Meeresnymphen. Sie bilden das Gefolge des Poseidon* und der Amphitrite*, die selbst den N. angehört. Sie erheitern die Seeleute durch Spiel und Tanz [1] und helfen ihnen in Seenot. [2] Thetis* und Galateia sind N.

R.: Mit Ausnahme der wenigen oben angeführten zeigen die N. keine individuellen Züge, sondern treten im großen Schwarm auf. Von vier großen erhaltenen Katalogen mit vielfach wechselnden Namen ist der des Hesiod der einzige, der alle 50 N.-Namen nennt. [3] In ihnen spiegeln sich alle Reize und Schönheiten des Meeres wider. [4] Der Glaube an Elementargeister, die in binnenländischen Flüssen und Quellen hausen, gehört zu dem alten indogermanischen Gut, das die Einwanderer nach Hellas mitbrachten. Hier dehnten die Griechen nach ihrem Bekanntwerden mit dem Meer diesen Glauben auf die Meeresnymphen aus. So wundert es uns auch nicht, daß die N. öfter mit den ihnen verwandten Okeaniden verwechselt wurden, und daß schließlich im neugriechischen Volksglauben die Neraides alle Nymphenarten umfassen.[5]

N.: Plastik: Statuen vom Nereidenmonument in Xanthos, 5. bis 4. Jh. v. Chr., London, British Museum.

Gemälde: Triton und Nereide, Böcklin, 1873, München, Galerie Schack.

Dichtung: Nereides, W. Diaper, 1712.

Literatur: F. Fischer, Nereiden und Okeaniden in Hesiods Theogonie, Diss. Halle 1934. — Ch. Picard, Néréides et Sirènes, in: Annales de l'École des Hautes-Études de Gand, 1938, 125—153.

[1] Eur. El. 433 f. Iph. Taur. 427 ff. Ion 1080 ff. — [2] Hes. Theog. 252 ff. Anthol. Pal. 6, 349. — Alexander der Große opferte den N. bei der Überfahrt nach Asien: Arrian, Anab. 1, 11, 6. — [3] Hes. Theog. 243 ff. — [4] Lesky 114 f. — [5] Lesky 118 f.

Nereús (Néreus), Sohn des Pontos* und der Gaia*[1]

M.: Von der Okeanide Doris ist N. Vater der 50 Nereiden.[2] Er besitzt wie andere Meeresgötter die Gabe der Weissagung. Herakles* fragt ihn um Rat auf seiner Fahrt nach dem Garten der Hesperiden*. N. sucht sich durch verschiedene Verwandlungen — eine allen Wasserwesen zukommende Eigenschaft — ihm zu entziehen, wird aber zuletzt von Herakles gezwungen, ihm Rede zu stehen.[3]

R.: N., dessen Name zu der indogermanischen Wurzel snā (Bedeutung: Fließen, Feuchtigkeit) gehört, war nie viel mehr als der greise Vater der Nereiden; er hatte keine Kulte.[4]

[1] Hes. Theog. 233 ff. — [2] Kataloge von Nereiden: Hom. Il. 18, 39—49. Hes. Theog. 243—264. Hom. Hymn. Dem. 417—423. Verg. Georg. 4, 336—344. Apollod. Bibl. 1, 2, 7. — [3] Apollod. Bibl. 2, 5, 11. — [4] Lesky 107 denkt daran, N. sei ursprünglich eine Art Wassermann gewesen, der erst bei größerer Vertrautheit der Griechen mit dem Meere dort angesiedelt wurde.

Néssos, Kentaur, s. Herakles, S. 142 u. A. 35

Néstor, Sohn des Neleus und der Chloris, König von Pylos (Messenien)

M.: Im Feldzuge des Herakles* gegen Pylos fallen Neleus und die elf Brüder Nestors. Er selbst wird in Gerenia erzogen und entgeht dadurch dem Tode.[1]
N. nimmt an dem Kampf der Lapithen gegen die Kentauren*, an der kalydonischen Jagd und an dem Argonautenzug teil. In hohem Alter führt er 90 Schiffe von Pylos gegen Troia*. Während des troischen Krieges nützt er den Griechen zwar kaum durch physische Kampfkraft, die ihm ja längst entschwunden ist, wenn er auch

gern von ihr erzählt, wohl aber durch seine Lebenserfahrung und glänzende Beredsamkeit. Der weise Rat des greisen N. wurde sprichwörtlich.
Vor Troia verliert N. seinen Sohn Antilochos, der von der Hand des Memnon* fällt.[2] Er selbst kehrt als einer der wenigen Griechen unversehrt in seine Heimat zurück.[3]

R.: Den in Pylos heimischen N. verbanden antike Genealogen mit dem aus dem Norden stammenden Poseidonsohn Neleus, von dem es keine in Pylos heimische Geschichte gibt.[4] Das über die Erziehung des N. in Gerenia Gesagte ist bloß ein antiker Erklärungsversuch des bei Homer häufigen Attributes des N. Gerenios,[5] das heute noch ebenso wenig wie im Altertum eine sichere Erklärung gefunden hat.

Literatur: R. Cantieni, Die Nestorerzählung im 11. Gesang der Ilias, Diss. Zürich 1942.

[1] Hom. Il. 11, 690 ff. und Schol. 692. — [2] Hom. Od. 4, 187 f. — [3] Ep. Graec. Fr. 53 Kinkel. Hom. Od. 3, 276 ff. — [4] Robert 195. — [5] Robert, a. a. O.

Níke

M.: Dem homerischen Epos noch unbekannt ist N. bei Hesiod Tochter des Titanen Pallas und der Styx.[1]

R.: N. ist die Personifikation des Sieges, den Zeus* oder Athene* verleihen.[2] Die Statuen dieser Götter trugen deshalb kleine Niken in ihren Händen (z. B. der Zeus von Olympia und die Gold-Elfenbein-Athene im Parthenon). Der um 430 v. Chr. erbaute Niketempel auf der athenischen Akropolis war Athene selbst als Siegesgöttin[3] geweiht. Auf der prächtigen Balustrade sind mehrere Niken[4], offenbar als Gefolge der Göttin Athene, dargestellt. Im griechischen Kult und Glauben spielte N. kaum jemals eine Rolle.[5] Aber eine Nikestatue als Weihgeschenk für einen militärischen, sportlichen oder musischen Sieg war in Hellas keine Seltenheit. Die Künstler stellten N. als geflügelte Götterbotin mit Lorbeerkranz, Binde und Palmzweig, oft im Fluge oder im Herabschweben von oben dar. Der griechischen N. entsprach die römische Victoria.

N.: Plastiken: N., Paionios von Mende, um 420 v. Chr., Olympia. — Sandalenlösende Nike, Zwei Niken mit einem Rind usw. (Platten der Balustrade des Niketempels, Akropolis), um 420 v. Chr., Athen, Akropolismuseum (Reliefs). — N. von Samothrake um 300 v. Chr. (oder 1. Hälfte des 2. Jh. v. Chr.), Paris, Louvre. — Victoria, römisch, Ostia. — Victoria, römisch, 3. Jh., Brescia. — Victoria, A. Saint-Gaudens (1848—1907), New York.

[1] Hes. Theog. 383 ff. — [2] Hes. Theog. 401. Bakchyl. 11, 1 ff. — [3] Enge Verbindung von Athene und Nike: Aristeid. Athena 26. — Stets in den Schilderungen der Gigantomachie: Eur. Ion 1528 f. u. ö. — [4] Vgl. auch Paus. 5, 11, 2. Diese Vervielfältigung der N. treffen wir nur in der bildenden Kunst an. — [5] Wilamowitz II 179 f.

Nikíppe, Mutter des Eurystheus, s. Herakles

Nikómachos s. Machaon

Nikóstratos, Sohn des Menelaos und der Helena

Nióbe (Níobe), Tochter des Tantalos* und der Dione, Gemahlin des Amphion*, Königs von Theben

M.: N. prahlt gegenüber Leto* mit ihrem Kinderreichtum von 7 Söhnen und 7 Töchtern, während die Göttin nur zwei Kinder, Apollon* und Artemis*, geboren habe.[1] Apollon und Artemis nehmen für die Kränkung ihrer Mutter fürchterliche Rache: Der Gott tötet die Söhne, die Göttin die Töchter der N. mit unfehlbaren Pfeilen.[2] Amphion endet durch Selbstmord.[3] N. kehrt in ihre Heimat Lydien zurück und wird am Berge Sipylos von Zeus* in einen Stein verwandelt, der dauernd Tränen vergießt.

R.: N. ist, wie schon ihr Name zeigt,[4] kleinasiatischer Herkunft. Sie ist ja auch mit dem lydischen Sipylosgebirge fest verbunden. Da man sie aber als Frau des Amphion in das thebanische Königshaus einführte, mußte man sie nach dem Verlust der Kinder wieder in ihre Heimat zurückkehren lassen. Auch die Göttin, mit der sich N. messen will, Leto, ist mit ihren Kulten im Südwesten Kleinasiens heimisch.[5]

Als Ausgangspunkt der N.-Sage könnte man einen Felsen von auffallender, menschenähnlicher Form annehmen.[6] Wir kennen auch in unserer Heimat Sagen, die von versteinerten Frauen erzählen.[7] Der Versuch, ein hethitisches Felsenrelief als Grabmal der N. zu identifizieren, führte zu keinem dauerhaften Erfolg.[8] Die Tränen der N. sind vielleicht aus den über die Felsen herabrieselnden Quellen und kleinen Wasserfällen abgeleitet.

K. Kerényi sieht in N. eine kleinasiatische Mondgöttin, u. zw. „die Göttin der dunkleren Hälfte oder der dunklen zwei Drittel",[9] die die Griechen als „Ur-Menschenmutter"[10] auffaßten. Er stellt sie Prometheus* gegenüber, der (ebenso wie sie) unsterblich wie die Götter menschliches Schicksal erleiden muß.[11]

N.: Die N.-Sage war in der antiken Dichtung und bildenden Kunst sehr beliebt. Sowohl Aischylos wie Sophokles schrieben eine Tragödie „Niobe"; von der „Niobe" des Aischylos fanden sich 1932 neue Papyrusfragmente.[12]

P l a s t i k e n: Getroffene Niobide, 2. Hälfte d. 5. Jh. v. Chr. Kopie: Rom, Thermen-Museum. — N. und die Niobiden beim Angriff des Apollon und der Artemis, Praxiteles oder Skopas, 4. Jh. v. Chr. Kopien: Florenz, Uffizien. — Niobiden, F. Tieck (1776—1851), Berlin, Schauspielhaus (Giebelgruppe). — Verwundeter Niobide, J. Pradier, 1822, Paris, Louvre.

G e m ä l d e: Tötung der Niobiden, J. L. David, 1772.

Dramat. Bearbeitungen: Nioba, die Königin zu Theba, Hans Sachs, 1557. — N., F. Müller (Maler Müller), 1778. — N., W. Schütz, 1807. — N., K. J. Körner, 1819. — N., Königin von Theben, K. Weichselbaumer, 1821.

Dichtungen: N., T. St. Moore, 1899. — N., Ricarda Huch.

Opern: N., regina di Tebe, A. Steffani, 1688 (Text von L. Orlandi). — N., G. Pacini, 1826 (Text von Tottola). — N., K. Stoll, 1902 (Text von Pasztor). — N., A. Penna, 1922. — N., H. Sutermeister, 1945 (Text von P. Sutermeister).

Literatur: W. Schadewaldt, Die Niobe des Aischylos, Heidelberg 1934. — A. Lesky, Artikel Niobe in RE XVII, 644—706. — K. Kerényi, Niobe. Neue Studien über antike Religion und Humanität, Zürich 1949.

[1] Je 7 Söhne und Töchter: Die Tragiker (Schol. Eur. Phoin. 159). Diod. 4, 74, 3. Ov. Met. 6, 182 f. — Je 6 Söhne und Töchter: Hom. Il. 24, 603 f. und Pherekydes (Schol. Eur. Phoin. 159). — Je 10 Söhne und Töchter: Hes. Apollod. Bibl. 3, 5, 6) Pind. (Gell. 20, 7). — Je 9 Kinder: Sappho (Gell. 20, 7). — Insgesamt 10 Kinder: Alkman (Aelian. Var. hist. 12, 36). — Diese Meinungsverschiedenheit bezüglich der Zahl der Kinder wurde schon in der Antike sprichwörtlich: Robert 121. Zu den Niobidenkatalogen vgl. E. Liénard, Les Niobides, in: Latomus 1938, 20—29. — [2] Zum ganzen Mythos: Hom. Il. 24, 602 ff. Diod. 4, 74, 3. Apollod. Bibl. 3, 5, 6. Ov. Met. 6, 146 ff. — [3] Amphion wird bei dem Angriff auf einen Apollontempel von dem Gotte vernichtet: Hygin. Fab. 9. — [4] K. Kerényi, Niobe, 17 vergleicht Hekabe* und Kybebe (= Kybele). — [5] Nilsson I 470 f. — [6] Zu der Gruppe der Natur-Aitien: Nilsson I 28. — [7] Z. B. Frau Hitt bei Innsbruck, die schlafende Griechin am Traunsee (Salzkammergut), usw. Radermacher 58 bemerkt, daß der durch die langen Röcke bedingte Umriß der Gestalt gerade die Verwandlung von Frauen in Felsgebilde der Sage nahegelegt habe. — [8] Vgl. A. Lesky, RE XVII 672 f. — [9] Kerényi, Niobe, 29. — [10] Kerényi, a. a. O., 33. — [11] Kerényi, a. a. O., 22. — [12] Vgl. Suppl. Aeschyl. ed. H. J. Mette, 1939, Fr. 114—124.

Nísos, Vater der Skylla 2.

Nomía (Nómia) s. Daphnis

Nótos s. Winde

Númitor s. Romulus

Nyktéus (Nýkteus), Vater der Antiope 2.

Nymphen, Göttinnen der freien Natur, Töchter des Zeus*[1]

M.: Die N. wohnen auf Bergen oder in Grotten. Sie spielen und tanzen, bisweilen unter Führung des Hermes*,[2] oft im Gefolge des Dionysos* oder der Artemis*.[3] Für die Hellenen leben N. nicht nur auf den Bergen (Oreaden) und im Meer (Nereiden*, Okeaniden), sondern auch in Quellen (Naiaden) und Bäumen (Dryaden). Das Lebensschicksal der Baumnymphe ist innig verknüpft mit

dem ihres Baumes.[4] Als älteste N. erscheinen die Melischen N. („Eschennymphen").[5]
Im Gefolge des Dionysos sind die begehrlichen Satyrn* und Silene* die männlichen Partner der N. Auf der Suche nach Heroenmüttern greifen die alten Genealogen oft auf die N. zurück.[6] Die Pflege göttlicher Kinder wie des kleinen Zeus* und Dionysos wird den N. anvertraut.[7]

R.: Die N. sind kollektiv auftretende Naturdämonen, die durch ihren Namen nur als „junge Frauen" bezeichnet werden (griech. nymphe = junge Frau, Braut). Daß sie „Töchter des Zeus" genannt werden, soll ihre Göttlichkeit andeuten.[8] Kultstätten der N. waren nicht nur an Quellen, sondern vor allem in Höhlen und Grotten anzutreffen. Die Vorstellung, daß die Baumnymphe mit ihrem Baum lebt und stirbt, übernahmen die Hellenen vielleicht von der vorgriechischen Bevölkerung Kleinasiens.[9]
Die Verbindung von Sterblichen mit weiblichen Naturwesen, deren sich die antiken Mythographen so gerne zum Ausbau ihrer Genealogien bedienten, ist im Grunde ein beliebtes Märchenmotiv.[10] Die N. liebten es wie die anderen Elementargeister nicht, von Menschen beobachtet zu werden,[11] und konnten auch dem Sterblichen, der ihnen näher trat, gefährlich werden. Daphnis* und Hylas* sind solche Opfer der Naturdämonen. Den Hellenen galt der von den N. Ergriffene (= nympholeptos) nicht nur als verzückt, sondern auch als wahnsinnig. Unter dem Namen der Nereiden, der sich im Laufe der Jahrhunderte mit Bedeutungserweiterung auf alle weiblichen Naturwesen ausdehnte, hat sich der Glaube an die N. in Griechenland bis in die neueste Zeit erhalten. Wir haben es hier mit Vorstellungen einer uralten religiösen Unterschicht zu tun, die in vorhistorische Zeiten zurückreicht.[12]

N.: Plastiken: Nymphe, aus dem Bade steigend, E. M. Falconet, 1757, Paris, Louvre. — Wasser- und Wiesennymphe, J. H. Dannecker, 1808—10, Stuttgart, Museum. — Nymphen, dem Pan* lauschend, G. Bayes (gest. 1872), Birmingham, Art Gallery (Relief).

Gemälde: Badende N., B. Luini (ca. 1475—1532), Mailand, Brera. — Zwei N., Palma Vecchio, 1512—15, Frankfurt a. M., Städelsches Institut. — Badende Nymphe, um 1525, Palma Vecchio, Wien, Kunsthist. Museum. — N. und Satyrn, Rubens, 1612—13, Oldenburg, Museum. — Drei N. mit Füllhorn, Rubens, 1615—17, Madrid, Prado. — Dionysos bei den N. von Nysa, L. de Lahire 1606—56), Leningrad, Eremitage. — Die N. der Diana, von Satyrn überrascht, Rubens, 1635—40, Madrid, Prado. — Diana und N., S. Ricci, um 1715—17, Florenz. — Kentaur und Nymphe, Böcklin, 1855, früher Berlin, Nationalgalerie. — Ronde des Nymphes, C. Corot, 1857, Paris, Louvre.

Dichtung: Dryades, W. Diaper, 1713.

Ballette: Les Nymphes de Parnasse, Haring, 1895. — Les Nymphes, G. Michiels, 1900.

Literatur: F. Fischer, Nereiden und Okeaniden in Hesiods Theogonie, Diss. Halle 1934. — W. F. Otto, Die Musen und der göttliche Ursprung des Singens und Sagens. Düsseldorf-Köln 1955.
[1] Hom. Il. 6, 420. — [2] Hom. Od. 12, 318; 14, 435. — [3] Hom. Od. 6, 102 ff. — [4] „Hamadryaden": Pind. Fr. 165. Hom. Hymn. Aphrod. 264 ff. Vgl. auch Ov. Fast. 4, 231 f. — [5] Hes. Theog. 187. Von Eschen stammen nach altem Glauben die ersten Menschen ab. — [6] Besonders in Lokalsagen: Hom. Il. 6, 21 f.; 14, 444 f.; 20, 382 ff. — [7] Kallim. Hymn. 1, 34 ff. Diod. 4, 2, 3. — [8] Wilamowitz I 186. — [9] L. Malten, Hermes 74 (1939), 200 f. — [10] Nilsson I 234. — [11] Spuren dieses Glaubens in der griechischen Literatur: Lesky 130. — [12] Nilsson I 234 ff.

Nyx, Personifikation der Nacht, s. Uranos

O

Odysséus (Odýsseus), Sohn des Laertes[1] und der Antikleia, König von Ithaka

M.: O. befindet sich unter den Freiern der Helena*. Tyndareos gibt ihm seine Nichte Penelope* zur Frau, die ihm den Telemachos* gebiert. Der Teilnahme an dem troischen Krieg, zu der er wie alle Freier der Helena moralisch verpflichtet ist, sucht sich O. zu entziehen, indem er sich wahnsinnig stellt. Als die Gesandten des Agamemnon* und Menelaos* auf Ithaka erscheinen, spannt O. ein Pferd und einen Ochsen vor seinen Pflug und sät Salz in die Furchen. Palamedes* legt den kleinen Telemachos vor den Pflug und zwingt O. damit, seine Verstellung aufzugeben.[2]
Nun beteiligt sich O. mit 12 Schiffen an dem Feldzug gegen Troia.[3] Er entdeckt durch eine List den Achilleus* unter den Töchtern des Lykomedes und gewinnt somit den stärksten griechischen Helden für den bevorstehenden Kampf.[4] Während des ganzen Krieges steht O. überall dort, wo es der diplomatischen Künste der Schlauheit und Beredsamkeit bedarf, an erster Stelle. Er holt Klytaimestra* und Iphigeneia* in das Lager von Aulis[5] und setzt den verwundeten Philoktetes* in Lemnos aus.[6] Mit Menelaos begibt er sich vor der Eröffnung der Feindseligkeiten nach Troia und sucht die freiwillige Rückgabe der Helena durchzusetzen.[7] O. gehört der Bittgesandtschaft an Achilleus an.[8] Er holt Philoktetes von Lemnos[9] und Neoptolemos* von Skyros[10] auf den Kriegsschauplatz.
Aber auch im Kampf zeichnet sich der Held aus, besonders bei der Bergung der Leiche des Achilleus; im Streit mit Aias* werden die Waffen des Achilleus dem O. zugesprochen.[11] Gemeinsam mit Diomedes* tötet er auf einem nächtlichen Spähtruppunternehmen den troischen Kundschafter Dolon und den Thrakerkönig Rhesos mit mehreren seiner Leute.[12] Schließlich haben die Griechen O. die Schritte zu verdanken, die nach dem Tode des Achilleus zur Einnahme Troias führen. Er nimmt den troischen Seher Helenos gefangen, der den Griechen die Bedingungen nennt, unter denen sie die Stadt erobern könnten.[13] Mit Diomedes schleicht er in die Stadt und raubt das Palladion (ein troisches Bild der Göttin Athene*), an dessen Besitz die Eroberung Troias geknüpft ist.[14] Auch der Bau des hölzernen Pferdes, mit dessen Hilfe die Stadt erobert wird, erfolgt auf den Rat des O. (s. Troia).
Auf der Heimfahrt von Troia, die zehn Jahre in Anspruch nimmt, begegnen O. die verschiedensten Abenteuer. Zunächst steuert er mit seinen zwölf Schiffen der thrakischen Küste zu, wo er im Kampf mit den Kikonen zwar die Stadt Ismaros stürmt, bei einem Überfall der Thraker jedoch 72 Mann verliert.[15] Nach neuntägiger Seefahrt landet O. bei den Lotophagen (Lotosessern). Der Lotos, von dem auch die Gefährten des O. kosten, tilgt alle Erinnerung und läßt die Männer sogar die Heimfahrt vergessen. O. muß sie

mit Gewalt auf die Schiffe bringen lassen, um die Fahrt fortsetzen zu können.[16]

An der Küste des Kyklopenlandes legt O. nur mit einem Schiff an, die übrigen läßt er bei der benachbarten Insel zurück. Mit zwölf Begleitern gelangt er in die Höhle des einäugigen Riesen Polyphemos*, der gleich nach seiner Heimkehr von der Weide zwei Mann und am nächsten Morgen weitere zwei Mann verzehrt. Unter Tags verschließt er die Höhle mit einem mächtigen Felsblock, so daß eine Flucht ausgeschlossen ist. Als aber Polyphemos am zweiten Abend mit seiner Herde zurückkehrt, macht ihn O. mit starkem Wein, den er von dem Apollonpriester Maron in Ismaros erhalten hat, trunken und sticht ihm mit einem vorbereiteten spitzen, glühenden Pfahl sein Auge aus. Auf das Geschrei des Polyphemos zuhilfe eilende Nachbarn lassen sich durch den Namen „Niemand" täuschen, mit dem sich O. getarnt hat. Am nächsten Morgen bindet O. seine Gefährten und sich selbst unter den Bäuchen der stärksten Widder fest und rettet sich so mit ihnen aus der Höhle zu seinem Schiff. Von hier aus gibt er sich dem Kyklopen zu erkennen. Polyphemos schleudert Felsblöcke gegen das Schiff, kann dessen Flucht aber nicht mehr verhindern. Seither zürnt Poseidon*, der Vater des Polyphemos, dem O. und seinen Gefährten.[17]

Auf der Aiolosinsel erhält O. von Aiolos*, dem Beherrscher der Winde, einen Schlauch, in dem die widrigen Winde eingeschlossen sind. In rascher Fahrt nähert sich die Flotte der Insel Ithaka. Als aber O. angesichts der Heimat vor Erschöpfung einschläft, öffnen seine Gefährten aus Neugierde den Schlauch. Die widrigen Winde fahren heraus und treiben die Schiffe zur Aiolosinsel zurück. Jetzt aber verweigert Aiolos jede weitere Hilfe.[18]

Ein gefährliches Abenteuer muß O. bei den Laistrygonen bestehen. Diese menschenfressenden Riesen überfallen die Flotte, zertrümmern die Schiffe mit Felsblöcken und verzehren die Besatzungen. Nur O. gelingt es, sich mit seinem Schiff auf hohe See zu retten.[19] Die nächste Landung erfolgt auf der Insel von Aia. Hier wohnt die schöne Zauberin Kirke*, die alle Fremden in Tiere zu verwandeln pflegt. O. schickt die Hälfte seiner Leute unter Führung des Eurylochos auf die Insel. Kirke bewirtet sie und verwandelt sie mit einem Zaubermittel in Schweine, ausgenommen Eurylochos, der nichts von dem Zaubersaft getrunken hat und nun O. Bericht erstattet. Hermes* schenkt dem Helden das Heilkraut Moly, das gegen alle Zaubermittel schützt. Nun zwingt O. Kirke mit Waffengewalt, seinen Gefährten ihre natürliche Gestalt wiederzugeben. Anschließend bleiben die Griechen noch ein volles Jahr auf der Insel von Aia; O. zeugt mit Kirke den Telegonos*.[20]

Auf den Rat der Kirke will O. den bereits verstorbenen Seher Teiresias* um seine weiteren Schicksale befragen. Im Lande der Kimmerier opfert er am Eingang zum Hades den Seelen der Verstorbenen. Teiresias erscheint und prophezeit ihm die Zukunft,

seine Mutter Antikleia erzählt ihm von den Verhältnissen auf Ithaka und in seinem eigenen Hause.[21]
Dem verlockenden, aber gefährlichen Gesang der Sirenen* entrinnt O., indem er seinen Gefährten die Ohren mit Wachs verstopft und sich selbst an dem Mast seines Schiffes festbinden läßt.[22] Auch an den wandernden Felsen (Plankten) kommt O. gut vorbei.[23] Bei der Durchfahrt durch eine Meerenge zwischen den Seeungeheuern Skylla* und Charybdis kann O. zwar der Charybdis ausweichen, kommt aber dadurch der sechsköpfigen Skylla zu nahe, die im Vorbeifahren sechs Männer vom Schiff holt und frißt.[24]
Auf der Insel Thrinakia wird O. durch eine Windstille festgehalten. Aus Mangel an Nahrungsmitteln schlachten seine Gefährten auf Anstiften des Eurylochos einige von den heiligen Rindern des Helios*, die auf Thrinakia ihre Weide haben. Als das Schiff wieder auf hoher See ist, straft Zeus den Frevel mit einem Blitzstrahl, der das Schiff zertrümmert und die Besatzung vernichtet. Nur O. rettet sich auf einer Schiffsplanke und wird nach Tagen an der Insel Ogygia an Land getrieben.[25] Hier findet der Held bei der Nymphe Kalypso* freundliche Aufnahme. In ihrer Liebe möchte Kalypso O. für immer bei sich behalten. Auf den ausdrücklichen Befehl der Götter jedoch, den Hermes* übermittelt, muß sie ihn nach sieben Jahren ziehen lassen. Auf einem selbstgezimmerten Floß tritt O. die Heimfahrt an.[26]
Nach siebzehntägiger Fahrt nähert er sich der Phaiaken*-Insel Scheria. Poseidon*, der dem Helden wegen der Blendung des Polyphemos* zürnt, läßt das Floß in einem gewaltigen Sturm zerbrechen. In dieser verzweifelten Lage bringt die hilfreiche Meeresgöttin Leukothea (s. Ino) die Rettung. Sie wirft O. einen Schleier zu und verleiht ihm so die Kraft, schwimmend das Ufer zu erreichen. Hier findet ihn die Königstochter Nausikaa* und bringt ihn zu ihrem Vater Alkinoos. Der König bewirtet O. und ehrt ihn durch festliche Spiele. Der Held berichtet vor versammelter Hofgesellschaft von seinen zahlreichen Abenteuern. Schließlich stellt Alkinoos ein Schiff zur Verfügung und läßt O., zwanzig Jahre nach seiner Ausfahrt gegen Troia, in die Heimat zurückkehren.[27]
Als nach so vielen Jahren auf eine Heimkehr des O. keine Hoffnung mehr besteht, wird Penelope* von zahlreichen Freiern umworben und bestürmt. Zunächst bedient sie sich eines Vorwandes: Sie müsse erst das Leichentuch für ihren Schwiegervater Laertes weben, bevor sie an eine Heirat denken könne. Dabei trennt sie nachts heimlich auf, was sie am Tage gewebt hat.[28] Sobald die Freier Penelopes List durchschaut haben, kommen sie täglich in den Palast und prassen bedenkenlos auf Kosten des fremden Besitzes.[29] Schließlich erklärt sich Penelope bereit, an einem bestimmten Termin (einem Feste des Apollon) demjenigen die Hand zu reichen, der den Bogen des O. zu spannen vermöge.
Nach seiner Landung auf Ithaka steht die Göttin Athene, deren Liebling O. ist, dem Helden mit ihrem Rat zur Seite. Sie führt

ihn zu dem Schweinehirten Eumaios, dem sich O. zu erkennen gibt. Auch Telemachos* wird in den Plan des Vaters eingeweiht.[30] Am Tage des Apollonfestes begibt sich O. als Bettler in die Stadt. Vor seinem Palast besteht er einen Boxkampf mit dem Bettler Iros und muß von seiten der Freier allerlei Beschimpfungen auf sich nehmen.[31] Während Penelope nach einer Aussprache mit O. dessen fingierten Erzählungen und wahren Prophezeiungen gegenüber noch ungläubig bleibt, erkennt die alte Amme Eurykleia ihren Herrn bei der abendlichen Fußwaschung an einer Narbe.[32] Als Penelope tags darauf den Freiern den Bogen übergibt, gelingt es keinem, ihn zu spannen. Da ergreift O. seine alte Waffe und vernichtet gemeinsam mit Telemachos seine Feinde.[33] Dann gibt er sich seiner treuen Gattin und dem alten Vater zu erkennen.[34] Als Telegonos*, der Sohn des O. und der Kirke, herangewachsen ist, macht er sich auf die Suche nach seinem Vater. Er kommt nach Ithaka und tötet O., ohne ihn erkannt zu haben, mit einem Rochenstachel, der an seinem Speer befestigt ist.[35]

R.: In der bunten Welt der Odyssee ist, wie dies K. Reinhardt kürzlich so schön darlegte,[36] Märchenhaftes und Volkstümliches, die heroische Weltanschauung der Ilias und manche soziale und kulturelle Vorstellung der jüngsten Vergangenheit zu einem „Weltganzen" vereinigt.

Ursprünglich bestand O. seine vielen Abenteuer mit einem einzigen Schiff. Die Flotte von zwölf Schiffen, die zum heroischen Stil besser paßt, ist Erfindung des Odysseedichters. Manche Abenteuer, wie die Sirenen, Skylla und Charybdis, Kirke und die Unterwelt, waren nur sinnvoll, wenn der Held auf e i n e m Schiff fuhr. Bei dem Aiolos-Abenteuer ist O. zwar noch im Besitz der ganzen Flotte, aber auch hier spielt sich alles auf e i n e m Schiff ab und die übrigen elf mitfahrenden Schiffe sind an Schuld und Bestrafung dieser einen Schiffsbesatzung völlig unbeteiligt.[37]

So hat der Dichter das Laistrygonen-Abenteuer, in dem die Flotte bis auf ein Schiff zugrunde geht, vielleicht nur erfunden, um für die restlichen Geschichten nicht mehr mit diesem überflüssigen Anhängsel belastet zu sein.[38] Märchenhafte Züge dieses Abenteuers sind zum Teil durch die mit historischer Treue geschilderte Verfolgung und Vernichtung der Schiffe überdeckt.[39]

Mit dem Lotophagen-Abenteuer befinden wir uns vollends im Märchenland. Daß Menschen durch den Genuß einer Speise ihr Gedächtnis völlig oder teilweise einbüßen, ist ein beliebtes Märchenmotiv; Radermacher erinnert an die Märchen von der vergessenen Braut und an die Persephone*-Legende.[40]

Das Kyklopen-Abenteuer stammt aus dem Bereich der über die ganze Welt verbreiteten Menschenfressergeschichten. Die Motive der Täuschung durch den Namen („Niemand"), der Blendung des Riesen und der Flucht (mit Hilfe des Widders) kommen in diesen Geschichten wiederholt vor. Die Darstellung des Polyphemabenteuers in der Odyssee übte aber ihrerseits auf die Märchen nachhaltigen

Einfluß aus.⁴¹ Der Dichter der Odyssee hob die Geschichte auf eine höhere Stufe, indem er dabei die „Gegensätze zweier Welten", den Kampf der mit Intelligenz gepaarten Kultur gegen die auf rohe Kraft gestützte Barbarei herausarbeitete.⁴² Der Zorn des Poseidon war für den Ablauf der Handlung erforderlich. Übrigens gehört ein zürnender Gott zur Gattung der Heimkehrergeschichten („Nostoi").⁴³

In dem Aiolos-Abenteuer haben wir eine alte Schiffersage vor uns.⁴⁴ Das wahre Märchenland betritt O., als er auf der mythischen Insel Aiaia landet. Kirke ist die richtige Zauberin und Hexe, die Menschen in allerlei Tiere verwandeln kann, wobei sie die Erinnerung an ihr früheres Dasein mehr oder weniger verlieren. In der Odyssee wird allerdings nur die Verwandlung der Gefährten des O. in Schweine vorgeführt.⁴⁵ Wie es im Märchen gegen jeden Zauber ein Mittel gibt, so erhält O. von Hermes das Zauberkraut Moly, das ihn gegen die Künste der Hexe feit.

Die Nekyia (Hadesfahrt, Od. 11) ist keine Unterweltsfahrt im üblichen Sinn. Zwar kann man auch an ihr die Form des Helfermärchens gerade noch wahrnehmen (der Held muß eine unwahrscheinlich schwierige Aufgabe bestehen; Kirke ist seine „Helferin"), aber O. dringt nicht wie Herakles* oder Orpheus* in den Hades ein, um der Unterwelt ein Lebewesen zu entreißen, sondern er kommt an die Pforte des Jenseits, um die Totengeister zu befragen. Trotzdem ist die Nekyia auch keine gewöhnliche Totenbeschwörung, da die Toten hier nicht heraufgezwungen werden müssen, sondern — mit Ausnahme des Selbstmörders Aias* — sich alle gierig und lebenshungrig an das Opferblut herandrängen.⁴⁶ Das Sirenen-Abenteuer ist wohl als Schiffersage anzusprechen, die besonders gefährliche Stellen in der Nähe der Küste erklären wollte.⁴⁷ Aitiologischen Charakter dürfte auch die Episode mit Skylla und Charybdis haben, die vielleicht ursprünglich einen gegenüberliegenden „Doppelrachen" bildeten.⁴⁸ Die Geschichte von den Heliosrindern erinnert an Kultlegenden.⁴⁹

Der lange Aufenthalt des O. bei Kalypso entspricht dem in Heimkehrergeschichten üblichen Zug des langen Verweilens in der Fremde. Als O. die Nymphe verlassen soll, stehen ihm keine Märchenhelfer bei, sondern dank seiner handwerklichen Geschicklichkeit entsteht das Floß, das bestimmt ist, ihn in die Heimat zu bringen.⁵⁰

Die Schilderung der Phaiaken*, in denen man lange Zeit Totenschiffer sehen wollte, ist durch märchenhaft-romantische und historisch-heroische Elemente in gleicher Weise bestimmt. Die Phaiakeninsel Scheria weist allerdings ähnlich wie Ogygia Züge des Totenlandes auf.⁵¹ Die die Phaiaken betreffenden Gesänge sind vielleicht noch mehr als die übrige Odyssee von würziger Seeluft durchdrungen.

Der Stoff der Odyssee ist die Geschichte des nach langen schweren Jahren und Irrfahrten in fremden Ländern endlich heimkehrenden

Gatten. Kein Wunder, daß die gegenwärtige Nachkriegszeit, in der sich das Schicksal des Heimatvertriebenen und des Heimkehrers millionenfach erfüllte, immer wieder zur Neugestaltung des Stoffes Anregung bot.

N.: Seit der Schöpfung der Odyssee erfreute sich der Stoff aber bereits in der bildenden Kunst der Antike, ferner in der Weltliteratur großer Beliebtheit. Über die Nausikaa-Episode schrieb Sophokles eine (verlorene) Tragödie.[52] Das Satyrspiel „Kyklops" des Euripides, eine Dramatisierung des Polyphem-Abenteuers, ist erhalten.

G e m ä l d e: Odyssee-Landschaften, Zyklus römischer Wandgemälde mit den Abenteuern des O., Rom, Biblioteca Vaticana. — Heimkehr des O., Pinturichio (ca. 1454—1513), London, National Gallery. — Abenteuer des O., P. Tibaldi (1527—96), Bologna, Palazzo dell' Università. — O. mit Kirke, A. Carracci (1560—1609), Rom, Palazzo Farnese. — O. und Nausikaa, Rubens (1577—1640), Florenz, Palazzo Pitti. — O. und Kalypso, Hendrik van Balen (1575—1632), Wien, Akademie der bild. Künste. — O. und Nausikaa, S. Rosa (1615—73), Los Angeles, County Museum. — O. und Polyphem, W. Turner, 1829, London, National Gallery. — Odysseelandschaften, H. Preller der Ältere, 1865—69, Weimar, Museum. — O. und Kalypso, Böcklin, 1883, Basel, Museum. — O. und Circe, A. Romako, 1885, Wien, Privatbesitz. — O. im Kampf mit dem Bettler, L. Corinth, 1903.

D r a m a t. B e a r b e i t u n g e n: Ulixes, S. Rettenbacher, 1680. — Ulysses af Itacia, L. Holberg, 1723 (Komödie). — Ulysse, F. Ponsard, 1865. — O., M. Wesendonck, 1878. — The Return of Ulysses, R. Bridges, 1890. — Ulysses, S. Phillips, 1902. — O. auf Scheria, H. Helge, 1907. — O., R. J. Sorge, 1909. — O., R. Eichacker, 1911. — O. (auf Ithaka), F. Lienhard, 1911. — O. und Nausikaa, R. Faesi, 1912. — The return of O., P. S. Grant, 1912. — Des O. Erbe, G. Terramare, 1914. — Der Bogen des O., G. Hauptmann, 1914. — O.s Heimkehr, B. Eelbo, 1914. — O. und die Sirenen, V. K. Habicht, 1920. — O. und Kirke, F. Hübel, 1922. — Ulysse chez les Phéniciens, M. Pagnol und A. Brun, 1925. — O. daheim, W. Gilbricht, 1940 (Komödie). — Kalypso, F. Th. Csokor, 1942. — Der Tod des O., H. J. Haecker, 1947. — The death of O., L. Abel, 1953. — O. muß wieder reisen, K. Klinger, 1954. — Odyssee, 30. Gesang, G. Drozdowski, 1958.

E p e n: Odyssee, Homer, 8. Jh. v. Chr. — Der göttliche Dulder, A. Schaeffer, 1920. — Odysseas, N. Kazantzakis, 1928. — Das Urteil des O., K. Grassberger, 1932.

D i c h t u n g e n: The Lotos-eaters, Tennyson, 1833. — Ulysses, Tennyson, 1842. — Le mystère d'Ulysse, Ch. Maurras, 1923. — Die Herde des Helios, H. Gunert, 1955.

Romane: Ulysses, J. Joyce, 1921. — Le retour d'Ulysse, J. B. Coissac, 1924. — Penelopes Man, J. Erskine, 1928. — O. und Penelope, F. Lorenz, 1936. — Les compagnons d'Ulysse, P.Benoît, 1937. — Die Heimkehr des O., H. Stahl, 1940. — O. und die Frauen, H. W. Geißler, 1947. — O., F. Lorenz, 1948. — Die Heimkehr des O., ein Gegenwartsroman, E. Johnson, 1948. — O. und die Schweine, L. Feuchtwanger, 1948. — Naissance de l'Odyssée, J. Giono, 1949. — Enkel des O., E. Barth, 1951. — Le voyage d'Ulysse, G. Chappon, 1951. — Verzauberung in Ithaka, A. Marai, 1954. — Der sechste Gesang, E. Schnabel, 1956. — Das Testament des O., W. Jens, 1957.

Chorwerk: O., M. Bruch, 1873 (Text von W. P. Graff).

Kantate: Ulysses, M. Seiber (geb. 1905).

Opern: Il ritorno d'Ulisse in patria, Monteverdi, 1641 (Text von G. Badoar). — Ulisse errante nel isola di Circe, G. Zamponi, 1650. — Ulysses, R. Keiser, 1702 (Text von Bressand). — Ulysses, J. C. Vogler, 1721. — Télégone, Lacoste, 1725 (Text von Pellegrin). — Ulysses, J. Chr. Smith, 1733 (Text von Humphrey). — Ulysses und Circe, B. Romberg, 1807 (Text von Calderon). — Ulysse, Gounod, 1852 (Text von Ponsard). — O.s Heimkehr, A. Bungert, 1896, (1. Teil der Tetralogie: Die Homerische Welt). — O.s Tod, A. Bungert, 1903 (4. Teil derselben Tetralogie). — O., S. Butler und H. F. Jones, 1904. — O.s Heimkehr, H. Cesek, 1907 (Text von Sterk, Operette). — Ulysses, J. Brandts-Buys, 1937. — O. bei Circe, H. Trantow, 1938. — O., H. Reutter, 1942 (Text von R. Bach). — Penelope, R. Liebermann, 1954 (Text von H. Strobl).

Film: Ulisse, 1954 (s. Abb. 51).

Literatur: L. Radermacher, Die Erzählungen der Odyssee, Wien 1915. — A. Hartmann, Untersuchungen über die Sagen vom Tod des Odysseus, München 1917. — U. v. Wilamowitz-Möllendorff, Die Heimkehr des Odysseus, Berlin 1927. — A. Herrmann, Die Irrfahrten des Odysseus, Berlin 1927. — P. v. d. Mühll, Artikel Odyssee in RE Suppl. 7 (1940). — F. Focke, Die Odyssee, Stuttgart 1943. — A. Lesky, Aia in: Wiener Studien 63 (1948), 22 bis 68. — K. Reinhardt, Die Abenteuer der Odyssee, in: Von Werken und Formen, Godesberg 1948, 52—162. — R. B. Matzig, Odysseus. Studie zu antiken Stoffen in der modernen Literatur, bes. im Drama. Thal, Sankt Gallen 1949. — R. Merkelbach, Untersuchungen zur Odyssee, München 1951. — A. Klotz, Die Irrfahrten des Odysseus und ihre Deutung im Altertum, in: Gymnasium 59 (1952), 289—302. — G. Germain, Genèse de l'Odyssée, Paris 1954. — G. Germain, Essai sur les origines de certains thèmes Odysséens et sur la genèse de l'Odyssée, Paris 1954. — W. B. Stanford, The Ulysses Theme. A. study in the adaptability of a traditional hero, Oxford 1954. — G. Baglio, Odisseo nel Mare mediterraneo centrale, Rom 1957.

[1] Oder des Sisyphos: Soph. Phil. 417. 1311. Eur. Iph. Aul. 524. — [2] Apollod. Epit. 3, 7. Philostr. Heroikos 11, 2. Schol. Lykophr. 815. — [3] Hom. Il. 2, 631 ff. — [4] Apollod. Bibl. 3, 13, 8. Ov. Met. 13, 162 ff. — [5] Eur. Iph. Taur. 24 f. — [6] Soph. Phil. 5. 264 f. — [7] Hom. Il. 3, 205 ff.; 11, 138 ff. — [8] Hom. Il. 9, 169. 180. 225 ff. — [9] Soph. Phil. — [10] Hom. Od. 11, 506 ff. Soph. Phil. 343 ff. — [11] Hom. Od. 11, 543 ff. — [12] Hom. Il. 10, 203 ff. [Eur.] Rhes. 565 ff. — [13] Soph. Phil. 604 ff. — [14] Apollod. Epit. 5, 13. Verg. Aen. 2, 162 ff. — [15] Hom. Od. 9, 39—66. — [16] Hom. Od. 9, 82—104. — [17] Hom. Od. 9, 105 bis 542. — [18] Hom. Od. 10, 1—76. — [19] Hom. Od. 10, 80—132. — [20] Hom. Od. 10, 133—574. — Telegonos erscheint noch nicht bei Homer. Vgl. Hes. Theog. 1014. Apollod. Epit. 7, 16. — Zwei Söhne des O. und der Kirke: Hygin. Fab. 125. Schol. Apoll. Rhod. 3, 200. — [21] Hom. Od. 11, 1 ff. — [22] Hom. Od. 12, 39 ff. — [23] Hom. Od. 12, 59—72. 201—221. — [24] Hom. Od. 12, 73 bis 126. 222—259. — Skylla und Charybdis wurden zumeist an der sizilischen Meerenge lokalisiert. Derartige Versuche, die homerische „Geographie" zu präzisieren, wurden bis in unsere Tage immer wieder unternommen; sie übersehen zumeist das eigentlich Dichterische und werden dem Geist der homerischen Epen nicht gerecht. — [25] Hom. Od. 12, 127—141. 260—450. — [26] Hom. Od. 5, 13—281. 7, 243—266 — [27] Hom. Od. 5, 282—493. Od. 6. 7. 8. 13, 1—124. — [28] Hom. Od. 19, 136—158. — [29] Hom. Od. 14, 80—108. — [30] Hom. Od. 16, 1—234. 21, 188—244. — [31] Hom. Od. 17, 360—457. 18, 1—107. — [32] Hom. Od. 19, 103—507. — Hom. Od. 21, 1—82. 140—434. 22, 1—389. — [34] Hom. Od. 23, 153—296. 24, 205—348. — [35] Apollod. Epit. 7, 36 f. Oppian. Halieut. 2, 497 ff. Schol. Od. 11, 134. — [36] K. Reinhardt, Von Werken und Formen, 56 f. — [37] Reinhardt, a. a. O., 61 ff. — [38] Reinhardt, a. a. O., 64 f. — [39] L. Radermacher, Die Erzählungen der Odyssee, 16. Vgl. auch Focke, Die Odyssee, 188. — [40] Radermacher, a. a. O., 13. — [41] Radermacher, a. a. O., 13 ff. — [42] Reinhardt, a. a. O., 82. Vgl. auch Focke, a. a. O., 176 ff. — [43] Reinhardt, a. a. O., 90. — [44] Radermacher, a. a. O., 18 ff. weist auf die dämonische Natur der Winde hin und vermutet als Vorbild der Erzählung eine aitiologische Legende, die den Ursprung der Winde zu erklären suchte. — [45] Der Schweinekoben sei der krasse Gegensatz zum Milieu des heroischen Lebens, meint Reinhardt, a. a. O., 100. — [46] Reinhardt, a. a. O., 141 f. weist auf die Parallele der attischen Allerseelenfeste (Anthesterien) hin. — Zum „Weiberkatalog" der Nekyia vgl. Merkelbach, Untersuchungen zur Odyssee, 188 ff. — [47] Radermacher, a. a. O., 21. — [48] Radermacher, a. a. O., 23. Reinhardt, a. a. O., 70. — [49] Die Geschichte enthält die Elemente der Warnung, des Eides der zu Prüfenden, der Bewährungsprobe, des beleidigten Gottes und der Bestrafung des Frevels: Reinhardt, a. a. O., 111 f. Vgl. auch Radermacher, 23—26. — [50] Hinweis auf den neuen „handwerklichen Geist" bei Reinhardt, a. a. O., 109 f. — [51] Radermacher, Mythos und Sage, 121. — [52] Soph. Fr. 406—408 N.

Oédipus s. Oidipus

Oíagros s. Orpheus

Oidípus (Oédipus), Sohn des Laios* und der Iokaste,[1] Held des thebanischen Sagenkreises

M.: Den Laios warnt Apollon* durch das delphische Orakel, einen Sohn zu zeugen; er werde seinen Vater ermorden und seine Mutter heiraten. Als Iokaste trotzdem einem Sohn das Leben schenkt, läßt

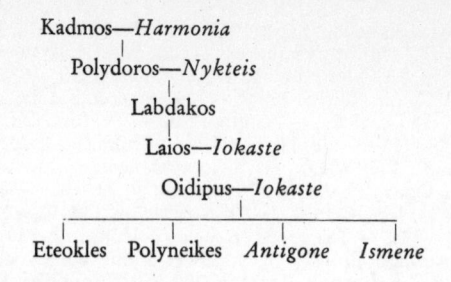

```
Kadmos—Harmonia
    |
Polydoros—Nykteis
    |
  Labdakos
    |
  Laios—Iokaste
    |
  Oidipus—Iokaste
    |
┌────────┬──────────┬────────┬──────┐
Eteokles  Polyneikes  Antigone  Ismene
```

ihm Laios die Knöchel durchbohren und das Kind auf dem Berge Kithairon aussetzen. Hirten des Königs Polybos finden das Knäblein und bringen es zu ihrem Herrn nach Korinth. Das kinderlose Königspaar Polybos und Merope[2] nimmt den Kleinen an Kindes Statt an und nennt ihn nach dem Zustand seiner Füße Oidipus (= Schwellfuß).[3]

Als O. herangewachsen ist, wendet er sich an das delphische Orakel, um sich über seine Abkunft Klarheit zu verschaffen. Die Antwort des Gottes lautet, O. werde seinen Vater töten und seine Mutter heiraten. Um der Erfüllung dieses schrecklichen Orakelspruches zu entgehen, kehrt O. nicht mehr zu seinen vermeintlichen Eltern nach Korinth zurück. Auf dem Wege durch Phokis begegnet er an einer engen Stelle in der Nähe einer Weggabelung dem Laios, der gerade auf der Fahrt nach Delphi begriffen ist. Da O. dem Wagenlenker des Laios nicht schnell genug ausweicht, kommt es zum Streit, in dem O. seinen Vater erschlägt, ohne ihn gekannt zu haben.[4]

Unmittelbar vor Theben trifft O. auf die Sphinx*, löst ihr Rätsel und befreit die Stadt von dem Ungetüm. Zum Dank erhält er die Königswürde und die Hand der verwitweten Königin. So geht der zweite Teil des Orakelspruches in Erfüllung, da O., ohne es zu wissen, seine Mutter heiratet. Aus dieser Ehe gehen zwei Söhne, Eteokles und Polyneikes*, und zwei Töchter, Antigone* und Ismene, hervor.[5]

Nach langen Jahren bricht in Theben eine Pest aus. Man wendet sich an das delphische Orakel um Rat und erhält den Auftrag, den Mörder des Laios ausfindig zu machen und zu bestrafen. Der Seher Teiresias* bezeichnet O. als Schuldigen, und die vom König selbst geleitete Untersuchung enthüllt die schreckliche Wahrheit. Iokaste erhängt sich,[6] O. sticht sich die Augen aus. Eteokles und Polyneikes vertreiben O. aus der Stadt. Der Vater verflucht die Söhne, sie sollten sich im Kampf um die Königsherrschaft gegenseitig vernichten. Dann wandert der blinde Greis als Bettler, von seiner Tochter Antigone begleitet, nach Attika, wo er im Hain der Eumeniden zu Kolonos Aufnahme findet und am Ende seiner Tage von der Gottheit entrückt wird.

R.: In der schicksalhaften Bedeutung der Geburt eines Kindes, wie sie dem Laios durch das delphische Orakel verkündet wird, haben wir es mit einem Märchenmotiv zu tun (das „unheilbringende Kind„).[7] Auch der Zug, daß der Held durch Überwindung eines Ungeheuers die Hand der Königin und die Herrschaft über ein Land gewinnt, weist in den Bereich des Märchens.[8] Laios und O. wurden als Könige von Theben durch die Genealogie mit Kadmos* verbunden. An der wichtigen Rolle, die der Orakelgott Apollon* in der O.-Sage spielt, erkennen wir den Einfluß und die Regie der delphischen Priesterschaft.[9] Da das Volk zur Erklärung lokaler Merkwürdigkeiten gerne berühmte Namen heranzog, kam es vor, daß von Heroen an mehreren Orten Grabstätten gezeigt wurden. So hatte O. vier Gräber: in Sparta, auf dem Areopag in Athen, auf dem Kolonos Hippios (bei Athen) und in Eteonos in Boiotien.[10] Die zentralen Fragen der O.-Sage betreffen Recht und Sitte innerhalb der Familie, den Kampf des Sohnes gegen den Vater, die Heirat zwischen Mutter und Sohn, den Kampf zwischen den feindlichen Brüdern. In O. einen ursprünglichen Gott[11] oder eine historische Gestalt[12] sehen zu wollen, erscheint in gleicher Weise unbegründet.[13] F. Dirlmeier hält die O.-Sage für einen vorgriechischen Mythos, der aus dem karisch-ägäisch-kleinasiatischen Raum stammte und in Boiotien wegen der inneren Verwandtschaft dieses Landes und seiner Bewohner mit dem Orient besonders fest Wurzel geschlagen habe.[14]

N.: Von Sophokles sind uns zwei O.-Tragödien erhalten. Im „Oidipus Tyrannos" enthüllt sich schrittweise die grauenvolle Wahrheit über das Leben des Helden; die Tragödie endet mit dem Abschied des blinden O. von Theben. Der „Oidipus auf Kolonos" zeigt den Lebensabend des O. Auch von Seneca besitzen wir einen „Oedipus". — S. Freud, der Vater der Psychoanalyse, bediente sich der O.-Sage zur Demonstration des „Oedipuskomplexes".

Plastik: O. auf Kolonos, J. B. Hugues, 1882, Paris, Luxembourg-Museum.

Gemälde: O.-Zyklus (Laios, Theben, Sphinx) aus Hermupolis, spätantikes Fresko, seit 1935 Kairo, Äg. Museum. — O. auf Kolonos, L. A. Masreliez (1748—1810), Stockholm, Gemäldesammlung der Hochschule. — O., Th. Stothard (1755—1834), Liverpool, Museum. — O. und die Sphinx, A. D. Ingres, 1808, Paris, Louvre.

Dramat. Bearbeitungen: König Oidipus: O. Tyrannos, Sophokles, um 428 v. Chr. — O., Seneca (gest. 65 n. Chr.). — O. rex, Alessandro dei Pazzi, um 1520. — Die unglückhafftig Königin Jocasta, Hans Sachs, 1550. — Iocasta, G. Gascoigne, 1566. — O. rex, A. Neville, 1581. — Oedipe, J. Prevost, 1605. — Oedipe, P. Corneille, 1659. — Oedipus, Lee und Dryden, 1679. — Oedipe, Voltaire, 1718. — Oedipe, La Motte, 1730. — O., J. J. Bodmer, 1761. — O. und Iokasta, A. Klingemann, 1820. — O. tyrannus or Swellfoot the tyrant, Shelley, 1820 (Burleske). — Der romantische O., Platen, 1828. — Edipo, F. Martinez de la Rosa, 1832. — Oedip, G. M. Spor, 1858. — The Downfall and Death of King

O., E. Fitzgerald, 1880. — O., das Rätsel des Lebens, G. Prellwitz, 1898. — Oedipe et le Sphinx, J. Péladan, 1903. — O. und die Sphinx, Hofmannsthal, 1906. — König O., Hofmannsthal (Nachdichtung des Sophokles), 1909. — Oedipe, roi de Thèbes, Saint-Georges de Bouhélier, 1919. — O. a Jokaste, F. Zavřel, 1919. — Oedipe-Roi, J. Cocteau, 1928. — Oedipe, A. Gide, 1931.
Oidipus auf Kolonos: O. auf Kolonos, Sophokles, 406 v. Chr. — Edipo, G. B. Niccolini, 1823. — Die Befreiung des O., R. Pannwitz, 1913. — O.s Tochter, L. Benninghoff, 1926. — O. auf Kolonos, R. Bayr (nach Sophokles), 1946.
Roman: O., W. Speyer, 1907.
Vertonungen: O. auf Kolonos des Sophokles, Mendelssohn, 1845. — Symphon. Prolog zum König O. (des Sophokles), M. Schillings, 1900. — Tre preludi per l'Edipo Re, I. Pizzetti, 1903. — König O. des Sophokles, H. Fellner, 1922. — Legende von O., P. Angerer, 1956 (Text von R. Bayr).
Opern: O., Purcell, 1692 (Text von Lee). — O., G. Gebel, 1751 (Text von Klest). — Oedipe à Colone, A. M. G. Sacchini, 1787 (Text von N. Guillard). — Oedipe roi, N. Méhul, 1804 (Text von Chenier). — König O., H. Rüter, 1899 (Text von Sophokles). — O. tyrannos, J. K. Paine, 1908 (Text von Sophokles). — O. rex, F. Weingartner, 1914 (Text von Wilbrandt). — Oedipe, roi de Thèbes, M. Gaquet, 1919 (Text von Bouhélier). — O. Rex, Strawinsky, 1928.
Film: Oedipus, J. Cocteau, 1953.
Literatur: C. Robert, Oidipus, 2 Bände, Berlin 1915. — M. Margani, Il mito di Edipo, Syrakus 1927. — G. Méautis, L'Oedipe à Colone et le culte des héros, Neuchâtel 1940. — L. Deubner, Oedipusprobleme, Berlin 1942. — M. Delcourt, Oedipe ou la légende du conquérant, Liège 1944. — F. Dirlmeier, Der Mythos von König Oedipus, Mainz 1948. — M. P. Nilsson, Der Oidipusmythos, in: Opuscula selecta 1 (1951), 335—348 (Neudruck aus den Gött. gel. Anz. 1922). — W. Asenbaum, Die griechische Mythologie im modernen französischen Drama: Labdakidensage. Diss. Wien 1956. — B. Knox, Oedipus at Thebes. Sophokles' tragic hero and his time. New Haven-London 1957.

[1] Epikaste statt Iokaste: Hom. Od. 11, 271. Vgl. Apollod. Bibl. 3, 5, 7. — [2] Merope: Soph. O. T. 775. — Periboia: Apollod. Bibl. 3, 5, 7. — Medusa: Schol. Soph. O. T. 775. — [3] Soph. O. T. 718. Eur. Phoin. 26 f. — [4] Soph. O. T. 715 ff. 1398 ff. Eur. Phoin. 37 ff. — [5] Eur. Phoin. 55 ff. Apollod. Bibl. 3, 5, 8. — [6] Hom. Od. 11, 277 ff. Soph. O. T. 1235 ff. — Nach anderer Version lebt Iokaste noch bei der Belagerung Thebens durch die Sieben: Eur. Phoin. 1455 ff. — [7] Dirlmeier, Der Mythos von König Oedipus, 8 ff. möchte hier lieber die Auswirkung einer „Art Urglauben an das gestaltlose ‚peproménon'", an die „Zuteilung des Schicksals" sehen. Zu dem Motiv vgl. Athene, Perseus, Telegonos. — [8] Deubner, Oedipusprobleme, 39. — [9] Robert 877. — [10] Nilsson I 174. — [11] Robert, Oidipus I 58. — [12] So H. J. Rose, Modern Methods in Classical Mythology, 1930, 24 ff. — [13] Verschiedene Vermutun-

gen über die Herkunft der O.-Gestalt bei Deubner, Oedipusprobleme 38 f.
— [14] Der Mythos von König Oedipus, 25.

Oiklés s. Alkmaion

Oiléus (Oíleus), Vater des Aias 2.

Oinéus (Oíneus), Vater des Meleagros

Oinómaos (Oinomáos) s. Pelops

Oinóne, Gattin des Paris

Oinopíon s. Ariadne, s. auch Orion

Okeanós (Okéanos)

M.: O. ist als Titan der älteste Sohn des Uranos* und der Gaia*,[1] der Bruder und Gemahl der Tethys*[2] und Vater der Metis* sowie der Okeaniden.[3] Von ihm als dem die Erde umfließenden Weltstrom stammen sämtliche Quellen, Flüsse und Seen der Erde.[4] Sein Haus hat er im fernen Westen. An dem Kampfe der Titanen* gegen Zeus nimmt er nicht teil und bleibt daher nach der Niederlage seiner Brüder und ihrer Verbannung in den Tartaros im unbeschränkten Besitz seiner Herrschaft über die Meere.

R.: O. war zunächst nur ein Fluß, der die Welt ringförmig umschließt, und wurde vom Meer streng unterschieden.[5] Wie jedoch die Odyssee und die Argonautensage mehrfach beweisen, dachte man sich die verschiedensten Flüsse und Meere mit dem O. in Verbindung.[6] Daraus erst entwickelte sich der noch heute gültige Begriff des O. als Weltmeer. — Zahlreich sind auch die Belege für enge Beziehungen zwischen O. und dem Totenreich. Der Name O. ist aus dem Indogermanischen nicht zu erklären und gilt als vorgriechisch.[7]

N.: P l a s t i k: Okeanide, H. Laurenz, Hamburg (Ausstellung 1953; Bronze).

L i t e r a t u r: P. Philippson, Der Kosmos des Okeanos, Basel 1940. — A. Lesky, Thalatta. Der Weg der Griechen zum Meer. Wien 1947, 58—87.

[1] Hes. Theog. 133. Apollod. Bibl. 1, 1, 3. — [2] Plat. Kratyl. 402 B. — [3] Der 3000 Meerjungfrauen: Hes. Theog. 364. — [4] Hes. Theog. 337 ff. Alles Gewässer (Süß- und Salzwasser) wird O. genannt: Schol. Eur. Hipp. 121. — [5] Lesky 59. — [6] Lesky 60 ff. — [7] Lesky 65 f.

Omphále (Ómphale), Gattin des Tmolos, nach dessen Tode Königin von Lydien

M.: Herakles* wird zur Strafe für die Ermordung des Iphitos bzw. den Raub des delphischen Dreifußes auf Befehl des Zeus* von

Hermes* als Sklave an O. verkauft. Während seines einjährigen Dienstes[1] bei O. verweichlicht Herakles so sehr, daß er Löwenfell und Keule an O. abgibt und sich in Weiberkleidung an den Spinnrocken setzt.[2]

R.: O. gehörte ursprünglich zu dem Stamm der Omphaler und der Stadt Omphalion in Epeiros.[3] Die moralische Begründung für den Aufenthalt des Herakles bei O. (Strafe für die Ermordung des Iphitos) ist sekundär. Dem Geschmack des Hellenismus entsprach es, das Liebesverhältnis zwischen Herakles und O. zu betonen und den Rollentausch zwischen Mann und Frau drastisch auszumalen.[4]

N.: Von den Satyrspielen und Komödien, die den Stoff behandelten, ist so gut wie nichts erhalten. Herakles im Dienste der O. war ein in der antiken Malerei und Plastik beliebtes Motiv.

Gemälde: Herkules und O., L. Cranach, 1537, Brunswick. — Herkules stößt den Faun aus dem Bette der O., Tintoretto (1518 bis 1594), Budapest, Museum. — Herkules und O., B. Spranger, vor 1590, Wien, Kunsthistor. Museum. — Herkules und O., Rubens, 1602, Paris, Louvre. — Herkules und O., F. Lemoyne, 1724, Paris, Louvre. — Herkules und O., B. Genelli (1798—1868), München, Galerie Schack. — Herkules und O., Ch. Gleyre (1806 bis 1874), Neuchâtel, Museum. — Herkules und O., O. Greiner, 1905, Berlin, Privatbesitz.

Dramat. Bearbeitung: O. and Herakles, T. St. Moore, 1933.

Symphon. Dichtung: Le rouet d'Omphale, C. Saint-Saëns, 1871.

Opern: O., A. Destouches, 1701 (Text von La Motte). — O., G. Ph. Telemann, 1724. — O., Ph. Cardonne, 1769 (Text von La Motte).

[1] Einjährige Dienstzeit bei O.: Soph. Trach. 252 f. Dreijährige Dienstzeit: Apollod. Bibl. 2, 6, 2. — [2] Soph. Trach. 248 ff. Diod. 4, 31, 5—8. Apollod. Bibl. 2, 6, 3. Ov. Heroid. 9, 55 ff. — [3] Robert 589. — [4] Robert 593 f.

Ophéltes s. Hypsipyle

Ops, römische Göttin der Saaten und Ernten, Gemahlin des Saturnus*, der griechischen Rheia*-Kybele gleichgesetzt[1]

R.: Ihr galt das Erntedankfest am 25. August. Saturnus und O. wurden in Rom auch als Gottheiten der Ehe und der Kindererziehung verehrt.

Literatur: P. H. N. G. Stehouwer, Étude sur Ops et Consus, Groningen 1956.

[1] Varro, De ling. Lat. 5, 64.

Oreáden s. Nymphen

Oreíthyia (Oreithýia) s. Winde

Oréstes, Sohn des Agamemnon*, Königs von Mykenai, und der Klytaimestra, Bruder der Elektra*, Iphigeneia* und Chrysothemis
M.: Als Aigisthos* und Klytaimestra den aus Troia heimkehrenden Agamemnon ermorden, läßt Elektra den jüngeren Bruder O. zu dem Onkel Strophios nach Phokis bringen, wo er mit dessen Sohne

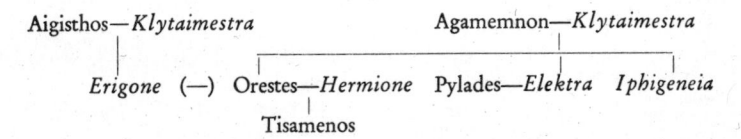

```
Aigisthos—Klytaimestra              Agamemnon—Klytaimestra
        |                    _____|_____
        |                   |                |               |
    Erigone (—) Orestes—Hermione         Pylades—Elektra  Iphigeneia
                     |
                 Tisamenos
```

Pylades gemeinsam aufwächst.¹ Sobald O. erwachsen ist, vollzieht er im Auftrage Apollons* die Blutrache. Gemeinsam mit Pylades begibt er sich nach Mykenai und erschlägt Aigisthos und Klytaimestra.²
Nun wird der Muttermörder von den Erinyen* grimmig verfolgt. Der Wahnsinn treibt O. von einem Ort zum andern, bis er sich in Athen auf dem Areopag einem Gerichtshofe stellt. Die Erinyen klagen an, Apollon verteidigt, und durch die entscheidende Stimme Athenes* wird O. freigesprochen.³
Nach anderer Version wird O. von der Verfolgung durch die Erinyen befreit, sobald er das hölzerne Bild der Artemis* aus dem Taurerland in die Heimat gebracht hat (s. Iphigeneia). Nun heiratet O. Hermione, die Tochter des Menelaos*,⁴ und übernimmt die Regierung in Mykenai. Seine Schwester Elektra vermählt er mit Pylades.⁵ O. stirbt in Arkadien an dem Biß einer Giftschlange.⁶ Sein Sohn Tisamenos folgt ihm in der Herrschaft und kämpft später gegen die zurückgekehrten Herakleiden*.⁷

R.: Das zentrale Problem der O.-Sage ist die Blutrache, die zwar von Apollon befohlen, trotzdem aber mit strenger Sühne bedacht wird. Man wollte in O. einen arkadischen Lokalheros sehen.⁸ Jedenfalls wurden seine Gebeine in Tegea (Arkadien) als Reliquie aufbewahrt, im 6. Jh. jedoch von den Spartanern gewaltsam nach Sparta entführt.⁹ — O. und Pylades waren neben Achilleus*-Patroklos* und Theseus*-Peirithoos* das berühmteste Freundespaar des griechischen Mythos.

N.: Die Ermordung Agamemnons, die Blutrache des O., den Wahnsinn und Freispruch des Muttermörders gestaltete Aischylos großartig und erschütternd in der „Oresteia", der einzigen vollständig erhaltenen tragischen Trilogie der Griechen. Die realistische Kunst des Euripides stellte im „Orestes" einen Psychopathen auf die Bühne.

Gemälde: O. und Pylades vor Thoas und Iphigenie, Römisches Wandgemälde aus Pompeji, Casa del citarista, Neapel, Mus. Naz.

— O. und Pylades in Tauris, Römisches Wandgemälde aus Pompeji, Haus des Caecilius Jucundus, Neapel, Mus. Naz. — O. und Pylades, P. Lastman, 1614, Amsterdam, Rijksmuseum. — O. und Pylades am Grabe Agamemnons, J. M. Fischer (1741—1820), Wien, Galerie des 19. Jh. — O. und Pylades in Tauris, J. M. Fischer, Wien, Galerie d. 19. Jh. — O. und Iphigenie, W. Tischbein, 1788. — O., von den Furien verfolgt, K. Rahl (1812—65), Oldenburg, Augusteum.

D r a m a t. B e a r b e i t u n g e n: Oresteia (Trilogie), Aischylos, 458 v. Chr. — O., Euripides, 408 v. Chr. — L'Oreste, G. Rucellai (1475—1525). — Oreste et Pylade, J. Lagrange-Chancel, 1698. — Die Geschwister in Taurien, J. E. Schlegel, 1747. — Pylades und O., C. F. Derschau, 1747. — Oreste, Voltaire, 1750. — Oreste, V. Alfieri, 1786. — O. und Hermione, F. G. Steidele, 1788. — O., W. Sotheby, 1802. — O. in Argos, P. Bailey, 1824. — L'Orestie, A. Dumas, 1856. — O., H. L. Koopman, 1888. — La tragédie d'Electre et d'Oreste, A. Suarès, 1905. — O., R. Le Gallienne, 1910. — Mourning becomes Electra, E. O'Neill, 1931. — Les mouches, J. P. Sartre, 1943. — Oreste, J. Anouilh, 1947 (Fragment).

D i c h t u n g e n: The madness of O., W. S. Landor, 1837. — The tower beyond tragedy, R. Jeffers, 1924.

O p e r n: L'Oreste, G. A. Perti, 1681. — Oreste, C. Monza, 1766 (Text von Verazi). — Oreste, D. Cimarosa, 1783 (Text von Serio). — Oreste in Tauride, V. Federici, 1804. — O., K. Kreutzer, 1817. — Oresteia, S. Tanejew, 1895. — Orestie, M. Schillings, 1900 (Text von Aischylos). — Oresteia, F. Weingartner, 1902. — Orestie, O. Lorenz, 1906 (Text von Aischylos). — Orestie, C. A. Gibbs, 1921 (Text von Aischylos). — Leben des Orest, E. Křenek, 1930.

B a l l e t t e: Oreste, L. Marescalchi, 1787. — Oreste, V. Trento, 1801. — Oreste, L. M. Viviani, 1826.

L i t e r a t u r: W. Krieg, De Euripidis Oreste, Diss. Halle 1934.

[1] Pind. Pyth. 11, 34 ff. Soph. El. 11 ff. Eur. El. 14 ff. — [2] Hom. Od. 1, 29 f. 298 ff.; 3, 306 ff. Ep. Graec. Fr. 53 Kinkel. Aisch. Choeph. Soph. El. Eur. El. — [3] Zum Wahnsinn und Freispruch des O.: Aisch. Choeph. 1021 ff. Eum. 225 ff. 566 ff. Eur. Iph. Taur. 940 ff. 1469 ff. Or. 249 ff. 1648 ff. — Als Ankläger des O. treten auch Tyndareos, der Vater Klytaimestras, und Erigone, die Tochter des Aigisthos und der Klytaimestra, auf: Apollod. Epit. 6, 25. — Die Verhandlung findet in Argos oder Mykenai statt: Eur. Or. 846 ff. Hygin. Fab. 119. — [4] Eur. Andr. 966 ff. Or. 1653 ff. — Erigone als Gattin des O.: Schol. Lykophr. 1374. — [5] Eur. El. 1249. Or. 1658 f. — [6] Apollod. Epit. 6, 28. Schol. Eur. Or. 1645. — [7] Paus. 2, 18, 6. 8. 7, 1, 7 f. — Spartanische Hegemonieansprüche verlegten die Atreidenherrschaft (Agamemnon, Orestes, Tisamenos) nach Sparta: Pind. Pyth. 11, 31. Nem. 11, 34. Hdt. 7, 159. — [8] Robert 1302. — [9] Hdt. 1, 67.

Oríon, Sohn des Poseidon* und der Euryale[1], ein riesiger Jäger aus Boiotien

M.: In Chios bewirbt er sich gegen den Willen des Oinopion um dessen Tochter Merope und vergewaltigt sie. Von Oinopion im Schlafe geblendet, schreitet er über das Meer[2] nach Lemnos und erhält hier von Hephaistos* einen seiner jungen Schmiedegesellen, Kedalion, als Führer. Der Riese O. nimmt ihn auf seine Schultern und zieht gegen Sonnenaufgang, um von Helios* geheilt zu werden. Bevor er nach seiner Rückkehr an Oinopion Rache nehmen kann, wird er von Eos* als ihr Geliebter nach Delos entführt.[3] Hier stirbt er von den Pfeilen der Artemis*, da die Olympier die Morgenröte um den Besitz des schönen Jünglings beneiden. Nach anderen Sagenversionen wird O. von Artemis erschossen, weil er sich an ihr oder einer ihrer Nymphen* vergreifen wollte,[4] oder aber, weil er als Jäger sich rühmte, alle Tiere (die Schutzbefohlenen der Artemis!) zu erlegen.

R.: Im O.-Mythos stoßen wir auf älteste Schichten menschlichen Glaubens — die Vorstellung, daß das Sonnenlicht (Helios) Blindheit heilen könne —, auf die Welt der Märchen (die Wanderung zur Sonne ist ein Märchenmotiv!)[5] und der Wunder (das Schreiten über das Meer). Der gewaltige O. mit dem Schmiedejungen auf den Schultern erinnert uns an das Christophorus-Motiv.[6] — Zu dem Sternbild O. und O.s Tod durch einen Skorpion vgl. Sterne.

N.: Plastik: O., G. Marcks, 1949 (Bronze).

Dramat. Bearbeitung: Orione, E. Morselli, 1910.

Epos: O., R. H. Horne, 1843.

Gedicht: O., Ch. G. D. Roberts, 1880.

Opern: Orione, F. Cavalli, 1653 (Text von Melosia). — O., N. A. Strungk, 1697. — O., G. H. Stölzel, 1713 (Text vom Komponisten). — O., Lacoste, 1728 (Text von Pellegrin). — O., J. Christian Bach, 1763.

[1] Apollod. Bibl. 1, 4, 3. — [2] Eine dem O. von seinem Vater Poseidon verliehene Fähigkeit: Hygin. Astron. 2, 34. Vgl. Verg. Aen. 10, 763 ff. — [3] Hom. Od. 5, 121 ff. Apollod. Bibl. 1, 4, 3 ff. Ps.-Eratosth. Katast. 32. — [4] Apollod. Bibl. 1, 4, 5. Schol. Od. 5, 121. — [5] Radermacher 135. — [6] Radermacher 185; dort weitere Parallelen.

Orkus s. Unterwelt

Orphéus (Órpheus), Sohn des thrakischen Flußgottes Oiagros[1] und der Kalliope, einer der neun Musen*

M.: Wenn O. Sohn des Apollon* genannt wurde,[2] so wollte man damit auf die unmittelbar göttliche Herkunft seiner weithin berühmten kitharodischen Kunst hinweisen. Linos*, ein anderer berühmter Sänger, wird zumeist als Urgroßvater des O., manchmal als sein Lehrer oder Bruder erwähnt.

O. stammt aus Thrakien und wird mit verschiedenen thrakischen Stämmen in Mythos (Kikonen) und Geschichte (Odrysen) in Ver-

bindung gebracht. Seit dem 6. Jh. v. Chr., mit der Ausbreitung der Orphik (vgl. unten) über den Großteil des griechischen Siedlungsgebietes (besonders auch über den griechischen Westen: Sizilien, Unteritalien), wußten alle Stämme vom Aufenthalt des O. in ihrer Heimat zu erzählen. O. nimmt am Argonautenzug teil und ist damit ein Zeitgenosse des Herakles* und Iason, wird also eine Generation vor dem troischen Krieg angesetzt. Er ist ein gottbegnadeter Sänger, zugleich Kitharaspieler (Kitharode) und gilt bisweilen als Erfinder der Kithara oder sogar der Musik überhaupt. Mit seinem Gesang und Saitenspiel kann O. Pflanzen und Tiere bezaubern. Die Bäume wandern auf ihn zu,[3] die Vögel und andere Tiere des Waldes, ja sogar die Fische,[4] sammeln sich um O., um seinem Gesang und Spiel zu lauschen. Die wilden Tiere werden zahm und liegen neben dem Herdenvieh.[5] So erweckt O. ein Bild paradiesischen Friedens. Er kann aufgeregte Bewegung zur Ruhe bringen,[6] aber auch umgekehrt Steine in Bewegung setzen.[7]
Als Teilnehmer an der Argonautenfahrt hat O. keine hervorragende Aufgabe: Er gibt mit seiner Musik den Ruderern den Takt und bittet um Besänftigung eines Sturmwindes.[8] Erst die Orphischen Argonautika, ein aus dem orphischen Kreis hervorgegangenes kleines Epos der Kaiserzeit, teilte O. eine wichtigere Rolle zu.
Die überwältigende Wirkung seiner kitharodischen Kunst beweist O. auf seiner Fahrt in die Unterwelt*. Seine geliebte Gattin Eurydike ist an dem Biß einer Giftschlange gestorben. O. steigt in das finstere Reich des Hades* hinab, um den Fürsten der Unterwelt zur Freigabe Eurydikes zu bewegen.[9] Alle berühmten Büßer in der Unterwelt, Tantalos*, Ixion*, Sisyphos*, die Danaiden* unterbrechen unter dem Eindruck von O.s Gesang und Spiel ihre qualvolle Tätigkeit. Selbst Kerberos* wird zahm, und die Erinyen* sind zu Tränen gerührt. So läßt sich auch Hades erweichen. Bedingung jedoch für die Rückgabe Eurydikes ist, daß O. vor der Rückkehr an die Oberwelt sich nicht nach Eurydike umsehen darf.[10] Von Liebe und Sehnsucht überwältigt, blickt O. zurück und Eurydike entschwindet, diesmal für immer, in die Unterwelt.

Nach längerer Zeit einsamer Trauer wird O. von thrakischen Mänaden zerrissen, entweder weil er von den Frauen nichts wissen wollte, oder auf Befehl des Dionysos*, dem O., ganz im Dienste des Sonnengottes (Apollon*) befangen, keine Verehrung erweisen wollte.[11]

R.: O. Kern sah in der Person des O. die Schöpfung einer Kultgemeinschaft des frühen 6. Jh.[12] Vielleicht geht aber der mythische O. doch auf einen tatsächlich lebenden Religionsstifter zurück.[13] Die Orphik, eine auf O. zurückgeführte Geheimlehre der archaischen Zeit, war mit dem Dionysoskult eng verflochten. Die Lehre kannte eine eigene Theogonie (Entstehung der Götter) und Kosmogonie und versprach den in ihre Mysterien Eingeweihten Erlösung von den Strafen in der Unterwelt. Auch die Lehre von der Seelenwanderung gehörte zum Vorstellungskreis der Orphik.[14] Die Anhänger lebten vegetarisch; in der Orphik hören wir zum ersten Male bei den Hellenen von „heiligen Büchern". Die Hadesfahrt des O. endete ursprünglich mit der Heimholung Eurydikes auf die Oberwelt.[15] Der allgemein griechische Glaube an die Unentrinnbarkeit des Todes führte aber zur Modifizierung des Mythos in der oben geschilderten Form.[16] Mit der Zerreißung durch die Mänaden erleidet O. dasselbe Ende wie der Gott Dionysos-Zagreus in der Vorstellung der Orphik.[17]

N.: Das Epos nennt O. nicht; erst seit dem 6. Jh. v. Chr. wurde er mehr bekannt. Aischylos behandelte seinen Tod in der Tragödie „Bassarai", Polygnot stellte O. auf einem berühmten Gemälde in der Lesche (Versammlungshalle) der Knidier in Delphi dar.[18] Auch die Vasenmalerei entnahm dem O.-Mythos beliebte Motive. Von der reichen orphischen Literatur des Altertums sind uns 87 Hymnen unter dem Namen des O. erhalten, die in der heutigen Fassung in der Zeit um Christi Geburt entstanden sein dürften.[19] Ferner besitzen wir Werke aus der späten Kaiserzeit, darunter die sog. Orphischen Argonautika, in denen O. als ein Held der Argonautenfahrt erscheint.

P l a s t i k e n : O.-Eurydike-Hermes (Hermes, der Eurydike wieder in die Unterwelt führen wird), 2. Hälfte des 5. Jh. v. Chr. (Dreifigurenrelief). Kopie: Neapel, Museum. — O. und Eurydike, Peter Vischer d. J. (1487—1528), a) früher Berlin, Kaiser-Friedrich-Museum, b) Hamburg, Kunsthalle, c) Stift St. Paul (Kärnten), d) Paris, Sammlung Dreyfus (4 Bronzeplaketten). — O. und Eurydike, Canova, 1773, Predazzi, Villa Falier (Stein). — O. und Eurydike, Th. Crawford (1813—57), Boston, Museum (Stein). — O. und Eurydike, Rodin, 1894. — O. und die Mänaden, Rodin, 1905. — O. und Leopard, J. Gregory (geb. 1879). — O.-Brunnen, C. Milles, 1936, Stockholm, Konzerthaus. — „O, Orpheus siegt", H. Geibel, 1953 (Bronze).

G e m ä l d e: O. und Eurydike, Rubens, um 1636—37, Madrid, Prado. — O., P. Potter, 1650, Amsterdam, Rijksmus. — O. und Eurydike, G. F. Watts, 1869, London, Privatbesitz. — O., von Bakchantinnen verfolgt, F. Alvarez de Sotomayor, 1903. — O., L. Corinth, 1909.

D r a m a t. B e a r b e i t u n g e n: Orfeo, A. Poliziano, 1471. — O. und Eurydike, O. Kokoschka, 1919. — The Death of O., L. Housman, 1921. — O., J. Cocteau, 1926. — Orfeo e Proserpina, S. Benelli, 1928. — O. und Eurydike, R. Liedemann, 1941. — Eurydice, J. Anouilh, 1941. — Das himmlische Saitenspiel, W. M. Schede, 1948. — O. und Eurydike, M. Modena, 1951.

D i c h t u n g e n: O., Shelley, 1862. — O., R. C. Trevelyan, 1898. — O. and Eurydice, T. St. Moore, 1909. — Die Sonette an O., Rilke, 1923.

Symphon. Dichtung: O., Liszt, 1856.

Kantaten: La mort d'Orphée, H. Berlioz, 1827. — La mort d'Orphée, L. Delibes, 1878. — O. and the Sirens, H. Bath (geb. 1883).

Opern: Euridice, J. Peri, 1600 (Text von O. Rinuccini). — Orfeo, Monteverdi 1607 (Text von Striggio). — Orfeo, A. Sartorio, 1672 (Text von A. Aureli). — La lira d'Orfeo, A. Draghi, 1683 (Text von N. Minato). — Orphée, Lully, 1690 (Text von du Boullay). — Orfeo nell' Inferi, A. Campra, 1699. — Die sterbende Eurydike, R. Keiser, 1699 (Text von Bressand). — Orfeo ed Euridice, J. J. Fux, 1715 (Text von Pariati). — O. und Eurydike, Gluck, 1762 (Text von Calzabigi). — O., H. Benda, 1785. — Orfeo ed Euridice (L'anima del Filosofo), J. Haydn, 1791 (Text von Bandini). — O., K. Cannabich, 1802. — O., J. A. Kanne, 1807. — O. in der Unterwelt, Offenbach, 1858 (Travestie). — Orphée, B. Godard, 1887 (Text von Grandmangier). — O. und Eurydike, E. Křenek, 1926 (Text von Kokoschka). — Orfeo, V. Rieti, 1928. — Leiden des O., D. Milhaud, 1931. — O., A. Casella, 1938.

Ballett: O., Strawinsky, 1947.

Film: Orphée, J. Cocteau, 1950 (s. Abb. 50).

Literatur: O. Kern, Orpheus, Berlin 1920. — A. Krüger, Quaestiones Orphicae, Diss. Halle 1934. — E. Norden, O. und Eurydike, in: Sitzungsber. Preuß. Ak. Wiss. phil. hist. Kl. 1934, 626—683, bes. 656 ff. — W. K. C. Guthrie, O. and Greek Religion, London 1935. — K. Kerényi, Pythagoras und Orpheus, Amsterdam ²1940. — I. M. Linforth, The Arts of Orpheus, Berkeley 1941. — W. Wili, Die orphischen Mysterien und der griechische Geist, in: Eranos-Jahrbuch 11 (1944), 61—105. — C. M. Bowra, O. and Eurydice, in: The Classical Quarterly 46 (1952), 113 bis 126. — R. Böhme, O. Das Alter des Kitharoden, Berlin 1953. — L. Moulinier, Orphée et l'Orphisme à l'époque classique, Paris 1955.

[1] Pind. Fr. 139, 9. Plat. Sympos. 179 D. — [2] Pind. Pyth. 4, 176 f. Ov. Met. 10, 167. — [3] Die Baumnymphe eilt zu O.: Sen. Herc. Oet. 1052 f. — [4] Apoll. Rhod. 1, 569 ff. — Moderne Unterwasserforschung bestätigte die Musikempfänglichkeit mancher Fischarten. — [5] Hor. Carm. 3, 11, 13. Ov. Met. 10, 143 f. — [6] Die Winde: Hor. Carm. 1, 12, 10. Sen. Med. 627. Breit ausgemalt in den Orphischen Argonautika. — Die Flüsse, ja sogar das Meer: Anthol. Pal. 7, 8, 3. — [7] Eur. Iph. Aul. 1212. Apoll. Rhod. 1, 26. Dies ist sonst Amphion * vorbehalten. — [8] Diod. 4, 43, 1. 48, 6, 7. — [9] Verg. Georg. 4, 453 ff. Cul. 268 ff. Ov. Met. 10, 1 ff. Hor. Carm. 3, 11, 15 ff. — [10] Dieses Verbot gilt eigentlich nicht für Eurydike allein. Dem Menschen ist es überhaupt versagt, die Unterirdischen zu schauen: RE XVIII/1, 1269 A. 1. — [11] Ps.-Eratosth. Katast. 24. — [12] O. Kern, Orpheus, 16 ff. — [13] E. Peterich, Die Theologie der Hellenen, Lpz. 1938, 260 ff. Nilsson I 644 ff. — [14] Kern I 269. II 162. — [15] Vgl. Isokrates 11, 8. Plat. Sympos. 179 D. — [16] Nilsson I 645. W. Wili, Die orphischen Mysterien, 67 f. — C. M. Bowra setzt das verlorene

Gedicht — die Quelle für die uns geläufige Form der Sage bei Vergil und Ovid — in hellenistische Zeit und sucht es zu rekonstruieren: Class. Quart. 46 (1952), 113 ff. — [17] Die Zerreißung ist aber auch eine häufige Todesart von Gottesverächtern. W. Nestle, Legenden vom Tod der Gottesverächter, in: Archiv f. Religionswiss. 33 (1936), 250—252. — [18] Paus. 10, 30, 6—8. — [19] Kern I 270.

Orth(r)os, Hund des Geryoneus, s. Herakles, 10. Arbeit

Osiris s. Serapis, s. auch Isis

Otos s. Aloaden

P

Paián s. Apollon, Anm. 16

Palaímon (= Melikértes), Sohn der Ino

Palamédes, Sohn des Nauplios*, Königs von Euboia, und der Klymene

M.: Im troischen Krieg bewährt sich P. als weiser Ratgeber der Griechen. Man schreibt ihm die Erfindung der Buchstabenschrift (oder zumindest die Ergänzung des Alphabets), des Rechnens und Messens sowie des Brett- und Würfelspiels zu.[1] Als Agamemnon* und Menelaos* ein Heer zum Feldzug gegen Troia sammeln, stellt sich Odysseus* wahnsinnig, um nicht mitziehen zu müssen. Er spannt ein Pferd und einen Ochsen zusammen vor seinen Pflug und sät Salz in die Furchen. P. legt den kleinen Telemachos*, den Sohn des Odysseus, vor den Pflug. Der Vater hält den Pflug an und muß seine Verstellung zugeben.[2]
Während des Krieges nimmt Odysseus grimmige Rache. Er fingiert einen Brief des Priamos* an P., in dem von einer größeren Bestechungssumme die Rede ist, die P. erhalten haben soll. Unterdessen läßt Odysseus durch bestochene Sklaven Gold im Zelte des P. vergraben. Den Brief übergibt er einem gefangenen Phryger und läßt ihn ermorden. Der Brief wird entdeckt und P. des Hochverrates angeklagt. Man findet in seinem Zelt das Gold und steinigt ihn.[3] Sein Vater Nauplios rächt sich später für die Ermordung seines Sohnes.

R.: Persönlichkeitsbewußtsein, ionischer Forschertrieb und Entwicklung des historischen Denkens ließen die Hellenen alle kulturellen und zivilisatorischen Errungenschaften auf „Erfinder" zurückführen. Vielen Göttern (vgl. z. B. Apollon, Athene, Dionysos, Demeter, Hermes) und Heroen (Prometheus, Daidalos, Kadmos) wurden für die Menschheit unentbehrliche Erfindungen zugeschrieben. Zu ihnen gehörte auch P., der mit seiner Erfindung der Maße und Gewichte gut in die Argolis des 7. Jh. paßt.[4] Im Epos war er mit seiner Schlauheit und Kombinationsgabe eine dem Odysseus verwandte Erscheinung. So lag es nahe, die beiden ihre List im Kampfe gegeneinander erproben zu lassen. P. erscheint mit seinen Erfindungen als ein Wohltäter der Menschheit, der durch den Trug des Odysseus zu Unrecht leiden muß.

N.: Sophokles schrieb eine Tragödie „Der wahnsinnige Odysseus" und einen „Palamedes"; beide sind verloren. Erhalten ist die „Verteidigungsrede des Palamedes" aus der Feder des Sophisten Gorgias.[5]

P l a s t i k: P., Canova, 1804, Cadenabbia, Privatbesitz.

G e m ä l d e: P. entlarvt Odysseus, Tiepolo, um 1760, Mailand, Sammlung Borletti.

D r a m a t. B e a r b e i t u n g e n: P., Joost van den Vondel, 1625. — P., K. Konstantin, 1920.

Literatur: A. Kleingünther, Πρῶτος εὑρετής, Philol. Suppl. 26/1 (1933), 78 ff.
[1] Gorg. Palam. 30. Schol. Eur. Or. 432. — [2] Apollod. Epit. 3, 7. Philostr. Heroikos 11, 2. — [3] Apollod. Epit. 3, 8. Schol. Eur. Or. 432. — [4] Wilamowitz, Aischylos Interpretationen, 146. — Kleingünther, a. a. O., 28. — [5] Diels-Kranz, Fragmente der Vorsokratiker 2, [6]1952, 294—303.

Páles, römische Hirtengottheit

R.: P. schützt das Vieh vor Seuchen und Raubtieren und sorgt für seine Fruchtbarkeit. Das Fest der P. waren die Parilia am 21. April, ein ländliches Reinigungsfest, gleichzeitig der Geburtstag Roms (Stadtgründung durch Hirten!). Die Hirten trieben dabei ihr Vieh durch das Feuer brennender Strohhaufen und sprangen dann selbst nach.[1]
[1] Varro, R. r. 2, 1, 9. Ov. Fast. 4, 745 ff.

Palládion s. Athene, s. Diomedes 1.

Pállas, Onkel des Theseus

Pállas Athéne s. Athena

Pan, griechischer Wald- und Weidegott, Sohn des Hermes* und einer Nymphe[1]

M.: Zum Entsetzen der Mutter ist der kleine P. am ganzen Leibe behaart, hat Ziegenhörner und Ziegenfüße. Hermes bringt das Knäblein in den Olymp, wo die versammelten Götter, besonders aber Dionysos*, an dem Kleinen ihre Freude haben.[2] Als Bockwesen mischt sich P. unter das Gefolge des Dionysos und erscheint gelegentlich als Anführer der Satyrn* und Silene*. Lüstern wie diese Böcke stellt auch er den Nymphen* nach. Die Nymphe Syrinx wird auf der Flucht vor P. von ihren Schwestern in einen Schilfrohrbusch verwandelt. P. schneidet einige Rohre ab, legt sie an den Mund und wird so zum Erfinder der Hirtenflöte.[3] Als gewandter Flötenspieler fordert er Apollon* zu einem musikalischen Wettstreit heraus, in dem er natürlich unterliegt.[4]
Unter den weidenden Tierherden ruft P., besonders in der sommerlichen Mittagsstille, durch sein überraschendes Erscheinen den nach ihm benannten panischen Schrecken hervor. Aber auch einer Menschenmenge, etwa dem kämpfenden Heere, kann P. durch seine plötzliche Epiphanie gewaltigen Schrecken einjagen.[5] So unterstützt er Zeus* im Kampfe gegen die Titanen*.[6]

R.: P., in Arkadien beheimatet, war ein alter Gott der Hirten und Jäger, den man ursprünglich in Gestalt des Ziegenbockes verehrte.[7] Durch den Grundzug seines Wesens, das unstete Umherschweifen in der freien Natur, war er seinem Vater Hermes und besonders Dionysos vergleichbar. Auf Grund der halbtierischen Auffassung des P. fand der Gott leicht Anschluß an die halbtierischen Wesen

im Gefolge des Dionysos. Hier trat er vor allem als weinseliger Gehilfe und Spaßmacher des Dionysos, aber auch in verschiedenen anderen Funktionen auf, die sich in der bildenden Kunst der Antike vielfach widerspiegeln.[8]
Der Bock P. betätigte sich vor allem als zeugungskräftiger Mehrer der Herden, der ursprünglich die Ziegen selbst besprang.[9] Durch Übertragung ins Menschliche wurde daraus der von Eros* getriebene Gott, der mit Vorliebe die Nymphen, aber auch schöne Hirtenknaben verfolgt. Hellenistische Darstellungen deuteten dabei die ursprünglich natürliche Triebhaftigkeit in Lüsternheit um.[10] Der Name der Nymphe Syrinx deckt sich mit dem griechischen Wort für „Rohr", bzw. „Hirtenflöte". Die aitiologische Erzählung von Syrinx stellt eine Parallele zum Daphne*-Mythos dar.

Die Athener schrieben die Flucht des Perserheeres bei Marathon der Hilfe des P. zu und führten den Kult des Gottes in Attika ein.[11] In einer Höhle am Abhange der athenischen Akropolis wurde P. zusammen mit den Nymphen verehrt.[12] Von Attika breitete sich sein Kult über ganz Hellas aus. Schließlich wurde P. sogar unter die Olympier aufgenommen.[13] — In philosophisch-mystischer Auffassung galt P. als Allgott (griech. pan = all[es]).[14]

Neben den Einzelgott P. trat frühzeitig eine Vielheit von Panen oder Panisken (kleinen Panen, auch weiblichen Geschlechts), ähnlich wie die Eroten neben Eros.[15] Die von Plutarch erzählte Geschichte über den „Tod des großen Pan"[16] gehört in die Reihe der zahlreichen Legenden vom Sterben der Vegetationsgötter; mit dem „großen Pan" war nicht der Allgott, sondern der arkadische Hirtengott und Naturdämon gemeint.[17] In spätmittelalterlicher und barocker theologischer Spekulation wurde der „große Pan" als Teufel, aber auch als Jesus Christus gedeutet.[18]

N.: Ein Wiener Papyrus (Pap. Graec. Vind. 29.801) enthält eine reizvolle hellenistische Szene: P., dem seine Hirtenflöte abhanden gekommen ist, bastelt sich aus Rohren, die er mit Wachs zusammenfügt, eine neue und improvisiert auf dem Instrument vor einer bunten Gesellschaft, die sich zu einem Dionysosfest im Frühling versammelt hat.[19] Seit der Renaissance wurden Satyr*, bzw. Faun* und P. häufig verwechselt. Goethes „Satyros oder der vergötterte Waldteufel" schildert nicht das Treiben eines Satyrs, sondern das des Gottes P.[20]

P l a s t i k e n : P., die verlassene Nymphe tröstend, R. Begas, 1857, Berlin, Privatbesitz. — P. kelternd, Rodin, Paris, Musée Rodin. — Faunesse (= Panin), Rodin, Paris, Musée Rodin. — Kleinplastiken von P. Picasso, vgl. A. Verdet, Faunes et Nymphes de Pablo Picasso, Genf 1952 (s. Abb. 41).

G e m ä l d e : P., der Gott des Lebens und der Musik, L. Signorelli, um 1492, früher Berlin, Kaiser-Friedrich-Museum. — P. und Syrinx, H. Rottenhammer (1564—1625), London, National Gallery. — P., Nymphen und Satyrn, D. Teniers d. Ä. (1582—1649), Wien,

Kunsthistor. Museum. — P. und Syrinx, J. Jordaens (1593—1678), Brüssel, Museum. — P. und Syrinx, N. Poussin, um 1637, Dresden, Gemäldegalerie. — P. und Nymphe, P. Fendi (1796—1842), Wien, Kunsthist. Museum. — Amoretten entführen den kleinen P. nach dem Olymp, Feuerbach, 1848, Freiburg i. Br., Kunstverein. — P. und Syrinx, Böcklin, 1854, Dresden, Gemäldegalerie. — P. im Schilf, Böcklin, 1857, München, Neue Pinakothek. — P., der einen Hirten erschreckt, Böcklin, 1860, München, Galerie Schack. — P. und Nymphe, Böcklin, 1874. — Der Garten des P., E. Burne-Jones, 1887.

Dramat. Bearbeitungen: Pan's anniversary, B. Jonson, 1650 (Maskenspiel). — Satyros oder der vergötterte Waldteufel, Goethe, 1774 (Posse).

Hymnen: Homerischer Hymnos auf Pan (19). — Orphischer Hymnos auf Pan (11). — Epidaurischer Hymnos, vgl. Anm. 14. — Hymn of Pan, Shelley, 1824.

Dichtung: Pan's prophecy, T. St. Moore, 1904.

Novellenzyklus: Die Flöte des P., E. Wiechert, 1930.

Kantate: Der Streit zwischen Phöbus und P., Joh. Seb. Bach, 1731. — The great god Pan, G. Bantock, 1914.

Symphon. Dichtung: Prélude à l'après-midi d'un Faune, Debussy, 1892.

Opern: Syrinx, N. Strungk, 1694. — Der Tod des großen P., G. Bronner, 1702 (Text von Hinsch). — P. und Syrinx, J. E. Gaillard, 1717 (Text von L. Theobald). — P., R. Haas, 1906.

Literatur: F. Brommer, Satyroi, Würzburg 1937, 1—19. — F. G. Jünger, Griechische Götter. Apollon, Pan, Dionysos, Frankfurt a. M. 1943. — R. Herbig, Pan, der griechische Bocksgott. Versuch einer Monographie, Frankfurt a. M. 1949.

[1] „Tochter des Dryops": Hom. Hymn. Pan. 34. Der Name Dryope stammt aus einer Konjektur. — Penelope: Apollod. Epit. 7, 38. Cic. De nat. deor. 3, 56. — [2] Hom. Hymn. Pan. 35 ff. — [3] Ov. Met. 1, 689 ff. — Verwandlung der Syrinx durch Gaia: Mythogr. Vatic. 1, 127. — [4] Mythogr. Vatic. 1, 90. Vgl. Eur. Ion 501. — [5] [Eur.] Rhes. 36 und Schol. — [6] Ps.-Eratosth. Katast. 27. — [7] Menschliche Darstellung des Gottes schon in archaischer Zeit: Nilsson I 219 u. A. 2. Ausführlich das Kapitel „Der Gestaltwandel Pans in der griechischen Kunst" bei Herbig, Pan, 50—62. — [8] Herbig, a. a. O., 27 ff. — [9] Herbig, a. a. O., 33 f. — [10] Herbig, a. a. O., 37 f. — [11] Hdt. 6, 105. Auch in der Schlacht bei Salamis ist P. als Herr von Psyttaleia anwesend: Aisch. Pers. 447 ff. Wilamowitz II 177. — [12] Zu den erhaltenen Denkmälern dieses Kultes vgl. Herbig, a. a. O., 19 f. — [13] Aischylos, Ag. 56, nennt ihn auf einer Stufe mit Zeus und Apollon. — [14] Hom. Hymn. Pan. 47. Hymn. Orph. 11. P. Maas, Epidaur. Hymnen, Schriften d. Königsberger Ges. 1933/5, 154. — [15] Schon bei Aristophanes, Ekkles. 1069. — Nilsson I 219 f. nimmt an, daß der Einzelgott P. aus einer Vielheit von Naturdämonen (vgl. die Satyrn) erst durch den Kult herausgehoben wurde. — [16] Plut. De defectu orac. 17. — [17] Herbig,

a. a. O., 70 f. — [18] Herbig, a. a. O., 71 f. — [19] H. Oellacher, Πᾶν συρίζων, in: Studi Italiani di filol. class. 18 (1941), 113—150. — [20] Herbig, a. a. O., 73.

Pandáreos, Vater der Aedon, s. Prokne

Pandíon, Vater der Prokne

Pandóra, das erste Weib

M.: P. wird von Hephaistos* auf Befehl des Zeus* erschaffen. Die Götter verleihen ihr alle möglichen Reize; Zeus jedoch gibt ihr ein Tongefäß mit, in dem alle Übel und Krankheiten eingeschlossen sind. So wird P. von Hermes* auf die Erde gebracht, um die Menschheit für den Feuerdiebstahl des Prometheus* zu bestrafen. Epimetheus läßt sich, trotz der Warnung durch seinen Bruder Prometheus (= der Vorausdenkende), betören und nimmt P. zur Frau (Epimetheus = der zu spät Bedenkende, Erkennende). Als P. ihre Büchse öffnet, kommen alle Übel und Leiden über die Menschen, nur die Hoffnung bleibt in dem Gefäß zurück.[1] Eine Tochter des Epimetheus und der P. ist Pyrrha, die Gattin Deukalions*.

R.: Der P.-Mythos trägt in der bei Hesiod überlieferten Form pessimistische und frauenfeindliche Züge. Verschiedene Widersprüche lassen darauf schließen, daß der Mythos nicht eine Erfindung Hesiods darstellt, sonder auf ältere Vorlagen zurückgeht. Der Name P. (= die Allgeberin) scheint ursprünglich ironisch gemeint gewesen zu sein. Vielleicht steckt in P. eine alte Erdgöttin, mit der sich der Titan Prometheus zur Zeugung des ersten Menschen verband.[2]

N.: Plastiken: P., H. Bates (1850—99), London, National Gallery (Marmor-Elfenbein-Bronzestatue). — P., E. Scharff, 1952. — P., A. Gonda, 1953.

Gemälde: Eva prima P., J. Cousin (um 1490—1560), Paris, Louvre. — Büchse der P., Rubens (1577—1640), Genua, Pal. Reale. — Erschaffung der P., J. Barry, 1775, Manchester, City Art Gallery. — P. und Epimetheus, P. Cornelius, 1820, München, Glyptothek. — P., von den Horen gekrönt, W. Etty, 1824, Leeds, Temple Newsam House. — P.-Zyklus, H. Howard, 1834, London, Sir John Soane's Museum (Deckengemälde). — P., D. G. Rossetti, 1871, Privatbesitz.

Dramat. Bearbeitungen: P., J. Agricola, 1545. — The woman in the moon, J. Lyly, 1592. — P., Wieland, 1779 (Komödie). — P., F. Sayers, 1792. — Pandoras Wiederkunft, Goethe, 1808 (Entwurf). — The masque of P., H. W. Longfellow, 1875.

Epische Bearbeitung: P., C. Spitteler, 1912 (Fragment).

Dichtungen: Fire! or the sun-poker, G. Colman, 1816 (Burleske). — Epimetheus, H. W. Longfellow, 1858. — P., D. G. Rossetti, 1870. — Epimetheus, R. C. Trevelyan, 1898.

Chorwerke: P., E. Lassen, 1886 (Text von Goethe). — P., A. Mendelssohn, 1908 (Text von Goethe).

Opern: La P., Orsino, 1690. — Pandore, M. Quinault, 1721 (Text von Saint-Foix). — Pandore, Royer (Text von Voltaire), 1740.

Literatur: H. Türck, P. und Eva. Menschwerdung und Schöpfertum im griechischen und jüdischen Mythus, Weimar, 1931. — D. and E. Panofsky, Pandora's box. The changing aspects of a mythical symbol, London 1956. — O. Lendle, Die Pandorasage bei Hesiod, Würzburg 1957.

[1] Hes. Theog. 571 ff. Werke 60 ff. — [2] W. A. Oldfather, RE XVIII/3, 543.

Pándrosos, Tochter des Kekrops

Páris (oder Aléxandros), Sohn des Priamos* und der Hekabe*

M.: Die Mutter träumt während der Schwangerschaft, sie werde eine brennende Fackel gebären, deren Feuer die ganze Stadt in Brand setzen werde. Wegen dieses Traumes wird der neugeborene P. auf dem Berge Ida ausgesetzt, wächst aber bei Hirten auf.[1] Später vermählt er sich mit Oinone, der Tochter des Flußgottes Kebren.
In die Zeit seines Aufenthaltes auf dem Ida fällt auch der Besuch der drei Göttinnen bei P. Als die olympischen Götter an der Hochzeitstafel des Peleus* und der Thetis* versammelt sind, wirft Eris* einen goldenen Apfel mit der Aufschrift „Der Schönsten!" unter die Gäste. Den Streit zwischen Hera*, Athene* und Aphrodite* soll P. entscheiden. Von den drei Göttinnen, die unter Führung des Hermes* auf dem Ida erscheinen, verspricht Hera dem Schiedsrichter Macht, Athene militärischen Ruhm, Aphrodite aber die schönste Frau, wenn er ihr den goldenen Apfel zuerkenne. P. entscheidet sich für Aphrodite.[2]
Mit Hilfe der Göttin entführt er Helena*, die Gattin des Menelaos* aus Sparta nach Troia und verursacht so den Ausbruch des troischen Krieges. Im Kampf zeichnet sich P. nur als Bogenschütze aus; von Homer wird er als schöner, aber verweichlichter Mann beschrieben. Während der Belagerung von Troia kommt es einmal zu einem Zweikampf zwischen P. und Menelaos, in dem P. unterliegt, aber von Aphrodite gerettet wird.[3] Ein Pfeil des P. erlegt den Achilleus*;[4] P. selbst wird durch einen Giftpfeil des Philoktetes* schwer verwundet.[5] Oinone, die ein Heilmittel besitzt, weigert sich P. zu retten, der sie einst wegen Helena treulos verließ. Nach dem Tode des P. begeht sie Selbstmord.[6]

R.: Im Phrygischen bedeutet Paris „Der Kämpfer"; griech. Alexandros ist „der seine Mannen verteidigt". Das Parisurteil mit seinem novellistischen Charakter und der dem heroischen Ideal so wenig entsprechenden Entscheidung des jungen Prinzen wird in der Ilias nicht ausdrücklich angeführt, sondern nur an einer Stelle gestreift.[7] Trotzdem bildet es die Voraussetzung für die Stellungnahme der

Göttinnen im Kampf um Troia und für verschiedene Situationen im Ablauf der Handlung. Der im Grunde untüchtige „Unglücks-Paris" steht im Gegensatz zu dem heldischen Hektor*; die beiden erinnern an das aus dem Märchen bekannte ungleiche Brüderpaar.[8]

N.: Das Parisurteil war in der bildenden Kunst und Literatur der Antike ein sehr beliebtes Thema. Der „Alexandros" des Euripides behandelte die Jugendgeschichte des P., die „Krisis" des Sophokles das Parisurteil; beide Werke sind nur in Fragmenten erhalten.

Plastiken: P. und Oinone, hellenistisch. Kopie: Rom, Palazzo Spada (Relief). — P. und Helena, Vincenzo de' Rossi, Florenz, Giardini Boboli. — Das Urteil des P., R. Donner, 1732, Wien, Barockmuseum (Bronzerelief). — P., Canova, 1816, München, Glyptothek. — P., J. Gibson, 1819. — P., B. Fogelberg, 1825, Drottningholm, Museum. — Parisurteil, A. Renoir, 1916 (Bronzerelief). — Der Wählerische, G. Seitz, 1956 (Bremen, Kunsthalle 1956).

Gemälde: P. und Helena, Römisches Wandgemälde aus Pompeji, Neapel, Mus. Naz. — P. und Helena, Italien. Schule, 15. Jh., Baltimore, Walter's Art Gallery. — Parisurteil, L. Cranach d. Ä., 1527, Kopenhagen, Museum. — Parisurteil, Rubens, 1632—35, London, National Gallery. — Parisurteil, Rubens (1577—1640), Paris, Louvre. — Parisurteil, Rubens, 1638—39, Madrid, Prado. — Merkur und P., D. Creti (1671—1749), Bologna. — Parisurteil, Watteau, um 1720, Paris, Louvre. — P. und Helena, J. L. David, 1788, Paris, Louvre. — Geschichte des P., K. Rahl, 1860—65, Wien, Palazzo Todesco (Wandgemälde). — Parisurteil, Feuerbach, 1870, Hamburg, Kunsthalle. — Parisurteil, H. Marées, 1880—81, früher Berlin, Nationalgalerie. — Parisurteil, M. Klinger, 1887, Wien, Galerie d. 19. Jh. — Parisurteil, A. Renoir (1841—1919), London, Privatbesitz. — P. auf dem Ida, G. F. Watts, 1897, London, Privatbesitz. — Parisurteil, P. Gauguin, 1903, Prag, Nationalmuseum. — Parisurteil, L. Corinth, 1904.

Dramat. Bearbeitungen: Spectaculum de iudicio Paridis, J. Locher, 1502. — Oenone, C. Weichselbaumer, 1821. — Oenone, A. Berger, 1873. — Oenone, J. V. Widmann, 1880. — P. and Oenone, L. Binyon, 1906.

Roman: Der goldene Apfel, Geschichte eines schönen Mannes, Z. Harsanyi, 1955.

Dichtungen: P., S. Boyce, 1755. — The death of P., W. Morris, 1870. — The death of Oenone, Tennyson, 1892. — P. and Helen, W. J. Turner, 1921.

Opern: Paride, G. A. Bontempi, 1662 (Text vom Komponisten). — Il pomo d'oro, A. Cesti, 1666 (Text von F. Sbarra). — P. und Helena, J. D. Heinichen, 1709. — Oenone, A. C. Destouches, 1719. — Enone, Caldara, 1734 (Text von A. Zeno). — Paride ed Elena, Gluck, 1770 (Text von Calzabigi). — P. und Helena, P. Winter, 1780. — Paride, P. Casella, 1806. — Oenone, Chr. Kalkbrenner,

1812 (Text von Lebailly). — Le jugement de P., L. de Rille, 1859 (Kom. Oper).

B a l l e t t e : Urteil des P., G. Toeschi, 1794. — Urteil des P., F. Skofitz, 1908.

L i t e r a t u r : K. Reinhardt, Das Parisurteil, Frankfurt a. M. 1938. — C. Clairmont, Das Parisurteil in der antiken Kunst, Zürich 1952.

[1] Apollod. Bibl. 3, 12, 5. Schol. Il. 3, 325. — Zum Motiv der Aussetzung und des Aufwachsens bei Hirten vgl. Oidipus, Amphion usw. — [2] Hom. Il. 24, 25 ff. Eur. Andr. 274 ff. Troad. 924 ff. — [3] Hom. Il. 3, 15 ff. — [4] Eur. Andr. 655. Hek. 387 f. — Apollon lenkt den tödlichen Pfeil: Verg. Aen. 6, 56 ff. — [5] Apollod. Epit. 5, 8. — [6] Apollod. Bibl. 3, 12, 6. — [7] Hom. Il. 24, 25 ff. — [8] K. Reinhardt, Von Werken und Formen, 1948, 29 ff. (Neuer Abdruck des oben zitierten Werkes von K. Reinhardt).

Parthenopaíos, Sohn der Atalante

Parzen

R.: Die römische Parca war ursprünglich Geburtsgöttin und wurde später der griechischen Moira gleichgesetzt. Auch die Dreizahl wurde von den Griechen übernommen. Vgl. Moiren.

Pasipháe (Pasíphae), Gattin des Minos

Pátroklos, Sohn des Thessaliers Menoitios

M.: Er begleitet den Achilleus* als bester Freund in den troischen Krieg. Die beiden gehören zu den vorbildlichen Freundespaaren der Antike. In der Rüstung des Achilleus treibt P. die Troer zurück, verfolgt sie aber zu weit und fällt von der Hand Hektors (s. Achilleus). Menelaos* birgt die Leiche des P.

N.: Der 16. Gesang der Ilias kündet Ruhmestaten und Tod des Helden.

P l a s t i k : Menelaos mit der Leiche des P. (sog. „Pasquino-Gruppe"), 1. Hälfte des 2. Jh. v. Chr. Kopie: Rom, Palazzo Braschi.

G e m ä l d e : Kampf der Griechen und Troer um den Leichnam des P., A. J. Wiertz, 1836, Brüssel, Wiertz-Museum.

D r a m a t. B e a r b e i t u n g : Patroklus, J. J. Bodmer, 1761.

L y r i k : P., H. Benrath, 1916.

N o v e l l e : P., A. Rausch, 1916.

L i t e r a t u r : R. v. Scheliha, Patroklos, Gedanken über Homers Dichtung und Gestalten, Basel 1943.

Pax, römische Friedensgöttin, der griechischen Eirene* gleichgesetzt

R.: P. wurde seit dem Ende der Bürgerkriege in Rom verehrt. Anläßlich der Rückkehr des Kaisers Augustus aus Spanien und

Gallien (13 v. Chr.) wurde die Ara Pacis Augustae (Altar der kaiserlichen Friedensgöttin) auf dem Marsfelde in Rom erbaut und 4 Jahre später eingeweiht. Kaiser Vespasian erbaute 75 n. Chr. den berühmten Tempel der P.[1]

[1] Paus. 6, 9, 3.

Pégasos, geflügeltes Roß, Abkömmling des Poseidon* und der Medusa

M.: Als Perseus* der Medusa das Haupt abschlägt, springt P. aus ihrem Rumpfe hervor.[1] Durch seinen Hufschlag entstehen die Quellen Hippukrene (= Roßquelle) in Boiotien[2] und Peirene bei Korinth. — P. trägt den Bellerophon* bei seinem Kampfe gegen die Chimaira.[3] Nach dem Todessturze Bellerophons steigt der P. zum Himmel empor; als Sternbild steht er zwischen Andromeda und Wassermann.[4]

R.: Die Etymologie von P. ist umstritten. Kretschmer tritt für die Ableitung von griech. pegos in der Bedeutung „fest, derb, kräftig" ein.[5] Andere suchten darin nach dem Vorbild antiker Erklärer eine Farbe.[6] Das dem Bereich des Zaubers angehörende Flügelroß ist in Mythos und Märchen, auch bei den Griechen, ziemlich weit verbreitet.[7] L. Malten deutet den P. als das himmlische Blitzroß.[8] F. Schachermeyr sucht zu zeigen, daß sich in P. die beiden Komponenten eines in Boiotien und am Saronischen Golf beheimateten poseidonischen Unterweltsrosses (Sprößling des Poseidon und der Medusa) und eines der karischen Zeusreligion zugehörigen geflügelten Himmelsrosses (der göttliche Schimmel als Erscheinungsform des Zeus-Blitzes) vereinigt hatten.[9]

N.: Da die Hippukrene auf dem Musenberge Helikon gelegen ist, entstand in der Neuzeit die Vorstellung von P. als Dichterroß.

P l a s t i k : Bellerophon tränkt den P., hellenistisch. Kopie: Rom, Palazzo Spada (Relief).

G e m ä l d e : Perseus auf dem P., Tiepolo (1696—1770), Venedig, Pal. Sandi (Fresko).

G e d i c h t : Pegasus im Joche, Schiller, 1795.

L i t e r a t u r : L. Malten, Bellerophontes, Berlin 1925. — L. Malten, Homer und die lykischen Fürsten, in: Hermes 79 (1944), 1—12. — P. Kretschmer, Bellerophontes, in: Glotta 31 (1948), 92—104. — F. Schachermeyr, Poseidon und die Entstehung des griechischen Götterglaubens, Salzburg 1950, 174—188.

[1] Hes. Theog. 280 ff. — [2] Arat. 216 ff. Paus. 9, 31, 3. — [3] Hes. Theog. 325. Pind. Ol. 13, 84 ff. — [4] Ps.-Eratosth. Katast. 18. — [5] P. Kretschmer, Glotta 31 (1948), 96 f. — [6] Wilamowitz I 275. L. Malten, Bellerophontes, 151 f. — Maltens Auffassung des Suffixes-asos als kleinasiatisch-karisch wird abgelehnt von Kretschmer, a. a. O., 96. — [7] Radermacher 99. — [8] Malten, Bellerophontes, 139 ff.; Hermes 79 (1944), 11. — [9] Schachermeyr, a. a. O., 179 ff.

Peiríthoos, Sohn des Ixion* und der Dia, König der Lapithen

M.: P. ist bester Freund und treuer Kampfgefährte des Theseus*. Bei der Hochzeit des P. mit Hippodameia kommt es zum Kampf zwischen Lapithen und Kentauren*, in dem Theseus an der Seite des Freundes kämpft.[1] Theseus und P. vereinbaren, jeder eine Zeustochter zu erringen und einander dabei zu unterstützen. Zuerst entführen sie für Theseus die junge Helena* aus Lakedaimon und bringen sie nach Aphidnai (Attika). Als P. Persephone* gewinnen möchte, dringt Theseus mit seinem Freund in die Unterwelt* ein, um die Göttin zu entführen. Hades* läßt die beiden Frevler an einem Felsen festwachsen. Während Theseus später von Herakles* befreit werden kann, muß P. für immer in der Unterwelt bleiben.[2] — Theseus und P. galten neben Achilleus* und Patroklos* als das berühmteste Freundespaar des griechischen Mythos.

R.: In einer älteren Form der Sage beschlossen Theseus, als Sohn des Zeus, und P., hier als Sohn des Poseidon*, gemeinsam Zeustöchter zu rauben. Andrerseits erweist sich P. in seiner Vermessenheit, die Göttin der Unterwelt rauben zu wollen, als echter Sohn des Ixion*, der es gewagt hatte, der Götterkönigin Hera* zu nahe zu treten.[3] Die von den beiden Freunden gemeinsam unternommenen Taten zeigen Theseus nicht als heroischen Pionier der Zivilisation, wie wir ihn sonst kennen, sondern als wilden Raufbold und Draufgänger.[4] Das Festhalten des Freundespaares in der Unterwelt läßt verschiedene Deutungen zu.[5]

[1] Hom. Il. 2, 742 ff. Od. 21, 295 ff. u. Schol. 295. Diod. 4, 70, 3 f. Plut. Thes. 30. — [2] Hom. Od. 11, 631. Eur. Herakles 619. Apoll. Rhod. 1, 101 ff. u. Schol. — [3] Robert 698. — [4] Radermacher 290. — [5] Radermacher 291 f. weist auf Diebesbindung und Unterweltshaftung hin und führt A. 813 weitere Deutungsmöglichkeiten an.

Peithó, griechische Göttin der Überredung. Sie erscheint im Gefolge Aphrodites*; ihr entspricht die römische Suada.

Pelásgos, Vater des Lykaon

Peléus (Péleus), Sohn des Aiakos* und der Endeis[1], Vater des Achilleus*

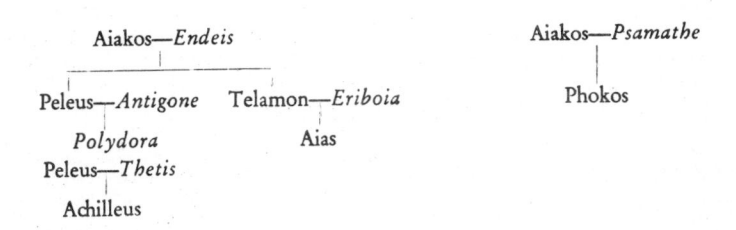

```
         Aiakos—Endeis                        Aiakos—Psamathe
              |                                     |
  Peleus—Antigone   Telamon—Eriboia              Phokos
       |                  |
    Polydora             Aias
  Peleus—Thetis
       |
   Achilleus
```

M.: Mit seinem Bruder Telamon* nimmt P. an der kalydonischen Jagd und an der Argonautenfahrt teil. Die beiden töten ihren Halbbruder Phokos und müssen aus Aigina fliehen.[2] P. flüchtet nach Phthia, wo er von König Eurytion entsühnt wird und dessen Tochter Antigone zur Frau erhält. Aus dieser Ehe geht eine Tochter Polydora hervor.[3] Auf der kalydonischen Jagd verfehlt P. mit dem Speer den Eber und trifft Eurytion tödlich. Er flieht nach Iolkos und wird hier von König Akastos entsühnt. Dessen Gemahlin Astydameia versucht den P. zum Ehebruch zu verleiten. Als sie abgewiesen wird, verleumdet sie P. bei seiner Gattin Antigone, er wolle Sterope, eine Tochter des Akastos, heiraten; Antigone erhängt sich in ihrer Verzweiflung. Ferner verleumdet Astydameia P. auch bei ihrem Gatten Akastos, er habe ihr nachgestellt. Der König nimmt P., als er nach einer Jagd auf dem Pelion eingeschlafen ist, sein Jadgmesser weg und versteckt es, so daß P. bald darauf unbewaffnet einem Angriff der Kentauren* ausgesetzt ist. Der weise Kentaur Cheiron* jedoch rettet ihn vor seinen wilderen Artgenossen.[4] Später erobert P. gemeinsam mit Iason und den Dioskuren* Iolkos und tötet die verräterische Astydameia.[5]

Die Nereide Thetis* erringt der Held in einem harten Kampf. Während des Ringens nimmt Thetis die verschiedensten Gestalten an, um sich P. zu entziehen, eine Fähigkeit, die ihr wie ihrem Vater Nereus* und allen anderen Meerwesen eigen ist.[6] Bei der Hochzeit von P. und Thetis sind alle olympischen Götter anwesend (s. Eris). Als Thetis den neugeborenen Achilleus unsterblich machen will, indem sie ihn tagsüber mit Ambrosia salbt und des Nachts ins Feuer legt — wie Demeter* den Sohn des Keleos — oder aber ihn in den Styx taucht,[7] und dabei von P. überrascht wird, entschwindet sie für immer in den Palast ihres Vaters Nereus.[8] P. wird später von Akastos oder von dessen Söhnen aus Phthia vertrieben und stirbt in der Fremde.[9]

R.: Das Wesentliche und Alte in der P.-Sage ist der Ringkampf des Helden mit der Nereide Thetis und die Geburt des Achilleus.[10] Bei der kalydonischen Jagd und bei der Argonautenfahrt spielt P. durchwegs eine untergeordnete Rolle. Seine Erlebnisse in Iolkos weisen in die Richtung romanhafter Darstellung.[11]

Bei der Verbindung des P. und der Thetis handelt es sich um eine Geschichte nach Art der weit verbreiteten und sehr alten Melusinen- und Undinensagen: Ein Sterblicher liebt ein Meermädchen und bleibt im Kampf mit der Geliebten, die sich in verschiedene Tiere verwandelt, schließlich Sieger. Nach kurzem Eheglück und der Geburt von Kindern verläßt die Meerfrau ihren Mann beim ersten geringfügigen Anlaß, etwa einem rauhen oder unbedachten Wort, und verschwindet wieder in ihrem Element.[12]

N.: In der „Andromache" des Euripides verteidigt der greise P. Andromache* und ihr Söhnchen gegen die Übergriffe des Menelaos* und der Hermione. Die Hochzeit des P. und der Thetis beschreibt

Catull in seinem 64. Gedicht. Berühmt ist die Darstellung des Themas auf der sog. Françoisvase in Florenz.

G e m ä l d e: Hochzeit des P. und der Thetis, Piero di Cosimo (1462—1521), Paris, Louvre. — Hochzeit des P. und der Thetis, Hendrik van Balen (1575—1632), früher Dresden, Gemäldegalerie. — Hochzeit des P. und der Thetis, Rubens, um 1636, London, Privatbesitz. — Hochzeit des P. und der Thetis, N. Poussin (1594 bis 1665), Dublin, National Gallery. — Das Fest des P., E. Burne-Jones, 1881.

O p e r n: Le nozze di Teti e di Peleo, F. Cavalli, 1639 (Text von O. Persiani). — Le nozze di Peleo e di Teti, C. Caproli, 1653. — Thétis et Pélée, Colasse, 1689 (Text von Fontenelle). — Tetide, Gluck, 1749 (Text von Migliavacca). — Thetis und P., F. Uttini, 1773 (Text von Wellander).

B a l l e t t e: P. und Thetis, Th. Schacht, 1782. — Die Hochzeit der Thetis und des P., A. Gyrowetz, 1816.

L i t e r a t u r: R. K. Davis, Peleus and Thetis, Oxford 1924. — A. Lesky, Artikel Peleus in RE XIX, 271—308.

[1] Plut. Thes. 10. — [2] Diod. 4, 72, 6 f. Apollod. Bibl. 3, 12, 6. Paus. 2, 29, 9 f. Ov. Met. 11, 266 ff. — Der Totschlag wird bald P., bald Telamon zur Last gelegt. — In der Ilias sind P. und Telamon noch nicht verwandt: Robert 79 A. 1. — [3] Apollod. Bibl. 3, 13, 1. — [4] Zur Verleumdung der Astydameia und der Rettung des P. vor den Kentauren: Apollod. Bibl. 3, 13, 3. Schol. Pind. Nem. 4, 54 u. 59. Schol. Aristoph. Wolken 1063. Statt des Namens Astydameia findet sich auch Hippolyte und Kretheis. — [5] Pind. Nem. 3, 34. 4, 54 f. Apollod. Bibl. 3, 13, 7. — P. tötet auch den Akastos: Schol. Apoll. Rhod. 1, 224. — [6] Pind. Nem. 4, 62 ff. Schol. Pind. Nem. 3, 35. Paus. 5, 18, 5. Apollod. Bibl. 3, 13, 5. — Die bildliche Überlieferung zeigt als häufigsten Typus der Metamorphose die Schlange; der Fisch fehlt, was darauf schließen läßt, daß die Fischelemente im Bilde der Nereiden* verhältnismäßig spät sind: Lesky 121. — [7] Diese Version zuerst bei Statius, Achill. 1, 269 ff., wohl nach wesentlich älterer Vorlage: Robert 67 f. — [8] Apoll. Rhod. 4, 865 ff. Apollod. Bibl. 3, 13, 6. Schol. Lykophr. 178. — [9] Eur. Troad. 1126 ff. u. Schol. 1128. — [10] Kern I 62 hält P. für einen Berggott und den Brautraub für die ältere Version gegenüber dem Ringkampf. — [11] Robert 80. — [12] Lesky RE XIX 284 ff. und Thalatta 120 f.

Pelías (Pélias), Sohn der Tyro, s. auch Medeia

Pelópeia (Pelopeía) s. Atreus

Pélops, Sohn des Tantalos*

M.: Der Vater schlachtet den Sohn und setzt ihn den Göttern als Speise vor. Die Götter erkennen den Frevel, Tantalos wird bestraft, und P. wieder ins Leben zurückgerufen. Nur Demeter* hat in der Trauer um ihre entführte Tochter Persephone* unachtsam ein Schulterstück des P. verzehrt; dieses Stück wird jetzt durch Elfenbein ersetzt.[1]

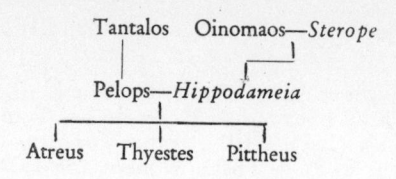

```
        Tantalos   Oinomaos—Sterope
           |            |
         Pelops—Hippodameia
        ┌──────────┼──────────┐
      Atreus    Thyestes    Pittheus
```

Als P. herangewachsen ist, kommt er nach Elis und wirbt um Hippodameia, die Tochter des Königs Oinomaos von Pisa. Der König will seine Tochter nur demjenigen zur Frau geben, der ihn im Wagenrennen besiege. Oinomaos gibt den Freiern einen Vorsprung; wenn er sie mit seinen windschnellen Rossen, einem Geschenk seines Vaters Ares*, eingeholt hat, durchbohrt er sie beim Überholen mit seinem Speer. Schon 13[2] Freier sind so zugrundegegangen. P., ein Liebling des Poseidon*, erhält von dem Gott ein Gespann geflügelter Rosse, mit denen er Hippodameia entführt.[3]
Nach der geläufigeren Überlieferung jedoch besticht P., der die Totenköpfe seiner Vorgänger über dem Eingang des königlichen Palastes gesehen hat, den Myrtilos*, den Wagenlenker des Oinomaos, statt eiserner Nägel Stifte aus Wachs in die Naben des königlichen Rennwagens einzusetzen.[4] So verliert Oinomaos während der Fahrt ein Rad und wird von seinen dahinstürmenden Rossen zu Tode geschleift. P. kehrt mit Hippodameia in die Heimat zurück. Den Myrtilos, den er mitgenommen hat, stürzt er unterwegs von einem Felsen ins Meer, um sich des Zeugen seines Betruges zu entledigen.[5] Myrtilos verflucht sterbend den P. und sein Geschlecht.[6]
P. wird von Hephaistos* entsühnt, übernimmt die Herrschaft über Elis als Erbe des Oinomaos und dehnt sein Reich über die ganze Halbinsel aus, die von ihm den Namen erhält (Peloponnes = Pelopsinsel). Der Fluch des Myrtilos geht an den Pelopssöhnen Atreus* und Thyestes* sowie an ihren Nachkommen furchtbar in Erfüllung.[7]

R.: Vielleicht ist in der Sage von der Wettfahrt des P. und Oinomaos ein ursprünglicher Brautraub zu erblicken.[8] P. war als Heros in Argos beheimatet. Aus der Verlegung der Entführungsszene nach Pisa erklären sich die Kulte des P. und der Hippodameia in Elis (Olympia!).[9]

N.: Die Wagenrennen der olympischen Spiele führte man auf die Wettfahrt des Oinomaos und des P. zurück. Sophokles und Euripides schrieben jeder einen „Oinomaos", Tragödien, von denen nur bescheidene Fragmente erhalten sind.[10]

P l a s t i k e n : Vorbereitung zur Wettfahrt des P. und des Oinomaos, östliche Giebelgruppe des Zeustempels zu Olympia. Mitte des 5. Jh. v. Chr., Olympia, Museum.

G e m ä l d e : Entführung der Hippodamia, Rubens, um 1635, Brüssel, Museum (Skizze).

Opern: Pelope e Ippodamia, P. Colonna, 1672 (Text von Campezzi). — Hippodamie, A. Campra, 1708. — Pelope, N. Jomelli, 1755 (Text von M. Verazi). — Pelops' Brautwerbung, Z. Fibich, 1890 (1. Teil der Trilogie: Hippodamia. Text von J. Vrchlicky).

Literatur: O. Borger, La légende de Pélops et d'Oinomaos d'après les sources littéraires et monumentales, Diss. Louvain 1934/35. — G. Méautis, Hippodamie, in: Mythes inconnus de la Grèce antique, Paris 1949, 57—67.

[1] Pind. Ol. 1, 24 ff. u. Schol. 37. Lukian. De saltat. 54. Schol. Lykophr. 152. — [2] Pind. Ol. 1, 79 f. u. Schol. 79. — 12 Freier: Apollod. Epit. 2, 5. Schol. Eur. Or. 990. — [3] Pind. Ol. 1, 67 ff. — [4] Hippodameia liebt P. und veranlaßt den ihr ergebenen Myrtilos, keine Nägel in die Radbüchse einzusetzen: Apollod. Epit. 2, 6 f. — [5] Myrtilos will sich während der Reise an Hippodameia vergreifen und wird deshalb von P. getötet: Apollod. Epit. 2, 8. Schol. Il. 2, 104 (Hippodameia verleumdet Myrtilos bei P.). — [6] Zu der Sage von der Werbung des P. um Hippodameia im ganzen: Diod. 4, 73. Apollod. Epit. 2, 3—9. Paus. 5, 10, 6 f. 6, 20, 17. 6, 21, 6—11. 8, 14, 10 f. Schol. Soph. El. 504. Schol. Eur. Or. 982. 990. Schol. Apoll. Rhod. 1, 752. — [7] Außer den drei oben genannten Söhnen des P. werden noch drei weitere angeführt, deren Namen in der Überlieferung wechseln: Schol. Pind. Ol. 1, 89. — Vor der Heirat mit Hippodameia zeugt P. den Chrysippos, der von seinen Stiefbrüdern Atreus und Thyestes später ermordet (Paus. 6, 20, 7. Schol. Il. 2, 105) oder von Laios* entführt wird und Selbstmord begeht (Apollod. Bibl. 3, 5, 5. Schol. Eur. Phoin. 1760). — [8] Robert 208 f. — [9] Robert 209 f. — [10] Soph. Fr. 430—436 N. Eur. Fr. 571—577 N.

Penáten, römische Haus- und Familiengötter

R.: Di penates bedeutet zunächst Schutzgötter des Hausinnersten und des Vorratsraumes.[1] Die Bilder der P., die zumeist in der Zweizahl verehrt wurden, waren in der Nähe des Herdfeuers im Atrium des römischen Privathauses aufgestellt.[2] Hier, im Mittelpunkt des Hauses, erhielten die P. gemeinsam mit dem Lar* ihre tägliche Mahlzeit und nahmen an allen großen und kleinen Freuden und Leiden der Familie teil. Den häuslichen P. als guten Schutzgeistern der Familie entsprachen die Staatspenaten als Schutzgeister des römischen Volkes. Aeneas* soll sie aus dem brennenden Troia mitgenommen und in Lavinium angesiedelt haben, von wo sie später nach Rom kamen.[3] Ihr Kult oblag dem Pontifex maximus, der ihnen im Tempel der Vesta* Opfer darbrachte.

In den aus der Überlieferung bekannten P. sind vermutlich zwei ursprünglich getrennte Göttergruppen, nämlich die „Vorrats- oder Speichergötter" und die angestammten Hausgötter (Di patrii) aufgegangen.[4] Was die Legende für Lavinium behauptete, wurde für Alba longa durch Funde von Kleinplastiken, Ton-Idolen, die man mit dem altrömischen P.-Kult in Verbindung bringen darf, bestätigt.[5]

Literatur: F. Bömer, Rom und Troia. Untersuchungen zur Frühgeschichte Roms, Baden-Baden 1951, 50—117.

[1] Plaut. Mercat. 834 ff. Ter. Phorm. 311. Cic. De nat. deor. 2, 67 f. — [2] Serv.

Aen. 11, 211. — ³ Varro, De ling. Lat. 5, 144. Serv. Aen. 2, 296. — ⁴ F. Bömer, a. a. O., 53 ff. — ⁵ Bömer, a. a. O., 90 ff.

Penelópe (Penélope), Tochter des Ikarios und der Periboia, Gattin des Odysseus*, Mutter des Telemachos*

M.: Zwanzig Jahre lang wartet P. auf die Rückkehr ihres Gemahls und weist die zahlreichen Freier, die sie bedrängen, als vorbildlich treue Ehefrau so lange zurück, bis sie zuletzt wieder mit Odysseus vereinigt wird (s. Odysseus).

N.: G e m ä l d e: Odysseus und P., Römisches Wandgemälde aus Pompeji, Macellum. — P. und die Freier, B. Pintoricchio (ca. 1454 bis 1513), London, National Gallery.

D r a m a t. B e a r b e i t u n g e n: P., G. della Porta, 1611. — Pénélope, Genest, 1684. — P., L. J. Heyden, 1760. — P., G. F. Gyllenberg, 1791. — P., A. Glaser, 1854. — P., G. Böhm, 1873. — P., K. Weiser, 1896.

K a n t a t e: P., Burnham Horner, 1892.

O p e r n: La casta Penelopa, A. Draghi, 1670 (Text von N. Minato). — La casta Penelopa, A. Scarlatti, 1696 (Text von Noris). — P., F. Conti, 1724 (Text von Pariati). — P., B. Galuppi, 1741 (Text von Rolli). — Pénélope, Piccini, 1785 (Text von J. F. Marmontel). — P., D. Cimarosa, 1794 (Text von Diodati). — P., E. Solomon, 1889 (Text von Hawtrey). — Pénélope, G. U. Faurè, 1913 (Text von R. Fauchois). — P., R. Liebermann, 1954 (Text von H. Strobl).

L i t e r a t u r: W. Büchner, Die Penelopeszenen in der Odyssee, in: Hermes 75 (1940), 129—167. — R. et M. Alain-Peyrefitte, Le mythe de Pénélope, Paris 1949.

Penthesíleia (lat. Penthesiléa), Tochter des Ares* und der Otrere, Königin der Amazonen*

M.: Nach dem Tode Hektors* kommt P. mit ihren Amazonen den Troern zu Hilfe. Sie tötet eine Reihe von Hellenen, bis sie zuletzt selbst der Hand des Achilleus* erliegt. Als Achilleus der sterbenden P. den Helm abnimmt, verliebt er sich in die schöne Amazone, kann sie aber nicht mehr vor dem Tode retten.[1] Später schmäht Thersites* den Helden, er habe aus Liebe zu P. den Leichnam freiwillig den Troern überlassen; er wird daraufhin von Achilleus erschlagen.

R.: Der Name der Mutter Penthesileias Otrere bedeutet „die Flinke". Das Motiv der Liebe zu der sterbenden P. dürfte aus hellenistischer Dichtung stammen.[2]

N.: Die Schicksale der P. behandelte die dem epischen Kyklos angehörige, nicht erhaltene „Aithiopis" des Arktinos von Milet.

P'l a s t i k: Achilleus und P., Thorwaldsen (1768—1844), Kopenhagen, Thorwaldsen-Museum.

Dramat. Bearbeitungen: P., Kleist, 1808. — Woman's victory, A. Q. Scudder (geb. 1898).

Epos: P., H. Leuthold, 1879.

Dichtung: P., L. Binyon, 1905.

Symphon. Dichtung: P., H. Wolf, 1883.

Opern: P., K. Pringsheimer, 1923 (Text von Kleist). — P., O. Schoeck, 1927.

Literatur: G. Méautis, Penthésilée, in: Mythes inconnus de la Grèce antique, Paris 1949, 68—75.

[1] Diod. 2, 46, 5. Apollod. Epit. 5, 1. Quint. Smyrn. 1, 18 ff. 227 ff. 538 ff. Schol. Lykophr. 999. — [2] Robert 1178.

Pentheús (Péntheus), Sohn des Echion und der Agaue, König von Theben

M.: P. will den orgiastischen Dionysoskult unterbinden, an dem die thebanischen Frauen, darunter seine Mutter Agaue, teilnehmen. Es gelingt ihm sogar, Dionysos* gefangen zu nehmen. Der Gott verleitet den König, von einem Hochsitz in einer Fichte das Treiben der Bakchantinnen insgeheim zu beobachten. P. wird entdeckt und auf der Stelle von den rasenden Mänaden ergriffen und zerfleischt. Agaue trägt das blutende Haupt des Sohnes triumphierend nach Hause.[1]

R.: P. ist wie Lykurgos* und Orpheus* ein Verächter des Gottes Dionysos, der sich der Einführung des neuen Kultes widersetzt. Die Sage spiegelt die Schwierigkeiten wider, auf die die ekstatische Dionysosreligion stieß, bevor sie sich im Mutterlande Hellas durchsetzen konnte.

N.: Der Stoff wurde von Aischylos in der (verlorenen) Tragödie „Pentheus" und von Euripides in den „Bakchai" behandelt.

Gemälde: Bestrafung des P., Römisches Wandgemälde aus Pompeji, Haus der Vettier. — P., von den Mänaden verfolgt, C. Gleyre, 1864, Basel, Museum.

Dramat. Bearbeitungen: Bakchai, Euripides, 406 v. Chr. — P., V. Amcotts, 1866. — P., H. Schwarz, 1932. — König und Gott, A. Müller, 1942.

Literatur: L. Curtius, Pentheus, Berlin-Leipzig 1929. — W. Nestle, Legenden vom Tod der Gottesverächter, in: Archiv für Religionswiss. 33 (1936), 250 f.

[1] Tod des P.: Eur. Bakch. 1043 ff. Ov. Met. 3, 701 ff. Apollod. Bibl. 3, 5, 2.

Pepárethos (Peparéthos) s. Ariadne

Períboia (Peribóia) s. Oidipus, A. 2

Periméle, Tochter des Admetos und der Alkestis

Periphétes s. Theseus

Pérse, Gattin des Helios

Persephóne (Perséphone), Tochter des Zeus* und der Demeter*, Gemahlin des Hades*, Göttin der Unterwelt*

M.: Zu der Entführung der P. und ihrer alljährlichen Wiederkehr vgl. Demeter.

R.: Als Kore ist sie das Kornmädchen, die Tochter der Getreidegöttin Demeter, als P. (Periphone, Perephatta) Herrin des Totenreiches.

N.: Die Römer nannten P. Proserpina und verbanden sie mit der einheimischen Göttin Libera*.

P l a s t i k e n : Raub der Proserpina, L. Bernini, 1620/21, Rom, Gall. Borghese. — Pluto und Proserpina, F. Girardon, 1699, Versailles. — Pluto und Proserpina, L. Mattielli, 1716, Wien, Schwarzenbergpark.

G e m ä l d e : Raub der Proserpina, J. Heinz d. Ältere (1564—1609), früher Dresden, Gemäldegalerie. — Raub der Proserpina, Rembrandt, um 1632, früher Berlin, Kaiser-Friedrich-Museum. — Raub der Proserpina, Rubens, 1636—38, Madrid, Prado. — Proserpina, N. Verkolye (1673—1746), Paris, Louvre.

D r a m a t . B e a r b e i t u n g e n : Proserpina, Goethe, 1778. — Der Raub der Proserpina, W. Schütz, 1818. — Persephone, H. F. Zwehl, 1912. — P., L. V. Ledoux, 1914.

E p e n : Raptus Proserpinae, Cl. Claudianus, um 400 n. Chr. — Die unvergnügte Proserpina, W. Helmhard von Hohenberg, 1661.

D i c h t u n g e n : Song of Proserpine, Shelley, 1839. — Hymn to Proserpine; the garden of Proserpine, Swinburne, 1866. — Proserpina, D. G. Rossetti, 1881. — Der Raub der Persefone, A. Schaeffer, 1919. — P., D. F. G. Johnson, 1919. — P., J. Drinkwater, 1926. — Proserpina. Eine Kindheitsmythe. E. Langgässer, 1932 (²1949). — Persephone und sieben Kapitel vom Sterben der Natur, M. Hofmann, 1950.

P r o s a : The infernal marriage, B. Disraeli, 1833 (Burleske).

M e l o d r a m a : Persephone, Strawinsky, 1934 (Text von A. Gide 1934. 1. Teil: Raub der P. 2. Teil: P. in der Unterwelt. 3. Teil: Die Wiedergeburt der P.).

O p e r n : Proserpina rapita, Monteverdi, 1630 (Text von G. Strozzi). — Raptus Proserpinae, S. F. Bockshorn (Capricornus), 1662. — Proserpine, J. B. Lully, 1680 (Text von E. Quinault). — Proserpine, J. B. Stuck-Batistin, 1714. — Proserpine, G. Paisiello, 1803 (Text

von Gaillard). — Proserpina, K. Eberwein, 1815 (Text von Goethe).
— Proserpine, C. Saint-Saëns, 1887 (Text von L. Gallet).
B a l l e t t: P., J. Taras, 1948.
L i t e r a t u r: C. G. Jung und K. Kerényi, Einführung in das Wesen der Mythologie. Gottkindmythos. Eleusinische Mysterien. Amsterdam-Leipzig. ⁴1951.

Pérses, Titan, Vater der Hekate

Perséus (Pérseus), Sohn des Zeus* und der Danae*

M.: Akrisios, der Vater Danaes, der auf Grund eines Orakelspruches den Tod von der Hand eines Enkels fürchtet, sperrt die Mutter mit dem neugeborenen Perseus in einen hölzernen Kasten und setzt sie auf dem Meere aus. Der Kasten wird auf der Insel Seriphos an Land getrieben, wo der Fischer Diktys die Erziehung des kleinen P. übernimmt. Polydektes, der König von Seriphos, verliebt sich in Danae.
Um den inzwischen herangewachsenen P. zu beseitigen, schickt ihn Polydektes aus, das Haupt der Gorgo* Medusa zu holen. Mit Hilfe des Hermes* und der Athene* verschafft sich P. die für dieses Abenteuer nötigen Voraussetzungen, nämlich eine Tarnkappe, eine Zaubertasche (Kibisis) und Flügelschuhe, die er durch Vermittlung der Graien* von den Nymphen* holen muß. Mit diesen Zaubergeräten ausgerüstet, macht sich P. zu seinem abenteuerlichen Unternehmen auf. Er trifft die sterbliche Gorgo Medusa, die mit ihren beiden unsterblichen Schwestern Stheno und Euryale, Töchtern des Phorkys* und der Keto, im äußersten Westen am Ufer des Okeanos* wohnt, schlafend an. Da der unmittelbare Anblick der Medusa jedermann in Stein verwandelt, nähert sich ihr P., indem er ihr Spiegelbild in seinem ehernen Schild beobachtet, schlägt ihr mit einem sichelförmigen Schwert, das ihm Hermes geschenkt hat, das Haupt ab und steckt es in seine Zaubertasche. Aus dem Rumpf der Medusa entspringt der geflügelte Pegasos*. — Der Verfolgung durch die beiden anderen Gorgonen entzieht sich P. mittels der Tarnkappe.[1]
Auf dem Rückwege nach Seriphos besteht P. sein zweites berühmtes Abenteuer. Kassiopeia, die Gemahlin des Königs Kepheus von Aithiopien, hat sich gerühmt, schöner zu sein als die Nereiden*. Auf deren Bitten hat Poseidon* zur Strafe eine Sturmflut und ein Meeresungeheuer gesandt, das Menschen und Vieh verschlingt. Ein Orakelspruch verheißt Rettung von diesem Untier, wenn des Königs Tochter Andromeda ihm zum Fraße ausgesetzt werde. So wird Andromeda an der Meeresküste an einen Felsen gefesselt. P. tötet das Meeresungetüm und befreit Andromeda. Als er sie vereinbarungsgemäß zu seiner Frau machen will, tritt ihm Phineus, der Bruder des Kepheus, entgegen, der ältere Rechte auf Andromeda geltend macht. P. erledigt diesen Gegner, indem er ihn und seine

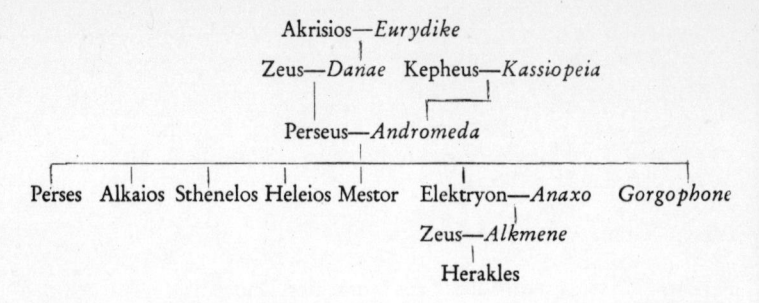

```
            Akrisios—Eurydike
                   |
        Zeus—Danae   Kepheus—Kassiopeia
             |              |
             Perseus—Andromeda
                   |
   ┌──────┬────────┬────────┬──────┬────────┬──────────────┐
 Perses Alkaios Sthenelos Heleios Mestor Elektryon—Anaxo  Gorgophone
                                              |
                                         Zeus—Alkmene
                                              |
                                           Herakles
```

Gefolgsleute mit Hilfe des Gorgonenhauptes zu Stein werden läßt. Andromeda wird die Gemahlin des Helden, der bei seiner Rückkehr den Polydektes versteinert und den Diktys zum Herrn von Seriphos macht.[2]
Das Gorgonenhaupt schenkt P. der Göttin Athene, die es fortab inmitten ihrer Aegis trägt. Seinen Großvater Akrisios tötet P. unabsichtlich bei athletischen Spielen mit einem Diskos.[3] Mit Megapenthes, dem Sohne des Proitos, tauscht er die Herrschaft über Argos gegen Tiryns aus und gründet die Städte Mideia und Mykenai.[4] Durch Elektryon, einen seiner Söhne von Andromeda, wird P. Ahnherr des Herakles*.[5]

R.: Dem Mythos von der Befreiung der Andromeda liegt eines der verbreitetsten Märchen zugrunde: Eine Königstochter wird geraubt und von einem Drachen bewacht; ein junger Held zieht aus, tötet den Drachen, befreit die Königstochter und macht sie zu seiner Frau. Im P.-Mythos ist die Szene ans Meer verlegt und aus dem Drachen ein Seeungeheuer (Ketos) gemacht.[6] Von hier wurde das Motiv in den troischen Sagenkreis übertragen. Den Personen Kepheus-Andromeda-Perseus entsprechen dort Laomedon*-Hesione-Herakles (vgl. Laomedon). Wir finden aber noch andere märchenhafte Züge wie die Zauberrequisiten des P., die unsichtbar machende Tarnkappe, die Zaubertasche und die Flügelschuhe, die den Helden durch die Lüfte tragen.
Der Orakelspruch, der den Akrisios vor der Geburt eines Enkels warnt, erinnert an das Motiv des „unheilbringenden Kindes" (vgl. Oidipus). Der Heros P. ist in Mykenai beheimatet. Seine Mutter Danae hat ihren Namen (= die Danaerin) von der aus Homer bekannten Bezeichnung der Argeier-Hellenen als Danaer.[7] Diktys bedeutet soviel wie Fischer; Polydektes, der „Gastliche" (der „große Wirt"), ist auch Beiname des Hades*.

N.: Von dem Dichter Simonides aus Keos besitzen wir ein berühmtes Fragment mit einer Klage der in dem Kasten eingeschlossenen Danae.[8] Die Befreiung der Andromeda durch P. behandelten Sophokles und Euripides in je einer Tragödie „Andromeda"; beide Werke sind nur fragmentarisch erhalten.[9] Alle an dem Abenteuer beteiligten Personen wurden als Sternbilder an den Himmel versetzt (Kepheus, Kassiopeia, Perseus, Andromeda, das Meeresungeheuer). [10]

P l a s t i k e n: Athene, P. und Medusa, Metope des Tempels C zu Selinunt, 6. Jh. v. Chr., Palermo, Museum (Kalktuffrelief). — P. und Andromeda, hellenistisch, Rom, Kapitolin. Museum (Relief). — P. mit dem Medusenhaupt, B. Cellini, 1554, Florenz, Loggia dei Lanzi. Auf.dem Sockel dieser Statue ein Bronzerelief: P. und Andromeda, B. Cellini. — P. und Andromeda, P. Puget, 1684, Paris, Louvre. — P. und Andromeda, R. Donner, 1741, Wien, Altes Rathaus (Bleirelief). — Befreiung der Andromeda, J. Chinard, 1786, Lyon, Museum. — P., Canova, um 1801, Rom, Vatikan. — P., A. Gilbert (1854—1934), New York, Metropolitan-Museum.

G e m ä l d e: P. und Andromeda, Römische Wandgemälde aus Pompeji, Casa dei Dioscuri (Neapel, Mus. Naz.), Casa dei Capitelli colorati (Neapel, Mus. Naz.) u. a. — Hochzeit des P., Piero di Cosimo (1462—1521), Florenz, Uffizien. — P. tötet die Medusa, B. Peruzzi (1481—1536), Rom, Villa Farnesina (Deckengemälde). — Befreiung der Andromeda, Tintoretto (1518—1594), Leningrad, Eremitage. — Befreiung der Andromeda, Tintoretto, Venedig Privatbesitz. — P. und Andromeda, Tizian, 1556, London, Wallace-College. — P. und Andromeda, Il Cavaliere d'Arpino (1568—1640), Wien, Kunsthistor. Museum. — P. befreit Andromeda, Rubens, 1620—21, früher Berlin, Kaiser-Friedrich-Museum. — P. und Andromeda, Rubens, 1620—21, Leningrad, Eremitage. — P. und Andromeda, D. Feti (ca. 1589—1624), Wien, Kunsthistor. Mus. — Andromeda, Rembrandt, um 1634, den Haag, Museum. — Andromeda, Rubens, 1638—40, früher Berlin, Kaiser-Friedrich-Museum. — P. und Andromeda, Rubens, 1638—40, Madrid, Prado. — P. und Andromeda, F. Lemoyne (1688—1737), London, Wallace-College. — P. und Andromeda, L. Silvestre d. J. (1675—1760), Potsdam, Schloß Sanssouci. — P. und Andromeda, Tiepolo, um 1731, Mailand, Palazzo Archinti (Deckenfresko). — P. und Andromeda, C. Vanloo (1705—1765), Leningrad, Eremitage. — P. und Andromeda, U. Gandolfi (1728—1781), Bologna. — P. und Andromeda, F. Leighton (1830—1896), London. — P. (Zyklus von 5 Gemälden), E. Burne-Jones, 1877—93.

D r a m a t. B e a r b e i t u n g e n: P. mit Andromeda, Hans Sachs, 1558 (Komödie). — Andromeda y Perseo, Calderon (1600—1681). — P., J. Rist, 1634. — Andromède, Corneille, 1650. — P., S. Rettenbacher, 1674. — Die errettete Unschuld oder Andromeda und P., J. Ph. Förtsch, 1679. — Andromeda und P., J. A. Braun, 1780. — Andromeda, Ch. Kingsley, 1859. — Andromeda's escape, R. K. Weeks, 1876. — Andromeda, R. Seaton, 1890. — Perseo e Andromeda, L. Bruzzo, 1953.

D i c h t u n g e n: A., T. B. Aldrich, 1895. — Kassiopeia, H. Benrath, 1919.

E r z ä h l u n g: P., G. Günther, 1909.

Opern: Andromeda, Momelli, 1637 (Text von B. Ferrari). — Andromeda, Tortona, 1662 (Text von Bassi). — Perseo, A. Mattioli, 1665 (Text von Aureli). — Perseo, A. Draghi, 1669. — Andromeda und P., J. W. Franck, 1679 (Text von Corneille). — Andromède, M. A. Charpentier, 1682 (Text von Corneille). — Persée, J. B. Lully, 1682 (Text von Quinault). — Andromeda, Buononcini, 1702 (Text von Bernardoni). — A., M. A. Ziani, 1714 (Text von Pariati). — A., G. Cocchi, 1755 (Text von Cigna-Santi). — A., G. Paisiello, 1774 (Text von Cigna-Santi). — Perseo, A. M. G. Sacchini, 1774 (Text von Cigna-Santi). — Andromeda e Perseo, M. Haydn, 1775. — Andromeda e Perseo, J. F. Reichardt, 1788 (Text von Filistri). — Andromeda, J. G. Naumann, 1792. — Andromeda, J. Elsner, 1807 (Text von Orsinski). — P., W. E. Duncan, 1892 (Text von Hall). — Andromède, P. Maurice, 1931.

Ballette: Andromeda e Perseo, C. Canobbia, 1775. — Andromeda e Perseo, G. Ercolani, 1803. — Andromède et Persée, E. N. Méhul, 1810.

Literatur: J. M. Woodward, Perseus. A Study in Greek Art and Legend, Cambridge 1937. — E. Langlotz, Perseus, Sb. Heidelberger Ak. phil hist. Kl. 1951, 1.

[1] Zum Gorgonenabenteuer: Hes. Theog. 274 ff. Ov. Met. 4, 772 ff. Apollod. Bibl. 2, 4, 2 f. Schol. Apoll. Rhod. 4, 1515. — [2] Zur Befreiung der Andromeda: Ov. Met. 4, 665 ff. Apollod. Bibl. 2, 4, 3. Hygin. Fab. 64. Ps.-Eratosth. Katast. 16. 17. 36. Schol. Lykophr. 836. — [3] Paus. 2, 16, 2. Schol. Apoll. Rhod. 4, 1091 — [4] Paus. 2, 15, 4. 2, 16, 3. Apollod. Bibl. 2, 4, 4. — [5] 6 Söhne: Apollod. Bibl. 2, 4, 5. — 4 Söhne: Schol. Apoll. Rhod. 1, 747. — [6] Lesky 139 f.; hier auch Bemerkungen über das Ketos in der bildenden Kunst und seine Ableitung aus dem vorgriechischen Bereich (140 f.). — [7] Wilamowitz I 55 A. 3. — [8] Fr. 13 Diehl. — Die Landung des Kastens auf Seriphos enthielt das Satyrspiel „Diktyulkoi" („Die Netzfischer") des Aischylos: Ox. Pap. 18 (1941). — [9] Soph. Fr. 122—132 N. Eur. Fr. 114—156 N. — [10] Ps.-Eratosth. Katast. 15. 16. 17. 22. 36.

Phaedra s. Phaidra

Phaéthon (Pháethon), Sohn des Sonnengottes Helios* und der Okeanide Klymene[1]

M.: Als Helios dem Sohne zur Bestätigung seiner Vaterschaft die Erfüllung eines Wunsches zusagt, bittet P., einen Tag lang den Sonnenwagen lenken zu dürfen. Trotz der ernsten Bedenken und Warnungen von seiten des Vaters bleibt P. bei seinem Verlangen. Helios aber ist durch einen Schwur beim Styx gebunden und muß dem Sohne die Bitte erfüllen. Als die Pferde fühlen, daß die Zügel nicht mit gewohnter Kraft und Erfahrung geführt werden, brechen sie aus der Bahn und stürmen der Erde zu. Schon entsteht ein mächtiger Brand, als Zeus* den Frevler mit seinem Blitzstrahl vom Wagen schleudert. P. stürzt in den Eridanos (Po), an dessen Ufern ihn seine Schwestern, die Heliaden, beweinen. Sie werden in Schwarzpappeln, ihre Tränen in Bernstein verwandelt.[2]

R.: Die Geschichte von P. — sein Name bedeutet „der Glänzende, Strahlende" — gehört in das Gebiet der Sternsagen. Als Sohn der Eos* (vgl. Anm. 1) ist P. vielleicht als der Morgenstern zu verstehen, der in den Strahlen der aufgehenden Sonne vom Himmel verschwindet.[3]

N.: Von der Tragödie „Phaethon" des Euripides besitzen wir Fragmente.[4]

G e m ä l d e: Sturz des P., G. Pencz, 1534, Nürnberg, Hirschvogelhaus (Deckengemälde). — P., F. Solimena, 1715—17, Wien, Palais Daun (Fresko). — Sturz des P., L. Silvestre d. J. (1675—1760), Schwerin, Museum. — P., Tiepolo, um 1731, Mailand, Palazzo Archinti (Deckenfresko).

D r a m a t. B e a r b e i t u n g e n: El hijo del Sol, Faeton, Calderon (1600—81). — P., Joost van den Vondel, 1663. — P., Tragödie des Euripides, Versuch einer Wiederherstellung aus Bruchstücken, Goethe, 1823. — P., O. Kaus, 1914. — P., W. Gersdorff, 1918.

D i c h t u n g: P., M. Armstrong, 1918.

R o m a n: P., W. Waiblinger, 1823.

S y m p h o n. D i c h t u n g: P., C. Saint-Saëns, 1873.

O p e r n: Fetonte, J. H. Kapsberger, 1632 (Text von O. Tronsarelli). — Phaéton, J. B. Lully, 1663 (Text von Quinault). — Fetonte, A. Scarlatti, 1685 (Text von De Totis). — O precipicio de Phaetonte, A. José de Silva, 1738. — P., H. Graun, 1750 (Text von L. Villatti). — Fetonte, N. Jommelli, 1768 (Text von M. Verazi).

[1] Lukian. Dial. deor. 25, 1 f. Ov. Met. 2, 19 ff. — Nach anderer Version ist P. ein Sohn des Kephalos* und der Eos*: Hes. Theog. 986 f. — [2] Lucret. 5, 396 ff. Ov. Met. 2, 1 ff. Diod. 5, 23. — [3] Wilamowitz I 260. Herleitung aus Rhodos: a. a. O., 262. — [4] Supplem. Eurip., ed. Arnim 1913, 67 ff.

Phaiaken, aus der Odyssee bekanntes Volk

M.: Odysseus*, der als Schiffbrüchiger an die Phaiakeninsel Scheria verschlagen wird, findet hier durch Nausikaa* und den König Alkinoos gastliche Aufnahme. Am Königshofe berichtet Odysseus von seinen jahrelangen Irrfahrten und Abenteuern. Alkinoos läßt ihn auf einem Phaiakenschiff in die Heimat zurückkehren. Auf der Rückfahrt verwandelt der erzürnte Poseidon* das Phaiakenschiff in Stein.[1]

R.: Die Phaiakenschiffe sind besonderer Art: sie finden ohne Steuermann auch im Nebel ihr Ziel, da sie alle Städte und Landschaften kennen und wissen, wohin ihre Fahrgäste gebracht werden sollen.[2] Dabei entwickeln sie eine außergewöhnlich hohe Geschwindigkeit. Diese Beschreibung der Phaiakenschiffe erklärte man aus ihrem ursprünglichen Charakter (Totenschiffe). Dazu paßt auch, daß Odysseus mit Betreten des Schiffes verstummt und die Fahrt in tietem, todesähnlichen Schlaf bei Nacht zurücklegt.³ Ob die P. (= „die Grauen") selbst als Totenschiffer zu verstehen sind, ist heute umstritten.⁴ Sie wurden auch als hilfreiches Märchenvolk, als „Heinzelmännchen ferner Meere" gedeutet.⁵ In der Darstellung des Lebens und Treibens der P., wie sie die Odyssee bietet, sind jedenfalls Märchenwelt und historisches Kolorit zu reizvoller Wirkung vereinigt. Die Versteinerung des Phaiakenschiffes ist vielleicht als Orts-Aition zu verstehen, das die schiffsähnliche Form eines Felsenriffs erklären sollte.⁶

N.: G e m ä l d e: Toteninsel, Böcklin, mehrere Ausführungen, zuerst 1880.

R o m a n: Der 6. Gesang, E. Schnabel, 1956.

¹ Hom. Od. 13, 159 ff. — ² Hom. Od. 8, 557 ff. — ³ Hom. Od. 13, 75 ff. — ⁴ Ablehnend z. B. Radermacher 316. Für die Auffassung der P. als Totenschiffer zuletzt R. Merkelbach, Untersuchungen zur Odyssee, München 1951, 173. — ⁵ K. Reinhardt, Von Werken und Formen, Godesberg 1948, 155. — ⁶ Nilsson I 28. Vgl. Niobe.

Phaidra, Tochter des Minos* und der Pasiphae, Schwester der Ariadne*, zweite Gattin des Theseus*

M.: P. wird von brennender Liebe zu ihrem Stiefsohn Hippolytos, dem Sohn des Theseus und der Amazone Antiope (bzw. Hippolyte), ergriffen und sucht ihn zu verführen. Der junge Hippolytos kennt als begeisterter Jäger nur den Dienst der jungfräulichen Göttin Artemis und will von Aphrodite* nichts wissen. So weist er seine Stiefmutter entrüstet zurück. Aus Furcht vor der Aufdeckung ihrer Absichten verleumdet P. den Hippolytos bei Theseus, er habe ihr nachgestellt. Theseus schenkt ihr Glauben und bittet seinen Vater Poseidon*, den Frevler zu vernichten. Als Hippolytos mit seinem Wagen am Strande bei Troizen dahinfährt, läßt Poseidon aus dem Meer einen Stier auftauchen. Die Pferde scheuen, Hippolytos stürzt und wird zu Tode geschleift. P. endet durch Selbstmord.¹

R.: Der Erzählung von P. und Hippolytos liegt das auch in der griechischen Sage verbreitete Motiv der Liebe der (älteren) verheirateten Frau — oft ist es die Stiefmutter — zu dem jüngeren Mann zugrunde, die keine Gegenliebe findet und nun durch Verleumdung sich selbst zu rechtfertigen sucht, wobei sie den Geliebten oft zugrunde richtet. Dieses vor allem aus der Geschichte von Joseph und der Frau des Potiphar bekannte Motiv erscheint im hellenischen Bereich außer bei P. noch bei Stheneboia und Bellerophon*, Astydameia und Peleus*, Klytia und Phoinix (vgl. Phoinix 2, Anm. 2) u. ö.

Hippolytos genoß in Troizen kultische Verehrung und besaß als Gott einen Tempel.² Daß er hier in enger Beziehung zu dem Hauptgott von Troizen, Poseidon, stand, bekräftigt auch sein

Name, der das Element „Pferd", das mit Poseidon aufs Innigste verbundene Tier, enthält.[3] Die troizenischen Mädchen brachten dem Hippolytos bei der ernsten Vorfeier der Hochzeit ein Haaropfer dar und trauerten über seinen Tod.[4] Der Kult des Hippolytos als Heros wurde auch nach Athen übertragen, wo man am Südabhang der Akropolis sein Grab zeigte. Dies und die Übertragung des Schauplatzes der Sage von Troizen nach Athen — auch P. wird so Königin von Athen! — beweist die Anziehungskraft der größeren Stadt. Erst die jüngere Fassung des euripideischen „Hippolytos" kehrte wieder zu dem alten Schauplatz Troizen zurück.[5]

N.: Sophokles schrieb eine (nicht erhaltene) Tragödie „Phaidra". Euripides behandelte den Stoff zweimal;[6] die jüngere Fassung ist erhalten. Hier sündigt P. nur in Gedanken, wendet sich nicht wie in dem älteren Stück persönlich an Hippolytos und verleumdet ihren Stiefsohn auch nicht wie dort in einer offenen Aussprache mit Theseus, sondern durch einen Brief, den sie bei ihrem Selbstmord hinterläßt. — Durch Senecas „Phaedra" wurde der Stoff zahlreichen späteren Bearbeitern vermittelt.

Dramat. Bearbeitungen: Hippolytos, Euripides, 428 v. Chr. — Phaedra, Seneca (gest. 65 n. Chr.). — L'Ippolito, G. Bozza, 1567. — La Fedra, O. Zara, 1572. — Phèdre, Racine, 1677. — Phèdre et Hippolyte, N. Pradon, 1677. — Phaedra and Hippolytus, E. Smith, 1707. — Phaedra, Schiller, 1804 (Übersetzung des Racine). — Hippolytos, O. Marbach, 1846. — Phaedra, A. C. Swinburne, 1866. — Phaedra, G. Konrad, 1870. — Phèdre, A. W. Momerie, 1888. — Fedra, G. d'Annunzio, 1909. — Hippolytus, J. Howe, 1911. — Hippolytos, S. Lipiner, 1913. — Hippolytos temporizes, H. Doolittle, 1927. — Phädra, B. Brentano, 1939. — Phaedra, K. Rexroth, 1944.

Dichtung: The death of Hippolytus, M. Hewlett, 1911.

Bühnenmusik: Massenet, 1900. — A. Honegger, 1926.

Opern: Fedra, F. Vanarelli, 1661 (Text von D. Montio). — Hippolyte et Aricie, Ph. Rameau, 1733 (Text von Pellegrin). — Fedra, Gluck, 1744 (Text von G. Gorini). — Phèdre, Lemoyne, 1786 (Text von Hoffmann). — Fedra, G. Paisiello, 1788 (Text von A. Salvioni). — P., B. Romberg, 1806 (Text von Racine). — Fedra, F. Orlandi, 1820 (Text von L. Romanelli). — P. von Athen, M. Federmann, 1895 (Text von E. Pohl). — Fedra, I. Pizzetti, 1915 (Text von d'Annunzio).

Ballett: Phèdre, J. Cocteau-G. Auric, 1949.

Literatur: U. v. Wilamowitz-Möllendorf, Euripides Hippolytos, Berlin 1891.

[1] Eur. Hipp. Diod. 4, 62. Paus. 1, 22, 1 f. 2, 32, 1—4. Ov. Met. 15, 497 ff. Heroid. 4. — [2] Robert 738 f. sieht in Hippolytos einen Jahres- oder Vegetationsgott, der ähnlich wie Adonis* jährlich stirbt und vom Tode wieder erweckt wird. — [3] Robert 739. Die Erklärung des Namens Hippolytos als

„der von Pferden Zerrissene" erfolgte erst im Zusammenhang mit der oben erwähnten Erzählung vom Tode des Hippolytos. — [4] Eur. Hipp. 1423 ff. Wilamowitz, Euripides Hippolytos, 23 ff. — [5] H. Herter, Rhein. Museum 88 (1939), 274 f. — [6] Die ältere Fassung: Fr. 428—448 N.

Phegéus (Phégeus) s. Alkmaion

Phéres, Vater des Admetos, s. Alkestis

Philémon und Baúkis, ein frommes altes Ehepaar

M.: Zeus* und Hermes* besuchen in Gestalt müder Wanderer die Erde und finden überall verschlossene Türen. Nur die beiden alten Leute bewirten sie freundlich in ihrer ärmlichen Hütte. Für die herzliche Aufnahme der Götter und ihre redliche Gesinnung werden P. und B. belohnt. Als eine Sintflut das Land überschwemmt, bleibt ihre Hütte allein stehen und verwandelt sich in einen prächtigen Tempel, in dem die beiden als Priester weiterleben. In hohem Alter werden P. und B. in eine Eiche und eine Linde verwandelt; in dieser Gestalt genießen sie kultische Verehrung.[1]

R.: Die Namen P. und B. bedeuten etwa „der Liebende" und „die Zärtliche". Die Geschichte ist bei Ovid in Phrygien lokalisiert. Wir haben es zunächst mit dem Motiv der wandernden Götter zu tun, die Menschen prüfen wollen (vgl. Lykaon). Daß Götter bei Menschen einkehren oder mit ihnen gemeinsam bei Tische sitzen, ist im griechischen Mythos nicht selten (vgl. Demeter, Dionysos bei Ikarios 2, Tantalos). In der Erzählung von Hekale* ist der Heros Theseus* an die Stelle der göttlichen Besucher getreten. Dieses Motiv ist bei P. und B. mit einer der zahlreichen Sintflutsagen verbunden, die oft als Begründung der Flut die Frevel der Menschen anführen. Ähnlich bewirtet Abraham den Herrn (Genes. 1, 18) und Lot die beiden Engel (1, 19) unmittelbar vor der Zerstörung von Sodom und Gomorrha.
Die bei Ovid sehr häufige und kunstvoll wiedergegebene Verwandlung von Menschen in Bäume führt L. Malten auf die alte Vorstellung zurück, daß aus dem Blut des Sterbenden oder der Asche des Verstorbenen Bäume oder Pflanzen emporsprießen, in denen die Seele weiterlebt.[2]
Andererseits knüpft die Erzählung offenbar an tatsächlich bestehenden Baumkult in Phrygien an.[3] Für die kultische Verbindung von Zeus und Hermes — die beiden göttlichen Besucher des greisen Paares — fanden sich vor nicht allzu langer Zeit inschriftliche Belege auf kleinasiatischem, auch phrygischem, Boden.[4]

N.: P. und B. erscheinen in Goethes „Faust", II. Teil, 5. Akt.

G e m ä l d e: Jupiter bei P. und B., A. Elsheimer (1578—1610), Wien, Kunsthistor. Museum. — Landschaft im Wettersturm mit Jupiter, Merkur, P. und B., Rubens, um 1620, Wien, Kunsthistor. Museum. — P. und B., Rembrandt, 1658, New York, Privatbesitz.

— Jupiter und Merkur bei P. und B., J. K. Loth (1632—1698), Wien, Kunsthistor. Museum.

Dramat. Bearbeitungen: P. und B., C. G. Pfeffel, 1763. — P. i. Baucis, M. Gawalewicz, 1897. — B. und P., K. Wache, 1954 (Komödie). — P. und B., L. Ahlsen, 1957 (Kampf griechischer Partisanen im 2. Weltkrieg).

Dichtungen: Baucis and P., Swift, 1709 (Travestie). — P. und B., Hagedorn (1708—1754). — P. und B., J. H. Voß, 1785 (Idylle).

Opern: Bauci e Filemone, Gluck, 1769. — P. und B. (= Jupiters Reise auf der Erde), Haydn, 1773. — Philémon et Baucis, Gounod, 1860 (Text von Barbier und Carré).

Literatur: L. Malten, Philemon und Baukis, in: Hermes 74 (1939), 176—206, und Hermes 75 (1940), 168—176. — J. Fontenrose, in: Univ. of California Publications 13 (1945), 93—120.

[1] Ov. Met. 8, 611 ff. — [2] Hermes 74 (1939), 193. — [3] Hermes 74 (1939), 195 ff. Zum Baumkult auf griechischem Boden: Nilsson I 194 ff. — [4] Hermes 75 (1940), 168 ff.

Philoktétes, Sohn des Poias und der Demonassa, König zu Meliboia (Thessalien)

M.: P. zündet dem sterbenden Herakles* den Scheiterhaufen an und erhält von ihm den berühmten Bogen mit den tödlichen Giftpfeilen.[1] An dem Feldzug der Griechen gegen Troia* nimmt er mit sieben Schiffen teil. Bei einer Zwischenlandung auf der Insel Chryse (bei Lemnos)[2] wird P. von einer Giftschlange gebissen. Die eiternde Wunde verbreitet solchen Gestank, daß die Griechen P. auf der verlassenen Insel Lemnos aussetzen.[3] Hier führt er jahrelang das kümmerlichste Leben und nährt sich von Vögeln, die er mit seinen Pfeilen erlegt.[4] Im zehnten Kriegsjahr wird den Griechen geweissagt, daß Troia ohne den Bogen des Herakles nicht erobert werden könne. Odysseus* und Diomedes*[5] begeben sich nach Lemnos, bemächtigen sich des Bogens und bringen P. mit nach Troia. Hier wird der Held geheilt und tötet mit einem Pfeilschuß den Paris*.[6]

R.: Radermacher denkt bei Philoktetes (= „Freund des Erwerbs"), der bei Chryse (= „die Goldene", die mit der Insel gleichnamige Nymphe) eindringt, an eine alte Schatzräubersage. Schlangenbiß und Aussetzung wären dann ursprünglich die Strafe für ein Vergehen an Heiligem.[7]

N.: Jeder der drei großen griechischen Tragiker schrieb einen „Philoktetes"; nur die Tragödie des Sophokles ist erhalten.

Plastiken: P., J. N. Schaller, 1807, Wien, Galerie d. 19. Jh. (Bleiguß). — P. auf Lemnos, J. Pradier, 1813, Genf, Museum (Relief). — P. auf Lemnos, J. B. Cargeaux, 1852, Valenciennes, Cargeaux-Museum.

Gemälde: Der verwundete P., N. A. Abildgaard, 1775, Kopenhagen, Galerie.

Dramat. Bearbeitungen: P., Sophokles, 409 v. Chr. — Philoctète, Chateaubrun, 1756. — P., Herder, 1774—75. — Philoctète, J. F. La Harpe, 1783. — Der Bogen des P., K. Levetzow, 1909. — P., R. Pannwitz, 1913. — Der Bogen des P., B. Heiseler, 1947.

Prosadichtung: Philoctète, A. Gide, 1899 (deutsche Übertragung: P. oder der Traktat von den drei Arten von Tugend, R. Kassner, 1904).

Opern: Philoctète, L. Henry, 1872 (Text von Sophokles). — Philoctète, A. Coquard, 1896 (Text von Sophokles). — P., H. Rüter, 1922 (Text von Sophokles).

Literatur: A. Massaux, Philoctète, sa blessure et son abandon, Thès. lic. Liège 1939. — L. Radermacher, Zur Philoktetsage, in: Παγκάρπεια, Mélanges H. Grégoire 1 (1949), 503—509.

[1] Soph. Phil. 801 ff. Schol. Il. 2, 724. Hygin. Fab. 102. — Sein Vater Poias erhält den Bogen: Apollod. Bibl. 2, 7, 7. — [2] Soph. Phil. 263 ff. 1326 ff. Die Insel Chryse versank noch vor dem 2. Jh. n. Chr. im Meer: Paus. 8, 33, 4. — Statt Chryse Tenedos: Apollod. Epit. 3, 26 f. oder Lemnos: Schol. Soph. Phil. 270. Hygin. Fab. 102. — [3] Hom. Il. 2, 721 ff. Soph. Phil. 1 ff. Apollod. Epit. 3, 27. — [4] Soph. Phil. 285 ff. — [5] Sophokles setzte an die Stelle des Diomedes den Neoptolemos*. — [6] Ep. Graec. Fr. 36 Kinkel. Apollod. Epit. 5, 8. Dio Chrysost. 52. Schol. Lykophr. 911. — [7] Radermacher, Mélanges Grégoire 1 (1949), 506.

Philoméle, Schwester der Prokne

Philýra (Philyra), Mutter des Cheiron

Phinéus (Phíneus)

1. Sohn des Agenor (oder des Phoinix), König von Salmydessos (Thrakien)

M.: P. ist in zweiter Ehe mit Idaia verheiratet, die seine Söhne aus erster Ehe (von Kleopatra) grausam verfolgt und zuletzt des Augenlichtes beraubt. Die Argonauten*, unter ihnen die Brüder Kleopatras, Kalais und Zetes, kommen durch Salmydessos und bestrafen P., der die Verstümmelung seiner Kinder zugelassen hatte, indem sie ihn blenden.[1]

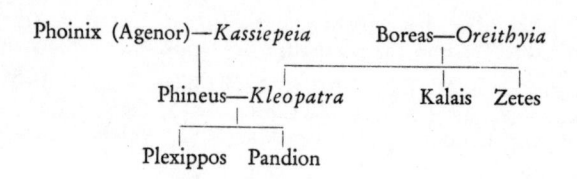

```
        Phoinix (Agenor)—Kassiepeia      Boreas—Oreithyia
                    |                         |
              Phineus—Kleopatra          Kalais  Zetes
                    |
             Plexippos  Pandion
```

Nach anderer Version finden die Argonauten P. bereits als blinden Seher, der ihnen den Weg nach Kolchis zeigen will, wenn sie ihn von der Plage der Harpyien* befreien. Diese vogelgestaltigen Mädchen rauben dem greisen P. regelmäßig einen Teil seines Essens und besudeln den Rest, so daß P. stets Hunger leiden muß. Die Boreaden Kalais und Zetes, die selbst geflügelt sind, vertreiben die Harpyien.[2]

R.: Es scheint zweifelhaft, ob wir in den verschiedenen Erzählungen über P. mehr als dichterische Erfindung zu sehen haben. Die Deutung des P. als Jahres- oder Vegetationsgott[3] ist wohl verfehlt. E. Herkenrath legte den Hauptakzent auf den unersättlichen Hunger des P. (Parallelen: Tantalos* und Erysichthon*) und suchte ihn als Dämon des Getreidehaufens, als „Korngeist", dem Kreise Demeters* zuzuweisen.[4] Seine Blindheit entspräche dann der des Plutos* (Getreidevorrat = Reichtum!).

N.: Aischylos und Sophokles behandelten die Schicksale des P. in (verlorenen) Tragödien.[5]

Literatur: E. Herkenrath, Phineus, in: Philol. Wochenschrift 59 (1939), 863 f. — A. Kislinger, Phineus, Diss. Wien 1940.

[1] Soph. Ant. 969 ff. Diod. 4, 43 f. Apollod. Bibl. 3, 15, 3. Schol. Od. 12, 69. — P. selbst blendet die von Idaia verleumdeten Söhne: Apollod. Bibl. 3, 15, 3. Hygin. Fab. 19. — [2] Apoll. Rhod. 2, 176 ff. und Schol. 177. 178. 181. Apollod. Bibl. 1, 9, 21. — [3] Robert 811 ff. — [4] Philol. Wochenschrift 59 (1939), 863 f. — [5] Aisch. Fr. 258 bis 260 N. Soph. Fr. 641—650 N.

2. Bruder des Kepheus, Onkel der Andromeda, s. Perseus

Phix s. Sphinx

Phóbos s. Ares

Phoébus (griech. Phoíbos) s. Apollon

Phoíbe 1. s. Titanen, 2. s. Dioskuren

Phoínix
1. Vater des Kadmos und der Europa
2. Sohn des Amyntor und der Hippodameia[1]

M.: Da Amyntor eine Nebenfrau liebt, veranlaßt die Mutter den jungen P., ihre Nebenbuhlerin zu verführen, um sie so von Amyntor abzulenken. Der Vater verflucht den Sohn zu immerwährender Kinderlosigkeit. P. flieht zu Peleus*, der ihm die Erziehung seines Sohnes Achilleus* überträgt.[2] Für seine vorzüglichen Dienste als treuer Erzieher und Berater wird er von Peleus mit der Herrschaft über die Doloper belehnt. Im Lager vor Troia* gelingt es P., bei der Bittgesandtschaft an den grollenden Achilleus durch eindringliche Worte den Helden umzustimmen.[3]

N.: Sophokles und Euripides schrieben Tragödien mit dem Titel „Phoinix". [4]

[1] Hom. Il. 9, 448. — [2] Hom. Il. 9, 438 ff. und Schol. Il. 9, 448. — Nach anderer Version wird P. von der Nebenfrau seines Vaters (Klytia oder Phthia) verleumdet, er habe sie verführen wollen; Amyntor blendet den Sohn: So im „Phoinix" des Euripides (Arist. Acharn. 421). Peleus bringt P. zu dem Kentauren Cheiron*, der ihn heilt: Apollod. Bibl. 3, 13, 8. Schol. Lykophr. 421. — [3] Hom. Il. 9, 432—605. — [4] Soph. Fr. 651—653 N. Eur. Fr. 804 bis 818 N.

Phókos, Sohn des Aiakos

Phólos, ein Kentaur*, Sohn des Silenos* und einer melischen Nymphe*[1]

M.: Als Herakles* gegen den erymanthischen Eber auszieht, wird er von P. in dessen Höhle gastfreundlich aufgenommen und mit Wein aus dem gemeinsamen Vorrat der Kentauren bewirtet.[2] Vom Duft des Weines angelockt, erscheinen die Kentauren und gehen auf Herakles los. Der vertreibt die ersten Angreifer mit Feuerbränden, die übrigen vernichtet er mit seinen tödlichen Pfeilen. P. zieht einem gefallenen Kentauren den Giftpfeil aus der Wunde und verletzt sich dabei selbst. Herakles bestattet ihn bei seiner Rückkehr.[3]

R.: P. ist der eponyme Heros des Pholoe-Gebirges im arkadisch-elischen Grenzgebiet.

N.: Der Kampf des Herakles mit den Kentauren war ein beliebtes Motiv in der bildenden Kunst der Griechen.

Literatur: G. Dumézil, Le problème des centaures, Paris 1929.
[1] Apollod. Bibl. 2, 5, 4. — [2] Theokr. 7, 148 ff. Diod. 4, 12, 3 f. — [3] Apollod. Bibl. 2, 5, 4. Serv. Aen. 8, 294.

Phórkys (auch **Phórkos**), Sohn des Pontos* und der Gaia*

M.: P. ist Bruder und Gemahl der Keto, Vater der Graien* und Gorgonen*,[1] der Hesperiden*[2] und des hesperischen Drachens,[3] der Nymphe Thoosa,[4] der Skylla* 1. und anderer Meeresungeheuer.

R.: P. steht neben Nereus*, Proteus* und Glaukos* 1. in einer Reihe von Meeresgottheiten, die alle gelegentlich auch als Halios Geron (= der Meeresalte) bezeichnet wurden, dabei aber doch ihre Selbständigkeit wahrten.[5] Seine Gattin Keto gehört zu griech. ketos = Meeresungeheuer; auch die ganze Brut dieses Paares spricht dafür, daß die Griechen in P. die Verkörperung der fürchterlichsten und abstoßendsten Erscheinungen des Meeres sahen. Die allen Wasserwesen eigene Verwandlungsfähigkeit ist für P. erst in kaiserzeitlichen Quellen bezeugt.[6]

[1] Hes. Theog. 270 ff. Apollod. Bibl. 1, 2, 6. — [2] Schol. Apoll. Rhod. 4, 1399. — [3] Hes. Theog. 333 ff. — [4] Der Mutter des Polyphemos*: Hom. Od. 1, 71 ff. — [5] Lesky 112 f. — [6] Lesky 125.

Phríxos, Sohn des Athamas, Königs von Theben, und der Nephele, Bruder der Helle

M.: Aus einer zweiten Ehe des Athamas mit der Kadmostochter Ino* gehen zwei Söhne Learchos und Melikertes hervor. Die Stiefmutter Ino trachtet den Geschwistern P. und Helle nach dem Leben. Heimlich überredet sie die Bäuerinnen des Landes, das Getreidesaatgut zu rösten, so daß die Saat nicht aufgeht. Als Athamas sich wegen der scheinbaren Dürre und Unfruchtbarkeit im Lande an das delphische Orakel wendet, fingiert Ino einen Orakelspruch, der die Opferung des P. fordert. In der höchsten Not bringt Nephele ihrem Sohn einen goldenen Widder, ein Geschenk des Hermes*, der beide Kinder durch die Luft nach Kolchis tragen soll. Helle stürzt unterwegs über den Dardanellen ins Meer, das fortab nach ihr benannt ist (Hellespontos = Meer der Helle). P. gelangt glücklich nach Kolchis, wo ihn König Aietes freundlich aufnimmt und ihm seine Tochter Chalkiope zur Frau gibt. Den Widder opfert P. dem Zeus* und schenkt das goldene Vlies Aietes. Es wird an einem Baum im Haine des Ares* aufgehängt.[1]

R.: Aus Halos (Thessalien) wird über einen auffälligen Brauch berichtet, der auf die Möglichkeit von Menschenopfern in Hellas noch in historischer Zeit hinweist. Wenn der Älteste der dort lebenden Familie der Athamantiden, die ihre Abstammung über P. auf Athamas zurückführten, das Gemeindehaus betrat, war er dem Opfertod verfallen: Er wurde wie ein Opfertier geschmückt und am Altare des Zeus getötet.[2] Robert vermutete, daß der ganze Mythos von P. und Helle von diesem Opferbrauch seinen Ausgang nahm und der Widder ursprünglich in Halos selbst, also in Thessalien, geopfert wurde. Der durch die Luft fliegende Widder sei, ähnlich wie die Hirschkuh bei der Opferung Iphigeneias*, der Ersatz für das Menschenopfer.[3] Nilsson dachte bei dem Opferbrauch in Halos, das auf einem Berge lag, wegen der Verknüpfung der Athamantiden mit Dürre und Mißwachs und wegen des sprechenden Namens der P.-Mutter Nephele (= die Wolke) an den Kult des Wettergottes.[4]
Der Name P. ist von griech. phrisso herzuleiten und vermutlich als „der Schauderer" zu verstehen, das heißt P. kann als Sohn der „Wolke" durch Einfluß auf die Atmosphäre im Winter Kälteschauer und im Sommer Dürre herbeiführen.[5]
Helle, deren Name vorgriechischen Ursprungs ist, erscheint von Anfang an mit dem Hellespont fest verknüpft.[6] Die Herleitung des geographischen Namens aus dem Absturz der Helle stellt ein charakteristisches Orts-Aition dar (vgl. Daidalos: das Ikarische Meer!). Radermacher wies zur Erklärung der Einbeziehung der Helle auf das verbreitete Märchen vom Brüderchen und Schwesterchen hin, in dem auch heute noch ein Lamm, ein Bock oder ein Schaf eine Rolle spielen.[7]
Schließlich wurde die Verbindung zwischen der Vorgeschichte der Argonautenfahrt und dem P.-Abenteuer sekundär vielleicht von

jenem Dichter hergestellt, der eine Vorgeschichte der Argonautensage in Kolchis brauchte. Man könnte so die Verlegung des Widderopfers aus Thessalien nach Kolchis verstehen,[8] während sonst kein ausreichender Grund für die Flucht des P. in ein so weit entferntes Land angeführt werden kann.

N.: Die geläufigste Version des Mythos stammt vermutlich aus dem nur fragmentarisch erhaltenen „Phrixos" des Euripides.[9]

P l a s t i k : P. und Helle, J. Sansovino (1486—1570), Venedig, Sockel der Loggetta (Relief).

D r a m a t . B e a r b e i t u n g e n : La toison d'or, Corneille, 1661.
— Der Gastfreund (1. Teil der Trilogie: Das goldene Vließ), Grillparzer, 1820.

O p e r : Hellé, V. A. Duvernoy, 1896.

[1] Diod. 4, 47. Apollod. Bibl. 1, 9, 1. Schol. Aristoph. Wolken 257. Schol. Il. 7, 86. — [2] Hdt. 7, 197. Schol. Apoll. Rhod. 2, 652—654. — [3] Robert 44 f. — [4] Nilsson I 371 f. — [5] Radermacher 312. — [6] A. Lesky, Wiener Studien 46 (1927/28), 127 ff. — [7] Radermacher 181 f. — [8] Radermacher 182. — [9] Robert 42.

Phyllís (Phýllis) s. Demophon 2.

Pícus, Vater des Faunus

Pitthéus (Píttheus), Vater der Aithra, s. Theseus

Planeten s. Sterne

Pleiáden, die sieben Töchter des Atlas* und der Pleione

M.: Die Namen der P. sind: Alkyone, Asterope, Elektra, Kelaino, Maia*, Merope, Taygete. Der Jäger Orion* nähert sich Mutter und Töchtern mit ungebührlichem Verlangen und verfolgt sie jahrelang, bis Zeus* ihn und die P. als Sternbilder an den Himmel versetzt, wo die erfolglose Jagd weitergeht.[1] Die Tatsache, daß von den sieben sichtbaren Sternen der P. einer mit freiem Auge nur schwer zu erkennen ist, deutete man dahin, daß Elektra, die Mutter des Dardanos und Ahnfrau des troischen Königshauses, beim Falle Troias ihr Antlitz verhüllt habe, oder daß Merope, die als einzige der P. nur von einem Sterblichen (Sisyphos*) und nicht von einem Gott geliebt wurde, sich nicht im Kreise ihrer Schwestern zu zeigen wage.[2]

R.: Den Namen P. deutete Wilamowitz aus einem ursprünglichen Peleiades (= Tauben) als „Taubenschwarm", aus dem mit zunehmender Bedeutung der Seefahrt „Pleidas" (von griech. pleio-pleo = zur See fahren) geworden seien.[3]
In der Verfolgung der P. durch Orion haben wir eine echte Sternsage vor uns, die aus der Konstellation und scheinbaren Bewegung

der Sternbilder abgeleitet ist (vgl. Sterne). Die P. gehören zu den wenigen schon von Homer erwähnten Sternbildern.[4] Die angeführten Versionen zur Erklärung der geringeren Lichtstärke eines einzelnen Sternes tragen den Stempel hellenistischer Erfindung.

N.: Nach den P. nannte sich ein „Siebengestirn" alexandrinischer Tragiker des 3. Jh. v. Chr., von deren Werken fast nur Fragmente erhalten sind, „Pleias". Dieselbe Bezeichnung übernahmen die französischen Dichter des 16. Jh. um Ronsard, die als Pléiade in die Literaturgeschichte eingingen.

O p e r n : Les Plejades, Text von Bressand, vertont von Erlebach 1693, J. Mattheson 1699, G. K. Schürmann 1716.

L i t e r a t u r : H. Gundel, Artikel Pleiaden, in: RE XXI/2 (1952), 2485—2523.

[1] Apollod. Bibl. 3, 10, 1. Arat. 254 ff. Ps.-Eratosth. Katast. 23. Schol. Apoll. Rhod. 3, 226. — [2] Ov. Fast. 4, 169 ff. Hygin. Astron. 2, 21. Serv. Georg. 1, 138. — [3] Wilamowitz I 261. — Die Etymologie geht auf die Antike zurück (Asklepiades von Myrlea bei Athen. 11, 80); die Form Peleiades ist zuerst bei Alkman, fr. 1, 60 D. belegt. — [4] Hom. Il. 18, 486.

Pleióne, Mutter der Pleiaden

Pleisthénes (Pleísthenes), Sohn des Atreus

Pléxippos (Plexíppos) s. Meleagros

Plúton (lat. Pluto) s. Hades

Plútos, Sohn des Iasion und der Demeter*,[1] Gott des Reichtums

R.: P. bedeutet im Griechischen soviel wie Reichtum. Der Gott war also eine Personifikation des Reichtums, die von dem Appellativum oft nur schwer zu unterscheiden ist. Da der Reichtum der Ackerbauer in ihrem Getreidevorrat bestand, galt P. als Sohn der Getreidegöttin Demeter. In weiterer Entwicklung sah man in P. nicht nur den Spender reicher Ernte, sondern auch des in Handel und Wirtschaft erzielten Gewinnes.[2] Der ursprünglich selbständige Gott erschien in der klassischen Zeit auch unter der Namensform Pluton,[3] zwar nicht als Sohn, aber im Gefolge Demeters im eleusinischen Kult.[4] Der Übergang vom Herrn über die Schätze der Erde (Ackerfrucht, Metalle) zum Herrn der Toten erfolgte vielleicht in Eleusis im 6. Jh.[5]

N.: Aristophanes widmete dem P. die nach ihm benannte Komödie („Plutos"), in der der Gott als blinder Greis auftritt, der seine Gaben wahllos und ungerecht verteilt, bis er durch eine Kur im Tempel des Asklepios* geheilt wird.[6] — Die bildlichen Darstellungen zeigen P. zumeist als Knaben mit einem Füllhorn (vgl. Eirene). Zur Vermischung des P. mit dem Gott der Unterwelt vgl. ferner Hades.[7]

Dramat. Bearbeitungen: P., Aristophanes, 388 v. Chr. (Komödie). — Der Pluto ein Gott aller Reichtumb, Hans Sachs, 1531 (Komödie). — Plutus, Legrand, 1720 (Komödie).

Literatur: E. Zwicker, Artikel Plutos in RE XXI/1 (1951), 1027—1052.

[1] Hom. Od. 5, 125 ff. Hes. Theog. 969 ff. — [2] RE XXI/1, 1033 f. — [3] Aisch. Prom. 806. Soph. Fr. 251. 261 N. Aristoph. Plut. 727. — [4] Schon Hom. Hymn. Dem. 486 ff. — [5] Radermacher, Das Jenseits im Mythos der Hellenen, Bonn 1903, 86. — RE XXI/1, 1041. — [6] Die Blindheit des P. ist symbolisch von der wahllosen Verteilung des Reichtums an Gute und Schlechte, aber auch von der blindmachenden Leidenschaft des Reichen zu verstehen: RE XXI/1, 1036 und 1045 f. — [7] Mythogr. Vatic. 1, 108. 2, 10.

Podaleírios

M.: P., ein Sohn des Asklepios* und Bruder des Machaon*, ist Arzt im Heere der Griechen vor Troia*. Er heilt u. a. den Philoktetes*.[1]

R.: Im Rahmen des Asklepioskultes wurde P. als Heilheros in Thessalien und im südwestlichen Kleinasien verehrt. Ursprung der Gestalt in Karien ist nicht ausgeschlossen.

Literatur: H. Kenner, Artikel Podaleirios in RE XXI/1 (1951), 1131—1136.

[1] Gemeinsam mit seinem Bruder Machaon: Soph. Phil. 1333; allein: Apollod. Epit. 5, 8.

Podárge s. Harpyien

Podárkes, Sohn des Laomedon

Poías, Vater des Philoktetes

Polemokrátes (Polemókrates) s. Machaon

Póllux s. Dioskuren

Pólybos s. Oidipus

Polydéktes 1. s. Perseus, 2. s. Hades

Polydeúkes s. Dioskuren

Polydóra, Tochter des Peleus

Polýdoros (Polydóros) 1. s. Hekabe, 2. Urgroßvater des Oidipus

Polyhymnía (Polyhýmnia) s. Musen

Polýeidos (Polyídos) s. Glaukos 2.

Polyméstor s. Hekabe

Polyneíkes, Sohn des Oidipus* und der Iokaste, Bruder des Eteokles, der Antigone* und Ismene

M.: Nachdem Oidipus sich geblendet, seine Söhne verflucht und in Begleitung Antigones das Land verlassen hat, kommt es zwischen Eteokles und P. zum Kampf um die Herrschaft. P. wird von Eteokles vertrieben und flieht nach Argos zu König Adrastos*, der ihm seine Tochter Argeia zur Frau gibt.[1]

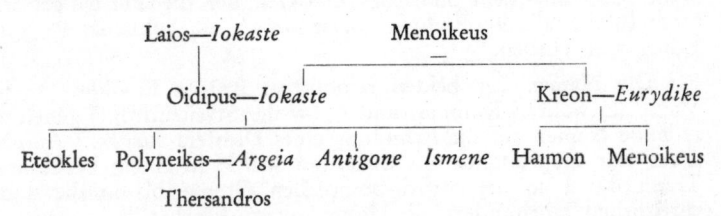

```
        Laios—Iokaste              Menoikeus
              |                        —
              |                        |
        Oidipus—Iokaste          Kreon—Eurydike
   _____|_____            ___|___
   |      |        |      |           |      |
Eteokles Polyneikes—Argeia Antigone Ismene Haimon Menoikeus
              |
        Thersandros
```

Gleichzeitig bereitet Adrastos einen Feldzug vor, um seinen Schwiegersohn in dessen Heimat zurückzuführen. An diesem Zuge der Sieben gegen Theben nehmen unter Führung des Adrastos teil: Tydeus*, Kapaneus*, Eteoklos, Hippomedon, Parthenopaios, Amphiaraos und P.[2] Nur Adrastos' Schwager, der Seher Amphiaraos, weiß, daß von diesem Zuge außer Adrastos keiner der Helden zurückkehren wird. So versteckt er sich, um nicht mitziehen zu müssen. Nun besitzt P. als kostbares Erbstück das von Hephaistos* gefertigte Halsband, das einst Harmonia bei ihrer Vermählung mit Kadmos* als Hochzeitsgeschenk erhalten hat. Mit diesem wertvollen Schmuck besticht er des Amphiaraos Gattin Eriphyle, die nun das Versteck des Sehers verrät und ihn so zwingt, an dem Zuge teilzunehmen.[3]

In Nemea verschulden die Helden unabsichtlich den Tod des kleinen Opheltes (s. Hypsipyle) und stiften die nemeischen Spiele. Vor Eröffnung des Kampfes um Theben fordert Tydeus einzelne Thebaner zum Zweikampf heraus, bleibt jedesmal Sieger und überwältigt sogar eine Gruppe von 50 Soldaten, die ihm einen Hinterhalt legen wollen.[4] Dann treten die sieben Heerführer zum Sturm auf je eines der sieben Tore von Theben an. Der Seher Teiresias* erklärt, die Rettung Thebens hänge von dem freiwilligen Opfertod des Menoikeus*, des Sohnes des Kreon, ab. Menoikeus opfert sein Leben für seine Heimat.[5]

Eteokles und P. treten zum Zweikampf an; beide fallen und lassen so den Fluch ihres Vaters in Erfüllung gehen.[6] Aber auch alle anderen Angreifer fallen; nur dem Adrastos gelingt die Flucht auf seinem göttlichen Roß Areion. Den prahlerischen Kapaneus* trifft der Blitz des Zeus, als er auf einer Sturmleiter die Mauer erklimmt.[7] Der kannibalische Tydeus schlürft noch im Sterben das Hirn aus dem Schädel des erschlagenen Feindes.[8] Vor Amphiaraos tut sich auf der Flucht plötzlich die Erde auf und verschlingt ihn mit Roß und Wagen.[9] Er erhält die Unsterblichkeit und lebt als Gott in der Unterwelt.[10]

Theben ist gerettet und Kreon, der Bruder Iokastes, übernimmt die Herrschaft. Die Leiche des P. wird gegen Kreons ausdrücklichen Befehl von Antigone bestattet.

Nach 10 Jahren ziehen die Söhne der sieben Helden (die „Epigonen") unter Führung Alkmaions* gegen Theben und erobern die Stadt. Laodamas, ein Sohn des Eteokles, der die Verteidiger der Stadt führt, fällt im Kampf. Thersandros*, ein Sohn des P., wird König von Theben.[11]

R.: Die Namen der beiden feindlichen Brüder Eteokles (= der Mann des wahren Ruhmes) und P. (= der Streitsüchtige) gehen als redende Namen auf die Erfindung eines Dichters zurück.[12] Amphiaraos war ursprünglich ein Gott und wurde in einem berühmten Traumorakel an der attisch-boiotischen Grenze bis in die nachchristlichen Jahrhunderte als Heros kultisch verehrt.[13]

N.: Die dem epischen Kyklos angehörige „Thebais" ist verloren. Erhalten sind die Tragödien „Sieben gegen Theben" des Aischylos und die „Phoinikerinnen" des Euripides. Ferner besitzen wir das lateinische Epos „Thebais" des Statius. Den Feldzug der Epigonen behandelte ein kyklisches Epos „Epigonoi" und Tragödien des Aischylos und Sophokles, die ebenfalls verloren sind.[14]

G e m ä l d e: Eteokles und P., Tiepolo (1696—1770), Wien, Kunsthistor. Museum. — Eteokles und P., F. Podesti, 1824, Ancona, Podesti-Museum.

D r a m a t. B e a r b e i t u n g e n: Sieben gegen Theben, Aischylos, 467 v. Chr. — Die Hiketiden, Euripides, um 421 v. Chr. — Die Phoinikerinnen, Euripides, um 410 v. Chr. — Giocasta, L. Dolce, 1545. — Jokasta, G. Gascoigne, 1566. — La Thébaide ou les frères ennemis, Racine, 1664. — Il Polinice, V. Alfieri, 1782. — Die Phönizierinnen, Schiller (Übersetzung des Euripides), 1789. — Etéocle et Polynice, J. B. Legouvé, 1799. — Thebas, J. Passy, 1805. — Der Oedipiden Fall, oder die Brüder, F. H. Bothe, 1822. — Die Sieben gegen Theben, M. Mell, 1932.

E p o s: Thebais, P. Papinius Statius, 1. Jh. n. Chr.

L i t e r a t u r: F. Bener, Die Amphiaraos-Sage in der griechischen Dichtung, Diss. Zürich 1945.

[1] Diod. 4, 65, 3. Apollod. Bibl. 3, 6, 1. Schol. Eur. Phoin. 409. — [2] Aisch. Sieben 375 ff. Soph. Oid. Kol. 1309 ff. Eur. Phoin. 1090 ff. Hik. 857 ff. — Eteoklos fehlt: Eur. Phoin. 1090 ff. Hygin. Fab. 70. — [3] Diod. 4, 65, 5 f. Paus. 5, 17, 7 f. 9, 41, 2. Schol. Od. 11, 326. Apollod. Bibl. 3, 6, 2. — Vgl. auch Hom. Od. 11, 326 f. 15, 247. Soph. El. 836 ff. — [4] Hom. Il. 4, 382 ff. 5, 802 ff. und Schol. Il. 4, 376. Diod. 4, 65, 4. Apollod. Bibl. 3, 6, 5. — [5] Eur. Phoin. 911 ff. Paus. 9, 25, 1. Apollod. Bibl. 3, 6, 7. — [6] Aisch. Sieben 804 ff. Eur. Phoin. 1356 ff. — [7] Aisch. Sieben 423 ff. Eur. Phoin. 1172 ff. Hik. 496 ff. — [8] Apollod. Bibl. 3, 6, 8. Schol. Lykophr. 1066. Schol. Pind. Nem. 10, 7. Schol. Il. 5, 126. —

Dieser kannibalische Brauch, das Blut des erschlagenen Feindes zu trinken, bei den alten Skythen: Hdt. 4, 64. — [9] Pind. Nem. 9, 24 ff. 10, 8 f. Eur. Hik. 925 ff. Diod. 4, 65, 8. — [10] Soph. El. 836 ff. Paus. 8, 2, 4. Cic. De divin. 1, 40, 88. — [11] Diod. 4, 66. Paus. 9, 5, 13 f. 9, 9, 4 f. Apollod. Bibl. 3, 7, 2 ff. Hygin. Fab. 70. — [12] F. Dirlmeier, Der Mythos von König Oedipus. Mainz 1948, Anm. 89 meint, diese und andere Namen der Oidipus-Sage hätten alte karische Namen ersetzt. Kürzlich glaubte man aber das von Eteokles abgeleitete Patronymikon Eterokleios auf einer Tafel aus Knossos (gegen 1400 v. Chr.) zu lesen: Journ. Hell. Stud. 73 (1953), S. 94. — [31] Kern II 113. — [14] Ep. Graec. Fr. 13 f. Kinkel. Aisch. Fr. 55 f. N. Soph. Fr. 186—188 N.

Polýphemos (Polyphémos), Sohn des Poseidon* und der Nymphe Thoosa, ein Kyklop*

M.: Odysseus*, der mit seinen Gefährten in die Höhle des Riesen geraten ist, macht ihn trunken und blendet ihn (s. Odysseus).
Ein in der hellenistischen Literatur beliebtes Thema ist die Liebe des ungeschlachten Kyklopen P. zu der schönen Nereide* Galateia. Dieses Motiv finden wir zuerst in einem Dithyrambos des Philoxenos von Kythera (435—380 v. Chr.). Geduldig und demütig fleht P. vom Lande aus um Erhörung und vergißt auch nicht, allerlei Versprechungen einfließen zu lassen. Die schöne Meerestochter jedoch neckt ihn nur mit ihrer Unterhaltung, um zuletzt immer wieder in ihrem Element zu verschwinden.[1]
Eine andere Erfindung eines hellenistischen Dichters ist die Geschichte von Akis (Acis) und Galateia. In eifersüchtiger Wut zerschmettert P. den jugendlichen Liebhaber der Galateia, Akis, mit einem Felsblock. Die Nereide ruft ihren Liebling wieder ins Leben zurück und verwandelt sein Blut in eine unter dem Felsen hervorsprudelnde Quelle, Akis selbst in einen Flußgott.[2]

R.: Das P.-Abenteuer der Odyssee, das in die Gattung der Menschenfressergeschichten gehört, weist inhaltlich eine Reihe von märchenhaften Zügen auf. Der Form nach ist es ein Schwank, der auf die Täuschung durch den Namen („Niemand" hat es getan) abzielt.[3]
Der Gegensatz des plumpen Riesen P. und der anmutigen, beweglichen Nereide Galateia (ihr Name hängt mit griech. galēnē = Meeresstille, wörtlich „die Glänzende", zusammen) reizte die hellenistische Kunst zur Darstellung.

N.: Das P.-Abenteuer der Odysee wurde von der Komödie aufgegriffen (Epicharm, Kratinos „Odysseuskomödie"). Der „Kyklops" des Euripides, ebenfalls eine Dramatisierung des P.-Abenteuers, ist das einzige vollständig erhaltene griechische Satyrspiel.
Die in ihrem Muschelwagen über das Meer dahinfahrende Galateia, wie sie z. B. Philostratos nach einem Gemälde beschreibt, erscheint auch in Goethes klassischer Walpurgisnacht (Faust, II. Teil, 2. Akt).

G e m ä l d e: Galatea, Raffael, Rom, Farnesina, vor 1514. — P., P. Tibaldi (1527—96), Bologna, Palazzo Sanguinetti. — P. und Galateia, A. Carracci (1560—1609), Rom, Palazzo Farnese. — Galateia, F. Albani (1578—1660), früher Dresden, Gemäldegalerie. — Galateia, D. Feti (ca. 1589—1624), Wien, Kunsthistor. Museum. — Acis und Galateia, C. Lorrain, 1657, Dresden, Gemäldegalerie. — Acis und Galateia, L. Silvestre d. J. (1675—1760), früher Dresden, Schloß. — Galateia, Tiepolo (1696—1770), Triest, Gall. Sartorio. — P., J. A. Koch, 1796, Stuttgart, Museum. — P., die Gefährten des Odysseus verzehrend, A. J. Wiertz, 1860, Brüssel, Wiertz-Museum.

Dramat. Bearbeitungen: Kyklops, Euripides, vor 438 v. Chr. (Satyrspiel). — Galatea, J. Lyly, 1584 (Komödie). — Galatea, I. Gundulić, 1628. — P. oder die Gefahr des Ulysses auf der Cyclopeninsel, J. G. Heubel, 1759 (Lustspiel). — Polyphème, A. Samain, 1904. — P., M. Pulver, 1919. — Il Ciclope innamorato, P. Correnti, 1949.

Dichtungen: P., R. W. Dixon, 1884. — P., R. C. Trevelyan, 1901. — P., E. D. Hill, 1923.

Opern: Aci e Galatea, Zardo, 1592 (Text von Bottini). — Acis et Galatée, J. B. Lully, 1686 (Text von Campistron). — Polifemo, G. B. Buononcini, 1703. — Acis und Galatea, H. Stölzel, 1715. — Acis und Galatea, Händel, 1720 (Text von J. Gay). — Polifemo, N. A. Porpora, 1735 (Text von P. Rolli). — Polifemo, F. Corradini, 1748 (Text von P. Rolli). — Aci e Galatea, Haydn, 1763 (Text von Migliavacca). — Il Ciclope, Asioli, 1787 (Text von Metastasio). — Aci e Galatea, Bianchi, 1792 (Text von Foppa). — Aci e Galatea, J. G. Naumann, 1801 (Text von Foppa). — Acis und Galatea, Th. S. Cooke, 1840. — Galathée, F. M. V. Massé, 1852 (Text von Carré). — Polyphème, J. Cras, 1922 (Text von Samain). — Galatea, W. Braunfels, 1929.

Ballette: Aci e Galatea, P. Canavasso, 1758. — Acis et Galathée, F. Aspelmeyer, 1773. — Acis et Galathée, C. S. Toeschi, 1774. — Acis et Galathée, C. Bossi, 1797. — Acis und Galatea, C. Cavos, 1815.

Kantate: P., A. Schibler, 1952 (Text von St. Zweig).

Literatur: J. Mewaldt, Antike Polyphemgedichte, in: Anzeiger der Österr. Ak. Wiss. phil. hist. Kl. 83 (1946), 269 ff.

[1] Theokr. 11. Ov. Met. 13, 750 ff. — [2] Ov. Met. 13, 870 ff. — [3] Radermacher 76 f.

Polyphóntes s. Merope

Polyxéne (Polýxena), Tochter des Königs Priamos* von Troia und der Hekabe*

M.: Nach der Eroberung Troias erscheint der Geist des Achilleus* über seinem Grabe und fordert die Opferung der kriegsgefangenen P. Neoptolemos*, der Sohn des Achilleus, bringt das Opfer dar; P. geht standhaft in den Tod.[1]

R.: Reiche Grabbeigaben zeugen noch heute von der Prunkliebe mykenischer Fürsten. Spuren der bei einigen Völkern üblichen Sitte, zu Ehren des fürstlichen Toten Frauen und Diener, Pferde und andere Tiere zu töten und dann ins Grab mitzugeben, finden sich auch bei den Griechen.[2] Bei der Totenfeier für Patroklos* läßt Achilleus troische Gefangene und allerlei Tiere schlachten und auf den Scheiterhaufen werfen. Bei der Schilderung der Troerbeute, bei deren Verteilung den griechischen Heerführern Frauen des troischen Königshauses als Sklavinnen zufallen — dem Odysseus* die Hekabe, Agamemnon* Kassandra* und Neoptolemos Andromache* —, mochte man empfinden, daß der gewaltigste Held auf der Seite der Achaier nicht leer ausgehen dürfe und erfand so vielleicht seine nachträgliche Belohnung durch das Opfer der P.

E. Wüst deutet den Namen P. (= die viele gastlich aufnimmt) aus der chthonischen Sphäre;[3] polyxenos und polydegmon sind bekannte Beinamen des Hades*. P. habe ursprünglich gemeinsam mit dem Todesgott Apollon* den Achilleus getötet.[4] So erkläre sich auch die feindselige Haltung des Achilleus, dessen Schatten die Opferung der P. als Anteil an der Troerbeute verlange. Als P. (die einstmalige Göttin) zu einer sterblichen Tochter des Priamos geworden sei, habe man diese Forderung des Achilleus mit einem früheren Verlöbnis der beiden und mit dem Lenoren-Motiv (der tote Bräutigam zieht die Braut zu sich ins Grab) zu begründen versucht (vgl. Anm. 1). Schließlich sei das ursprünglich feindselige Verhältnis zwischen Achilleus und P. in ein Liebesverhältnis umgedichtet worden.

N.: Euripides schildert die Opferung der P. in seiner „Hekabe", Sophokles schrieb eine (nicht erhaltene) „Polyxene".[5]

Plastik: „Der Opferraub der Hekuba-Tochter Polyxena durch den Achill-Sohn Pyrrhus", P. Fedi, 1865, Florenz, Loggia dei Lanzi.

Gemälde: Opferung der P., Tiepolo (1696—1770), Brüssel, Museum.

Dramat. Bearbeitungen: Achilleus und P., P. Cornelis zoon Hooft, 1598. — Polixène, C. Billard, 1612. — P., Coster, 1617. — Polixène, Lafosse, 1696. — Polissena, A. Marchese, 1715. — P., A. Schweitzer, um 1770. — Achills zürnender Schatten, T. B. Berger, 1777. — P., H. J. Collin, 1803. — Polissena, G. B. Niccolini, 1811. — P., V. Strauß, 1851. — Die Hochzeit des Achilleus, H. Schreyer, 1891. — Polyxène, A. Suarès, 1925.

Dichtung: At the fall of an age, R. Jeffers, 1933.

Opern: Achille et Polixène, P. Colasse, 1687 (Text von J. Campistron). — Die unglückliche Liebe des Achilles und der P., C. H. Postel, 1692. — Polyxène et Pyrrhus, P. Colasse, 1706 (Text von Laserre). — Polixène, D'Auvergne, 1763 (Text von Joliveau). — P., A. Schweitzer, 1775 (Text von Bertuch).

Literatur: E. Wüst, Wer war Polyxene? in: Gymnasium 56 (1949), 205—213.

[1] Ep. Graec. Fr. 50 Kinkel. Eur. Hek. 107 ff. 218 ff. 391 ff. 521 ff. — Nach einer späten Version liebt Achilleus P. und kommt unbewaffnet zu einer Verabredung nach Troia, wird aber von Paris* (und Deiphobos) überfallen und getötet. Sein Geist fordert nun zur Sühne die Opferung der P.: Hygin. Fab. 110. — [2] Nilsson I 164. — [3] Gymnasium 56 (1949), 210. — [4] E. Wüst, a. a. O., 212. — [5] Soph. Fr. 479—485 N.

Polyxó (Polýxo) s. Antiope 2.

Pomóna, römische Göttin des Obstsegens, Gemahlin des Vertumnus*

M.: Die Legende machte P. auch zur Geliebten des Picus, des Vaters des Faunus*.

R.: Ein heiliger Hain der P. lag zwischen Rom und Ostia. Der Name P. ist von lat. pomum (Baumfrucht, Obstfrucht) abgeleitet. Vgl. auch Vertumnus.

N.: G e m ä l d e: P. und Ceres, Rubens (1577—1640), Madrid, Prado.

O p e r n: Pomone, R. Cambert, 1671 (Text von Perrin). — P., R. Keiser, 1702 (Text von Postel).

Póntos, Sohn und Gemahl der Gaia*, Vater des Nereus*, Thaumas, Phorkys*, der Keto und Eurybie

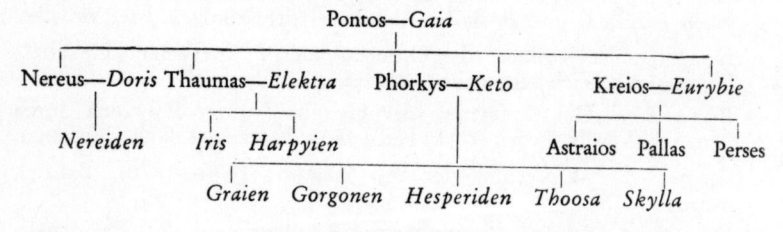

```
                        Pontos—Gaia
    ┌──────────┬───────────┬──────────────┐
Nereus—Doris Thaumas—Elektra Phorkys—Keto   Kreios—Eurybie
    │            │             │              │
Nereiden     Iris Harpyien                Astraios Pallas Perses
                                │
                    Graien Gorgonen Hesperiden Thoosa Skylla
```

R.: P. bedeutet im Griechischen das Meer, insbesondere die weite Meeresfläche, ferner einen abgegrenzten Meeresbezirk.[1]

[1] Lesky 11 ff. 155 ff.; Ableitung von der idg. Wurzel pent (= treten, gehen; Weg, Pfad).

Portúnus s. Mater Matuta

Poseidón (Poseídon), Sohn des Kronos* und der Rheia*, griechischer Gott des Meeres

M.: P. ist Bruder des Zeus*, des Hades* und der Hera* und Gemahl der Amphitrite*. Seine Herrschaft über das Meer übt er als „Erderschütterer" aus. Mit seinem Dreizack spaltet er Felsen und wühlt das Meer auf. Wie P. Seesturm und Erdbeben hervorrufen kann, so liegt auch die Beruhigung der Meeresoberfläche in seiner Hand.[1]

Bei Homer fügt sich P. zumeist den Befehlen seines älteren Bruders Zeus.[2] Trotzdem stellt er einmal fest, daß die drei Reiche, Himmel, Meer und Unterwelt unter drei gleichberechtigte Brüder (Zeus, P., Hades) verteilt wurden, und die Erde sowie der Olymp allen gemeinsam blieben.[3]
P. kämpft vor Troia wie die anderen Götter und hält sich auch lange im Olymp auf.[4] Sein eigentliches Heim aber ist der Palast, den er mit Amphitrite in den Tiefen des Ägäischen Meeres bewohnt.[5] Alle Meerwesen, wie Nereiden* und Tritonen*, gehören zu seinem Gefolge.
P. gilt auch als Vater zahlreicher Riesen und Ungeheuer: des Orion*,[6] der Aloaden* Otos und Ephialtes,[7] des Amykos*,[8] Sarpedon*,[9] Antaios*,[10] Busiris*,[11] Skiron[12] und Polyphemos*.[13] Gemeinsam mit Apollon* baut P. dem König Laomedon* die Mauern von Troia auf, wird aber um den ausbedungenen Lohn betrogen. Zur Strafe sendet der Gott ein Meeresungeheuer gegen die Stadt, dem die Königstochter Hesione geopfert werden soll. Auch im troischen Krieg erscheint P. deshalb als erbitterter Feind der Troer.
Dem Gott, der wahrscheinlich selbst einst Roßgestalt trug, ist das Pferd besonders heilig. P. gilt als Vater verschiedener Pferde, darunter des berühmten Pegasos* (von Medusa)[14] und des Areion (von Demeter*)[15]. Die Hippukrene (Roßquelle) auf dem Helikon ist durch den Hufschlag des Pegasos, ursprünglich vielleicht durch den roßgestaltigen P. selbst entstanden.[16]
Mit Athene* muß P. um den Besitz von Attika kämpfen. Bei diesem Anlaß läßt der Gott mit seinem Dreizack eine Quelle entspringen[17] oder aber er erschafft das Pferd.[18] Neben dem Pferd ist vor allem der Delphin P. heilig. Meeresungeheuer, die oft Stiergestalt annehmen, sendet P. aus dem Meer gegen seine Feinde und andere Frevler aus.[19]
R.: P. als Herr des Meeres stellt nicht die ursprüngliche Erscheinungsform des Gottes dar. P. Kretschmer deutete den Namen P. (dor. Poteidan) als „Gatte der Da, der Erde bzw. Erdmutter". Wenn auch diese Etymologie nicht restlos gesichert ist,[20] bleibt doch unbestritten, daß das Meer nicht das ursprüngliche Element des Gottes gewesen sein kann. Zu auffällig sind seine Beziehungen zur Unterwelt,[21] zu Demeter[22] und zu den Binnengewässern.[23] Gerade dort, wo wir mit der Bewahrung ältesten Glaubensgutes zu rechnen haben, in dem unwegsamen, von äußeren Einflüssen wenig berührten Arkadien, erscheint P. in Roßgestalt mit der Erdmutter als Stute zur Zeugung eines göttlichen Rosses verbunden.[24] Die enge Verbindung mit der Erdgottheit paßt zu den chthonischen Zügen im Charakter P.s, der als Herr der Unterwelt seine seismische Funktion als „Erderschütterer", aber auch seine zeugende Kraft bei der Entstehung fließender Gewässer und Quellen ausübt.[25]
Kürzlich hat F. Schachermeyr das Wesen des P.-Glaubens und -Kultes in einer Monographie bis in die Anfänge des zweiten vor-

christlichen Jahrtausends zurückverfolgt und dabei die indogermanischen und die mediterranen Elemente an diesem Gott zu scheiden versucht. Er nimmt an, daß schon die ältesten griechischen Einwanderer die Verehrung des feuchten Elementes, verbunden mit einer Scheu vor dem Unterirdischen, mitgebracht und dieses auch schon in Beziehung zur Fruchtbarkeit gesetzt hätten.[26] Durch die mitgebrachte Assoziation von Fruchtbarkeit und Wasser mit dem Pferd einerseits, und des Todes mit dem Pferd andererseits sei auf griechischem Boden der neue roßgestaltige P. als Gatte der Demeter entstanden, wobei die indogermanische Verehrung des göttlichen Pferdes mit der bei der autochthonen Bevölkerung verbreiteten Vorstellung von der Gattenschaft der Erdmutter einen glücklichen Bund eingegangen sei. Der Name P. wird als Anrufung (Poseidas = Gatte der Da!) verstanden, der einen direkten Namen ersetzen sollte. Man liebte es ja, Unterweltsgötter mit Gattungsnamen als „Herr", „Herrin" und ähnlich anzurufen, da man sich scheute, sie beim richtigen Namen zu nennen.

Die Roßgestalt des P. habe man auf seine Partnerin, die Erdmutter, übertragen, mit der er nun die berühmten göttlichen (Geister)Rosse zeugte (vgl. Anm. 14, 15). Aus der ursprünglichen Roßgestalt des Gottes erklärt sich auch der Hufschlag bei der Entstehung von Quellen wie der Hippukrene auf dem Helikon.[27] Die Komponente der Fruchtbarkeit im Bilde des Gottes machte ihn durch Verbindung mit zahlreichen Nymphen* zu einem beliebten Stammvater und ließ ihn, besonders in den Kulten um den Saronischen Golf, auch als Phytalmios (= Förderer des Wachstums und der Fruchtbarkeit) auftreten.

Als Erderschütterer dürfte sich P. in ältester Zeit des Blitzes bedient haben, dies allerdings in Rivalität zu dem eigentlichen Wettergott Zeus. Auf der athenischen Akropolis besaß P. eine ihm heilige Stelle, die nicht überdacht werden durfte, höchstwahrscheinlich ein Blitzmal, das man aber später als Dreizackstoß deutete. Der Dreizack scheint den Blitz als Waffe des Gottes abgelöst zu haben.[28]

Die Beziehungen des P. zum Stier (vgl. Minos, Phaidra) können aus der vermutlich schon urindogermanischen Annäherung von Fluß und Stier und aus der mediterranen Auffassung des Stieres als eines chthonischen Wesens erklärt werden.[29]

Die ritterliche Gesellschaft der mykenischen Zeit, die den Streitwagen über Ägypten neu einführte, machte aus dem roßgestaltigen P. Hippos (= Pferd) den P. Hippios, einen menschengestaltigen Streitwagenfahrer und Gott der Pferde. An Stelle des Gottes selbst übernahm nun ein von ihm gezeugtes Pferd die Öffnung der Quellen. Aber auch die alten Geisterrosse und als Kulttiere verehrten Pferde wurden bald zu edlen Rennern umgedeutet.[30] In historischer Zeit wurde der Gott zum Schutzherrn der Rennbahnen; die isthmischen Spiele (Wagenrennen auf dem Isthmos von Korinth) wurden zu Ehren P.s gefeiert.

Die Auswanderung der Ioner und Aioler, die dem Druck der

Dorier und Nordwestgriechen über die Inselwelt der Ägäis nach Kleinasien auswichen, war vielleicht die Grundlage für das neue Bild des P. als Herrn des Meeres.[31] Auch jetzt blieb P., obwohl nicht mehr als Herr der Unterwelt aufgefaßt, der Erderschütterer, der mit seinem Dreizack Felsen spalten und das Meer aufwühlen konnte. Der Dreizack P.s hatte das Aussehen einer Gabel, wie sie zum Stechen der Thunfische verwendet wurde.[32] Die alten theriomorphen Vorstellungen waren, wie bei den Ionern auch sonst, allmählich geschwunden. Analog den patriarchalischen Verhältnissen im Olymp und in der Unterwelt ließ man auch P. als König des Meeres und aller Meerwesen mit seiner Gemahlin Amphitrite in einem Palast in der Meerestiefe wohnen. Seeleute und Fischer beteten zu P. und opferten ihm, bevor sie aufs Meer hinausfuhren. Bei Homer erscheint P. vorwiegend als grollender, zürnender Gott, vor dem die Menschen zittern. Diesem drohenden Dämon[33] traute man die Zeugung aller möglichen Ungeheuer zu (vgl. Anm. 6—13).

N.: Dem griechischen P. entsprach der römische Neptunus.

Plastiken: P. (?), 1. Hälfte d. 5. Jh. v. Chr.; 1928 bei Artemision im Meer gefunden, Athen, Nationalmuseum (Bronzestatue). — P. im Streit mit Athene, Westgiebel des Parthenon, 2. Hälfte des 5. Jh. v. Chr., London, British Museum. — Neptun, J. Sansovino, 1567, Venedig Dogenpalast. — Neptun und sein Gefolge, P. Bracci (1700 bis 73), Rom, Fontana Trevi. — Zahlreiche andere Barockbrunnen.

Gemälde: Neptun und Minerva, Garofalo, 1512, früher Dresden, Gemäldegalerie. — Neptun, P. Tibaldi (1527—96), Bologna, Palazzo dell'Università. — Neptun und Amphitrite, Rubens, um 1620, früher Berlin, Kaiser-Friedrich-Museum.

Opern: Neptune et Amymone, B. Stuck-Batistin, 1712. — Neptun und Amphitrite, T. A. Arne, 1746. — Neptun und Amphitrite, H. P. Johnson, 1775.

Literatur: F. Schachermeyr, Poseidon und die Entstehung des griechischen Götterglaubens, Salzburg 1950.

[1] Hom. Il. 9, 362. Od. 7, 35. 4, 500 f. Verg. Aen. 1, 131 ff. — [2] Sonst gilt Zeus als der jüngste unter den Söhnen des Kronos und der Rheia! — [3] Hom. Il. 15, 185 ff. Vgl. Plat. Gorg. 523 A. — [4] Hom. Il. 7, 445. 8, 200. 440 f. Vgl. Hom. Il. 15, 161. — [5] Dieser Palast wird auch in das sagenhafte Aigai verlegt: Hom. Od. 5, 381. — [6] Hes. Fr. 182. Ps.-Eratosth. Katast. 32. — [7] Hom. Od. 11, 305 ff. Hygin. Fab. 28. — [8] Apoll. Rhod. 2, 1 ff. Hygin. Fab. 17. Serv. Aen. 5, 373. — [9] Apollod. Bibl. 2, 5, 9. — [10] Diod. 4, 17, 4. Apollod. Bibl. 2, 5, 11. — [11] Schol. Apoll. Rhod. 4, 1396. Apollod. Bibl. 2, 5, 11. — [12] Apollod. Epit. 1, 2. — [13] Hom. Od. 9, 412. Eur. Kykl. 262. — [14] Apollod. Bibl. 2, 3, 1. F. Schachermeyr, Poseidon, 31 f. — [15] Paus. 8, 25, 4—10. Schol. Il. 23, 146. Schachermeyr, a. a. O., 16. — [16] Ähnlich läßt P. in Argos Quellen entstehen: Nonn. Dionys. 39, 50 ff. Vgl. Amymone (die Lerna-Quelle). Der Gott ist mit zahlreichen Quellnymphen durch Liebesabenteuer verbunden. — [17] Hdt. 8, 55. Ov. Met. 6, 70 ff. Plut. Them. 19. — [18] Serv. Georg. 1, 12. — [19] Vgl.

Perseus: Ps.-Eratosth. Katast. 16. 17. 36. — Minos: Paus. 1, 27, 9f. — Phaidra: Eur. Hipp. 1213 ff. — Laomedon: Apollod. Bibl. 2, 5, 9. — [20] Lesky 97. Schachermeyr, a. a. O., 13 ff. Der Name Poseidaon auf einer Tafel aus Knossos in Linear B (gegen 1400 v. Chr.): Journ. Hell. Stud. 73 (1953), S. 95. — [21] Z. B. Hes. Theog. 732 f. und der P.-Kult am Tainaron. — [22] Apollod. Bibl. 3, 6, 8. — [23] Aisch. Sieben 307. Apollod. Bibl. 2, 1, 4. Die Quellen Dirke, Amymone und Hippukrene stammen von P. — Über die Beziehungen P.s zu den Binnengewässern vgl. Lesky 95 ff. — [24] Schachermeyr, a. a. O., 16 ff. — [25] Kern I 44. — [26] Schachermeyr, a. a. O., 136 ff. Ablehnend gegenüber dem chthonischen Charakter des P.: Nilsson I 421 A. 10. — [27] Wilamowitz I 212 A. 5. — [28] Wilamowitz I 216. Schachermeyr, a. a. O., 144, 164 f. — [29] Schachermeyr, a. a. O., 145. Vgl. Lesky 132 f. — [30] Z. B. Areion: Schachermeyr, a. a. O., 150 f. — [31] Schachermeyr, a. a. O., 159 f. — [32] Schachermeyr 164 ff. sucht den Dreizack aus dem orientalischen Symbol des Blitzbündels abzuleiten. — [33] Das Dämonische im Wesen P.s betont Schachermeyr 168; vgl. Nilsson I 423.

Príamos, Sohn des Laomedon*, König von Troia*

M.: P. ist Vater von 50 Söhnen und 50 Töchtern, darunter Hektor*, Helenos, Paris*, Deiphobos, Polydoros, Kassandra*, Polyxene*. Unter seiner Regierung kommt es zum troischen Krieg, in dem der greise P. fast alle seine Söhne verliert. Durch einen Besuch im feindlichen Lager gelingt es ihm, von Achilleus* die Leiche seines Sohnes Hektor zu erhalten.[1] Bei der Eroberung Troias durch die Griechen flüchtet P. an einen Altar des Zeus Herkeios und wird dort von Neoptolemos* getötet.[2]

N.: G e m ä l d e: P. im Zelte des Achilleus, L. A. Masreliez (1748 bis 1810), Stockholm, Museum. — Aufbruch des P. ins Lager des Agamemnon, J. M. Vien, 1783, Algier, Museum.

D r a m a t. B e a r b e i t u n g e n: Priame au camp d'Achille, M. P. G. Chabanon, 1764. — Priam, king of Troy, W. E. Baily, 1894.

O p e r: Priamo alla tenda d'Achille, G. Staffa, 1828 (Text von R. Valentini).

[1] Hom. Il. 24, 169 ff. — [2] Ep. Graec. Fr. 49 Kinkel. Eur. Troad. 16 f. 481 ff. Hek. 21 ff. Paus. 4, 17, 4.

Príapos (Priápos), Sohn des Dionysos* und der Aphrodite*, kleinasiatischer Fruchtbarkeitsgott

M.: Als der lüsterne Gott einst die Nymphe Lotis im Schlafe überraschen will, weckt der Esel des Silenos* durch lautes Gebrüll die Nymphe und vereitelt so den Anschlag des P. Dieser tötet im Zorn den Esel, der daraufhin als Sternbild an den Himmel versetzt wird.[1]

R.: Der Name des P. ist mit der gleichnamigen Stadt an der Propontis zu verbinden.[2] Als Heimat des Gottes wird allerdings zumeist die unfern westlich gelegene Stadt Lampsakos genannt. P. war aber auch in Bithynien zuhause, wo man einen Monat nach ihm benannte.³ Er war der älteren griechischen Religion unbekannt, verbreitete sich aber seit dem 4. Jh. v. Chr. allmählich über das gesamte Mittelmeergebiet.⁴ Als Fruchtbarkeitsgott trug P. einen überdimensionalen Phallos. In den Obst- und Weingärten standen allenthalben seine primitiven, rot bemalten Holzstatuen; sie dienten gleichzeitig als Vogelscheuchen und sollten auch Diebe abschrecken.⁵ P. erhielt auch kultische Verehrung; man brachte ihm Opfer von Feldfrüchten, Milch und Honig dar.

Auffallend ist die häufige Verbindung des P. mit dem Meer, die bei seinem Charakter als Gott der Landwirtschaft und des Gartenbaues nur sekundär sein kann. P. erscheint als Patron von Fischern und Schiffern und fordert seine Anhänger im Frühjahr zur Seefahrt auf.⁶

Die Erzählung von dem mißlungenen Liebesabenteuer mit der Nymphe Lotis soll ein Aition für das in Lampsakos beliebte Eselsopfer für P. und zugleich für das Sternbild des Esels darstellen.⁷
— Unter allen Göttern ist P. dem Dionysos am nächsten verwandt; er tritt aber auch in Verbindung mit Aphrodite, Eros* und Pan* auf.⁸

N.: Nach P. benannt sind die Priapeia, obszöne auf P. bezügliche Kurzgedichte.

Literatur: H. Herter, De Priapo, Gießen, 1932. — M. Coulon, La poésie priapique, Paris 1932. — J. J. Dulaure, Les cultes priapiques, Paris 1953.

¹ Ov. Fast. 1, 393—440. Ps.-Eratosth. Katast. 11. — ² Wilamowitz II 323 f. Zum Namen des P. ausführlich H. Herter, De Priapo, 43 ff. — ³ Nilsson 1 560 f. — ⁴ Verzeichnis der Kultorte bei Herter, a. a. O., 256 ff. — ⁵ Hor. Sat. 1, 8, 1 ff. Verg. Georg. 4, 110 f. Ecl. 7, 33 f. — ⁶ Lesky 273. 294. Vgl. Herter, a. a. O., 215 ff. 246. — ⁷ Wilamowitz II 324. — ⁸ Beziehungen des P. zu griechischen und nichtgriechischen Göttern: Herter, a. a. O., 290—314.

Proítos, Sohn des Abas, Königs von Argos, und der Aglaia, Zwillingsbruder des Akrisios

M.: Die Feindschaft der beiden Brüder beginnt schon im Mutterleibe.¹ Bei der Teilung des väterlichen Erbes erhält P. Tiryns, wird aber von Akrisios vertrieben und flieht nach Lykien, wo er Stheneboia,² die Tochter des Königs Iobates, heiratet. Mit lykischer Unterstützung kehrt P. nach Tiryns zurück und dehnt seine Herrschaft sogar bis über Korinth aus.

Seine drei Töchter Lysippe, Iphinoe und Iphianassa reizen den Zorn des Dionysos*, indem sie sich der Einführung seines Kultes widersetzen,³ oder der Hera*, der sie sich an Schönheit überlegen fühlen. Die Göttin läßt sie wahnsinnig werden und wie Kühe laut brüllend durch das Land stürmen. Der Seher Melampus* will die Proitiden heilen, falls er die Hälfte des Reiches zum Lohn erhalte. Als P. dies abschlägt, greift der Wahnsinn auf andere Frauen über. Schließlich ist der König sogar bereit, dem Bias, dem Bruder des Melampus, ein weiteres Drittel seines Reiches abzutreten. Nun verfolgt Melampus die Proitiden durch die Berge. Die älteste Tochter Iphinoe stirbt auf der Flucht, die übrigen Frauen werden geheilt.[4]

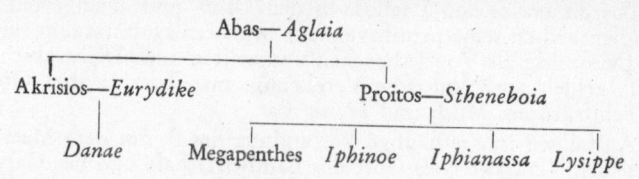

```
                    Abas — Aglaia
          ┌─────────────┴─────────────┐
  Akrisios — Eurydike           Proitos — Stheneboia
     │                             │
   Danae    Megapenthes   Iphinoe   Iphianassa   Lysippe
```

R.: Daß sich die von Hera bestraften Proitiden in ihrem Wahnsinn selbst für Kühe halten, deutet darauf hin, daß sie ursprünglich von der Göttin in Kühe verwandelt wurden.[5] Man darf vielleicht an Herapriesterinnen denken, die sich als Kühe verkleideten wie die „Bärinnen" im Dienste der Artemis* und die „Poloi" (Fohlen) im Dienste der Demeter*.[6]

Die Heilung der Proitiden erfolgte ursprünglich durch Artemis (so bei Bakchylides) und wurde erst später dem Seher Melampus zugeschrieben. Auch der Bericht von dem Widerstand der Argeier gegen die Einführung des Dionysoskultes, der eine Parallele zu den Sagen von Lykurgos* und Pentheus* darstellt, war zunächst von dem Proitidenmythos getrennt.[7]

[1] Paus. 2, 16, 2. 2, 25, 7. Apollod. Bibl. 2, 2, 1. — [2] Bei Homer Anteia: Il. 6, 160. — [3] Robert 247. — Nach anderer Version bestraft Hera die Proitiden für ihre Liebestollheit durch den Verlust ihrer Schönheit: Hes. Fr. 28. 29. — [4] Zum Wahnsinn der Proitiden: Bakchyl. 11, 40 ff. Hdt. 9, 34. Diod. 4, 68, 4. Apollod. Bibl. 2, 2, 2. Serv. Ecl. 6, 48. — [5] Wilamowitz I 246. — [6] Robert 249. — [7] So noch bei Hdt. 9, 34. Vgl. dazu Nilsson I 580 u. A. 2.

Prókne (oder Aedón = Nachtigall)

M.: a) In einer Version ist P. Tochter des Königs Pandion von Athen und der Zeuxippe und damit Schwester des Erechtheus, des Butes und der Philomele. Pandion verheiratet sie mit seinem Bundesgenossen Tereus, dem König von Thrakien. Aus dieser Ehe geht der junge Itys hervor. Tereus vergewaltigt seine Schwägerin Philomele und reißt ihr die Zunge aus, um seine Tat geheimzuhalten. Philomele verrät ihrer Schwester das Verbrechen, indem sie es auf einem Gewebe andeutet. Die beiden Schwestern töten den Itys und setzen ihn dem Vater zum Mahle vor. Tereus entdeckt den Greuel und verfolgt P. und Philomele in blinder Wut. Bevor er sie erreicht, verwandelt Zeus die ganze Familie in Vögel, Tereus in eine Wiedehopf (oder Habicht), Philomele in eine Schwalbe und P. in eine Nachtigall, die nun für alle Zeit um ihren toten Itys klagt.[1]

b) Nach anderer Version ist Aedon eine Tochter des Pandareos und mit Zethos, dem Bruder Amphions*, verheiratet. Sie beneidet ihre Schwägerin Niobe* um deren Kinderreichtum, während ihr nur ein Sohn Itys (oder Itylos) beschieden ist. Als Aedon des Nachts einen Sohn der Niobe ermorden will, trifft sie irrtümlich ihr eigenes Kind. Zeus verwandelt sie in eine Nachtigall.[2]

R.: Die attische Version der Sage (a) war in Daulis (Phokis) lokalisiert.[3] Die ionisch-boiotische Version (b)[4] unterscheidet sich von der attischen vor allem dadurch, daß hier von einer Schwester der P. (bzw. Aedon) überhaupt nicht die Rede ist. Gemeinsam ist beiden der Tod des kleinen Itys. Seine Schlachtung in der attischen Version hat ihre Parallelen in dem Mythos von Pelops* sowie dem von Atreus* und Thyestes. Der Thraker Tereus scheint ursprünglich in Megara beheimatet gewesen zu sein, wo man sein Grab zeigte.[5] Eine rationalistische Auslegung der Sage erklärte die Verwandlung des Tereus damit, daß man in Megara zuerst den Wiedehopf beobachtet habe.[6]

Die Geschichte der P. ist eine charakteristische Tierverwandlungssage. Gerade die Wirkung gewisser Vogelstimmen auf das menschliche Gemüt suchten die Griechen durch typische Tier-Aitien zu erklären. Das Lied der Nachtigall erschien den alten Hellenen im Gegensatz zur Auffassung des europäischen Mittelalters und der Neuzeit als Klagegesang.[7] So wollte man aus diesen Tönen die Stimme der Mutter heraushören, die um den von ihr selbst getöteten Sohn klagte. Das unverständliche Zwitschern der Schwalbe aber wurde dadurch motiviert, daß Tereus seiner Schwägerin die Zunge ausriß.[8] Eine Stelle der Odyssee zeigt schön, wie für den Griechen Tier und mythische Person in einem Namen wie Aedon ineinander übergingen.[9]

N.: Sophokles schrieb eine Tragödie „Tereus", von der Fragmente erhalten sind; ihre Handlung deckt sich mit der oben wiedergegebenen Version a). Bei den meisten römischen Dichtern ist die Verteilung der Namen der beiden Schwestern umgekehrt, d. h. für sie bedeutete P. die Schwalbe und Philomele die Nachtigall (vgl. Anm. 1). Diese Auffassung wurde auch von der Renaissance- und Barockdichtung übernommen, so daß noch die deutschen Klassiker Philomele metonymisch für Nachtigall zu gebrauchen pflegten.

Plastik: P. und Itys, Alkamenes (?), 5. Jh. v. Chr., Athen (vgl. F. Brommer, Gymnasium 59, 1952, 117 f. Taf. VI 4).

Gemälde: Das Mahl des Tereus, Rubens, 1636—38, Madrid, Prado. — Das Mahl des Tereus, G. Hoet (1648—1733), Galerie Liechtenstein, früher Wien.

Dramat. Bearbeitungen: Progne, G. Corraro, um 1428. — Progne y Filomena, G. de Castro y Bellvis (1569—1631). — Terée, A. M. Lemièrre, 1761. — Terée et Philomèle, Renou, 1773.

Dichtungen: Itylus, Swinburne, 1866. — The burden of Itys, O. Wilde, 1881.

Walzer: Philomelen-Walzer, Joh. Strauß Vater, 1835.

Literatur: G. Méautis, Procné, in: Mythes inconnus de la

Grèce antique, Paris 1949, 82—90. — I. Cazzaniga, La saga di Itis nella tradizione letteraria e mitografica greco-romana, P. 1. 2. Mailand 1950—51.

[1] Zur ganzen Sage: Ov. Met. 6, 426 ff. Paus. 1, 5, 4. 1, 41, 8 f. 10, 4, 8 f. Apollod. Bibl. 3, 14, 8. Hygin. Fab. 45. Serv. Ecl. 6, 78. Mythogr. Vatic. 1, 4. 2, 217. — Philomele wird in eine Nachtigall und P. in eine Schwalbe verwandelt: Hygin. Fab. 45. Serv. Ecl. 6, 78. — [2] Schol. Od. 19, 518. — [3] Thuk. 2, 29. Paus. 1, 41, 8. I. Cazzaniga, La saga di Itis, I 27 ff. — [4] Cazzaniga, a. a. O., I 5 ff. — [5] Paus. 1, 41, 8 f. — [6] Paus. 1, 41, 8 f. Robert 158. — [7] Wilamowitz, Reden und Vorträge 1 (1925), 194. — [8] Nilsson I 29. — [9] Hom. Od. 19, 518 ff. Vgl. Nilsson I 29.

Prókris s. Kephalos

Prokrústes s. Theseus

Prometheús (Prométheus), Titan *

M.: P. ist Sohn des Titanen Iapetos und der Okeanide Klymene oder der Themis*, Bruder des Atlas*, Menoitios und Epimetheus,[1] Vater des Deukalion*. Während die übrigen Titanen* mit rein

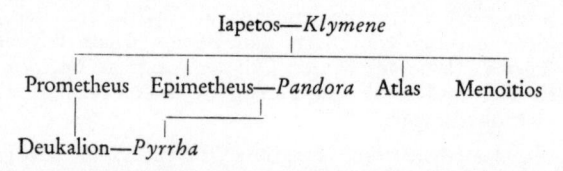

```
              Iapetos—Klymene
      ┌──────────┬──────────┬──────────┐
  Prometheus  Epimetheus—Pandora  Atlas  Menoitios
      │
  Deukalion—Pyrrha
```

physischer Kraftentfaltung die Herrschaft des Zeus* zu stürzen versuchen, kämpft P. mit geistigen Waffen, List und Schlauheit, gegen den Göttervater. Anläßlich eines Opfers in Mekone versucht er, Zeus zu überlisten, indem er ihm das gute Fleisch und die Eingeweide in einem Rindermagen versteckt und die Knochen in glänzender Fetthaut verhüllt zur Wahl vorsetzt. Zeus durchschaut den Betrug, wählt aber trotzdem die Knochen. Seither ist es üblich, bei Opfern nur die Knochen und unbedeutende Teile des Tieres zu verbrennen, das beste Fleisch aber für menschlichen Bedarf zurückzubehalten. Als Zeus daraufhin zur Strafe den Menschen das Feuer entzieht, entwendet es ihm P. und bringt es wieder auf die Erde.[2] Zeus läßt von Hephaistos* Pandora* erschaffen und sendet mit ihr viel Unheil über die Menschen. P. wird an einen Felsen im Kaukasus[3] geschmiedet, wo ihm ein Adler die Leber zerhackt, die Nachts immer wieder nachwächst. In seinem unbeugsamen Trotz gegen den Gewaltherrscher Zeus bestärkt ihn dabei das Wissen um ein Geheimnis, das ihm seine Mutter Themis anvertraut hat: Wer immer von den Göttern oder Menschen sich mit Thetis* zur Zeugung von Nachkommen verbinde, dessen Sohn werde den Vater an Kraft weit übertreffen. Da Zeus dieser Gefahr ausweicht, kommt es allerdings nicht zum Sturze seiner Herrschaft (vgl. Thetis). —

Nach schier endloser Qual⁴ wird P. durch einen Pfeilschuß des Herakles* von seinem Peiniger, dem Adler, befreit.⁵ Die endgültige Erlösung ist aber daran gebunden, daß sich ein Unsterblicher findet, der bereit ist, P. sein Leiden abzunehmen⁶ (vgl. Cheiron).

R.: P. (= der Vorausdenkende, Vorauswissende) besitzt wie sein Bruder Epimetheus (= der nachträglich Erkennende) einen durchsichtigen Namen. Im Pandora-Mythos schimmert bei beiden das Märchenmotiv von den ungleichen Brüdern durch; vielleicht sind sie als ein göttliches Ahnenpaar der Menschheit zu verstehen.⁷ P. galt vielfach als Schöpfer des Menschengeschlechtes, der aus Lehm und Wasser Männer und Frauen formte.⁸ Immer aber sah man in ihm einen Freund und Wohltäter der Menschheit. Der Sohn eines Titanen und einer mächtigen Göttin⁹ nahm derart eine Mittelstellung zwischen Göttern und Menschen ein. So versteht K. Kerényi das Opfer in Mekone als „Gründungsopfer", mit dem P. eine Grundlage für das neue Zusammenleben von Göttern und Menschen, ihre gleichzeitige Trennung und Verbindung, schuf.¹⁰ Zugleich stellt die Erzählung von diesem Opfer aber auch ein Kult-Aition dar. Man wollte damit den Brauch erklären, daß die Götter bei manchen Opfern gegenüber den Menschen, die sich die besten Bissen behielten, stark benachteiligt wurden.¹¹

Als Wohltäter der Menschen erweist sich P., indem er ihnen nicht nur das Feuer, sondern alle Künste, geistige und körperliche Fertigkeiten, kurz die ganze Kultur bringt.¹² In Athen verehrten die Handwerker, besonders die Töpfer, P. als ihren Schutzpatron, bevor Hephaistos* an seine Stelle trat. Die zu Ehren des P. alljährlich gefeierten Promethia waren mit einem Fackellauf verbunden, bei dem man neues Feuer vom Altar des P. im Wettlauf in die Stadt brachte.¹³ Unter den Göttern steht P. dem Hephaistos durch die enge Beziehung zum Feuer und dem Hermes* durch seine Schlauheit nahe.¹⁴

Der P.-Mythos ist wie der Pandora-Mythos von tiefem Pessimismus, auch in der Auffassung der Götter, erfüllt.¹⁵ Das schwere, so lange dauernde Leiden des P. ist ja durch die neue Rechtsordnung unter der Herrschaft des Zeus bedingt. Der göttliche Freund der Menschen wird für eben diese Freundschaft vom Herrn der Welt hart bestraft. Dafür ist es wieder ein Sohn des Zeus, Herakles, der P. von dem gierigen Adler befreit.

N.: Aischylos gestaltete den P.-Mythos in einer tragischen Trilogie, deren zweiter Teil, „Der gefesselte Prometheus", uns erhalten ist. Von dieser Tragödie aus nahm der Prometheus-Stoff seinen Weg durch die Weltliteratur. Das Sich-Aufbäumen und der trotzige Kampf gegen ungerechte Gewaltherrschaft, die schließlich siegreich bleibt, wurde dabei zum Hauptmotiv.

P l a s t i k e n : P., J. Pradier, 1827, Paris, Tuileriengarten. — Der gefesselte P., P. Bouré, 1844, Brüssel, Museum (Bronze). — Gefesselter P., G. Marcks, 1948 (Bronze).

Gemälde: P., Tizian, 1549—50, Madrid, Prado. — Der gefesselte P., Rubens, 1613—14, Amsterdam, Slg. Proehl. — Erschaffung des Menschen durch P., L. Silvestre d. J. (1675—1760), Montpellier, Mus. Fabre. — Aus der P.-Sage, P. Cornelius, 1825, München, Glyptothek (Fresken). — P., G. Moreau (1826—98). — P., Feuerbach, 1875, Wien, Akademie der bild. Künste. — P., Böcklin, 1882. — Der gefesselte P., W. B. Richmond (1842—1921), Birmingham, Museum. — P., O. Greiner, 1909, Leipzig, Privatbesitz.

Dramat. Bearbeitungen: Der gefesselte P., Aischylos, um 470 v. Chr. — La estatua de Prometeo, Calderon, 1679. — P., Goethe, 1773 (Fragment). — Der befreite P., G. C. Tobler, 1782. — Der entfesselte P., Herder, 1802. — P., J. D. Falk, 1803. — P. unbound, Shelley, 1820. — P., A. Öhlenschläger, 1822. — Prométhée, E. Quinet, 1838 (Trilogie). — A record of the pyramids, J. E. Reade, 1842. — P. the Firebringer, R. H Horne 1864. — P. unbound, G. A. Simcox, 1867. — P., E. Jagow, 1894. — P., P. Friedrich, 1904. — The Fire Bringer, W. Moody, 1904. — P., M. H. Gareth, 1908. — Prometeo, P. Perez de Ayala, 1916. — P., H. Thies, 1921. — P., R. Zilkens, 1925. — P., E. Brock, 1954.

Epen: P., R. Pannwitz, 1902. — P., der Dulder, Spitteler, 1924. — P., R. Kraatz-Koschlau, 1947.

Dichtungen: P., Goethe, 1785. — P., Byron, 1816. — P., H. Coleridge, 1851. — P., H. W. Longfellow, 1858. — Der entfesselte P., S. Lipiner, 1876. — P. unbound, C. W. Mendell, 1926. — P., R. Heubner, 1942. — Focul. Legenda lui Prometeu, V. Eftimiu, 1956.

Romane: P. und Epimetheus, Spitteler, 1880—81. — The death of P., J. G. Fletcher, 1925. — Die Rückkehr des P., J. L. Stern, 1927.

Oratorien: P., H. Hofmann (1842—1902). — Die Passion des P., F. Wohlfahrt, 1955 (Text vom Komponisten).

Opern: Il Prometeo assoluto, G. Chr. Wagenseil, 1762 (Text von Migliavacca). — P., J. A. Fisher, 1776. — Prométhée, G. Faurè, 1900 (Text von J. Lorrain).

Ballettmusik: Die Geschöpfe des P., Beethoven, 1801.

Symphon. Dichtungen: P., F. Liszt, 1855. — P., J. Selmer (1844—1910). — P., A. N. Skrjabin, 1913. — La trilogie de Prométhée, J. L. Martinet (geb. 1914).

Literatur: J. Fränkel, Wandlungen des Prometheus, Bern 1910. — E. Lanker-Euler, Philosophische Deutung von Sündenfall und Prometheus-Mythos, Heidelberg 1933. — K. Kerényi, Prometheus. Das griechische Mythologem von der menschlichen Existenz. Zürich 1946. — L. Séchan, Le mythe de Prométhée, Paris 1951.

[1] Hes. Theog. 507 ff. Mutter Themis: Aisch. Prom. 18. Mutter Asia: Apollod. Bibl. 1, 2, 3. — [2] Hes. Theog. 565 ff. Werke 50 ff. Aisch. Prom. 107 ff. Plat.

Prot. 321 D. Der Feuerfunke ist bei dieser Aktion in einem Narthexstengel versteckt. — P. entzündet eine Fackel am Rade des Sonnenwagens: Serv. Ecl. 6, 42. Mythogr. Vatic. 1, 1. 2, 63. — ³ P. an eine Säule gefesselt: Hes. Theog. 521 f. — Die Lokalisierung im Kaukasus seit Aischylos (Prom. Hypoth. u. ö.). — ⁴ 30 Jahre: Hygin. Fab. 54. 144. — 13 Generationen: Aisch. Prom. 774. — 30.000 Jahre: Mythogr. Vatic. 2, 64. — ⁵ Diod. 4, 15, 2. Paus. 5, 11, 6. Apollod. Bibl. 2, 5, 11. — ⁶ Aisch. Prom. 1026 ff. Vgl. K. Kerényi, Prometheus, Zürich 1946, 74 ff. — ⁷ Kerényi, a. a. O., 28. — ⁸ Paus. 10, 4, 4. Ov. Met. 1, 82 ff. Juven. Sat. 14, 35. Apollod. Bibl. 1, 7, 1. — ⁹ Gleichsetzung von Themis und Gaia als Mutter des P.: Aisch. Prom. 209 f. — ¹⁰ Kerényi, a. a. O., 25 ff. — ¹¹ Nilsson I 26. — ¹² Aisch. Prom. 436—506. — ¹³ Deubner 211 f. — ¹⁴ Kerényi, a. a. O., 32 ff. untersucht in diesem Zusammenhang auch die Beziehungen zwischen Titanentum und Kabirentum (bes. 37 ff.). — ¹⁵ Wilamowitz I 344.

Prosérpina s. Persephone

Protesílaos (Protesiláos), Sohn des Iphiklos

M.: P. führt 40 Schiffe im Zuge der Griechen gegen Troia*. Bei der Landung in Asien springt er als erster vom Schiff ans Land und wird von Hektor* getötet.¹ Seine junge Gattin Laodameia ist über den Verlust so untröstlich, daß Hermes* den P. für einen Tag aus der Unterwelt zurückbringt. Als ihr der Gemahl wiederum entrissen wird, folgt ihm Laodameia in den Tod.²
Nach einer anderen Version treibt Laodameia nach dem Tode ihres Gatten einen selbstquälerischen Kult mit einer Wachsfigur, die die Züge des P. trägt. Als ihr Vater die Figur verbrennen läßt, stürzt sie sich in die Flammen.³

R.: Radermacher erkannte in dem P.-Mythos eine Kombination zweier Versionen. Der Tote, der viel Schaden stiften, besonders auch Lebende (wie hier die Gattin) zu sich ins Grab holen kann, gehört in echt volkstümliche Überlieferung, und zwar in das Gebiet der Vampirsage. Der Kult hingegen, den Laodameia mit dem Bilde des verstorbenen Gatten treibt, weist auf ähnliches Brauchtum, das für Vegetationsgottheiten, wie Attis und Adonis*, überliefert ist.⁴ Die Anknüpfung an die Ereignisse des troischen Feldzuges ist ganz lose und offenbar sekundär.⁵ Zwei Märchenmotive, das Opfer des Ersten (P., der als erster ans Land springt) und der Bildzauber, spielen in den P.-Mythos hinein.⁶

N.: Euripides behandelte den Stoff in einer Tragödie, von der wir Fragmente besitzen.⁷ In dem Dialog „Heroikos" des Philostratos (2./3. Jh. n. Chr.) tritt ein Winzer auf, der mit dem Geist des unfern begrabenen P. in Verbindung stehen will.

Dichtungen: Laodamia, W. Wordsworth, 1815. — The elms of P., F. L. Lucas, 1929.

Opern: Protesilao, J. F. Reichardt, 1779 (Text von G. Sertor). — Laodamia, I. P. Verazi, 1780 (Text von M. Verazi). — Protesilao, J. G. Naumann, 1793 (Text von G. Sertor).

Literatur: L. Radermacher, Protesilaos und Laodameia, in: Hippolytos und Thekla. Studien zur Geschichte von Legende und Kultus. Wien 1916, 99—111. — G. Herzog-Hauser, Die literarische Ausgestaltung der Protesilaos-Mythe, in: Mélanges É. Boisacq, Brüssel 1937, 471—478.

[1] Hom. Il. 2, 695 ff. Apollod. Epit. 3, 30. — Zu den Varianten im Namen des Troers, der P. tötet, vgl. Robert 62 und A. 2. — [2] Luk. Dial. mort. 23. Ov. Heroid. 13. Apollod. Epit. 3, 30. — [3] Hygin. Fab. 104. Vgl. Ov. Heroid. 13, 151 ff. — [4] Radermacher, Hippolytos und Thekla, bes. 102 ff. — Vampirgeschichten in moderner Dichtung treffen wir in Bürgers „Lenore" und Goethes „Braut von Korinth". — [5] Robert 64. — [6] G. Herzog-Hauser, Mélanges Boisacq, 1937, 475. — [7] Eur. Fr. 647—657 N.

Protéus (Próteus), Meergreis

M.: Im ägyptischen Meer (Insel Pharos) hütet P. die Robben des Poseidon*. Menelaos* wird auf der Heimkehr aus Troia nach Ägypten verschlagen und wendet sich an P., damit er ihm sein künftiges Schicksal verkünde. Des P. Tochter Eidothea steht Menelaos dabei hilfreich zur Seite. Der Meergreis sucht sich Menelaos — wie Nereus* dem Herakles* — durch verschiedene Verwandlungen (in Löwe, Schlange, Panther, Eber, Baum und Wasser) zu entziehen, gibt aber zuletzt bereitwillig Auskunft auf alle Fragen.[1] Nach anderer Sagenversion ist P. König von Ägypten.[2]

R.: Der Name P. ist vielleicht als Kurzform zu einem etwaigen Protogenes zu verstehen und enthält das Element „der Erste".[3] P. gehört in die Gruppe der Meeresgottheiten Nereus*, Glaukos* und Phorkys*, die jeder einzeln auch als Halios Geron (= der Meeresalte) bezeichnet wurden. Die Gabe der Weissagung und der Verwandlungsfähigkeit ist ihnen allen eigen.

N.: Dramat. Bearbeitungen: P. der Meergott, ein Fürbild der Wahrheit, Hans Sachs, 1557 (Schwank). — P., O. Marbach, 1864. — P., P. Claudel, 1927 (Musik von D. Milhaud). — Idothea, H. Leip, 1941.

Dichtung: P., St. Brooke, 1888.

Erzählung: Vom alten P., W. Raabe (1831—1910).

Opern: Proteo sul Reno, G. B. Buononcini, 1703 (Text von P. A. Bernardoni). — As variedades de Proteo, A. J. da Silva, 1737.

[1] Hom. Od. 4, 364 ff. — [2] Eur. Hel. 44 ff. Apollod. Epit. 3, 5. — [3] G. Herzog-Hauser, RE XVII 20.

Psamáthe 1. s. Aiakos, 2. s. Linos

Psyché (Psýche)

M.: Die Königstochter P. erregt durch ihre außergewöhnliche Schönheit den Neid der Göttin Aphrodite*. Der zu ihrem Verderben ausgesandte Eros* verliebt sich in P. und entführt sie im

Schlaf mit Hilfe des Zephyros in seinen Märchenpalast. Das Liebesglück des jungen Paares wird durch die Neugier P.s gestört. Als sie ihren Liebhaber, der sie nur im Dunkel der Nacht besucht und von ihr nicht gesehen werden darf, im Schlafe überrascht, wird sie von Eros verlassen. Auf ihrer verzweifelten Suche nach dem Geliebten gerät P. in den Tempel der Aphrodite, in deren Dienst sie eine Reihe schwieriger und gefährlicher Arbeiten auszuführen hat. P.s Ausdauer und die Liebe der beiden wird schließlich von Zeus mit ihrer endgültigen Vereinigung belohnt (vgl. auch Eros).

R.: P. (griech. = Seele) ist die Personifikation der menschlichen Seele.[1] Aus der altgriechischen Vasenmalerei sind zahlreiche Abbildungen von Eidola, körperlosen „Bildseelen", bekannt, die als kleine geflügelte Wesen, mit möglichst wenig individuellen Zügen ausgestattet, um den Toten oder das Grabmal flattern. Auch den Schmetterling nannten die Griechen psyche. So wurde die Personifikation der Seele, die aus dem oben wiedergegebenen Märchen bekannte P., in der bildenden Kunst der Griechen als Mädchen mit Vogel- oder Schmetterlingsflügeln dargestellt.[2]

N.: Das Märchen von der Liebe der P. zu dem jungen Eros (= Amor) ist uns in dem Roman „Metamorphosen oder Der goldene Esel" des Apuleius überliefert.

Plastiken: Merkur und P., Adriaen de Vries, 1593, Paris, Louvre. — Amor und P., Canova, 1793, Paris, Louvre. — Klagende P., A. Pajou (1730—1809), Paris, Louvre. — P., J. Pradier, 1824, Paris, Louvre. — P., von zwei Zephyrn getragen, J. Gibson, 1821—22, Rom, Palazzo Corsini. — Merkur und P., R. Begas, 1878, früher Berlin, Nationalgalerie. — P., P. de Vigne (1843 bis 1901), Brüssel, Museum (Bronzebüste).

Gemälde: P., Italien. Schule, 15. Jh., Wien, Galerie Lanckoronski. — Eros und P., Raffael, 1518, Rom, Villa Farnesina (Deckenfresko). — Amors und P.s Hochzeit und Ehe, Giulio Romano (1499—1546), Mantua, Palazzo del Te. — Amor und P., Rubens, 1613, Schwedischer Privatbesitz. — Geschichte der P., L. Silvestre d. J., 1717—23, früher Dresden, Zwinger (Deckenfresko). — Entführung der P., P. Prud'hon (1758—1823), Paris, Louvre. — Bad der P., F. Leighton (1830—1896), London. — P., G. F. Watts, 1880, London, Tate-Gallery.

Dramat. Bearbeitungen: Psyché, Molière-Corneille-Quinault, 1671. — P. in ihrer Kindheit, K. G. Döbbelin, 1775. — Psyches Erwachen, W. Weigand, 1912.

Dichtungen: Les Amours de Psyché et de Cupidon, La Fontaine, 1669. — Ode to P., Keats, 1820. — Psyché, V. Laprade, 1841. — P., T. Storm, 1875. — P., R. Pannwitz, 1905.

Roman: P., P. Lonys, 1925.

Symphon. Dichtung: Psyché, C. Franck, 1887—88.

Opern: Psyché, J. B. Lully, 1678 (Text von T. Corneille und Fontenelle). — Psiche, A. Scarlatti, 1683 (Text von N. Vacaro). — Psiche cercando Amore, A. Draghi, 1688. — P., R. Keiser, 1701 (Text von Postel). — Psiche, C. A. Badia, 1703 (Text von Bernardoni). — Psiche, A. Caldara, 1720 (Text von Pariati). — L'esclavage de Psyché, Fagan-Panard, 1731. — L'Amour et Psyché, J. J. Mondonville, 1760. — P., P. Winter, 1793. — Psyché, A. Thomas, 1857 (Text von Carré und Barbier). — Psyché, E. Rey, 1898 (Text von G. Lamey).

Ballette: Psyché, Lully, 1671. — P., P. Juon, 1906.

Literatur: R. Reitzenstein, Das Märchen von Amor und Psyche bei Apuleius, Leipzig-Berlin 1912. — R. Reitzenstein, Noch einmal Eros und Psyche, in: Archiv für Religionswiss. 28 (1930), 42—87. — L. Bieler, Psyches 3. und 4. Arbeit bei Apuleius, in: Archiv für Religionswiss. 30 (1933), 242—270. — B. Mosca, La favola e il problema di Psiche, Adria 1935. — A. Dyroff, Das Märchen von Amor und Psyche, Köln 1941. — H. Le Maitre, Essai sur le mythe de Psyché dans la littérature française des origines à 1890, Paris 1941 (mit reicher Bibliographie).

[1] Zur Diskussion über den Seelenglauben und die griechischen Vorstellungen von der Seele vgl. z. B. Nilsson I 50 ff. 178 ff. — [2] Wilamowitz I 377 hält diesen Typus für hellenistisch.

Pygmalíon (Pygmálion)

1. König von Kypros

M.: P., ein berühmter Bildhauer, verliebt sich in eine von ihm selbst geschaffene weibliche Elfenbeinstatue und bittet Aphrodite*, seinem Werk Leben einzuhauchen. Die Göttin erfüllt den Wunsch P.s.[1]

N.: Plastik: P., E. M. Falconet, 1763, Leningrad, Eremitage.

Gemälde: P., J. Raoux (1677—1734), Paris, Louvre. — P., E. Burne-Jones, 1868—70 (Zyklus von vier Bildern).

Dramat. Bearbeitungen: P., Rousseau, 1770. — P., G. F. W. Großmann, 1776 (Komödie). — P. oder die Reformation der Liebe, C. Herklots, 1794. — Galathée, Poultier, 1795 (Musik von Bruni). — P. and Galatea, W. Schwenk Gilbert, 1871 (Komödie). — P., Shaw, 1916 (Komödie). — P., G. Kaiser, 1948. — P., Tewfik el Hakim, 1953.

Epos: P. und Elise, J. J. Bodmer, 1747.

Gedichte: P., A. W. Schlegel, 1796. — P. and the image, W. Morris, 1868. — P. to Galatea, R. Graves, 1927.

Kantaten: P., K. W. Ramler, 1768. — P., J. Chr. Fr. Bach, 1786.

Opern: Galatea, Orlandi, 1608 (Text von Chiabrera). — Galatea, P. A. Ziani, 1660 (Text von A. Draghi). — Der wunderbar vergnügte P., H. Chr. Postel, 1694. — Galatea, J. G. Schürer, 1746 (Text von P. Metastasio). — P., J. P. Rameau, 1748 (Text von Ballot de Sauvot). — P., F. Aspelmeyer, 1772 (Text von Rousseau). — P., G. Benda, 1779 (Text von Rousseau). — Pimmalione, G. Liverati, 1797 (Text von Sografi). — P., Cherubini, 1809 (Text von A. S. Sografi und S. Vestris). — P., H. Schmidt, 1835 (Text von F. und Th. Elßler).

Operette: Die schöne Galathée, Suppé, 1865 (Text von P. Henrion).

[1] Ov. Met. 10, 243 ff. Clem. Alex. Protrept. 57, 3.

2. Bruder der Dido

Pyládes (Pýlades) s. Orestes

Pýramos und Thísbe, babylonisches Liebespaar

M.: Da die Väter eine Verbindung der beiden jungen Leute verhindern wollen, können sie sich nur durch eine Mauerritze in der Wand ihrer aneinanderstoßenden Häuser verständigen. Sie vereinbaren eine Zusammenkunft vor der Stadt am Grabe des Ninos. Thisbe, die früher zur Stelle ist, wird durch eine Löwin vertrieben und verliert dabei ihren Schleier. Als P. das zerfetzte, vom blutigen Maul der Löwin besudelte Tuch sieht, glaubt er, seine Geliebte sei von einem wilden Tier zerrissen worden, und ersticht sich. Thisbe findet den Geliebten sterbend und folgt ihm in den Tod.[1]

R.: Die Erzählung hat durchaus novellistischen Charakter.

N.: Gemälde: P. und T., L. Cranach d. Ältere, 1520—25. — P. und T., G. Romano (1492—1546), Rom, Villa Farnesina.

Dramat. Bearbeitungen: Rüpelszenen aus „Sommernachtstraum", Shakespeare, um 1595 (1. Druck: 1600). — Pyrame et Thisbé, T. Viaud, um 1617. — Peter Squenz, A. Gryphius, 1663. — Pyrame et Thisbé, N. Pradon, 1674. — Piramus und Thisbe, F. A. Bertrand, 1787 (Duodrama, Musik von Benda). — P. and Thisbe or the party wall, C. J. Mathews, 1833 (Komödie).

Epische Bearbeitungen: The legend of Thisbe of Babylon, Chaucer (1340—1400). — Historia de los muy constantes e infelices amores de Piramo y Tisbe, J. de Montemayor, 1558. — Favola di Piramo e di Tisbe, B. Tasso (gest. 1569).

Dichtung: P. and T., W. S. Landor, 1795.

Opern: P. und T., J. S. Kusser, 1694 (Text von R. Schröder). — Piramo e Tisbe, Gluck, 1746. — Piramo e Tisbe, J. A. Hasse, 1769 (Text von M. Coltellini). — Piramo e Tisbe, F. Bianchi, 1783 (Text von G. Sertor). — P. und T., A. Eberl, 1794. — Piramo e Tisbe, G. Andreozzi, 1803 (Text von G. Schmidt). — P. und T., L. Gellert, 1872 (Text von H. Oswalt). — Pyrame et Thisbé, E. Tremisot,

1904 (Text vom Komponisten). — P. und T., K. Zorlig, 1912 (Text von J. Blumenthal). — P. und T., K. T. Eisrich, 1916 (Text von R. Berge).

[1] Ov. Met. 4, 55 ff. Serv. Ecl. 6, 22. Hygin. Fab. 242. 243.

Pyriphlegéthon (Pyriphlégethon) s. Unterwelt

Pýrrha s. Deukalion

Pýrrhos s. Neoptolemos

Pýthon, Sprößling der Gaia*

M.: P. ist ein Drache, der das Orakel seiner Mutter in Delphi bewacht. Apollon* tötet ihn; die Pythia in Delphi hat von ihm ihren Namen.

R.: Der Kampf Apollons mit P. und die Überwindung des Drachens deutet auf die Ablösung des alten Traumorakels der Gaia durch die Pythia, die Priesterin des neuen Gottes.[1] Auch Kadmos* muß vor der Gründung Thebens mit einem Drachen um den Boden der Stadt kämpfen.

N.: Nach P. wurden die Tigerschlangen benannt.

P l a s t i k: Apollon und P., Rodin (1840—1917), Buenos Aires.

[1] Wilamowitz II 28.

Q

Quirínus, römischer Kriegsgott

R.: Q. wurde mit Jupiter* und Mars* in einer alten Götterdreiheit verehrt, die später von der kapitolinischen Dreiheit Jupiter-Juno*-Minerva* abgelöst wurde. Zumeist sieht man in Q. den alten Stammes-Kriegsgott der auf dem Quirinal wohnenden Sabiner. Der Name Q. ist sprachlich von Quirites, einer alten Bezeichnung der römischen Bürger, nicht zu trennen, deren Etymologie allerdings noch umstritten ist.[1] G. Dumézil tritt für die Ableitung von curia (= Rathaus) ein und versteht unter Q. den Gott der friedlichen Bürger, einen „Mars tranquillus", gleichzeitig einen Gott der nicht-adeligen Bevölkerung Roms.[2] Dumézil möchte Q. auch die Funktion eines bäuerlichen Gottes zuweisen, dem der Schutz der Feldfrüchte anvertraut war. — Der Kult des Gottes trat gegenüber dem des Mars zurück und wurde später mit dem des vergötterten Romulus* verbunden.

Literatur: G. Dumézil, Jupiter, Mars, Quirinus. Paris 1941.

[1] P. Kretschmer, Glotta 10, 147 f., führt Quirites auf *covirites = Mitglieder des coviriom, der Bürgerschaft, zurück. — [2] G. Dumézil, zuletzt in: L'héritage indo-européen à Rome, Paris 1949, 87 ff. 223 ff.

R

Raub der Sabinerinnen s. Romulus

Rémus s. Romulus

Rhadámanthys (Rhadamánthys), Richter in der Unterwelt

Rhéa Sílvia (oder Ilia), römische Vestalin

M.: Von Mars*[1] wird R. Mutter des Romulus* und des Remus. Auf Befehl ihres Onkels (Vaters) Amulius wird sie in den Tiber geworfen;[2] der Flußgott jedoch macht sie zu seiner Gemahlin.[3]

N.: D r a m a t. B e a r b e i t u n g: Julus und Rhea, J. G. B. Büschel, 1779.

L i t e r a t u r: A. Brelich, Vesta, Zürich 1949, 96 ff.

[1] Dionys. Hal. Arch. 1, 77 nennt auch andere Verführer der R.; vgl. Liv. 1, 3. — [2] Ov. Fast. 2, 598. Andere Arten der Bestrafung: Dionys. Hal. 1, 79. — [3] A. Brelich, Vesta, Zürich 1949, 100, kommt auf Grund des Vergleiches mit den Legenden von der Geburt des Servius Tullius und des Caeculus zu dem Ergebnis, daß es die mythologische Funktion der Vestalin sei, mittels eines mehr oder weniger anonymen göttlichen Erzeugers Mutter eines „Stadtgründers" zu werden.

Rheía (Rhéa), Tochter des Uranos* und der Gaia*

M.: R. ist Schwester und Gemahlin des Kronos*, der ihre Kinder verschlingt, und Mutter des Zeus* und der anderen Kroniden.

R.: In der Gestalt der R.-Kybele* wurde die hellenische Göttermutter R., die Gattin des Kronos und Mutter der Kroniden, mit Kybele, einer Erscheinungsform der asiatischen Großen Mutter, verbunden. Das Wesen dieser asiatischen Göttermutter kommt in ihrem orgiastischen Kult und in der Legende von Attis* zum Ausdruck.

Als Kybele aus Phrygien nach Hellas kam, wurde das Krasse ihres orgiastischen Kultes teils gemildert, teils auf private Zirkel beschränkt.[1] R. besaß in Athen gemeinsam mit Kronos einen Tempel; auch die Kronia wurden zu Ehren beider Götter gefeiert.[2]

[1] Wilamowitz I 204 A. 2. Deubner 216 und 222 (zu den attischen Attisfeiern). — [2] Deubner 152.

Rhésos, Thrakerkönig, s. Diomedes 1.

Rhoíkos, Kentaur, s. Atalante

Rómulus, Gründer und erster König Roms

M.: König Numitor von Alba longa wird von seinem Bruder Amulius zur Abdankung gezwungen. Als Numitors Tochter, die Vestalin Rhea* Silvia (oder Ilia), von Mars* Mutter von Zwillingen

(R. und Remus) wird, befiehlt Amulius, die Kinder zu ertränken. Da der Tiber über die Ufer getreten ist, bleibt der wiegenähnliche Trog mit den Zwillingen beim Zurückgehen des Wassers auf dem Trockenen. Eine Wölfin säugt die Kinder, bis sie der Hirte Faustulus findet und gemeinsam mit seiner Frau Acca* Larentia bei sich aufzieht.

R. und Remus werden selber Hirten. Als sie erwachsen sind, geraten sie mit den Hirten des Königs Amulius in Streit, kommen an den Hof und erkennen hier ihren Großvater Numitor. Die Zwillinge töten Amulius und setzen Numitor wieder in seine Rechte ein.

Vor der Gründung einer neuen Stadt holen sie — R. auf dem Palatin und Remus auf dem Aventin — Auspizien (Vogelzeichen) ein, um festzustellen, wer der Stadt den Namen geben soll. Dem R. senden die Götter 12 Vögel, während seinem Bruder nur 6 erscheinen; die neue Stadt wird Rom genannt.

Als R. darangeht, seine Gründung auf dem Palatin mit einer Mauer zu umgeben, springt Remus zum Spott darüber weg. R. erschlägt ihn im Zorn.[1] Um die Stadt zu bevölkern, eröffnet R. ein Asyl für Vertriebene und Landflüchtige.[2] Da es noch an Frauen fehlt, lädt R. die Nachbarstädte zu festlichen Spielen ein. Zahlreiche Sabiner erscheinen mit ihren Frauen und Töchtern. Während des Festes überfallen die Römer ihre Gäste und rauben die Sabinerinnen. Unter Führung ihres Königs Titus Tatius unternehmen die Sabiner einen Rachefeldzug gegen Rom. Bevor es aber auf dem späteren Forum Romanum zum Kampf kommt, werfen sich die Sabinerinnen vermittelnd zwischen beide Parteien. Es kommt zur Versöhnung, die Sabiner erhalten Bürgerrecht in Rom, Titus Tatius wird Mitregent des R.[3]

Die ältesten politischen und militärischen Einrichtungen des römischen Staates wurden auf R. zurückgeführt. Nach dem Tode des Titus Tatius regiert er wieder allein. Bei einer Heeresmusterung bricht ein fürchterliches Unwetter los, und R. wird plötzlich in den Himmel entrückt.

R.: Mit der Gründung Roms befaßten sich griechische Geschichtsschreiber wahrscheinlich schon seit dem 5. Jh. v. Chr. Man brachte dieses Ereignis mit dem Fall von Troia* in Zusammenhang und ließ den nach dem Westen geflüchteten Aeneas*, seinen Sohn oder Enkel, oder einen meist Rhomos genannten Abkömmling eines anderen griechischen Helden aus dem troischen Kreis (Odysseus*, Askanios, Emathion) die Stadt Rom gründen.[4] Den großen zeitlichen Abstand, der zwischen dem Fall Troias (nach der Chronologie des Eratosthenes 1184 v. Chr.) und der Gründung Roms lag, suchte man durch den Einschub der albanischen Königsliste zu überbrücken.

Die oben erzählte „klassische" Version der R.-Sage hat in jedem einzelnen Zug Parallelen im griechischen Mythos. Vor allem die „Tyro" des Sophokles und die sog. Neue Komödie lassen sich zum Vergleich heranziehen.[5] Wahrscheinlich stammt auch das Motiv der

Zwillinge von dieser Seite. Jedenfalls wies die klassische Version der Sage dem Remus nur eine ganz untergeordnete Rolle zu. Kretschmer suchte Remus (= Rhomos) trotzdem als den älteren und ursprünglichen Gründer der Stadt zu erweisen.[6] G. Hermansen vermutet in R. den mit lateinischem Suffix abgeleiteten Eponym von Rom, in Remus aber eine Übersetzung des griech. Rhomos.[7] Die Behauptung, die R.-Sage sei aus einem tatsächlich in Rom bestehenden Kult herausgesponnen,[8] scheint nicht hinlänglich gesichert. Später wurde R. von den Römern als Gott Quirinus* verehrt.[9]

N.: Plastik: Die sog. Kapitolinische Wölfin, R. und Remus säugend (Bronze).

Gemälde: R. und Remus, Rubens, um 1618, Rom, Kapitol. — R. und Remus, P. da Cortona (1596—1669), Paris, Louvre.

Dramat. Bearbeitung: Romulus, La Motte, 1722.

Opern: Romolo e Remo, F. Cavalli, 1645 (Text von Strozzi). — Il ratto delle Sabine, A. Draghi, 1674 (Text von N. Minato). — Amulio e Numitore, F. Tasi, 1689 (Text von Marselli). — Romolo, M. A. Ziani, 1702 (Text von D. Cupeda). — Romolo e Remo, G. Porta, 1720 (Text von Rolli). — Numitor Albae regnator, J. Eberlin, 1746. — Romolo ed Ersilia, J. A. Hasse, 1765 (Text von Metastasio). — Remus und Romulus, H. Berck, 1829. — Die Sabinerinnen in Rom, E. Krones, 1891 (Text von T. Binder).

Literatur: J. Mesk, Die römische Gründungssage und Naevius, in: Wiener Studien 36 (1914), 1—35. — A. Göpfert, De Romulo et Remo geminis, Mähr.-Ostrau 1915. — G. Hermansen, Studien über den italischen und den römischen Mars, Kopenhagen 1940, 108 bis 162.

[1] Enn. Annal. 1. Cic. De rep. 2, 4 f. Liv. 1, 3 ff. Ov. Fast. 2, 381 ff. 3, 11 ff. Verg. Aen. 8, 630 ff. Dionys. Hal. Arch. 1, 72 ff. Plut. Rom. 3 ff. — [2] Liv. 1, 8. Dionys. Hal. Arch. 2, 15. Plut. Rom. 9. Verg. Aen. 8, 342. Ov. Fast. 3, 431 f. — [3] Varro, De ling. Lat. 6, 20. Ov. Fast. 3, 181 ff. Ars am. 1, 101 ff. Serv. Aen. 8, 635 f. — [4] G. Hermansen, Studien über den ital. und den röm. Mars, 150 ff. — [5] J. Mesk, Wiener Studien 36 (1914), 7 ff. — [6] P. Kretschmer, Glotta 1 (1909), 288 ff. — [7] Hermansen, a. a. O., 156 f. — [8] So Hermansen, a. a. O., 144. — [9] Liv. 1, 16. Dionys. Hal. Arch. 2, 56. Plut. Rom. 27 f. Cic. De rep. 1, 25. 2, 17.

S

Sabázios s. Dionysos

Sabinerinnen s. Romulus

Sálmacis (griech. Sálmakis) s. Hermaphroditos

Salmonéus (Salmóneus), Sohn des Aiolos* 1. und der Enarete

M.: S. ist Vater der Tyro*. Er erbaut die nach ihm benannte Stadt Salmone (in Elis) und läßt sich als Zeus* Opfer darbringen, wobei er Donner und Blitz künstlich nachzuahmen versucht. Zeus vernichtet den Frevler samt seiner Stadt.[1]

R.: O. Weinreich sah in S. eine dem Pentheus* verwandte Gestalt, einen vorgriechischen Gottkönig, der sich der Einführung der Zeusreligion widersetzte.[2] Andere dachten an alten Wetterzauber, der in dem Nachahmen von Blitz und Donner zum Ausdruck komme.[3] Jedenfalls gehört S. in die Reihe der griechischen Gottesverächter, um deren Tod sich reiche Legenden rankten.[4]

N.: D r a m a t. B e a r b e i t u n g: S., Joost van den Vondel, 1657.

L i t e r a t u r: O. Weinreich, Menekrates Zeus und Salmoneus. Religionsgeschichtliche Studien zur Psychopathologie des Gottmenschen in Antike und Neuzeit. Stuttgart-Berlin 1933.

[1] Diod. 4, 68, 1 f. Strab. 7, 3, 31. Verg. Aen. 6, 585 ff. (S. als Büßer in der Unterwelt!) und Servius zur Stelle. Apollod. Bibl. 1, 9, 7. — [2] O. Weinreich, Menekrates Zeus und Salmoneus, 86 ff. — [3] Robert 202. — [4] W. Nestle, Legenden vom Tod der Gottesverächter, in: Archiv für Religionswiss. 33 (1936), 246—269; zu Salmoneus 248.

Sarapis s. Serapis

Sarpedón (Sarpédon), 1. ein Gigant*, Sohn des Poseidon
2. Sohn des Zeus* und der Europa*[1]

M.: Nach einem Streit mit seinem Bruder Minos* begibt sich S. von Kreta nach Lykien.[2] Im troischen Krieg erscheint er als Bundesgenosse der Troer mit einem lykischen Aufgebot. S. fällt im Kampf von der Hand des Patroklos*. Zeus läßt die Leiche des geliebten Sohnes durch Hypnos* und Thanatos in die Heimat bringen.[3]

R.: Der aus Kreta stammende S. erscheint bei Homer, obwohl er Bruder des Minos ist, als jüngerer Zeitgenosse von dessen Enkel Idomeneus*. Um diese chronologische Klippe zu umgehen, nahm man einen gleichnamigen Großvater und Enkel S. an[4] oder ließ den S. durch die Gnade des Zeus drei Menschenalter lang leben.[5] — In Kilikien gab es ein Orakel des Apollon* Sarpedonios, in dem vielleicht der alte Orakelgott S. dem Apollon hatte weichen müssen.[6]

Literatur: E. Howald, Sarpedon, in: Museum Helveticum 8 (1951), 111—118.

[1] Laodameia als Mutter des S.: Hom. Il. 6, 198 f. — [2] Hdt. 1, 173. Diod. 5, 79, 3. Apollod. Bibl. 3, 1, 2. — [3] Hom. Il. 16, 419 ff. — [4] Diod. 5, 79, 3. Robert 357. — [5] Apollod. Bibl. 3, 1, 2. — [6] Nilsson I 515.

Satúrnus, römischer Gott des Ackerbaues, der Obst- und Weinkultur, dem griechischen Kronos* gleichgesetzt

M.: S. ist Gemahl der Ops* und Vater des Jupiter*, der ihn seiner Herrschaft beraubt. Er flüchtet nach Latium, wo er von Janus* freundlich aufgenommen wird. Unter seiner Herrschaft erleben die Menschen das glückliche sorgen- und schuldfreie goldene Zeitalter (s. Weltalter).

R.: In Erinnerung an dieses Zeitalter des S. feierte man im alten Rom jahrhundertelang vom 17. bis 19. Dezember (seit der Kaiserzeit sieben Tage lang) die Saturnalien.[1] Es herrschte ausgelassenes Festtreiben wie im späteren Karneval, die sozialen Unterschiede schienen verwischt, besonders am 19. Dezember, da Herren und Sklaven Kleidung und Rollen vertauschten.[2]
Das Verhältnis Jupiter—S. ist analog dem des griechischen Zeus zu seinem Vater Kronos ausgestaltet. Auch die Zuordnung des S. zu einem goldenen Zeitalter deckt sich mit dem griechischen Vorbild.

Literatur: J. Albrecht, Saturn. Seine Gestalt in Sage und Kult. Diss. Halle 1943.

[1] Varro, De ling. Lat. 6, 22. Macrob. Sat. 1, 10, 4. 1, 10, 23. — [2] Macrob. Sat. 1, 7, 26. 1, 11, 1. 1, 24, 23. Justin. 43, 1, 4. Luk. Kronos. 18. Cass. Dio 60, 19, 3.

Sátyr

M.: Die Satyrn sind ausgelassen lüsterne Begleiter des Dionysos*, den Nymphen* verwandt, denen ihre derb-sinnliche Angriffslust zumeist gilt. Sie erscheinen als Pferde in Menschengestalt (mit Pferdeohren, Pferdeschwanz und Hufen, zumeist ithyphallisch) und sind von den Silenen* schwer zu trennen. Marsyas* und der Silen in der Midas-Sage werden bald als Satyr bald als Silen bezeichnet.[1] Häufig sah man in den Silenen ältere S. So galt auch der einzelne Silen als Vater und Führer etwa des Satyrchores im Satyrspiel.[2] Die Bezeichnung S. für Bockwesen ist erst in hellenistischer Zeit nachzuweisen.[3]

R.: Wie F. Brommer in seiner Monographie über die S. zu zeigen versuchte, beruht die uneinheitliche Auffassung dieser Naturwesen und die Schwierigkeit der mit den S. und Silenen zusammenhängenden Fragen zum Teil auf dem Bedeutungswandel, den das Wort S. schon in der Antike erfuhr. Während man unter Silenen bis in die Spätantike nur zweibeinige bärtige Pferdewesen verstand, wurde die Bezeichnung S. zumindest seit dem 4. Jh. v. Chr. nach Belieben

auch für die Silene verwendet. Vorbereitet ist diese Vermischung in der Auffassung der Satyrspiele des 5. Jh., in denen die S. als Kinder des Silen auftreten.[4]
Verbürgt erscheint die Herkunft der S. aus dem Peloponnes.[5] Nilsson sieht in den lüsternen S. alte Fruchtbarkeitsdämonen.[6]

N.: Das bei den Hellenen auf die tragische Trilogie folgende Satyrspiel hat von den S. seinen Namen, die den Chor bildeten. Die Dichter erfanden immer wieder neue Motivierungen, um die im Mythos wenig verankerten und allgemein nur in Verbindung mit Dionysos stehenden S. auf die Bühne zu bringen.[7]

Plastiken: Satyr, Praxiteles, 4. Jh. v. Chr. Kopie: Rom, Kapitolin. Museum. — Satyr mit Dionysos, Lysipp (2. Hälfte des 4. Jh. v. Chr.). Kopie: Paris, Louvre. — Schlafender, trunkener Satyr („Barberinischer Faun"), 3. Jh. v. Chr., München, Glyptothek. — Satyr mit Weintrauben („Fauno rosso"), 3. Jh. v. Chr. Kopie: Rom, Kapitolin. Museum. — Schnippchenschlagender Satyr, 3. Jh. v. Chr. Kopie: Neapel, Museum (Bronze). — Satyr, C. M. Clodion (1738 bis 1814), Paris, Louvre.

Gemälde: Satyrfamilie, Altdorfer, 1507, früher Berlin, Deutsches Museum. — Satyr und Nymphe, Paolo Veronese (1528—88), Florenz. — Satyrn mit Nymphen, J. Heinz d. Ältere, 1599, München-Alte Pinakothek. — Nymphen und Satyrn, Rubens, 1612—13, Oldenburg, Museum. — Zwei Satyrn, Rubens, 1616—17, München, Alte Pinakothek. — Nymphen und Satyrn, Rubens, 1636—40, Madrid, Prado. — S. und Bauer, Jordaens (1593—1678), Brüssel, Museum.

Kupferstich: Satyrfamilie, Dürer, 1505.

Dichtung: L'après-midi d'un Faune, St. Mallarmé, 1865 bzw. 1876.

Symphon. Dichtung: Prélude à l'après-midi d'un Faune, Debussy, 1892.

Oper: Satyros, W. Baußnern, 1923.

Ballett: Cydalise et le satyr, G. Pierné, 1913.

Literatur: F. Brommer, Satyroi, Würzburg 1937. — E. Buschor, Satyrtänze und frühes Drama, München 1943.

[1] Der platonische Alkibiades vergleicht Sokrates bald mit einem Satyr, bald mit einem Silen: Plat. Sympos. 215 AB. 216 D. 221 D. — [2] So im „Kyklops" des Euripides. Vgl. Paus. 1, 23, 5. Nonn. Dionys. 14, 96 ff. 45, 318 ff. — Den einzelnen Silen treffen wir in der Sage von Marsyas und von Midas*. Vgl: Pind. Fr. 156. Diod. 3, 72, 1 f. Paus. 3, 25, 2 f. — [3] Diod. 1, 88, 3. Verwandtschaft von Satyrn und Panen: Plat. Ges. 815 C. Theokr. 4, 62 f. — [4] Vgl. Anm. 2. — [5] Hes. Fr. 198. Eur. Kykl. 100. Bakch. 130. — [6] Nilsson I 219. — [7] Vgl. B. Snell, Die Entdeckung des Geistes, Hamburg ²1948, 110.

Schoinéus (Schoíneus), Vater der Atalante

Secúritas, römische Personifikation der Sicherheit

R.: Nachdem Kaiser Augustus den unruhigen und unsicheren Jahren der Bürgerkriege durch die Pax Augusta ein Ende gesetzt hatte, wußten die Römer den Zustand des Friedens und der Sicherheit besonders hoch zu schätzen. Sooft man im Laufe der folgenden Generationen diesen Zustand gefährdet glaubte, wandte man sich an die S., die Gestalt gewordene Göttin Sicherheit. Man unterschied eine S. des Kaisers und eine S. des römischen Volkes; beide kommen auf Münzen seit den 60er-Jahren des 1. Jh. n. Chr. vor.

Literatur: H. U. Instinsky, Sicherheit als politisches Problem des römischen Kaisertums, Baden-Baden 1952.

Seléne, griechische Mondgöttin

M.: S. ist Tochter des Titanen Hyperion und der Titanin Theia,[1] Schwester (und Gemahlin) des Helios*. Die Bahn der Mondgöttin über den Himmel stellte man sich als Fahrt in einem von zwei Pferden oder Rindern gezogenen Wagen vor.

S. liebt den jungen, schönen Endymion*, den sie nachts in seiner Höhle auf dem Berge Latmos (Karien) besucht, um ihn im Schlafe zu küssen.[2]

R.: S. ist die Personifikation des Mondes. Der Name (von griech. selas = Licht, Glanz) bedeutet etwa „die Glänzende, Strahlende". Der Kult des Mondes wie der der Sonne galt den Hellenen der klassischen Zeit als barbarisch.[3] Spuren eines S.-Kultes, vor allem im Peloponnes, sind jung. Die Gestaltveränderungen der Göttin (Mondphasen) brachte man im Volksglauben frühzeitig mit dem Werden und Vergehen auf Erden, mit Wachstum und Fruchtbarkeit bei Tier und Mensch (Einfluß des Mondes auf Menstruation und Geburt), mit Gesundheit und Krankheit in Verbindung.[4] S. galt als Schutzherrin der Zauberer, die für ihre Tätigkeit z. B. das Sammeln und Trocknen der Zauberkräuter, das Mondlicht bevorzugten.[5] Primitiver Glaube schrieb den Zauberern die Fähigkeit zu, bei Mondesfinsternissen S. vom Himmel herabzuziehen. Der Synkretismus der hellenistischen Zeit ließ S. mit Artemis*, Hekate*[6] und anderen Göttinnen verschmelzen.

N.: Gemälde: S., Perugino (1446—1523), Perugia, Collegio del Cambio. — Luna und die Horen, Tintoretto, 1580, früher Berlin, Kaiser-Friedrich-Museum.

[1] Hes. Theog. 371 ff. Apollod. Bibl. 1, 2, 2. — [2] Apoll. Rhod. 4, 57 f. und Schol. Paus. 5, 1, 4. Apollod. Bibl. 1, 7, 5. — [3] Aristoph. Friede 406 ff. Plat. Kratyl. 397 CD. — [4] Epilepsie = „Mondkrankheit": Aelian. Nat. an. 14, 27. Macrob. Sat. 1, 17, 11. Matth. Evang. 4, 24. — [5] Theokr. 2, 10 f. Ov. Met. 7, 180 ff. 14, 372 ff. Apul. De mag. 31. — [6] Catull. 34, 15. Cic. De nat. deor. 2, 68.

Seméle, Tochter des Kadmos* und der Harmonia

M.: Zeus* liebt die thebanische Königstochter S. und erregt Heras* Eifersucht. Die Götterkönigin rät S., sich von Zeus zu wünschen, er möge ihr in seiner Göttlichkeit erscheinen. Zeus hat S. die Erfüllung eines Wunsches versprochen und ist nun an sein Wort gebunden. Als er sich der Geliebten unter Donner und Blitz in seiner wahren Gestalt zeigt, verbrennt S. unter dem göttlichen Blitzstrahl. Zeus näht die sechsmonatige Leibesfrucht der S. in seinen Schenkel ein; aus ihr geht der kleine Dionysos* hervor. Später steigt Dionysos in die Unterwelt hinab und führt seine Mutter in den Olymp empor, wo sie den Namen Thyone erhält.

R.: Der Name S. ist aus dem Indogermanischen zu erklären und wurde von Kretschmer als das phrygische Wort für „Erde" gedeutet. S. ist somit wahrscheinlich als phrygisch-thrakische Erdgöttin anzusprechen.[1]

N.: G e m ä l d e: Jupiter und S., A. Schiavone (gest. 1563), London, National Gallery. — Jupiter und S., V. M. Bigari (1692—1776), Bologna, Privatbesitz. — Jupiter und S., G. Gandolfi (1734—1802), Bologna, Privatbesitz.

D r a m a t. B e a r b e i t u n g: Les amours de Jupiter et de Sémélé, Boyer, 1666.

G e d i c h t e: S., Schiller, 1805. — S., Tennyson, um 1835 (ed. 1913). — S., T. St. Moore, 1899.

O r a t o r i u m: S., Händel, 1743 (Text von Congreve).

O p e r n: S., J. W. Franck, 1681 (Text von J. Ph. Förtsch). — S., J. Eccles, 1707 (Text von W. Congreve). — Sémélé, M. Marais, 1709 (Text von La Motte). — S., F. Curti, 1887 (Text von Schiller).

B a l l e t t: Sémélé et Jupiter, H. F. Raupach, um 1775.

[1] Nilsson I 535.

Serápis (= Osiris), ägyptischer Gott

M.: Der „große Gott" Osiris, in Ägypten auch als Totengott verehrt, wurde im Mythos zum Brudergemahl der Isis* und Vater des Horos. Sein Bruder, der finstere Set (= Typhon*), trachtet ihm mit 72 anderen Verschworenen nach dem Leben. Man lockt ihn in einen großen Kasten, schließt ihn ein und setzt ihn auf dem Nil aus. Isis begibt sich in Trauerkleidung unter bitteren Klagen auf die Suche nach dem toten Gemahl. Als sie die an Land gespülte Leiche gefunden, gelingt es dem bösen Set noch einmal, sich seines Bruders zu bemächtigen, die Leiche zu zerstückeln und in alle Winde zu zerstreuen. Isis findet in beharrlicher Suche die einzelnen Teile, setzt sie zusammen und bestattet Osiris. Der herangewachsene Horos rächt den Tod seines Vaters an dem Mörder Set. Mit Zauberformeln gelingt es Isis bzw. Horos, Osiris zu neuem Leben zu erwecken. So herrscht er weiter als Totenrichter in der Unterwelt.

R.: Die Ptolemäer machten den alexandrinischen S., den man wohl dem Osiris-Apis* gleichsetzte,[1] zu einer der wichtigsten Gottheiten Ägyptens. Die schon früher allgemeine Verehrung des ägyptischen Osiris[2] förderte die auf Synkretismus zielende Religionspolitik des Herrscherhauses. In Hellas glich man S. dem Dionysos*, Isis der Demeter* an; die innere Verwandschaft der Mythen und die Mysterien auf beiden Seiten kamen dieser Interpretation entgegen.[3] Die hellenisierte Form des Isis-S.-Dienstes setzte sich im Laufe der nächsten Jahrhunderte fast in der gesamten Oikumene durch und konnte sich bis zum endgültigen Sieg des Christentums behaupten. Vgl. auch Isis.

N.: Zu Plutarch und Apuleius s. Isis.

Literatur: s. Isis.

[1] F. Cumont, Die oriental. Religionen im röm. Heidentum, ³1931, 69. — [2] Vgl. Hdt. 2, 42. — [3] Cumont, a. a. O., 71 f.

Set, s. Typhon, s. auch Isis, Serapis

Sibylle, eine Frau, die, von einem Gott begeistert, in der Ekstase die Zukunft kündet

M.: Während die Orakelpriester auf Anfragen ihre Sprüche erteilen, prophezeien die S., wie die orientalischen Propheten, aus innerem Antrieb bevorstehendes Unheil.[1] Die S. ragen in die Sphäre des Übermenschlichen. Sie sind nicht unsterblich, werden aber sehr alt. So zählt die S. von Cumae (Kyme) bei der Begegnung mit Aeneas* bereits 700 Jahre, während ihr noch weitere 300 Lebensjahre beschieden sein sollen.[2]

In älterer Zeit war von einer S. allein — einer Tochter des Troerkönigs Dardanos oder einer Tochter des Zeus* und der Lamia* — die Rede. Später kannte man mehrere S., bisweilen zehn: die libysche, die chaldäische, die delphische, die erythräische, die kimmerische, die samische, die hellespontische, die phrygische, die tiburtinische und die cumäische (cumanische) S.[3] In Hellas genoß die erythräische S. das größte Ansehen: man erzählte, sie habe Alexander dem Großen seine göttliche Geburt geweissagt.[4] Die cumäische S. hingegen hatte in Italien den größten Einfluß. Von ihr stammten nach römischer Auffassung die sog. Sibyllinischen Bücher, die in Rom heilig gehalten und in Krisenzeiten auf Senatsbeschluß befragt wurden. Von den 9 Büchern sibyllinischer Sprüche, die sie dem König Tarquinius zum Kauf anbot, verbrannte die S. zweimal drei Bücher, als dem König der Preis jedesmal zu hoch war. Nur die letzten drei Bücher blieben Rom erhalten.[5]

R.: Im Mutterlande Hellas traten die S. verhältnismäßig spät auf; ihre Heimat war Kleinasien. Dort blühte die Inspirationsmantik und dort gab es entsprechende Orakelstätten, die in vorgriechische Zeit zurückreichten.[6] Apollons* Orakel in Delphi ist von dieser

Inspirationsmantik der S. nicht zu trennen.[7] Auch mythische Seherinnen, wie Kassandra*, gehören in diesen Kreis.

S. war zunächst wohl ein Eigenname, wurde aber mit der Zeit zum Gattungsnamen. So prägte man dann neue Eigennamen für die einzelnen S.[8]

N.: In Vergils Aeneis steigt der Held (Aeneas*) unter Führung der cumäischen S. in die Unterwelt hinab.[9]

Gemälde: Cumäische S., Andrea del Castagno (1390—1457), Florenz, Sant' Apollonia. — Vier S., D. Ghirlandajo (1449—94), Florenz, Kapelle Sassetti. — Sibyllen, Pintoricchio, 1501, Spello, S. Maria Maggiore (Deckenfresken). — Sibyllen, Michelangelo, 1508 bis 10, Rom, Sixtin. Kapelle (Deckenfresken). — Die Tiburtinische S. und Augustus, Tintoretto, 1550—55, früher Venedig, S. Anna. — Sibylle, G. Reni (1575—1642), Wien, Kunsthist. Museum. — Samische S., Guercino (1591—1666), Florenz, Uffizien. — S., G. Cagnacci (1601—81), Rom, Gall. Borghese. — S., Rembrandt, um 1667, Newport, Privatbesitz. — Aeneas, S. und Charon, G. M. Crespi (1665—1747), Wien, Kunsthist. Museum. — Bucht von Bajae mit Apollon und S., W. Turner (1775—1851), London, Tate Gallery. — Sibylla Tiburtina, E. Burne-Jones, 1877.

Dichtungen: The sibyl, T. St. Moore, 1899. — Die cumäische S., K. Weiß, 1921.

Literatur: T. Zielinski, La sibylle. Essays sur la religion antique et le christianism. Paris 1924. — E. Bevan, Sibyls and Seers. A Survey of some ancient Theories of Revelation and Inspiration. London 1928. — W. Hoffmann, Wandel und Herkunft der Sibyllinischen Bücher in Rom, Diss. Leipzig 1933. — Sibyllinische Weissagungen. Urtext und Übersetzung von A. Kurfeß, München 1951.

[1] Herakleitos Fr. 92 D. Aristoph. Friede 1095. 1116. Plat. Phaidr. 244 B. — [2] Ov. Met. 14, 144 ff. — [3] Die Zehnzahl bei Varro: Lact. Div. instit. 1, 6, 7 f. Vgl. Isidor. Orig. 8, 8. S. als Gattungsname: Serv. Aen. 3, 445. — [4] Strab. 17, 814. Nilsson II 103. — [5] Serv. Aen. 6, 72. Lact. Div. instit. 1, 6, 10 f. — [6] Nilsson I 529. — [7] Zur Verbindung des Apollonkultes mit dem sibyllinischen Orakel in Kyme: Kern III 4 f. — [8] Wilamowitz II 34 A. 1. — [9] Verg. Aen. 6, 10 ff.

Sieben gegen Theben s. Polyneikes

Siléne, zweibeinige, halbmenschliche Pferdewesen

M.: Die S. begleiten Dionysos* bei der Rückführung des Hephaistos* in den Olymp (vgl. S. 134, A. 3) und ziehen gegen die Giganten* zu Felde. Mänaden und Nymphen* können sich ihrer Überfälle nur selten erwehren. Auch der einzelne Silen (griech. Silenos) ist Begleiter des Dionysos und als älterer Satyr* zumeist Vater oder Führer des Satyrchores. Er gilt auch als Erzieher des jungen Dionysos. Silenos huldigt ausgiebigem Weingenuß und wird mit vielen komischen Zügen (glatzköpfig, dickbäuchig, stumpfnasig, als Eselsreiter) dargestellt. In der Trunkenheit verirrt er sich zu König Midas*.

R.: Die S. sind von den Satyrn wegen des wechselnden Sprachgebrauchs in der Antike nur schwer zu trennen. Unter S. verstand man jedenfalls bis in die späte Kaiserzeit nur zweibeinige, bärtige Pferdewesen. Für ihre Vorläufer hält F. Brommer die auf griechischen Vasenbildern bis ins 7. Jh. v. Chr. hinauf nachweisbaren Dickbauchtänzer.[1] Die S., ursprünglich unheimlich-wilde Naturwesen, traten vermutlich im Laufe des 6. Jh. v. Chr. in den Kreis des Dionysos, an den sie dauernd gebunden blieben.[2] Durch den Einfluß des Satyrspieles entstand die Differenzierung der S. nach Lebensaltern. Seit dem 5. Jh. traten auch jugendliche, bartlose S. auf, die gelegentlich als Kinder des greisen Chorführers Silenos erscheinen. Im Gegensatz zu diesen zweibeinigen Pferdemenschen wurden die Kentauren* als vierbeinige Menschenpferde dargestellt. Ithyphallische Bildung ist bei den S. die Regel, bei den Kentauren nicht nachweisbar.[3]

N.: Plastiken: Silen mit Gefolge, J. Dalou (1838—1902), Paris, Luxembourg-Park. — Silen mit dem Bacchusknaben, K. Begas (1845—1916), früher Berlin, Nationalgalerie.

Gemälde: Der trunkene Silen, Rubens, 1618, München, Alte Pinakothek. — Der Triumph des Silen, Rubens, um 1620, London, National Gallery. — Der trunkene Silen, J. Ribera, 1626, Neapel, Mus. Naz. — Der trunkene Silen, A. van Dyck (1599—1641), Brüssel, Museum. — Silens Triumphzug, F. Wouters (1612—59), Wien, Kunsthist. Museum. — Silen, G. M. Crespi (1665—1747), Berlin, Privatbesitz. — Silen mit Nymphen, C. Corot, 1838, Paris, Privatbesitz. — Silen und Bacchus, Feuerbach, 1847, Karlsruhe, Kunsthalle.

Oper: Silène et Bacchus, A. Campra, 1722.

Literatur: F. Brommer, Satyroi, Würzburg 1937.

[1] Brommer, Satyroi, 20 ff. — [2] Brommer, a. a. O., 25 f. — [3] Nilsson I 215.

Silvánus, römischer Waldgott

M.: Eine Legende aus der letzten Zeit der Königsherrschaft in Rom berichtet von dem erbitterten Kampf eines römischen und etruskischen Heeres, der einen Tag lang währte und unentschieden blieb. In der Nacht erscholl plötzlich die Stimme des S., die den Römern den Sieg zusprach, da sie um einen Mann weniger verloren hätten als die Etrusker. Hierauf ergriff der Feind die Flucht.[1]

R.: S. war Schutzherr von Pflanzen und Tieren in Wald und Feld, dem Pan* verwandt,[2] und wurde von den Bauern allgemein verehrt.

[1] Cato, De agric. 83. Hor. Epod. 2, 21 f. Serv. Georg. 1, 20. — [2] Plaut. Aulul. 674. Verg. Aen. 8, 600 ff.

Sínis s. Theseus

Sínon, griechischer Spion

M.: S. läßt sich nach der scheinbaren Abfahrt der hellenischen Flotte von den Troern fangen und überredet sie durch einen Lügenbericht, das hölzerne Pferd in die Stadt zu ziehen. Des Nachts gibt er den Griechen ein Feuersignal für ihre Rückkehr.[1]

N.: Der Stoff wurde in verschiedener Form in den beiden kyklischen Epen „Aithiopis" und „Iliu Persis", im „Sinon" des Sophokles und in mehreren anderen griechischen und römischen Tragödien behandelt, die aber durchwegs verloren sind. Die ausführlichste und älteste erhaltene Schilderung ist die Vergils.

[1] Verg. Aen. 2, 57 ff. Apollod. Epit. 5, 19.

Sirénen (griech. Seirénes)

M.: Die S. sind göttliche Mischwesen aus Vogel- und Mädchenleibern, deren Aufenthalt man sich im Hades* oder in himmlischen Sphären dachte. Als Himmelssirenen sind sie mit bezauberndem Gesang oder instrumentalem Spiel begabt,[1] als Hadessirenen sorgen sie freundlich für den Verstorbenen oder klagen um ihn.
Als Eltern der S. werden Phorkys*[2] und Keto oder der Flußgott Acheloos* und eine Muse genannt.[3] Während Homer nur zwei S. kennt, werden später drei bis vier angenommen und mit der Argonautensage und dem Raub der Persephone* verbunden.
Am bekanntesten ist das Schiffermärchen der Odyssee. Die S. locken von ihrer Insel aus vorüberfahrende Seeleute durch ihren Gesang an, um sie dann zu töten. Die Insel ist voll von Skeletten ihrer Opfer. Odysseus* entrinnt dieser Gefahr, indem er seinen Gefährten die Ohren mit Wachs verstopft und sich selbst an dem Mast des Schiffes festbinden läßt.[4]

R.: Die Mischgestalt aus Vogel und Mensch übernahmen die Hellenen erst aus der orientalischen Kunst. Vorher stellten sie sich die S. offenbar wie die Musen* als schöne Mädchen vor. Der Name der S. hängt vielleicht mit griech. seirios (= brennend, glühend heiß) zusammen, was aber nur zu der schädigenden Seite im Wesen der S. passen könnte.[5]
Mischwesen aus Vogel und Mensch waren bei den Griechen auch noch unter anderen Namen bekannt. Hier ist vor allem an die Harpyien*, die Keren* und die geflügelten Winde* zu erinnern. Während die Harpyien und die Keren die Eigenschaften des Raubvogels zeigen, zeichnen sich die S. eher durch die arglose Wesensart des Singvogels aus.
Schon im 7. Jh. v. Chr. wurden die S. mit ihrer Sangeskunst den Musen zur Seite gestellt.[6] Nur der Volksglaube betonte stets ihre Bindung an die Unterwelt. Noch im Schiffermärchen der Odyssee, das an sich wohl die für den Seemann gefährlichen Stellen in der Nähe der Küste erklären wollte, liegt die Insel der S. weit im Westen, unfern einem Unterweltseingang.[7]

Unter den zahlreichen Darstellungen von Vogeldämonen in der bildenden Kunst der Griechen finden sich bis in die Mitte des 6. Jh. v. Chr. auch viele bärtige, also männliche Mischwesen.[6] Es ist nicht immer leicht zu entscheiden, um welche mythischen Figuren es sich eigentlich handelt. So wurden schon in der Antike die den Harpyien und Keren zukommenden Züge des Raubvogels und des Vampirs gelegentlich auch auf die S. übertragen. Das populäre Märchen der Odyssee trug dazu bei, die Vorstellung von dem schädigenden Wesen der S. zu festigen.[9]

Die beliebteste Darstellungsform der S. als Musen des Jenseits in klassischer und nachklassischer Zeit ist die auf Grabdenkmälern, wo sie die Totenklage ausführen[10] und oft noch mit einem Musikinstrument versehen sind.[11]

N.: P l a s t i k e n: Verschiedene Vogeldämonen auf dem sog. Harpyienmonument von Xanthos (Lykien), 5. Jh. v. Chr., London, British Museum (Relief; Buschor, Musen, Abb. 27, 28). — Sirene, 5. Jh. v. Chr., Kopenhagen (Buschor, Abb. 31, 32). — Die Sirenen, Rodin, 1884 (Bronze).

G e m ä l d e: Odysseus und die S., A. Carracci (1560—1609), Rom, Palazzo Farnese. — Odysseus und die S., W. Etty, 1837. — Odysseus und die S., O. Greiner, 1902, früher Leipzig, Museum. — Odysseus und die S., H. J. Draper, 1909, Hull, Museum.

D r a m a t. B e a r b e i t u n g: Ulysses mit den Meerwundern der S., Hans Sachs, 1557 (Schwank).

L i t e r a t u r: C. Picard, Néréides et Sirènes, in: Annales de l'École des Hautes Études de Gand 1938, 125—153. — E. Buschor, Die Musen des Jenseits, München 1944. — J. R. T. Pollard, Muses and Sirens, in: The Classical Review N. S. 2 (= vol. 66), 1952, 60—63. — K. Marót, The Sirens, in: Acta ethnographica Acad. scient. Hung. 7 (1958), 1—60.

[1] Bei Platon, Staat 617 B, erzeugen sie die Sphärenharmonie. — [2] Soph. Fr. 777 N. — [3] Apollod. Bibl. 1, 3, 41. — [4] Hom. Od. 12, 39 ff. — [5] Wilamowitz I 268. Seirios — Sirius ist gleichzeitig der Name des Großen Hundssternes. — [6] Alkman 10 D. — Gegen die Verquickung von Musen und S. in moderner Sicht (Buschor) neuerdings J. R. T. Pollard, Muses and Sirens, in: Class. Review 66 (1952), 60—63. — [7] Buschor, Die Musen des Jenseits, 7. — [8] Buschor, a. a. O., 21 ff. — [9] Buschor, a. a. O., 9 f. — [10] Als singende und musizierende Interpreten der Totenklage ruft sie Helena* an: Eur. Hel. 167 ff. Vgl. Eur. Fr. 911 N. — Irrig ist die Deutung der S. auf den Gräbern als Seelenvögel: Wilamowitz I 269 A. 3. Nilsson I 212. — [11] Buschor, a. a. O., 46 f.

Sísyphos, Sohn des Aiolos* 1., Königs von Thessalien, und der Enarete

M.: S. gilt als Erbauer der Stadt Korinth.[1] Seine Gattin ist die Atlastochter Merope, eine der Pleiaden*, sein Sohn Glaukos, der Vater des Bellerophon*.

S. ist ein Vorbild an Schlauheit und List. Einmal gelingt es ihm,

den Thanatos (Tod) zu fesseln, so daß niemand sterben kann, bis Ares* den Tod wieder befreit hat. Als S. selbst sterben soll, verbietet er seiner Frau, ihn zu bestatten. Von Hades* erbittet er sich Urlaub, um seine Gattin zur Rechenschaft zu ziehen. Natürlich kehrt er von diesem Urlaub auf die Oberwelt nicht mehr zurück.[2]
S. ist einer der bekanntesten Büßer in der Unterwelt*. Er muß einen schweren Felsblock mit aller Kraftanstrengung auf eine Anhöhe hinaufwälzen. Sooft der Stein den höchsten Punkt erreicht hat, rollt er von selbst wieder in die Tiefe, so daß S. seine fruchtlose Arbeit von neuem beginnen muß.[3] Als Grund für diese Ver-

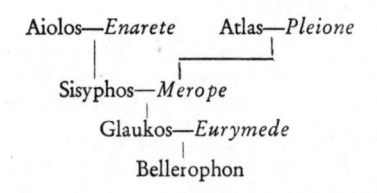

```
         Aiolos—Enarete    Atlas—Pleione
              |                  |
              |_____|
                       |
              Sisyphos—Merope
                       |
              Glaukos—Eurymede
                       |
                  Bellerophon
```

dammung des S. wird sein ruchloser Lebenswandel angegeben.[4] Oder aber Zeus* habe ihn zu dieser Buße verdammt, da er einst nach der Entführung der Aigina*, der Tochter des Asopos*, durch Zeus dem Vater den Namen des Verführers verraten habe.[5]
Wegen seiner außergewöhnlichen Schlauheit wird auch Odysseus* mit S. in Verbindung gebracht. S. soll Antikleia, die Mutter des Odysseus, vor ihrer Hochzeit mit Laertes verführt haben und der eigentliche Vater des Odysseus sein.[6]

N.: Tragödien der drei großen attischen Tragiker sowie des Kritias von Athen behandelten die Schicksale des S.[7]

G e m ä l d e : S., Tizian, 1549—50, Madrid, Prado. — S., F. Stuck (1863—1928).

D r a m a t . B e a r b e i t u n g e n : S., G. Strähler, 1920. — S., B. Heiseler, 1927. — List, Lust und Last, W. Riemerschmied, 1954 (Komödie).

D i c h t u n g : S.: an operatic fable, R. C. Trevelyan, 1908.

L i t e r a t u r : A. Camus, Der Mythos von S. Ein Versuch über das Absurde. Düsseldorf 1950, S. 153—158 (S. vom Standpunkt des Existentialismus aus betrachtet!).

[1] Hom. Il. 6, 152 f. Apollod. Bibl. 1, 9, 3. — [2] Schol. Il. 6, 153. Theogn. 703 ff. Soph. Phil. 624 f. — [3] Hom. Od. 11, 593 ff. — [4] Hygin. Fab. 60. — [5] Paus. 2, 5, 1. Apollod. Bibl. 1, 9, 3. Schol. Il. 1, 180. — [6] Schol. Soph. Ai. 190. Schol. Lykophr. 344. — [7] Aisch. Fr. 225—234 N. Soph. Fr. 502 N. Eur. Fr. 673 bis 674 N. Krit. Fr. 1 N.

Skíron s. Theseus

Skýlla

1. Tochter des Phorkys* und der Krataiis[1]

M.: S. ist ein Meeresungeheuer, das zusammen mit der Charybdis eine Meerenge sperrt. Auf der einen Seite saugt die Charybdis dreimal am Tage das Meerwasser auf und stößt es wieder laut brüllend hervor. Auf der anderen Seite bedroht S., ein Untier mit sechs Köpfen und zwölf Füßen, die vorbeifahrenden Seeleute. Odysseus* verliert bei der Durchfahrt durch die Meerenge sechs Mann, die von S. gefressen werden.[2]

R.: Der Name S. hängt wohl mit griech. skylax (= [junger] Hund) zusammen. Vielleicht dachte man sich die S. mit Merkmalen des Hundes ausgestattet.[3] S. und Charybdis sind ähnlich wie die Klappfelsen als eine Art Doppelrachen zu denken,[4] den man in der Antike gerne an der Meerenge von Messina lokalisierte.

N.: S. und Charybdis wurden schon früh sprichwörtlich für eine Lage, in der man dem einen oder dem anderen von zwei Übeln nicht entrinnen kann.

Plastik: S. und Charybdis, Montorsoli, 1557, Fontana del Nettuno, Messina.

[1] Hom. Od. 12, 124f. Apoll. Rhod. 4, 828f. (Mutter Hekate). — [2] Hom. Od. 12, 73 ff. 223 ff. Hygin. Fab. 125, 199. — [3] Vgl. Hom. Od. 12, 85 f. — [4] K. Reinhardt, Von Werken und Formen, Godesberg 1948, 70.

2. Tochter des Nisos, Königs von Megara

M.: Als Minos* Megara belagert, verliebt sich S. in ihn. Nisos trägt eine purpurne Locke, an die seine Unsterblichkeit gebunden ist. S. schneidet ihm die Locke im Schlaf ab und bringt sie dem Minos, dem es nun gelingt, nach dem Tode des Königs die Stadt zu erobern. Die verräterische S. läßt Minos an das Heck seines Schiffes binden und schleift sie durch das Meer.[1]

R.: Der Mythos von Nisos und S., der seine Parallele in dem von Pterelaos und Komaitho hat, erinnert an den Glauben, daß den Haupthaaren des Menschen besondere Kräfte innewohnen.[2] Vielleicht spielt aber auch die Vorstellung der „external soul", der in einen bestimmten Gegenstand (auch außerhalb des Körpers) gebannten Seele, mit hinein.[3]

N.: Die ausführlichste Wiedergabe dieser Erzählung aus der Antike ist uns in dem pseudovergilischen Epyllion „Ciris" erhalten.

[1] Aisch. Choeph. 612 ff. Paus. 1, 19, 4. 2, 34, 7. Apollod. Bibl. 3, 15. 8. Schol. Eur. Hipp. 1200. Ov. Met. 8, 6 ff. — [2] Vgl. die Simsonsage, das Haaropfer und die Verwendung von Haaren im Zauberwesen: Nilsson I 125 f. — [3] Nilsson I 20. Vgl. auch Meleagros.

Smýrna, Mutter des Adonis

Sol, der römische (sabinische) Sonnengott, dem griechischen Helios* gleichgesetzt

R.: In Rom hatte S. einen Tempel auf dem Quirinal und als Schutzherr der Pferdegespanne einen Tempel im Circus maximus. In der Kaiserzeit übernahmen die Römer unter dem Namen des S. invictus, aeternus oder divinus verschiedene orientalische Sonnengottheiten (z. B. Mithras*). Kaiser Antoninus Pius ließ für den syrischen Baal von Baalbek (= Heliopolis), in dem die Götter Zeus* und Helios gleichzeitig verehrt wurden, riesige Tempelbauten errichten. Kaiser Elagabal erhob den Sonnengott von Emesa (Syrien), dessen Priester er war und dessen Namen er selbst trug (Elagabal = Heliogabal), als S. invictus (= unbesiegter, unüberwindlicher S.) zum obersten römischen Staatsgott. Schließlich führte Kaiser Aurelian nach dem Siege über die Königin Zenobia von Palmyra (273) den S. Malachbel als Staatsgott in Rom ein. Aurelian selbst ließ sich als invictus bezeichnen und trug auf Münzen die Strahlenkrone des Helios.

Literatur: C. Koch, Gestirnverehrung im alten Italien. Sol Indiges und der Kreis der di Indigetes. Frankfurt a. M. 1933. — W. Wili, Die römischen Sonnengottheiten und Mithras, in: Eranos-Jahrbuch 10 (1943), 125—168. — P. Schmitt, Sol invictus, a. a. O., 169—252.

Sólymer s. Bellerophon

Sonne s. Helios, s. Sol

Sparten (griech. Spartoi = die Gesäten), s. Kadmos

Sphinx, Tochter des Typhon* und der Echidna,[1] ein Ungeheuer, halb Mensch, halb Tier

M.: Die M. hat einen Frauenkopf und den Leib eines geflügelten Löwen. Sie sitzt vor der Stadt Theben (oder auf dem Marktplatz in Theben) und gibt jedem Vorüberkommenden das Rätsel auf: „Es gibt ein Ding auf Erden, das zwei und vier und drei Füße hat. Von allen Wesen, die sich auf der Erde kriechend oder in der Luft und im Meer bewegen, wechselt es allein seine Natur, und wenn es sich, auf die meisten Füße gestützt, fortbewegt, ist die Kraft seiner Glieder am geringsten."[2] Wer das Rätsel nicht lösen kann, wird von der S. verschlungen. Oidipus* findet die Lösung: Der Mensch als kleines Kind (auf allen Vieren), als Mann und als Greis (mit einem Stock). Die S. stürzt sich in einen Abgrund und Theben ist befreit.[3]

R.: Den Bildtypus der geflügelten Löwenjungfrau übernahmen die Hellenen aus dem Orient, und zwar aus Vorderasien. Die Ägypter kannten nur den ungeflügelten männlichen S. Der ursprüngliche Name des Ungetüms in Hellas war Phix, im Zusammenhang mit dem Phikeiongebirge bei Theben, wo das Untier hauste. Volksetymologie machte daraus die „Würgerin" (griech. = Sphinx).[4] Die Rätselfrage der S. weist auf den Einfluß der Rätselpoesie.[5]

N.: Plastiken: S., Metope des ältesten Tempels von Selinunt, Mitte 6. Jh. v. Chr., Palermo, Museum (Relief). — S., Ch. van der Stappen (1843—1910), Brüssel, Museum.

Gemälde: Oedipus und die S., A. D. Ingres, 1808, Paris, Louvre (s. Abb. 32).

Dramat. Bearbeitungen: Le Sphinx, O. Feuillet, 1874. — Oedipe et le Sphinx, J. Péladan, 1903. — Oedipus und die S., H. Hofmannsthal, 1906.

Dichtung: The S., O. Wilde, 1894.

[1] Apollod. Bibl. 3, 5, 8. Orthos und Echidna als Eltern der S.: Hes. Theog. 326 f. — [2] Soph. Oid. Tyr. Hypoth. III. — [3] Soph. Oid. Tyr. 391 ff. Eur. Phoin. 45 ff. und Schol. — [4] Robert 891 ff. — F. Dirlmeier, Der Mythos von König Oedipus, Mainz 1948, 25, sieht in der Wandlung der Löwenjungfrau zur Würgerin „etwas spezifisch Böotisches". — [5] Robert 877.

Státphylos s. Ariadne

Sténtor, Grieche vor Troia. Er kann so laut rufen wie 50 Männer zusammen.[1] Die Stentorstimme blieb bis heute sprichwörtlich.

[1] Hom. Il. 5, 785 f.

Sterne

M.: Zunächst seien die wichtigsten Sternbilder und die Tierkreiszeichen (deutsch und lateinisch) mit ihren geläufigsten antiken Sagenmotiven angeführt.

Großer Bär (Ursa major): Aus der alten arkadischen Bärengöttin Kallisto* machte die Mittlere Komödie eine Nymphe der Artemis*, die von Zeus verführt und von Hera* oder Artemis zur Strafe für ihren Fehltritt in eine Bärin verwandelt wurde.[1]

Drache (Draco): Der Drache der Hesperiden*.[2]

Bootes (Bootes): Kutscher (Ochsentreiber) des großen Wagens oder = Arkturos (der hellste Stern im Bootes), der Bärenhüter der Großen Bärin.[3] Vgl. auch Ikarios* 2.[4]

Nördliche Krone (Corona borealis): Der Kranz der Ariadne*, der von Dionysos* an den Himmel versetzt wurde.[5]

Leier (Lyra): Die Leier, die Hermes* aus der Schildkröte baute.[6]

Schwan (Cygnus): Zeus versetzte den Vogel unter die Sterne, in dessen Gestalt er zu Nemesis* bzw. zu Leda* gekommen war.[7]

Kepheus (Cepheus): Der Vater der Andromeda, s. Perseus.

Kassiopeia (Cassiopeia): Die Mutter der Andromeda, s. Perseus.

Perseus* (Perseus).

Andromeda (Andromeda): s. Perseus.

Pegasos* (Pegasus).

Walfisch (Cetus, griech. Ketos): s. Perseus.

Herkules (Hercules): Herakles* ist in kniender Stellung (Engonasin!) im Kampfe mit dem hesperischen Drachen gesehen.[8]
Fuhrmann (Auriga): Myrtilos*, der verräterische Wagenlenker des Oinomaos.[9]
Schlangenträger (Ophiuchus): Asklepios* mit seiner Schlange, der von Zeus mit dem Blitz erschlagen, dann aber seinem Vater Apollon* zuliebe unter die Sterne versetzt wurde.[10]
Adler (Aquila): Der Adler des Zeus, der Ganymedes* raubte.[11]
Pfeil (Sagitta): Der Pfeil, mit dem Apollon die Kyklopen* tötete.[12]
Delphin (Delphinus): Der Delphin, der die vor der Hochzeit geflohene Amphitrite* zu Poseidon* zurückbrachte.[13]
Orion* (Orion): Der große Jäger und Geliebte der Eos*, den die Große Bärin ängstlich beobachtet, während er selbst vor dem Skorpion die Flucht ergreift. (Das Sternbild des Orion geht unter, wenn der Skorpion aufgeht!)[14]
Großer Hund (Sirius) und Kleiner Hund (Procyon): Die Jagdhunde des Orion.[15]
Schiff Argo (Argo): Das von Athene* versternte Schiff.[16]
Kentaur (Centaurus): Cheiron*.[17]

Tierkreiszeichen:
Widder (Aries): Der Widder, der Phrixos* und Helle trug.[18]
Stier (Taurus): Der Stier, der Europa* nach Kreta trug.[19]
Zwillinge (Gemini): Die Dioskuren* Kastor und Polydeukes, die zur Erinnerung an ihre Bruderliebe an den Himmel versetzt wurden, um den Seeleuten in Not helfen zu können.[20]
Krebs (Cancer): Als Herakles* den Kampf mit der Hydra von Lerna zu bestehen hatte, sandte Hera* einen Krebs gegen den Heros aus, der ihn in den Fuß beißen sollte; der von Herakles getretene Krebs wurde von Hera versternt.[21]
Löwe (Leo): Der von Herakles erlegte nemeische Löwe, von Hera an den Himmel versetzt.[22]
Jungfrau (Virgo): Dike oder Astraia, die Göttin der Gerechtigkeit, die zu Beginn des eisernen Zeitalters die Erde verließ und zum Sternbild wurde.[23] — Oder Erigone,[24] s. Ikarios 2.
Waage (Libra): Erst spät als eigenes Zeichen angesehen, sonst als Teil des Skorpions betrachtet.[25]
Skorpion (Scorpius): Der Skorpion, der im Auftrage der Artemis den Orion tötete; er wurde zur Belohnung versternt.[26]
Schütze (Sagittarius): Als Kentaur* oder Jugendgespiele der Musen* angesehen.[27]
Steinbock (Capricornus): Der Sohn des Aigipan (des halb ziegengestaltigen Pan*), als Milchbruder des jungen Zeus auf dem Berge Ida unter die Sterne versetzt.[28]
Wassermann (Aquarius): Ganymedes*.[29]
Fische (Pisces): Nachkommen des „Südlichen Fischs".[30]

R.: Während Sonne und Mond bei den meisten Völkern schon frühzeitig göttliche Verehrung erhielten, galt der Kult der beiden wichtigsten Gestirne den Hellenen der klassischen Zeit als barbarisch.[31] Die Planeten wurden zunächst einzelnen Göttern zugeordnet und als „Sterne des Kronos* (Saturn), Zeus* (Jupiter), Ares* (Mars) und Hermes* (Merkur)" bezeichnet. Unter dem mächtigen Einfluß der babylonischen Astrologie entstanden auch bei Griechen und Römern aus diesem Verhältnis die Planetengötter, die unter dem Schutze eben dieser Astrologie sich in Mittelalter und Neuzeit hinüberretten konnten. Venus wurde bei den Griechen anfangs noch nicht erkannt, sondern als Heosphoros oder Phosphoros (lat. Lucifer) und Hesperos (lat. Vesper) bezeichnet, d. h. als Morgen- und Abendstern getrennt.

Schon Homer und Hesiod nennen einzelne Sternbilder und Fixsterne, wie den Großen Bären, den Arkturos, die Pleiaden* und Hyaden, Orion* und den großen Hundsstern. Noch vor der Übernahme des chaldäischen Tierkreises (angeblich im 6. Jh. v. Chr.) wurden die auf die Perseussage bezüglichen Sternbilder fixiert. Es entstand die Gruppe Kepheus-Kassiopeia-Perseus*-Andromeda-Pegasos*-Walfisch (Ketos). Schon im 4. Jh. v. Chr. war für den Hellenen die ganze sichtbare Himmelskugel mit Sternbildern bedeckt, deren Namen aus der unerschöpflich reichen Quelle des Mythos ihre Erklärung fanden. Neben den sog. echten Sternsagen, die aus der unmittelbaren Beobachtung des gestirnten Himmels, der Stellung der Sternbilder zueinander sowie ihrer Auf- und Untergangszeiten hervorgingen, treffen wir viele freie Erfindungen, durch die verschiedene mythische Persönlichkeiten mehr oder weniger willkürlich an den Himmel versetzt wurden.

N.: Die älteste uns erhaltene Zusammenfassung der griechischen Sternbilder und Sternsagen ist das Lehrgedicht „Phainomena" („Himmelserscheinungen") des hellenistischen Dichters Aratos (um 315—245 v. Chr.), das im Altertum zahlreiche Übersetzer, Nachahmer und Erklärer fand. Seit dem Hellenismus kannten Astronomen und Dichter eine elegante Form höfischer Huldigung, die darin bestand, Vorfahren oder Angehörige eines regierenden Hauses unter die Sterne zu versetzen (Katasterismos = Versternung). Berühmt war die „Locke der Berenike", das von Catull (Carm. 66) übersetzte Huldigungsgedicht des Kallimachos an die Gemahlin Ptolemaios III., ein Beispiel eines derartigen Katasterismos, der sich in der astronomischen Terminologie bis heute behauptet hat (Coma Berenices!).

Literatur: W. Gundel, Sterne und Sternbilder im Glauben des Altertums und der Neuzeit, Bonn 1922. — E. Gürkhoff, Die Katasterismen des Eratosthenes, Diss. Würzburg 1931. — W. Gundel, Dekane und Dekansternbilder, Leipzig-Berlin 1936. — P. Metman, Mythos und Schicksal. Lebenslehre der antiken Sternsymbolik. Leipzig 1936. — T. v. Scheffer, Die Legenden der Sterne im Umkreis der antiken Welt, Stuttgart 1939. — F. Boll-W. Gundel, Artikel Sternbilder in RE Suppl. VI 867 ff.

[1] Ov. Met. 2, 409—530. Fast. 2, 155—192. Paus. 1, 25, 1. Ps.-Eratosth. Katast. 1. — [2] Ps.-Eratosth. Katast. 3. Vgl. Schol. Arat. 45. — [3] Großer Wa-

gen = Großer Bär: Hom. Il. 18, 487. — [4] Hygin. Astron. 2, 5. — [5] Apoll. Rhod. 3, 1001 ff. Arat. 71 f. — [6] Arat. 268 ff. Ps.-Eratosth. Katast. 24. — [7] Ps.-Eratosth. Katast. 25. German. 276 f. — [8] Hygin. Astron. 2, 6. Ps.-Eratosth. Katast. 4. — [9] Ps.-Eratosth. Katast. 13. — [10] Arat. 74 ff. Serv. Aen. 11, 259. — [11] Ps.-Eratosth. Katast. 30. — [12] Ps.-Eratosth. Katast. 29. — [13] Ps.-Eratosth. Katast. 31. German. 321 ff. — [14] Hom. Il. 18, 486. Arat. 636. — [15] Hom. Il. 22, 29 ff. Ps.-Eratosth. Katast. 33. 42. — Prokyon = Hund des Ikarios 2.: Hygin. Astron. 2, 5. — [16] Hygin. Fab. 14. Arat. 342 ff. — [17] Ov. Fast. 5, 379 ff. Ps.-Eratosth. Katast. 40. Schol. Arat. 436. — [18] Ov. Fast. 3, 851 ff. Ps.-Eratosth. Katast. 19. — [19] Ps.-Eratosth. Katast. 14. Hygin. Astron. 2, 21. — [20] Ov. Fast. 5, 693 ff. Ps.-Eratosth. Katast. 10. — [21] Ps.-Eratosth. Katast. 11. Hygin. Astron. 2, 23. Avien. 379 ff. — [22] Ps.-Eratosth. Katast. 12. — [23] Arat. 96 ff. Ov. Met. 1, 149 ff. Verg. Georg. 2, 474. — F. A. Yates, Queen Elizabeth as Astraea, in: Journal of the Warburg Institute 10 (1947), 27—82. — [24] Hygin. Astron. 2, 5. — [25] Ov. Fast. 4, 386. Hygin. Astron. 2, 26. — [26] Hom. Il. 18, 486. Arat. 634 ff. Ps.-Eratosth. Katast. 32. — [27] Ps.-Eratosth. Katast. 28. Hygin. Astron. 2, 27. — [28] Ps.-Eratosth. Katast. 27. — [29] Ps.-Eratosth. Katast. 26. Schol. Arat. 283. — [30] Arat. 239 ff. Hygin. Astron. 2, 30. Ps.-Eratosth. Katast. 21. — [31] Aristoph. Friede 406 ff. Plat. Kratyl. 397 CD.

Sterópe (Stérope)

1. Gattin des Oinomaos, s. Pelops
2. Tochter des Akastos, s. Peleus

Sterópes (Stéropes) s. Kyklopen

Sthenéboia (Stheneboía) s. Bellerophon

Strigen, die „Kreischenden"

R.: Im römischen Volksglauben sind die S. häßliche, gierige vampirartige Vögel, die kleine Kinder aus der Wiege rauben, um ihnen das Blut auszusaugen. Mit apotropäischen Maßnahmen, wie Segnung von Türpfosten und Schwelle oder Darbringung eines Ersatzopfers, kann man sich vor ihnen schützen.[1] Wer gegen die S. mit Gewalt vorgeht, fällt ihnen zum Opfer.[2]

[1] Ov. Fast. 6, 131 ff. — [2] Petron. Sat. 63.

Stróphios s. Elektra

Stymphalische Vögel s. Herakles, 5. Arbeit

Styx s. Unterwelt

Suáda s. Peitho

Sychaéus s. Dido

Syléus (Sýleus) s. Herakles, S. 141 und Anm. 29

Sýrinx s. Pan

T

Talaós (Tálaos), Vater des Adrastos

Tálos

1. Neffe des Daidalos*
2. Ein Riese mit ehernem Leib, den Hephaistos* dem König Minos* als Wächter geschenkt hat.

M.: T. umkreist täglich dreimal die Insel Kreta. Betreten Fremde das Land, so springt er in ein vorbereitetes Feuer und läßt seinen Leib bis zur Rotglut erhitzen. Dann umarmt er seine Opfer und freut sich an ihrem sardonischen Lachen im Todeskampf.
T. besitzt eine einzige Ader, die vom Hals bis zu den Knöcheln verläuft. Als die Argonauten* bei ihrer Rückkehr aus Kolchis von T. bedroht werden, öffnet Medeia* dem Riesen am Knöchel seine Ader und bringt ihn so zum Verbluten. Nach anderer Version fällt T. durch einen Bogenschuß des Poias, des Vaters des Philoktetes*.[1]

R.: Die Deutung des T., der auf Münzen von Phaistos (Kreta) erscheint, als kretischer Sonnengott und die Annahme einer Identifikation dieses T. mit dem kretischen Zeus* Talaios[2] ist nicht hinlänglich gesichert.[3]

[1] Apoll. Rhod. 4, 1638—1693. Luk. De salt. 49. Apollod. Bibl. 1, 9, 26. Schol. Od. 20, 302. Suda s. v. Sardanios gelos. — [2] A. B. Cook, Zeus I (1914), 719—730. — [3] Wilamowitz I 111.

Tántalos, Sohn des Zeus*, Vater von Pelops* und Niobe*

M.: Vom Berge Sipylos (Kleinasien) aus beherrscht er sein mächtiges Reich. Die olympischen Götter lassen T. an ihrer Tafel teilnehmen. Er aber entwendet Ambrosia und läßt seine sterblichen Freunde von der Götterspeise kosten. Auch Geheimnisse der Götter plaudert er auf der Erde aus. Schließlich schlachtet er sogar seinen Sohn Pelops und setzt ihn den Göttern zum Mahle vor, um ihre Allwissenheit auf die Probe zu stellen.

Zur Strafe für diese Frevel wird T. in die Unterwelt verstoßen und muß hier ewig Hunger und Durst leiden, obwohl er bis zum Kinn im Wasser steht und über ihm in nächster Nähe die herrlichsten Früchte an den Bäumen hängen. Sooft er sich bückt, um zu trinken, senkt sich der Wasserspiegel, und sooft er nach den Früchten greift, entschwinden sie in die Luft.[1] Nach anderer Version ist T. noch durch einen Felsblock bedroht, der dauernd über ihm hängt.[2]

R.: Das Motiv der Zerstückelung von Menschen und die kannibalische Mahlzeit, wie sie in der T.-Sage und ähnlich bei Thyestes (s. Atreus) und Lykaon* vorkommen, deutet vielleicht auf ehemalige Menschenopfer.[3] T. war der berühmteste Büßer in der Unterwelt. Tie Tantalusqualen sind bis heute sprichwörtlich geblieben.

N.: Sophokles schrieb eine Tragödie „Tantalos". [4] Das Geschlecht der Tantaliden, dem Pelops, Atreus*, Thyestes, Agamemnon* und Aigisthos* angehörten, erlangte durch die zahlreichen Greueltaten seiner Mitglieder schon bei den Hellenen traurige Berühmtheit. Die Goethesche Iphigenie sagt (I, 3): „Ich bin aus Tantalus' Geschlecht" und Thoas erwidert: „Du sprichst ein großes Wort gelassen aus".

G e m ä l d e: T. und Midas, B. Peruzzi (1481—1536), Rom, Villa Farnesina (Fresko).

D r a m a t. B e a r b e i t u n g e n: T., M. Sadil, 1900. — T., F. Braun, 1917. — T., W. Iwanow (deutsch: H. Heiseler, 1940). — T., E. Jirgal, 1946.

R o m a n e: T., K. Weiß, 1929. — Tántalo, B. Jarnés, 1935.

O p e r: Die Sühne des T., Z. Fibich, 1890 (2. Teil der Trilogie: Hippodamia).

[1] Hom. Od. 11, 582 ff. Luk. Dial. mort. 17. Ov. Met. 4, 458 f. — [2] Pind. Ol. 1, 55 ff. und Schol. 60. Isthm. 8, 10. Eur. Or. 4 ff. Plat. Kratyl. 395 DE. — Nach anderer Überlieferung ist T. unter dem Berge Sipylos begraben: Paus. 2, 22, 3. 5, 13, 7. Schol. Od. 19, 518. — [3] Nilsson I 20. — [4] Soph. Fr. 518 N.

Tarpéia

M.: Bei der Belagerung Roms durch die Sabiner, die für den Raub der Sabinerinnen Rache nehmen wollen, verrät die junge Römerin T. das Kapitol, das ihr Vater Spurius Tarpeius verteidigt, an die Feinde. Als Motiv für diesen Verrat wird ihr Verlangen nach dem goldenen Schmuck der Sabiner[1] oder die Liebe zum Führer der Feinde, Titus Tatius,[2] angegeben. Statt die Verräterin mit Gold zu belohnen, werfen die Sabiner ihre Schilde auf sie, bis sie unter der Last zusammenbricht.[3] Nach anderer Version wird sie von dem tarpeischen Felsen herabgestürzt, der ihren Namen trägt; hier wurde dieselbe Strafe in späteren Jahrhunderten an den römischen Staatsverbrechern vollzogen.

R.: Der Name T. bzw. der Tarpeius mons, wie das Kapitol auch hieß, entspricht der sabinischen Form des Namens Tarquinius.[4] Der Verrat der T. ist mit jenem der Skylla* 2. zu vergleichen. Dumézil suchte Beziehungen zwischen der T.-Sage und der „Völuspá" der Edda herzustellen.[5] Von einem Teil der Überlieferung wird T. als Vestalin bezeichnet.[6]

N.: Der Glaube an ein Fortleben der T. im Innern des Felsens hat sich im Volk bis in die Gegenwart erhalten.

Literatur: G. Dumézil, Tarpéia, Paris [2]1947, 249 ff. — Z. Gansiniec, Tarpeia. The Making of a Myth. Breslau 1949.

[1] Liv. 1, 11, 8. — [2] Plut. Rom. 17, 12. Prop. 4, 4. — [3] Dionys. Hal. Arch. 2, 38 ff. Liv. 1, 11, 7 f. — [4] Dumézil, Tarpéia, 281 f. — [5] Dumézil, a. a. O., 249 ff. — [6] A. Brelich, Vesta, Zürich 1949, 102.

Tártaros s. Unterwelt

Teiresías (Teirésias), Sohn des Eueres und der Nymphe Chariklo, berühmter thebanischer Seher

M.: T. sieht eines Tages Pallas Athene* nackt im Bade und wird daraufhin von der Göttin geblendet. Zur Entschädigung verleiht ihm Athene auf die Bitte seiner Mutter die Gabe, die Vogelsprache zu verstehen.[1]

Eine andere Version berichtet von einem merkwürdigen Geschlechtswechsel des T. Bei einer Wanderung im Gebirge beobachtet T. zwei sich paarende Schlangen. Als er sie stört und dabei das weibliche Tier mit seinem Stock verwundet bzw. tötet, wird er in eine Frau verwandelt. Nach sieben Jahren wiederholt sich das Erlebnis und T. erhält sein männliches Geschlecht zurück. Auf Grund dieser Erfahrungen wird er von Zeus* und Hera* zur Entscheidung einer Meinungsverschiedenheit herangezogen, und zwar in der Frage, ob Mann oder Weib in der Liebe der größere Genuß zufalle. Als T. erklärt, von 10 Anteilen am Liebesgenuß fielen 9 der Frau zu, blendet ihn Hera im Zorn. Zeus aber verleiht ihm zur Entschädigung die Sehergabe und die siebenfache Lebenszeit eines Menschen.[2]

T. beweist wiederholt seine Weisheit und Sehergabe, so bei der Enthüllung der Lebensschicksale des Oidipus* und bei der Belagerung Thebens durch die Sieben (Menoikeus*). Als die Epigonen gegen Theben anrücken, rät er den Thebanern, die Stadt zu räumen. Auf der Flucht trinkt er des Nachts erhitzt aus der Quelle Tilphussa und stirbt.[3]

R.: T. galt trotz seiner Blindheit als Vogelschauer.[4] So ist auch der Hinweis auf die Erlernung der Vogelsprache zu verstehen. Ähnlich heißt es auch von dem Seher Melampus*, daß er die Vogelsprache verstand. Die Vogelschau war bei den Hellenen so verbreitet, daß ein griechisches Wort für „Vogel" auch „Vorzeichen" bedeuten konnte.

Das Motiv der Bestrafung eines Menschen, weil er einen Gott oder eine Göttin (nackt) erblickt hat, kehrt in dem Mythos von Aktaion* und Artemis* wieder.[5] Der Geschlechtswechsel des T. erinnert an die Vorstellung der Primitiven, die im doppelten Geschlecht die Verkörperung eines höheren Seins verehren.[6]

N.: Die Geschichte von der Blendung des T. hat Kallimachos in seinem uns erhaltenen Hymnos „Das Bad der Pallas" dichterisch gestaltet.

Dichtungen: Tiresias, Swinburne, 1871. — Tiresias, Tennyson, 1885. — The waste land, T. S. Eliot, 1922.

Ballett: Tiresias, F. Ashton, 1951.

[1] Kallim. Hymn. 5, 57 ff. Apollod. Bibl. 3, 6, 7. — [2] Apollod. Bibl. 3, 6, 7. Schol. Od. 10, 494. Ov. Met. 3, 316 ff. — [3] Diod. 4, 67, 1. Paus. 9, 33, 1. Apollod. Bibl. 3, 7, 3. Hier, bei der Quelle, zeigte man auch das Grab des

T. — ⁴ Wilamowitz I 148 A. 1. — ⁵ Robert 128 A. 3 meint, das Motiv sei von Aktaion auf T. übertragen worden. Die Blendung des T. ist jedoch die angemessenere Strafe gegenüber der Verwandlung in einen Hirsch. Zumeist wird ja nach dem ius talionis das frevelnde Glied oder Organ bestraft; in unserem Fall wäre dies das Auge. Vgl. H. Kleinknecht, Hermes 74 (1939), 324. — ⁶ I. Winthuis, Das Zweigeschlechtswesen bei den Zentralaustraliern und anderen Völkern. Leipzig 1928, 43 ff. Radermacher, Rhein. Museum 93 (1950), 327 ff. Vgl. auch den Geschlechtswechsel in der Sage von Kaineus*.

Teisiphóne (Tisíphone) s. Erinyen

Tékmessa (Tekméssa) s. Aias 1.

Telamón (Télamon), Sohn des Aiakos* und der Endeis, Bruder des Peleus*

M.: T. nimmt mit seinem Bruder an der kalydonischen Jagd und am Argonautenzuge teil. Wegen der Ermordung ihres Stiefbruders Phokos fliehen die beiden aus Aigina, Peleus nach Thessalien, T. nach Salamis. Hier übernimmt er von Kychreus, der kinderlos stirbt, die Herrschaft.[1] Von Erioboia wird er Vater des Aias* 1. Mit Herakles* zieht T. gegen Troia, um den wortbrüchigen König Laomedon* zu bestrafen.[2] Als Lohn erhält er Hesione, die Tochter Laomedons, die in Gefangenschaft geraten ist. Mit ihr zeugt er den Teukros*, der mit Aias in den troischen Krieg zieht.

R.: T. und Peleus sind zwar noch nicht in der Ilias, wohl aber bereits bei Hesiod und in der Alkmaionis Brüder. Vielleicht ist dies darauf zurückzuführen, daß die Einwohner von Aigina den Salaminier T. zu einem Sohn ihres Nationalheros Aiakos, des Sohnes der Aigina*, machten.[3]

[1] Diod. 4, 72, 6. Apollod. Bibl. 3, 12, 7. Schol. Lykophr. 175. — [2] Pind. Nem. 4, 25 f. Isthm. 6, 27 ff. Eur. Troad. 804 ff. — Dagegen Peleus als Begleiter des Herakles auf dem Zuge gegen Troia: Pind. Fr. 172. Eur. Andr. 796 ff. — [3] Robert 1043.

Telchínen, zauberkundige Dämonen der Schmiedekunst

R.: Die Zeugnisse über die T. stammen überwiegend von den griechischen Inseln, besonders von Rhodos. Teilweise stellte man sich die T. als Meermänner vor. Sie galten als neidisch, heimtückisch und mit dem bösen Blick begabt.[1] Rationalisierende Geschichtsschreibung sah in ihnen die rhodische Urbevölkerung. Das Vorkommen des Namens auf dem hellenischen Festlande zeigt, daß die T. in sehr früher Zeit durch Auswanderer von hier auf die Inseln übertragen wurden.[2]

Literatur: C. Blinkenberg, Rhodische Urvölker, in: Hermes 50 (1916), 271—303.

[1] Kallim. Hymn. 4, 31. Ait. 3, 1, 64 f. Diod. 5, 55, 3. Pap. Ox. 2079, 1. — [2] Wilamowitz I 279 f.

Telégonos, Sohn des Odysseus* und der Kirke*

M.: Auf der Suche nach seinem Vater kommt T. nach Ithaka und tötet dort Odysseus, ohne ihn zu erkennen, mit einem Rochenstachel (s. auch Odysseus). Nach der Versöhnung zwischen den beiden Halbbrüdern T. und Telemachos* heiratet jeder der beiden Odysseussöhne seine Stiefmutter, T. Penelope* und Telemachos Kirke. Die beiden Paare leben auf den Inseln der Seligen weiter.

R.: Der Name T. (= der in der Ferne Geborene) ist von der Heimat des Vaters, von Ithaka aus, gesehen und anscheinend für die Telegonie erfunden. Unter dem Rochenstachel ist ein Speer zu verstehen, dessen Spitze nicht aus Metall, sondern aus dem Stachel eines Rochens gebildet ist, offenbar eine Waffe, die in sehr frühe Zeit zurückreicht.[1] Die von dem Stachel mancher Rochenarten hervorgerufenen Wunden sind besonders bösartig.

Das Motiv des Kampfes zwischen Vater und Sohn, die einander nicht kennen, ist in der Weltliteratur weit verbreitet. Aus germanischem Bereich ist uns das Hildebrandslied am geläufigsten.

N.: Die Schicksale des T. behandelte das kyklische Epos „Telegonie" des Eugammon von Kyrene[2] und eine Tragödie des Sophokles, von der wir noch Fragmente besitzen.[3] Hier spielte das Orakel von Dodona eine Rolle, das Odysseus den Tod von der Hand seines Sohnes prophezeite. Odysseus, der nur an Telemachos denkt, erkennt zu spät die Wahrheit des göttlichen Spruches.[4]

D i c h t u n g: The voyage of T., H. C. Kendall, 1869.

R o m a n: Verzauberung in Ithaka, A. Marai, 1954.

O p e r n: Telegono, P. Grua, 1697. — Télégone, Lacoste, 1725 (Text von Pellegrin).

L i t e r a t u r: A. Hartmann, Untersuchungen über die Sagen vom Tod des Odysseus, München 1917.

[1] Robert 1439 und Anm. 1. — [2] Ep. Graec. Fr. 57 f. Kinkel. Zur Telegonie vgl. Hartmann, Untersuchungen über die Sagen vom Tod des Odysseus, 44 ff. R. Merkelbach, Untersuchungen zur Odyssee, München 1951, 142 bis 155. — [3] „Der vom Rochenstachel getroffene Odysseus oder Die Fußwaschung". Dieses Drama wurde Vorbild für ein ebenfalls in Fragmenten erhaltenes Werk des römischen Tragikers Pacuvius. Über diese und andere verschollene Behandlungen des Stoffes vgl. Hartmann, a. a. O., 106 ff. — [4] Wir haben hier eine Parallele zu dem Orakel vor uns, das Laios*, seinen Sohn Oidipus* betreffend, erhält. Auch im sophokleischen „König Oidipus" erweist sich nach langen Irrungen schließlich die Wahrheit des Orakelspruches.

Telémachos, Sohn des Odysseus* und der Penelope*

M.: Bei der Ausfahrt seines Vaters gegen Troia noch ein Knabe, wächst T. während des troischen Krieges heran. Als Odysseus lange Jahre nach der Eroberung Troias nicht nach Hause zurückkehrt, reift T. früh zum Manne und unterstützt seine Mutter tatkräftig

in ihrem Widerstand gegen die frechen Freier. Um Erkundigungen über seinen Vater einzuziehen, fährt T. von Ithaka aus zu dem aus Troia heimgekehrten Nestor* nach Pylos und weiter zu Menelaos* nach Sparta. — Nach der Heimkehr gibt sich Odysseus in Ithaka dem Sohne zu erkennen und tötet die Freier mit dessen Hilfe (s. Odysseus).
Nachdem Odysseus von der Hand des Telegonos* gefallen ist, heiratet T. Kirke* und zeugt mit ihr den Latinos, den eponymen Heros der Latiner.

R.: Der Name T. bedeutet seinen Bestandteilen nach soviel wie „Fernkämpfer" und wurde als „der Sohn des Helden, der in der Ferne kämpft" ausgelegt.[1] C. Robert wollte in T. nur einen „abgeblaßten Doppelgänger des Telegonos" sehen, dessen Hilfe beim Freiermord in der ursprünglichen Fassung der Sage überflüssig gewesen sei.[2]
Die ersten vier Gesänge der Odyssee, in denen T. die Hauptrolle spielt, werden als Telemachie bezeichnet. In dieser Partie des Epos greift die Göttin Pallas Athene*, oft in der Gestalt des Mentor*, fortwährend in die Handlung ein, um ihren Schützling T. nicht nur in entscheidenden Situationen zu unterstützen, sondern auch bei ganz untergeordneten Anlässen in die richtige Bahn zu lenken.[3]

N.: Dramat. Bearbeitungen: T., J. G. Heubel, 1754. — Der travestierte T., J. Perinet, 1805.

Epos: Die Abenteuer Telemachs, Sohnes des Ulysses, B. Wagemann, 1834—35 (Travestie).

Dichtungen: The voyage of T., R. Aldington, 1925. — T., Ch. Norman, 1930.

Roman: Aventures de Télémaque, F. Fénelon, 1699 (Fürstenspiegel).

Opern: Telemacco, A. Draghi, 1689 (Text von Malvezzi). — Télémaque, A. Campra, 1704 (Text von Danchet). — T., K. G. Schürmann, 1706 (Text von Frauendorf). — T., Ch. Graupner, 1711. — Télémaque, A. Destouches, 1714 (Text von Pellegrin). — Telemacco, A. Scarlatti, 1718 (Text von Capucci). — Telemacco, Gluck, 1750 (Text von Coltellini). — Telemacco nell' isola di Calipso, S. Mayr, 1787 (Text von Sografi). — Télémaque, Lesueur, 1796 (Text von P. Dercy). — Télémaque, F. A. Boieldieu, 1806 (Text von P. Dercy).

Literatur: O. Brinkmann, Telemach in Sparta, in: Gymnasium 59 (1952), 97—115.

[1] Robert 1397. — [2] Robert 1397. 1434. Umgekehrt hält A. Hartmann, Untersuchungen über die Sagen vom Tod des Odysseus, 1917, 219 f. T. für ursprünglich und Telegonos für spätere Erfindung. — [3] Vgl. die Interpretation der Telemachie bei F. Focke, Die Odyssee, Stuttgart-Berlin 1943, bes. 62 ff. — Gegen die Auffassung der Telemachie als Erziehungsroman in nuce zuletzt R. Merkelbach, Untersuchungen zur Odyssee, München 1951, 45.

Teléphassa (Telephássa), Mutter des Kadmos und der Europa

Telephóntes, Sohn der Merope

Télephos, Sohn des Herakles* und der Auge, einer Priesterin der Pallas Athene* zu Tegea (Arkadien)

M.: Da Auge den kleinen T. vor ihrem Vater Aleos im Haine (oder Tempel) der Göttin Athene verbirgt, zürnt die Göttin und sendet eine Hungersnot. Aleos findet das Kind und läßt es aussetzen, seine Tochter aber nach Mysien verkaufen. Hier macht König Teuthras Auge zu seiner Gemahlin. T. wird von Hirten gefunden und aufgezogen. Später findet er auf Umwegen seine Mutter wieder und wird Nachfolger des Teuthras in der Herrschaft über Mysien.[1]

Nach anderer Version wird Auge mit dem neugeborenen T. von ihrem Vater Aleos in einem Kasten auf dem Meer ausgesetzt und an die kleinasiatische Küste nach Mysien verschlagen. Teuthras heiratet Auge und erzieht T. als seinen Sohn.[2]

In einem Gefecht mit den Griechen, die auf ihrer Fahrt gegen Troia irrtümlich in Mysien gelandet sind, tötet T. den Thersandros* und wird selbst von Achilleus* mit dem Speer am Oberschenkel verwundet. Da die Wunde nicht heilt, sucht T. auf Grund eines Orakelspruches („Wer die Wunde schlug, wird sie heilen") Achilleus in Argos auf. Nach dieser Version der Sage sind nämlich die Griechen nach ihrem ersten vergeblichen Versuch, Troia zu finden, von der Aiolis aus wieder nach Hellas zurückgekehrt und nun in Argos versammelt. Hier wird die Wunde des T. mit dem Rost jenes Speeres geheilt, der einst die Wunde schlug.[3]

R.: Der Name T. bedeutet „der weithin Leuchtende", der Name Auge soviel wie „Licht, Glanz".[4] In der Sage von der ersten mißlungenen Ausfahrt der Hellenen gegen Troia spiegeln sich wohl die Kämpfe und Schwierigkeiten der ersten griechischen Kolonisten nach ihrer Landung in Kleinasien wider. Wahrscheinlich hatte die Erzählung in ihrer ursprünglichen Form mit dem troischen Krieg nichts zu tun. Erst nach der Verknüpfung der T.-Sage mit dem troischen Sagenkreis dürfte aus dem einheimischen Myser T. ein Grieche (und zwar ein Arkader) geworden sein.[5]

Das Motiv der Aussetzung von Mutter und Kind in einem Kasten auf dem Meer, die Rettung der beiden und die Heirat der Mutter mit dem König eines fernen Landes erinnert an die analoge Geschichte von Danae* und Perseus*. — Der heilende Speer des Achilleus wurde zur Zeit des Pausanias im Athenetempel der lykischen Stadt Phaselis als Reliquie gezeigt.[6]

N.: Die drei großen griechischen Tragiker behandelten die Schicksale der Auge und des T. in einst beliebten, heute nicht mehr erhaltenen Werken.[7] Menander schrieb eine ebenfalls verlorene „Auge". Ein stark zerstörter Teil des Pergamonfrieses war der T.-Sage gewidmet.

P l a s t i k: Geschichte des T., Fries vom Zeusaltar in Pergamon, 1. Hälfte des 2. Jh. v. Chr., früher Berlin, Pergamon-Museum (Relief).
G e m ä l d e: Herakles findet T., Römisches Wandgemälde aus Herculaneum, Neapel, Mus. Naz.
D r a m a t. B e a r b e i t u n g: Auge, F. Trenta, 1774.
O p e r n: Télèphe, A. Campra, 1713 (Text von A. Danchet). — T., K. Arnold, um 1830.
L i t e r a t u r: R. Hamann, Herakles findet T., Berlin 1953. — E. W. Handley, The Telephus of Euripides, London 1957.

[1] Diod. 4, 33, 7 ff. Apollod. Bibl. 2, 7, 4. 3, 9, 1. — [2] Paus. 8, 4, 9. Strab. 13, 1, 69. — [3] Apollod. Epit. 3, 20. Hygin. Fab. 101. Prop. 2, 1, 63 f. Ov. Ex Ponto 2, 2, 26. — [4] Diese Etymologien und die Bedeutung des T. im Asklepioskult von Pergamon sind für K. Kerényi, Der göttliche Arzt, Basel 1948, 83 f., ein Zeichen für die „die Heilwendung hervorrufende sonnenhafte Genialität". — [5] Robert 1139. — [6] Paus. 3, 3, 8. — [7] Soph. Fr. 522 (Satyrspiel). Eur. Fr. 696—727 N. Berl. Klassikertexte V 2, 69 ff. — Aristophanes verspottet den in Lumpen auftretenden euripideischen T.: Acharn. 430 ff.

Téllus, römische Erdgöttin, der griechischen Gaia* bzw. Demeter* entsprechend. Als Fruchtbarkeit spendende Gottheit ist sie mit Ceres* verwandt.[1]

[1] S. Weinstock, Tellus, in: Glotta 22 (1933/34), 140—162, wandte sich gegen F. Altheims Auffassung der römischen T. als Terra Mater (Erdmutter) und ihre Gleichsetzung mit der griechischen Demeter. Vgl. Ceres.

Témenos s. Herakleiden

Teréus (Téreus), Gemahl der Prokne

Términus, der von den Römern als Gott verehrte Grenzstein[1]
R.: Ihm zu Ehren wurden am 23. Februar die Terminalia, ein Fest der Grenznachbarn, gefeiert. Dabei bespritzte man das Symbol des T. mit Blut und bekränzte es.[2] Bei dem Bau des Jupitertempels auf dem Kapitol war T. der einzige der alten Götter, der dem neuen Gott nicht weichen wollte. So blieb der T. im Jupitertempel eingeschlossen.[3] Sein Kult war noch in der augusteischen Zeit lebendig.

[1] Dionys. Hal. Arch. 2, 74, 2 f. — [2] Ov. Fast. 2, 639 ff. Hor. Epod. 2, 59. — [3] Liv. 1, 55, 3 f. 5, 54, 7. Ov. Fast. 2, 667 ff. Dionys. Hal. Arch. 3, 69, 5.

Terpsichóre (Terpsíchore) s. Musen

Tethýs (Téthys), Titanin
M.: T. ist die Tochter des Uranos* und der Gaia*, Schwester und Gemahlin des Okeanos*. Je 3000 Flüsse und Okeaniden sind die Kinder dieses Paares.[1]
R.: Diese dem Dichter schier unendlich groß erscheinende Zahl soll Okeanos als Ursprung und Ausgangspunkt aller Gewässer auf und

unter der Erde kennzeichnen.² Der Name T. wurde als „Muschelfrau" gedeutet.³

¹ Hes. Theog. 337—370. — ² Lesky 115 f. — ³ Kern I 197.

Teúkros, Sohn des Telamon* und der Hesione, Halbbruder des Aias* 1.

M.: T. zieht mit Aias von der Insel Salamis aus in den troischen Krieg und kämpft als Bogenschütze an seiner Seite.¹ Bei den Leichenspielen zu Ehren des Achilleus* erweist sich T. als bester Bogenschütze der Griechen.² Im „Aias" des Sophokles bemüht er sich um die Bestattung seines Bruders.³ Nach der Heimkehr wird er von seinem Vater Telamon aus dem Lande gewiesen, weil er die schnöde Behandlung des Aias an den Griechen nicht gerächt habe. T. geht nach Kypros und gründet eine Stadt, die er nach seiner Heimat Salamis nennt (die antike Hauptstadt der Insel Zypern).⁴

R.: Ursprünglich hatte T. weder mit Athen noch mit Salamis etwas zu tun. Sein Name erweist ihn als eponymen Heros der in der Troas wohnenden Teukrer. So erklärt sich seine Verbindung mit der Asiatin Hesione.⁵ Die Verknüpfung des T. mit Salamis bzw. mit Kypros hat man kürzlich auf die athenische Expansionspolitik in den Jahren unmittelbar nach den Perserkriegen zurückgeführt.⁶

N.: Plastik: T., W. H. Thornycroft (1850—1925), Chicago, Art Institute (Bronze).

Dramat. Bearbeitung: T., E. König, 1905.

Literatur: E. Gjerstad, The Colonization of Cyprus in Greek Legend, in: Opuscula archaeologica 3 (1944), 107—123.

¹ Hom. Il. 13, 170 ff. 15, 436 ff — ² Apollod. Epit. 5, 5. Quint. Smyrn. 4, 405 ff. — ³ Soph. Ai. 1141. 1164 ff. 1402 ff. — ⁴ Soph. Ai. 1008 ff. Pind. Nem. 4, 46. Aisch. Pers. 895. Lykophr. 450. — ⁵ Vgl. Robert 1049 f. — ⁶ E. Gjerstad, The Colonization of Cyprus in Greek Legend, 119 f. — M. P. Nilsson, Cults, Myths, Oracles and Politics in ancient Greece, Lund 1951, 64 f.

Teúthras s. Telephos

Thalía (griech. Tháleia) 1. s. Musen, 2. s. Chariten

Thámyris (oder Thámyras), berühmter thrakischer Sänger

M.: T. erkühnt sich, die Musen* zu einem Sangeswettstreit herauszufordern. Als er unterliegt, verliert er zur Strafe Augenlicht und Saitenspiel.¹ T. wurde auch unter die Büßer in der Unterwelt* eingereiht.²

R.: Der Name T. (= [Fest]versammlung) kommt von der Tätigkeit des wandernden Rhapsoden, der an den Fürstenhöfen und bei den Festversammlungen des Volkes seine Kunst ausübte.³ Nach einer Version der Legende wurde T. nur mit dem Verlust des einen

Auges bestraft.⁴ Diese Nachricht geht vermutlich auf die aus zwei verschiedenen Gesichtshälften gebildete Maske des T. (die eine Seite für das Spiel des Sehenden, die andere für das des Geblendeten) zurück, die auch in der Folgezeit zu mißverständlichen Äußerungen über die Verschiedenfarbigkeit der Augen des T. führte.⁵

N.: Sophokles behandelte das Schicksal des T. in einem Jugenddrama, in dem er selbst die Titelrolle spielte.⁶

Dramat. Bearbeitung: T., K. Gjellerup, 1887.

Prosa (mit einzelnen Gedichten): Blind T., T. St. Moore, 1920.

Oper: T., J. Nonguès, 1900 (Text von Sardou).

Literatur: A. Lesky, Die Maske des T., in: Anzeiger Öst. Akad. Wiss. phil. hist. Kl. 88 (1951), 101—110.

[1] Hom. Il. 2, 594 ff. [Eur.] Rhes. 915 ff. Paus. 4, 33, 7. Apollod. Bibl. 1, 3, 3. — [2] Polygnot malte ihn auf seinem Unterweltsbild in Delphi mit zerbrochener Leier: Paus. 10, 30, 8. — [3] Robert 413 und A. 6. — [4] Schol. Il. 2, 595. — [5] A. Lesky, Die Maske des Thamyris, a. a. O. — [6] Robert 414.

Thánatos s. Hypnos, s. Alkestis

Theía s. Titanen

Theiodámas (Theiódamas), Vater des Hylas

Thémis, Titanin

M.: T. ist Tochter des Uranos* und der Gaia*, Gemahlin des Zeus*, Mutter der Horen* und Moiren*, nach einer Version auch Mutter des Prometheus*.[1] Als Göttin der Gerechtigkeit und Gesetzlichkeit waltet sie unter Göttern und Menschen. Von ihrer Mutter Gaia übernimmt sie das delphische Orakel, um es später an ihre Schwester Phoibe, die Großmutter Apollons*, abzutreten.[2] Ihr Orakelspruch warnt Zeus und Poseidon* vor einer Verbindung mit der Nereide* Thetis*.

R.: T. bedeutete im Griechischen als Appellativum alles, was Gesetz und Recht ist. Bei Homer erscheint T. bereits personifiziert, wenn sie die Götter zur Versammlung ruft.[3]
Bemerkenswert ist die Verbindung der T. mit Gaia (Ge), der Mutter Erde. In Olympia stand ein Altar der T. innerhalb des heiligen Bezirkes der Ge.[4] In Delphi wurde T. zwischen Gaia und Apollon als Inhaberin des Orakels eingeschoben, um die rechtmäßige Übernahme des Orakels durch Apollon zu unterstreichen.[5] Man hat deshalb T. auch als Erdgöttin und Orakelgöttin angesprochen.[6]
Daß die Hellenen einerseits die Mutter Erde und andrerseits den olympischen Göttervater Zeus mit T. verknüpften, beweist ihre Anschauung von Recht und Gesetzlichkeit als Grundlage aller göttlichen und menschlichen Ordnungen. — Kulte der T. sind für Thessalien gesichert.[7]

N.: Plastik: T. von Rhamnus, Chairestratos, um 300 v. Chr., Athen, Nationalmuseum.

Walzer: Themis-Klänge, „den Herrn Hörern der Rechte" gewidmet, Joh. Strauß Vater, 1847.

Literatur: V. Ehrenberg, Die Rechtsidee im frühen Griechentum. Untersuchungen zur Geschichte der werdenden Polis. Leipzig 1921. — J. E. Harrison, Themis, a Study of the social Origins of Greek Religion, Cambridge ²1927, 480—535.

[1] Aisch. Prom. 18. — [2] Aisch. Eumen. 1 ff. Eur. Iph. Taur. 1259 ff. Paus. 10, 5, 6. — [3] Hom. Il. 20, 4 ff.; vgl. 15, 87 ff. — [4] Paus. 5, 14, 10. — [5] Wilamowitz I 207. — [6] So V. Ehrenberg, Die Rechtsidee im frühen Griechentum, bes. 24 ff., 30 f. Kern I 189 f. II 99 f. — [7] Wilamowitz I 207.

Thérsandros, Sohn des Polyneikes* und der Argeia

M.: T. nimmt am Zuge der Epigonen gegen Theben teil (s. Polyneikes). Er besticht Eriphyle mit dem Mantel der Harmonia, um die Teilnahme ihrer Söhne Alkmaion* und Amphilochos an dem Feldzuge zu erreichen.[1]

Nach der Einnahme von Theben übernimmt T. dort die Herrschaft. Er beteiligt sich an dem ersten Zuge der Griechen gegen Troia* und fällt nach der Landung in Mysien von der Hand des Telephos*.[2]

Bei Vergil erscheint T. unter der Besatzung des hölzernen Pferdes.[3]

R.: In der aiolischen Hafenstadt Elaia zeigte man ein Grab des T.[4]

[1] Diod. 4, 66, 3. Apollod. Bibl. 3, 7, 2. — [2] Apollod. Epit. 3, 17. — [3] Verg. Aen. 2, 261. — [4] Paus. 9, 5, 14. Robert 1148.

Thersítes, Grieche im Lager vor Troia*

M.: T. ist körperlich mißgestaltet und feig. In der Heeresversammlung hetzt er gegen Agamemnon*. Die homerischen Helden verachten ihn zwar, empfinden aber seine Lästerzunge als sehr unangenehm. Achilleus* erschlägt ihn nach dem Tode der Penthesileia*.[1]

R.: Die T.-Episode der Ilias, in der Odysseus* den Meuterer mißhandelt,[2] ist ein Reflex der Verachtung und Brutalität der hellenischen Herrenschicht gegenüber der Masse des Volkes, die zum Großteil der unterworfenen vorgriechischen Bevölkerung angehörte.[3]

N.: Dramat. Bearbeitungen: Tersites, St. Zweig, 1907. — T. und Helena, H. Lommer.

[1] Ep. Graec. Fr. 33 Kinkel. Apollod. Epit. 5, 1. Schol. Lykophr. 999. — [2] Hom. Il. 2, 211 ff. — [3] Nilsson I 338.

Theséus (Théseus), Sohn des Aigeus,[1] Königs von Athen, und der Aithra, attischer Nationalheros

M.: Aigeus hat vom delphischen Orakel einen dunklen Spruch erhalten, der ihn vor dem Genuß von Wein und Liebe warnen soll.

Da der König den Spruch nicht zu deuten weiß, wendet er sich an seinen Gastfreund Pittheus in Troizen. Dieser versteht den Sinn des Orakelspruches, verleitet aber Aigeus dazu, sich zu betrinken und mit seiner Tochter Aithra das Lager zu teilen. Aigeus kehrt nach Athen zurück.

T., die Frucht dieser Verbindung, wächst in Troizen bei seinem Großvater Pittheus und bei dem Kentauren Cheiron* auf. Aigeus hat einst bei seinem Abschied von Troizen Schwert und Sandalen unter einem schweren Felsblock versteckt und Aithra beauftragt, den Sohn nach Athen zu schicken, wenn er imstande sei, den Stein wegzuwälzen. Schon in jungen Jahren erfüllt T. diese Aufgabe und macht sich auf den Weg zu seinem Vater.[2]

Unterwegs besteht der Held eine Reihe von Abenteuern. Zunächst erschlägt er den „Keulenträger" Periphetes, der vorüberkommende Wanderer mit seiner eisernen Keule zu töten pflegt.[3] Auf dem Isthmos von Korinth hat der wegelagernde Riese Sinis die Gewohnheit, zwei Fichten niederzubeugen (er heißt daher Pityokamptes = Fichtenbeuger), sein Opfer anzubinden und von den hochschnellenden Bäumen zerreißen zu lassen. T. tötet den Sinis auf eben diese Art.[4] Bei Krommyon erlegt er die krommyonische Sau, ein gefährliches Untier.

Auf einem Felsen an der Grenze von Megara trifft T. auf den Riesen Skiron, der alle Wanderer zwingt, ihm die Füße zu waschen. Dann stürzt er sie mit einem Fußtritt über den Felsen hinab, worauf sie von einer Riesenschildkröte gefressen werden. T. läßt den Unhold dasselbe Schicksal erleiden.[5] Den Kerkyon, der alle Wanderer zu einem Zweikampf nötigt, überwältigt der Held im Ringkampf. Als sechstes und letztes Abenteuer auf dieser Reise besteht T. bei Eleusis den Kampf mit Damastes. Dieser Riese hat ein kurzes und ein langes Bett. Große Wanderer müssen in das kleine Bett, worauf ihnen die Beine abgesägt werden, den kleineren Opfern werden im großen Bett die Glieder langgezogen, bzw. geklopft (daher der Beiname des Wegelagerers Prokrustes = „Strecker"). T. befreit das Land auch von diesem Unhold.[6]

Nach seiner Ankunft in Athen sucht ihn die Zauberin Medeia*, die den König Aigeus völlig beherrscht, zu vergiften. T. wird von seinem Vater an dem mitgebrachten Schwert erkannt, Medeia aus dem Lande gewiesen.[7] Eine Heldentat zum Wohle Attikas ist die Bändigung des marathonischen Stieres, den Herakles* einst aus Kreta mitbrachte und in Mykenai wieder freiließ. — Gegen den unliebsamen neuen Thronerben greifen die Söhne des Pallas, eines Bruders des Aigeus, zu den Waffen. T. entledigt sich auch dieser Feinde.[8]

Das größte und abenteuerlichste Unternehmen des T. ist seine Fahrt nach Kreta.[9] Androgeos, ein Sohn des Königs Minos* von Kreta, ist einst durch Verschulden der Athener um das Leben gekommen. Nach einem erfolgreichen Feldzug gegen Megara und Athen hat nun Minos den Athenern einen schweren Tribut auferlegt. Alljähr-

lich müssen sie sieben Knaben und sieben Mädchen nach Kreta
schicken, die dem Minotauros (s. Minos) zum Fraße vorgeworfen
werden. T. fährt mit dem dritten derartigen Transport über die
Ägäis. Um vor Minos seine göttliche Herkunft zu erweisen, springt
er unterwegs ins Meer, nachdem der König zur Probe einen Ring
ins Wasser geworfen hat. T. dringt bis zum Palast Amphitrites*
vor, wird von der Göttin reich beschenkt und kehrt mit Ring und
Geschenken wieder zum Schiff zurück.[10]
In Kreta gewinnt T. die Liebe der Ariadne*, einer Tochter des
Minos. Auf Anraten des Daidalos* gibt sie ihm einen Knäuel, den
er auf dem Wege in das Labyrinth abrollt. Nachdem T. den Mino-
tauros im Zweikampf überwältigt hat, findet er mit Hilfe des
Fadens wieder aus dem Labyrinth zurück. Mit Ariadne und den
befreiten Kindern segelt der Held bei Nacht von Kreta nach Naxos.
Als Ariadne einsam auf der Insel zurückgelassen wird, erscheint
Dionysos*, um sich mit ihr zu vermählen.
Vor der Abfahrt aus Athen hat T. mit seinem Vater vereinbart,
falls die Unternehmung gelingen sollte, die schwarzen Segel gegen
weiße auszutauschen. Bei der Heimkehr vergißt man, die schwarzen
Segel einzuziehen und Aigeus, der nach dem Schiffe Ausschau hält,
stürzt sich beim Anblick der schwarzen Segel von den Felsen der
Akropolis herab.[11]
T. wird König von Athen, führt den Zusammenschluß der bis
dahin politisch getrennten attischen Gemeinden durch (Synoikismos) und stiftet verschiedene attische Feste, wie die Panathenäen,
die Oschophorien und die Pyanopsien.[12]
Natürlich nimmt T. auch am Argonautenzuge und an der kalydonischen Jagd teil. Gemeinsam mit dem Lapithenkönig Peirithoos*
entführt T. die junge Helena* aus Sparta und bringt sie nach
Attika; Helena wird später von ihren Brüdern, den Dioskuren*,
wieder befreit. Bei der Hochzeit des Peirithoos unterstützt der
Held den Freund im Kampfe gegen die Kentauren*. Als er aber
mit Peirithoos in die Unterwelt eindringt, um die Göttin Persephone* zu entführen, läßt Hades* die beiden an einem unterirdischen Felsen festwachsen. T. wird später von Herakles befreit,
Peirithoos muß für immer im Hades bleiben.[13]

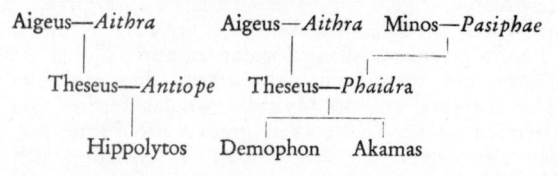

Aigeus—*Aithra*   Aigeus—*Aithra*   Minos—*Pasiphae*
| | |
Theseus—*Antiope* Theseus—*Phaidr*a
| |
Hippolytos   Demophon   Akamas

Den Herakles begleitet T. auf der Fahrt zu den Amazonen*. Als
Beute bringt er die Amazonenkönigin Antiope bzw. Hippolyte[14]
nach Athen mit, die ihm den Hippolytos gebiert. Auf einem Rachefeldzug dringen die Amazonen bis nach Attika vor. T. schlägt sie
vernichtend; Antiope, die an seiner Seite kämpft, fällt.[15] Seine

zweite Gattin Phaidra* liebt ihren Stiefsohn Hippolytos und treibt ihn in den Tod.
T. wird von dem Erechthiden Menestheus aus Athen vertrieben und flieht nach Skyros. Hier wird er von König Lykomedes heimtückisch ermordet.[16] Sein Sohn Demophon* wird später König von Athen.

R.: Als Vater des T. nennt die Überlieferung bald Poseidon*, bald Aigeus, einen Namen, dessen Etymologie noch nicht geklärt ist.[17] Die Erzählung von der Zeugung des T. erinnert an das verbreitete Motiv des in der Ferne gezeugten Sohnes, der später auszieht, seinen Vater zu suchen.[18] Der athenische Nationalheros T. war in alter Zeit auch außerhalb Attikas berühmt. Der Kampf der Lapithen und Kentauren kennt T. als Lapithen und Freund des Peirithoos. H. Herter, der in T. einen ursprünglich ionischen Heros sieht, nimmt an, daß mit dem Rückzug der Ioner aus den übrigen Gebieten des Mutterlandes Hellas nach Attika und mit der politischen Konsolidierung dieses Landes T. aus einem Ioner zu einem Athener geworden sei.[19] So manche Züge der T.-Sage weisen aber nicht auf Athen, sondern auf Troizen, Megara und andere Städte. Obwohl das größere und mächtigere Athen in dem Ringen um die Zugehörigkeit des T. sich mit seinen Ansprüchen schließlich durchsetzen konnte[20], blieben doch verschiedene gerade mit Troizen verbundene Züge erhalten. Die Versuche, einen Ausgleich der athenischen und troizenischen Sagenversion herbeizuführen, bestimmten vielfach die Gestalt der T.-Sage.[21] Da die Mutter Aithra Troizenerin war,[22] und der Geburtsort Troizen blieb, der erwachsene T. aber in Athen auftreten sollte, bediente man sich des oben erwähnten Motivs der Zeugung in der Fremde und schob nun auf dem Wege von Troizen nach Athen zunächst in Anlehnung an das hellenische Pentathlon (Fünfkampf) fünf Abenteuer des Helden ein. Als sechstes dürfte man den Periphetes hinzugenommen haben, wohl um den zwölf Arbeiten des Herakles sechs des T. gegenüberstellen zu können. Wir haben es dabei aber keineswegs mit Nachahmung zu tun, da die Taten des athenischen Vertreters des Rechts, T., ihr eigenes Gepräge aufweisen.[23] An den Metopen des Schatzhauses der Athener in Delphi und denen des sogenannten Theseions in Athen waren die Taten des Herakles und des T. einander gegenübergestellt.

Die Abenteuer sind Erzählungen von Riesen, die von T. als dem Vertreter von Recht und Gesetzlichkeit für ihre Frevel mit genau entsprechender Vergeltung bestraft werden.[24] Alles was die Unholde den Wanderern antun, müssen sie selbst von T. erleiden. In Skiron wollte Radermacher den Schrecken des schmalen Bergpasses bzw. den Geist des Sturmes erkennen, der den Wanderer über die Klippen ins Meer schleudert.[25] Beziehungen des T. zu der Gegend des Isthmos bestätigen auch die Nachrichten, die ihn zum Begründer der Isthmischen Spiele machen.[26] Jedenfalls ergibt die Untersuchung der attischen Königsgenealogie, daß Aigeus und T. nicht zu den

bodenständigen Erechthiden (s. Erichthonios) gehörten, sondern zunächst als Einwanderer aufgefaßt wurden.[27]
In der Kretafahrt sind Erinnerungen an historische Ereignisse mit romantischen Erfindungen von Dichtern verknüpft. Der Kern deutet auf eine Abhängigkeit Athens von der fernen Seemacht. Um den bitteren Tribut Athens zu motivieren, erfand man, offenbar in verhältnismäßig junger Zeit, die Geschichte von Androgeos, dem Sohne des Minos, der durch Verschulden der Athener um das Leben kommt.[28] Die Erzählung von der Ahnenprobe des T. während der Überfahrt ist trotz der Parallele zu dem Ringmotiv (Polykrates u. a.) Erfindung eines Dichters.[29] Ihr liegt übrigens die Vorstellung zugrunde, Minos habe sich den Tribut persönlich aus Athen geholt.
Der Minotauros dürfte ursprünglich als Vollstier aufgefaßt und erst unter dem Einfluß orientalischer Vorbilder zu einem halbtierischen Mischwesen gemacht worden sein.[30] Der Stier spielte in der minoischen Kultur eine große Rolle. Vielleicht entstand die Vorstellung von dem menschenfressenden Minotauros aus den durch bildliche Darstellungen für Kreta bezeugten gefährlichen Stierkampfspielen, die sich als eine gemilderte Form eines alten Opfers an den Stiergott deuten lassen.[31]
Die Wohnstätte des Minotauros, das Labyrinth, dessen Name doch wohl mit der kretischen Doppelaxt (labrys) zu verbinden ist,[32] verdankt seine Entstehung attischer Phantasie, die durch die verwirrende Weiträumigkeit und unübersichtliche Anlage des Palastes zu Knossos bzw. der dortigen Palastruine angeregt worden war (s. auch Daidalos).
Daß Ariadne T. bei seinem Abenteuer mit dem Minotauros unterstützt, ist zunächst ein reines Märchenmotiv (die Frau als Helferin des Helden).[33] Ariadne wurde auf Naxos und vermutlich auch auf Kreta selbst göttlich verehrt, in der Sage jedoch als Tochter des Minos aufgefaßt. Dem Kult der naxischen Ariadne entspricht die Erzählung von der Götterhochzeit zwischen Dionysos und Ariadne auf dieser Insel. Der Zug, daß T. die geliebte Ariadne auf der Insel zurückläßt, ist vielleicht aus der Iason-Sage entlehnt.[34]
Das Abenteuer mit dem marathonischen Stier, das übrigens auch von Herakles erzählt wurde (vgl. Herakles, 7. Arbeit), gehört zum alten Bestand der T.-Sage und ist nicht als Variation des Minotauros-Abenteuers zu verstehen.[35]
Die Schilderung der Amazonenkämpfe zeigt T. als Heerführer, der große Schlachten schlägt. Dies verrät den Stil epischer Dichtung, die ihren Helden nicht mehr als Einzelgänger auftreten lassen will, wie dies ursprünglich der Fall war (so auch bei Herakles).[36] Übrigens hat gerade die athenische Tradition mehrfach sittlich anstößige Züge aus ihrem T.-Bild zu entfernen versucht. So wurde das treulose Verlassen der Ariadne durch göttliches Eingreifen motiviert, insbesondere aber die Sagen von dem Lapithen T., die ihn zusammen mit Peirithoos als Frauenräuber und Raufbold charakterisieren, nach

Möglichkeit gemildert. In der Hadesfahrt der beiden und dem Versuch, Persephone zu rauben, liegt vermutlich keine Nachahmung des Kerberos-Abenteuers des Herakles, sondern alte Überlieferung vor, die das Heldenpaar vielleicht als Gottesverächter (theomachoi) auffaßte.[37] Ursprünglich dürften beide Helden zur Strafe in der Unterwelt verblieben sein. Attischer Nationalstolz erfand dann die Befreiung des T. durch Herakles und legte auch dem Peirithoos die Schuld an dem Frevel — wie man nun das Eindringen in die Unterwelt empfand — allein zur Last.[38]

Dem athenischen Nationalheros schrieb man begreiflicherweise den Synoikismos, den politischen Zusammenschluß der attischen Gemeinden, zu.[39] Kultische Verehrung des T. ist in Athen schon zur Zeit der Peisistratiden nachweisbar.[40] Einen Höhepunkt des T.-Kultes in Attika brachten die Perserkriege (Legende von seinem hilfreichen Erscheinen in der Schlacht bei Marathon; Kult unter Kimon; monumentale T.-Darstellungen). Nach der Eroberung der Insel Skyros durch Kimon 475 v. Chr. wurden die Gebeine des von Lykomedes ermordeten T. feierlich nach Athen übergeführt. Den Anknüpfungspunkt bot vielleicht ein vorgeschichtlicher Gräberfund auf Skyros.[41] Durch den Staatskult[42] wurde T. nun immer mehr zu dem Begründer aller wichtigen politischen Einrichtungen und zum Vater, bzw. mustergültigen Vertreter der athenischen Demokratie, wie er aus der attischen Tragödie (Euripides, Hiketiden, Herakliden; Sophokles, Oidipus auf Kolonos) bekannt ist. Schließlich setzten die Athener ihren Stolz darein, ihre Stadt nach T. und sich selbst als Theseiden zu benennen.

Ob T. ursprünglich ein Gott war oder nicht,[43] ist kaum zu entscheiden. Der „historische" T., wie er in Athen geschaffen wurde, hat das Bild der Überlieferung bestimmt.

N.: Plastiken: T. und die Amazonenkönigin; T. und der Minotauros, Metopen vom Schatzhaus der Athener in Delphi, um 500 v. Chr., Delphi, Museum (Reliefs). — Taten des T., Metopen des Hephaistostempels in Athen, 450—445 v. Chr. (Reliefs). — T. im Kampf mit den Amazonen, Fries des Apollontempels von Phigaleia-Bassai, um 420 v. Chr., London, British Museum (Relief). — T. als Besieger des Minotauros, Canova, 1782, London, Privatbesitz. — T. im Kampf mit den Kentauren, Canova um 1817 vollendet, Venedig, Akademie (Modell). — T. und der Minotauros, A. L. Barye (1796—1875), Baltimore, Walters Art Gallery (Bronze).

Gemälde: T. als Sieger über den Minotauros, Römisches Wandgemälde aus Herculaneum, um 70—79 n. Chr., Neapel, Mus. Naz. — T. verläßt Ariadne, Römisches Wandgemälde aus Pompeji, Casa del poeta tragico, Neapel, Mus. Naz. — T. findet das Schwert seines Vaters, N. Poussin (1594—1665), Chantilly, Museum. — T. und der Minotauros, C. Vanloo (1705—65), Besançon, Museum. — T. und Ariadne, T. Stothard (1755—1834), Zürich, Kunsthaus. — T. (Amazonenschlacht), O. Kokoschka, 1958.

Dramat. Bearbeitungen: Sommernachtstraum, Shakespeare, um 1595. — T. und Ariadne, P. Cornelis zoon Hooft, um 1600. — Thésée ou le prince reconnu, Laserre, 1644. — Thésée, Lafosse, 1700. — T., F. L. Stolberg, 1787. — T. auf Kreta, F. E. Rambach, 1791. — Teseo, V. Monti, 1799. — Thésée, Mazoier, 1800. — T. and Ariadne or The Marriage of Bacchus, J. R. Planché, 1848 (Burleske). — T., A. Q. Scudder (1898—). — Der verkleidete T., F. G. Jünger, 1934. — T., E. Bacmeister, 1940. — Thésée, A. Gide, 1946 (deutsch von E. R. Curtius, 1949).

Epos: Teseide, Boccaccio, 1341 (gedruckt 1475; s. Abb. 17).

Epyllion: Hekale (Thema: T. und der marathonische Stier), Kallimachos, 3. Jh. v. Chr. (nur fragmentarisch erhalten).

Dichtungen: T., T. St. Moore, 1904. — T. der Jüngling, I. Wiesinger-Maggi, 1953.

Romane: Ariadne and the bull, E. Farjeon, 1945. — T., E. Jirgal, 1950. — Die Geschichten von Herakles, Paris und Theseus, H. Snell, 1953.

Opern: Thésée, J. B. Lully, 1675 (Text von Quinault). — T., N. A. Strungk, 1683 (Text von Postel). — Il ritorno di Teseo dal Labirinto di Creta, A. Draghi, 1686. — Teseo, Händel, 1713 (Text von Haym). — Thésée, F. J. Gossec, 1782 (Text von Morel). — Teseo riconosciuto, G. Spontini, 1798. — T. und Ariadne, A. Fischer, 1809 (Text von M. Stegmayer). — La delivrance de Thésée, D. Milhaud, 1927 (Text von H. Hoppenot).

Ballett: T. in Kreta, P. Angiolini, ca. 1770.

Literatur: A. v. Salis, Theseus und Ariadne, Berlin 1930. — F. H. Wolgensinger, Theseus, Diss. Zürich 1935. — H. Herter, Theseus der Jonier, in: Rhein. Museum 85 (1936), 177—191, 193—239. — H. Herter, Theseus der Athener, in: Rhein. Museum 88 (1939), 244—286, 289—326. — L. Radermacher, Theseus, in: Mythos und Sage bei den Griechen, Wien ²1942, 239—303. — K. F. Johansen, Thésée et la danse à Délos, Kopenhagen 1945. — F. Weißengruber, Labyrinthus. Hic habitat Minotaurus, in: Festschrift zum 400jährigen Jubiläum des humanist. Gymnas. in Linz, Linz 1952, 127—147. — Die Gestalt des Theseus in der englischen Literatur bis zum Beginn des 17. Jahrhunderts, Diss. Wien 1958.

[1] Oder des Poseidon: Bakchyl. 17, 33 ff. Paus. 1, 17, 3. Hygin. Astron. 2, 5. — [2] Diod. 4, 59, 1. 4, 59, 6. Paus. 1, 27, 8. 2, 32, 7. Plut. Thes. 3. 6. Apollod. Bibl. 3, 15, 7. 3, 16, 1. — [3] Diod. 4, 59, 2. Plut. Thes. 8, 1. Paus. 2, 1, 4. — [4] Diod. 4, 59, 3. Paus. 2, 1, 4. Schol. Pind. Isthm. Argument. — Nach anderer Version läßt sich Sinis von den Wanderern beim Niederbeugen einer Fichte helfen und den Baum überraschend hochschnellen, so daß der Betreffende in die Luft geschleudert wird: Hygin. Fab. 38. — [5] Bakchyl. 18, 24 f. Diod. 4, 59, 4. Plut. Thes. 10. Paus. 1, 44, 8. — [6] Diod. 4, 59, 5. Paus. 1, 38, 5. Plut. Thes. 11. — [7] Plut. Thes. 12. Apollod. Epit. 1, 5 f. Schol. Il. 11, 741. Ov. Met. 7, 404 ff. — [8] Plut. Thes. 3, 13. Paus. 1, 22, 2. 1, 28, 10. Schol. Eur. Hipp. 35.

— ⁹ Zum ganzen Abenteuer: Plut. Thes. 17 ff. Diod. 4, 61. Apollod. Epit. 1, 7—10. Schol. Od. 11, 322. Il. 18, 590. — ¹⁰ Bakchyl. 17. Hygin. Astron. 2, 5. — ¹¹ Diod. 4, 61, 6 f. Plut. Thes. 22. — Nach anderer Version stürzt er sich in das Meer, das nach ihm das Ägäische heißt: Paus. 1, 22, 5. Hygin. Fab. 43. Diese offensichtlich aitiologische Erfindung ist jünger als die andere Version: H. Herter, Rhein. Museum 85 (1936), 206 f. — ¹² Thuk. 2, 15. Paus. 8, 2, 1. Plut. Thes. 22, 5, 6. 24, 4. Schol. Plat. Parm. 127 A. Deubner 22 ff. 142 ff. 198 ff. — ¹³ Hom. Od. 11, 631. Eur. Herakles. 619. Apoll. Rhod. 1, 101 ff. und Schol. — Diod. 4, 26, 1. 4, 63, 4 f. Paus. 1, 17, 4. 10, 29, 9. Apollod. Bibl. 2, 5, 12. — ¹⁴ Antiope: Diod. 4, 28. Plut. Thes. 26, 28. Paus. 1, 2, 1. Hippolyte: Isokr. 12, 193. Plut. Thes. 27. Zu dem Wechsel der Namen vgl. Radermacher 284. — ¹⁵ Isokr. 4, 68 und 70. 6, 42. 7, 75. Diod. 4, 28. Plut. Thes. 26—28. Paus. 1, 2, 1. 1, 15, 2. — ¹⁶ Diod. 4, 62, 4. Plut. Thes. 35. Paus. 1, 17, 6. — ¹⁷ Radermacher 267 f. hält den Namen für vorgriechisch. Zur Frage der zwei Väter a. a. O., 265 ff. — ¹⁸ Radermacher 263 ff. mit Parallelen. — ¹⁹ Herter, Rhein. Mus. 85, 231 ff. und 88, 244—248. — ²⁰ Kern II 89 ff. sieht darin einen Erfolg der Religionspolitik des Peisistratos. Vgl. auch Hippolytos. — ²¹ Herter, Rhein. Mus. 88, 274 f. Radermacher 257 ff. — ²² Herter, Rhein. Mus. 88, 276 f. Ihr Name bedeutet „Himmelshelle". — ²³ Herter, Rhein. Mus. 88, 281. — ²⁴ Radermacher 271. — ²⁵ Radermacher 269 ff. — Herter, Rhein. Mus. 88, 270, sieht in der Auffassung des megarischen Skiron als Unhold eine Polemik Athens gegen Megara. — ²⁶ Herter, Rhein. Mus. 88, 306. — ²⁷ Herter, Rhein. Mus. 88, 267 und A. 101. — ²⁸ Herter, Rhein. Mus. 88, 249 f. — ²⁹ Radermacher 279 f. Herter, Rhein. Mus. 88, 271 ff. — ³⁰ Herter, Rhein. Mus. 85, 210 ff. — ³¹ Herter, Rhein. Mus. 85, 215 f. — Jede Beziehung des Minotauros zur Religion leugnet Wilamowitz I 112 f. — ³² Trotz der Bedenken von W. Brandenstein, Die Sprache 2 (1950), 72. — ³³ Herter, Rhein. Mus. 88, 251. — ³⁴ Radermacher 282 und A. 771. — ³⁵ Herter, Rhein. Mus. 85, 190 f. — Marathonischer Stier als Vorbild — Minotauros als Nachbildung: Kern II 89. — ³⁶ Radermacher 283 f. — ³⁷ Herter, Rhein. Mus. 88, 262 ff. Über die gemeinsamen Abenteuer des T. und Peirithoos gibt es die verschiedensten Theorien; vgl. Herter, a. a. O., A. 75. — ³⁸ Herter, Rhein. Mus. 88, 266. — ³⁹ Zur Entwicklung dieser Anschauung vgl. Herter, Rhein. Mus. 85, 179 ff. — ⁴⁰ Herter, Rhein. Mus. 88, 285 f. — ⁴¹ Plut. Thes. 36. Herter, Rhein. Mus. 88, 292 f. — ⁴² Der 8. eines jeden Monats war T. geweiht. Über die verschiedenen Feste, die man mit T. in Zusammenhang brachte, vgl. Deubner 224 ff. — ⁴³ Zu dieser Annahme, für die sich einzelne Argumente anführen lassen, neigt Radermacher 290—303. Der Name Th. auf einer Tafel aus Knossos (gegen 1400 v. Chr.!): Journ. Hell. Stud. 73 (1953), S. 94.

Théstios, Vater der Leda, s. auch Meleagros

Thétis, Tochter des Nereus* und der Doris, die bekannteste der Nereiden*

M.: Zeus* und Poseidon* werben um sie. Als aber Themis* weissagt, der Sohn der T. werde stärker sein als der Vater, überlassen die Götter die Nereide dem sterblichen Peleus*.¹ In einem Ringkampf sucht sich T durch Verwandlung in verschiedene Tiere dem Helden zu entziehen. Peleus bleibt jedoch Sieger und feiert mit T. Hochzeit, wobei alle olympischen Götter zu Gast geladen sind (s. Eris).

T. wird Mutter des Achilleus*. Als sie bei dem Versuch, ihren neugeborenen Sohn unsterblich zu machen, von ihrem Gatten überrascht und gestört wird, verläßt sie Peleus und kehrt in den Meerespalast ihres Vaters Nereus zurück.[2]
Um ihren Sohn ist T. zeit seines Lebens besorgt. Sie steckt Achilleus unter die Töchter des Lykomedes, um ihn von dem troischen Krieg fernzuhalten. Sie warnt ihn davor, als erster in Asien an Land zu gehen,[3] da er sonst als erster fallen werde (vgl. Protesilaos). Während der Belagerung von Troia übermittelt sie Zeus die Bitte des Achilleus, den Troern Sieg zu verleihen, solange er dem Kampfe fernbleibe.[4] Schließlich bringt sie ihrem Sohne nach dem Tode des Patroklos* eine neue, von Hephaistos* geschmiedete Rüstung.[5]

R.: Vgl. Peleus.

N.: G e m ä l d e: T. bei Hephaistos, mehrere römische Wandgemälde aus Pompeji, Neapel, Mus. Naz. — T. mit dem kleinen Achill, D. Creti (1671—1749), Bologna. — Jupiter und T., A. D. Ingres (1780 bis 1867), Aix.

[1] Pind. Isthm. 8, 27 ff. Apoll. Rhod. 4, 790 ff. Apollod. Bibl. 3, 13, 5. Ov. Met. 11, 217 ff. — Nach anderer Version prophezeit Prometheus*, der Sohn der T. von Zeus werde den Himmel beherrschen: Aisch. Prom. 908 ff. Schol. Il. 1, 519. — [2] Apoll. Rhod. 4, 865 ff. Apollod. Bibl. 3, 13, 6. — [3] Apollod. Epit. 3, 29. — [4] Hom. Il. 1, 384 ff. 495 ff. — [5] Hom. Il. 18, 35 ff. 614 ff. 19, 1 ff.

Thísbe s. Pyramos

Thóas 1. Sohn der Ariadne, Vater der Hypsipyle
2. s. Iphigeneia

Thyéstes s. Atreus

Tiberínus s. Flußgötter

Tierkreiszeichen s. Sterne

Tirésias s. Teiresias

Tisamenós (Tisámenos = „Der Rächer"), Sohn des Orestes

Titanen, die sechs Söhne und sechs Töchter des Uranos* und der Gaia*[1]

M.: In der „Theogonie" Hesiods sind sie zu Paaren verbunden.[2] Unter Führung des jüngsten von ihnen, Kronos*, stürzen die T. Uranos[3] und befreien ihre Brüder, die Kyklopen* und Hekatoncheiren (die Hundertarmigen), aus dem Tartaros. Kaum zur Macht gelangt, schleudert Kronos seine Brüder wieder in den Tartaros hinab.
Später, nach dem Sturze des Kronos durch Zeus*, kommt es zu der berühmten Titanomachie, dem Kampf der T. (unter Kronos)

gegen die Kroniden mit Zeus an der Spitze.⁴ Dabei wird Zeus von den Kyklopen und Hekatoncheiren unterstützt. Schauplatz der Titanomachie sind die Gebirge Othrys und Olymp.⁵

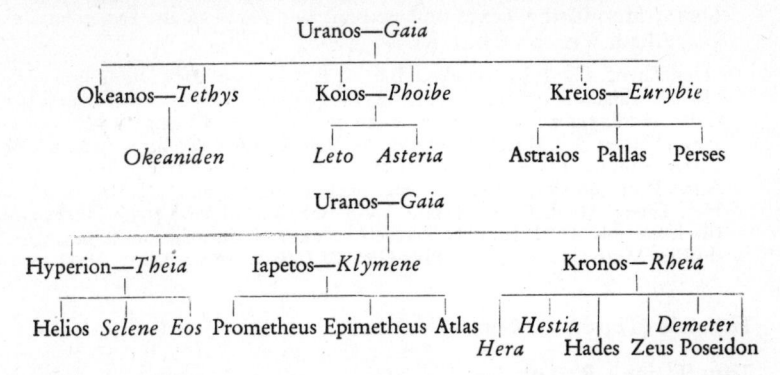

```
                        Uranos—Gaia
        ┌───────────────────┼───────────────────┐
   Okeanos—Tethys      Koios—Phoibe        Kreios—Eurybie
        │                   │                   │
   Okeaniden            Leto  Asteria    Astraios Pallas Perses

                        Uranos—Gaia
        ┌───────────────────┼───────────────────┐
   Hyperion—Theia      Iapetos—Klymene     Kronos—Rheia
        │                   │                   │
Helios Selene Eos  Prometheus Epimetheus Atlas │ Hestia │    │ Demeter │
                                                 Hera      Hades Zeus Poseidon
```

R.: Bis vor kurzem meinte man, die Titanomachie — dieses Gegenstück zur Gigantomachie (s. Giganten) — spiegle den Kampf einer früheren, von der vorgriechischen Bevölkerung verehrten Göttergeneration mit den olympischen Göttern der aus dem Norden eingewanderten Hellenen wider. Wie die Religion der Urbevölkerung Griechenlands von dem hellenischen Glauben an die Olympier verdrängt worden sei, so müßten auch die T. vor Zeus und den Seinen in den Tartaros zurückweichen.⁶ Die Publikation des erst kürzlich entdeckten churritisch-hethitischen Kumarbi-Epos zeigt jedoch, daß das System einander ablösender Göttergenerationen hier schon um die Mitte des 2. vorchristlichen Jahrtausends ausgebildet war. Den göttlichen Helden dieses Epos Alalu-Anu-Kumarbi-Wettergott entsprechen in den letzten drei Generationen Uranos-Kronos-Zeus auf griechischer Seite. Obwohl in der Frage der Wanderung des Stoffes und seiner Übernahme durch die Hellenen heute noch vieles unklar bleibt, ist an den Beziehungen zwischen dem Kumarbi-Epos und der Theogonie Hesiods nicht mehr zu zweifeln.⁷

N.: Unter titanischem Wesen verstand man schon im Altertum vielfach in Anlehnung an den aischyleischen Prometheus Kampf gegen Unterdrückung, aber auch den Widerstand gegen jede Unterordnung.⁸

G e m ä l d e: Der Sturz der Titanen, Rubens, um 1635, Brüssel, Museum (Skizze). — Titanensturz, Feuerbach, 1879, Wien, Akademie der bild. Künste (Deckengemälde).

K a n t a t e: Le chant des Titans, Rossini, 1867.

O p e r: Jupiter vainqueur des Titans, Colin de Blamont, 1745 (Text von Bonneval).

S y m p h o n. D i c h t u n g: Hyperion, E. Toch, 1947.

Literatur: U. v. Wilamowitz-Möllendorff, Kronos und die Titanen, Berlin 1929. — K. Marót, Kronos und die Titanen, Bologna 1932. — F. G. Jünger, Die Titanen, Frankfurt a. M. 1944. — A. Lesky, Hethitische Texte und griechischer Mythos, in: Anzeiger der Öst. Akad. Wiss. phil. hist. Kl. 87 (1950), 137 ff.

[1] Hes. Theog. 132 ff. Bei Apollod. Bibl. 1, 1, 3 kommt noch Dione hinzu. — [2] In der obigen Stammtafel sind Eurybie (eine Tochter des Pontos und der Gaia) und Klymene (eine Okeanide) an die Stelle von Themis* und Mnemosyne (Mutter der Musen*) gesetzt. — [3] Die Titanen beteiligen sich an der Unternehmung des Kronos nicht: Hes. Theog. 167 f. — [4] Hes. Theog. 624 ff. Aisch. Prom. 199 ff. — [5] Hes. Theog. 632 f. — [6] Hom. Il. 14, 278 f. 15, 224 f. Hes. Theog. 711 ff. Hom. Hymn. Apoll. 335. M. Pohlenz, Neue Jahrbücher für klass. Alt. 37 (1916), 549 ff. — [7] A. Lesky, Hethitische Texte und griechischer Mythos, a. a. O. — [8] Plat. Ges. 701 C. Cic. De leg. 3, 2, 5. Dio Chrys. 30, 10.

Tithonós (Thitónos), Gemahl der Eos

Títus Tátius s. Romulus

Tityós (Títyos), Sohn des Zeus* und der Elare, einer Tochter des Orchomenos[1], ein Riese

M.: Zeus verbirgt Elare vor der eifersüchtigen Hera* unter der Erde. Der hier geborene T. heißt darum „erdentsprossen".[2] Der Riese will sich an Leto* vergreifen, wird aber von den Pfeilen des Apollon* und der Artemis* tödlich getroffen. Nach seinem Tode wird T. in der Unterwelt lang ausgestreckt an den Boden gefesselt, während ihm ein Geierpaar die stets wieder nachwachsende Leber zerhackt.[3]

R.: T. ist wie alle Riesen ein Sohn der Erde. Die Erzählung von Elare und der unterirdischen Geburt ist als Erklärungsversuch für die Bezeichnung „erdentsprossen" zu verstehen.[4] Seine Strafe in der Unterwelt erinnert an den Adler des Prometheus*.

N.: Plastik: T. raubt Leto, Schatzhaus von Foce Sele, um 540 v. Chr. (Relief).

[1] Apollod. Bibl. 1, 4, 1. — [2] Hom. Od. 11, 576. Verg. Aen. 6, 595. — [3] Hom. Od. 11, 576 ff. Pind. Pyth. 4, 90 ff. Lucr. 3, 984 ff. Hor. Carm. 3, 4, 77 ff. — Zeus tötet T. mit seinem Blitz: Hygin Fab. 55. — [4] Schol. Od. 7, 324. Schol. Apoll. Rhod. 1, 761.

Tmólos, Gatte der Omphale

Toxéus (Tóxeus) s. Meleagros

Triodítis s. Hekate

Triópas (Tríopas), Vater des Erysichthon

Triptólemos s. Demeter

Trismégistos s. Hermes

Tríton, Sohn des Poseidon* und der Amphitrite*

M.: T., ein Meeresgott, halb Mensch, halb Fisch, wird von Herakles* im Kampfe überwunden. In einer boiotischen Lokalsage erscheint T. als wilder Naturdämon, der die Frauen von Tanagra am Meeresstrande überfällt und von Dionysos* vertrieben bzw. von den Einwohnern, die ihn mit Wein trunken machen, getötet wird.[1] Später vervielfachte man den T. und stellte den weiblichen Nereiden* einen männlichen Schwarm von Tritonen im Gefolge des Poseidon zur Seite.[2] Tritonen und Nereiden bildeten so das Gegenstück zu Satyrn* und Nymphen*, dem auf dem Festlande schwärmenden Gefolge des Dionysos. In der bildlichen Darstellung wurden aus den ursprünglichen Fischleibern schuppige Schlangenleiber; kentaurenartige Mischwesen (Ichthyokentauren) traten dazu. Aussehen und Treiben dieses bunten Meervölkchens wurde von der spielenden Phantasie hellenistischer Dichter und Mythologen weiter ausgeschmückt.[3]

R.: Der bisher nicht befriedigend erklärte Name des T. ist vielleicht vorgriechischer Herkunft.[4] Der Kampf des Herakles mit T. gehört nicht in eine Reihe mit der Überwindung anderer Ungetüme zu Wasser und zu Lande, die man Herakles zuschrieb.[5] Er hatte nur den Zweck, dem Meerdämon sein Wissen zu entreißen.[6] Die boiotische Lokaltradition und ähnliche Züge, die uns einen wilden T. vor Augen führen, deuten auf das Vordringen volkstümlicher Vorstellungen.[7]

Schwierig ist die Frage der Verbindung T.s mit dem afrikanischen Tritonsee (Lybien). A. Hermann versuchte auf Grund geographischer Forschungen zu zeigen, daß T. ursprünglich ein mit dem Ued Seguia (in Rio de Oro) verbundener Flußgott war. Erst sekundär sei der Name des Triton-Flusses und -Sees aus Westafrika nach Südtunesien und in das Gebiet von Kyrene übertragen worden.[8]

N.: P l a s t i k : Torso eines Tritons, Th. Vincotte (1850—1925), Brüssel (Bronze). — Vier Tritonen, C. Milles (geb. 1875), Chicago Art Institute.

G e m ä l d e : Triton und Nereide, Böcklin, 1873, München, Galerie Schack.

L i t e r a t u r : E. Buschor, Meermänner, München 1941. — A. Hermann, Triton und die hellfarbigen Libyer, in: Rhein. Museum 86 (1937), 67—93.

[1] Paus. 9, 20. — [2] Dargestellt schon von Skopas: Plin. Nat. hist. 36, 26. — [3] Eine ins einzelne gehende Beschreibung der Tritonen: Paus. 9, 21, 1. Vgl. Lesky 108, 110 f. — [4] Lesky 108. Kern I 199 deutet den Namen T. als den „Echtgeborenen, Adligen". — [5] So Wilamowitz I 222. — [6] Lesky 124 f. An den Kampf des Griechen Herakles gegen den vorgriechischen Gott T. denkt hingegen Kern I 197. — [7] Lesky 131. — [8] Rhein. Museum 86 (1937), 67 ff.

Trívia s. Hekate

Trója (= Ilion, bei Homer Ilios)

M.: Als Ahnherr der troischen Königsfamilie gilt im Mythos Dardanos, ein Sohn des Zeus*. Dessen Enkel Tros, der eponyme Heros der Troer, hat drei Söhne: Ilos, Assarakos und Ganymedes*. Ein

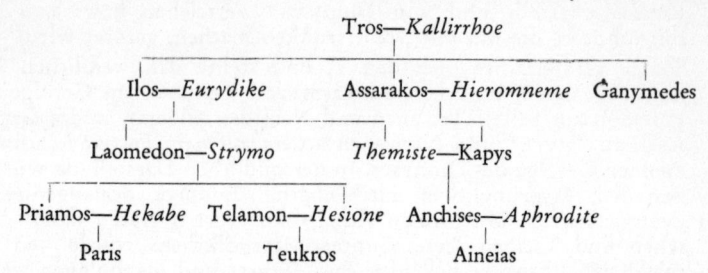

```
                    Tros—Kallirrhoe
          ┌────────────┼──────────────────┐
    Ilos—Eurydike   Assarakos—Hieromneme   Ganymedes
          │                │
    Laomedon—Strymo    Themiste—Kapys
    ┌─────┴─────┐          │
Priamos—Hekabe  Telamon—Hesione  Anchises—Aphrodite
    │               │                │
  Paris          Teukros           Aineias
```

Enkel des Assarakos ist Anchises, der Vater des Aineias (lat. Aeneas*). Ganymedes wird von Zeus in den Olymp entführt. Laomedon*, ein Sohn des Ilos, läßt sich von Apollon* und Poseidon* die Mauern von Troia erbauen. Herakles* rettet die Königstochter Hesione, wird aber von Laomedon um den ausbedungenen Lohn betrogen und zerstört die Stadt. Laomedons Sohn Priamos* hat eine überaus zahlreiche Nachkommenschaft. Sein Sohn Paris* entführt die Spartanerin Helena*. Dies wird der Anlaß zum Kriegszug der Griechen gegen T. (s. Agamemnon, Achilleus, Odysseus).

Die Belagerung der Stadt dauert zehn Jahre, wobei sich verschiedene Helden beider Parteien auszeichnen. Auf Seite der Griechen sind es vor allem Protesilaos*, Agamemnon*, Aias*, Menelaos*, Diomedes*, Odysseus*, Patroklos*, Achilleus*, Philoktetes* und Neoptolemos*, auf Seite der Troer Hektor*, Aineias*, Paris*, Troilos*, Pandaros sowie die Bundesgenossen Memnon* und Penthesileia*.

Schließlich führt der listige Rat des Odysseus zur Einnahme der Stadt. Epeios baut ein großes hölzernes Pferd, in dem sich die dreißig besten Kämpfer der Hellenen einschließen.[1] Die übrigen Griechen verbrennen ihr Schiffslager und segeln zum Schein ab. Trotz der Warnung durch den Priester Laokoon* ziehen die Troer das hölzerne Pferd als Siegesbeute in die Stadt. Während ganz T. im Siegestaumel Freudenfeste feiert, kehrt die griechische Flotte des Nachts auf ein Feuerzeichen Sinons* von der Insel Tenedos aus zurück. Mit Unterstützung der in der Stadt befindlichen Griechen dringt das Heer in T. ein und richtet ein fürchterliches Blutbad an.[2] Der greise König Priamos[3] und alle seine noch lebenden Söhne fallen, die Königin Hekabe* und alle übrigen Troerinnen kommen samt ihren Kindern in Gefangenschaft. Aineias flieht mit seinem greisen Vater Anchises und anderen Troern aus der brennenden Stadt; die Stadtgötter nimmt er mit nach Italien.[4]

R.: Der Stoff des sog. epischen Kyklos, das heißt der den troischen Sagenkreis umfassenden Epen, entstammte zum Großteil dem Mythos. Dabei wurden die den kleinasiatischen Griechen geläufigen Züge mit zahlreichen Sagen des hellenischen Mutterlandes verknüpft. Der historische Kern des troischen Sagenkreises sind die Kämpfe, die in mykenischer Zeit von den Achäern um kleinasiatische Städte, vornehmlich in der Troas, geführt wurden, sowie die tatsächlich erfolgte Zerstörung Troias. Daß die Achäer von Süden (Mysien) aus in die Troas eindrangen, scheint sich in der Sage von den Kämpfen mit dem Myserkönig Telephos* widerzuspiegeln.[5] Daß aber ein Krieg wie hier der troische mit einem Frauenraub begründet wird, ist der alten Sage durchaus geläufig.[6]
Eine interessante Hypothese führt die novellistisch ausgestaltete Erzählung vom Bau des hölzernen Pferdes und der Eroberung T.s durch Kriegslist auf ein altes Mythenmärchen zurück, in dem der rossegestaltige Gott Poseidon, der Feind Troias, die Stadt durch ein Erdbeben zerstört habe.[7]

N.: Homers „Ilias" schildert 49 entscheidende Tage aus dem 10. Kriegsjahr. Die Darstellung der verlorenen „Kleinen Ilias" des Lesches aus Pyrrha (Lesbos) reichte bis zur Aufnahme des hölzernen Pferdes in die Stadt, während die ebenfalls verlorene „Zerstörung Ilions" des Arktinos von Milet die Ereignisse vom Bau des hölzernen Pferdes bis zum Untergang T.s beschrieb. Die Vorgeschichte des troischen Krieges behandelten die „Kypria", während die „Aithiopis" in ihrer Darstellung unmittelbar an die „Ilias" anschloß. Alle diese Epen gehörten dem sog. epischen Kyklos an. Aus dem reichen Born der epischen Dichtung schöpften schon in der Antike bildende Künstler (Bildhauer, Vasenmaler) sowie die Lyriker, Tragiker und Komödiendichter.

An dramatischen Bearbeitungen aus der Antike sind uns die „Troerinnen" und die „Hekabe" des Euripides sowie die Troerinnen" Senecas erhalten. Aus der späten Kaiserzeit (4. Jh. n. Chr.) stammt das Epos „Ta meth' Homeron" („Ereignisse nach Homer") des Quintus Smyrnaeus, das inhaltlich an Homer anschließt. Tryphiodoros schrieb um 500. n. Chr. eine epische „Eroberung Troias". Der Byzantiner Johannes Tzetzes schließlich setzte den ganzen Komplex der mit den homerischen Gedichten verbundenen Sagen in Verse (12. Jh.). Die phantastischste Ausweitung, Verschiebung und Neuverknüpfung der Motive erfuhr der troische Sagenkreis durch die spätantiken und mittelalterlichen Troiaromane.

G e m ä l d e: Das trojanische Pferd, Römisches Wandgemälde aus dem Haus der Livia, Rom, Palatin. — Szenen aus dem troischen Krieg, G. Romano (1499—1546), Mantua, Corte reale, Sala di Troia (Fresken).

D r a m a t. B e a r b e i t u n g e n: Die Troerinnen, Euripides, 415 v. Chr. — Die Troerinnen, Seneca (gest. 65 n. Chr.). — La destruction de Troie, R. Garnier, 1579. — La Troade, Sallebray, 1640. —

La Troade, N. Pradon, 1679. — Die Trojanerinnen, J. E. Schlegel, 1737 (= Hecuba). — Les Troyennes, B. V. de Chateaubrun, 1754. — Das gerächte Troja, J. B. Pelzel, 1780. — The fall of Troy, F. J. Miller, 1908. — Die Troerinnen, F. Werfel, 1915 (Nachdichtung nach Euripides). — Nach Troias Fall, H. F. Zwehl, 1923. — La guerre de Troie n'aura pas lieu, J. Giraudoux, 1935. — Trojan horse, A. MacLeish, 1952.

E p e n: Ilias, Homer, 8. Jh. v. Chr. — Liet von Troye, Herbort von Fritzlar, Anf. d. 13. Jh. — Der trojanische Krieg, Konrad von Würzburg (gest. 1287).

D i c h t u n g e n: Troy town, D. G. Rossetti, 1870. — X = O: A night of the Trojan war, J. Drinkwater, 1917. — Troy, Ch. Williams, 1917. — A tale of Troy, J. Masefield, 1932.

R o m a n e: Historia de excidio Troiae, Dares Phrygius, spätantik. — Ephemeris belli Troiani, Dictys Cretensis, spätantik. — Roman de Troie, Benoît de Sainte-More, um 1175. — Historia destructionis Troiae, Guido da Columna, 1287. — Le recueil des histoires de Troye, R. Lefèvre, 1464 (engl. Übersetzung von W. Caxton 1475). — Der goldene Apfel, Z. Harsanyi, 1955.

O p e r n: Das zerstörte Troja, G. K. Schürmann, 1703. — Troja distrutta, M. Mortellari, 1778 (Text von Verazi). — Die Trojaner in Karthago, Berlioz, 1863. — Die Eroberung Trojas, Berlioz, 1890.

O r a t o r i u m: Chor gefangener Trojer, R. Henze, 1948.

F i l m: Helen of Troy, 1956 (s. Abb. 52).

L i t e r a t u r: E. Bethe, Die Sage vom Troischen Krieg, Lpz.-Berlin 1927. — E. Bickel, Das Verbrechen des Laokoon. Die Geschichte vom hölzernen Pferd und Poseidon theriomorph als Zerstörer von Trojas Mauer, in: Rhein. Museum 91 (1942), 19—27. — E. Zellweker, Troia, Drei Jahrtausende des Ruhms, Wien 1947. — C. W. Blegen, Troy, Vol. 1—3, London 1950—52.

[1] Hom. Od. 4, 271 ff. 8, 492 ff. 11, 523 ff. Ep. Graec. Fr. 49 Kinkel. Apollod. Epit. 5, 14 ff. — [2] Apollod. Epit. 5, 19 ff. Verg. Aen. 2, 21—317. — [3] Priamos wird von Neoptolemos am Altar des Zeus Herkeios erschlagen: Ep. Graec. Fr. 49 Kinkel. Eur. Troad. 16 f. 481 ff. Hek. 21 ff. — [4] Xenoph. Kyneget. 1, 15. Verg. Aen. 2, 699 ff. — [5] Robert 970. — [6] Robert 1069 f. — [7] Nach F. Schachermeyrs Annahme, die sich auf die Grabungsergebnisse und Untersuchungen Blegens stützt, ging Troia VI um 1300 v. Chr. durch ein Erdbeben zugrunde: Poseidon und die Entstehung des griechischen Götterglaubens, Salzburg 1950, 189—203. An ein Mythenmärchen, in dem der rossegestaltige Poseidon vor Troia erschien, um mit dem Stampfen seiner Hufe und mit gewaltigem Gewieher die Mauern zum Einsturz zu bringen, dachte bereits E. Bickel, Rhein. Mus. 91 (1942), 25. Andere Forscher halten das durch eine Feuersbrunst zerstörte Troia VII a (1300—1200 v. Chr.) für die homerische Stadt; Literatur bei K. Schefold, Orient, Hellas und Rom in der archäologischen Forschung seit 1939, Bern 1949, S. 58 f.

Troílos (Tróilos), jüngster Sohn des Priamos* und der Hekabe*[1]

M.: T. wird in der Ebene vor Troia beim Tränken seiner Pferde von Achilleus* überrascht und erschlagen.[2]

N.: Die Liebe des T. zu einer den Griechen ausgelieferten Tochter des troischen (!) Sehers Kalchas* (Briseis, Chryseis oder Cressida) stammt aus dem mittelalterlichen französischen Ritterroman des Benoît de Sainte-More (Roman de Troie).

D r a m a t. B e a r b e i t u n g: Troilus und Cressida, Shakespeare, um 1603—09.

D i c h t u n g: Troilus and Chryseide, Chaucer, 1379—1383.

O p e r n: Troilus und Cressida, W. Zillig, 1951. — Troilus und Cressida, W. Walton, 1954.

[1] T. ein Sohn des Apollon* und der Hekabe: Apollod. Bibl. 3, 12, 5. — [2] Ep. Graec. Fr. 20 Kinkel. Apollod. Epit. 3, 32. Dio Chrys. 11, 77. Schol. Lykophr. 307. Verg. Aen. 1, 474 ff. und Servius zur Stelle.

Tros s. Troia

Turnus s. Aeneas

Týche

M.: In Hesiods Theogonie erscheint T. als eine der Okeaniden (vgl. Okeanos).[1] Im Kreise der Meermädchen spielt sie mit Persephone* vor deren Entführung durch Hades*.[2]

R.: Das griechische Wort tyche bezeichnet das, was den Menschen trifft,[3] Schicksal oder Fügung im guten und schlechten Sinne, also Glück oder Unglück. Diese T. besaß keinen Mythos, wenngleich sie gelegentlich von den Göttern hergeleitet (theia T. = göttliche T.), von Pindar etwa als Tochter des Zeus* bezeichnet wurde.[4] In der Sphäre des sportlichen Wettkampfes fand der Gedanke einer göttlichen T., die gleichzeitig Personifikation und Begriff war, günstigen Nährboden.[5]

Die historischen Ereignisse, die in den letzten Jahrzehnten des 4. Jh. v. Chr. zum Hellenismus überleiteten, jäher Aufstieg und überraschender Untergang einzelner Persönlichkeiten und ganzer Reiche, führten die Menschen immer mehr zu dem Glauben an ein unberechenbares, „blindes" Schicksal. Diese T. war zwar keine sittliche Macht mehr, stand aber über allen Berechnungen der Menschen und bedeutete mehr als bloßen Zufall.

Seit dem 4. Jh. v. Chr. sind auch Tempel der T. (in Theben, Megara, Megalopolis; Verehrung in Athen) nachzuweisen, wobei jede Stadt i h r e T. verehrte. Darüber hinaus erhielt in hellenistischer Zeit jeder einzelne Mensch, wie er seinen eigenen Daimon* hatte, auch seine individuelle T.[6]

Der Glaube an T. als allbeherrschende Gottheit war nur möglich, da wirklicher Gottesglaube und wahre Religiosität in den Jahrhunderten um Christi Geburt weithin geschwunden war.[7] In der Kaiserzeit wurde in vielen Städten des Ostens eine „Tyche der Stadt" verehrt (z. B. Antiocheia, Alexandreia).[8]
Die bildlichen Darstellungen zeigen T. mit Steuerruder (als Lenkerin des Schicksals bzw. der Stadt)[9] und Füllhorn oder mit einem Plutosknaben auf dem Arm (wie Eirene*). Zum Zeichen der Flüchtigkeit und Vergänglichkeit des Glücks steht T. oft auf einem Rad oder einer Kugel.
Der griechischen T. entsprach die römische Fortuna, die auch als Staatsgöttin (Fortuna populi Romani) verehrt wurde.

Plastik: T. von Antiocheia, Eutychides, um 300 v. Chr. (Original Bronze); Kopie: Rom, Vatikan.

Gemälde: Fortuna, Mantegna (1431—1506), Mantua, Akademie (Fresko). — Fortuna, Rubens, um 1635, früher Berlin, Kaiser-Friedrich-Museum. — Fortuna, Tiepolo, 1757, Venedig, Palazzo Labia (Fresko).

Hymnos: Auf die Fortuna von Antium, Horaz, Carm. 1, 35.

Literatur: G. Pasquali, The Tradition of the Goddess Fortuna in the medieval Philosophy and Literature, Northampton, Mass. 1922—23. — A. Doren, Fortuna im Mittelalter und in der Renaissance, Lpz. 1924. — H. Strohm, Tyche. Zur Schicksalsauffassung bei Pindar und den frühgriechischen Dichtern, Stuttgart 1944. — G. Herzog-Hauser, Tyche und Fortuna, in: Wiener Studien 63 (1948), 156—163. — G. Herzog-Hauser, Artikel Tyche in RE R. 2 VII A 2 (1948), 1643—1689.

[1] Hes. Theog. 360. — [2] Hom. Hymn. Dem. 417 ff. — [3] Bzw. was er trifft, erreicht: Auf diese doppelte Bedeutung des Verbums tynchano, zu dem tyche gehört, weist H. Strohm, Tyche, 1944, 85 ff. hin. Vgl. auch G. Herzog-Hauser, Wr. Stud. 63 (1948), 157. — [4] Pind. Ol. 12, 1 ff. Vgl. Thuk. 5, 112, 2. — [5] H. Strohm, Tyche, 28 ff. — [6] Philemon Fr. 10 Kock. — [7] Nilsson II 191 f. — [8] Zur Entwicklung der T.: Wilamowitz II 298—309. Nilsson II 190—199. Herzog-Hauser, RE. — [9] Das Steuerruder paßt zu dem mythischen Meermädchen, aber auch zur Helferin zur See: G. Herzog-Hauser, Wr. Stud. 63 (1948), 160 f.

Tydéus (Týdeus), Sohn des Oineus, Königs von Aitolien, und der Periboia

M.: T. muß wegen des Totschlages an einem Verwandten aus seiner Heimat flüchten. In Argos trifft er auf den aus Theben vertriebenen Polyneikes* und kämpft mit ihm um das Nachtlager. König Adrastos* nimmt die beiden gastfreundlich auf und macht sie zu seinen Schwiegersöhnen. T. wird Vater des Diomedes*. Zu seinem weiteren Schicksal vgl. Adrastos und Polyneikes.

Tyndáreos s. Dioskuren

Typhón (Týphon) oder **Typhoéus** (Typhóeus), Sprößling des Tartaros und der Gaia*

M.: T. ist ein riesiges Ungeheuer mit hundert Drachenköpfen und Schlangenfüßen. Aus seiner Verbindung mit Echidna* gehen zahlreiche Ungetüme wie Kerberos*, Orthos (der Hund des Geryoneus, s. Herakles), der Drache der Hesperiden*, die Chimaira, die krommyonische Sau (s. Theseus) usw. hervor.
Als die Giganten* von den olympischen Göttern besiegt sind, gebiert Gaia den T. und sendet ihn zum Kampf gegen den Olymp aus. Zeus* trifft T. mit seinem Blitz und schleudert den Ätna auf ihn; an der Tätigkeit des Vulkans merkt man noch gelegentlich die Bewegungen des darunter liegenden Riesen.[1]

R.: Typhos oder Typhon bedeutet im Griechischen soviel wie Wirbelwind. Unter dem Einfluß ägyptischer Vorstellungen (Set = Typhon!) verstand man T. als den aus der äthiopischen Wüste kommenden Glutwind bzw. als einen feurigen Sturmwind, der unheilschwangere Gewitterwolken vor sich hertreibt.[2] In weiterer Entwicklung sah man in T. den bösen Dämon, der den Sturmwind oder Wüstenwind, aber auch die Erdbeben erregt. Die hesiodische Schilderung des Kampfes zwischen dem blitzeschleudernden Zeus und T. ist vielleicht nach dem Bilde eines Vulkanausbruchs und des Gewitters, das ihn zu begleiten pflegt, gestaltet.[3]
Keinesfalls ist der T.-Mythos aus der hesiodischen Theogonie zu streichen.[4] Er findet eine Parallele ehrwürdigen Alters in dem kürzlich entdeckten churritisch-hethitischen Kumarbi-Epos. Hier soll der Unhold Ullikummi den Wettergott (entsprechend dem griechischen Zeus) stürzen und damit den seiner Herrschaft beraubten Kumarbi wieder auf den Thron der Götter erheben.[5] G. Seippel, der die T.-Figur in Ägypten, Babylonien, Assyrien und Persien nachweisen konnte, nahm als Heimat des T. Kilikien-Nordsyrien an.[6]

Dichtung: T., A. K. Sabin, 1902.

Literatur: G. Seippel, Der Typhonmythos, Diss. Greifswald 1939. — A. Lesky, Hethitische Texte und griechischer Mythos, in: Anzeiger d. Öst. Akad. Wiss. phil. hist. Kl. 87 (1950), 137 ff. — F. Worms, Der Typhoeus-Kampf in Hesiods Theogonie, in: Hermes 81 (1953), 29—45.

[1] Hes. Theog. 820 ff. Pind. Pyth. 1, 15 ff. Aisch. Prom. 351 ff. Apollod. Bibl. 1, 6, 3. Ov. Met. 5, 321 ff. — [2] G. Seippel, Der Typhonmythos, 106 ff. — [3] Seippel, a. a. O., 129 ff. — [4] Wie es Wilamowitz, Hesiodos, Erga. Berlin 1928, 112 f. wollte; vgl. auch Wilamowitz I 266. — [5] A. Lesky, Anzeiger der Öst. Akad. Wiss. 87 (1950), 146. — [6] Seippel, a. a. O., 146.

Tyró (Týro), Tochter des Salmoneus* und der Alkidike

M.: Poseidon* vermählt sich mit ihr in Gestalt des Flußgottes Enipeus, den T. liebt. T. wird Mutter von Zwillingen, Pelias und

Neleus.¹ Von ihrer Stiefmutter Sidero muß sie arge Mißhandlungen hinnehmen. Die Kinder werden ausgesetzt, von Tieren gesäugt, später von Hirten gefunden und aufgezogen.² Als Pelias und Neleus herangewachsen sind, finden sie ihre Mutter wieder und töten die böse Sidero.³ T. heiratet ihren Onkel Kretheus, den Gründer von Iolkos, und gebiert ihm die Söhne Aison, Pheres und Amythaon.

R.: Das Motiv der Zwillinge, die von einem göttlichen Vater und einer sterblichen Mutter stammen, ausgesetzt und von Tieren gesäugt werden, für ihre mißhandelte Mutter eintreten und zu großen Taten berufen sind, kehrt mehrfach wieder, so bei A'mphion* und Zethos, Boiotos und Aiolos (s. Melanippe), bei Romulus* und Remus.

N.: Sophokles schrieb zwei Tragödien „Tyro", von denen nur Fragmente erhalten sind.⁴

¹ Hom. Od. 11, 235 ff. Diod. 4, 68, 3. Lukian. Dial. marin. 13. Apollod. Bibl. 1, 9, 8. — ² In einer sophokleischen „Tyro" fand die Anagnorisis auf Grund des Kahnes statt, in dem die Zwillinge auf dem Wasser ausgesetzt waren: Aristot. Poet. 1454 b 25. — ³ Menand. Epitrep. 150 ff. K. Apollod. Bibl. 1, 9, 8. Schol. Il. 10, 334. Od. 11, 235. Schol. Lykophr. 175. — ⁴ Soph. Fr. 589 bis 608 N.

U

Ulíxes s. Odysseus

Unterwelt (= Tartaros, Erebos, Orkus)

M.: Der griechische Mythos kennt die U. als das von Hades* und Persephone* beherrschte finstere Reich der Toten unter der Erde, in dem die Seelen der Verstorbenen ihr wesenloses Schattendasein führen. Bei dem Vorgebirge Tainaron und bei Hermione (beides Peloponnes), bei Herakleia am Schwarzen Meer und im Avernersee bei Kyme befanden sich Eingänge zur U., die in verschiedenen Heldensagen eine Rolle spielen. Hermes* als Seelengeleiter (Psychopompos) führt die Seelen der Toten durch die eherne Pforte des Tartaros. Der Totenfährmann Charon* setzt die Seelen über die die U. umgebenden Gewässer (darunter Acheron, Kokytos, Styx) über. Jenseits hält der Höllenhund Kerberos* in einer Höhle Wache, um alle Seelen in den Hades einzulassen, aber keiner die Rückkehr zu gestatten.

Die Totenrichter Minos*, Rhadamanthys und Aiakos* sitzen über die Seelen zu Gericht. Die Frommen gehen in die vom Lethestrom (Strom des Vergessens) umflossenen elysischen Gefilde ein, wo sie in ewiger Glückseligkeit leben. Die Frevler aber werden in den von einer dreifachen Mauer umschlossenen eigentlichen Tartaros gestoßen, um den der Pyriphlegethon (Feuerstrom) fließt.

Mehrere Gestalten, die in zahlreichen Unterweltsschilderungen wiederkehren, sind hier zu ewiger Buße verdammt: Tantalos*, Sisyphos*, Ixion*, Tityos*, Peirithoos*, die Danaiden*, Orion*, Phineus*, Salmoneus* usw. Eine große Zahl von Göttern, Dämonen und Ungeheuern aller Art bevölkert die U.: Hekate*, Erinyen*, Gorgonen*, Harpyien*, Chimaira, Echidna*, Empusa*, Hydra usf.

R.: In den griechischen Berichten über die U. sind zwei verschiedene, aber grundlegende Jenseitsvorstellungen eine innige Verbindung eingegangen. Beide mögen ihren Ausgang oder zumindest Anhaltspunkte in geographischen Verhältnissen gefunden haben. Eine uralte Vorstellung suchte das Totenland in weiten Fernen jenseits des Meeres (des Okeanos*). Die Unterweltsflüsse, der Totenfährmann Charon und die jenseits des Wassers liegenden elysischen Gefilde erinnern an diese Vorstellung, die in Küstengebieten mit flachem Hinterland beheimatet gewesen sein mag. Eine andere Auffassung, die vielleicht von zerklüfteten Gebirgsgegenden ausging, verwies das Jenseits unter die Erde; wer zu Hades hinunter soll, muß in die U. hinabsteigen.[1] So dachte man sich auch den Eingang in die U. teils jenseits des Okeanos, teils an verschiedenen Punkten, die oft durch ihre düstere Umgebung oder geologische Vergangenheit (Vulkanismus) die Phantasie anregten.

Bei den Hellenen war wie bei vielen anderen Völkern die Vorstellung verbreitet, daß die Toten die charakteristische Tätigkeit der

Lebenden fortsetzen.[2] Der Palast des Hades und der Persephone in der U. ist ein Abbild fürstlicher Wohnsitze der mykenischen Zeit.

N.: Des Odysseus* Begegnung mit der Welt der Schatten schildert der 11. Gesang der Odyssee; hier drängen sich die Seelen der Verstorbenen an den Eingang des Hades, um von dem Blut der Opfertiere trinken zu können.
Orpheus*, Herakles*, Theseus* und Peirithoos* steigen gar selbst in den Tartaros hinab. Die Szene mehrerer attischer Komödien spielt in der U.[3] Den Abstieg des Aeneas* in den Hades beschreibt Vergil im 6. Buche der Aeneis.[4]

G e m ä l d e: Charon, den Styx überquerend, J. Patinir (1475/80 bis 1524), Madrid, Prado.

[1] L. Radermacher, Das Jenseits im Mythos der Hellenen. Untersuchungen über antiken Jenseitsglauben. Bonn 1903, bes. 85 ff. Neuerdings: Radermacher, Das Meer und die Toten, in: Anzeiger der Öst. Akad. Wiss. phil. hist. Kl. 86 (1949), 307—315. — [2] Nilsson I 425 f. — [3] Am bekanntesten ist die Hadesfahrt des Dionysos* in Aristophanes' „Fröschen". — [4] Zwei andere Hadesschilderungen Vergils: Georg. 4, 466 ff. und Culex.

Uranía (Uránia) s. Musen

Uranós (Úranos), der Himmel

M.: U., der Gemahl der Gaia*, erscheint in der griechischen Theogonie als Vater der Titanen*, Kyklopen* und Hekatoncheiren, und schließlich als Ahnherr aller Götter.[1] Die Zahl seiner Kinder von Gaia schwankt zwischen 12 und 45.[2] Gaia, die U. wegen der Verbannung der Kyklopen und Hekatoncheiren in den Tartaros zürnt, ermuntert ihren jüngsten Sohn Kronos* zum Kampf gegen den Vater. Mit einer scharfzahnigen Sichel schneidet Kronos dem U. die Geschlechtsteile ab und bemächtigt sich der Weltherrschaft.[3] Aus den ins Meer fallenden Blutstropfen entsteht die schaumgeborene Göttin Aphrodite*.[4] S. auch Kronos.

R.: Die Griechen sahen wie viele andere Völker in U., dem Himmelsgewölbe, gleichzeitig eine sich mit der Erde vermählende, befruchtende Naturkraft.[5] Die Erzählung von der Entmannung des U. durch Kronos findet ihre Parallelen in den fast über die ganze Welt verbreiteten sog. Himmel-Erde-Trennungsmythen.[6] In diesen kosmogonischen Erzählungen sind die Menschen oder die Kinder des Himmels und der Erde zumeist in dem dunklen Raum zwischen der Erde und dem auf ihr ruhenden Himmel eingeschlossen. Nichts anderes hat es zu bedeuten, wenn in der griechischen Theogonie die Titanen bzw. die Kyklopen und Hekatoncheiren in den Tartaros verstoßen werden. — Die Erzählung von der Geburt der Aphrodite aus den Blutstropfen des U. dürfte sich aus einem Beinamen der Göttin (Urania) entwickelt haben.[7]

N.: G e m ä l d e: Uranos, Feuerbach, 1875, Wien, Akademie d. bild. Künste.

Literatur: G. Dumézil, Ouranós-Váruna. Étude de mythologie comparée indoeuropéenne, Paris 1934. — W. Staudacher, Die Trennung von Himmel und Erde. Ein vorgriechischer Schöpfungsmythos bei Hesiod und den Orphikern. Tübingen 1942.

[1] Hes. Theog. 44 f. 105 f. 133 ff. — [2] 12 Titanen: Hes. Theog. 133 ff. — 13 Titanen, dazu noch die Kyklopen und Hekatoncheiren: Apollod. Bibl. 1, 1, 3. — 45 Nachkommen: Diod. 3, 57, 1. Mit Nyx (der Nacht) zeugt U. die Lyssa: Eur. Herakles 844. — [3] Hes. Theog. 154 ff. Plat. Staat 377 E — 378 A. Apollod. Bibl. 1, 1, 1—4. — [4] Hes. Theog. 188 ff. — [5] Aisch. Fr. 44 N. Hes. Theog. 126 f. 176 ff. — [6] W. Staudacher, Die Trennung von Himmel und Erde, Tübingen 1942. — G. Dumézil, Ouranós-Váruna. Paris 1934 suchte verwandte Züge im Bilde des U. und des indoiranischen Varuna aufzudecken. — [7] Nilsson I 490 verweist auf die mit dem Himmelsgott verbundene semitische Fruchtbarkeitsgöttin Aschtoret.

V

Venus, altitalische Göttin des Frühlings und der Gärten[1]

M.: Als V. der griechischen Aphrodite* gleichgesetzt wurde, übernahm sie allmählich auch die aus dem griechischen Mythos geläufigen Eigenschaften und Beziehungen dieser Göttin.

R.: Während in Latium (Ardea) sehr alter Venusdienst bezeugt ist,[2] gehört V. in Rom selbst nicht zu den alteingesessenen Gottheiten.[3] Als Göttin des Frühlings und der Gärten war ihr der April später besonders heilig. Man kannte in Rom drei Sonderformen, nämlich die V. Murcia, Cloacina und Libitina; ihr galten die Vinalia rustica am 19. August.[4]
Mit der Hellenisierung des Venusdienstes wurde aus der Gartengöttin die Göttin der Liebe. V. erscheint gemeinsam mit Mars* bei dem großen Lectisternium (Göttermahlzeit) vom Jahre 217 v. Chr. Zwei Jahre später wurde der V. Erucina (vom sizilischen Berg Eryx übernommen) der erste Tempel auf dem Kapitol geweiht.[5]
Besonders gefördert wurde die Verehrung der V. durch die politisch führenden Männer Roms im ersten vorchristlichen Jahrhundert, nämlich Sulla, Pompeius, Caesar und Augustus. Caesar leitete sein Geschlecht (gens Julia) von Aeneas*, dem Sohne des Anchises und der V., ab[6] und ließ 46 v. Chr. auf dem Forum Julium den Tempel der V. Genetrix erbauen. Der von Augustus gegründete Tempel des Mars Ultor diente gleichzeitig der Verehrung der V. Genetrix. — Zu den Darstellungen der V. in der bildenden Kunst vgl. Aphrodite.

Literatur: J. Debecq, Le culte de Vénus en Occident à partir du IVe siècle de notre ère, Brüssel 1935/36. — R. Schilling, La religion romaine de Vénus depuis les origines jusqu'au temps d'Auguste, 1955 (= Bibl. Éc. Fr. d'Athènes et de Rome 178).

[1] Varro, De re rust. 1, 1, 6. — [2] Plin. Nat. hist. 3, 57. Liv. 22, 1, 19. — [3] Macrob. Sat. 1, 12, 12 f. — [4] Varro, De ling. Lat. 6, 20. — [5] Liv. 22, 9, 9 f. 22, 10, 10. 23, 30, 13 f. 23, 31, 9. — In der Einführung der V. Erucina sieht R. Schilling, a. a. O., 46 keine Hellenisierung, sondern eher eine nationalrömische Reaktion. Die phoinikische Astarte, die ursprünglich auf dem Eryx verehrt wurde, hatten griechische Kolonisten in Aphrodite umgedeutet: Kern II 231. — [6] Vell. Paterc. 2, 41, 1. Suet. Caes. 6, 1. Cass. Dio 43, 43, 3.

Vertúmnus (oder Vortúmnus), römischer Gott, wahrscheinlich etruskischer Herkunft

M.: V., der selbst in den Kreis der Vegetationsgottheiten gehört, ist Gatte der Nymphe Pomona*, deren Name auf Früchte und Fruchtbarkeit weist.

R.: Der Kult des V. wurde 264 v. Chr. aus dem eroberten Volsinii nach Rom übertragen.[1] Sein Tempel lag auf dem Aventin; das Stiftungsfest, die Vortumnalia, fand am 13. August statt. Ein altes

Bild des V. im vicus Tuscus in Rom wurde mit Blumen und reifen Früchten geschmückt.[2] Durch die volksetymologische Deutung des Namens (von lat. vertere = wenden) sah man in ihm einen Gott der Jahreswende und des regen Handelsverkehrs. Ferner schrieb man ihm unbegrenzte Verwandlungsfähigkeit zu.[3] So nimmt V. bei der Liebeswerbung um die Nymphe Pomona verschiedene Gestalten an.[4]

N.: G e m ä l d e: V. und Pomona, P. Bordone (1500—1571), Paris, Louvre. — V. und Pomona, H. Goltzius, 1613, Amsterdam. — V. und Pomona, D. Teniers d. Ä. (1582—1649), Wien, Kunsthistor. Museum. — V. und Pomona, Adriaen van de Velde (1636—1672), Wien, Kunsthistor. Museum. — V. und Pomona, L. Silvestre d. J. (1675—1760), früher Dresden, Schloß.

O p e r n: Pomone, R. Cambert, 1671 (Text von Perrin). — Pomona, R. Keiser, 1702 (Text von C. H. Postel).

B a l l e t t: V. und Pomona, J. A. Gürrlich, 1804.

[1] Varro, De ling. Lat. 5, 46. Prop. 4, 2, 3 f. — [2] Prop. 4, 2, 41 ff. Ov. Met. 14, 687 ff. — [3] Tib. 4, 2, 13 f. Ov. Fast. 6, 409 f. — [4] Ov. Met. 14, 643 ff.

Vésta, römische Göttin des Staatsherdes

M.: Die Mythen oder Legenden betreffen zwar nicht V. selbst, wohl aber ihre Priesterinnen und menschlichen Spiegelbilder, die Vestalinnen. Durch einen Vergleich der Erzählungen von der Geburt des Romulus* und Remus — ihre Mutter ist die Vestalin Rhea* Silvia —, des Servius Tullius und des Caeculus kommt A. Brelich zu dem Schluß, es sei die mythologische Funktion der Vestalin, mittels eines mehr oder weniger anonymen göttlichen Erzeugers Mutter eines „Stadtgründers" zu werden.[1]
Ovid erzählt, der lüsterne Gott Priapos* habe einmal versucht, V. Gewalt anzutun, sei aber durch das Geschrei eines Esels an seinem Vorhaben gehindert worden.[2]

R.: V. war eine der ältesten Göttinnen, die in Rom verehrt wurden.[3] Ihre Anfänge hat man auf den römischen Synoikismos und das erste Bewußtwerden einer staatlichen Gemeinschaft in Rom zurückgeführt.[4] Der V.-Tempel, dessen Bau man dem Romulus oder Numa Pompilius zuschrieb, lag am Fuße des Palatin in unmittelbarer Nähe des Amtshauses des Pontifex maximus und des Hauses der Vestalinnen. Dieser kleine Rundtempel enthielt kein Götterbild, sondern beherbergte nur den Staatsherd mit dem heiligen Feuer,[5] für dessen dauernde Unterhaltung die Vestalinnen sorgen mußten. Das Feuer ausgehen zu lassen, galt für die Vestalinnen als schweres Verbrechen.[6] Verbindungslinien zwischen V. und Vulcanus*, dem Gott des Feuers, lassen sich beobachten.[7]
Bei Gebeten und Opfern wurde V. unter mehreren Göttern stets an letzter Stelle genannt,[8] im Gegensatz zu Janus*, den man als ersten Gott anrief. Die sechs Vestalinnen mußten während ihrer

Priesterschaft völlige geschlechtliche Enthaltsamkeit üben;[9] eine Verletzung dieser Pflicht wurde mit dem Tode bestraft.[10] Das römische Volk glaubte an wunderwirkende Kräfte der Vestalinnen; sie genossen verschiedene Ehrenrechte (Führung eines Liktors, Ehrensitze bei öffentlichen Spielen usw.)[11] und hatten überhaupt große Autorität auch in weltlichen Angelegenheiten.

Das Fest der Göttin, die Vestalia, feierte man in Rom am 9. Juni.

— Die Erzählung von Priapos und V., die eine eindeutige Dublette zu der von Priapos und der Nymphe Lotis darstellt, sollte wohl erklären, warum der Esel als heiliges Tier der V. galt.[12] — V. wurde der griechischen Hestia* gleichgesetzt, vertrat aber vorwiegend den Staatsherd und kaum den einzelnen Haushed wie diese.[13]

N.: Opern: Il fuoco eterno custodito delle Vestali, A. Draghi, 1674 (Text von Minato). — La Vestale, M. Vento, 1763. — Vestas Feuer, J. Weigl, 1805 (Text von Schikaneder). — La Vestale, L. G. P. Spontini, 1807 (Text von Jouy). — La Vestale, G. Pacini, 1823 (Text von Romanelli). — La Vestale, G. Mercadante, 1840 (Text von Cammarano).

Ballett: Die Vestalin, J. Starzer, 1773.

Literatur: T. C. Worsfold, The History of the Vestal Virgins of Rome, London 1932. — O. Huth, Vesta, Berlin-Leipzig 1943. — A. Brelich, Vesta, Zürich 1949.

[1] Brelich, Vesta, 95—103. — [2] Ov. Fast. 6, 319 ff. — [3] Verg. Georg. 1, 498. Serv. Aen. 9, 257. — [4] Brelich, a. a. O., 105. — [5] Ov. Fast. 6, 295 ff. — [6] Liv. 28, 11, 6 f. — [7] Brelich, a. a. O., 69 ff. Gegen eine Gleichsetzung der V. selbst mit dem Herdfeuer, unter Umständen mit dem Feuer ohne Bezug auf den Herd (so O. Huth, Vesta, 68—71): Brelich, a. a. O., 50. — [8] Cic. De nat. deor. 2, 67. — [9] Plut. Numa 9. Ov. Fast. 6, 283 ff. Als kultische Keuschheit aufgefaßt von O. Huth, a. a. O., 68 f. — Über den Doppelaspekt der Jungfräulichkeit und Mutterschaft im Bilde der V., unter Heranziehung der Parallelen bei Athene*-Minerva* und Fortuna: Brelich, a. a. O., 57—67. — [10] Liv. 22, 57, 2; die Vestalin wird lebendig begraben. — [11] Plut. Numa 10. Cass. Dio 47, 19, 4. 59, 3, 4. Tac. Ann. 4, 16. — [12] Brelich, a. a. O., 71 ff. — [13] Versuche, den römischen V.-Kult auf älteren privaten Hauskult der Göttin zurückzuführen, werden neuerdings abgelehnt von Brelich, a. a. O., 14 bis 19.

Victória s. Nike

Vulcánus (Volcánus), römischer Gott des Feuers

R.: V. wurde von den Etruskern übernommen und später dem griechischen Hephaistos* gleichgesetzt.[1] Wie Hephaistos ist V. das Element Feuer selbst und zugleich der Herr des Feuers sowie der kunstfertige Schmied. Für die Übernahme des Gottes aus Etrurien spricht außer dem Namen auch seine Funktion als Blitzgott.[2] Das Volcanal, eine überdachte Feuerstelle neben dem Comitium, war die älteste Kultstätte des Gottes in Rom. Einen Tempel hatte V.

auf dem Marsfeld, wo auch das Hauptfest des Gottes, die Volcanalia, am 23. August stattfand. Dabei wurden lebende Tiere (Fische) ins Feuer geworfen.

N.: Vgl. Hephaistos.

Literatur: F. Altheim, Griechische Götter im alten Rom, Gießen 1930, 172—208.

[1] Altheim, a. a. O., hält V. für identisch mit Hephaistos. Vgl. auch Altheim I 47 f. — [2] Altheim I 85.

W

Weltalter

M.: Bei Hesiod und anderen antiken Autoren werden vier bis fünf W. unterschieden und nach Metallen benannt. Das goldene Zeitalter[1] unter Kronos* kennt weder Schuld noch Sorgen. Ohne Krankheit und Alter leben die Menschen friedlich von den reichen Gütern, die ihnen die Erde freiwillig spendet. Das silberne Geschlecht, moralisch minderwertiger als das goldene, kennt keine Götterverehrung und Sittenreinheit; es wird von Zeus* vertilgt. Das dritte von Zeus geschaffene, eherne Geschlecht sieht seine Aufgabe nicht in friedlichem Ackerbau, sondern nur im Kriegführen. Es geht durch eigene Hand zugrunde. Das vierte Geschlecht, gerechter und besser als das dritte, ist das der Heroen, dem die Helden des troischen und thebanischen Sagenkreises angehören. Das fünfte, jetzt lebende, eiserne Geschlecht wird schließlich in einem Zustand völliger Rechtlosigkeit enden,[2] sobald Aidós (das Schamgefühl, die sittliche Scheu) und Nemesis* bzw. Dike die Menschen verlassen werden.

R.: Die Vorstellung von den sich verschlechternden W. spiegelt eine pessimistische Auffassung über die Entwicklung der ethischen und sozialen Verhältnisse der Menschheit wider. Das zwischen dem ehernen und dem eisernen Geschlecht eingeschobene Heroenzeitalter, das die Reihe der sich ständig verschlechternden W. durchbricht, entspricht der griechischen Vorstellung von den Heroen als Menschen einer höheren Seinsstufe. So hat Hesiod vielleicht eine orientalische (persische?) Anschauung von vier nach dem Stande des Rechts und der Religion abgestuften W. mit der griechischen Konzeption der erhabenen Heroenzeit und der entarteten Gegenwart verbunden.[3]

N.: Gemälde: Das goldene Zeitalter, J. A. Koch, 1797. — Das Fest des goldenen Zeitalters, E. J. Poynter (1836—1919), London, Tate-Gallery.

Dramat. Bearbeitung: Die vier Zeitalter, Th. Heywood, 1611—32.

Oper: The golden age restored, A. Ferrabosco, 1615 (Text von B. Jonson).

Literatur: R. Reitzenstein, Vom Töpferorakel zu Hesiod, in: Studien der Bibl. Warburg 7 (1926), 38—68, bes. 57 ff. — R. Walker, The Golden Feast. A Perennial Theme in Poetry. New York 1952.

[1] Zur Bezeichnung „golden" als Erfindung Hesiods vgl. H. C. Baldry, Who invented the Golden Age? in: The Classical Quarterly 46 (1952), 83—92. — [2] Nach Hes. Werke 106—201. Vgl. Arat. 96 ff. Ov. Met. 1, 89 ff. Sen. Octavia 377 ff. — [3] R. Reitzenstein, a. a. O., 64 f.

Winde

M.: Die W. erscheinen der Phantasie des Hellenen in verschiedenen Gestalten. Bei Homer leben sie auf der sagenhaften Aiolosinsel unter ihrem Herrn Aiolos* 2., der sie nach Belieben freilassen oder in einen Schlauch sperren kann.[1] Sie erscheinen aber auch in Menschengestalt, oft geflügelt, wie die Harpyien*, oder in Pferdegestalt. Die W. gelten als Söhne des Astraios und der Eos*.

Boreas, der rauhe Nordwind, überrascht die athenische Königstochter Oreithyia beim Spiele am Ufer des Ilissos und entführt sie in seine Heimat Thrakien. Aus ihrer Verbindung gehen die Boreaden Kalais und Zetes hervor.[2]

Der Westwind Zephyros zeugt bei Homer mit der Harpyie Podarge in Roßgestalt die Pferde des Achilleus*, Xanthos und Balios.[3] Als Bote des Frühlings ist er mit einer der Horen* vermählt. Im Auftrage des Eros* entführt er die junge Psyche*. Ost- und Südwind werden zumeist als Euros (lat. Vulturnus) und Notos (lat. Auster) bezeichnet.

R.: Die Beflügelung der W. erklärt sich leicht aus ihrer Natur, ebenso die Verwandlung in „windschnelle" Rosse. Seit der Dezimierung der persischen Flotte im Jahre 492 v. Chr., die man dem thrakischen Nordwind zuschrieb, wurde Boreas in Athen in einem Staatskult verehrt.[4] Auch aus anderen Orten Griechenlands wird über kultische Verehrung von W. berichtet. Zumeist opferte man den W.,[5] um ihren schädigenden Einfluß abzuwehren.[6] Kern verweist auch auf die Beziehungen der W. zum chthonischen Bereich.[7]

N.: Plastiken: Vier Haupt- und vier Nebenwinde am Turm der Winde zu Athen, 1. Jh. v. Chr. (Relief). — Psyche und Zephyr, H. Bates (1850—1899), London, Privatbesitz (Relief). — Zephyr und Psyche, Rodin, 1884.

Gemälde: Der Frühling, Botticelli, um 1480, Florenz, Kunstakademie. — Boreas entführt die Oreithyia, Rubens, um 1615, Wien, Akademie der bild. Künste. — Raub der Oreithyia, F. Solimena (1657—1747), Wien, Kunsthistor. Museum. — Zephyr und Flora, C. A. Coypel (1694—1752), Paris, Louvre.

Dichtung: Oreithyia, M. Hewlett, 1913.

Opern: Orizia, G. Sartorio, 1650 (Text von Bisaccioni). — Zéphire et Flore, Lully, 1688 (Text von Duboullay). — Zéphire, Rameau, 1756. — Zephyr unter den Hirten, Höllerer, 1834.

Ballette: Orizia e Borea, S. Vigano, 1788. — Borea e Zeffiro, J. G. Ferrari, 1800. — Zephyr und Flora, K. Neuner, 1814.

[1] Hom. Od. 10, 19 ff. Ov. Met. 14, 223 ff. Apollod. Epit. 7, 10. — [2] Apoll. Rhod. 1, 212 ff. und Schol. — Ov. Met. 6, 683 ff. — Oreithyia ist Tochter des Erechtheus: Hdt. 7, 189. Apollod. Bibl. 3, 15, 1 oder des Kekrops*: Schol. Apoll. Rhod. 1, 212. — [3] Hom. Il. 16, 148 ff. — [4] Hdt. 7, 189. Plat. Phaidr. 229 BC. Paus. 1, 19, 5. — [5] Hdt. 2, 119 berichtet sogar von Menschenopfern. — [6] Kern I 47. — [7] Kern I 95 f. 159.

X

Xánthos s. Harpyien

Xúthos s. Ion

Z

Zagréus (Zágreus), griechischer Gott aus dem Kreise der Orphik

M.: Z., ein Sohn des Zeus* und der Persephone*, wird von den Titanen* auf Anstiften Heras* zerrissen. Das noch zuckende Herz verschlingt Zeus (oder er läßt es Semele* verschlucken). So entsteht später aus dem alten Dionysos*-Zagreus durch die Verbindung des Zeus mit Semele der junge Dionysos.[1]

R.: Z. war ursprünglich ein Jagdgott, der „große Jäger".[2] Das Zerreißen des Gottes weist Z. in die Sphäre der Vegetationsdämonen.[3] Der barbarisch anmutende Zug, der in der Zerreißung des Orpheus* durch die Mänaden sein Gegenstück hat, dürfte aus vorgriechischem Bereich stammen.[4]

Literatur: V. D. Macchioro, Zagreus, Florenz 1930.

[1] Nonn. Dionys. 10, 294 f. 27, 341. 44, 213. — [2] Kern I 228. — [3] Kern I 68 f. — [4] Kern I 147.

Zeitalter s. Weltalter

Zéphyros s. Winde, s. auch Harpyien und Hyakinthos

Zentauren s. Kentauren

Zétes s. Phineus, s. auch Winde

Zéthos s. Amphion, s. auch Prokne

Zeus, Sohn des Kronos* und der Rheia*, höchster Gott der Griechen

M.: Z. thront im Olymp, in heiterer, luftiger Höhe, den Menschen unerreichbar.[1] Von dort sendet er Wetter und Wind,[2] Sturm und Schneegestöber,[3] vor allem aber Blitz und Donner.[4] Als mächtigster Gott ist er unumschränkter Herr über Götter und Menschen; Gebete erhört er, Auflehnung bricht er mit Gewalt.[5] In seinem Wesen vereinigt er höchste physische und geistige Kraft.[6] Während Homer ein von Z. unabhängiges Schicksal (Moira) kennt, läßt Hesiod die Moiren* (Schicksalsgöttinnen) von ihm abstammen.[7]

Z. erscheint aber auch als Hort und Inbegriff aller Rechtsordnung und Satzung.[8] Er ist Schwurgott (Horkios), schützt Haus und Familie (Herkeios = der den Zaun, den Hof schützt), Freundschaft und Ehe, das Gastrecht (Xenios), die Schutzsuchenden (Hiketas) und Landflüchtigen (Phyxios).[9] Z. ist ferner Schutzherr des hellenischen Staates in allen Verfassungsformen.[10] Er wacht über den internationalen Beziehungen und innerstaatlichen Verhältnissen.

Z. ist der jüngste Sohn des Kronos und der Rheia, Bruder des Poseidon* und des Hades*, der Hestia*, Demeter* und Hera*. Kronos, der einst seinen Vater Uranos* gestürzt und sich der Herrschaft bemächtigt hat, fürchtet einen stärkeren Sohn. So verschlingt er alle seine Kinder bis auf das jüngste. Den kleinen Z. versteckt seine Mutter Rheia unmittelbar nach der Geburt in einer Grotte des Berges Dikte (oder Ida) auf Kreta. Kronos aber reicht sie an Stelle des Kindes einen in Windeln gewickelten Stein. Die Kureten*, Priester der Rheia, übertönen durch Waffenlärm das Geschrei des Zeuskindes und täuschen so den alten Kronos. Eine Ziege (oder Nymphe) Amaltheia* nährt den kleinen Gott mit ihrer Milch.

Als Z. herangewachsen ist, zwingt er seinen Vater Kronos, die verschlungenen Geschwister wieder auszuspeien. Nach einer Version fördert die kluge Metis* dieses Unternehmen, indem sie Kronos ein Brechmittel gibt.[11] In einem gewaltigen Kampf, in dem Z. und seine Geschwister von den Kyklopen* und Hekatoncheiren unterstützt werden, überwinden die Kroniden ihre unter der Führung des Kronos kämpfenden Gegner, die Titanen*, und treten nun die Weltherrschaft an. Z., Poseidon und Hades einigen sich bei der Aufteilung der Herrschaft über Himmel und Erde, Meer und Unterwelt. Kronos und die Titanen werden in den Tartaros gestürzt.

Aber noch ist die Herrschaft der Olympier nicht endgültig gesichert. Gaia* hat aus den Blutstropfen, die bei der Verstümmelung des Uranos durch Kronos auf sie herabfielen, die Giganten*, eine Schar ungeschlachter Riesen, geboren. Sie treten zum Kampf gegen die Herrschaft des Himmelsgottes an, werden aber von den unter der Führung des Z. kämpfenden Olympiern vernichtet. Diesen Sieg kann Z. allerdings nur mit Hilfe eines Sterblichen, des Herakles*, erringen. Zur Belohnung nimmt der Göttervater seinen Sohn unter die Olympier auf und gibt ihm seine Tochter Hebe* zur Frau.

Schließlich sendet Gaia noch ihren fürchterlichsten Sprößling, das feuerspeiende Ungetüm Typhoeus* (Typhon) zum Kampf gegen die Herrschaft der Kroniden aus. Die meisten Olympier ergreifen vor dem Ungetüm mit seinen hundert Drachenköpfen die Flucht. Z. jedoch trifft den Typhon mit seinem Blitz und schleudert den Berg Ätna auf ihn. Nach diesen siegreichen Kämpfen gilt der Himmelsgott Z. auch für die Menschen als Siegbringer (Nikephoros), der Nike* auf seiner Hand trägt.

Ferner verbindet der griechische Mythos Z. mit einer großen Zahl von göttlichen und menschlichen Gemahlinnen. Metis* (die Göttin der Klugheit) verschlingt er während ihrer Schwangerschaft, aus Furcht, sie werde einen Sohn gebären, der ihm die Weltherrschaft entreißen könnte. Nun entspringt aus seinem Haupte Pallas Athene*.[12] Mit Themis* zeugt er die Horen*, die Moiren*, die Hesperiden* und die Nymphen*, mit Dione Aphrodite*. Von Mnemosyne wird Z. Vater der neun Musen*, von Eurynome Vater der Chariten*, von Demeter* Vater der Hekate* und Persephone*, von Leto* Vater des Apollon* und der Artemis*.

Die jüngste und später allein als rechtmäßig anerkannte Gemahlin des Z. ist seine Schwester Hera, die ihm die Götter Ares*, Hephaistos* und Hebe* gebiert.

Die bekanntesten sterblichen Geliebten des Olympiers sind Alkmene (s. Amphitryon), Danae*, Europa*, Leda*, Maia*, Semele*, Kallisto*, Io*, Antiope* und Aigina*. Bei der Verbindung des Zeus mit sterblichen Frauen spielt die Verwandlung des Gottes oder der Frau in ein Tier oder irgendeine andere Gestalt eine große Rolle. Europa entführt Z. in Gestalt eines Stieres, Leda nähert er sich als Schwan, Danae als Goldregen, Antiope als Satyr*. Io wird in eine Kuh, Kallisto in eine Bärin verwandelt. — Den troischen Prinzen Ganymedes* raubt Z. wegen seiner außergewöhnlichen Schönheit und macht ihn zum Mundschenk der olympischen Göttertafel.

Als „Vater der Götter und Menschen" steht Z. an der Spitze der olympischen Zwölfgötter*. Als Hera, Poseidon und Athene sich zu einer Art Palastrevolution verbünden, um Z. in Fesseln zu legen, rettet die Nereide Thetis* den Göttervater unter Assistenz des Riesen Briareos, eines Hekatoncheiren.[13] Zahlreich sind die mehr oder weniger ernsten Meinungsverschiedenheiten zwischen Z. und Hera, die sich von denen eines bürgerlichen Ehepaares oft kaum unterscheiden. Nach einer Version schleudert Z. seinen Sohn Hephaistos ins Meer, weil dieser seiner Mutter Hera gegen den Vater beistehen wollte.[14]

Als Herr des Erdkreises erscheint Z. in den Erzählungen von der großen Flut, die er zur Strafe für menschliche Frevel sendet.[15] Sein unbeugsam strenges Regiment kommt am besten im Prometheus*-Mythos zum Ausdruck.[16]

R.: Der Name Z. wird von einer idg. Wurzel div- abgeleitet, die soviel wie „Himmel" bedeutet. Verschiedene Bezeichnungen des Himmelsgottes bei anderen indogermanischen Völkern sind mit dem Namen des griechischen Z. in irgendeiner Form verwandt.

Die kretische Geburtslegende des Z. führt uns in vorgriechischen, und zwar minoischen Bereich. In einem zu Beginn unseres Jahrhunderts gefundenen Z.-Hymnos, einer Inschrift aus dem Tempel des diktäischen Z., wird dieser als alljährlich wiederkehrender Vegetationsgott angerufen, der Mensch und Vieh sowie den Feldern Fruchtbarkeit spenden soll.[17] Der Waffentanz der Kureten paßt gut zu Kreta, dem Heimatland eines bekannten griechischen Waffentanzes (Pyrrhiche).[18] Das Motiv des göttlichen Kindes, verbunden mit märchenhaften Zügen — es steht unter besonderem Schutz (hier die Kureten!) und wird von Tieren gesäugt (Amaltheia) —, stammt aus der minoischen Religion.[19] Bei dem eingewickelten Stein, den Rheia an Stelle des Zeuskindes dem Kronos reicht und den dieser verschlingt, hat man an das volkstümliche Motiv der unnatürlichen Eltern gedacht, die ihre Kinder verzehren, sowie an die Verehrung von Steinfetischen und Meteoriten.[20]

Den Ausgangspunkt für die Verehrung des Z. in Hellas bildete wahrscheinlich der Berg- und Wettergott. Man stellte sich vor, daß er auf einem der höheren Berge (Olymp, Ida auf Kreta, Helikon,

Berg von Aigina) sitze und Wolken sammle, um aus ihnen Regen und Schnee, Blitz und Donner auf die Erde zu senden.[21] Mit diesem in Griechenland mehrfach bezeugten Wettergott verband sich offenbar der von den einwandernden Hellenen mitgebrachte indogermanische Himmelsgott zu dem uns bekannten homerischen Olympier. Denn nach dem höchsten Berg Griechenlands, dem Olympos, nannte sich nun vornehmlich der höchste der griechischen Götter, und wir bezeichnen noch heute die bei Homer voll ausgebildete Religion des Z. und seiner Götterfamilie als die olympische. Der homerische Z. als Vater der Götterfamilie erinnert an die patriarchalischen Verhältnisse frühindogermanischer Zeit.[22] Der machtvoll regierende Blitzgott und Götterkönig, der Siegbringer, wie ihn ebenfalls Homer schildert, trägt Züge des mykenischen Kriegsherrn. Wir dürfen annehmen, daß sein Bild in dieser Zeit geprägt wurde.[23]

Aus den zahlreichen Lokalkulten und dem Bestreben der hellenischen Adelsgeschlechter, ihre Abstammung auf den höchsten Olympier zurückzuführen, erklärt sich die Verbindung des Z. mit so vielen göttlichen und menschlichen Frauen im griechischen Mythos.[24] Verhältnismäßig spät[25] übertrug man den Sitz des Z. vom Olymp (bzw. den anderen Bergen) in den Himmel und schuf so einen allumfassenden Gott.[26] Ihm stand Poseidon als Herr der Erde gegenüber, der er ursprünglich war, bis er, wahrscheinlich von den kleinasiatischen Ionern, zum Meeresgott gemacht wurde. So mußte Poseidon im Mutterlande Hellas gelegentlich vor dem mächtigeren „Bruder" Z. zurückweichen. Hier, im Mutterlande Hellas, erscheint Z., zum erstenmal bei Hesiod,[27] auch als Schirmherr des Rechts und der Sitte. Seine Tochter Dike (die Gerechtigkeit) steht ihm zur Seite, wo es gilt, unter Göttern oder Menschen Recht zu sprechen und zu wahren. Als universalem Gott eignen Z. nun für die verschiedensten Funktionen zahlreiche Beinamen.[28] Oft verblaßt der Name Z. und scheint nur an Stelle eines allgemeinen Wortes für „Gott" zu stehen.[29]

Bemerkenswert sind die gelegentlich auftretenden chthonischen Züge im Bilde des Z.[30] Der Name des Z. Meilichios (= „der Milde") paßt, euphemistisch aufgefaßt, zum Totenrichter in der Unterwelt. Ihm zu Ehren feierte man in Athen das Fest der Diasia, bei dem man die Opfertiere verbrannte.[31] Die mehrfachen Beziehungen des Himmelsgottes zur Erdgöttin — von Demeter wird Z. Vater der Persephone! — drückt der Kult durch den Hieros Gamos aus.[32] Z. war auch Inhaber des uralten Orakels von Dodona. Dort wohnte er in einer heiligen Eiche, deren Rauschen den Priestern den Willen des Gottes kundgab.[33]

Die Zeusfeste und -kulte der geschichtlichen Zeit sind nicht so zahlreich, wie man es bei dem höchsten Gott erwarten sollte. In manchen einzelnen Funktionen scheinen ihm Sondergötter den Rang abgelaufen zu haben, wie Apollon in der Mantik und Demeter im Fruchtbarkeitskult.[34] Trotzdem genoß Z. wie kein zweiter Gott von allen hellenischen Stämmen Verehrung, die manchmal monotheistische Formen annahm.[35]

N.: Plastiken: Thronender Z., Pheidias, Mitte d. 5. Jh. v. Chr., Olympia, Zeustempel (Goldelfenbeinstatue; nicht erhalten). — Z. und Hera, Metope vom Heraion zu Selinunt, Mitte d. 5. Jh. v. Chr., Palermo, Museum (Relief). — Zeuskopf von Otricoli, nach einem Original des 4. Jh. v. Chr., Rom, Vatikan. — Jupiter, Agostino di Duccio, zwischen 1447 und 1454, Rimini, San Francesco (Relief). — Jupiter, Blitze schleudernd, Clodion, 1773, Sèvres, Museum.

Gemälde: Zeus und Hera auf dem Ida, Römisches Wandgemälde aus Pompeji, Casa del poeta tragico, Neapel, Mus. Naz. — Jupiter und Mars, Taddeo di Bartolo, 1406, Siena, Palazzo Pubblico (Fresko). — Geburt Jupiters, A. Schiavone (gest. 1563), Wien, Kunsthistor. Museum. — Jupiter, Blitze schleudernd, Paolo Veronese, 1554, Paris, Louvre. — Jupiter und Europa, H. van Balen (1575—1632), Wien, Kunsthistor. Museum. — Die Erziehung des Jupiter, A. F. Maulbertsch (1724—96), Wien, Barockmuseum. — Kindheit des Zeus, G. F. Watts, 1896, London, Privatbesitz. — Jugend des Z., L. Corinth, 1905.

Opern: Jupiter und Alkmene, N. A. Strungk, 1696. — Jupiter und Europa, J. E. Galliard, 1723. — Jupiter in Argos, Händel, 1739.

Literatur: A. B. Cook, Zeus. A Study in ancient Religion. Cambridge I (1914), II (1925), III (1940). — H. Diels, Zeus, in: Archiv für Religionswiss. 22 (1924), 1 ff. — U. v. Wilamowitz-Möllendorff, Zeus, Leipzig 1926 (Vorträge der Bibl. Warburg 1923/24, S. 1—16). — H. Oppermann, Zeus Panamoros, Gießen 1924. — H. Sjövall, Zeus im altgriechischen Hauskult, Lund 1931. — L. Curtius, Zeus und Hermes. Studien zur Geschichte ihres Ideals und seiner Überlieferung. München 1931. — M. P. Nilsson, Vater Zeus, in: Archiv für Religionswiss. 35 (1938), 156—171. — J. Liegle, Der Zeus des Phidias, Berlin 1952.

[1] Hom. Il. 2, 412. Od. 6, 41 ff. — [2] Hom. Il. 12, 251 ff. 13, 795 f. — [3] Hom. Il. 12, 278 ff. 16, 364 f. — [4] Daher seine sprechenden Beinamen: Asteropetes, Keraunios, Terpikeraunos, Steropegereta, Brontaios, Kataibates usw. — [5] Hes. Werke 1 ff. Theog. 383 ff. Aisch. Hik. 524 ff. Prom. 1. Szene. Kallim. Hymn. 1, 65 ff. — [6] Hom. Il. 8, 13 ff. 15, 104 f. Hes. Theog. 545. 613. 886 ff. — [7] Hes. Theog. 901 ff. — [8] Gatte der Themis* und Vater der Horen* (Eunomie, Dike, Eirene*). Hom. Il. 3, 276 ff. 298 f. Hes. Werke 256 ff. — [9] Die Funktion des Sühnegottes tritt in der Überlieferung nicht so deutlich hervor, am ehesten bei Ixion*, den Z. entsühnt; vgl. Nilsson, Vater Zeus, 166. Nilsson I 388 f. — [10] Als Zeus Basileus Schützer der Könige, als Polieus und Soter Schirmherr des aristokratischen und demokratischen Staatswesens. — [11] Apollod. Bibl. 1, 2, 1. — [12] Zur Geburt der Athene vgl. Cook, Zeus struck with a double axe. The Birth of Athena, in: Zeus III (1940), 656—739. — [13] Hom. Il. 1, 396 ff. — [14] Hom. Il. 1, 590 ff. — [15] Vgl. Lykaon, Deukalion, Philemon und Baukis. — [16] Vgl. oben Anm. 5. — [17] Cook, Zeus II 931. — [18] Wilamowitz I 129. — [19] M. P. Nilsson, The Minoan-Mycenaean Religion, Lund [2]1950, 542 ff. — [20] Cook, The Stone of

Kronos, in: Zeus III (1940), 927—938. — [21] Vgl. das umfangreiche Kapitel The Mountain Cults of Zeus, in: Cook, Zeus II (1925), 868—987. Wie der Kult eines Wettergottes durch die meteorologischen Verhältnisse gerade in Hellas besonders begünstigt wurde, zeigt Nilsson I 367 f. — [22] Das Väterliche im Wesen des Z. stark betont von Nilsson, Vater Zeus, a. a. O., 159 ff. — [23] Nilsson, Vater Zeus, 169. — [24] Vgl. die Liste „Frauen, Liebschaften und Kinder des Zeus" bei K. Ziegler, Artikel Zeus in Roscher, Bd. 6, 1924—1937, 581—592. — [25] Kern I 201 denkt an das 5. Jh. v. Chr. — [26] Wilamowitz schreibt dies den kleinasiatischen Griechen zu: Vorträge der Bibl. Warburg 1923/24, S. 4. — [27] Im Sinne Hesiods die Verse bei Homer Il. 16, 385 ff.: Nilsson I 394. — [28] Vgl. die Liste bei K. Ziegler, Artikel Zeus in Roscher, Bd. 6, 592—671. — [29] Wilamowitz, a. a. O., 7 f. — [30] Kern I 190 ff. — [31] Deubner 155 ff. Zweifelnd Nilsson I 386 A. 4. — [32] Kern I 181 und 56 ff. — [33] Zur Problematik des dodonäischen Z. und seines Beinamens Naios vgl. Nilsson I 396—400. — [34] Nilsson I 395 f. — [35] Aisch. Ag. 160 ff. Fr. 70 N. Kleanthes, Zeushymnos.

Zwölfgötter

M.: In dem Streit zwischen Poseidon* und Athene* um den Besitz von Attika,[1] bei der Anklage Poseidons gegen Ares* wegen Totschlages seines Sohnes Halirrothios[2] und bei der Entsühnung des Orestes*[3] tritt die olympische Göttergemeinschaft als Richterkollegium auf.

R.: Die olympischen Götter wurden in Hellas und Italien häufig in der Zwölfzahl verehrt, der die zwölf Monate des Jahres und die zwölf Tierkreiszeichen entsprechen. Der Kreis der Z. wurde wahrscheinlich in Ionien erdacht.[4] Bekannt ist der von Peisistratos gestiftete Altar der Z., eine Freistätte auf dem Marktplatz von Athen. Ursprünglich hatten die Z. keinen Namen.[5] In der Regel sind es die sechs Götterpaare Zeus* und Hera*, Poseidon* und Demeter*, Apollon* und Artemis*, Ares* und Aphrodite*, Hermes* und Athene*, Hephaistos* und Hestia*.[6] Gelegentlich finden sich auch Abweichungen: Auf dem Parthenonfries tritt Dionysos* für Hestia ein,[7] auf dem Puteal Albani erscheint Herakles* für Demeter. In Rom fand das erste Lectisternium (Göttermahlzeit) von sechs Götterpaaren 217 v. Chr. statt,[8] ein Brauch, der sich bis in die Kaiserzeit erhielt.

N.: Plastiken: Die Z. als Zuschauer des Panathenäenfestzuges, Pheidias, 438 v. Chr., Ostfries des Parthenon, London, British Museum (Relief). — Zwölfgötterzug, Puteal Albani, Kopie des 1. Jh. v. Chr. nach einem Original des 5.—4. Jh. v. Chr., Rom (Relief).

Gemälde: Götterbacchanal, G. Bellini, 1514, Philadelphia, Privatbesitz. — Der Olymp, F. Zuccaro (ca. 1540—1609), Florenz, Uffizien. — Göttermahl, Rubens und J. Brueghel d. Ä., 1615—17, New York, Privatbesitz. — Olymp, Tiepolo, 1740, Mailand, Palazzo dei Clerici (Deckenfresko).

Epos: Olympischer Frühling, Spitteler, 1905.

Gedicht: Die Götter Griechenlands, Schiller, 1788.

Prosa: Hypolympia or the gods in the island: an ironic fantasy, E. Gosse, 1901. — Vie privée des déesses et dieux, R. Burnand (deutsch von H. Wegener, 1957).

Literatur: O. Weinreich, Lykische Zwölfgötterreliefs. Untersuchungen zur Geschichte des dreizehnten Gottes. Heidelberg 1913. — O. Weinreich, Artikel Zwölfgötter, in: Roscher, Bd. 6 (1937), 764—848.

[1] Kallim. Hekale Fr. 1, 2, 8 ff. Ov. Met. 6, 72 f. Apollod. Bibl. 3, 14, 1. — [2] Eur. El. 1258 ff. Apollod. Bibl. 3, 14, 2. — [3] Demosth. 23, 66. — [4] Wilamowitz I 329. Kern I 203 denkt an Unterscheidung und Identifizierung der einzelnen Z. erst für das Athen der peisistrat. Zeit. — [5] Kern I 132. — [6] Plat. Ges. 745 B. 828 B—D. 848 D. — [7] Vgl. Plat. Phaidr. 246 E — 247 A. — [8] Liv. 22, 10, 9.

Zyklopen s. Kyklopen

ERKLÄRUNG EINIGER WIEDERHOLT GEBRAUCHTER FACHAUSDRÜCKE DER RELIGIONSWISSENSCHAFT

Aition, Mehrz. Aitia (wörtl. = Grund, Ursache, davon abgeleitet aitiologisch: Erzählungen, die die Entstehung und den Charakter von Bräuchen, Kulten, Lebewesen, Örtlichkeiten usw. begründen und erklären wollen.

Anthropomorphismus (Vermenschlichung): Vorstellung der Götter in menschlicher Gestalt.

apotropäisch: Übel abwehrend.

chthonisch (zur Erde gehörig): der unterirdischen Sphäre, dem Totenreich zugeordnet.

Epiphanie: persönliches Erscheinen eines Gottes.

eponym: Namen gebend.

Hieros Gamos (heilige Hochzeit): Beilager auf dem Saatfeld; zugrunde liegt die Vorstellung, daß durch den Zeugungsakt das Wachstum der Saaten gefördert werde. Vgl. Demeter A. 6; Europa, Hera.

Hybris: Überheblichkeit, Frevelmut, besonders gegenüber der Gottheit; auch die aus dieser Gesinnung entspringenden Handlungen.

kathartisch: reinigend, entsühnend.

Kosmogonie: Entstehung der Welt.

Mantik: Kunst des Sehers, Wahrsagers.

Mythographie: Niederschrift und Sammlung von Mythen.

Phallos: männliches Geschlechtsglied.

Theriomorphismus: Vorstellung der Götter in Gestalt von Tieren.

ABGEKÜRZTE ZITATE

Altheim	= F. Altheim, Röm. Religionsgeschichte, 3 Bände, Berlin-Leipzig 1931—33.
Deubner	= L. Deubner, Attische Feste, Berlin 1932.
Kern	= O. Kern, Die Religion der Griechen, 3 Bände, Berlin 1926 bis 1938.
Lesky	= A. Lesky, Thalatta. Der Weg der Griechen zum Meer, Wien 1947.
Nilsson	= M. P. Nilsson, Geschichte der griech. Religion, 2 Bände, München 1941—51.
Otto	= W. F. Otto, Die Götter Griechenlands, Frankf. a. M. ²1934.
Radermacher	= L. Radermacher, Mythos und Sage bei den Griechen, Wien ²1942.
Robert	= C. Robert, Die griech. Heldensage, Berlin 1920—26.
Wilamowitz	= U. v. Wilamowitz-Möllendorff, der Glaube der Hellenen, 2 Bände, Berlin 1931—32.
RE	= Pauly-Wissowa-Kroll, Realencyclopädie der classischen Altertumswissenschaft.

ALLGEMEINE LITERATUR ZUR GRIECHISCHEN UND RÖMISCHEN MYTHOLOGIE UND RELIGIONSGESCHICHTE

Altheim, F. Griechische Götter im alten Rom, Gießen 1930.
Altheim, F. Terra Mater. Untersuchungen zur altitalischen Religionsgeschichte, Gießen 1931.
Altheim, F. Römische Religionsgeschichte, Berl.-Lpz. I (1931), II (1932), III (1933). 2 Bde., Berlin ²1956.
Altheim, F. Römische Religionsgeschichte, Baden-Baden I (1951), II (1953).
Bonnard, A. Les dieux de la Grèce, Lausanne 1944.
Carnoy, A. Dictionnaire étymologique de la mythologie gréco-romaine, Paris 1957.
Cook, A. B. Zeus. A Study in ancient Religion, Cambridge I (1914), II (1925), III (1940).
Cumont, F. Die orientalischen Religionen im römischen Heidentum, Lpz.-Berlin ³1931.
Deubner, L. Attische Feste, Berlin 1932.
Diel, P. Le symbolisme dans la mythologie grecque, étude psychanalytique, Paris 1952.
Eranos-Jahrbuch, hrsg. v. *O. Fröbe-Kapteyn:*
   6, 1938: Vorträge über Gestalt und Kult der „Großen Mutter".
   10, 1943: Alte Sonnenkulte und die Lichtsymbolik in der Gnosis und im frühen Christentum.
   11, 1944: Die Mysterien.
Farnell, L. R.: The Cults of the Greek States, 5 Bde, Oxford 1896—1909.
Farnell, L. R. Greek Hero Cults and Ideas of Immortality, Oxford 1921.
Frazer, J. G. The Golden Bough, a Study in Magic and Religion, 12 Bde, London ³1925—30.
Grenier, A. Les religions étrusque et romaine, Paris 1948.
Howald, E. Mythos und Tragödie, Tübingen 1927.
Jung, C. G. und *Kerényi, K.* Einführung in das Wesen der Mythologie. Gottkindmythos. Eleusinische Mysterien, Amsterdam-Lpz. 1941. ⁴1951.
Kerényi, K. Apollon. Studien über antike Religion und Humanität, Amsterdam ²1941.
Kerényi, K. Niobe. Neue Studien über antike Religion und Humanität, Zürich 1949.
Kerényi, K. Die Mythologie der Griechen. Die Götter- und Menschheitsgeschichten, Zürich 1951.
Kern, O. Die Religion der Griechen, Berlin I (1926), II (1935), III (1938).
Krappe, A. H. La genèse des mythes, Paris 1938.
Lesky, A. Thalatta. Der Weg der Griechen zum Meer, Wien 1947.
Lesky, A. Hethitische Texte und griechischer Mythos, in: Anzeiger Öst. Ak. Wiss., phil. hist. Kl. 1950, 137 ff.
Méautis, G. Mythes inconnus de la Grèce antique, Paris 1949.
Metmann, Ph. Mythos und Schicksal. Lebenslehre der antiken Sternsymbolik, Lpz. 1936
Nilsson, M. P. Geschichte der griechischen Religion, München I (²1955), II (1951).
Nilsson, M. P. Cults, Myths, Oracles and Politics in ancient Greece, Lund 1951.
Nilsson, M. P. Opuscula selecta, Lund I (1951), II (1952).
Otto, W. F. Die Götter Griechenlands. Das Bild des Göttlichen im Spiegel des griechischen Geistes, Frankfurt a. M. ²1934, ⁴1956.
Otto, W. F. Der Ursprung von Mythos und Kultus, Berlin 1940.

Otto, W. F. Gesetz, Urbild und Mythos, Stuttgart 1951.
Patroni, G. Studi di mitologia mediterranea ed omerica, Mailand 1951.
Peterich, E. Die Theologie der Hellenen, Lpz. 1938.
Pfister, F. Die Religion der Griechen und Römer, mit einer Einführung in die vergleichende Religionswissenschaft, Lpz. 1930.
Philippson, P. Die griechischen Gottheiten in ihren Landschaften, Oslo 1939.
Philippson, P. Thessalische Mythologie, Zürich 1944.
Philippson, P. Untersuchungen über den griechischen Mythos, Zürich 1944.
Preller, L. Römische Mythologie, Berlin ³1881—83.
Preller, L. und *Robert, C.* Griechische Mythologie, Berlin ⁴1887—1926.
Radermacher, L. Mythos und Sage bei den Griechen, Wien 1938. ²1942.
Rahner, H. Griechische Mythen in christlicher Deutung, Zürich 1945.
Robert, C. Die griechische Heldensage, Berlin 1920—26 = *Preller, L.* Griechische Mythologie, 4. Aufl., Bd. 2—3.
Roscher, W. H. Ausführliches Lexikon der griechischen und römischen Mythologie, 6 Bde, Lpz.-Berlin 1884—1937.
Rose, H. J. A Handbook of Greek Mythology, London 1928. ⁵ 1953; deutsche Übersetzung: Griechische Mythologie, München 1955.
Rose, H. J. Modern Methods in classical Mythology, St. Andrews 1930.
Scheffer, Th. v. Die Legenden der Sterne im Umkreis der antiken Welt, Stuttgart-Berlin 1939.
Thompson, Stith, Motif-Index of Folk-Literature, Helsinki 1932—36, Kopenhagen, Bd. 1—6, ²1955—58.
Taitl, R. Die Lokomotionsmotive in der griechischen Heldensage, Diss. Innsbruck 1950, 2 Bde (Maschinschr.).
Wagenvoort, H. Roman Dynamism. Studies in ancient Roman Thought, Language and Custom, Oxford 1947.
Wilamowitz-Möllendorf, U. v. Der Glaube der Hellenen, Berlin I (1931), II (1932).
Wissowa, G. Religion und Kultus der Römer, München ²1912.

Oswald, E. The Legend of Fair Helen as told by Homer, Goethe and others, London 1906.
Becker, M. Helena. Ihr Wesen und ihre Wandlungen im klassischen Altertum, Lpz. 1939.
Ghali-Kahil, L. B. Les enlèvements et le retour d'Hélène dans les textes et les documents figurés, Paris 1955.
Riedl, F. Der Sophist Prodikus und die Wanderung seines „Herakles am Scheidewege" durch die römische und deutsche Literatur, Progr. Laibach 1908.
Vasters, P. Hercules auf germanischem Boden, Jahrbuch d. Philos. Fakult. Münster 1920, 7.
Tissot, W. Simson und Herkules in den Gestaltungen des Barock, Diss. Greifswald 1932.
Panofsky, E. Hercules am Scheidewege und andere antike Bildstoffe in der neuen Kunst, Lpz.-Berlin 1930.
Hötzer, U. Die Gestalt des Herakles in Hölderlins Dichtung, Stuttgart 1955.
Jellinek, M. H. Die Sage von Hero und Leander in der Dichtung, Berlin 1890.
Hall, F. A. Iphigenie in Literature, St. Louis 1910—11.
Jansen, H. Die Sage der Iphigenie auf Delphi in der deutschen Dichtung, Diss. Münster 1911.
Fazio, S. Ifigenia nella poesia e nell' arte figurata, Palermo 1932.
Philipp, E. Die Iphigeniensage von Euripides bis G. Hauptmann, Diss. Wien 1948 (Maschinschr.).
Oberländer, E. Die Iphigenie-Dramen der französischen Literatur, Diss. Wien 1950 (Maschinschr.).
Bieber, M. Laocoon. The Influence of the Group since its Rediscovery, New York 1942.
Heine, T. C. H. Corneille's „Médée" in ihrem Verhältnisse zu den Medeatragödien des Euripides und des Seneca betrachtet, mit Berücksichtigung der Medeadichtungen Glovers, Klingers, Grillparzers und Legouvés, Diss. Münster 1881.
Mallinger, L. Médée. Étude de littérature comparée, Paris 1897.
Ischer, R. Medea. Vergleichung der Dramen von Euripides bis Grillparzer, Progr. Lpz. 1906.
Renner, R. Medea, in: Bayer. Blätter f. d. Gymnasialschulwesen 62 (1926), 216—226, 262—273, 326—330.
Wittkower, R. Transformations of Minerva in Renaissance Imagery, in: Journal of the Warburg Institute 2 (1939), 194—205.
Curtius, E. R. Musen im Mittelalter, in: Ztschr. f. Roman. Philol. 59 (1939), 129—188.
Curtius, E. R. Die Musen, in: Europäische Literatur und lateinisches Mittelalter, Bern 1948, 233—250.
Horner, E. Nausikaadramen, in: Bühne und Welt 13 (1911), 379—387.
Heilborn, J. Nausikaa in der deutschen Dichtung, Diss. Breslau 1921.
Schopper, F. Der Niobemythus in der deutschen Literatur mit besonderer Berücksichtigung der Antike, Progr. Landskron 1913.
Gaude, P. Das Odysseusthema in der neueren deutschen Literatur, besonders bei Hauptmann und Lienhard, Diss. Halle 1916.
Matzig, R. B. Odysseus. Studie zu antiken Stoffen in der modernen Literatur, besonders im Drama, Thal, St. Gallen 1949.
Stanford, W. B. The Ulysses Theme. A study in the adaptability of a traditional hero, Oxford 1954.

Constans, L. La légende d'O e d i p e, étudiée dans l'antiquité, au moyen âge et dans les temps modernes, Paris 1881.
Robert, C. O e d i p u s. Geschichte eines poetischen Stoffes im griechischen Altertum, 2 Bde, Berlin 1915.
Jördens, W. Die französischen O e d i p u s dramen, Diss. Bonn 1933.
Heuner, C. Die Sage von O r e s t in der tragischen Dichtung, Progr. Linz 1896.
Cabañas, P. El mito de O r f e o en la literatura española, Madrid 1948.
Ziegler, K. O r p h e u s in Renaissance und Neuzeit, in: Form und Inhalt, Festschrift O. Schmitt 1951, 239—256.
Panofsky, D. and *E.* P a n d o r a s Box. The Changing Aspects of a Mythical Symbol, London 1956.
Wiese, G. Die Sage von P h a e d r a und Hippolytos im deutschen Drama, Diss. Lpz. 1923.
Fränkel, J. Wandlungen des P r o m e t h e u s, Antrittsvorlesung, Bern, 1910.
Graf, A. P r o m e t e o nella poesia, Torino 1920.
Weidling, F. Drei deutsche P s y c h e dichtungen, Jauer 1903.
Le Maitre, H. Essai sur le mythe de P s y c h é dans la littérature française des origines à 1890, Paris 1941.
Buske, W. P y g m a l i o n dichtungen des 18. Jahrhunderts, in: German.-roman. Monatsschrift 7 (1915), 345—354.
Hart, G. Die P y r a m u s- und Thisbe-Sage in Holland, England, Italien und Spanien, Progr. Passau 1891.
Schaer, A. Die dramatischen Bearbeitungen der P y r a m u s - Thisbe-Sage in Deutschland im 16. und 17. Jahrhundert. Schkeudnitz 1909.
Beck, G. Die Gestalt des T h e s e u s in der englischen Literatur bis zum Beginn des 17. Jahrhunderts, Diss. Wien 1958.
Eitner, K. Die T r o i l u s - Fabel in ihrer literaturgeschichtlichen Entwicklung, in: Shakespeare-Jahrbuch 3 (1868), 252—300.
Greif, W. Die mittelalterlichen Bearbeitungen der T r o j a n e r - Sage, Marburg 1886.
Greif, W. Neue Untersuchungen zur Dictys- und Daresfrage, Progr. Berlin 1900.
Walker, R. The Golden Feast. A perennial Theme in Poetry, New York 1952 (s. W e l t a l t e r!).

Zischka
INDEX LEXICORUM
Bibliographie der lexikalischen Nachschlagewerke

Der Index Lexicorum ist die erste umfassende Bibliographie der allgemeinen und fachlichen Lexika, die seit der Erfindung der Buchdruckerkunst in allen Ländern erschienen sind. Er bietet in 7000 Titeln einen praktisch vollständigen Überblick über Entwicklung und Bestand der Lexikographie.

Heinzel
LEXIKON HISTORISCHER EREIGNISSE UND PERSONEN IN KUNST, LITERATUR UND MUSIK

Der umfangreiche Band stellt sich eine Aufgabe, die ebenso schwierig wie reizvoll ist, nämlich die Spiegelung der Geschichte in den Künsten aufzufangen und so zu jeder wichtigeren Person und jedem wichtigeren Ereignis der abendländischen Geschichte ihre Motivwirkung und die Schriftsteller und Dichter, die Maler, Bildhauer und Musiker bibliographisch und ikonographisch zu erfassen.

Frauwallner - Giebisch - Heinzel
DIE WELTLITERATUR
Biographisches, literaturhistorisches und bibliographisches Lexikon in Übersichten und Stichwörtern

Das größte literarische Nachschlagewerk in deutscher Sprache. Rund 4000 Spalten. — 135 Übersichtsartikel zeigen die Entwicklung sämtlicher Literaturen der Welt. — Rund 3500 in einwandfreier Sprache abgefaßte Artikel geben scharf profilierte Bilder der bedeutendsten Autoren aller Literaturen der Vergangenheit und Gegenwart. — 10.000 Autoren sind in dem Werk berücksichtigt.

Aurenhammer
HANDWÖRTERBUCH DER CHRISTLICHEN INKONOGRAPHIE
Erscheint in Lieferungen

Die Stichwörter umfassen: die Art und Weise der Darstellung, ihre Rückführung auf die Quellen der Heiligen Schrift und literarische Quellen sowie die Geschichte des Wandels der Darstellungstypen = Ikonographie.

VERLAG BRÜDER HOLLINEK · WIEN